Otto Schumann

Der große Opern- und Operettenführer

Lizenzausgabe für:
Manfred Pawlak Verlagsgesellschaft mbH, Herrsching
ISBN 3-88199-108-5

©
Copyright 1983
by Heinrichshofen's Verlag, Wilhelmshaven,
Locarno, Amsterdam
Satz: Der Satz-Partner, Wiefelstede-Gristede
Notenbeispiele: Werner Klatte, Kirchweyhe
Zeichnungen: Werner Klann, Wilhelmshaven

Inhalt

Opern

In der Reihenfolge der Geburtsjahre ihrer Komponisten

Operetten

MUSICALS

In der Inhaltsübersicht werden nur die Werke aufgeführt, die ausführlich besprochen und mit einem Personenverzeichnis versehen sind. Hinweise zu weiteren Opern, Operetten und Musicals sind im Register aufzufinden.

OPERN

VORWORT

Seit dem ersten Erscheinen des von Otto Schumann verfaßten und inzwischen mehrfach überarbeiteten *Handbuch der Opern* sind mehr als drei Jahrzehnte vergangen. Die Zahl der Leser wird Hunderttausende betragen, und sicher ist es noch heute für viele ein gern benutztes Nachschlagewerk.

Aber es gibt auch zahlreiche Freunde der Musikbühne, die aus Zeitnot oder anderen Gründen nach einer kürzer gefaßten Einführung in die Opernwelt verlangen. Diesen will das vorliegende Buch dienen, das ebenfalls in früheren Fassungen schon Hunderttausende von Benutzern gefunden hat. In wenigen Minuten kann sich der Leser einen knappen und doch zureichenden Überblick über die Komponisten sowie den Inhalt und die Musik einer Oper verschaffen. Einige Notenbeispiele (die der des Notenlesens Unkundige getrost überschlagen mag) sollen den Weg andeuten, den die Opernsprache in mehr als dreihundert Jahren gegangen ist. Alle heute wirklich aufgeführten Standard-Opern, auch viele für die Opernentwicklung bedeutsame und seltener zu hörende Werke, werden kurz besprochen und gewertet, wobei das Hauptgewicht auf eine klare Inhaltsangabe gelegt wurde. Wer sich stärker mit der Musik beschäftigen will, der sei auf das in 11. Auflage vorliegende *Handbuch der Opern* von Otto Schumann (Heinrichshofen's Verlag, Wilhelmshaven) verwiesen.

Zugleich aber enthält dieser *Führer* durch die Welt der Musikbühne eine straff gefaßte Würdigung und Inhaltsangabe der bedeutendsten Operetten unseres Spielplans, und schließlich haben auch die mehr und mehr zur Aufführung gelangenden bekanntesten Musicals Berücksichtigung gefunden. Einige kritische Bemerkungen und musikalische Einordnungen dürften gerade bei der Operette willkommen sein. Die Operette, dieses geliebte Wunschkind des Publikums und geringgeachtete Stiefkind der Wissenschaft, ist eine Kunstgattung wie jede andere. Sie über die Achsel anzusehen, ist ein Zeichen geistigen Hochmuts; ihr ganz unkritisch gegenüberzustehen, kann zur Geschmacksverbildung führen. Die jeweiligen kurzen und kritischen Anmerkungen wollen nicht als Richtersprüche aufgefaßt werden, sondern als Andeutungen dafür, wie man sich auch mit der wichtigen Erscheinung der Operette und ihrer jüngeren Schwester, dem Musical, als Kunstgattung auseinandersetzen kann.

Der bis in die jüngste Gegenwart ergänzte *Opern- und Operettenführer* enthält mehr als 400 Werkbesprechungen und wird daher kaum jemals den Theaterbesucher, Rundfunkhörer oder Schallplattenfreund, der sich schnell unterrichten möchte, im Stich lassen.

Frühjahr 1983   F.N.

OUVERTÜRE

Im Europa des ausgehenden Mittelalters gab es allenthalben Schäfer-, Mysterien- und Maskenspiele, die mit irgendwelchen Musikstücken ausgestaltet oder begleitet wurden. Für das Werden der Kunstgattung Oper haben sie allesamt nur am Rande eine gewisse Bedeutung. Eigentliche Geburtsstätte der Oper ist vielmehr die Stadt Florenz um die Wende vom 16. zum 17. Jahrhundert.

Überwältigt durch die Wiederentdeckung (rinascimento, renaissance) der altgriechischen Plastik und Dichtung befaßte sich in den Palästen des Grafen Bardi und des Adeligen Jacopo Corsi ein Kreis kunstsinniger Männer (darunter der Vater des Astronomen Galilei) mit der Frage, ob und wie eine Wiedergeburt des altgriechischen Dramas in *neuzeitlicher* Form zu ermöglichen sei. Ausgangspunkt solcher Erörterung scheint gewesen zu sein das Wissen, das in den altgriechischen Dramen Musik verwendet wurde. Man hielt es nun für wahrscheinlich, daß die Darsteller des griechischen Klassikerdramas nicht einfach gesprochen, sondern in irgendeiner Weise gesungen haben müßten.

Die neueste Entwicklung der damaligen Musik schien diese Auffassung zu stützen. Neben die – bereits verwilderte und durch Palestrina reformierte – Vielstimmigkeit trat, ganz im Geiste der den Einzelmenschen entdeckenden Renaissance, zunächst schüchtern, dann mehr und mehr sich durchsetzend der instrumental begleitete Sologesang. Wenn es gelang, diesen Stil auf Bühnenwerke zu übertragen, dann würde, wie man glaubte, ein bedeutsamer Schritt zur Wiedergewinnung altgriechischen Dramenstils getan sein.

Nach verschiedenen Versuchen wurde schließlich ein erster Erfolg erzielt. Im Florentiner Palast des Grafen Bardi wurde im Frühjahr 1698 das Werk *Dafne* aufgeführt. Den selbstverständlich der griechischen Sage entnommenen Text formte der Dichter Ottavio Rinuccini, die Musik schrieb Jacopo Peri (1561–1633). Von der verschollenen Musik weiß man nur, daß in der Oper nicht so sehr gesungen, als in wechselnden Tonhöhen, Tonstärken und Zeitmaßen *gesprochen* wurde; die Begleitung beschränkte sich auf wenige Instrumente. Genauer studieren läßt sich dieser rezitierende, *rappresentative* (darstellende) Stil an der wenige Jahre später von den gleichen Verfassern stammenden Oper *Euridice* (1600). Die Vertonung ist im wesentlichen erhalten.

Schon diese wenigen Andeutungen lassen erkennen, daß es sich bei den ersten Opern um erdachte, künstliche Gebilde handelt. Aber die *Erfindung* lag in der Luft. Denn mit geradezu bestürzender Geschwindigkeit verbreitete sich die Neuerung in ganz Westeuropa, streifte mehr und mehr das Künstliche ab, wuchs in künstlerische Höhen, verfiel wieder, erreichte neue Gipfel, wanderte durch Täler, über Gipfel, trieb immer neue, vielfach national bedingte Stilrichtungen aus sich heraus. Von Florenz aus eroberte die neue Kunstgattung bald Mantua, dann Rom und Venedig (hier wurde 1637 das erste Operntheater der Welt errichtet), weiter Neapel, wo die Belcanto-Oper, der *Schöngesang* geboren wurde. In Paris schwang der gebürtige Italiener Jean Baptiste Lully (1632–1687) das Zepter und drängte vorübergehend die französische Nationaloper zurück. In Deutschland schrieb der große Heinrich Schütz 1627, also zehn Jahre vor dem Bau des venezianischen Opernhauses, die erste deutsche Oper *Dafne* (Musik ist verloren); 1678 wurde in Hamburg die *Oper am Gänsemarkt* eröffnet (Johann Theile, Reinhard Keiser, Siegmund Kusser, Georg Philipp Telemann), in England schrieb Henry Purcell das Werk *Dido und Aeneas*.

Kehren wir nach diesem flüchtigen Gang, vor allem durch das 17. Jahrhundert, an den Anfang zurück, so finden wir am Beginn dieser großen *Ouvertüre Oper* bereits die erste jener zahlreichen Opernreformen, die das musikalische Theater bis in unsere Tage wieder und wieder erlebt hat. Die erste dieser Reformen, ein knappes Jahrzehnt nach der frühesten Oper überhaupt, geht zurück auf Monteverdi.

MONTEVERDI

Claudio M. (1567–1643) wurde in Cremona geboren,
wirkte 1602–1612 beim Herzog von Mantua, lebte dann
ein Jahr ohne feste Anstellung in seiner Vaterstadt und
wirkte seit 1613 als Kapellmeister der Markuskirche in
Venedig, wo er gestorben ist. Schrieb weltliche und
geistliche Vokalmusik, Opern, Zwischenspiele, Ballette
und Ähnliches.

Monteverdi scheint mit großer Aufmerksamkeit seinen *Opern-Vorgänger* Peri studiert zu haben, deutlich
erkennbar an bestimmten von Peri frühzeitig angewendeten Echowirkungen und an dem oben erwähnten Tonhöhensprechen. War aber bei Peri noch der Text das tragende Element, so setzte Monteverdi die Musik gleich-
wertig neben das Wort. Genauer: zuoberst stand ihm
die künstlerische Wahrheit der Wirklichkeit, die er durch
Wort *und* Ton zu gestalten versuchte. Die Wirklichkeit
aber ist nicht ein sich gleichmäßig abspulender Faden,
sondern besteht aus einer Fülle sich bald ergänzender
und bald sich kreuzender Einzelheiten. Von dieser Warte
aus begreifen wir heute, was ihm von Zeitgenossen zuweilen als Formverletzung angekreidet wurde: die unvermutet auftretenden, zuweilen erschreckenden, dem
kurzen Satz, ja, dem Einzelwort genau entsprechenden
musikalischen Gebärden. Das erreichte er – von Bühnenwerk zu Bühnenwerk wachsend – durch melodische,
harmonische und instrumentale Mittel. So ist es fast
selbstverständlich, daß sich die berichtenden Stellen von
den empfindungsvollen behutsam mehr und mehr abset-
zen, daß also die spätere Unterteilung von Rezitativ und

Arie bereits keimhaft vorbereitet wird. Dazu treten nicht unwichtige Chöre.

Dieses keimhafte Werden, dieses aus dem Halbschatten einer Frühzeit allmählich Gestalt annehmende Wachsen einer neuen dramatischen Wahrheit ist es auch, was viele Tondichter unseres Jahrhunderts veranlaßt hat, nach dem Übersteigern der Mittel des musikalischen Theaters in der jüngeren Vergangenheit sich mit den Werken auseinanderzusetzen und sie zu bearbeiten (Casella, Dallapiccola, Ghedini, Hindemith, d'Indy, Křenek, Malipiero, Matthus, Orff, Respighi, Wenzinger u.a.). Wenigstens zwei zeitlich weit auseinanderliegende Opern Monteverdis (,,favole in musica") seien kurz gestreift, obwohl sie nur selten, viel zu selten aufgeführt werden.

Orpheus

Favola in musica in fünf Akten und einem Prolog. – Text von Alessandro Striggio. Deutsche Neufassung von Dorothee Günther, frei gestaltet von Carl Orff. Uraufführung 1607 in Mantua.

Hirten und Nymphen singen im arkadischen Frühling, Orpheus und Eurydike schwelgen in Liebesglück. – Überströmend vor Seligkeit äußert der ,göttliche Sänger' Orpheus sein Empfinden in edlem Gesang. Aus dem Wald tönt es Antwort in Chören der Hirten und Nymphen. Da wird dem Sänger Kunde, Eurydike sei gestorben. Nach anfänglicher Verzweiflung beschließt er, die Tote zu suchen. – Den Wächter der Toten in der Unterwelt erweicht Orpheus durch seinen herrlichen Gesang: Eurydike darf ihrem Gemahl zur Erde zurück folgen, werde ihm jedoch wieder entrissen, wenn er sich nach ihr umdrehe. Da Orpheus den ihm folgenden Schatten Eurydikes nicht hören kann, glaubt er sich getäuscht, wendet sich um und verliert nun die Tote für immer.

Die Krönung der Poppea

Dramma per musica in drei Akten und einem Prolog. – Text von Francesco Busenello. Textliche und musikalische Neufassung von Ernst Křenek. Uraufführung 1642 in Venedig.

Die ehrgeizige Poppea, nicht zufrieden, Neros Geliebte zu sein, wünscht Kaiserin zu werden, also Neros Gattin Octavia zu verdrängen. Diesem Plan stellt sich Seneca entgegen; wütend fordert Poppea von Nero, er solle Seneca umbringen lassen. Seneca gibt sich auf Verlangen des Kaisers selbst den Tod. Jetzt mischt sich Kaiserin Octavia ein und verlangt von Ottone, der vergeblich um Poppeas Liebe wirbt, er solle Poppea töten. Fast wäre diesem die Verzweiflungstat gelungen; doch die ihn aufrichtig liebende Drusilla stellt sich ihm in den Weg. Beide müssen sich vor Nero verantworten. Drusilla will ihren geliebten Ottone vor Strafe bewahren, doch dieser offenbart, daß die Kaiserin ihn zu dem Mordversuch angestiftet habe. Zusammen mit Drusilla wird er des Landes verwiesen, Kaiserin Octavia wird verstoßen, und Poppea hat ihr Ziel erreicht: sie wird zur neuen Kaiserin gekrönt.

Wenn auch die Entstehung der beiden Werke um fünfunddreißig Jahre auseinanderliegt, so sollte man von einer „Entwicklung" Monteverdis nur mit äußerster Behutsamkeit sprechen. In der *Poppea* scheint alles nur

mehr verdichtet, ausgereifter, was im *Orpheus* keimhaft
bereits vorhanden war. Das gilt insbesondere von den
Einzelpersonen, die durch festere Umrißzeichnung musikalisch deutlich voneinander abgehoben werden. Daß
der instrumentale Klangkörper, den Monteverdi nach
dem Brauch der Zeit meist nur andeutet, durch die verschiedenen Bearbeiter verschieden realisiert wird, versteht sich am Rande.

*

Monteverdis dramatische Suche nach einem musika-
lisch-textlichen Ausdruck der *Wahrheit* hat zunächst
keine Nachfolger gefunden. Venedig, die Stadt seines
großartigen Wirkens, war bereits auf dem Wege zu anderen Zielen. Man baute Opernhäuser mit Logen und
Parkett, was besagt: für die Großen die Logen, das Parkett für die Menge. Beiden Gruppen mußte auf der Bühne Rechnung getragen werden. Damit drangen in die
Oper mehr und mehr lustige Narrenspiele mit liedhaften
Melodien ein. Der das eigentliche Geschehen tragende
Sprechgesang (Rezitativ) wurde mit spärlicher Begleitung möglichst geschwind dargeboten oder, wo es notwendig erschien, melodischer ausgestaltet und vom Orchester ausdrucksvoller gestützt. Das wiederum führte
dazu, Arie und reichlich begleitendes Rezitativ zu kop-
peln, woraus dann die Da-Capo-Arie als neue Form entstand. Die Beredsamkeit des Orchesterklangs entfaltete
sich zu erstaunlichen Wirkungen, die Gesangssolisten
vollbrachten großartige musikalische wie ausdrucks-
mäßige Leistungen. Doch schon bald nach Monteverdis
Tod überwucherte das Beiwerk, die Oper richtete sich
mehr und mehr nach den äußerlichen Wünschen des Publikums, die Sensation beherrschte nach wenigen Jahr-

zehnten das Feld und führte die eigentliche venezianische, durchaus wertvolle Oper in ein langsames Siech-
tum. Von den mehrere Hundert zählenden venezianischen Opern hat nicht eine einzige Bedeutung für die
Spielpläne unserer Gegenwart.

Aber die Oper als neue Kunstgattung war nun einmal
da und aus dem Theater nicht mehr wegzudenken. Schon
während der ersten Verfallserscheinungen in Venedig
trieb sie unterirdische Schößlinge, die zunächst in Rom,
dann vor allem in Neapel kräftig emporstrebten. Der reiche Königshof in Neapel, die gesangsbegeisterte neapolitanische Bevölkerung und berühmte Gesangsschulen der
Stadt, an denen die Schüler zehn Jahre studieren mußten,
bevor sie öffentlich auftraten – das alles bildete einen
fruchtbaren Nährboden für eine neue Wachstumsperio-
de der Oper. Der bekannteste Komponist des aufstre-
benden Opernzentrums Alessandro Stradella (1659–
1725) hatte zunächst in Rom die venezianische Da-Capo-Arie eingeführt (einer Arie zu Beginn folgt ein gegen-
sätzlicher Teil, der Schlußteil wiederholt die Arie) und in
Neapel weiter ausgebildet. Er gilt als Begründer der neapolitanischen Schule. In zahlreichen seiner Opern (mehr
als hundert) stellte er an die Sänger die unglaublichsten
Anforderungen in dem Wissen um das stupende Können, das die Sänger (vorwiegend Kastraten) in den Gesangsschulen Neapels erworben hatten. Dieses fast in-
strumentalgerechte Singen wußte er mit dem Melodien-
gut der neapolitanischen Bevölkerung nahtlos zu verbinden. Die so entstehende Schön-Gesang-Oper (Belcanto-Oper) Stradellas und vieler anderer Komponisten
versetzte zunächst Neapel, bald aber die ganze Welt in
einen wahren Begeisterungstaumel. Italienische Sänger-
truppen bereisten alle europäischen Hauptstädte und
verzauberten Adel und Bürgertum. Das Vorbild steckte

auch nicht-italienische Komponisten an, so daß in wenigen Jahrzehnten ein dichtes Netz von Opern im neapolitanischen Stil ganz Europa überzog. Freilich, wie die venezianische Oper durch Äußerlichkeiten dahinsank, so
verfiel allmählich auch die neapolitanische Belcanto-
Oper, als nämlich die Gesangsakrobatik der Kastraten
und Sängerinnen wichtiger erschien als die Komposition
selbst. Was uns heute noch anspricht aus dieser Stilrich-
tung, sind trotz vieler berühmter Namen (etwa Hasse,
Jomelli, Porpora, Traetta) nur mehr einige wenige
Opern, in denen der Belcanto in gereinigter Form fort-
lebt und sich charaktervoll weiterentwickelt hat: vor
allem in Werken von Händel, Pergolesi und Mozart.

HÄNDEL

Georg Friedrich H. (1685–1759). Sohn eines Hofbarbiers und Chirurgen, wandte sich erst nach des Vaters Tode endgültig der Musik zu. 1706–1707 in Hamburg, dann bis 1710 in Italien, anschließend in Hannover. Von 1712 bis zu seinem Tode in England. Schrieb Meisterwerke auf fast allen Gebieten der Musik.

Händels Opern sind nicht so handlungsreich, wie wir es sonst wohl gewohnt sind. Der eigentliche dramatische Antrieb liegt in der Musik. Durch die Musik Händels wird – stärker als in den meisten Opern seiner Zeit – jedes Wort ein Gedanke, jeder Satz eine Handlung. Um diese Sprache zu verstehen, bedarf es einerseits einer gewissen Schulung, andrerseits aber einer gewissen Abkehr von der Musik der vergangenen hundert Jahre; denn die alte Tonarten-Gesetzmäßigkeit will voll begriffen sein, wenn man die zugleich einzelpersönlichen und überpersönlichen Menschen der Händel-Opern in ihren Seelenregungen und Handlungsantrieben verstehen möchte. Das Wort ,,Seelenregung" ist hier gemeint als Gegensatz zu den psychologischen Durchleuchtungen, wie sie etwa seit Wagner in ständig wachsendem Maße im Opernschaffen üblich geworden sind. Denn Händels Musik verliert sich nicht an die verästelte Darstellung von menschlichen *Einzel*seelen, sondern gibt Aufriß und Grundriß *allgemeiner* seelischer Verfassungen. Daher ist es wesentlich, den harmonischen Ablauf des Händelschen Sprechgesangs ebenso aufmerksam zu verfolgen wie die harmonischen Verknüpfungen der Arien untereinander. Wer sich dieser genußreichen Mühe einmal unterzogen hat, nennt einen Maßstab sein eigen, der ihn auch in der klassischen, romantischen und modernen Oper niemals im Stich lassen wird.

Händels Opern waren in Deutschland lange Zeit vergessen. Zum Teil mag das daran gelegen haben, daß sie sämtlich in englischer Sprache abgefaßt sind. Die erste Händel-Renaissance ging aus von Oskar Hagen in Göttingen (seit 1920). Zwar wird heute Hagen manche Eigenwilligkeit in Übersetzung und musikalischer Bearbeitung angekreidet, doch bleibt seine Arbeit ein bleibendes Verdienst. *Ganz groß* (man muß diesen Werbeausdruck in diesem Zusammenhang einmal benutzen) wurden Händels Opern dann in vielfachen Bearbeitungen herausgestellt in der Zeit um 1959, zweihundert Jahre nach des Komponisten Tode. Jede Bühne, die auf sich hielt, brachte eine oder mehrere Opern. Zeitschriften und Zeitungen sowie Bücher bemühten sich, Verständnis für Händel zu wecken. Aber schon nach weniger als einem Jahrzehnt brachten neun deutsche Bühnen nur mehr neun Opern heraus mit insgesamt ganzen fünfunddreißig Aufführungen.

Von den etwa vierzig Opern Händels gebe ich daher nur einige etwas ausführlicher wieder und bringe eine weitere Anzahl nur in Stichworten als Erinnerungs- und Gedächtnisstütze.

Julius Cäsar

Oper in drei Akten. – Text von Nicola Francesco Haym.

Personen: JULIUS CÄSAR (Bariton); CURIO, Tribun (Baß); CORNELIA, Gattin des Pompejus (Alt); SEXTUS, ihr Sohn (Tenor); CLEOPATRA (Sopran); PTOLEMÄUS, ihr Bruder, König von Ägypten (Baß); ACHILLAS, ägyptischer Feld-

herr (Bariton); NIRENUS, *Cleopatras Vertrauter (Baß).* –
Ort und Zeit: Ägypten, vor Christi Geburt. – *Uraufführung: 2.3. 1724, London, Haymarket Theatre.*

1. Akt. Den vom Chor jubelnd begrüßten Sieger Cäsar bitten Cornelia und Sextus (Gattin und Sohn des besiegten Pompejus) um Frieden. Zu spät: der ägyptische Feldherr Achillas bringt dem Sieger das auf Befehl des Ptolemäus abgeschlagene Haupt des unterlegenen Pompejus. Cäsar ist empört, Sextus schwört, seinen Vater zu rächen. – Auf einem zu Ehren Cäsars veranstalteten Fest verhält sich Cäsar kalt und mißtrauisch gegenüber dem schmeichelnden Ptolemäus. Cornelia klagt Ptolemäus an, Sextus fordert den Mörder seines Vaters zum Kampf, wird jedoch von Wachen fortgeschleppt. Achillas wirbt um Cornelia, wird aber zurückgewiesen.

2. Akt. Nirenus führt Cäsar zu ,,Lydia" (Cleopatra), die seinen Beistand gegen Ptolemäus braucht. Verliebt verspricht ihr Cäsar alles. Wachen des Ptolemäus eilen herbei, Cäsar stürzt sich ihnen unerschrocken entgegen. – Im Frauenhaus buhlt Ptolemäus um Cornelias Liebe und will die schöne Römerin mit Gewalt küssen. Sextus springt dazwischen und wird verhaftet. Achillas will für Ptolemäus gegen die Römer und Cleopatra kämpfen, verlangt jedoch dafür vom König Cornelia. Ptolemäus aber verlacht ihn. Wütend befreit Achillas Sextus und Cornelia und stellt sich auf die Seite der Römer.

3. Akt. Cäsar ist beim Kampf gegen des Ptolemäus Wachen ins Meer gesprungen; man hält ihn für tot. Die Schlacht des Ptolemäus gegen die mit den Römern verbundene Cleopatra hat mit Ptolemäus' Sieg geendet. Cleopatra ist gefangen. Der gegen seinen König fechtende Achillas wird tödlich verwundet. Er gibt Sextus einen Ring, mit dessen Hilfe er eine ihm ergebene Kriegsschar

finden werde. Cäsar aber ist nicht ertrunken, er geht zusammen mit Sextus in den Kampf. Sextus erschlägt Ptolemäus, und Cäsar kommt als Sieger und Befreier Cleopatras.

Rodelinde

Oper in drei Akten. – Text von Nicola Francesco Haym.
Neubearbeitung von Oskar Hagen.

Personen: BERTARICH, König der Langobarden, von Grimwald vertrieben (Bariton); RODELINDE, seine Gemahlin (Sopran); GRIMWALD, Tyrann der Langobarden (Tenor); GARIBALD, sein Vertrauter (hoher Baß); HADWIG, Bertarichs Schwester (Alt); UNOLF, Vertrauter Bertarichs (Baß). – Ort und Zeit: Mailand, 6. Jahrhundert. – Uraufführung: 24.2.1725, London, Haymarket Theatre.

1. Akt. Grimwald hat Bertarich, den König der Langobarden, vertrieben, seine Herrschaft übernommen, wirbt nun um die Königin Rodelinde, wird aber abgewiesen. – Für Bertarich ist ein Grabmal errichtet worden. Aber er ist nicht tot, sondern hat sich mit seinem getreuen Unolf heimlich zu seinem „Grabe" begeben und beklagt sein Geschick. Dabei beobachtet er, wie seine Gemahlin dem Garibald, einem Vertrauten Grimwalds, ein Scheinversprechen gibt: sie wolle Grimwald heiraten.

2. Akt. Trotz seiner Verkleidung wird Bertarich von seiner Schwester Hadwig erkannt; die Ehrgeizige wollte einst selbst Königin werden und ist nun tief betrübt über das Unheil, das sie mit heraufbeschworen hat. Jetzt will sie dem Bruder helfen. – Rodelinde verlangt von Grimwald, er solle ihr Kind töten; erst dann werde sie seine

Gemahlin. Entsetzt weicht er zurück. – Rodelinde und Bertarich treffen sich, werden aber überrascht. Der ,,Fremde'' soll hingerichtet werden, wird jedoch durch Unolf und Hadwig aus dem Kerker befreit. Rodelinde hält ihren Gemahl nun endgültig für tot.

3. Akt. Garibald, der selbst Herrscher werden möchte, will Grimwald im Schlafe töten; im rechten Augenblick erscheint der befreite Bertarich und schlägt Garibald nieder. Von so viel Edelmut bezwungen, gibt Grimwald, der im Grunde nur schwach, aber nicht schlecht ist, Bertarich die Herrschaft zurück.

Xerxes

Heitere Oper in drei Akten. Deutsche Neubearbeitung von Oskar Hagen.

Personen: XERXES, ein junger König im Osten (Tenor); ARSAMENE, sein Bruder (Bariton); ARIODAT, Feldherr (Baß); ROMILDA und ATALANTA, seine Töchter (Sopran); AMASTRIS, Verlobte des Xerxes (Alt); ELVIRO, Diener des Arsamene (Baß). – Ort und Zeit: Persien, 5. Jahrhundert vor Christo. – Uraufführung: 26.4.1738, London, Haymarket Theatre.

Dieses Mal eine heitere Oper, überquellend von wohllautender Musik, mit dem berühmten ,,Largo'' (in Wirklichkeit ein Liebeslied im Larghetto-Zeitmaß).

1. Akt. Der junge König Xerxes schmachtet sehnsüchtig nach der geliebten Romilda. Diese aber will seinem Bruder Arsamene treu bleiben. Auch Arsamene weigert sich, Romilda dem königlichen Bruder zuzuführen, und wird verbannt. Die lustige Atalanta nimmt alles auf die

leichte Schulter; dieser Wildfang weiß schon jetzt, daß Romilda den Arsamene bekommen und daß Xerxes zu seiner Verlobten Amastris zurückkehren wird. Atalanta ist auch die einzige, die kaum auf den Schwur des Xerxes achtet, er wolle den siegreichen Feldherrn Ariodat dadurch ehren, daß er dessen Tochter Romilda einem königlichen Fürsten zur Frau gebe.

2. Akt. Amastris hört von der angeblichen Treulosigkeit ihres Verlobten Xerxes. Der tolpatschige Diener Elviro will einen Brief Arsamenes an Romilda forttragen, läßt ihn sich aber von Atalanta abluchsen. Diese Schelmin zeigt den Brief Xerxes und behauptet, Arsamene habe verliebt an sie selbst geschrieben. Doch auch, als Xerxes frohlockend der Romilda solchen ,,Beweis'' zeigt, wird diese an Arsamene nicht irre, weil sie das Spiel zu durchschauen glaubt. Am Abend befiehlt Xerxes einem Hauptmann, keinen Menschen in Ariodats Haus einzulassen. Dieser Hauptmann aber ist – seine eigene Verlobte, die er in ihrer Verkleidung nicht erkennt.

3. Akt. Amastris führt den Königsbefehl ganz genau aus: als Xerxes zu Romilda schleichen will, wird er von dem ,,Hauptmann'' daran gehindert. Nun gibt Xerxes vor, ein Bote des Königs zu sein: Ariodat solle alles zur Hochzeit mit dem ,,königlichen Fürsten'' bereiten. Natürlich wird Arsamene dieser königliche Schwiegersohn. Xerxes muß zu seiner Verlobten zurückkehren.

✳

Arminius und Thusnelda

(Drei Akte, Uraufführung London 1737) liegt seit 1935 in einer ausgezeichneten Neubearbeitung von Hans Jo-

achim Moser vor. Obwohl die Aufführung die Qualitäten von Werk und Bearbeitung bewiesen hat, ist die Oper bald wieder verschwunden. – Auch hier keine eigentliche Handlung, sondern die musikalische Darstellung von Empfindungen und Verhaltensweisen des Menschen in bestimmten Lebenslagen. Arminius: verwundet in einer verlorenen Schlacht, verraten von einem Volksgenossen und Verwandten, unbeugsam vor dem römischen Feldherrn, ungebrochen im Kerker, unerschütterlich vor dem Richtblock, großmütig und edel im endlichen Siege. Thusnelda: liebendes Weib und heldenmütige Dulderin. Zwischen ihnen Arminius' Schwiegervater Segest als Verkörperung finsteren Landesverrates und persönlichen Ehrgeizes. Neben dieser Dreiheit stehen: die heldische Erminie, der schwächliche, unentschiedene Segemunt, der in Thusnelda verliebte Varus und sein kriegerischer Hauptmann Tullius.

Agrippina

(Drei Akte, Uraufführung 1709 in Venedig, Text von Vincenzo Grimani, Neubearbeitung von Helmuth Chr. Wolff). Heiteres Spiel mit Verwechslungen und Intrigen, mit dem vorschnell für tot erklärten Kaiser Claudius, dem ebenso vorschnell zum Nachfolger ausgerufenen Nero, der listigen Kaiserin Agrippina (Neros Mutter), der nicht minder verschlagenen Poppea, die alle beiden „Kaiser" Claudius und Nero an der Nase herumführt und schließlich den geliebten wackeren Feldherrn Otto zum Gemahl bekommt.

Tamerlan

(Drei Akte, Uraufführung 1724 in London, Text von Nicola Francesco Haym, Neufassungen von H. Roth und S. Skraup). Der Tatarenfürst Tamerlan, obwohl mit Irene verlobt, wirbt um Asteria, die Tocher des von ihm gefangenen Emir Bajazet, wird anfangs abgewiesen, weil Asteria einen jungen Griechenfürsten liebt, hat schließlich scheinbar Erfolg; doch Asteria will ihn in der Hochzeitsnacht ermorden. Der Anschlag wird entdeckt, Asteria wird erniedrigt, und ihr Vater nimmt den für Tamerlan bestimmten Gifttrank unter schrecklichen Flüchen gegen Tamerlan. Das bringt Tamerlan zur Vernunft, und alles geht noch gut aus. – In dieser Oper erreicht Händels Kunst, Charaktere und Stimmungen musikalisch nachzuzeichnen, einen Höhepunkt.

Poro

(Drei Akte, Uraufführung 1731 in London, Text von Pietro Metastasio, im 20. Jahrhundert mehrfach bearbeitet). Ein Drama des Edelmuts, in dem sich Alexander der Große, der Inderkönig Poro und dessen Gemahlin Cleofide ständig übertreffen. In keiner anderen Oper Händels ist die Charakterisierung durch musikalische Mittel vollendeter als in *Poro*.

Ariadne

(Drei Akte, Uraufführung 1734, Text von Francis Colman, deutsche Bearbeitung von Fritz Lehmann). Das be-

kannte wieder und wieder vertonte Spiel vom Griechen-
prinzen Theseus, der mit den von Athen an den Kreterkönig Minos geschuldeten Blutopfern (sieben Jünglinge,
sieben Jungfrauen) nach Kreta fährt, den menschenfres-
senden Minotaurus in dessen Labyrinth tötet und mit
Hilfe einer List Ariadnes, die als Fremde in Athen lebte,
an einem seidenen Faden dem Labyrinth entkommt.
Theseus offenbart dem Kreterkönig, daß Ariadne dessen
Tochter ist, und fährt mit den Geretteten nach Athen zurück. Das Blutopfer braucht nun nie mehr vollzogen zu
werden. – Dem aufmerksamen Hörer wird nicht entgehen, daß Rezitative und Arien in dieser Oper bedeu-
tungsmäßig einander angenähert sind.

Deidamia
oder Achill unter den Mädchen

*(Drei Akte, Text von Paolo A. Rolli, Neubearbeitung
von Rud. Steglich, Uraufführung 1741 in London).* – Die
Göttin Thetis hat ihren Sohn Achill auf der Insel Scyros
in Mädchenkleidung unter Mädchen verborgen, damit er
dem geweissagten Tode als Krieger entgehe. Dort findet
ihn der listige Odysseus, der angeblich den Mädchen
Schmuckwaren verkaufen will, unter seine Waren aber
ein Schwert legt, das Achill bei einem vorgetäuschten Signal unwillkürlich ergreift. Die Königstocher Deidamia
hat die List vergeblich zu durchkreuzen versucht. Obwohl nun auch sie von der Weissagung Kunde erhält,
vermählt sie sich dennoch mit dem heimlich geliebten
Achill. – Es handelt sich, obwohl Händel noch achtzehn
Jahre weiterlebte und schuf, um des Meisters letzte
Oper.

PERGOLESI

Giovanni Battista P. (1710–1736, Italiener) war vor allem Opernkomponist; doch nicht weniger berühmt ist sein „Stabat mater".

Die Magd als Herrin

Intermezzo in zwei Szenen. – Text von Gennaro Antonio Frederico. Neufassungen von H. Albert, R. Kleinmichel, H. M. Schletterer, F. Reuter, H. Stüwe u.a.

Personen: UBERTO, ein alter Junggeselle (Baßbuffo); SERPINA, seine Magd (Sopran); VESPONE, Diener (stumme Rolle). – Ort und Zeit: Ubertos Zimmer, um 1730. – Uraufführung: 28.8.1733, Neapel, Teatro San Bartolomeo.

Die damalige ernste, mit antikem Bildungsballast überfrachtete, reichlich gespreizte Oper begann den Italienern langweilig zu werden. Daher führte man in den Pausen der ernsten Oper ‚Intermezzi‘ auf, um das Publikum zu erheitern. Ein solches Intermezzo in zwei Szenen ist „Die Magd als Herrin". Aus den Intermezzi entwickelte sich mit der Zeit die komische Oper.

Sehr einfach und derb ist die Handlung dieses Spielchens von Pergolesi. Die hübsche Magd spielt sich als Herrin in des alten Uberto Hause auf und geht darauf aus, die Frau des reichen Junggesellen zu werden. Der stumme Diener Vespone wird als gefährlich aussehender kriegerischer Hauptmann verkleidet und als Serpinas Bräutigam vorgestellt. Er verlangt von Uberto eine hohe Mitgift und beginnt zu randalieren, als dieser nicht gleich einwilligen will. Uberto läßt sich einschüchtern; da ihm zudem sein schönes Geld als Mitgift zu schade ist und ihm leid tut, daß die knusprige Magd einen so gräßlichen Soldaten heiraten soll, heiratet er sie lieber selbst. Serpina hat gesiegt.

So einfach die Handlung, so schlicht die Musik. Man könnte sagen: unpersönliche Schablone. Aber einmal entspricht diese Schablone dem oberflächenhaften Gang des Stückes, zum andern wird sie meisterhaft gehandhabt. In dem kleinen Orchester (nur Streicher und Cembalo!) kichert und poltert es je nach dem Geschehen auf der Bühne, kleine musikalische Motive jagen einander frech-heiter und schein-gemütvoll. Es sind klingende Ornamente, tönendes Zierwerk eines italienischen Rokoko-Schlößchens. Ein weiteres Merkmal der Musik Pergolesis in diesem Werk ist, daß im Gegensatz zur Homophonie der *opera seria*

kleine kurzgliedrige Motive (siehe Beispiel) erscheinen, die häufig während ganzer Szenen dominieren und dadurch geradezu musikalisch-dramatisch wirken.

GLUCK

Christoph Willibald G., geb. 1714 in der Oberpfalz, lange Jahre in Prag, Italien, London, Wien, Paris und wieder in Wien, dort 1787 gestorben.

Als Gluck 48 Jahre alt war und schon zahlreiche Opern im damaligen italienischen Stil geschrieben hatte, führte er seine erste „Reformoper" auf, das heißt, er schuf ein Werk, in dem er seine Forderung nach größerer dramatischer Wahrheit in Handlung und Musik verwirklichte. Wichtig ist, daß er die Form der italienischen Oper (Arie und Rezitativ mit dem Belcanto) unverändert ließ, das Vorhandene nur mit neuem Geist erfüllen wollte. So entwicklungsgeschichtlich bedeutsam und künstlerisch großartig GLUCKS Reformopern sind, so viele Bearbeiter und Übersetzer sich um sie bemüht haben – den rechten Widerhall finden sie auch heute noch nicht.

In *Orpheus und Eurydike* (Neapel 1762, Text von Raniero Calzabigi) ist ihm das Reformwerk bereits in hohem Maße gelungen. Den Schöngesang (belcanto) erfüllt er mit seelischer Wärme, und die Handlung ist durch die Musik zu einem inneren Vorgang geworden. – Der grie-

Orpheus (Gluck)

Andante

Ach ich ha-be sie ver-lo - ren,

all mein Glück ist nun da - hin

chische Sänger Orpheus hat seine Gemahlin Eurydike
durch den Tod verloren. Sein Flehen rührt die Götter: er
darf Eurydike aus der Unterwelt zurückholen, sich aber
beim Rückweg auf die Erde nicht nach ihr umschauen.
Die Schönheit seines Gesanges überwindet alle Schreck-
nisse der Unterwelt, nicht aber die Angst seines Herzens. Er sieht sich doch um, und Eurydike muß als
Schatten in die Unterwelt zurück.

Weniger bekannt sind *Alkeste* (Wien 1767) und *Paris
und Helena* (Wien 1770). Alkeste will ihr Leben hingeben, damit ihr Gatte Admetos von Krankheit genese.
Admetos nimmt das Opfer nicht an und will ihr in den
Tod folgen. So große Gattenliebe wird belohnt. – Paris
wirbt viermal vergeblich um Helena, erst eine List
Amors stimmt die Spröde um: allen Wahrsagungen zum
Trotz folgt sie Paris nach Troja. (Die italienischen Texte
beider Werke stammen von Raniero Calzabigi). In diesen Opern hat Gluck seinen Reformweg weiterverfolgt –
freilich, ohne verstanden zu werden. Enttäuscht ging er
nach Paris. Dort tobte ein ähnlicher Kampf, wie er ihn
selbst führte. Ein Teil der Opernfreunde hielt es mit der
leichten, spielerischen italienischen komischen Oper
(Buffo-Oper), der andere Teil setzte sich für die neue
französische Nationaloper (Lully und Rameau) ein, die
wie Gluck nach dramatischer Wahrheit strebte. Gluck
hielt sich diesen Auseinandersetzungen zwischen Buffonisten und Antibuffonisten fern.

Sein neues Werk *Iphigenie in Aulis* (Paris 1774, Text
von du Roullet) behandelt wiederum einen griechischen
Sagenstoff. Der Feldherr Agamemnon will das von den
Göttern für eine glückliche Ausfahrt der Griechenflotte
nach Troja geforderte Menschenopfer (seine Tochter
Iphigenie) umgehen; die Krieger verlangen das Opfer,
aber Iphigeniens Verlobter Achill widersetzt sich und

droht dem schwankenden Agamemnon mit Gewalt. Da
aber will Iphigenie selbst das Opfer. Als am Strande von
Aulis der Götterbefehl ausgeführt werden soll, stürzt
Achill mit seinen Scharen herbei. Aber die Göttin Arte-
mis entrückt die Jungfrau: Iphigenie solle nicht sterben,
sondern sich in fernen Landen als Priesterin den Göttern
weihen. – Um seine Absichten zu verwirklichen, hat
Gluck in dieser dreiaktigen Oper die bestehenden Formen erweitert. Die Ouvertüre wird unmittelbar mit der
Handlung verbunden, der Sprechgesang wird ausdrucks-
voll vom Orchester begleitet, aus den Sing-Arien werden
Ausdrucks-Arien von dramatischer Gewalt und die
Chöre fest in das szenische und musikalische Geschehen
eingebaut. – Der Erfolg war ungeheuer. Er beendete den
Streit zwischen Buffonisten und Antibuffonisten – führte
jedoch zu neuen Fronten: die Gluck-Anhänger nannten
sich Gluckisten, die Anhänger des italienischen Komponisten Piccini bezeichneten sich als Piccinisten.

Endgültig beendet wurde dieser Kampf zu Gunsten
Glucks durch die vieraktige Oper *Iphigenie auf Tauris*
(Paris 1779. Text von François Guillard). Iphigenie ist
Priesterin in Tauris. Dorthin werden – unerkannt –
Orest und sein Freund Pylades verschlagen. Orest ist der
Sohn Agamemnons (also Iphigeniens Bruder); er hat seine Mutter getötet, weil sie Agamemnon nach dessen
Rückkehr von Troja ermordete. König Thoas von Tauris
will die beiden Fremden den Göttern opfern, weil er Unheil ahnt. Iphigenie läßt Pylades frei; der von Furien ge-
hetzte Orest aber will sterben. Jedoch verrät er sich bei
der Opferung, Iphigenie erkennt ihren Bruder, und Pylades rettet die Geschwister vor dem Zorn des Königs. –
Die Vertonung bringt nichts Neues gegenüber den früheren Werken. Wohl aber ist alles gereifter, seelisch noch
weiter vertieft, dramatisch noch stärker begründet. Ein

psychologisch-musikalisches Meisterwerk etwa die Traumerzählung Orests: von diesem atmenden Gebilde führt kein erkennbarer Weg zurück zu den trockenen Sprechgesängen (Secco-Rezitativen) der früheren italienischen Oper. Und – um ein anderes Beispiel zu nennen – der Chor der Furien ist nicht mehr Entfaltung von Klangmassen, sondern klanggewordenes seelisches Grauen.

Zuweilen findet sich auf den deutschsprachigen Bühnen auch die eine oder andere der frühen komischen Opern Glucks. *Der bekehrte Trunkenbold* (zwei Akte, Uraufführung 1760 in Wien, Text von L. Anseaume, Neufassung F. Rühlmann) handelt im allbekannten Schema von einem trunksüchtigen Onkel, der seine Nichte Marie einem Saufkumpan verkuppeln will, mit diesem im Rausch in einen Keller gebracht und dort von scheinbaren Geistern der Unterwelt so lange gepeinigt wird, bis er Marie erlaubt, ihren Liebhaber Anton zu heiraten. Als er hinter den Schwindel kommt, bleibt er standhaft, wird nicht mehr trinken.

Die Pilgrime von Mekka (ursprünglich *Unverhoffte Begegnung*, drei Akte, Uraufführung 1764 in Wien, Text von L. Dancourt). Eine der damals beliebten *Türken-Opern,* die in gewisser Weise Mozarts *Entführung* vorwegnimmt. Prinz Ali ist mit seinem Diener Osmin in Kairo eingetroffen, wo er seine geraubte Geliebte Rezia sucht. Von einer Haremsschönheit verlockt, geht er in den Serail, widersteht aber allen Verlockungen. Rezia hat sich verborgen gehalten und ihren Geliebten auf die Probe stellen wollen. Mit Müh und Not retten sich die Hauptpersonen vor dem heimkehrenden Sultan, werden jedoch später verraten, vor den Sultan gebracht und mit Martern bedroht. Ali und Rezia bleiben jedoch fest, wollen lieber sterben als einander verraten und rühren dadurch den Sultan, der sie in Frieden ziehen läßt.

HAYDN

Joseph H. (1732–1809) war dreißig Jahre lang Kapell-meister beim Fürsten Esterhazy in Eisenstadt, lebte seit 1790 als Freischaffender und als (besonders in England) geschätzter Dirigent. Schrieb Meisterwerke auf allen Ge-bieten der Musik, u.a. 24 Opern und Singspiele.

Es ist immer wieder das gleiche Bild: Haydn-Opern werden ausgegraben, textlich und musikalisch bearbei-tet, aufgeführt, verschwinden nach kurzer Zeit von der Bühne und machen anderen Opern oder Singspielen Haydns Platz, die dann das gleiche Schicksal erleiden. Dabei handelt es sich zuweilen um wahre Delikatessen, wie von dem an musikalischem Ausdruck reichen Mei-ster vokaler und instrumentaler Werke nicht anders zu erwarten. Ob das geringe Echo auf den Publikumsge-schmack zurückgeht oder auf zu geringe wirkliche Haydn-Pflege, sei dahingestellt. Mindestens *Der rasende Roland*, ein erstaunlich dramatisches Stück, und die nachfolgend skizzierten Werke (halb Buffoopern, halb Singspiele) verdienten eine ständige Pflege.

Der Apotheker

(Text Carlo Goldoni, deutsch mehrfach bearbeitet, Ur-aufführung 1768) zeichnet sich durch gestochene musi-kalische Charakterisierung aus, nicht nur in der „Tür-kenszene", sondern in den fein abgesetzten Gesangssti-len des großtuenden Apothekers und des scheu und listig zugleich wirkenden Mengones. Gleich drei Bewerber hat

die junge Griletta: den Apotheker, seinen Gehilfen Mengone und den Lebemann Volpino. Den Apotheker glaubt man ausschalten zu können, doch wirft er die verkleideten Mengone und Volpino hinaus. Als Volpino als „türkischer Pascha" auftritt, ist der Apotheker zwar beeindruckt, weigert sich aber, auf Griletta zu verzichten. Die „Türken" zerschlagen daraufhin die Apotheke und lassen erst davon ab, als der Apotheker entsagt, dem Mengone seine Griletta gibt und Volpina für den Mobiliarschaden aufkommt.

Die Welt auf dem Monde

(Text Carlo Goldoni, deutsche Neufassung Wilhelm M. Treichlinger, musikalisch neugestaltet von Mark Lothar, Uraufführung 1777). In der vorliegenden Form wurden u.a. aus Arien Ensemblesätze und aus anderen Werken Haydns wurde verschiedenes entnommen und maßvoll zusammengebaut. Zunächst das Übliche: reicher Kaufmann will dem jungen Leandro die hübsche Clarissa nicht geben. Der Diener Cecco, die in ihn verliebte Haushälterin und ein bestochener Doktor wollen helfen. Aber der Kaufmann läßt sich nicht für dumm verkaufen. Da gibt ihm der Doktor eine Medizin, die ihm eine Reise auf den Mond ermöglichen soll. Der Trank wirkt, der Kaufmann erwacht und sieht in einen „Spiegel", der die schrecklichen Leiden eines unglücklichen Liebespaares widergibt. Abermals entdeckt der Kaufmann den Betrug, läßt sich nicht erweichen; erst die Erwägung, daß die ganze Stadt über seine angebliche Mondreise lachen würde, stimmt ihn zugunsten des Liebespaares um.

DITTERSDORF

Karl Ditters v. D. (geb. 1739 in Wien, gest. 1799 bei Neuhaus in Böhmen) wirkte als Musiker in Wien unter Gluck und reiste mit ihm nach Italien. 1765 in Großwardein, dann Kapellmeister und Forstmeister des Breslauer Fürstbischofs, 1773 Amtshauptmann von Freiwaldau. Schrieb über hundert Sinfonien, ebensoviele Kammermusikwerke, viele Klavierstücke und über dreißig Opern und Singspiele.

Doctor und Apotheker

Komische Oper in zwei Aufzügen. – Text von Stephanie dem Jüngeren.

Personen: STÖSSEL, *Apotheker (Baß);* CLAUDIA, *seine Frau (Sopran);* LEONORE, *beider Tochter (Sopran);* ROSALIE, *Stößels Nichte (Sopran);* Dr. KRAUTMANN *(Baß);* GOTTHOLD, *sein Sohn (Tenor);* STURMWALD, *invalider Hauptmann (Tenor);* SICHEL, *Chirurgus (Tenor). – Ort und Zeit: eine Kleinstadt um 1780. – Uraufführung: 11.7.1786, Wien, Kärntnerthor-Theater.*

Doktor Krautmann und Apotheker Stößel sind Todfeinde. Daher will Stößel seine Tochter nicht dem Sohne Krautmanns, sondern einem stelzfüßigen Trunkenbold von Hauptmann zur Frau geben. Ähnliche Hindernisse stellen sich dem Lebensbund seiner Nichte mit dem Chirurgus Sichel entgegen. Nach altem Brauch werden dem Apotheker und dem Hauptmann allerlei Streiche gespielt, so daß nach manchen Fährnissen die liebenden Paare doch vereint werden.

Dittersdorfs Musik ist zwar oberflächenhaft, aber reich an heiteren Einfällen, mit denen der betrunkene Hauptmann, der wichtigtuerische Arzt und der quacksalbernde Apotheker nicht minder hübsch charakterisiert werden als bestimmte lustige Augenblicke. Hinreißend komisch das polternde Duett zwischen Doktor und Apotheker: ,,Sie sind ein Scharlatan, ein Ignorant! – Ich bin ein weiser Mann, ein Laborant." Die Kunst Dittersdorfs besteht vor allem darin, für den rechten Augenblick die rechte Instrumentation oder das rechte Motiv zu finden.

CIMAROSA

Domenico C. (1749–1801), Italiener) schrieb u. a. etwa 80 Opern, lebte meist, von kurzen Unterbrechungen abgesehen (Petersburg, Wien), in Italien. Wegen Teilnahme an einem Aufstand 1798 in Neapel zum Tode verurteilt, jedoch begnadigt.

Von den zahlreichen Bühnenwerken Cimarosas ist heute nur noch *Die heimliche Ehe* (Wien 1792) als lebensfähig bekannt. Dieser Zweiakter lebt von der flüssigen Melodik und einprägsamen Kurzmotivik dieses Rokoko-Komponisten, zehrt textlich jedoch allzusehr von der Verwechslungs- und Täuschungstechnik der damaligen italienischen Bühne. Im Grunde ist der Inhalt einfach und harmlos; doch man fand in jener Zeit Freude daran, die Einfachheit mit einem Netz witziger Verwicklungen zu überziehen. – Ein Graf wirbt um die Tochter eines Kaufmanns. Als diese ihn abweist, versucht er es bei ihrer Schwester. Diese aber hat sich heimlich mit dem Buchhalter ihres Vaters vermählt. Den Buchhalter aber liebt die Schwester des Kaufmanns. Um sich vor den Werbungen des Grafen und der Kaufmannsschwester zu retten, beschließt das heimliche Ehepaar, zu fliehen. Inzwischen aber hat sich die erste Tochter nun doch in den anfänglich abgewiesenen Grafen verliebt. Sie wird eifersüchtig auf die vom Grafen umworbene Schwester und beschuldigt sie eines Verhältnisses mit dem Grafen. Wütend läßt der Kaufmann die Tür zur Kammer der Beschuldigten sprengen – und findet sie mit dem Buchhalter. Die heimliche Ehe ist entdeckt. Der Graf heiratet die zuerst umworbene Tochter, und alles löst sich in Freuden. Cimarosa bevorzugt in seinen Kompositionen

Andante grazioso

kleine musikalische Motive, die Heiterkeit und Schwär-
merei auszudrücken vermögen. Die zahlreichen und
immer wieder auftauchenden Motive charakterisieren
eindrucksvoll die jeweiligen Personen im Handlungsver-
lauf.

MOZART

Wolfgang Amadeus M. wurde 1756 in Salzburg als Sohn eines hervorragenden Musikers geboren. Als Sechsjähriger bezauberte er die Wiener und Münchener Gesellschaft durch sein Klavierspiel, mit elf Jahren erhielt er vom kaiserlichen Hof einen Opernauftrag, mit zwölf Jahren wurde er Hofkapellmeister in Salzburg. Reisen durch Deutschland, Frankreich, Italien und die Schweiz waren ein einziger Triumphzug für den glänzenden Klavierspieler. Seit seinem 21. Jahr lebte er in Wien; aber selbst als seine großen Meisterwerke (Opern, Sinfonien, Konzerte, Kammermusik, Sonaten, Messen usw.) längst veröffentlicht waren, war sein Dasein ein ständiger Kampf. Gestorben 1791 in Wien.

Man wird Mozarts Meisterwerke erst dann in ihrer ganzen Weite und Tiefe zu erleben vermögen, wenn man sich freimacht von der immer noch herumgeisternden Vorstellung, der Tondichter sei ein zierlich gepuderter, heiterer Liebling der Götter gewesen. Wohl war er auch das; aber in dem zieren Gewand steckte ein Mensch, der am eigenen Leibe und Gemüt tiefes Leid erfahren hatte und der – als echter Künstler – den Zwiespalt seiner Zeit ahnungsvoll und hellseherisch erkannte. Mozart war ein *echter* Rokokomensch: er atmete trunken die Blütendüfte des schönheitsdurstigen Lebens der ,,vornehmen Gesellschaft‘‘; gleichzeitig jedoch spürte er, wie diese Welt an ihrer schreienden sozialen Ungerechtigkeit langsam zugrunde ging – und dem Zusammenbruch gefaßt entgegentänzelte. Daran mag es liegen, daß Mozart in seinen Meisteropern – und nur von diesen sprechen wir hier, nicht von den zahlreichen halb- oder ganz vergessenen

Nebenwerken – sich zwar den überkommenen, formal gerundeten Vorbildern anschließt (vor allem der italienischen Opera seria), aber jeder Figur und jeder Situation musikalisch ein unverwechselbares warmes Leben einflößt. Ansätze zu einer solchen seelischen Wärme fand er u.a. im deutschen Singspiel, das er dann selbst auf einmalige Höhen gehoben hat. So bedeutungsvoll die Wahl seiner Textdichter gewesen sein mag – entscheidend bleibt, daß Mozart das eigentlich Menschliche in seine Musik zu gießen vermochte.

Die Entführung aus dem Serail

Singspiel in drei Aufzügen. – Text von Stephanie dem Jüngeren.

Personen: SELIM BASSA (Sprechrolle); CONSTANZE (Sopran); BLONDCHEN ihre Zofe (Sopran); BELMONTE (Tenor); PEDRILLO, sein Diener (Tenorbuffo); OSMIN, Aufseher über das Landhaus des Bassa (Baß). – Ort und Zeit: Landgut des Bassa in Kleinasien, Mitte des 16. Jahrhunderts. – Uraufführung: 16.7.1782, Wien, Burgtheater.

1. Aufzug. Der junge Spanier Belmonte ist seiner von Seeräubern entführten und an den Bassa Selim verkauften Braut Constanze nachgereist, um sie aus dem Serail (Harem) zu entführen. Vorerst scheitert seine Absicht an der mißtrauischen Wachsamkeit des bösartigen, fetten Aufsehers Osmin. Dafür merkt er aber, daß Constanze (Unterredung zwischen ihr und dem Bassa) ihn noch liebt. Sein ebenfalls gefangener Diener Pedrillo bringt ihn als Baumeister in den Palast.

2. Aufzug. Constanzes Zofe Blondchen treibt den sie umwerbenden Osmin zur Verzweiflung. Der Bassa droht Constanze mit Martern, wenn sie ihn nicht erhöre; aber sie bleibt standhaft. Von Pedrillo erfährt Blondchen (und von ihr Constanze), daß Belmonte zu heimlicher Rettung erschienen sei. Osmin wird von Pedrillo durch betäubenden Wein betrunken und wehrlos gemacht, und die Paare Constanze-Belmonte und Blondchen-Pedrillo prüfen in einem entzückend-heiteren Quartett ihre Liebe und Treue.

3. Aufzug. In der Mitternachtsstunde gibt Pedrillo das vereinbarte Zeichen (Romanze) zur Flucht. Constanze und Belmonte eilen davon, doch Blondchen und Pedrillo werden von dem wieder nüchtern gewordenen Osmin ertappt, die Geflüchteten zurückgebracht und vor den Bassa geführt. Da stellt sich heraus, Belmonte ist der Sohn eines Mannes, der den Bassa befeindet hat. Alles scheint verloren. Doch der Bassa verzeiht und läßt alle in ihre Heimat zurückziehen. (Ende des 18. Jahrhunderts sah die innerlich verfaulende „Gesellschaft" das Gute nur noch bei nichteuropäischen, insbesondere morgenländischen Völkern.)

So frisch die Musik im allgemeinen auch ist, wirkliche musikdramatische Zeichnung haben die meisten Figuren noch nicht; dagegen sind einige Ensemblesätze bereits

prächtig erfühlt (Trinkszene Osmin-Pedrillo, erstes Zusammentreffen der vier Liebenden). Doch mit dem Osmin steht die erste großartige Charakterfigur Mozarts
auf der Bühne. Seine Bösartigkeit und unfreiwillige Komik, seine rasende Wut und plumpe Unbeholfenheit sind
musikalisch vollendet gespiegelt. Ein Blick auf seine
Zorn-Arie ,,Solche hergelaufne Laffen'' mag das zeigen:
das ist gewiß noch Arie im italienischen Sinne, doch dieses Kollern und Drohen ist eben doch mehr als bloße
Gesangsfertigkeit. Und wenn das Orchester Osmins
Wutausbruch ,,Erst geköpft, dann gehangen'', mit Janitscharenmusik unterstreicht, dann ist der dramatische
Einklang von Melodie, Bewegungsantrieb, Klang und
Handlung überwältigend.

*

Bei den nun folgenden, von Mozart auf italienische
Texte komponierten Opern gilt es zu bedenken, daß sie
vielfach noch immer in Übersetzungen aufgeführt werden, die der musikdramatischen Wort-Ton-Kunst Mozarts nicht gerecht werden, ja, die Werke textlich und
musikalisch stellenweise geradezu verfälschen. Auch wer
meint, in der Oper bedeute *jede* Übersetzung nur einen
Notbehelf, wird einer der zahlreichen Neuübersetzun-
gen den Vorzug geben, wenn sie die alten Texte übertreffen. Als frühes Beispiel sprachlich sinnvoller Übertragung sei etwa Siegfried Anheißers *Figaro*-Verdeutschung
genannt. Doch übersehe man nicht das Beharrungsver-
mögen, das die liebgewonnenen Fassungen von früher
vorzieht, zumal mancher Vers von ihnen sprichwörtlich
verwendet wird.

Figaros Hochzeit

Oper in vier Aufzügen. – Text von Lorenzo da Ponte (nach Beaumarchais).

Personen: GRAF ALMAVIVA *(Bariton);* GRÄFIN ROSINE *(Sopran);* FIGARO, *Kammerdiener (Baß);* SUSANNA, *Kammerzofe, seine Braut (Sopran);* CHERUBINO, *Page (Sopran);* MARCELLINA, *Beschließerin im Schloß (Mezzosopran);* BARTOLO, *Arzt (Baß);* BASILIO, *Musikmeister (Tenor);* DON CURZIO, *Richter (Tenor);* ANTONIO, *Gärtner (Baß);* BARBARINA, *seine Tochter (Sopran). – Ort und Zeit: Grafenschloß bei Sevilla, Ende des 18. Jahrhunderts. – Uraufführung: 1.5.1786, Wien, Burgtheater.*

Der Lustspieldichter Beaumarchais kannte die Nöte des einfachen Mannes in Frankreich so gut wie den gewissenlosen, ausbeuterischen Adel. In seinen Lustspielen geißelte er die unerträglich gewordenen Verhältnisse und hat damit ein wenig zum Ausbruch der französischen Revolution von 1789 beigetragen. Sein 1781 erschienenes Schauspiel *Die Hochzeit des Figaro* war verboten worden; die gemilderte Bearbeitung von da Ponte mit der Musik Mozarts ging dagegen unangefochten über die Bühnen. Gemildert war die Textfassung, nicht aber der Gehalt, und diesen Gehalt hat Mozart vertont, die Heiterkeit, doch auch das revolutionäre Grollen (hierfür liefert die brodelnde Ouvertüre schon für sich allein den Beweis). Nur so kann man diese musikalische Komödie mit ihren Verwechslungen und Täuschungen, Überraschungen und Verwirrungen in ihrer eigentlichen künstlerischen Bedeutung verstehen – und erleben.

    1. Aufzug. Susanna und Figaro treffen Vorbereitungen für ihre heute stattfindende Hochzeit: sie probiert ihr

Hütchen, er mißt das ihnen zugedachte Schlafzimmer
aus. Dabei erfährt er, der Graf habe diesen Raum bestimmt, weil sein eigenes Zimmer nicht weit davon entfernt ist ... Figaro versteht: es gilt Susanna. ,,Will mein
Herr Graf den Tanz mit mir wagen? ... Ich spiel ihm
auf!" Das ist Revolte. Noch sind Figaro die Hände gebunden: einst hat er Marcellina ein Heiratsversprechen
gegeben. Daran erinnert ihn jetzt Bartolo: heiraten oder
zahlen! Susanna bleibt allein; da kommt der Page Cherubino, den der Graf entlassen hat. Susanna soll beim Grafen für ihn bitten. Geschwind versteckt er sich, als er den
Grafen kommen hört, und wird Zeuge, wie der Graf
Susanna mit Liebeswerbungen umgarnen will. Aber nun
muß sich der Graf verstecken; denn der Musikmeister
Basilio erscheint, um seinerseits für den Grafen bei Susanna zu werben. Als der Graf hört, daß man über Liebe-
leien des Pagen mit Susanna, ja selbst mit der Gräfin
spricht, kommt er wütend aus seinem Versteck, entdeckt
nun auch Cherubino und beginnt ein Verhör. Da jedoch
treten Figaro sowie Burschen und Mädchen auf, um dem
Grafen zu danken, daß er auf das alte Herrenrecht der
,,ersten Nacht" verzichtet habe. Graf Almaviva spürt
den Spott; aber noch will er einen letzten Versuch bei
Susanna machen. Cherubino wird zwar ,,begnadigt",
soll aber sofort abreisen, um eine Leutnantsstelle anzutreten.

2. Aufzug. Die Gräfin, Susanna und Figaro verabreden einen Plan, wie sie den Grafen beschämen können.
Der Graf ist bereits durch eine List Figaros auf den Gedanken gebracht worden, die Gräfin werde mit Cherubino ein Stelldichein im Garten haben. Gleichzeitig soll
Susanna zum Schein dem Grafen eine Zusammenkunft
versprechen, zu der aber Cherubino als Mädchen verkleidet erscheinen wird. Als Cherubino in seine Verklei-

dung geschlüpft ist, pocht der Graf an die Tür. Und nun
entwickelt sich ein tolles Durcheinander: Susanna verbirgt sich hinter einem Vorhang, Cherubino im Schlafzimmer der Gräfin. Diese weigert sich aufzuschließen,
der Graf geht mit ihr, um Werkzeug zu holen, Susanna
läßt Cherubino aus dem Schlafzimmer, dieser springt
zum Fenster hinaus, Susanna verschließt sich im Schlafzimmer. Bei der Rückkehr gesteht die Gräfin, im Schlafzimmer sei Cherubino; aber heraus kommt Susanna. Als
Figaro in diesem Augenblick Susanna abholen will zum
Hochzeitsfest, erscheint der Gärtner mit der Klage, jemand sei aus dem Fenster gesprungen, habe die Blumen
zertreten und ein Papier verloren. Figaro weiß aber alles
zurechtzurücken, wobei ihm die Gräfin und Susanna
durch Zeichen und Winke helfen. Um aber die Verwirrung nicht enden zu lassen, treten Marcellina, Bartolo
und Basilio auf und verlangen von Figaro die Erfüllung
des Eheversprechens.

3. Aufzug. Susanna verspricht dem Grafen das von Figaro geplante Stelldichein; doch wird Graf Almaviva
durch eine Bemerkung mißtrauisch. – Bei der Verhandlung über Figaros Eheversprechen kommt zutage, daß
Marcellina seine Mutter und Bartolo sein Vater ist. Eine
Sorge weniger! Aber dann wird er eifersüchtig, wie er
sieht, daß Susanna dem Grafen bei der Hochzeitsfeier einen Brief zusteckt. (Es ist die von der Gräfin diktierte
Einladung zum Stelldichein).

4. Aufzug. Allgemeines Verwechslungsstelldichein im
Garten. Der als Mädchen angezogene Cherubino hält die
verkleidete Gräfin für Susanna, will ihr einen Kuß geben,
küßt aber des Grafen Wange und vermeidet so eine Ohrfeige, die unbeabsichtigt dem eifersüchtigen Figaro zu-
gute kommt. Wütend macht Figaro der „Gräfin" (es ist
die verkleidete Susanna) eine Liebeserklärung, die Susan-

na mit einer Ohrfeige beantwortet, an deren Qualität er spürt, wen er in Wirklichkeit vor sich hat. Der Graf glaubt nun, seine Frau auf Abwegen ertappt zu haben, ruft Leute, öffnet den Pavillon, in dem die Gräfin als „Susanna" wartet, will das „Verhältnis Gräfin-Figaro" kundtun – und wird nun selbst bloßgestellt. Natürlich wird ihm von der liebenden Gräfin verziehen. Susanna und Figaro aber feiern nun ihr Hochzeitsfest.

Mozarts Musik läßt die Vorgänge auf der Bühne und in den einzelnen Personen großartig Klang werden. Prachtvoll gegeneinandergestellt die Welt des leichtferti- gen Grafen und des grimmig-listigen Figaro – beide als Vertreter sich bekämpfender Schichten. Nicht minder stark die musikalische Zeichnung des Pagen Cherubino der „vielleicht kein Kind mehr ist, aber auch noch kein Mann" (Beaumarchais). Als Einzelgestalten muten die übrigen Personen freilich musikalisch noch etwas scha- blonenhaft im Sinne der älteren Oper an. Um so meister- hafter werden sie mit ihren äußeren Verlegenheiten und inneren Verstrickungen dort ineinander verflochten, wo sie auch handlungsmäßig zueinander in Beziehung tre- ten: in den unübertrefflichen Ensemblestellen (Terzette, Quartette usw.). Das sind nicht mehr nur schönklingen- de Dinge, sondern musikalisch-seelische Gruppenbilder erlesener Art (insbesondere der zweite Aufzug). Dazu tritt gelegentlich eine gewisse Hintersinnigkeit in der Themenverwendung. Wenn z.B. Susanna auf Figaros Frage, wie denn das mit ihr und dem Grafen sei (1. Auf- zug), ihre Antwort beginnt „Willst alles Du wissen", so singt sie das auf einer Melodie, die der Graf am Ende der Oper wieder aufnimmt zu den Worten „Frau Gräfin, Verzeihung". Hat er auch in Hinblick auf Susanna um Verzeihung zu bitten? Ist da doch mehr geschehen, als gesagt wird? Sagt die Musik mehr als die Worte? Diese scheinbar so zierlich glatte, aber unverkennbar drohende, enthüllende, alles wissende Musik?

Don Juan

Oper in zwei Akten. – Text von Lorenzo da Ponte.

Personen: Don Juan (Bariton); Der Komtur (Baß); Donna Anna, dessen Tochter (Sopran); Don Octavio, ihr Bräutigam (Tenor); Donna Elvira, von Don Juan verlassen (Sopran); Leporello, Diener Don Juans (Baß); Masetto, ein Bauer (Baß); Zerlina, dessen Braut (Sopran). – Ort und Zeit: Stadt in Spanien, nach 1600. – Uraufführung: 29.10.1787, Prag, Stände-Theater.

Eine komische Oper, ein heiteres Spiel – doch mit allen seelischen Abgründen, die sich unter echtem Humor bergen. Sicht- oder mehr hörbar werden sie vor allem in

Mozarts Musik. Denn sosehr den heiteren Mozart ein
vergnügliches Spiel um den aus der Sage und dem altspa-
nischen Schauspiel bekannten Frauenverführer Don Juan
gereizt haben mag – sein Genius ahnte hinter dem Ober-
flächenspiel den uralten Gegensatz zwischen den frei-
schweifenden Forderungen des starken Einzelnen und
den festgelegten Geboten gewordener Sitte. Der Schauplatz des inneren Geschehens wird musikalisch abge-
grenzt durch die mahnenden, kaum noch irdischen Akkorde, die die Gestalt des Komturs umkleiden, und auf
der anderen Seite durch die federnde, schnellende, zuweilen aber auch nachdenkliche Melodik des Don Juan.
Dazwischen finden Platz die unpersönlichen Weisen des
wohlanständigen Don Octavio, der altjüngferlichen
Donna Elvira, der ihrer persönlichen Leidenschaftlichkeit wie dem allgemeinen Sittengebot gleicherweise verhafteten Donna Anna, des vor Angst schnatternden Die-
ners Leporello und der ebenso kindlichen wie weibchen-
haften Zerlina. So scharf die Musik diese Charaktere im
einzelnen umreißt – in den Ensemblestellen (vom Duett
bis zum Vielgesang) werden sie meisterhaft zueinander in
Beziehung gesetzt. In dieser Verschmelzung von Einzel-
persönlichkeiten und Gesamtheit zu einem atmenden, lebendigen Ganzen, in der nahtlosen Verbindung von
Diesseits und Jenseits, in dem gegenseitigen Durchdringen von sprühender Heiterkeit und beklemmendem
Ernst hat man die besondere einmalige Größe von Mozarts *Don-Juan*-Musik zu erblicken.

1. Akt. Der Diener Leporello wartet mürrisch („Keine Ruh bei Tag und Nacht") im Garten eines Sevillaner
Komturs auf seinen Herrn, der sich bei Donna Anna ein-
geschlichen hat und in der Dunkelheit für ihren Verlobten Don Octavio gehalten zu werden hofft. Aber die junge Dame hat den Betrug entdeckt: halb vermummt

kommt Don Juan in den Garten. Donna Anna versucht ihn festzuhalten. Auch der Komtur ist durch die Geräusche geweckt worden und eilt aus dem Hause. Als er Don Juan einen Feigling schilt, sticht ihn dieser im Zweikampf nieder. Herr und Diener verschwinden, Donna Anna und der zu Hilfe geholte Don Octavio schwören Rache.

Verwandlung. Es gilt eine neue Eroberung – aber als Don Juan mit seinem Diener der Schönen naht, erkennen die drei einander: es ist die von Don Juan einst verlassene Donna Elvira. Geschickt macht sich der Herr aus dem Staube und überläßt die Dame dem Diener. Leporello singt nun Elvira ein ganzes Register Tausender von seinem Herrn verführter Schönen aus aller Herren Ländern vor. Beleidigt geht Elvira davon. Das Brautpaar Zerlina und Masetto zieht mit jungen Bauern und Bäuerinnen trällernd des Weges. Schon ist Don Juan zur Stelle, lädt die Hochzeitsgesellschaft in seinen Palast, läßt den mißtrauischen Masetto durch Leporello davonschleppen und macht sich an die vor Angst und Verlangen bebende kleine Zerlina („Reich mir die Hand, mein Leben"). Im entscheidenden Augenblick kommt Elvira und warnt die Kleine. Don Juan bezeichnet sie als verrückt und entfernt sich, während Elvira das Mädchen in ihre Obhut nimmt. – Donna Anna und Don Octavio treffen Don Juan und bitten ihn ahnungslos um Unterstützung ihres Rachewerkes. Wieder tritt Elvira anklagend dazwischen; doch als Don Juan sie „ritterlich" hinweggeleitet, erkennt ihn Donna Anna als Mörder ihres Vaters. – Don Juan gibt Leporello Anweisungen für das Fest („Champagner-Arie") und betritt mit Leporello den Palast. Verfolgt von dem eifersüchtigen Masetto, erscheint Zerlina. Sie versucht den Bräutigam zu beruhigen; doch der verbirgt sich ängstlich, als er Don Juan nahen hört. Der

Verführer beginnt sein Spiel erneut, wird auch nicht verlegen, als er in der Laube Masetto entdeckt, lädt die beiden zum Tanz ein und geht in seinen Palast zurück. Octavio, Anna und Elvira erscheinen maskiert und schwören Rache. Vom Fenster aus erblickt Don Juan die drei Masken und fordert sie auf, an seinem Fest teilzunehmen. Unter den Klängen eines heiteren Menuetts betreten die drei Verschworenen das Haus.

Verwandlung. Im Tanztrubel des Festsaals begrüßt Don Juan stolz die drei Vermummten. Doch dann findet er schnell Gelegenheit, die sich nur schwach wehrende Zerlina in ein Nebengemach zu ziehen. Nach einem Weilchen hört man Zerlinens Hilferuf. Alles stürzt zu der verschlossenen Tür. Don Juan tritt heraus und bedroht seinen Diener, weil dieser der Kleinen habe Gewalt antun wollen. Aber sein Spiel ist durchschaut. Die drei Rächer werfen ihre Masken ab, alles wendet sich gegen den Verführer ... doch dessen Degen schafft Raum: Don Juan und Leporello entkommen.

2. Akt. Vor Elviras Hause. Don Juan singt Elvira ein Ständchen, und Leporello, als Herr verkleidet, macht dazu die entsprechenden Gebärden. Überglücklich kommt Elvira herbei und macht mit Leporello, den sie ja nach seiner Verkleidung für Don Juan halten muß, einen nächtlichen Spaziergang. Als Leporello verkleidet, bringt Don Juan der Zofe Elviras ein Ständchen. Da nahen die aufgebrachten Bauern mit Masetto und fragen den angeblichen Leporello nach seinem Herrn. Während Don Juan sie nach allen möglichen Richtungen schickt, verprügelt er den zurückbleibenden Masetto. Dessen Jammergeschrei ruft Zerlina herbei, und sie findet genügend weibliche Möglichkeiten, den Geschundenen zu trösten.

Verwandlung. (Die Handlung verliert jetzt an Zielstrebigkeit.) Leporello hat – noch immer in Verkleidung – Elvira in Donna Annas Gartensaal geführt (warum eigentlich?). Donna Anna und Octavio kommen klagend hinzu. Jetzt will Leporello entwischen, läuft aber Zerlina und Masetto in die Arme. Als Octavio und Masetto ihm ans Leben wollen, wirft er seine Verkleidung ab und erzählt schnatternd eine Menge Geschichten, bis es ihm gelingt, zu entfliehen.

Verwandlung. Auf einem Kirchhof erzählt Don Juan seinem Diener lächelnd ein Abenteuer mit Leporellos Liebchen. Da ertönt es wie Geisterstimme von einem Standbild: ,,Verwegner, gönne Ruhe den Entschlafnen." Aber Don Juan erschrickt nicht. Das ist doch … ja, das ist das Grabmal des von ihm getöteten Komturs. Spöt-

Don Juan, Szene des Komturs

Champagner-Arie

tisch läßt er den Toten durch Leporello zum Nachtmahl einladen, wiederholt die Einladung selbst und nimmt die Zusage mit spöttischer Verbeugung entgegen.

Verwandlung. Don Juan speist bei Musik zur Nacht und wird von Leporello bedient. Donna Elvira – aus Liebe oder aus einem anderen Grunde – kommt, um Don Juan zu warnen. Der aber antwortet mit einem kecken Lied. Entsetzt will Elvira den Raum verlassen, prallt aber mit einem Schrei an der Tür zurück und entflieht durch eine andere. Neugierig öffnet Leporello die erste Tür – schlägt sie aber erschreckt wieder zu. Gewaltig pocht es an der Tür. Leporello weigert sich zitternd, zu öffnen. Da öffnet Don Juan selbst – seiner Hand entfällt der Leuchter. In bläulichweißem Licht steht der tote Komtur auf der Schwelle. Don Juan faßt sich, läßt durch Leporello ein weiteres Gedeck auflegen, bittet den Toten zu Tisch. ,,Bereue'', mahnt der Tote. ,,Nein'', antwortet Don Juan und reicht unerschrocken dem Marmorbild die Hand. Schon fühlt er Todeskälte in sich einströmen; aber bereuen? Nein! Der Komtur verschwindet, unter Blitz und Donner versinkt Don Juan in den Boden. – Nach guter alter Operngepflogenheit kommen die Überlebenden noch einmal zusammen, halten eine zufriedene Totenrede und berichten, was sie nun jeder zu tun gedenken. Befreiendes Lachen beendet das Spiel.

Zur Ergänzung des anfangs über die Musik Gesagten die zwei vorstehenden Notenbeispiele zur Kennzeichnung der musikalischen Spannweite: das Andante gibt eine Andeutung von der düsteren Jenseitigkeit der Komturgestalt und ihrer Sinnbildhaftigkeit; das Presto (Champagner-Arie) hält den Grundzug des freizügigen Don Juan blitzartig fest.

Cosi fan tutte

Komische Oper in zwei Akten. – Text von Lorenzo da Ponte.

Personen: FIORDILIGI *und ihre Schwester* DORABELLA *(beide Sopran);* FERRANDO *(Tenor) und* GUGLIELMO *(Bariton), Offiziere;* ALFONSO, *Marchese (Baß);* DESPINA, *Kammermädchen (Sopran). – Ort und Zeit: Neapel um 1720. – Uraufführung: 26.1.1790, Wien, Burgtheater.*

Eine Feinschmecker-Oper, deren musikalische Sprache nicht so leicht eingeht wie die der übrigen Meisteropern Mozarts. Sie besteht aus ganzen Ketten erlesen geformter und durchgestalteter Einfälle, funkelt von Ironie und Spott, ist beziehungsreich, klingt zauberhaft, hat aber nicht deren ansprechende Unmittelbarkeit. *Cosi fan tutte*, das heißt „So machen's alle Frauen." Nun, die Männer machen es nicht anders.

(Co - si fan tut - te)

1. Akt. Die beiden Offiziere Ferrando und Guglielmo schwören nicht nur auf ihre Verlobten, sondern gehen mit dem alten Spötter Alfonso sogar noch eine Wette auf deren Treue ein. – Verwandlung. Auf einer mondscheinüberglänzten Terrasse sitzen die Schwestern Fior-

diligi und Dorabella und schwärmen von ihren Verlobten. Alfonso stürzt herein mit der Nachricht, Ferrando und Guglielmo müßten ins Feld. Auch die beiden Offiziere nahen mit bekümmerten Mienen, lassen sich Treue schwören und nehmen „schmerzlich" Abschied. – Verwandlung. Die kecke Zofe Despina sucht mit lockeren Reden die Schwestern zu trösten; aber die rauschen empört davon. Alfonso nähert sich der Zofe: er habe zwei Albanier, die gern die Schwestern kennenlernen möchten. Despina ist Feuer und Flamme, aber die wieder eintretenden Schwestern tun entrüstet, obwohl sie sich die Liebeserklärungen der „Albanier" (es sind die verkleideten Verlobten) immerhin anhören. – Verwandlung. Die Schwestern spazieren im nächtlichen Garten. Die „Albanier" dringen ein, beklagen die Grausamkeit der Schönen, trinken Gift und stürzen „tot" zu Boden. Da werden die Schwestern weich, schreien nach Despina, und diese ruft – als Arzt verkleidet – die „Toten" wieder ins Leben zurück. Kühn verlangen sie einen Kuß, und es fehlte nicht viel ...

2. Akt. Despina gibt ihren Herrinnen eine Gebrauchsanweisung für den Umgang mit Männern. Die beiden hören aufmerksam zu und wählen – natürlich „nur zum Scherz" – jede einen der Albanier, wobei sie sich jedesmal den Verlobten der anderen aussuchen. – Verwandlung. Ein Ständchen der „Albanier" läßt das Herz der beiden Schönen schmelzen: Alfonso legt die Hände der neuen Paare zusammen. Guglielmo hat bei Ferrandos Braut Dorabella zuerst Erfolg, während Fiordiligi zunächst unerbittlich bleibt. Guglielmo triumphiert. Aber dann macht auch er ein langes Gesicht; denn (Verwandlung) als Ferrando schwört, sich zu töten, wenn er nicht erhört werde, gibt auch Fiordiligi nach ... und ach, wie gern! Alfonso hat recht behalten, und so stimmen denn

die beiden Offiziere mit Alfonso ein trübes Terzett an: ,,So machen's alle." – Die Hochzeit mit den ,,Albaniern" wird vorbereitet, Despina macht in Verkleidung den Notar. Da hört man draußen Militärmusik, Alfonso sieht aus dem Fenster: die ersten Verlobten kommen heim! Schnell stürzen die ,,Albanier" aus dem Saal, kommen aber sogleich als Ferrando und Guglielmo wieder, toben blutrünstig herum, als sie die Hochzeitsvorbereitungen sehen, und brüllen ihre Bräute an. Aber Alfonso bringt alles wieder ins Gleis: ,,Ihr tatet nur, wie es in der Frauen Natur."

Die Zauberflöte

Oper in zwei Akten. – Text von Emanuel Schikaneder.

Personen: SARASTRO *(Baß),* TAMINO *(Tenor);* KÖNIGIN *der* NACHT *(Sopran);* PAMINA, *ihre Tochter (Sopran);* PAPAGENO *(Baß);* PAPAGENA *(Sopran);* MONOSTATOS, *ein Mohr (Tenor);* SPRECHER *(Baß); Priester (Bässe); Drei Damen der Königin (Sopran und Alt); Drei Knaben (Sopran und Alt). – Ort und Zeit: Morgenland in sagenhafter Zeit. – Uraufführung: Wien, 30.9.1791, Theater an der Wien.*

Die *Zauberflöte* ist die erste wirkliche deutsche Volksoper – unbewußte politische Großtat eines künstlerischen Genies. Mit der Französischen Revolution war die Axt an den morschgewordenen Baum der alten ,,Gesellschaft" gelegt, an die Stelle von Adel und Geistlichkeit trat mehr und mehr der Bürger, das Volk – und noch in den ersten Jahren dieses Umwandlungsprozesses schrieb Mozart seine Volksoper. Wenn sich die *Zauberflöte* bis heute jugendfrisch gehalten hat, so liegt das ganz

gewiß nicht am Text. Denn der Wiener Theaterdirektor
und Volksschauspieler Schikaneder hat bei der Abfas-
sung des Textbuches vielerlei durcheinandergeworfen,
was nicht zueinander gehört, angefangen von freimaure-
rischen Bräuchen und Gedanken bis hin zu allereinfach-
sten Späßen; der Stoff stammt aus verschiedenen Dichtungen, wurde nicht einheitlich geknüpft und mußte sogar in letzter Minute anders geformt werden, als geplant
war, weil ein Konkurrenztheater während der Arbeit ein
ähnliches Stück aufführte. Der Text ist also schlimm.
Aber was verschlägt das angesichts der Fülle herrlicher
Musik, die Mozart über ihn ausgegossen hat! Für alles

fand er den rechten Ton: schlichteste Melodien für die Welt des einfachen Menschen (Papageno, Papagena), feierliche Klänge für die Welt abgeklärter Weisheit (Sarastro und die Priester), verwirrende Linien für die Welt des Unterirdischen (Königin der Nacht, Monostatos). Und das alles trifft sich und verschmilzt in Tamino, dem Suchenden und mutig Fortschreitenden. Die Musik ist nicht nur verschieden im Ausdruck, sondern auch in der Form, die beim leichten Tanzliedchen beginnt, alle möglichen Stufen durchläuft und beim kunstvollen Fugato endet. Bewunderns- und liebenswert, wie das Ganze doch als ein einziger, schlacken- und nahtfreier Guß wirkt. Den musikalisch Geschulten erfreut auch das Einfachste in seiner Reinheit, der Ungeschulte nimmt das Kunstvolle auf, ohne sich dessen bewußt zu werden – Schöneres und Größeres läßt sich von einer Volksoper nicht sagen.

1. Akt. Tamino wird von einer Schlange verfolgt und sinkt ohnmächtig zu Boden. Drei Damen der „Königin der Nacht" töten die Schlange und verschwinden wieder. Beim Erwachen erblickt Tamino einen lustigen Menschen in einem Federkleid: Papageno. Die drei Damen kehren zurück und fordern Tamino auf, die von dem Mohren Monostatos geraubte Pamina, Tochter ihrer Königin, zu retten. Die Königin erscheint selbst und bittet

um Rettung ihres Kindes. Als Schutz- und Zaubermittel erhält Tamino eine Zauberflöte, Papageno ein Glöckchenspiel. – Verwandlung. Der Mohr Monostatos bringt die der Gefangenschaft entflohene Pamina zurück. Da erscheint Papageno, erschrickt vor dem Mohren, der Mohr vor dem Vogelmenschen, und beide rennen davon. Doch Papageno kehrt als erster wieder und berichtet Pamina, daß Rettung nahe; beide gehen, Tamino zu suchen. – Verwandlung. Drei Knaben führen Tamino vor den Weisheitstempel und ermahnen ihn: ,,Sei standhaft, duldsam und verschwiegen.'' Tamino geht zu einer Tür des Palasttempels; doch ein drohendes ,,Zurück!'' tönt ihm entgegen. Nicht anders geht es bei der zweiten Tür. Die dritte aber öffnet sich von selbst, ein Priester tritt heraus und erprobt Tamino. Stimmen aus der Höhe verkünden, daß Pamina lebe. Beglückt eilt Tamino davon, sie zu suchen. Kurz darauf erscheinen Pamina und Papageno; doch Monostatos ist ihnen auf den Fersen, will sie durch die Sklaven binden lassen – da läßt Papageno sein Glöckchenspiel ertönen, die Sklaven müssen wider Willen tanzen und hüpfen davon. – Umgeben von seinen Priestern schreitet Sarastro auf Pamina zu und beruhigt sie. Auch Tamino, den der Mohr herbeischleppt, wird wohlwollend aufgenommen.

2. Akt. Sarastro und die Priester wollen Tamino und Papageno auf ihren menschlichen Wert prüfen. – Zwei Priester nehmen die erste Prüfung vor. Tamino ist bereit; doch Papageno will auf Weisheit verzichten und sagt erst ja, als man ihm ein Weibchen namens Papagena in Aussicht stellt. Den alleingelassenen Weisheitssuchern erscheinen die drei Damen und wollen sie gegen Sarastro mißtrauisch machen. Trotz vorlauter Entgleisungen Papagenos bleiben die beiden standhaft. – Verwandlung. Die Königin der Nacht verlangt von Pamina, sie solle Sa-

rastro töten; denn „der Rache Wut kocht in ihrem Herzen". Als die Königin verschwunden ist, kommt Monostatos; er hat alles gehört und stellt seine Forderung:
entweder solle sich Pamina ihm zum Liebchen geben
oder er verrate alles Sarastro. Dieser aber erscheint im
rechten Augenblick als Retter. Monostatos will es nun
„bei der Mutter versuchen". Sarastro aber verscheucht
Paminens Bedenken vor eine Bestrafung; denn „in diesen heil'gen Hallen kennt man die Rache nicht". – Verwandlung. Papageno besteht die Probe nicht: einem alten Weibe gegenüber (es ist die verkleidete Papagena)
schwatzt er. Tamino dagegen bleibt standhaft und sagt
kein Wort zu der ihn anflehenden Pamina, obwohl er sie
damit aufs tiefste kränkt. – Verwandlung. Vor versammelter Priesterschaft muß Tamino von Pamina Abschied
nehmen; auch diese Probe besteht er. Papageno dagegen
trifft wieder die „Alte"; sie wirft ihre Verkleidung ab,
steht als Vogelweibchen vor ihm; aber ein Priester reißt
sie aus Papagenos Armen. – Verwandlung. Pamina will
sterben, da sie an Taminos Liebe verzweifelt. Drei Knaben trösten sie und führen sie hinweg. – Verwandlung.
Zur Rechten ein furchtbares Feuer, zur Linken ein gefährlicher Wasserfall – den schmalen Pfad dazwischen
muß Tamino durchschreiten. Aber es ist ihm vergönnt,
den Weg mit Pamina gemeinsam zu gehen. Er bläst seine
Zauberflöte, und das Paar gelangt unversehrt durch Feuer und Wasser zum Tempel. – Verwandlung. Da Papageno die Prüfung nicht bestanden und Papagena nicht bekommen hat, will er sich erhängen. Doch die drei Knaben erinnern ihn an sein Glöckchenspiel. Kaum erklingt
es, da erscheint das Vogelweibchen. Ohne Umschweife
wird nun beschlossen, eine ganze Menge Papagenos und
Papagenas in die Welt zu setzen; beide rennen davon, um
sogleich ans Werk zu gehen. – Mit ihren drei Damen und

Monostatos erscheint die Königin der Nacht: Sarastros Tempel soll überfallen, Pamina befreit und Monostatos zur Frau gegeben werden. Aber unter Donner und Blitz müssen die finsteren Mächte weichen: in einer Strahlensonne erscheinen Sarastro, die Priester, die drei Knaben, Tamino und Pamina: ,,Es siegte die Stärke und krönet zum Lohn / Die Schönheit und Weisheit mit ewiger Kron'.''

*

Auch der Mozart-Verehrer wird sich damit abfinden müssen, daß die anderen Opern des Meisters trotz hoher Schönheiten im einzelnen kaum einen festen Platz auf unseren Bühnen erobern werden. Dabei haben zahlreiche Bearbeiter von Rang wieder und wieder versucht, das eine oder andere Werk zu retten. Wir nennen hier: *Apoll und Hyazinth* (1767!), *Die Heuchlerin aus Liebe* (1769), *Lucio Silla* (1772), *Die Gärtnerin aus Liebe* (1774), *Der Hirt als König* (1775), *Idomeneo* (1781), *Titus* (1781).

CHERUBINI

Luigi Ch. (1760–1842. Italiener, lebte meist in Paris) komponierte schon als Dreizehnjähriger, Schüler von Sarti, 1784/86 als Dirigent in London, seither in Paris, Schrieb Kirchenmusik, Kammermusik, Opern.

Der Wasserträger

Oper in drei Aufzügen. – Text von Jean Nicolas Bouilly.

Personen: GRAF ARMAND, *Parlamentspräsident (Tenor);* CONSTANZE, *seine Gemahlin (Sopran);* MICHELI, *Savoyarde, Wasserträger (Baß-Bariton);* DANIEL *sein Vater (Baß);* ANTONIO, *Michelis Sohn (Tenor);* MARZELLINE, *Michelis Tochter (Sopran);* SEMOS, *Pächter (Tenor);* RO-SETTE, *seine Tochter (Sopran);* HAUPTMANN *der Wache (Bariton). – Ort und Zeit: Paris und das Dorf Gonesse, 1617. – Uraufführung: 16.1.1800, Paris, Théâtre Feydeau.*

Die sorgfältig bearbeitete Musik dieser einzigen heute noch bekannten Cherubini-Oper ist – von einigen Ensembles und Orchesterstücken abgesehen – im wesentlichen lyrisch, das heißt undramatisch und damit für uns nicht mehr recht wirksam. Zu seiner Zeit aber sah sich das französische Volk (ein Jahrzehnt nach der großen Revolution) im Titelhelden der Oper verkörpert; daher der ungeheure Erfolg des *Wasserträgers*. Erwähnt werden muß das Werk vor allem deshalb, weil es die erste der sogenannten „Menschheitsopern" ist. Ihre Wirkung spürt man im *Fidelio*, in *Die Stumme von Portici* bis hin zu Wagner-Régenys *Günstling*.

Der Wasserträger Micheli verbirgt den von Mazarin verfolgten Parlamentspräsidenten Armand und dessen Gemahlin in seinem Haus. Den haussuchenden Söldnern gegenüber gibt er den im Bett versteckten Armand als seinen alten tauben Vater und die Gräfin Armand als seine Tochter aus. Michelis Sohn Antonio, der vom Lande gekommen ist, um seine Schwester Marzelline zu seiner Hochzeit zu holen, soll nun auf seinen Paß die Gräfin als seine Schwester mit aus Paris herausnehmen. Am Tor der Stadt ergeben sich aber Schwierigkeiten. Da erscheint als Retter in der Not der allgemein bekannte Wasserträger, der die Gräfin als seine Tochter bezeichnet. Micheli behauptet, den Grafen Armand, auf dessen Haupt ein hoher Preis gesetzt wurde, in der Nähe des Tores gesehen zu haben. Die geldgierigen Söldner stürzen sogleich davon, und der Wasserträger kann den in dem Wasserwagen verborgenen Armand entwischen lassen. Doch die Verfolgung setzt ein. Auf dem Dorfe, in dem Antonio seine Hochzeit feiern will, verbirgt er den Grafen in einem hohlen Baume. Als die Gräfin in Bäuerinnentracht ihrem Mann Essen bringen will, wird sie von zudringlichen Soldaten belästigt. Armand schießt aus seinem Baum auf die Soldaten und wird natürlich entdeckt. Gerade soll er abgeführt werden, da eilt der Wasserträger herbei. Mit einigen edlen Bürgern ist er zur Königin gegangen, hat Armands Unschuld bewiesen und einen Freibrief erhalten. Jubel und Fröhlichkeit. Doch Micheli singt:

> „Ja, laßt uns, Freunde, fröhlich sein.
> Doch denkt dabei der großen Lehre,
> Daß unser Leben elend wäre,
> Wenn wir uns nicht der Menschheit weihn!“

BEETHOVEN

Ludwig van B., geb. 1770 in Bonn, gest. 1827 in Wien, enstammt einer Musikerfamilie, gab schon als Kind Konzerte mit eigenen Kompositionen. Mit 22 Jahren kam er nach Wien (Weiterbildung u.a. bei Haydn), wo er bis zu seinem Tode blieb. Von Adelskreisen wurde ihm eine Rente ausgesetzt. Seine großartigsten Werke schrieb er im Zustand völliger Ertaubung. Hauptwerke: Sinfonien, Konzerte, Schauspielmusik, Kammermusik, Klaviermusik, die ,,Missa solemnis'', Lieder, eine Oper.

Fidelio

Oper in zwei Akten. – Text nach Bouilly von Sonnleithner und Treitschke.

Personen: DON FERNANDO, *Minister (Bariton);* DON PIZARRO, *Gouverneur eines Staatsgefängnisses (Bariton);* FLORESTAN, *ein Gefangener (Tenor);* LEONORE, *seine Gemahlin, unter dem Namen Fidelio (Sopran);* ROCCO, *Kerkermeister (Baß);* MARZELLINE, *seine Tochter (Sopran);* JACQUINO, *Pförtner (Tenor), – Ort und Zeit: In einem spanischen Staatsgefängnis bei Sevilla, Ende des 18. Jahrhunderts. – Uraufführung: 20.11.1805, Wien, Theater an der Wien.*

Der Glaube an ,,die Menschheit'' hatte sich im Zuge der Französischen Revolution politisch durchgesetzt. Künstlerisch schlug er sich u.a. nieder in den sogenannten Menschheitsopern, vor allem in Cherubinis *Wasserträger* (1800) und Beethovens *Fidelio* (1805). Besonders fesselnd, daß sich im *Fidelio* der Allgemein-Glaube in einer starken Ich-Persönlichkeit widerspiegelt: nicht in ruhigen breiten Zügen, sondern in fast vulkanischen Felsbrocken. Mittel zu solcher Gestaltung ist vor allem das Orchester. Es ist zwar im allgemeinen so besetzt wie das Mozarts; doch arbeitet Beethoven vielfach sinfonisch. Aus einem Thema, einem Motiv, einem Motivteilchen entwickelt er nach sinfonisch-dramatischen Gesetzen das Geschehen einer ganzen Szene. Daher ist im *Fidelio* die Orchestersprache ebenso beredt und wichtig wie die Gesangsstimme; doch auch der Gesang ist, wie unser Beispiel zeigt, von großartiger szenischer Anschaulichkeit.

Pizarro: „Dann werd' ich schnell vermummt mich in den Ker-ker schlei-chen, ein Stoß! und er ver-stummt.

Nicht minder fesselnd, wie Beethoven für jede Personengruppe den entsprechenden Ausdruck findet; man vergleiche nur die geradezu kleinbürgerliche Musik, die etwa Marzelline und Jacquino begleitet, mit der seelisch-dramatischen Tiefe von Florestans Gesängen.

1. Akt. Der Pförtner Jaquino wirbt um Marzelline, die Tochter des Kerkermeisters Rocco. Diese aber denkt

neuerdings immer nur an den jungen Fidelio, den Rocco
vor einiger Zeit als Gehilfen eingestellt hat. Eben kehrt
Fidelio von einem beschwerlichen Gang zurück, belobt
von Rocco, der Fidelio gern als Schwiegersohn haben
würde, eifersüchtig beobachtet von Jacquino. Fidelio
aber ist die als Mann verkleidete Gemahlin des Staatsge-
fangenen Florestan, den sie befreien möchte. Jetzt benutzt sie Roccos gute Stimmung und bittet ihn, bei der
Gefangenenbetreuung helfen zu dürfen. Er willigt ein;
nur zu einem besonderen Gefangenen dürfe er sie nicht
mitnehmen. Fidelio-Leonore ahnt, wer das ist. – Verwandlung. Im Gefängnishof gibt Gouverneur Pizarro
Anweisungen. Da bringt ihm Rocco ein Schreiben, in
dem er vor einer Gefängnisuntersuchung durch den Minister gewarnt wird. Sofort ist sein Plan gefaßt: ein
Trompeter soll blasen, wenn ein Wagen naht, Rocco soll
im tiefsten Kerker ein Grab ausheben für den Gefangenen Florestan, den der Minister keinesfalls finden darf.
,,Dann werd ich schnell vermummt mich in den Kerker
schleichen, ein Stoß! – und er verstummt" (vergl. das
Notenbeispiel). Pizarro stürmt davon. Trüber Ahnungen voll naht Fidelio-Leonore. Auf ihr Bitten läßt Rocco
die Gefangenen in den Gefängnishof; sie alle sind unschuldig Verfolgte. Rocco teilt Fidelio mit, daß er ihm
beim Grabausheben behilflich sein dürfe. Pizarro kehrt
zurück und tobt, weil die Gefangenen im Freien sind.
Doch es gelingt, ihn zu beruhigen.

2. Akt. Florestan liegt in seinem Kerker. Halb wahnsinnig geworden durch sein Los und die Trennung von
Leonore, singt er von seinem Leid; dann fällt er in Ohnmacht. Rocco und Fidelio treten ein, um das Grab zu
schaufeln. Beim Lichtschein erkennt sie ihren Gemahl.
Fast ohnmächtig reicht sie ihm einen Trunk Wasser. Da
naht Pizarro. Er gibt sich Florestan zu erkennen: ,,Pizar-

ro, den du stürzen wolltest, steht nun als Rächer hier!"
Er will ihn niederstechen. Fidelio springt dazwischen,
wird beiseite geschoben, wirft sich abermals dazwischen,
schreit „Töt' erst sein Weib!" Einen Augenblick erstarrt
alles, dann dringt Pizarro auf beide ein. Aber Leonore
hält ihn mit einer Pistole in Schach. Da hört man das
Trompetensignal: Rettung, der Minister naht! – Verwandlung. Auf dem Platz vor dem Gefängnis schenkt
der Minister allen die Freiheit („Es sucht der Bruder seine Brüder und kann er helfen, hilft er gern"). In Florestan erkennt der Minister seinen totgeglaubten Freund.
Pizarro wird verhaftet. Ein machtvolles Finale auf Gattenliebe und Menschlichkeit beschließt das Werk.

BOIELDIEU

François Adrien B. (1775–1834, Franzose), hat nur in der Jugend wirklichen Musikunterricht genossen. Später verließ er sich auf sein ursprüngliches Musikantentum und ein paar Winke bedeutender Komponisten. Lebte meist in Frankreich (nur 1803–1811 als „Hofkompositeur" in Petersburg).

Die weiße Dame

Komische Oper in drei Akten. – Text von Eugène Scribe.

Personen: GAVESTON, Verwalter der ehemaligen Grafen von Avenel (Baß); ANNA, sein Mündel (Sopran); GEORG BROWN, Offizier (Tenor); DICKSON, Pächter (Tenor); JENNY, seine Frau (Sopran); MARGARETE, alte Dienerin der Grafen von Avenel (Sopran); FRIEDENSRICHTER (Baß); Ein Knecht (Baß). – Ort und Zeit: Schloß Avenel in Schottland, 1759. – Uraufführung: 10.12.1825, Paris, Opéra Comique.

Eine im Grunde ganz einfache, schlichte Musik, deren Arien, Cavatinen, Chöre usw. sich durch Eingängigkeit auszeichnen. Aber alles ist, wenn auch nicht tief, so doch entzückend poliert. Wirklich stark die Ballade mit dem Kehrreim „Die weiße Dame kann euch hören", szenisch wie musikalisch gleich wirkungsvoll. Der eigentliche Reiz dieses zuweilen als „überholt" bezeichneten Werkes liegt darin, daß hier mit sparsamen Mitteln prächtige Wirkungen erzielt werden (etwa das Schärfen einfacher Melodien durch federnde Rhythmen).

1. Akt. Der englische Offizier Georg Brown hört bei dem Pächter Dickson, den er um Nachtquartier gebeten hat, eine Ballade von der „weißen Dame" und wird dabei seltsam an seine Kindheit erinnert.

2. Akt. Der Verwalter Gaveston will im Schloß wichtige Familienpapiere der Grafen von Avenel in seinen Besitz bringen; doch sein Mündel Anna, der diese Papiere von der letzten Gräfin anvertraut wurden, gibt sie nicht heraus. – Georg Brown kommt ins Schloß, um die „weiße Dame" kennenzulernen. Tatsächlich erscheint sie ihm in der Nacht und befiehlt ihm, am nächsten Tage bei der Versteigerung des Schlosses ihren Anweisungen zu gehorchen. – Verwandlung. Bei der Versteigerung wird der Pächter Dickson vom Verwalter Gaveston überboten; diesen aber überbietet Georg Brown, wie ihm die Stimme der „weißen Dame" befiehlt.

3. Akt. Georg wird im Ahnensaal als der neue Herr ehrfurchtsvoll begrüßt. Er wird immer unruhiger: alles kommt ihm irgendwie bekannt vor. Gaveston und der Friedensrichter treten ein und wollen den Kaufpreis sehen; aber Georg hat keinen Pfennig. Da erscheint die „weiße Dame" und überreicht ihm als dem letzten Sproß des Grafengeschlechts den Familienschatz. Die „weiße Dame" ist natürlich Anna und wird – ebenso natürlich – Georgs Frau.

KREUTZER

Konradin K. (1780–1849) war in verschiedenen Städten Kapellmeister; erst in Riga, wo er auch gestorben ist, konnte er sich ständig festsetzen. Heute noch bekannt durch viele Männerchöre; von seinen dreißig Opern ist nur das „Nachtlager" nicht vergessen.

Das Nachtlager von Granada

Romantische Oper in zwei Aufzügen. – Text nach Kind von Karl Johann Braun, Ritter von Braunthal.

Personen: Ein Jäger (Bariton); Ambrosio, ein Hirte (Baß); Gabriele, seine Nichte (Sopran); Gomez (Tenor); Vasco und Pedro, Hirten (beide Baß); Graf Otto, deutscher Ritter (Baß); ein Alkalde (Bariton). – Ort und Zeit: Altes Maurenschloß in Granada. 1550. – Uraufführung: 13.1.1834, Wien, Theater in der Josefstadt.

Weltberühmtes Stück aus dieser Oper ist das Chor-Gebet: „Schon die Abendglocken klangen", wie denn überhaupt die Stärke des Werkes in den Chören liegt. Großartig auch der nächtliche Monolog des Jägers. „Die Nacht ist schön." Die meisten Sologesänge wirken heute kaum noch von der Bühne, während sie ohne die sichtbare Handlung (also im Rundfunk) einen merkwürdig beruhigenden Zauber ausüben.

1. Akt. Gabriele liebt den jungen Gomez, soll aber den finsteren Vasco heiraten. Ein Jäger, der sich verirrt hat, tritt zu der Traurigen, verliebt sich in das hübsche Mädchen, muß aber hören, daß sie einen anderen liebt.

Die hinzukommenden Hirten sehen eben noch, wie der Jäger Gabriele auf die Stirn küßt. Der Fremde bittet um ein Nachtlager. Sein Gold verlockt den wütenden Vasco: er beschließt, den Jäger nachts umzubringen.

2. Akt. Gabriele singt in der Nacht vor dem verfallenen Maurenschlosse, in dem der Jäger schläft, eine maurische Romanze, um ihn zu warnen. Als die drei Mörder eindringen, erschlägt der Jäger den Vasco und hält sich die anderen vom Leibe. Inzwischen hat Gomez das Gefolge des Prinzregenten herbeigeführt. Die Jäger erkennen in dem Fremden ihren Herrn. Entsagend legt der Prinzregent Gabrielens Hände in die des jungen Gomez.

AUBER

Daniel François Esprit A. (1782–1871, Franzose) war ursprünglich Kaufmann, dann auf Anraten Cherubins Musiker. Er hat insgesamt 47 Opern geschrieben.

Die Stumme von Portici

Große historische Oper in fünf Akten. – Text von Eugène Scribe und Germain Delavigne.

Personen: ALFONSO, Sohn des Vizekönigs (Tenor); ELVIRA, spanische Prinzessin (Sopran); LORENZO, Alfonsos Vertrauter (Tenor); SELVA, Offizier der Leibwache (Baß); MASANIELLO, Fischer (Tenor); FENELLA, seine Schwester (stumm); PIETRO, BORELLA, MORENO, Fischer (Bässe). – Ort und Zeit: Neapel und Portici, 1647. – Uraufführung: 29.2.1828, Paris, Grand Opéra.

Eine der besten gegenwärtig sträflich vernachlässigten Großen Opern Frankreichs, schwungvoll und dramatisch im Orchester, in den revolutionären Massenchören, in der großartigen Verknüpfung, in den flammenden Steigerungen (eine Barcarole wird zum wilden Rachechor). Schon die Ouvertüre mit ihren schneidenden Septimenakkorden, den rasenden Sechzehnteln und dem scheinbar so schlichten, in Wahrheit unwiderstehlich mitreißenden aufrührerischen Marschthema (Beispiel) wirft die ersten Zündfunken in das knisternde Gebälk.

Allegro

Kampf des unterdrückten Fischervolkes gegen Tyrannenmacht heißt der Grundgedanke, und Aubers Musik bringt ihn so stark zum Ausdruck, daß nach der ersten Aufführung in Brüssel (1830) die Zuhörer aus dem Theater gestürzt sein und zusammen mit der Menge die öffentlichen Gebäude in Brand gesetzt haben sollen: damit begann die Loslösung Belgiens von Holland. Aber auch echte Tragik steckt in den Einzelschicksalen.

1. Akt. Prinz Alfonso soll seine fürstliche Braut Elvira heiraten, aber er denkt an die stumme Fischerin, die er sich erobert hat. Der Hochzeitsaufzug wird gestört durch Wachen, die ein stummes Mädchen verfolgen, das aus dem Gefängnis entflohen ist, wohin sie Alfonsos Vater, der Vizekönig, hat bringen lassen. Die Stumme erkennt in Alfonso ihren Verführer. Da soll sie festgenommen werden, doch kann sie entkommen, weil die Menge sich zusammenrottet.

2. Akt. Masaniello, heimlicher Führer der unterdrückten neapolitanischen Fischer, wartet unruhig auf seine verschwundene stumme Schwester Fenella. Wenn ihr etwas zugestoßen ist ... Ein wilder Freiheitsgesang (mit seinem Freunde Pietro) tönt auf. Fenella erscheint, vertraut sich ihrem Bruder an. Nun erst recht Rache und wiederum Rache! Die vorüberziehenden Truppen werden getäuscht durch eine vom Einzelgesang zum Massenchor gesteigerte Barcarole gegen den Meertyrannen Neptun; aber die Menge weiß, wer in Wirklichkeit gemeint ist.

3. Akt. Auf dem Markt zu Neapel soll Fenella gerade festgenommen werden. Da erscheint Masaniello mit seinen Freunden und sticht den befehligenden Offizier nieder. Nun muß der Kampf offen ausgetragen werden. Allgemeines Gebet. Der Aufstand bricht los.

4. Akt. Masaniello hat gesiegt, aber ihn, der die Frei-

heit wollte, bekümmern Plünderung und Ausschreitung. Während Fenella einschlummert, geht er mit den Hauptverschworenen in ein Nebenzimmer: diese verlangen Alfonsos Tod. Alfonso und Elvira auf der Flucht bitten Fenella um Schutz. Widerstrebend gibt sie ihnen eine Verkleidung. Auch der wiedererscheinende Masaniello verspricht, die Flüchtigen zu schützen und stellt sich sogar mit der Axt den mordgierigen Freunden entgegen. Der Magistrat von Neapel sendet ihm Schlüssel und Purpur. Die Freunde aber brüten Rache.

5. Akt. Siegesfest. Die Verschwörer trinken, auch Masaniello; aber seinem Wein haben die Mißvergnügten Gift beigemischt. Lärm: Alfonso führt neue Truppen heran. Alles schreit nach Masaniello. Doch der ist kaum bei Sinnen. Erst Fenellas Weinen gibt ihm vorübergehend neue Kraft. Er stürzt in die Schlacht. Elvira erscheint: Masaniello hat ihr das Leben gerettet, ist aber von seinen Freunden erstochen worden. Fenella wirft einen schmerzlichen Blick auf den als Sieger nahenden Alfonso, dann stürzt sie sich ins Meer.

Fra Diavolo

Komische Oper in drei Akten. – Text von Eugène Scribe.

Personen: FRA DIAVOLO, unter dem Namen ,,Marquis von San Marco" (Tenor); LORD COOKBURN, ein reisender Engländer (Bariton); PAMELLA, seine Gemahlin (Mezzosopran); LORENZO, Dragoneroffizier (Tenor); MATTEO, Gastwirt (Baß); ZERLINE, seine Tochter (Sopran); GIACOMO (Tenor) und BEPPO (Baß), Banditen; ein Bauer (Baß); ein Müller (Baß); ein Soldat (Tenor). – Ort und Zeit: Gasthaus bei Terracina (Sizilien), Anfang des

19. *Jahrhunderts.* – *Uraufführung: 28.1.1830, Paris, Opéra Comique.*

Zauberhaft, anmutig und behend die spritzig-spitzige Musik, sorgfältig die musikalische Charakterzeichnung der verschiedenen Personen, leicht beschwingt und straff die Chöre, anfeuernd das durchsichtig geführte Orchester wie dies besonders in der Ouvertüre bei den Themen des Räuberhauptmanns und seiner Jäger (siehe Beispiel 1 und 2) zum Ausdruck kommt.

1. Akt. Wenn der Offizier Lorenzo die 10 000 Piaster hätte, die auf den Kopf des Räubers Fra Diavolo gesetzt sind, könnte er seine Zerline heimführen, die der Wirt Matteo einem reichen Bauern geben will. Schimpfend naht ein englisches Paar, das auf der Fahrt ausgeraubt wurde. Sogleich beginnt die Räuberjagd. Inzwischen erscheint der Räuberhauptmann als „Marquis", macht der

ältlichen Engländerin den Hof und stiehlt ihr dabei ein Schmuckstück. Ein Bandit teilt ihm mit, man habe nur den Schmuck, nicht aber das Geld der Reisenden erbeutet. Die Soldaten schaffen alles wieder herbei, und Lorenzo erhält 10 000 Piaster Belohnung: er kann heiraten!

2. Akt. Die Engländer werden durch Zerlines Schlafzimmer in ihren Raum geführt. Zerline selbst legt sich schlafen. Also müßten die auf der Lauer liegenden Banditen mit Fra Diavolo erst sie umbringen, damit sie zu den Engländern gelangen können. Zur rechten Zeit klopft es: Lorenzo mit seinen Soldaten. Ihn und den Engländer bittet der „Marquis" um Diskretion: er sei zu einem Stelldichein gekommen, zu Zerline, wie er Lorenzo sagt, zur Lady, wie er dem Engländer erklärt. Ein Donnerwetter bricht über die beiden Beschuldigten herein.

3. Akt. Diavolo versteckt einen Zettel mit Anweisungen in einem hohlen Baum. Seine beiden Helfershelfer holen den Zettel und mischen sich unter die Bauern und Bäuerinnen. Aber Beppo und Giacomo trällern im Rausch das Liedchen, das Zerline abends zuvor im Bett gesungen hat. Sie werden festgenommen, man findet den Zettel und zwingt die Banditen, Fra Diavolo das vereinbarte Zeichen zu geben. Dieser erscheint, Lorenzo entreißt ihm das Gewehr und schießt ihn nieder.

WEBER

Carl Maria von W. (1786–1826) war in Wien Schüler von Abt Vogler, mit achtzehn Jahren Kapellmeister in Breslau, weiterhin in Karlsruhe, Stuttgart, Mannheim, Darmstadt. 1813–1816 Kapellmeister in Prag. 1817 bis zu seinem Tode Leiter der Deutschen Oper in Dresden. Er schrieb Opern, Orchesterwerke, Kammer- und Klaviermusik, Lieder.

Der Freischütz

Romantische Oper in drei Akten. – Text von Friedrich Kind.

Personen: FÜRST OTTOKAR (Bariton); KUNO, Erbförster (Baß); AGATHE, seine Tochter (Sopran); AENNCHEN, eine junge Verwandte (Sopran); MAX (Tenor) und KASPAR (Baß), Jägerburschen; EREMIT (Baß); SAMIEL, der schwarze Jäger (Sprechrolle); KILIAN, reicher Bauer (Baß). – Ort und Zeit: Böhmen, nach dem Dreißigjährigen Kriege. – Uraufführung: 18.6.1821, Berlin, Schauspielhaus.

Nach Mozarts *Zauberflöte* – und dem Herzen des Volkes vielleicht noch näherstehend – *die* deutsche volkstümliche Oper großen Stils. Das liegt gewiß nicht an der Handlung oder am Wort; denn diese sind vielfach schwach und dürftig. Entscheidend ist vielmehr, daß in Webers Musik der Wald mit seinem Raunen und Rauschen, seinem gedämpften Licht und heimlich-unheimlichen Dunkel, mit Schönheit und Schatten Klang geworden ist. Um solches verwirklichen zu können, greift

Weber in allen seinen Formen (Szenen, Chöre, Arien,
Tänze) zurück auf Urgestalt und Urgehalt des deutschen
Liedes, das ja auch waldgeboren ist. So wird er in seiner
Musik allgemeinverständlich, selbst dort, wo er – die besondere Färbung der Instrumente ausnutzend – ins Musikdramatische vorstößt (etwa in der Kennzeichnung der
„finstren Mächte"). Die ersten vier Takte der Ouvertüre
mit ihrer liedhaften Hornweise über webenden Streichern legen die naturhafte Waldstimmung des Ganzen
unverrückbar fest.

1. Akt. Beim Preisschießen ist der Bauer Kilian Schüt-
zenkönig geworden, nicht der Jägerbursche Max. Dem
verzweifelten Max redet der Förster Kuno gut zu, aber
vergeblich; denn wenn er demnächst beim herkömm-
lichen Probeschuß versagt, muß er auf Kunos Tochter
und die Nachfolge als Förster verzichten. Da bietet sich
ihm der finstere Jägerbursche Kaspar als Helfer an: mit
einer seiner „Freikugeln" läßt er Max, den er zuvor
weintrunken gemacht hat, einen mächtigen Adler vom
nächtlichen Himmel schießen. Nun hat er Max so weit:
dieser verspricht, um Mitternacht in der Wolfsschlucht
zum Gießen von Freikugeln zu kommen.

2. Akt. Zu der geliebten Agathe und ihrer schalkhaften
Verwandten Aennchen kommt auf einen Augenblick

Max. Er ist unruhig, redet sich aus, daß er in der Wolfsschlucht noch einen erlegten Hirsch holen müsse. Die
Mädchen wollen ihn hindern, die verrufene Schlucht aufzusuchen, doch er reißt sich los. – Verwandlung. Kaspar
ruft in der Wolfsschlucht den wilden Jäger um Beistand
an. Dann erscheint Max. Er glaubt, seine tote Mutter
und Agathe warnend vor sich zu sehen, macht sich aber
von diesen Vorstellungen los und gießt mit Kaspar Freikugeln: sechs treffen unfehlbar, aber die siebente gehört
dem Bösen.

3. Akt. Um sich beim Fürsten in gutes Licht zu setzen,
hat Max fast alle Freikugeln auf der Jagd verschossen.
Nun bittet er Kaspar um die seinen. Doch der verschießt
seine Kugeln auf kleines Getier ... Max bleibt nur die unheilvolle siebente Kugel. – Verwandlung. Von trüben
Ahnungen gequält sitzt Agathe im Forsthaus. Auch die
Scherze Ännchens verfangen nicht. Die Brautjungfern
nahen („Wir winden dir den Jungfernkranz"), aber statt
der Brautkrone bringt man Agathe versehentlich die To-
tenhaube. – Verwandlung. Max muß nun den Probeschuß tun. Doch statt des vom Fürsten gewiesenen Ziels
(eine weiße Taube) trifft die siebente Freikugel – Kaspar.
Max soll wegen des sündhaften Kugelgießens verbannt
werden. Doch ein alter Eremit überzeugt den Fürsten,
daß der Brauch des Probeschusses zu solchen bösen Machenschaften verleiten könne; „drum finde nie der Probeschuß mehr statt". Max soll sich ein Jahr lang bewähren als der, der er immer war. Allgemeiner froher Jubel.

*

Webers Singspiel *Abu Hassan* wird nur ganz selten aufgeführt. Fast vergessen sind auch *Euryanthe* und *Oberon*, von denen zwar die Ouvertüren auf vielen Konzertprogrammen erscheinen, die aber als Opern trotz herrlicher Musik zum Tode verurteilt sind, weil man die Texte nicht ertragen kann. Dabei liegen von beiden Opern Dutzende von zum Teil beachtlichen Bearbeitungen vor, darunter bei *Euryanthe* (1823) eine mit völlig neuem Textbuch. Beim *Oberon* (1826) ist bereits der Untergrund brüchig: Weber komponierte einen englischen Text, ohne die Sprache wirklich zu beherrschen.

MEYERBEER

Giacomo M. (1791–1864) geboren in Berlin als Jakob Liebmann Beer. Um eine reiche Erbschaft zu erhalten, hat er den Namen Meyer seinem Familiennamen hinzugefügt. Er war u.a. Schüler von Clementi und (zusammen mit Carl Maria von Weber) Abt Vogler; wirkte in Paris, London, Italien, dann wieder in Paris, endlich in Berlin.

Meyerbeer ist der Hauptvertreter der „Großen Französischen Oper" mit ihrem mächtigen Prunk und Gepräge der Handlung, der Bühneneffekte und der Musik. Gewiß zum großen Teil ein Theaterdonner; aber seine Kunst der italienisch gefärbten Melodieführung, des französisch geschärften Rhythmus und deutscher Gestaltungssicherheit hat begreiflicherweise Richard Wagner beeindruckt. Leider sind es in der Regel nur Einzelauftritte, Einzelszenen und Einzelensembles, denen man Bewunderung zollt. Die Mehrzahl seiner Opern würde wohl nur dann einen festen Platz in den Spielplänen unserer Opernhäuser erhalten, wenn sie durch erhebliche Straffungen und Kürzungen dem gegenwärtigen Geschmack angepaßt würden. Gerade in jüngster Zeit ist es jedoch wieder zu Neuinszenierungen von Opernwerken Meyerbeers in der Bundesrepublik gekommen.

Die Hugenotten

Große Oper in fünf Akten. – Text von E. Scribe und E. Deschamps.

Personen: MARGARETE VON VALOIS, *Königin von Navarra (Sopran);* SAINT-BRIS, *katholischer Edelmann (Baß);* VALENTINE, *seine Tochter (Sopran);* URBAIN, *Page der Königin (Sopran);* NEVERS, *katholischer Edelmann (Bariton);* COSSÉ, *katholischer Edelmann (Tenor);* TAVANNES, *katholischer Edelmann (Tenor);* THORÉ, *katholischer Edelmann (Baß);* RAOUL DE NANGIS, *hugenottischer Edelmann (Tenor);* MARCEL, *sein Diener (Baß);* BOIS ROSÉ, *Soldat (Tenor; drei Mönche, katholische und hugenottische Edelleute, Hofdamen, Soldaten und Volk. – Ort und Zeit: Paris und Umgebung, August 1572. – Uraufführung: 29.2.1836, Paris, Grand Opéra.*

Margarete von Valois, die Schwester des Königs von Frankreich, bemüht sich um eine Versöhnung zwischen der katholischen Hofpartei ihres Bruders und den hugenottischen Edelleuten. Sie versucht die verfeindeten Parteien durch eine Ehe zwischen dem hugenottischen Edelmann Raoul de Nangis und Valentine St. Bris, der Tochter des Führers der katholischen Hofpartei, zu einigen. Raoul, der zwar Valentine heimlich liebt, sieht in ihr jedoch die Braut des katholischen Grafen Nevers und schlägt daher die Hand der ihm zugedachten Valentine aus. Zu spät erkennt er seinen Irrtum, als Valentine nun tatsächlich die Gräfin Nevers wird. Als er Valentine im Palais Nevers aufsucht, um ihr eine Erklärung abzugeben, wird er Zeuge eines furchtbaren Schwures der katholischen Partei. Sie hat beschlossen, die Hugenotten während der nächsten Bartholomäus-Nacht mit Feuer und Schwert auszurotten. Raoul will seine Glaubensgenossen warnen, wird an dieser Absicht aber durch das rückhaltlose Geständnis von Valentine, die Raoul ihre Liebe offenbart, gehindert. Als jedoch die Sturmglocken ertönen und Feuerschein durch die Fenster dringt, entreißt sich Raoul Valentines Umarmungen und stürzt sich in den Kampf. Valentine folgt ihrem Geliebten, um ihr Los mit dem seinigen zu teilen. In einer Salve der Verfolger bricht sie mit Raoul und dem getreuen Diener Marcel – den Ruf ,,Hugenotten" auf den Lippen – zusammen. Das musikalische Leitmotiv der Oper ist der Choral ,,Ein feste Burg ist unser Gott".

Die Afrikanerin

Große Oper in fünf Akten. – Text von E. Scribe.

Personen: DON PEDRO, Rat des Königs von Portugal (Baß); DON DIEGO, Admiral (Baß); INES, seine Tochter (Sopran); ANNA, ihre Vertraute (Sopran); VASCO DA GAMA, Marineoffizier (Tenor); DON ALVAR, Mitglied des Rates (Tenor); GROSSINQUISITOR (Baß); SELICA (Sopran); NELUSCO (Bariton); OBERPRIESTER DES BRAHMA (Baß); Marineoffiziere, Bischöfe, Räte, Matrosen, Priester des Brahma, Inder und Inderinnen. – Ort und Zeit: Lissabon und Indien, Ende des 15. Jahrhunderts. – Uraufführung: 28.4.1865, Paris, Grand Opéra.

Der portugiesische Seeheld Vasco da Gama ist als einziger Offizier dem Untergang einer Expeditionsflotte entgangen. Mit ihm kommen die indische ,,Sklavin", in Wirklichkeit Königin Selica und ihr ,,Sklave", in Wirklichkeit Feldherr Nelusco, nach Lissabon. Als er eine neue Flotte fordert und sich dabei anmaßend gebärdet, wird er ins Gefängnis geworfen. Die ihn liebende Admiralstochter Ines befreit ihn um den Preis einer Ehe mit dem Präsidenten Pedro. Dieser rüstet nun selbst eine neue Flotte, bestimmt Nelusco zum obersten Steuer-

mann und wird von diesem mit sämtlichen Schiffen und
Ines in einen Schiffbruch vor dem gesuchten Lande ge-
steuert. Die weißen Männer werden von den Indern nie-
dergemacht, die Frauen, unten ihnen Ines, sollen den
Gifttod sterben. Selica, nunmehr wieder Herrscherin,
rettet Vasco, will den Dankbaren zu ihrem Gemahl erheben – da muß sie erkennen, daß Vascos Liebe zu Ines
größer ist als seine Dankbarkeit. Völlig niedergedrückt
läßt sie die beiden Liebenden ins Vaterland zurückkehren, läßt sich unter einem Manzanillobaum nieder und
stirbt durch das ausströmende duftende Gift der herab-
rieselnden Blüten. Noch heute läßt sich kaum ein Heldentenor die Gelegenheit entgehen, die berühmte Arie
Vascos ,,Land so wunderbar'' als Einzelstück vorzutra-
gen.

*

Der Prophet

*(Fünf Akte, Text von Eugène Scribe, Uraufführung 1849
in Paris).* Eine Wiedertäufer-Oper über Johann von Leyden, der 1536 mit seinem Freunde Knipperdolling hingerichtet wurde. Der Gastwirt Johann von Leyden (Tenor)
muß mit ansehen, wie seine Mutter Fides (Alt) und seine
Braut Berta (Sopran) von dem lüstern-gewalttätigen Grafen Oberthal (Bariton) gefangengesetzt werden. Drei fa-
natische, zugleich schurkische Wiedertäufer Jonas, Ma-
thisen und Zacharias (Tenor, Bariton, Baß) stacheln Johann zur Rache auf. Er läßt sich als Prophet ausrufen,
stürmt Oberthals Burg und verbreitet Angst und Schrek-
ken im Lande. Die Stadt Münster trotzt ihm, wird aber
erobert. Johann läßt sich im Dom krönen, verleugnet die

Mutter um seiner „göttlichen Abstammung" willen. Seine Braut Berta ersticht sich, als sie in dem furchtbaren Propheten ihren einstigen Bräutigam erkennt. Da bereut Johann. Als er von seinen Anhängern verraten und von seinen Feinden vor Gericht gestellt wird, läßt er durch zwei Getreue den Gerichtssaal in die Luft sprengen und stirbt mit Freund und Feind und Mutter. – Bekannt ist vor allem der berühmte Krönungsmarsch. Die Rolle der Mutter Fides war einst eine der gefeiertsten Altpartien der Opernbühne.

ROSSINI

Gioachino Antonio R. (1792–1868, Italiener) studierte in Bologna vor allem Mozart und Haydn. Dann ging das Opernschreiben los: jedes Jahr gleich mehrere Werke. Zwei Jahre lang war er auch Direktor der Italienischen Oper in Paris.

Der Barbier von Sevilla

Komische Oper in zwei Akten. – Text nach Beaumarchais von Cesare Sterbini.

Personen: GRAF ALMAVIVA (Tenor); FIGARO, sein Barbier (Bariton); DR. BARTOLO (Baß); ROSINE, dessen Mündel (Sopran); MARZELLINE, ihre Erzieherin (Alt); BASILIO, Musikmeister (Baß). – Ort und Zeit: Sevilla, 18. Jahrhundert. – Uraufführung: 20.2.1816, Rom, Teatro Argentina.

Rossini soll diese Oper in knapp drei Wochen geschrieben haben. Nun, geschadet hat ihr das nicht; denn die Musik ist aus einem Guß, schwungvoll, heiter, sangbar, bezaubert mit ihrem echt italienischen „Brio" heute nicht minder als vor hundert Jahren.

Die Personen der Handlung sind uns bereits aus *Figaros Hochzeit* bekannt, die ja inhaltlich gewissermaßen eine Fortsetzung des „Barbiers" bildet. Freilich ist Figaro (vergleiche besonders seine federnde Cavatine „Ich bin das Faktotum der schönen Welt") hier noch ein heiterer Schlingel und noch nicht der heimliche Aufrührer der Mozart-Oper.

1. Akt. Dr. Bartolo will sein Mündel Rosine heiraten. Graf Almaviva bringt Rosine ein Ständchen und versichert sich bei der Gelegenheit der Hilfe des Barbiers Figaro. – Verwandlung. In Bartolos Haus verspricht Figaro der bekümmerten Rosine, ihr zu helfen. Bartolo hört höchst ungern, daß Almaviva in Sevilla sei; doch der Musikmeister Basilio erklärt, er werde den Grafen durch Verleumdung bei Rosine unmöglich machen (Verleumdungs-Arie). Das hört Figaro und teilt es Rosine mit. Plangemäß erscheint Almaviva als Soldat verkleidet und verlangt Quartier. Doch er übertreibt, die vorüberziehende Wache will den Lärmenden verhaften, er weist sich aus und bleibt ungeschoren.

2. Akt. Jetzt hat sich Almaviva als Musiklehrer verkleidet und will so Basilio „vertreten". Bartolo ist mißtrauisch und läßt sich daher während des Unterrichts im gleichen Raum von Figaro rasieren. Unvermutet kommt der richtige Musiklehrer Basilio ins Haus. Eine Stange Gold bringt ihn zum Schweigen. Bartolo aber ist unruhig, eilt zum Notar, um ihn zur Hochzeitszeremonie zu holen. Rosine wird schnell erklärt, ihr Geliebter heiße nicht, wie sie bisher glaubte, Lindoro und sei ein schlichter Student, sondern Almaviva und sei ein Graf. Da kommt auch schon der Notar, der Hochzeitsvertrag wird aufgesetzt, von Rosine und Almaviva unterschrieben – und Bartolo kommt in doppelter Hinsicht zu spät.

✳

Hinter diesem Meisterwerk treten die zahlreichen anderen Opern weit zurück. Dazu gehören: der textlich arg geschusterte *Wilhelm Tell* (1829), *Die Italienerin in Algier* (1813), *Ein Türke in Italien*, *Die diebische Elster*, *Die seidene Leiter*, *Aschenbrödel* u.a. Nach der Mitte

unseres Jahrhunderts setzte eine Flut von Neubearbei-
tungen ein, denen freilich der erhoffte Erfolg versagt
blieb. Am ehesten scheint sich zu halten *Die Liebesprobe*
(1812). Ein von Verehrerinnen umworbener Graf stellt
sich, als sei er grausig verschuldet, treibt in Verkleidung
als „Gläubiger" seine Schulden ein, doch rettet ihn die
liebende Clarissa, verkleidet als „Hauptmann" vor seinem „Gläubiger". Witzig umbaut sind die Hauptpersonen durch die Verehrerinnen und einige Ganz- oder
Halbkünstler.

MARSCHNER

Heinrich M. (1795–1861) war Musiklehrer in Preßburg. Kapellmeister in Dresden und Leipzig, schließlich von 1831 bis zu seinem Tode Hofkapellmeister in Hannover. Schrieb vor allem Opern, Lieder und Chöre.

Hans Heiling

Romantische Oper in drei Aufzügen und einem Vorspiel. Text von Philipp Eduard Devrient.

Personen: KÖNIGIN DER ERDGEISTER (Sopran); HANS HEILING, ihr Sohn (Bariton); ANNA, seine Braut (Sopran); GERTRUD, ihre Mutter (Alt); KONRAD, Leibschütz (Tenor); STEPHAN, Schmied (Baß); NIKOLAUS, Schneider (Tenor). – Ort und Zeit: Böhmisches Erzgebirge, um 1400. – Uraufführung: 24.5.1833, Berlin, Königliche Oper.

Von allen Opern Marschners verdient vor allem der „Hans Heiling" auch heute noch Beachtung. Einmal gehört er in die Entwicklungslinie vom Kaspar im *Freischütz* zum *Fliegenden Holländer*, zum andern bahnen sich in diesem Werk musikdramatische Entwicklungen an, ohne die Wagner kaum zu begreifen wäre, schließlich (und vor allem!) strahlen diese Keimzellen und noch mehr die lebendigen Volksszenen eine noch heute unverminderte Kraft aus.

Vorspiel. Heiling entsagt seiner Herrschaft im unterirdischen Geisterreich. Nur ein magisches Buch nimmt er mit in die Welt der Menschen, in der er nur noch für die geliebte Anna leben will.

1. Akt. Aus einem unterirdischen Gang tritt Heiling in
seine oberirdische Gelehrtenstube. Glücklich sind Heiling und Anna über das Wiedersehen. Um der Geliebten
willen verbrennt Heiling sogar das Zauberbuch, sein
letztes Geistesgut. Und Anna zuliebe will er sogar, wenn
auch widerstrebend, mit zum Volksfest kommen. – Verwandlung. In der Schenke ist der Tanz im vollen Gange.
Trotz Heilings Verbot und Widerstand tanzt auch Anna,
als der Leibschütz Konrad sie darum bittet.

2. Akt. Der im nächtlichen Walde verirrten Anna erscheinen die Erdgeister und die Königin, um ihr zu offenbaren, daß Heiling ein Geisterfürst ist. Ohnmächtig
bricht sie zusammen. So findet sie der Leibschütz Konrad. Er geleitet die Schweigende heim. – Verwandlung.
In der dunklen Stube harrt Gertrud ihres Kindes. Endlich kommt Anna mit Konrad. Auch Heiling naht. Doch
sie weicht ihm aus und offenbart sein wirkliches Wesen.
Als sie sich schutzsuchend in Konrads Arme wirft, sticht
Heiling den Leibschütz nieder.

3. Akt. Heiling ist zu den Seinen zurückgekehrt. Doch
die Geister verspotten ihn: Konrad sei nicht tot, sondern
mache heute Hochzeit. Heiling schwört Rache. – Verwandlung. Bei der Hochzeit spielt man Blindekuh. Mit
einem Schrei stürzen plötzlich alle davon. Ängstlich
nimmt Anna das Tuch von den Augen – Heiling steht neben ihr! Die auf ihr Hilferufen herbeieilenden Männer
will Heiling vernichten; doch die erscheinende Königin
heißt ihn, auf die Rache verzichten. Grau ist Heiling geworden. Müde kehrt er heim.

DONIZETTI

Gaetano D. (1797–1848, Italiener) war ursprünglich Offizier. Der Erfolg einer Oper brachte ihn endgültig zur Musik. Lebte zeitweilig in Neapel, bald in Mailand, bald in Paris und auch in Wien. Hinterließ rund siebzig Opern.

Donizetti wählte sich anfangs den geschwind, viel, aber auch spritzig elegant schreibenden Rossini zum Vorbild und erreichte auch sehr oft dessen sprudelnde, federnde Melodik. Doch ihm erwuchs bald in dem vier Jahre jüngeren Bellini eine beachtliche Konkurrenz, und schon stellte sich Donizetti um auf einen weniger oberflächenhaften, dafür sorgfältig geschliffenen Stil.

In den ersten Jahrzehnten des 20. Jahrhunderts waren bei uns in der Hauptsache zwei Donizetti-Opern bekannt – und sei es nur durch deren Ouvertüren: *Lucia di Lammermoor* und *Die Regimentstochter*. Inzwischen ist eine förmliche Wiederausgrabungswelle über uns hinweggegangen, deren Dauerwirkung freilich abzuwarten bleibt. Zahlreiche Namen, zuvor nur den Fachleuten bekannt, stehen mehr oder weniger lange auf den Theaterzetteln; aber gerade die einst beliebteste Oper Donizettis erscheint in mancher Spielzeit überhaupt nicht mehr („Regimentstochter"). Uns will scheinen, als habe Donizetti sein bestes in komischen Opern gegeben. Nachfolgend eine Auswahl der gegenwärtig bekanntesten Werke.

Der Liebestrank

Komische Oper in zwei Akten von Felice Romani

Personen: ADINA, *eine junge reiche Pächterin (Sopran);*
NEMORINO, *junger Landmann (Tenor);* BELCORE, *Sergeant (Bariton);* DULCAMARA, *Quacksalber (Baß);* GIA-
NETTA, *Wäscherin (Sopran); Landleute, Soldaten, Diener, Notar. – Ort und Zeit: italienisches Dorf, Anfang
19. Jahrhundert. – Uraufführung: 12.5.1832, Neapel,
Teatro della Canobbiana.*

Diese erst seit einiger Zeit in Deutschland wieder in
den Spielplan aufgenommene Oper hat an Aufführungs-
häufigkeit zuweilen die meisten Bühnenwerke Wagners
und Verdis übertroffen. Der erstaunliche Schwung der
Melodien über leicht überschaubaren Harmoniewendun-
gen, das reizvolle Auszeichnen belustigenden Geschehens, dazu anmutig geformte Einzelheiten – alles ist wie
aus einem Guß und macht den Bericht wahrscheinlich,
demzufolge Donizetti das Werk in weniger als einer Woche komponiert haben soll.

Die reiche Pächterin Adina scheint den schüchternen
Verehrer Nemorino völlig zu übersehen und ihre Neigung dem siegessicheren Sergeanten Belcore zu schenken. Als Nemorino Zeuge wird wie die Angebetete ihren
Freundinnen die Geschichte von Tristan und Isolde samt
dem Zaubertrank erzählt, läuft er zum Quacksalber, der
ihm einen Liebestrank verkauft – allerdings nur gegen
das Handgeld, das Nemorino empfängt, als er sich zu
den Soldaten anwerben läßt. Nachdem er zwei Flaschen
getrunken hat und sich mutig unter den Mädchen bewegt, wird Adina am Tage der Hochzeit mit Belcore eifersüchtig, hört von dem Preis, den Nemorino bezahlen

mußte, kauft den Schein vom Werber zurück und nimmt nun doch Nemorino, zumal dieser soeben einen schönen Batzen von einem reichen Onkel geerbt hat.

Lucia di Lammermoor

Tragische Oper in drei Akten. Text von Salvatore Cammarano

Personen: LORD HENRY ASHTON (*Bariton*); LUCIA DI LAMMERMOOR, *seine Schwester* (*Sopran*); EDGAR VON RAVENSWOOD (*Tenor*); LORD ARTHUR BUKLAW (*Tenor*); RAIMUND BIDIBENT, *Lucias Erzieher* (*Baß*); ALISA, *Lucias Vertraute* (*Mezzosopran*); NORMAN, *Befehlshaber der Ravenswooder Soldaten* (*Tenor*); *Adelige, Bewohner von Lammermoor und Ravenswood, Diener, Jäger usw. – Ort und Zeit: Schottland um 1700. – Uraufführung: 26.9.1835, Neapel, Teatro San Carlo.*

Die nicht wie üblich im Geschwindschritt, sondern diesmal sehr sorgfältig gearbeitete Oper (mehrfache Neufassungen) zählt zu Donizettis besten Werken. Berühmt Lucias Wahnsinns-Arie (mit Flöte), Edgars Todesweise (fast schon Verdi!) und das großartige Sextett mit Chor aus dem zweiten Akt.

1. Akt. Lord Ashtons Schwester Lucia liebt den nach Frankreich aufbrechenden Edgar, den Todfeind ihres Bruders. Sie soll sich aber mit Lord Buklaw vermählen, weil sonst das Familiengut zugrunde geht.

2. Akt. Als Lucia von ihrem Bruder hört, wenn sie Buklaw nicht heirate, sei Edgars Leben gefährdet, und ihr zudem durch einen gefälschten Brief Edgars angebliche Treulosigkeit bewiesen wird, willigt sie in die ver-

haßte Ehe mit Buklaw ein. Als der Ehevertrag unterzeichnet werden soll, kehrt Edgar unerwartet zurück.
Angesichts des angeblichen Verrats verflucht er Lucia
und ihr ganzes Haus.

3. Akt. Lucia ist unter dem Geschehen zusammenge-
brochen und wahnsinnig geworden; sie ersticht sogar ihren Gatten. Als Edgar endlich über die wahren Umstände unterrichtet wird, die zum Wahnsinn und schließlich
zum Tode Lucias geführt haben, macht er seinem Leben
ein Ende.

Marie
oder Die Regimentstocher

*Komische Oper in zwei Akten von Saint Georges und
A. Bayard.*

Personen: MARCHESA VON MAGGIORIVOGLIO *(Sopran);*
SULPIZ, *Sergeant (Baß);* TONIO, *junger Tiroler (Tenor);*
MARIE, *Marketenderin (Sopran);* Die HERZOGIN VON
CRAQUITORPI *(Sopran);* HORTENSIO, *Hausmeister der
Marchesa (Baß);* Ein NOTAR *(Tenor);* Ein Korporal
*(Baß). – Ort und Zeit: Tirol, 1815. – Uraufführung:
11.2.1840, Paris, Opéra Comique.*

Musikalisch eine Couplet-Oper, möchte man sagen;
denn die Arien und Chöre sind matt und wenig anspre-
chend, während die eingestreuten zündenden Couplets
außerordentlich stark wirken. Sie reißen ganze Szenen
zusammen und entzücken besonders dort, wo sie spöttisch gegen bewußt langstielige Arien eingesetzt werden.

1. Akt. Als kleines Kind unbekannter Eltern ist Marie
von den Soldaten des Regiments aufgefunden und mitge-

nommen worden. Jetzt ist sie als Marketenderin der Stolz ihrer ,,Väter", und nur einen Grenadier dieses Regiments darf sie heiraten, so ist es bestimmt. Aber sie liebt den jungen Tiroler Tonio. Dieser wird eben hereingebracht und soll als Spion gehenkt werden. Marie rettet ihn vor dem Toben des bärbeißigen Sergeanten Sulpiz. Tonio tritt in das Regiment ein und darf nun als Bewerber um Mariens Hand auftreten. Aber leider erscheint eine Marchesa, beweist, daß Marie ihre Nichte sei, und führt sie zur allgemeinen Betrübnis mit sich fort.

2. Akt. Weder Marie noch Sulpiz – diesen hat die Marchesa auch aufgenommen – sind von dem vornehmen Leben begeistert. Lieber singt Marie mit ihm Soldatenlieder als langweilige Arien. Als sie erfährt, daß die Marchesa ihre Mutter ist, beugt sie sich ihrem Spruch und willigt in eine standesgemäße Heirat, obwohl sie Tonio noch immer liebt. Als der Heiratsvertrag unterzeichnet werden soll, erscheint Tonio als Offizier. Kaum hat er ausgesprochen, daß Marie einst Marketenderin war, da rauscht die adelige Verwandtschaft empört davon, und Tonio kann Marie heimführen.

Don Pasquale

Komische Oper in drei Akten. – Text nach Angelo Anelli vom Komponisten.

Personen: DON PASQUALE, alter Junggeselle (Baß); ERNESTO, sein Neffe (Tenor); DR. MALATESTA, Arzt (Bariton); NORINA, junge Witwe (Sopran); NOTAR (Baß). – Ort und Zeit: Rom, 18. Jahrhundert. – Uraufführung: 3.1.1843, Paris, Théâtre Italien.

Funkelnder Witz und tiefer Humor geistern durch die Musik dieser Oper, und zwar in den gesungenen Partien (vor allem den Ensembles) wie in der köstlichen Instrumentation (Bläser!). Eine der reizendsten komischen Opern, die Italien hervorgebracht hat.

1. Akt. Damit ihn sein Neffe Ernesto nicht beerbe, will der alte Junggeselle Don Pasquale heiraten. Dr. Malatesta geht scheinbar auf Pasquales Absichten ein und bringt ihm seine angebliche Schwester Sofronia als Braut. Diese ist aber in Wirklichkeit Norina, die der Neffe liebt. Da man diesen nicht ins Vertrauen gezogen hat, fühlt er sich verraten. – Verwandlung. Ernesto hat Sofronia-Norina einen traurigen Abschiedsbrief geschrieben. Malatesta bringt Norina-Sofronia den Brief und berät mit ihr die Scheinheirat.

2. Akt. Ernesto klagt um seine verratene Liebe. Pasquale läßt schleunigst den Heiratsvertrag aufsetzen. Aber der Notar ist kein richtiger Notar. Die junge ,,Frau'' beginnt sogleich ihren ,,Ehemann'' zu peinigen.

3. Akt. Pasquale hält die Schimpfereien und Verschwendungssucht seiner jungen ,,Frau'' nicht mehr aus. Ein fingierter Brief berichtet ihm zudem noch von ihrer Untreue, ja, er überrascht sie mit Malatesta bei einer (gespielten) Untreue. Jetzt hat er genug: schleunigst gibt er die Zänkerin seinem Neffen zur Frau – um sie loszuwerden und ihn zu ärgern. Auch als er hört, daß man ihn übertölpelt hat, wird er nicht zornig: auf jeden Fall ist er von jedem Heiratswunsch geheilt.

*

Die Nachtglocke

(Il Campanello, Text vom Komponisten, verschiedene Neufassungen, ein Akt, Uraufführung 1836). Der Apotheker Pistacchio feiert Hochzeit, muß am nächsten Morgen verreisen, will aber die Hochzeitsnacht nicht versäumen, wird jedoch daran gehindert durch den in die junge Frau verliebten Enrico. Dieser läutet in mannigfachen Verkleidungen ständig die Nachtglocke und schließlich die Frühglocke, damit der Apotheker rechtzeitig abreist.

LORTZING

Albert L. (1801–1851) war Sänger und Schauspieler in
Aachen, Köln, Detmold und Leipzig. Hier ein Jahr Kapellmeister, dann in Wien und vorübergehend wieder in
Leipzig. Schließlich Kapellmeister an dem neugegründe-
ten Friedrich-Wilhelmstädtischen Theater in Berlin.
Lebte meist in sorgenvollen Verhältnissen. Schrieb vor
allem Volksopern.

Lortzings Bühnenwerke sind der Inbegriff der deutschen kleinen Volksoper. Seine Texte schrieb er sich zumeist selbst, weil er aus langer praktischer Erfahrung als
Sänger und Schauspieler genau wußte, was das Publikum
brauchte, und weil er das Theaterhandwerk beherrschte.
Seine Musik, bald gemütvoll und bald heiter, bald
schwärmerisch und bald witzig-boshaft, ist so eingängig,
daß sie keiner besonderen Erläuterung bedarf, zumal
Lortzing seinen Ausdrucksstil vielfach aus dem Schlicht-
Liedhaften empfängt. Dabei darf freilich nicht übersehen
werden, daß in dieser Einfachheit sehr viel Kunstvolles,
an Mozart Geschultes steckt. Jene ganz Gescheiten, die
Lortzing gern zum kleinbürgerlichen, mittelständischen
Musiker erklären möchten, kennen weder seine oft ausgezeichneten Partituren noch achten sie einen wesentlichen Zug des Deutschen: die gemüthaft-heitere Innigkeit.
   Alle Versuche, auch die Nebenwerke zu retten, sind
fehlgeschlagen. Doch die Meisteropern sind noch heute
jugendfrisch wie vor hundert Jahren.

Zar und Zimmermann

Komische Oper in drei Akten. – Text nach dem Französischen vom Komponisten.

Personen: PETER MICHAELOW, *Zar von Rußland (Bariton);* PETER IWANOW, *Zimmergeselle (Tenor);* VAN BETT, *Bürgermeister von Saardam (Baß);* MARIE, *seine Nichte (Sopran);* GENERAL LEFORT, *russischer Gesandter (Baß);* LORD SYNDHAM, *englischer Gesandter (Baß);* MARQUIS VON CHATEAUNEUF, *französischer Gesandter (Tenor);* WITWE BROWN (Alt);. – Ort und Zeit: Saardam in Holland, 1698. – Uraufführung: 22.12.1837, Leipzig.*

1. Akt. Zimmerleute auf der Werft. Unter ihnen zwei Russen: Peter Michaelow (der unerkannt den Schiffbau studierende Zar) und Peter Iwanow, der aus der russischen Armee desertiert ist. Es gibt eine Eifersuchtsszene zwischen Iwanow und Marie, der Nichte des Bürgermeisters van Bett. – Der russische Gesandte teilt dem Zaren mit, daß sich seine Feinde wider ihn erheben. Sogleich läßt Michaelow alles zur Abreise vorbereiten. Jetzt erscheint die eigentliche (musikalisch glänzend gezeichnete) Hauptperson der Oper: der aufgeregte Bürgermeister van Bett („O sancta justitia"). Er soll einen Mann namens Peter ausfindig machen. Aufgeblasen und dumm wie er ist, macht er sich auf Anraten des ebenso aufgeblasenen englischen Gesandten an Peter Iwanow, der nun glaubt, er werde wegen seines Desertierens gesucht. Der französische Gesandte hat dagegen den Zaren erkannt und verhandelt heimlich mit ihm.

2. Akt. Beim Volksfest in einer Schenke sitzen an zwei getrennten Tischen zwei Verhandlungsgruppen: Zar, russischer Gesandter und französischer Gesandter an

dem einen, Iwanow, Bürgermeister und Engländer am anderen. Die einen halten die anderen für lustige Vögel; denn jede Gruppe glaubt oder weiß, daß sie den richtigen Zar am Tische hat. Daher ergibt sich an Iwanows Tisch ein seltsames Durcheinander, während am Zarentische der Franzose nicht nur geschickt verhandelt, sondern gleichzeitig noch mit Marie kokettiert, was Iwanow geziemend in Wut bringt. Die größten Dummheiten macht natürlich der Bürgermeister. Um das Maß vollzumachen, kommt ein Offizier, der jeden Fremden ohne zureichenden Ausweis verhaften soll. Da ist der Bürgermeister in seinem Element (,,Oh, ich bin klug und weise"). Leider kommt er jedesmal an den Falschen; dreimal tönt es ihm entgegen: ,,Gesandter des Königs von Frankreich (von Rußland, von England)". Schließlich kommt er an den Zaren; doch vor dessen Zorn verkriecht er sich unter den Tisch.

3. Akt. Der brave Bürgermeister hat eine Huldigungskantate an den ,,Zaren" gedichtet, die er in einer lustigen, musikalisch köstlichen Szene einstudiert. – Peter Michaelow denkt wehmütig an seine Jugend als Königskind (,,Einst spielt ich mit Szepter"), dann trifft er die letzten Reisevorbereitungen. Peter Iwanow, dem die Kantate dargebracht wird, hat erst noch eine Eifersuchtsszene mit Marie, dann nimmt er die Kundgebungen der Menge huldvoll entgegen; denn er weiß nicht recht, ob er nicht vielleicht doch selbst der Zar ist. Alle sagen es jedenfalls ... Ein Kanonenschuß erdröhnt, im Hintergrund sieht man den wirklichen Zaren inmitten eines glänzenden Gefolges an Bord seines Schiffes; er verabschiedet sich von den Saardamern. Geschwind stellt sich der Bürgermeister um, will die Kantate nun an den richtigen Mann bringen, aber da fällt der Vorhang.

Der Wildschütz

Komische Oper in drei Akten. – Text nach Kotzebue vom Komponisten.

Personen: Graf von Eberbach *(Bariton);* Gräfin *(Sopran);* Baron Kronthal, *ihr Bruder (Tenor);* Baronin Freimann, *des Grafen Schwester (Sopran);* Nanette, *ihr Kammermädchen (Mezzosopran);* Baculus, *Schulmeister (Baß);* Gretchen, *seine Braut (Sopran);* Pankratius, *Haushofmeister (Bariton). – Ort und Zeit: Gut des Grafen, um 1800. – Uraufführung: 31.12.1842, Leipzig.*

Höhepunkt der hervorragend gearbeiteten, gleichwohl volkstümlich ansprechenden Musik dieser Oper sind die witzig-gemütvolle Ouvertüre (in ihr fällt sogar der verhängnisvolle Schuß, durch den der Schulmeister zum Wildschützen wird) und die humorgeladene, geschliffene Billardszene.

1. Akt. Dörfliches Verlobungsfest des ältlichen Schulmeisters Baculus mit Gretchen. Da wird er durch einen Brief des Grafen seines Schulmeisterpostens enthoben – weil er gewildert habe. Jetzt will er Gretchen aufs Schloß schicken, damit sie um Gnade bitte. Die Kleine möchte schon gern, aber nun wird Baculus eifersüchtig: er kennt den Grafen. Nachdenklich geht er mit seiner Braut davon. Als Studenten verkleidet, kommt die junge Witwe Baronin Freimann (Schwester des Grafen) mit ihrer Zofe Nanette. Als sie von den Nöten des Schulmeisters erfährt, will sie an Gretchens Stelle „als Mädchen gekleidet" (Baculus hält sie ja für einen Studenten) ins Schloß gehen. Während draußen die „Verkleidung" vor sich geht, erscheinen der Graf und sein Schwager Kronthal (der sich allen, auch seiner Schwester gegenüber, als

Stallmeister ausgibt.) Die beiden sind sogleich bezaubert von Gretchens appetitlichem Aussehen, aber dann noch mehr von der „als Mädchen verkleideten" Studentenbaronin Freimann. Der Graf lädt Gretchen, die Baronin und ihre Zofe auf sein Schloß ein.

2. Akt. Zur gähnenden Langeweile ihrer Dienerschaft liest die Gräfin in einem Nebenzimmer laut aus ihrem geliebten griechischen Dichter Sophokles vor. Baculus fragt den Haushofmeister Pankratius, wie er sich bei der Gräfin einschmeicheln könne. Nur durch Sophokles, lautet die Antwort, und beide gehen, um die erforderlichen Vorbereitungen zu treffen. Die Gräfin glaubt, der „Stallmeister" (der ja ihr Bruder ist) liebe sie; aber dessen Erregung erklärt sich daraus, daß er draußen die Stimme der verkleideten Baronin hört; schleunigst schlüpft er hinaus. Der zurückkehrende Baculus hat sich vorbereitet: seine Sophokles-Zitate stimmen die Gräfin gnädig. Freilich wettert nun der Graf dazwischen, der Baculus nicht mehr zu sehen wünscht, der Stallmeister kommt zurück, auch die als Schulmeistersbraut herausgeputzte Baronin, es gibt ein großes Durcheinander, da Graf und Baron gleichermaßen in die „Braut" verliebt sind, und da es draußen regnet, dürfen Baculus und „Braut" die Nacht im Schloß verbringen. Die Gräfin begibt sich zur Ruhe, die „Braut" nimmt eine Handarbeit vor, der Schulmeister setzt sich mit einem Choralbüchellein in einen Lehnstuhl, und Graf und Baron beginnen eine Billardpartie, in der sie gewissermaßen um die „Schulmeistersbraut" kämpfen (musikalisch eine Meisterszene der deutschen komischen Oper). Allem Hin und Her und Lärm und Gerede ein Ende zu machen, holt die Gräfin die angebliche Braut in ihr Schlafgemach, sehr zum Vergnügen des Schulmeisters, der sie ja für einen Studenten hält. Der Baron versucht nun, dem Schul-

meister seine „Braut" für 5000 Taler abzukaufen. (Komische Arie des Baculus „Fünftausend Taler").

3. Akt. Baculus führt dem Baron-Stallmeister seine richtige Braut vor und will die 5000 Taler. Aber der wollte ja die andere! Und die kommt im rechten Augenblick, gesteht ihm den Verkleidungsbetrug – und ihre Liebe. Den Liebeskuß sieht die Gräfin – und entläßt den „Stallmeister". Er geht, und der Studentenbaronin naht der ebenfalls verliebte Graf; sie küßt ihn. Abermals ist die Gräfin empört. Jetzt klärt sich alles auf: der Stallmeister ist der lange durch die Welt gereiste Bruder der Gräfin, die falsche Schulmeistersbraut und der verkleidete Student ist des Grafen Schwester. Und Baculus? Er braucht nicht begnadigt zu werden; denn als er sich als Wildschütz betätigte, hat er keinen Rehbock, sondern seinen eigenen Esel erschossen.

Undine

Romantische Zauberoper in vier Akten. – Text nach Fouqué vom Komponisten.

Personen: BERTALDA, *angenommene Tochter des Herzogs (Sopran);* RITTER HUGO VON RINGSTETTEN *(Tenor);* KÜHLEBORN, *Wasserfürst (Baß);* TOBIAS, *alter Fischer (Baß);* MARTHE, *sein Weib (Alt);* UNDINE, *ihre Pflegetochter (Sopran);* PATER HEILMANN *(Baß);* VEIT, *Hugos Schildknappe (Tenor);* HANS, *Kellermeister (Baß). – Ort und Zeit: In und bei Burg Ringstetten, Mitte des 15. Jahrhunderts. – Uraufführung: 21.4.1845, Magdeburg.*

Eine wirklich geschlossene Wirkung hat Lortzing mit seiner Undinen-Musik nicht erreicht, obwohl er durch

Leitmotive – die wichtigsten sind die Bläseroktaven
Kühleborns und die flehende Streicherweise Undinens –
das Ganze ziemlich zusammenhält. Dennoch hat sich
diese Märchenoper durch ihren volkstümlichen Grundton immer wieder zahlreiche Freunde erworben.

1. Akt. Das Kind der alten Fischersleute ist einst im
See ertrunken; aber eines Abends fanden sie vor der Tür
ein anderes Kind, ,,das anscheinend im Wasser gelegen
haben mußte'': Undine. Sie ist jetzt die Braut des Ritters
Hugo, der die Verlockungen des Ritterfräuleins Bertalda
hinter sich gelassen hat. Zur Hochzeitsfeier kommt auch
der Wasserfürst Kühleborn als angeblicher Weinhändler.
Der Knappe Veit schwatzt betrunken mit Kühleborn
und behauptet, Undine werde nur ,,geprellt'', Bertalda
sei nicht vergessen. Kühleborn schwört Rache. Undine
erkennt Kühleborn, will ihn erschreckt fortschicken;
doch er bleibt.

2. Akt. Auf Schloß Ringstetten. Trinkszene Veit-
Hans. Undine erzählt Hugo, daß sie eine Nixe sei. Er
kann sich eines Erschreckens nicht erwehren; doch:
wenn sie – wie sie sagt – auch keine Seele habe, so solle
sie durch seine Liebe eine gewinnen. Mit Kühleborn
(diesmal als Gesandter von Neapel) erscheint Bertalda,
prächtig und verliebt in Hugo. Aber sie ist zu Tode beleidigt, als Hugo ihr sein junges Weib vorstellt. Kühleborn warnt Undine; aber sie glaubt fest an Hugo. Hochmütig erklärt Bertalda, sie gedenke sich mit dem König
von Neapel zu vermählen und sich nicht mit einer ,,nie-
deren Wahl'' zu begnügen. Dieser Seitenhieb auf Undine
erzürnt den Wasserfürsten Kühleborn. Und als sie gar
verlangt, Undine solle ein Fischerlied singen, wallt er auf
und singt von einem Fischermädchen, das einst ein Herzog schlafend fand und mit auf sein Schloß nahm; dieses

Fischermädchen aber sei – Bertalda. Mit Hilfe der alten Fischersleute und eines herzoglichen Schriftstücks beweist er die Richtigkeit seines Zornliedes. Alles will sich auf ihn stürzen; er aber versinkt drohend in einen Springbrunnen des Gartens.

3. Akt. Hugo und Undine haben Bertalda zu sich genommen. Doch Bertalda verlockt den Ritter, und er kann nicht widerstehen. Schließlich sagt er sich roh von dem ,,Kobold" Undine los. Kühleborn steigt aus den Fluten des Sees und holt die untröstliche Undine in sein und ihr Reich zurück.

4. Akt. Hugo träumt im Schloßgarten unruhig von Undine. Doch Trompetengeschmetter aus dem Festsaal bringen ihn wieder in die ,,Wirklichkeit" zurück. Der Kellermeister Hans und der Knappe Veit kommen trunken aus dem Schloß. So recht gefällt ihnen die Eheschließung Hugo-Bertalda nicht. In ihrer Trunkenheit heben sie den schweren Stein vom Brunnen, in dem Kühleborn hausen soll – rennen aber erschreckt davon; denn dem Brunnen entsteigt Undine und schreitet langsam ins Schloß. – Verwandlung. Festtrubel im Saal. Doch beim letzten Schlag der Mitternachtsglocke erdröhnt Kühleborns Motiv, die Lichter erlöschen, Undine betritt den Saal. Wie im Traum geht Hugo auf sie zu, umarmt sie. Ein Donnerschlag: die beiden versinken im Boden. Der Saal stürzt ein, Wasserfluten dringen in den Raum. Kühleborn, Hugo und Undine erscheinen vereint in bläulichem Licht: dem Ritter ward verziehen um Undinens willen. ,,Vernehmts's, ihr Seelenvollen, so rächen sich die Seelenlosen."

Der Waffenschmied

Komische Oper in drei Akten. – Text nach Ziegler vom Komponisten.

Personen: HANS STADINGER, Waffenschmied (Baß); MA-RIE, seine Tochter (Sopran); GRAF VON LIEBENAU (Bari-ton); GEORG, sein Knappe (Tenor); RITTER ADELHOF (Baß); IRMENTRAUT, Mariens Erzieherin (Alt); BRENNER, Gastwirt (Tenor). – Ort und Zeit: Worms, 16. Jahrhun-dert. – Uraufführung: 31.5.1846, Wien, Theater an der Wien.

Im Gegensatz zur *Undine* verzichtet Lortzing auf Leitmotivik. An ihre Stelle setzt er Erinnerungsweisen, so die (bereits in der Ouvertüre auftretende) Arie des Ritters Liebenau, ,,Du läßt mich kalt von hinnen scheiden". Im ganzen gibt sich die Musik noch volks-tümlicher als in den früheren Werken, ist reich an Lied-kompositionen (am bekanntesten: ,,Auch ich war ein Jüngling mit lockigem Haar").

1. Akt. Konrad Graf von Liebenau und sein Knappe Georg arbeiten verkleidet in der Werkstatt des Waffen-schmieds und Tierarztes Stadinger. Als Geselle Konrad, aber auch in seiner Kleidung als Graf, wirbt er verstohlen um Stadingers Tochter Marie. Von dem heimlichen Her-umstreifen des Grafen will Stadinger nichts wissen; da-her gibt er Georg, der ja des Grafen verkleideter Knappe ist, den Auftrag, den Grafen zu verjagen, falls er in seiner Abwesenheit etwa versuchen sollte … Konrad verabre-det mit Georg, daß er sich in der Nacht endgültig Klar-heit verschaffen will, ob Marie den ,,Schmiedegesellen" Konrad oder den Grafen Konrad liebt. – Der dicke Rit-ter Adelhof will verhindern, daß der Graf sich mit Marie

einläßt; dieser solle ja das reiche Fräulein von Katzen-
stein heiraten. Vor dem Wortschwall von Mariens Erzieherin Irmentraut räumt er schleunigst das Feld. – Marie
ist trotz Irmentrauts Widerspruch entschlossen, dem
Grafen um des „Schmiedegesellen" willen den Abschied
zu geben: ihr Herz sei schon versagt, erklärt sie ihm, als
er am Abend im Grafengewand erscheint. Innerlich
frohlockend, wahrt er den äußeren Schein: „Du läßt
mich kalt von hinnen scheiden?" Schleunigst muß der
Graf verschwinden: Stadinger kehrt zurück, sucht den
unwillkommenen gräflichen Werber und bringt mit Lärmen und Toben Männlein und Weiblein durcheinander.
Endlich wird Ruhe. Marie kommt noch einmal, um
Konrad durch die Tür gute Nacht zu sagen; doch der
rührt sich nicht, steht er doch als Graf draußen im Garten, wie Marie eben sieht. Leise Zweifel melden sich, ob
sie nicht besser … Doch „Reichtum allein tut's nicht auf
Erden".

2. Akt. Konrad spielt den Eifersüchtigen, weil doch
der Graf bei ihr gewesen sei. Aber die Kleine setzt ihm
gehörig den Kopf zurecht. Da küßt er sie – und Irmentraut kommt dazu; sie schweigt, als auch sie einen Kuß
erhält. Das wiederum sieht Georg. Durch das allgemeine
Geschrei angelockt, kommt Stadinger herbei; er versteht
nicht, wer wen geküßt hat. In die Verwirrung watschelt
auch noch der Ritter Adelhof hinein, warnt vor dem
Grafen Liebenau. Allgemeines Durcheinander, am Ende: Konrad muß aus dem Haus. Nur einen Brief soll er
Stadinger noch vorlesen. Darin steht, der Graf Liebenau
sei gefährlich; Stadinger solle schleunigst Marie dem Gesellen Konrad geben. Erst tobt der Alte, dann lächelt er.
Nein, Konrad müsse fort und – Georg habe Marie zu
heiraten … „es muß ihm aber nicht unangenehm sein".
Verwandlung. In den Weinbergen vor der Stadt feiert

Stadinger sein Meisterjubiläum. Da bringt Konrad die
zitternde Marie, die er dem Grafen Liebenau, als er sie
entführen wollte, wieder entrissen habe. Der halbtrun-
kene Meister flucht, wettert; Marie soll in ein Kloster ...
„es muß ihr aber nicht unangenehm sein". Nein, den
Georg soll sie heiraten, ob die beiden wollen oder nicht.

3. Akt. Stadinger hat seinen Rausch ausgeschlafen und
will sich berichten lassen, was denn gestern eigentlich
losgewesen sei. Aber mitten in dem Bericht seiner Umgebung kommt der dicke Adelhof und droht ahnungslos
das ganze Spiel aufzudecken. Man läßt ihn nicht zu Worte kommen, und er zieht ab. So sehr man nun von allen
Seiten auf Stadinger einredet – dem Konrad gibt er die
Marie nicht. Konrad verläßt das Haus, und bald darauf
hört man Lärmen und Toben: der Graf Liebenau will
Marie mit Gewalt entführen! Da kommt ein Schreiben
vom Magistrat: um des Stadtfriedens willen solle Stadinger dem Konrad Marie zum Weibe geben. Was bleibt
dem alten Brummbären anders übrig als nachzugeben!
Ja, „Auch ich war ein Jüngling mit lockigem Haar" ...
singt er erinnerungsschwer. Und als er nun entdecken
muß, daß der Geselle Konrad und der Graf Liebenau ein
und dieselbe Person sind, da versagt er den Verliebten
den Segen nicht; „es muß ihnen aber nicht unangenehm
sein".

BELLINI

Vincenzo B. (1801–1835), Sizilianer, studierte in Neapel, schrieb Kirchenmusik, später elf Opern, z. T. für die Mailänder Scala. Seit 1833 in Paris, befreundet mit Chopin.

Erst in jüngerer Zeit findet sich hin und wieder einmal eine Bühne, eines der Hauptwerke Bellinis aufzuführen. Wenn der junge Wagner sich anfangs Bellini zum Vorbild erwählte, wenn Verdi bei Bellinis Streben, von der gesungenen Melodie her musikdramatische Ziele zu verwirklichen, anknüpfte, so spricht das für sich. Auch heute noch sprechen die edlen Gesangslinien des früh verstorbenen Meisters unmittelbar an. Ob das musikdramatische Wollen Bellinis bewußt dazu führte, daß er für seine Hauptwerke nordische Stoffe wählte, steht dahin (u. a. *Die Puritaner in Schottland, Norma*).

Norma

Lyrische Tragödie in zwei Akten. Text von Felice Romani.

Personen: SEVER, römischer Prokonsul (Tenor); FLAVIUS, sein Vertrauter (Tenor); OROVIST, Haupt der Druiden (Baß); NORMA, seine Tochter, Druidenpriesterin (Sopran); CLOTHILDE, ihre Freundin (Sopran); ADALGISA, junge Priesterin (Mezzosopran); Normas Kinder, Druiden, Priester, Krieger. – Ort und Zeit: Gallien im Jahre 100. (Text mehrfach bearbeitet). – Uraufführung: 26.12.1831, Mailand, Teatro alla Scala.

1. Akt. Norma hat in heimlicher Liebe zwei Kinder geboren von dem römischen Prokonsul Sever. Ihr oberpriesterlicher Vater betet um Vernichtung der römischen Besatzungsmacht. Norma selbst fleht die Götter an, daß sie Severs Liebe zurückgewinne, der sich der jungen Adalgisa zugewendet hat. Diese wiederum betet um Erlösung von sündiger Liebe, der sie nicht widerstehen kann. – Die drei in Schuld Verstrickten ahnen Unheil, als sie von einander endlich hören, in welchem Verhältnis sie zu einander stehen. (Großartiges Schlußduett).

2. Akt. In heftigem Zwiespalt entschließt sich Norma, die ursprünglich ihre Kinder töten wollte, diesen doch ein Elternhaus zu geben, indem sie Adalgisa und Sever vermählen möchte. Adalgisa lehnt ab. – Sever zeigt sich als Unterdrücker von unnachsichtiger Strenge. Da gibt Norma das Zeichen zum Kampf gegen die Römer, Sever wird gefangen, als er in den Tempel einbricht, um Adalgisa zu rauben. Norma spricht das Urteil: Sever und „die sündige Priesterin" sollen den Scheiterhaufen besteigen. Im letzten Augenblick bekennt sie sich selbst als die sündige Priesterin und geht mit Sever in den Tod.

ADAM

Charles Adolphe A. (1803–1856, Franzose). Sohn eines Pariser Konservatoriumsprofessors. Nach dem Welterfolg seines ,,Postillon" einige Jahre in Petersburg und dann in Berlin. 1848 Nachfolger seines Vaters am Konservatorium.

Der Postillon von Lonjumeau

Komische Oper in drei Akten. – Text von de Leuwen und Brunswick.

Personen: CHAPELOU, Postillon (Tenor); MADELAINE, Wirtin (Sopran); BIJOU, Schmied (Baß); MARQUIS VON CORCY, Intendant (Tenorbuffo); BOURDON, Chorist (Baß). – Ort und Zeit: 1. Akt im Dorfe Lonjumeau, 1756, 2. und 3. Akt bei Fontainebleau, 1766. – Uraufführung: 13.10.1836, Paris, Opéra Comique.

Eine mit leichter Hand geschriebene leichte Musik, in der es einfach und artig zugeht; freilich, so anmutig und witzig kann nur schreiben, wer sein Handwerk beherrscht. Schlager der Oper ist die Romanze des Postillons ,,Freunde, vernehmet die Geschichte"; das beste Stück aber ist das huschende Terzett ,,Gehenkt, gehenkt".

1. Akt. Am Abend seines Hochzeitstages mit der Wirtin Madelaine wird der Postillon Chapelou von einem durchreisenden Marquis und Theaterintendanten für eine eilige Fahrt in Anspruch genommen. Als der Marquis ihn die Romanze ,,Freunde, vernehmet die Geschichte" singen hört, verpflichtet er ihn für sein Theater in Paris.

Chapelou schlägt ein, fährt mit dem Marquis davon und läßt Madelaine im Stich.

2. Akt. Zehn Jahre später. Madelaine hat eine reiche Erbschaft gemacht, nennt sich Frau von Latour und lebt in Fontainebleau. Der Marquis will ihr mit seinen Opernsängern (darunter Chapelou als „Saint Phar" und der ehemalige Dorfschmied Bijou als Chorführer) ein Ständchen bringen. Chapelou-Saint Phar ist in Frau von Latour verliebt (ohne sie als seine Frau Madelaine zu erkennen) und will sie durch eine Scheinheirat gewinnen. Ein verkleideter Chorsänger soll den Priester spielen. Doch der Marquis, der glaubt, Frau von Latour wolle ihn selbst heiraten, schickt einen richtigen Priester, von dem sie sich mit Chapelou zusammengeben läßt.

3. Akt. Der Marquis hat von dem verängstigten Bijou erfahren, daß Chapelou schon verheiratet war. Er sperrt Chapelou, Bijou und den Chorsänger in das Brautgemach. Die beiden Choristen können entfliehen. Zu Chapelou kommt die als Kammerzofe verkleidete Frau von Latour … und in ihr erkennt er seine Madelaine. Diese läßt „vor Schreck" die Kerze fallen und spielt wechselnd im Dunkeln die Rolle der Frau von Latour und die der Madelaine. Die Geschichte geht gut aus: die gleiche Frau darf man bekanntlich ungestraft zweimal heiraten.

Wenn ich König wär'

Romantisch-komische Oper in drei Akten. – Text von d'Ennery und Brézil.

Personen: MOSSOUL, *König von Goa (Bariton);* KADOOR, *Prinz (Baß);* ZEPHORIS *(Tenor) und* PIFEAR *(Tenor), Fischer;* ZIZEL, *Küstenaufseher (Baß);* NEMEA, *Prinzessin*

(Sopran); ZELIDE, *Schwester des Zephoris (Sopran);* ATAR, *Kriegsminister (Sprechrolle);* ISSALIM, *Leibarzt (Baß); Ein Sklave (Baß); Fischer, Soldaten, Bajaderen, Volk. – Ort und Zeit: Goa, 1520. – Uraufführung: 4.9.1852, Paris, Théâtre Lyrique.*

Adam wußte, was er tat, als er dieses Werkchen schrieb. Die französische „Große Oper" neigte sich ihrem Ende zu, und so bot Adam dem Publikum, was es wünschte: leichte, heitere Musik mit ein wenig Rührseligkeit. Im Grunde ist „Wenn ich König wär" (oder „König für einen Tag") bereits eine Operette.

1. Akt. Der Fischer Zephoris, der einst eine schöne Unbekannte gerettet hat und sie jetzt im Gefolge des Königs erblickt, wird vom Prinzen Kadoor, der den König stürzen will, gezwungen, die Geschichte von der Rettung für sich zu behalten. Kadoor gibt sich selbst als Retter der Prinzessin Nemea aus und scheint so ihre Hand gewinnen zu wollen. Traurig schreibt der Fischer in den Sand die Worte „Wenn ich König wär" … Der König beschließt, diesen Wunsch des Eingeschlafenen im Scherz zu erfüllen.

2. Akt. Zephoris erwacht – und liegt in königlichen Gewändern im königlichen Palast. Sein Königsamt nutzt er schleunigst, Gesetze zugunsten der ausgebeuteten Fischer zu erlassen, das Heer an die gefährdete Stelle zu schicken (denn er kennt die Verrätereien des Prinzen Kadoor) und sich mit der Prinzessin zu verloben. Aber nun schläfert man ihn ein und trägt ihn – nach einem Tag Königsein – wieder in seine Fischerhütte.

3. Akt. Kadoor will Zephoris töten lassen; doch König und Prinzessin retten ihn. Daß der Feind dank seiner Maßnahmen als Eintagskönig geschlagen wurde, lohnt man ihm durch die Hand der Prinzessin.

GLINKA

Michael Iwanowitsch G. (1804–1857, Russe), studierte Musik in Berlin. Schrieb Orchesterwerke, Kammermusik, Klavierstücke, Lieder, zwei Opern.

Das Leben für den Zaren (Iwan Sussanin)

Oper in fünf Akten. – Text von Baron von Rosen.

Personen: IWAN SUSSANIN, Bauer im Dorf Domnin (Baß); ANTONIDA, seine Tochter (Sopran); BOGDAN SOBINJIN, ihr Verlobter (Tenor); WANJA, ein Waisenknabe, von Sussanin angenommen (Alt); Ein POLNISCHER HEERFÜHRER (Bariton). – Ort und Zeit: Dorf Domnin, Kloster, Moskau, 1613. – Uraufführung: 9.12.1836, Petersburg.

Nach einer langen Zeit der vom russischen Hof verursachten Ausländerei trat Glinka mit dieser heimatlichen Oper hervor. Damit gilt er als Schöpfer der russischen Nationaloper. Eine solche volkhafte Musik zu schreiben, war damals immerhin ein Wagnis. Sehr fein scheidet Glinka die beiden widerstrebenden Kräfte Russen und Polen auch in der Musik: den Polen werden Tanzformen ihrer Heimat gesellt (Polonaise, Krakowiak, Mazurka), das russische Element äußert sich in Liedern, die zu großartigen Ensembles gesteigert werden. Mancher wird heute meinen, die Musik sei nicht eigentlich dramatisch; nur übersehe man dabei nicht, daß unsere Begriffe von dramatischer Musik infolge einer ganz anders verlaufe-

nen Entwicklung verschieden sind von denen unserer
östlichen Nachbarn.

1. Akt. Beinahe hätte die Hochzeit im Dorf Domnin
verschoben werden müssen. Denn dem Bericht über den
russischen Sieg über die Polen folgen beunruhigende
Nachrichten über neue kriegerische Unternehmungen
der Feinde; sogar ein neuer Zar soll gewählt werden.
Neuer Zar wird aber der Gutsherr Romanow. Beruhigt
kann der Bauer Iwan Sussanin seine Tochter Antonida
mit Sobinjin zusammengeben.

2. Akt. Bei den erneut gegen die Russen ziehenden Polen herrscht anfänglich Freude im Lager. Die Nachricht
von der militärischen Niederlage und der Zarenwahl verursacht Bestürzung. Man beschließt, den neuen Zaren zu
überfallen.

3. Akt. Sussanins Haus wird umstellt, die Hochzeitsfeier nimmt ein jähes Ende. Der Bauer läßt sich scheinbar
bereden, den Polen den Weg zum Zaren zu zeigen.
Heimlich aber schickt er seinen Pflegesohn Wanja zum
Zaren, ihn zu warnen.

4. Akt. Wanjas Botschaft kommt zur rechten Zeit. Alle verlassen mit dem Zaren das Kloster, in dem dieser
sich aufhält. – Sussanin hat die Polen in eine weglose Eis-
wüste geführt, offenbart ihnen frohlockend seine List.
Er wird von den Wütenden getötet.

5. Akt. In Moskau wird der neue Zar begeistert begrüßt. Gefeiert werden aber auch Wanja und Antonida,
die Kinder des opferbereiten Sussanin.

NICOLAI

Otto N. (1810–1849) entfloh als Jüngling seinem brutalen Vater, fand Gönner und wurde Organist an der preußischen Gesandtschaft in Rom. Dort studierte er die italienische Oper, wurde 1841 Hofkapellmeister in Wien und anschließend in Berlin. Seine italienischen Opern sind vergessen, nicht aber „Die lustigen Weiber von Windsor".

Die lustigen Weiber von Windsor

Komisch-phantastische Oper in drei Akten. – Text nach Shakespeare von S. H. Mosenthal.

Personen: SIR JOHN FALSTAFF (Baß); HERR FLUTH (Bariton); FRAU FLUTH (Sopran); HERR REICH (Bariton); FRAU REICH (Mezzosopran); ANNA, deren Tochter (Sopran); FENTON, ihr Geliebter (Tenor); JUNKER SPÄRLICH (Tenor); Dr. CAJUS (Baß). – Ort und Zeit: Windsor, Anfang des 17. Jahrhunderts. – Uraufführung: 9.3.1849, Berlin, Königliche Oper.

Nach seinen Triumphen mit italienischen Opern wandte sich Nicolai bewußt einer anderen Aufgabe zu: wie Mozart wollte er italienische Geschmeidigkeit mit deutscher Innigkeit verbinden. Es steht außer Zweifel, daß ihm das in den „Lustigen Weibern", einer der besten deutschen komischen Opern, gelungen ist. Von den weichen Hornklängen zu raunenden Streichern in der Ouvertüre über die bald schmelzend-innigen und bald zierlich-kecken Arien bis zu den glänzend gebauten Ensemblesätzen zieht sich das einigende Band, das italienisches

Opernbrio und deutsches Empfinden zusammenhält. Höchst bemerkenswert auch die Bildhaftigkeit der Orchestersprache. Unser Beispiel gibt wieder, wie sich der fettwanstige Ritter Falstaff mit anmutig sein sollenden Bewegungen auf seine geliebte Frau Fluth zuwälzt. – Ein Vergleich mit Verdis „Falstaff": Verdi hat eine kostbare Kammeroper geschrieben, Nicolai dagegen eine nicht minder kostbare Volksoper.

1. Akt. Der Meistersäufer, Meisterfresser und Meisterschnorrer Falstaff hat an Frau Fluth und Frau Reich je einen Liebesbrief geschrieben. Die beiden lustigen Frauen beschließen, ihm einen tüchtigen Streich zu spielen. – Herr Fluth und Herr Reich erscheinen mit dem radebrechenden Franzosen Cajus und dem einigermaßen verblödeten Junker Spärlich. Die beiden werben um Anna Reich, deren Vater den Junker Spärlich, deren Mutter aber den Dr. Cajus begünstigen. Ein dritter Bewerber, der von Anna geliebte Fenton, wird von Herrn Reich grob abgewiesen. – Verwandlung. Frau Fluth erwartet in ihrem Zimmer den Ritter Falstaff zum „Stelldichein", zu dem sie ihn durch ein Brieflein bestellt hat. Aber auch ihrem Mann ist durch Frau Reich ein Brieflein zugesteckt worden, das ihn „warnt"; denn die lustigen Weiber wollen den Ritter Falstaff für seine Keckheit und Herrn Fluth für seine ständige Eifersucht bestrafen. Falstaff tritt siegesgewiß ein; doch das „Stelldichein" wird gestört: mit Freunden und Nachbarn naht der „gewarnte" Herr Fluth. Zitternd verbirgt sich Falstaff hinter einem Wandschirm. Die Eindringenden durchsuchen aufgeregt das ganze Haus. Inzwischen wird Falstaff in einem großen Waschkorb versteckt und mitsamt der schmutzigen Wäsche von den Knechten in einen Mühlgraben geworfen. Natürlich ist die Hausdurchsuchung ergebnislos, und Fluth muß seine Frau um Verzeihung bitten, daß er dem „Warnbrief" Glauben geschenkt hat.

2. Akt. Im Wirtshaus gewinnt Falstaff bei einem Humpen Wein neuen Mut, zumal Frau Fluth sich in einem neuen Briefchen untröstlich stellt. Zwei Zecher trinkt der Dicke unter den Tisch und läßt sie feierlich „begraben". Da kommt ein Herr Bach (der verkleidete Fluth) und bittet Falstaff um Hilfe: er werbe vergeblich um eine Frau Fluth, hoffe sie aber gewinnen zu können,

wenn erst einmal der Ritter Falstaff sie erobert habe. Großartig verspricht Falstaff, sein Bestes zu tun, und erzählt das gestörte Stelldichein vom Vortage. Fluth-Bach kann seinen Zorn kaum verbergen und schwört heimlich Rache. – Verwandlung: Gartenszene. Erst erscheint Spärlich, dann Cajus: beide wollen sich Anna nähern. Aber sie erleben von ihrem Versteck aus nur, wie sich Anna mit Fenton trifft. – Verwandlung: Wieder ist Falstaff bei Frau Fluth, wieder kommt Herr Fluth. Diesmal wird Falstaff in ein Nebenzimmer gebracht, und Herr Fluth, der durch sein Toben letzthin nichts erreicht hat, tritt jetzt beherrscht auf. Da bringen die Knechte einen Waschkorb; wie ein Panther stürtzt sich Fluth auf den Korb, durchwühlt den Inhalt und findet – gebrauchte Wäsche, sonst nichts. Beschämt steht er vor seiner Frau. Um sich Luft zu machen, verprügelt er ein altes Weib, das aus dem Nebenzimmer gehumpelt kommt; die Alte verläßt schreiend das Haus ... es war der verkleidete Falstaff.

3. Akt. Die Ehefrauen Fluth und Reich haben ihren Männern alles erzählt. Unter allgemeinem Gelächter wird beschlossen, Falstaff heute nacht zu einer Maskerade in den Park von Windsor zu bestellen und ihm tüchtig mitzuspielen. Das Ehepaar Reich verbindet damit – ohne daß man sich verständigt – einen anderen Plan: Frau Reich gibt Anna ein rotes Elfengewand, damit Dr. Cajus sie erkenne; Herr Reich aber wünscht, daß Anna als grüner Elf für Spärlich erkennbar wird und mit ihm in einer Kapelle getraut werde. Und Anna? Sie schickt Cajus das grüne und Spärlich das rote Gewand. – Verwandlung: Im Park zu Windsor trifft der mit einem Hirschgeweih gezierte Falstaff Frau Fluth – und Frau Reich. Gleich zwei Frauen wollen ihm ihre Liebe schenken? Wie er sich gerade brüstet und mit den Frauen kost, erscheinen

Geister und Elfen, an ihrer Spitze Titania (Anna) und
Oberon (Fenton). Titania und Oberon schreiten langsam
davon; die Nachtgespenster aber zwicken und zwacken
Falstaff, daß er aufbrüllt. Mitten im Trubel „erkennen"
sich Cajus und Spärlich an ihren grünen bzw. roten Gewändern und rennen Hand in Hand zur nahen Kapelle,
um sich – wie jeder glaubt – mit Anna trauen zu lassen.
Endlich lassen die Nachtgeister von Falstaff ab und sind
wieder Bürger und Bürgerinnen von Windsor. Der ver-
dutzte Fettkloß gewinnt seine Laune wieder, als er zu einem tüchtigen Trunk eingeladen wird. Stotternd eilen
Cajus und Spärlich herbei: sie haben geheiratet, weil einer den andern für Anna hielt. Anna aber erscheint mit
Fenton: die zwei haben *wirklich* geheiratet.

THOMAS

Ambroise Th. (1811–1896, Franzose), ungewöhnlich tüchtiger und begabter Musiker, der aber erst durch *Mignon* allgemein bekannt wurde. Seit 1871 Direktor des Pariser Konservatoriums.

Mignon

Oper in drei Akten. – Text nach Goethes ,,Wilhelm Meister" von Jules Barbier und Michel Carré.

Personen: MIGNON (Mezzosopran); WILHELM MEISTER (Tenor); FRIEDRICH (Tenor); PHILINE (Koloratursopran) und LAËRTES (Bariton), Mitglieder einer Schauspielertruppe; LOTHARIO (Bariton); JARNO (Baß); ANTONIO (Tenor). – Ort und Zeit: Deutschland und Italien. 1790. – Uraufführung: 17.11.1866, Paris, Opéra Comique.

Weltberühmt ob ihrer Rührseligkeit, ausgezeichnet in der musikalischen Fassung, aber für einen geläuterten Geschmack nicht immer erfreulich, steht die Oper ,,MIGNON" vor uns. Ihre innere Schwäche mag sich daraus erklären, daß der Komponist als Franzose einen deutsch-romantisch volkstümlichen Ton zu treffen suchte. Besonders gelungen ist ihm dies nur in der Ouvertüre mit Philines Polonaisen-Arie (Notenbeispiel).

1. Akt. Vor einem ländlichen Gasthaus singt der geistig verwirrte alte Harfner Lothario ein Klagelied. Philine und Laërtes, Mitglieder einer Schauspielertruppe, treten hinzu. Ein Zigeunerhauptmann will Mignon, die zu seiner Bande gehört, zum Tanzen zwingen. Sie weigert

Polonaise

sich und wird von Lothario, dann von Wilhelm Meister geschützt. Meister kauft sie los und nimmt sie als Pagen in seine Dienste. Er verliebt sich in die muntere Philine, schließt sich um ihretwillen den Schauspielern als „Theaterdichter" an und folgt ihr zur Vorstellung aufs Schloß.

2. Akt. Philine verspottet im Schloß Wilhelm Meister und seinen Pagen Mignon. Als diese sich heimlich mit Philinens Kleidern putzt, sieht Meister zum ersten Mal in ihr das Weib und weiß, daß er sie nicht länger als Pagen halten darf. – Verwandlung. Mignon ist eifersüchtig auf Philine und wünscht leidenschaftlich, das Schloß möge in Flammen aufgehen. Tatsächlich legt der alte Lothario Feuer. Mignon wird von Meister gerettet.

3. Akt. Wilhelm Meister und Lothario haben die kranke Mignon nach Italien gebracht. Meister will ihr den Palast Cypriani kaufen. Beim Namen „Cypriani" kehrt des

alten Harfners Bewußtsein zurück: er ist der Schloßherr von Cypriani und Mignon seine einst von Zigeunern geraubte Tochter. Meister und Mignon finden sich in Liebe.

FLOTOW

Friedrich von F. (1812–1883), Sohn eines Rittergutsbesitzers, erhielt seine musikalische Ausbildung in Paris. 1855 Hoftheater-Intendant in Schwerin. Später lange Jahre auf seinem Landgut bei Wien.

Flotow ist ein Jahr früher als Wagner geboren und im gleichen Jahr wie dieser gestorben; doch größere Gegensätze als die zwischen ihm und Wagner sind kaum denkbar. Flotow gefällt sich zuweilen in platten Rührseligkeiten; doch sollte man nicht überhören, daß seine meisterhaft gesetzten komischen Szenen den Vergleich mit den besten französischen Vorbildern auszuhalten vermögen.

Alessandro Stradella

Romantische Oper in drei Akten. – Text von W. Friedrich (Riese).

Personen: STRADELLA, ein Sänger (Tenor); BASSI, reicher Venezianer (Baß); LEONORE, sein Mündel (Sopran); MALVOLINO (Baß) und BARBARINO (Tenor), Banditen. – Ort und Zeit: Venedig (1. Akt) und Gegend bei Rom, 1675. – Uraufführung: 30.12.1844, Hamburg.

1. Akt. Der reiche Venezianer Bassi will sein Mündel Leonore heiraten. Sie liebt aber den Sänger Stradella und läßt sich von ihm während eines Maskenfestes in einer Gondel entführen. (Musikalisch am stärksten die Lagunen- und Karnevalsmusik.)

2. Akt. Während Stradella und Leonore in einer ländlichen Kirche getraut werden, schleichen die beiden Banditen Barbarino und Malvolino herbei; sie haben beide – ohne voneinander zu wissen – von Bassi den gleichen Auftrag: Stradella zu ermorden und Leonore zu Bassi zurückzubringen. (Das Zusammentreffen der beiden Spitzbuben ist musikalisch das beste Stück der Oper.) Bei der Hochzeitsfeier singen sie ein komisches Trinklied. Als aber Stradella eine gefühlvolle Cavatine singt, schmelzen die harten Herzen der Banditen. Barbarino und Malvolino schließen sich Stradella an.

3. Akt. Bassi ist höchstpersönlich ins Haus Stradellas gekommen, um zu sehen, was die Banditen ausrichten. Durch immer höhere Geldangebote zieht er sie wieder auf seine Seite: die drei verbergen sich, um Stradella zu überfallen und zu erstechen. Doch dieser probt gerade eine neue (musikalisch fade) Arie. Den sich heranpirschenden Verschwörern treten ob solch herrlichen Gesangs die Tränen in die Augen; sie lassen ihre Dolche fallen und sinken in die Knie (musikalisch überaus witzige Szene). Die Macht des Gesanges hat gesiegt, und auch Bassi wird verziehen.

Martha
oder Der Markt zu Richmond

Romantisch-komische Oper in vier Akten. – Text nach Saint Georges von W. Friedrich (Riese).

Personen: LADY HARRIET DURHAM (Sopran); NANCY, ihre Vertraute (Mezzosopran); LORD TRISTAN MICKLEFORD, Harriets Vetter (Baß); LYONEL (Tenor) und PLUMKETT, Pächter (Baß); Der RICHTER von Richmond (Baß). – Ort und Zeit: Richmond und Schloß der Lady, Anfang des 18. Jahrhunderts. – Uraufführung: 25.11.1847, Wien, Kärntnerthor-Theater.

1. Akt. Um Lady Harriets Langeweile zu vertreiben, empfiehlt ihre Dienerin Nancy, sie solle sich einmal verlieben. Aber in wen? Da hört man von draußen den Gesang der Mägde, die auf den Markt von Richmond ziehen. Schnell sind die Frauen dabei, sich zu verkleiden und sich auf dem Markt als Mägde zu verdingen. Auch der überaus vornehme Lord Tristan muß mitmachen. – Verwandlung. Die Pächter Lyonel und Plumkett warten auf die Mägde. Lyonel erzählt von einem Ring, der von seinem Vater stammt; wenn er einmal in Gefahr komme, solle er den Ring an die Königin senden. Die Mägde erscheinen, preisen ihre Fähigkeiten an (reizende Stimmführungen in dieser Szene: „Ich kann nähen, ich kann mähen, ich kann säen, Faden drehen"). Harriet und Nancy verpflichten sich scherzhaft Lyonel und Plumkett als Mägde. Aber der Scherz wird ernst: durch Handschlag haben sie sich unweigerlich für ein Jahr gebunden, entscheidet der Richter.

2. Akt. In der Pächterwohnung. Die beiden neuen „Mägde" lehnen jede Arbeit ab. Plumkett und Nancy brummen sich an, während Lyonel seine Magd „Martha" (Harriet) sehr rücksichtsvoll behandelt. Die beiden Männer wollen die Mägde im Spinnen unterweisen (sehr hübsches, vor allem im Orchester reizend gesetztes Spinnquartett). Nancy wirft ihr Spinnrad um und eilt lachend hinaus, verfolgt von Plumkett. Lyonel aber ist so verliebt, daß er der „Magd Martha" Hand und Besitz bietet. Sie singt ihm zwar auf sein Bitten ein Lied („Letzte Rose"), doch seine Liebe verschmäht sie. Noch einmal gibt es eine kurze heitere Auseinandersetzung, als Plum-

kett mit Nancy zurückkehrt – dann verlassen die Männer den Raum, und die Mädchen riegeln sich ein. Nach einer Weile klopft es am Fenster: Lord Tristan holt die beiden Frauen.

3. Akt. Plumkett erkennt vor einer Waldschänke in Nancy, die mit Damen der Königin auf der Jagd ist, seine Magd und will sie mit Gewalt fortführen; die Speere der Jägerinnen halten ihn zurück. Lyonel tritt auf, singt traurig vor sich hin, bricht verzweifelt in die schmalzig-kitschige Arie aus: ,,Martha, Martha, du entschwandest.‘‘ Harriet naht, wird von Lyonel erkannt und angefleht, ihm zu folgen. Und als er sie zornig als seine Magd bezeichnet, läßt ihn die feine Dame festnehmen ... Den Ring aber hat er schnell noch Plumkett zustecken können.

4. Akt. Plumkett hat den Ring an die Königin geschickt; es stellt sich heraus, daß Lyonel ein Grafensohn ist. Jetzt, ach wie so traut, wäre Harriet nicht abgeneigt, ihn zu heiraten. Aber als sie ihn durch ihr Lied ,,Letzte Rose‘‘ in seine Pächterstube gelockt hat, weist er sie als falsche Sirene ab. Plumkett und Nancy dagegen schwatzen sich schon allmählich zusammen. – Verwandlung. Vor Plumketts Hause spielt man den ,,Mägdemarkt zu Richmond‘‘. Freunde und Bekannte haben sich dementsprechend gekleidet. Harriet und Nancy haben sich wieder als Mägde angeputzt und bieten ihre Dienste an. Auf Lyonels Frage, was sie könne, antwortet Harriet: allem Glanz entsagen, um wieder seine Magd zu werden. Große Rührung und Doppelhochzeit.

WAGNER

Richard W. (1813–1883) war der Sohn eines Polizeiaktuars: nach dessen Tode heiratete seine Mutter den Schauspieler Friedrich Geyer (wahrscheinlich der natürliche Vater Richards). Späte musikalische Ausbildung. 1834 Kapellmeister in Magdeburg, dann in Königsberg und Riga. 1839–1842 unter elenden Umständen in Paris. 1842 Hofkapellmeister in Dresden, floh 1848 wegen angeblicher revolutionärer Umtriebe in die Schweiz. 1861 wieder in Deutschland, Ludwig II. von Bayern rief Wagner nach München. Cosima von Bülow (natürliche Tochter von Liszt) wurde Wagners zweite Frau. 1871 Übersiedlung nach Bayreuth, 1872 Grundsteinlegung des Festspielhauses, 1876 die ersten Aufführungen. W. starb in Venedig und wurde im Garten seiner Bayreuther „Villa Wahnfried" beigesetzt.

Die Zeit ist vorüber, in der man Wagner den „Revolutionär der Musik" nannte. Das ist er nie gewesen; vielmehr hat er vollendet, was andere vor ihm angebahnt haben – insbesondere das romantische Kunstideal, alle Künste unter einem einheitlichen Grundgesetz zu beurteilen, ja, sie zu einem Gesamtkunstwerk zusammenzufassen, das heißt, Wort und Ton, Bild und Gebärde, Drama und Musik zu einer Einheit zu verschmelzen. Die musikalischen Mittel zu solchem Streben fand er bereits vorgebildet; so z. B. bei Weber das Leitmotiv, bei Marschner den dramatisch geführten Sprechgesang, bei Liszt und Berlioz die verfeinerte Orchestersprache. Aber es ist überhaupt gefährlich, in Wagner vor allem den Musiker sehen zu wollen. Am höchsten stand ihm das Drama, das Gesamtdrama – ein Gedanke, dem er alles untergeordnet hat. Nicht sogleich; denn seine frühen Werke sind Große Opern jener Gattung, die er später so leidenschaftlich (und vielfach ungerecht) bekämpft hat. Auch seine Werke sind langsam gewachsen und geworden. Seine sogenannten „Leitmotive" (musikalische Formen und Formeln, die bei bestimmten Anlässen immer wieder auftauchen, das innere und äußere Geschehen „leiten") sind freilich etwas Besonderes, sind nicht schablonenhafte Erinnerungstakte, sondern tönende Urformeln zur klanglichen Versinnbildlichung bestimmter Urkräfte – nicht anders als Wagners noch heute vielfach verkanntes und verlachtes Bestreben, auf den Ursinn der Urworte zurückzugreifen.

Man braucht nicht jede Zeile und jeden Takt Wagners für eine letzte Offenbarung zu halten, um zu bekennen, daß sein auf Goethe aufbauendes Streben mehr Ehrfurcht verdient als das Gerede jener Armseligen, die in Wagner vor allem einen radaumachenden Nationalisten sehen wollen. Mit ihnen braucht man sich heute genau so wenig mehr auseinanderzusetzen wie mit den unduldsamen Verhimmlern des Bayreuther Meisters. Manche Blüte von einst ist vom Baum Wagner abgefallen; viele aber haben Frucht getragen, und der Baum steht unerschüttert selbst in einer Zeit, durch die der Sturmwind ganz anderer Ausdrucksarten rast.

Rienzi, der letzte der Tribunen

Große tragische Oper in fünf Akten. – Text vom Komponisten.

Personen: COLA RIENZI, *päpstlicher Notar (Tenor);* IRENE, *seine Schwester (Sopran);* STEFANO COLONNA *(Baß);*

ADRIANO, *sein Sohn (Mezzosopran);* PAOLA ORSINI *(Baß);*
RAIMONDO, *päpstlicher Legat (Baß);* BARONCELLI *(Tenor)*
und CECCO DEL VECCHIO *(Baß), römische Bürger; Ein*
FRIEDENSBOTE *(Sopran);* HEROLD *(Tenor).* – *Ort und Zeit:*
Rom, Mitte des 14. Jahrhunderts. – *Uraufführung:*
20.10.1842, Dresden.

Während frühere Opern, wie *Die Feen* und *Das Liebesverbot,* fast vergessen sind, wird *Rienzi* zuweilen aufgeführt. Leider eben nur zuweilen; denn trotz vieler
schwacher Stellen (Wagner selbst und später seine Frau
Cosima haben Umarbeitungen versucht) kann dieses
Werk immer noch stark wirken, zumal wenn man den
revolutionären Kern scharf herausarbeitet. Freilich gehört es nach seinem etwas ungeschlachten Text und der
oft grobdrähtigen Musik ganz und gar in den Bereich der
,,Großen Oper", und der haftet (nicht immer mit Recht)
der Geruch von etwas Unerfreulichem an. Wenn einmal
die Zeit kommt (und sie kommt bestimmt), in der man
die Angst vor allzu feinen kritischen Nasen verliert, dann
wird Wagners *Rienzi* mit anderen Werken seiner Gattung wieder häufiger auf dem Spielplan erscheinen.

1 *Sehr gehalten*

2 *Kraftvoll*

In der Ouvertüre hat Wagner die verschiedenen Hauptthemen des Werkes verarbeitet, so vor allem Rienzis Gebet (1) und den Triumphmarsch (2), siehe Notenbeispiel.

1. Akt. Rom seufzt unter dem wüsten Treiben der großen Adelsgeschlechter. Rienzis Schwester Irene wird von Orsini geraubt, aber von Adriano Colonna gerettet. Nicht das Volk und nicht der päpstliche Legat, sondern nur Rienzi kann die streitenden Parteien Colonna-Orsini trennen. Spottend ziehen die adeligen Herren fort, um vor Roms Toren ihre Kämpfe fortzusetzen. Auf das Drängen des Volkes und der Kirche verspricht Rienzi, dem Adelstreiben ein Ende zu setzen: Trompetenstöße sollen den Beginn des Aufstandes verkünden. Adriano Colonna liebt Irene und schließt sich Rienzi an. Trompetenstöße: der Umsturz wird vollzogen, Rienzi läßt das Volk die Freiheit beschwören.

2. Akt. Großer Friedensempfang Rienzis. Auch die Adeligen huldigen Rienzi; doch haben sie beschlossen, ihn zu töten. Orsini führt den Dolchstoß; aber Rienzi hat sich durch ein Panzerhemd geschützt. Die Führer der Verschworenen, Orsini und Colonna, werden zum Tode verurteilt, jedoch von Rienzi begnadigt.

3. Akt. Die Adeligen sind geflohen und führen nun ein großes Heer gegen die Stadt. Das Volk zürnt Rienzi wegen seiner Milde; doch alles folgt ihm, als er zum Kampf aufruft. Die römischen Bürger ziehen in die Schlacht und besiegen den Adel. Als der alte Colonna tot hereingetragen wird, flucht sein Sohn Adriano dem Volkstribunen. Triumphzug Rienzis und Irenens zum Kapitol.

4. Akt. Rienzis Forderungen haben Kaiser und Papst verstimmt, die Bürger halten Rienzi für einen Verräter, weil er den Adeligen gegenüber zu milde gewesen sei.

Noch einmal entfaltet Rienzi die Macht seiner Rede, stimmt die Mißvergnügten um. Aber als die Kirche ihn in Bann schlägt, verlassen ihn alle – bis auf Irene, obwohl Adriano sie für sich gewinnen will.

5. Akt. Irene will das Schicksal des um die Freiheit Roms betenden und kämpfenden Rienzi teilen. Sie weist auch Adriano zurück, der sie aus dem brennenden Kapitol retten will. – Verwandlung. Rienzi spricht von einem Erker des Kapitols zu dem wütenden Volk. Umsonst. Man bewirft ihn und Irene mit Steinen, schürt das Feuer. An der Spitze des Adels dringt Adriano herein, will Irene retten, wird aber mit ihr und Rienzi von den Trümmern des Kapitols erschlagen. Die Adeligen hauen auf das durch eigene Schuld führerlos gewordene Volk ein.

Der Fliegende Holländer

Romantische Oper in drei Akten. – Text vom Komponisten.

Personen: DALAND, ein norwegischer Seefahrer (Baß); SENTA, seine Tochter (Sopran); MARY, ihre Amme (Mezzosopran); ERIK, ein Jäger (Tenor); Der STEUERMANN Dalands (Tenor); DER HOLLÄNDER (Bariton). – Ort und Zeit: Norwegische Küste, 17. Jahrhundert. – Uraufführung: 2.1.1843, Dresden.

Vorbild für die Wortdichtung waren verschiedene Fassungen der Holländer-Sage (u. a. Heine); Anstoß war wohl die stürmische Seefahrt von Riga nach London; die Formensprache stammt noch aus der überkommenen Oper. Aber Wagner ist ein eigener geworden. Das spürt man nicht nur aus der Art, wie er die neugewonnene leit-

motivische Technik einsetzt, sondern mehr noch daran,
daß er alle Formen mit musikdramatischem Geist zu erfüllen sucht (restlos gelungen ist es noch nicht). Gedankliche und musikalische Keimzelle dieser Opern-Groß-
ballade ist die Ballade Sentas. Sie enthält auch die beiden

1　*Nicht schnell*

Jo - ho-hoe! Jo-ho-ho-hoe! Jo ho - hoe!

Jo - hoe! Traft ihr das Schiff im Meere an

entscheidenden Motive: den düster-hohlen Holländerruf
(1. Beispiel) und Sentas Erlösungsmotiv (2. Beispiel); damit klingt zum ersten Male auch in voller Klarheit der
Erlösungsgedanke Wagners auf. Zugleich sind die Einzelpersonen erstmalig bei Wagner wirkliche Persönlichkeiten geworden – in der Dichtung wie in der Musik.
Nicht „Individualitäten", sondern echte Persönlichkeiten, die sich zwar scharf voneinander abheben, gleichzeitig aber Vertreter bestimmter Lebenskreise sind.

1. Akt. Widrige Winde haben den norwegischen Seemann Daland gezwungen, kurz vor seinem Heimatorte
einen Nothafen aufzusuchen. Während sich die Mannschaft zur Ruhe begibt, erscheint ein Gespensterschiff.
Dessen Kapitän steigt an Land und beklagt sein Unheil:
zu ewigem Umherstreifen ist er verurteilt, bis ihn einst
die Treue eines Weibes erlöst. Dem erwachenden Daland
bietet der Fremde unermeßliche Schätze, wenn er ihm
seine Tochter zur Frau gibt. Daland schlägt ein; mit gün-
stigem Wind segelt er davon, das Gespensterschiff folgt.

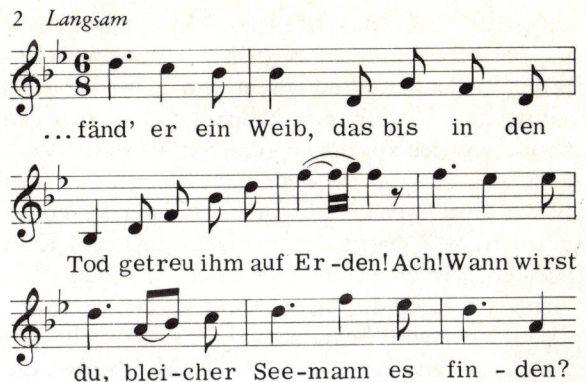

2 *Langsam*

...fänd' er ein Weib, das bis in den Tod getreu ihm auf Er-den! Ach! Wann wirst du, blei-cher See-mann es fin - den?

2. Akt. Dalands Tochter Senta findet an den Spinnliedern der Mädchen keine Freude mehr. Sie starrt das an der Wand hängende Bild des „Fliegenden Holländers" an. Ergriffen von seinem Geschick singt sie die Ballade von „dem bleichen Mann", steigert sich in den Wunsch, daß sie den Ruhelosen erlösen möchte. Nichts fruchten die Mahnungen der Amme Mary, nichts die Bitten des sie liebenden Jägers Erik – sie ahnt ihre Aufgabe und bleibt fest. – Als Dalands Heimkehr gemeldet wird, stürzt alles hinaus. Nur Senta verweilt in tiefem Sinnen unter dem Bild. Da öffnet sich die Tür: der „bleiche Seemann" steht vor der Träumenden! Sie hat kaum ein paar Begrüßungsworte für den Vater. Der zieht sich schlau zurück, weil er hofft, die beiden würden sich finden. Sie finden sich, aber in einem tieferen Sinne als der geldgierige Daland meint.

3. Akt. Lustig kommen die Mädchen zum Hafen, um den fremden Seefahrern „Speis und Trank" zu bringen. Doch tiefes Schweigen liegt über dem Gespensterschiff. Erst als die anfangs geängstigte Menge Spottlieder singt, wird auf dem Schiff ein spukhaftes Treiben lebendig. Al-

les läuft furchtsam davon. Noch einmal wirbt Erik um Senta: habe sie ihm nicht ewige Treue geschworen? Das hört der Holländer. Wild läßt er sein Schiff zur Abfahrt bereitmachen. Viele Frauen haben ihm die Treue gebrochen und wurden zu ewiger Verdammnis verurteilt. Senta aber soll gerettet werden; denn noch habe sie ihm nicht vor Gott Treue geschworen. Erik hat das Volk herbeigerufen, will gegen den Fremden angehen. Da verkündet er, wer er ist: der Fliegende Holländer! Eingeschüchtert weicht die Menge zurück. Das Gespensterschiff segelt davon. Senta aber ringt sich durch: ,,Preis' deinen Engel und sein Gebot! Hier steh ich, treu dir bis zum Tod!" Damit stürzt sie sich ins Meer. Das Schiff des Holländers versinkt, der Rastlose ist erlöst.

Tannhäuser und der Sängerkrieg auf Wartburg

Romantische Oper in drei Akten. – Text vom Komponisten.

Personen: HERMANN, *Landgraf von Thüringen (Baß);* TANNHÄUSER *(Tenor);* WOLFRAM VON ESCHENBACH *(Bariton),* WALTHER VON DER VOGELWEIDE *(Tenor),* BITEROLF *(Baß),* HEINRICH DER SCHREIBER *(Tenor) und* REINMAR VON ZWETER *(Baß), Ritter und Sänger;* ELISABETH, *Nichte des Landgrafen (Sopran);* VENUS *(Sopran); Ein junger* HIRT *(Sopran);* VIER EDELKNABEN *(Sopran und Alt). – Ort und Zeit: Hörselberg, Waldtal und Wartburg bei Eisenach, Anfang des 13. Jahrhunderts. – Uraufführung: 19.10. 1845, Dresden.*

Weite Teile des Werkes sind immer noch „Große Oper"; freilich mit neuem Geist erfüllt, zu musikalisch geschlossenen Szenen gestaltet und vielfach leitmotivisch durchgearbeitet. Gegenüber dem *Holländer* ist die Sprache der Musik im allgemeinen gelöster geworden. Aber Musikdramatisches im späteren Sinne verwirklicht im *Tannhäuser* nur die Romerzählung (ein ausgebautes Gegenstück zu Eriks Traumerzählung im *Holländer*). Zwei Welten stehen sich gegenüber: die festgegründete Glaubens- und Sittenwelt des christlichen Mittelalters (versinnbildlicht durch den Chor der Pilger) und die des heidnischen Schweifens (klanggeworden im Verlockungsmotiv der Liebesgöttin Venus; vgl. die beiden Notenbeispiele). Dazwischen steht der lebensdurstige Mensch Tannhäuser, den die Frommheit Elisabeths von Leidenschaft und Unruhe erlöst.

Die Ouvertüre nimmt gedanklich und klanglich das ganze Geschehen vorweg: Pilgerchor als tönendes Abbild der strengen Glaubenseinfalt, das Verlockungsmotiv und die Klarinettenweise der Frau Venus sowie Tannhäusers Liebesjubel als tönende Sinnenlust, endlich wieder der machtvoll gesteigerte Pilgerchor als Überwinder.

1 *Feierlich schreitend*

1. Akt. Ermattet von der Sinnenschwüle des Hörselberges liegt Tannhäuser zu Füßen der Liebesgöttin Venus. Im Traum hört er Glocken, die ihn zurückrufen auf

die Erde. Wohl vermag Venus ihn zu einem Preislied auf ihre Liebe zu bringen; doch ihre Lockungen sind schwächer als Tannhäusers Sehnsucht. Und als sie gar droht, rafft er sich auf: „Mein Heil ruht in Maria!" ruft er aus und spricht damit das Zauberwort. Mit einem Schlage ist der Venusberg verschwunden, Tannhäuser steht in einem Waldtal zu Füßen der Wartburg. Das frühlingsfrische Lied eines jungen Hirten, der weihevolle Chor frommer Rompilger erschüttern ihn bis ins Innerste. So finden ihn der Landgraf und seine ritterlichen Sänger. Ihre Freude über seine Wiederkehr ist nicht stark genug, Tannhäusers Gewissen zu beruhigen; weiterziehen will er, büßen. Da findet Wolfram von Eschenbach das erlösende Wort: „Bleib bei Elisabeth!" Bei diesem Namen fällt alles Vergangene von Tannhäuser ab. Freudig folgt er den Rittersängern auf die Wartburg.

2. Akt. Zum ersten Male seit Tannhäusers rätselhaftem Verschwinden betritt Elisabeth, des Landgrafen Nichte,

die Sängerhalle, froh, den heimlich Geliebten wiederzusehen. Behutsam führt Wolfram den Heimgekehrten zu
ihr. Zart und keusch klingt das Liebesgeständnis der beiden auf. Tannhäuser reißt sich los, um sich für den Sän-
gerwettkampf vorzubereiten. Gütig-verstehend errät der
Landgraf Elisabeths innere Verfassung. Die Gäste ziehen
auf. Landgraf Hermann weist den Sängern die Aufgabe,
das wahre Wesen der Liebe zu besingen. Als Preis stellt
er Elisabeths Hand in Aussicht. Das Los entscheidet:
,,Wolfram von Eschenbach, beginne!" In weihevollem
Gesang preist er die Liebe, frei von allen irdischen Wünschen. Gegen ihn singt Tannhäuser von Wonnen, die
man in der Liebe schlürfen müsse. Heftig treten ihm verschiedene Rittersänger entgegen; aber selbst der beson-
nene Wolfram vermag die Erregung nicht zu schlichten:
gereizt schleudert Tannhäuser sein Liebeslied auf Frau
Venus in den Streit. Da entfliehen die Frauen vor dem,
der ,,im Venusberg geweilt", und die Männer entblößen
ihre Schwerter gegen den Frevler. Gerettet wird er nur
durch das Dazwischentreten Elisabeths; offen gesteht sie
jetzt ihre Liebe zu Tannhäuser und bittet in tiefstem
Schmerz, ihm den Weg zur Buße nicht zu versperren.
Nun erst ahnt Tannhäuser, was er durch sein Lied ver-
scherzt hat. Zerknirscht greift er nach dem Hoffnungs-
anker, den der Landgraf ihm weist: eine Bußfahrt nach
Rom.

3. Akt. Vor einem Marienbilde im Wartburgtal liegt
betend Elisabeth. Entsühnte Pilger kehren von Rom zurück; Elisabeth bricht beinahe zusammen, als sie Tannhäuser nicht unter ihnen erblickt. Wolframs Hilfe weist
sie ab; sterben will sie, im Himmel für Tannhäuser um
Gnade bitten. Als sie gegangen ist, läßt sich Wolfram
traurig auf einem Rasenhügel nieder. Es wird Nacht. Da
naht Tannhäuser, gebrochen und vernichtet. Der Papst

hat ihn nicht von seiner Sünde freigesprochen. Ihm werde, so lautete des Papstes Fluch, ebensowenig Erlösung zuteil, wie sich der päpstliche Krummstab mit frischem Grün schmücken könne. (Diese Romerzählung ist musikdramatischer Höhepunkt des Werkes.) Nun weiß Tannhäuser nur noch einen Weg: den zu Frau Venus. Wie von Sinnen ruft er die Liebesgöttin herbei. Sie erscheint, will ihn wieder aufnehmen. Erregt sucht der treue Wolfram den einstigen Freund zurückzuhalten; aber erst sein Ausruf ,,Elisabeth" vermag den Zauber zu brechen. Die heidnische Göttin versinkt, ihre Macht ist zu Ende. Da nahen Ritter von der Wartburg; auf einer Bahre tragen sie die tote Elisabeth. ,,Heilige Elisabeth, bitte für mich!" sind Tannhäusers letzte Worte; sterbend sinkt er zu Boden. Erlöst – denn ein neuer Pilgerzug aus Rom naht, bringt den Krummstab des Papstes. Der Stab hat frisches Grün getrieben: ,,Der Gnade Heil ward dem Sünder beschieden."

Lohengrin

Romantische Oper in drei Akten. – Text vom Komponisten.

Personen: HEINRICH DER VOGLER, deutscher König (Baß); LOHENGRIN (Tenor); ELSA VON BRABANT (Sopran); HERZOG GOTTFRIED, ihr Bruder (stumme Rolle); FRIEDRICH VON TELRAMUND, brabantischer Graf (Bariton); ORTRUD, seine Gemahlin (Mezzosopran); HEERRUFER des Königs (Baßbariton). – Ort und Zeit: Antwerpen, erste Hälfte des 10. Jahrhunderts. – Uraufführung: 28.8.1850, Weimar.

Sehr langsam

Nie sollst du mich be - fra - gen,

noch Wissens Sorge tragen, wo-her ich

kam der Fahrt, noch wie mein Nam' und Art!

Mit dem *Lohengrin* hat die deutsche Oper als Gattung ihren Höhepunkt erreicht. Das Werk beschließt eine lange Entwicklung und leitet zugleich einen neuen Abschnitt ein. Vom Einzelgesang bis zum Massenchor sind noch alle Formen der überkommenen Oper erhalten; zugleich aber ist das Werk durchzogen von Besonderheiten, die das kommende Musikdrama in sich schließen. So haben die Tonarten ihre scharf umrissene Bedeutung (C-dur für König Heinrichs männliche Diesseitigkeit, A-dur für die lichte Gralswelt, fis-moll für die verworrene Düsternis Ortruds, die zarten B-dur-Tonarten für Elsa usw.) und sind aufeinander bezogen. Zum andern tritt das Lied als gestaltbildende Kraft in Erscheinung (Szene im Brautgemach) und bestimmt in wachsendem Maße die übrigen Gesänge. Zudem wird nun die Technik der Leitmotive immer mehr entwickelt (unser Beispiel gibt das bekannte „Nie sollst du mich befragen" mit seiner bedeutungsvoll verwendeten Zweiteilung).

1. Akt. Am Scheldeufer hält König Heinrich Gerichts-

tag. Einen Nachfolgestreit gilt es zu schlichten. Graf Telramund klagt gegen Elsa, die Tochter des verstorbenen Herzogs von Brabant, die habe ihren Bruder getötet, um „eines geheimen Buhlen zu pflegen"; als nächster Verwandter des früheren Herzogs erhebt er Anspruch auf das Land. Der König lädt Elsa vor. Aber auf die Anklage antwortet sie nur mit träumerischen Gesängen von einem herrlichen Ritter, Telramund ist bereit, sich im Zweikampf einem Gottesurteil zu unterwerfen. Wer aber kämpft für Elsa? „Des Ritters will ich warten, er soll mein Streiter sein!" Der Heerrufer lädt den unbekannten Streiter; mehrfach verhallt der Ruf ungehört. Doch ein inbrünstiges Gebet Elsas zwingt ihn herbei: auf der Schelde naht ein Nachen, von einem Schwan gezogen. Darin steht ein unbekannter Held. Er entläßt den Schwan, tritt vor den König und weist Telramunds Klage als unberechtigt zurück. Dieser ist zwar unruhig geworden, nicht aber feig. Mutig tritt er zum Kampfe an. Der fremde Ritter besiegt ihn, schenkt ihm aber das Leben. Eine Bedingung hatte der Sieger Elsa gestellt: nie dürfe sie fragen, wer er sei und wie er heiße.

2. Akt. Aus dem Palast erklingen frohe Festweisen. Telramund aber sitzt mit seiner Gemahlin Ortrud im Dunkel des Burghofes. Wütend klagt er Ortrud falscher Vorspiegelungen an. Doch mit kaltem Hohn weist sie seine Vorwürfe zurück, träufelt ihm langsam das Gift der Verleumdung ins Ohr: der Fremde sei ein Zauberer, den man nur überwinden könne, wenn man ihm seinen Namen entlocke. Das aber könne nur Elsa; sie gelte es zu gewinnen. Um das zu erreichen, fleht sie heuchlerisch Elsa um Mitleid an und wird wirklich von ihr in den Palast eingelassen. Triumphierend ruft Ortrud die alten Götter zum Rachewerk. – Langsam wird es Tag. Der Heerrufer verkündet: „Telramund sei in Acht und Bann,

der „fremde, gottesgesandte Mann" aber werde heute Elsa als Gemahlin heimführen und dann sogleich dem König in den Krieg folgen. Elsa zieht mit ihren Frauen (darunter auch Ortrud) zum Münster. Vor der Münstertür stellt sich ihr Ortrud überraschend entgegen: ihr gebühre der Vortritt als der Gemahlin eines hochgeachteten und allbekannten Mannes; wer aber sei denn dieser Fremdling, den „ein Schwan gezogen an das Land?" Mit würdiger Ruhe antwortet Elsa. König Heinrich und der Fremde nahen mit ihren Rittern; der Zug ordnet sich, man schreitet auf das Münster zu ... Da tritt Telramund vor, klagt den König an, den Fremden, das Gottesurteil. Die zornigen Worte des einst Hochangesehenen machen Eindruck, und der Fremde muß seine ganze Kraft aufbieten, um die aufgetauchten Zweifel zu beseitigen. In der allgemeinen Verwirrung gelingt es Ortrud und Telramund, auf Elsa einzureden und sie schwankend zu machen. Zwar rafft sie sich noch einmal auf, beteuert ihre von allen Zweifeln freie Liebe; doch das Unheil nimmt seinen Lauf.

3. Akt. Elsa und ihr Gemahl werden ins Brautgemach geführt. Zum ersten Male sind die beiden ohne Zeugen, ganz allein ihrer Liebe hingegeben. Elsa scheint alle Unruhe abgelegt zu haben. Doch gerade in ihrer tiefsten Liebe wird sie unsicher. Könnte ihr Gemahl nicht so unvermutet wieder fortziehen, wie er gekommen? Könnte sie ihn – wie Ortrud ihr zuflüsterte – halten, wenn sie seinen Namen wüßte? Vorsichtig beginnt ihr Fragen, ernst weist der Ritter sie zurecht. Aber dann stürzt es aus ihr heraus: wer ist er, woher ist er gekommen, wie ist sein Name? In diesem Augenblick dringt Telramund mit Freunden ein, um den durch die Frage (wie er meint) wehrlos Gewordenen zu töten. Doch ein Schwertstreich streckt ihn tot zu Boden. Tot freilich ist nun auch das

junge Glück. Auf des Ritters Weisung führen Frauen die fast ohnmächtige Elsa vor des Königs Gericht, wo ihre Fragen beantwortet werden sollen. – Verwandlung: Am Ufer der Schelde, wie im ersten Akt. Vor König und Gericht rechtfertigt sich der Ritter, daß er Telramund erschlagen. Dann beantwortet er Elsas Fragen. Aus fernem Land sei er von der Gralsritterschaft zur Verteidigung einer unschuldig Verklagten ausgesandt worden. Er selbst sei der Sohn des Gralskönigs, sein Name „Lohengrin“. Wie die Gralsritterschaft zur Hilfe Unschuldiger verpflichtet sei, so sei der einzelne gebunden, ohne Säumen heimzukehren, wenn sein Name bekannt werde. Erschüttert flehen alle Lohengrin an; er aber steht unter einem höheren Gebot, weist auf den Schwan, der gekommen, ihn zu holen. Da stürzt Ortrud triumphierend in den Kreis: sie sei es gewesen, die Elsas Bruder in einen Schwan verwandelt habe. „Erfahrt, wie sich die Götter rächen.“ Zu kurzem Gebet sinkt Lohengrin auf die Knie. Dann zieht er den entzauberten Schwan ans Land: es ist Gottfried, Elsas Bruder. Während alles in freudigem Erstaunen die Umarmung der Geschwister bejubelt, sinkt Ortrud tot zu Boden. Plötzlich macht sich Elsa frei, schaut sich um nach Lohengrin – nur noch in der Ferne kann sie ihn erblicken; statt des Schwanes zieht eine Taube den Nachen davon. Entseelt gleitet sie in die Arme ihrer Frauen.

Tristan und Isolde

Handlung in drei Aufzügen. Text vom Komponisten.

Personen: KÖNIG MARKE (Baß); TRISTAN (Tenor); ISOLDE (Sopran); BRANGÄNE (Mezzosopran); KURWENAL (Bari-

*ton); MELOT (Tenor); Ein HIRT (Tenor); Ein STEUERMANN
(Bariton); JUNGER SEEMANN (Tenor). – Ort und Zeit: Irische See, Kornwall, Bretagne; Mittelalter. – Uraufführung: 10.6.1865, München.*

Mit dem *Tristan* wird in der europäischen Musikgeschichte ein völlig neuer Ton angeschlagen, ein Ton, der
in der jüngsten Musik unserer Tage noch stark mit-
schwingt. Insbesondere harmonisch bedeutet dieses
,,furchtbare Werk'' (Wagners eigene Worte) einen tiefen
Einschnitt. Hatte Wagner im *Lohengrin* die Tonarten zu
festen Trägern besonderer Geistes- und Glaubenswerte
erhoben, so wird aus solcher Klarheit nun Aufspaltung,
bewußtes Verschwimmen, Auflösung, Verdämmern.
Die Künstlerpersönlichkeit Wagners war stark genug,
ein solches scheinbares Auseinanderstreben und (andrerseits) gegenseitiges Durchdringen überlegen zu meistern
und einheitlich zu binden. Aber schwächere Nachfahren
und kühle Musik-Rechner haben das Gewand mit dem
Leib verwechselt und sind vielfach zu völliger Loslösung
von einem bestimmenden Mittelpunkt gelangt. Selbst die
Zwölftonmusiker (einer ihrer bedeutendsten, Arnold
Schönberg, ist vom *Tristan* ausgegangen) können sich
auf dieses Werk berufen, das in den ersten sieben Takten
des Vorspiels bereits alle zwölf Töne der Halbtonleiter

Tristan und Isolde (Vorspiel)

Langsam und schmachtend

verwendet. Nur – um es anders zu sagen – bei Wagner ist innere Notwendigkeit, wo bei manchen Modernen nüchterne Möglichkeitsrechnung steht. (Nebenbei: der Sprung von der *Lohengrin-* zur *Tristan*-Musik erscheint weniger unvermittelt, wenn man weiß, daß zwischen den beiden Werken das *Rheingold,* die *Walküre* und die erste Hälfte des *Siegfried* komponiert wurden.)

Das Hohelied der Liebe – ganz gleich, ob man sie im Sinnenhaften oder im Geistigen erblicken will – nicht zwischen zwei bestimmten Menschen, sondern die Liebe von Mann und Frau schlechthin. Anlaß zu diesem Werk war die Liebe Wagners zu Mathilde von Wesendonk – Anlaß, kaum mehr. In der Musik fluten und wogen die heftigsten und zartesten Regungen, immer neu angestrahlt von allem, was der Liebe förderlich oder hinderlich sein kann: Schicksalhaftes und Verzauberung, Freundschaft und Neid, Liebessehnsucht, die erst im Tode sich erfüllt.

1. Akt. In einem Zelt, geborgen vor den Blicken der Seeleute, sitzt Isolde mit ihrer treuen Dienerin Brangäne auf dem Versteck von Tristans Schiff. Die irische Königstochter wähnt sich verhöhnt durch das Lied, das ein junger Seemann von seiner irischen Magd singt. Zornig fährt sie auf, läßt das Zelt öffnen, so daß man Tristan, inmitten der Mannschaft, am Steuer erblickt. Isolde schickt Brangäne zu Tristan mit dem Befehl, er solle zu ihr kommen. Tristan lehnt ruhig ab, aber sein Waffenmeister Kurwenal singt einen grollenden Sang: Tristan lasse sich nicht befehlen. Schmerzlich bewegt erzählt Isolde der Dienerin ihr Leid: Tristan hat ihren Verlobten Morold im Kampf erschlagen, ist aber selbst verwundet und von Isolde gepflegt worden; wohl entdeckte sie, daß „Tantris“, wie der Verwundete sich nannte, ihren Verlobten getötet hatte, doch als sie den Tod rächen wollte,

traf sie Tristans Blick … Tristan ist heimgekehrt und hat
seinem Oheim Marke selbstentsagend von der irischen
Königstochter berichtet, ist selbst als Brautwerber für
König Marke ausgezogen und bringt ihm nun die Braut.
Isolde wähnt ihre Liebe von Tristan verschmäht und
sinnt auf Rache. Als Kurwenal die Frauen sich zur Landung bereitmachen heißt, antwortet sie: nur, wenn Tristan zuvor vor sie trete. Dann befiehlt sie fieberhaft
Brangäne, einen Pokal Wein zu richten und einen Todes-
trank hineinzumischen. Tristan naht. Blutschuld wegen
Morolds Tod müsse zwischen ihnen ausgeglichen werden, verlangt Isolde. Doch nicht mit dem von Tristan ge-
reichten Schwert will sie ihn töten. Den Becher gibt sie
ihm; aber sie selbst trinkt den Rest des Weines. Beide erwarten den Tod, sehen sich verzückt in die Augen, bekennen leidenschaftlich ihre Liebe … Brangäne hat nicht
den Todes-, sondern den Liebestrank beigemischt!
Kaum ihrer Sinne mächtig schreiten Tristan und Isolde
dem harrenden König entgegen.

2. Akt. Im nächtlichen Garten wartet Isolde, bis die
Hörner der ausziehenden Jäger verklingen, befiehlt
Brangäne, Tristan das verabredete Zeichen zu geben,
und gibt es, als diese zögert und vor einem Verrat durch
Tristans Freund Melot warnt, mit wehendem Schleier
selbst. Brangäne besteigt den Wachturm, Tristan stürzt
herbei. Ein Liebeszwiegesang unirdischer Schönheit erklingt … Da eilt Kurwenal in den Garten: Melot habe
den König Marke gewarnt, die Jagd sei nur zum Schein
veranstaltet, die Jäger nahen … Zu spät! Erschüttert
steht König Marke vor seinem zerbrochenen Eheglück,
vor der Untreue des treuesten Freundes. Tristan kann
und will ihm nicht antworten: Unbegreifliches läßt sich
nicht begreifbar machen. An Melot wendet er sich, den
Freund, der ihn eifersüchtig verriet. Er zieht das

Schwert, doch läßt er es fallen und stürzt sich in Melots Schwert, um zu sterben.

3. Akt. Todwund liegt Tristan im Garten seiner Burg Kareol. Der treue Kurwenal hat ihn über See hierhergeführt und Botschaft zu Isolde geschickt, nur sie könne Tristan heilen. Ein Hirt schaut aus nach dem Schiff, das sie bringen soll. Eine traurige Weise bläst er auf der Schalmei – zum Zeichen, daß noch kein Schiff zu sehen ist. Tristan fiebert und rast, Leben und Tod verwirren sich ihm, immer wieder „Isolde, Isolde". Als ihm Kurwenal berichtet, er habe nach ihr geschickt, jagt Tristan ungeduldig auch ihn auf die Warte. Doch immer noch ertönt die traurige Weise. Tristan verflucht die Welt und den Trank, der sein Elend schuf. Da, der Hirt stimmt eine lustige Weise an! In höchster Erregung schickt Tristan seinen Waffenmeister zum Strand, Isolde sicher an Land zu geleiten. Und als er Isoldens Stimme hört, rafft er sich mit letzter Kraft auf, wankt der Geliebten entgegen. Aber das war zuviel: noch kann er sie umarmen, dann stürzt er tot zu Boden ... Ein zweites Schiff nahe, berichtet erregt der Hirt. Kurwenal erkennt Marke und Melot und läßt in höchstem Grimm den Burgeingang verrammeln. Taub ist er für Brangänens Zuruf, wütend springt er Melot entgegen, schmettert ihn tot zu Boden; doch den Rasenden trifft tödlich das Schwert von Markes Leuten. Und Marke war doch nur gekommen, dem „Freunde höchste Treue zu bewähren". Als er von Brangäne erfuhr, daß ein Zaubertrank Ursache der „Untreue" von Freund und Frau gewesen sei, wollte er Verzeihung bringen und auf Isolde verzichten. Da schlägt die bis dahin ohnmächtige Isolde die Augen auf, blickt Tristan ins Antlitz, wähnt ihn lebendig, steigert sich in einen schon nicht mehr diesseitigen Liebesgesang und haucht ihr Leben über Tristans Leiche aus.

Die Meistersinger von Nürnberg

Oper in drei Akten. – Text vom Komponisten

Personen: HANS SACHS, *Schuster (Baßbariton);* VEIT POG-
NER, *Goldschmied (Baß);* KUNZ VOGELGESANG, *Kürschner
(Tenor);* KONRAD NACHTIGALL, *Spengler (Baß);* SIXTUS
BECKMESSER, *Stadtschreiber (Baß);* FRITZ KOTHNER, *Bäk-
ker;* BALTHASAR ZORN, *Zinngießer (Tenor);* ULRICH EISS-
LINGER, *Gewürzkrämer (Tenor);* AUGUSTIN MOSER,
Schneider (Tenor); HERMANN ORTEL, *Seifensieder (Baß);*
HANS SCHWARZ, *Strumpfwirker (Baß);* HANS FOLTZ, *Kup-
ferschmied (Baß);* WALTHER VON STOLZING, *ein junger
Ritter aus Franken (Tenor);* DAVID, *Sachsens Lehrbube
(Tenor);* EVA, *Pogners Tochter (Sopran);* MAGDALENE,
Evas Amme (Mezzosopran); Ein NACHTWÄCHTER *(Baß).
– Ort und Zeit: Nürnberg, um die Mitte des 16. Jahr-
hunderts. – Uraufführung: 21.6.1868, München.*

Im *Tristan* rätseldunkle symbolisierende Einzelschick-
sale, in den *Meistersingern* taghelle Gemeinschaft. Wag-
ner hat hier nicht nur den Nürnberger Handwerks- und
Singemeistern des 16. Jahrhunderts, sondern dem deutschen Bürgersinn überhaupt ein zeitloses Denkmal gesetzt – dem deutschen Bürger mit allen seinen Stärken
und Schwächen. Daß er dabei eigene Wunschträume und
Erlebnisse mit hineingewirkt hat, spürt man allerorten.
Der überlegene Hans Sachs ist das Abbild dessen, was
Wagner nicht war und doch sein wollte. In Walther von
Stolzing zeichnet er sich selbst als jungen Dichter und
Komponisten. Und mit der Gestalt Beckmessers, des
kritischen Gegenspielers, wollte er seinen schärfsten und
gefährlichsten Kritiker Hanslick in Wien treffen.

Die Musik umschließt zwei Hauptkennzeichen des
Lohengrin und des *Tristan.* Klar, festgegründet und be-

Sehr mäßig bewegt

ziehungsreich stehen die Tonarten im musikalischen
Raum, als scharfe Umrisse der ihnen zugewiesenen Per-
sonenkreise und Stimmungen; das geht so weit, daß der
erste und der Schlußaufzug auf C-dur ruhen, während
das Nachtstück des zweiten Aufzuges auf Fis, dem von
C am weitesten entfernten Ton, aufgebaut ist. Unser
Beispiel gibt die schlichten Linien der wesentlichen Mei-
stersinger-Themen wieder. Dem *Tristan* wiederum entstammt das unablässige Fluten und Wogen der Themen,
Motive und Motivteilchen, die sich sinnvoll ineinander
verschlingen. Das Ganze ist überzogen von ausgegliche-
nem Humor und heiterem Spott (insbesondere die Kari-
kierung allzu überlieferungsgebundener Singweisen).

1. Akt. In der Katharinenkirche umwirbt der Ritter
von Stolzing mit schmachtenden Blicken das Gold-
schmiedstöchterlein Eva Pogner. Ernstlich bewerben
kann sich aber um sie, wie ihn Evas Amme Magdalena
bedeutet, nur ein Meister. Wie man aber Meister wird,
das soll ihm David, der Lehrbube von Hans Sachs, erklären. Das ist nun freilich eine dornige Paragraphenlehre,
aus der Stolzing nicht klug wird. Er versucht den abkür-
zenden Weg. Als der Goldschmied Pogner eintritt mit
dem Stadtschreiber Beckmesser (der Eva im Preissingen
gewinnen möchte, sich aber Evas selbst nicht sicher
fühlt), da bittet ihn der ihm wohlbekannte Stolzing kurzerhand, in die Meistersingerzunft aufgenommen zu

werden; dann kann er sich am Preissingen beteiligen – und Evas ist er sicher, wie er weiß. Inzwischen haben sich alle Meister zur Zunftberatung zusammengefunden. Pogner erklärt den Sinn des Preissingens: um die Singekunst zu ehren, will er seine Tochter Eva mit reichem Gut an denjenigen geben, der im Preisgesang siegt; wohl darf sie ihre Hand dem Sieger verwehren, „doch nie einen andern begehren". Das eben ist's, was Beckmesser fürchtet, dieses „verwehren". Er wird bissig, doch es nützt ihm nichts. Und noch ein Ärger für Beckmesser: Stolzing möchte in die Singezunft aufgenommen werden – fürwahr, der möchte Eva besser zusagen. Also wehrt sich Beckmesser gegen den Antrag. Doch wieder wird er überstimmt. Stolzing wird befragt, bei wem er gelernt habe: am stillen Herd zur Winterszeit habe er Walter von der Vogelweide gelesen. Da werden auch die Meister bedenklich; doch Hans Sachs setzt die Prüfung durch. Stolzings Probelied, schwärmend von Lenz und Liebe, widerspricht aber den festgesetzten Regeln der Meisterzunft. Beckmesser als „Merker" weist dem Prüfling Fehler über Fehler nach, wird von Hans Sachs zurechtgewiesen, weil er übereifrig einen Mitbewerber und Mitfreier ausschalten wolle; aber diesmal bleiben die Meister fest: der Junker hat versungen und vertan.

2. Akt. Auf der Gasse zwischen den Häusern von Sachs und Pogner. Johannisnacht. Die Lehrbuben tanzen. Magdalene fragt David nach dem Ausgang der Zunftsitzung, sie eilt erschrocken wieder ins Haus. Pogner kommt in tiefem Sinnen mit Eva. Soll er mit Sachs sprechen? Lieber nein! Er begibt sich zur Ruh. Magdalene flüstert Eva die schlimme Kunde zu, beide folgen Pogner. Hans Sachs rückt seinen Schusterschemel vor die Werkstatt, will arbeiten, kann nicht – was war das nur mit dem Lied des Ritters, so fremd und doch so nah!

Eva naht, will schmeichelnd Hans Sachs ausfragen; aber
der ergreift zum Schein die Partei der Meister. Unmutig
geht sie davon und muß nun auch noch von Magdalene
hören, daß Beckmesser Eva ein Ständchen bringen will.
Da erscheint Stolzing. Jubelnd wirft sich ihm Eva in die
Arme, beschwichtigt seinen Zorn auf die Meister. Wäre
es nicht gut, zu fliehen? Hans Sachs hat sich in seine
Werkstatt zurückgezogen. ,,Üble Dinge, die ich da
merk': eine Entführung gar im Werk?'' Inzwischen hat
Eva mit Magdalene die Kleider getauscht; diese soll
Beckmessers Ständchen in Evas Kleidern vom Fenster
aus entgegennehmen, sie selbst aber will mit Stolzing
entfliehen. Doch müssen sich die Liebenden verbergen;
denn Beckmesser erscheint zum Ständchen. Auch Sachs
hat seinen Platz wieder eingenommen, singt ein grobes
Schusterlied von ,,Eva aus dem Paradies''. Beckmesser
wütet: er will doch ein Ständchen singen! Man einigt
sich: Beckmesser wird singen, Hans Sachs aber jeden
Fehler mit einem Schlag auf das Schuhleder anmerken.
Aus einfachen Schlägen und mündlichen Unterbrechungen wird ein streitender, lärmender Zwiegesang, die in
ihrer Ruhe gestörten Bürger kommen ärgerlich aus den
Häusern, in der Dunkelheit wütet einer gegen den andern, nur David erwischt den richtigen: Beckmesser, der
– wie er glaubt – seiner Magdalene ein Ständchen bringt.
Mitten in die Prügelszene tönt gewaltig das Horn des
Nachtwächters. Alles eilt davon, Hans Sachs zieht Stolzing in sein Haus.

3. Akt. Morgen des entscheidungsreichen Tages. In
der Schusterstube sitzt Hans Sachs. Schwer ist es, zu entsagen: seine stille Liebe zu Eva, sein ,,einfältig Dichten''
– alles überrannt von der jugendlichen Unbekümmert-
heit des Junkers von Stolzing … David bittet um Verzeihung wegen der nächtlichen Prügelei. Sachs hört ihn

kaum, entläßt ihn friedlich-freundlich, nachdem der Lehrbube sein „Sprüchlein" gesungen hat. – Was für eine Unrast ist doch in der Welt: „Wahn, überall Wahn". Noch einmal erinnert sich der Schusterdichter an die Vorgänge von gestern abend – dann schüttelt er alles ab: „Nun aber kam Johannistag!" Stolzing tritt in die stille Stube. Und Sachs lehrt ihn, behutsam die Erzählung des Junkers lenkend und deutend, die wahren Regeln der Kunst, schreibt die gedichtete Traumerzählung auf. Die Männer gehen, sich für das Fest umzukleiden. Beckmesser lugt herein. Jämmerlich zerschunden hüpft er hin und her. Da fällt sein Blick auf das Geschriebene: „Ein Werbelied von Sachs!" Dem eintretenden Sachs hält er das Geschriebene hin: also auch er werbe um Eva! Nein, kommt die Antwort; und zum Beweis der Wahrheit schenkt er Beckmesser das Papier und schwört, nie sich rühmen zu wollen, dieses Gedicht gemacht zu haben. Jetzt hat der Merker endlich ein gutes Werbelied, rennt eiligst davon, es auswendig zu lernen. Eva in herrlichem Festgewand betritt den Raum, weil „der Schuh sie drückt". Und als Stolzing wiederkehrt und berauscht vom Anblick der Geliebten einen dritten Vers seines Preisliedes singt, da umarmt Eva fassungslos den Meister. Der aber führt sie Stolzing zu. „Von Tristan und Isolde kenn ich ein traurig Stück" – Markes Los will er nicht teilen. Magdalene und David erscheinen. Erst wird David durch einen Backenstreich zum Gesellen gemacht, dann wird nach altem Brauch die neue Weise des Junkers getauft (herrliches Quintett).

Verwandlung. Festwiese vor den Toren Nürnbergs. Die Lehrbuben tanzen, bis die Meistersinger, nach Berufen geordnet, aufziehen und ihre festgelegten Plätze einnehmen. Als letzter – Hans Sachs. Ihn begrüßt die Menge mit seinem Lied „Wach auf". Die Werbung beginnt.

Beckmesser schaut verstohlen immer wieder in sein Papier, kann die Worte nicht behalten und verdreht beim Singen auf eine unmögliche Melodie den Text derart, daß alles in Gelächter ausbricht. Wütend deutet er auf Sachs: von ihm sei das Lied. Doch Sachs hat einen Zeugen: Walther von Stolzing tritt in den Kreis und singt sein Lied. Einstimmig wird ihm der Preis zugedacht. Aber Walther will zwar Eva, nicht jedoch die Meisterkette. Erst als Sachs ihn belehrt, welche Verdienste gerade die kleinen Meister um die deutsche Kunst haben, läßt er sich die Kette umlegen. Den Lorbeerkranz des Siegers aber drückt Eva dem gütigen, weisen, entsagenden Hans Sachs aufs Haupt.

Der Ring des Nibelungen

Der Umfang dieses Gesamtwerkes (*Rheingold, Walküre, Siegfried und Götterdämmerung)* ist so riesenhaft, seine gedankliche Verdichtung geht so weit, die dem Altgermanischen angenäherte Wortfügung wirkt im ersten Augenblick so fremdartig, die Musik ist so eng geknüpft, daß der Hörer sich ruhig fragen darf, ob Wagner das Werk nicht überlastet habe. Im Sinne der Oper ist das ganz gewiß der Fall; doch mit Maßstäben der Oper darf man an den ,,Ring'' nicht herangehen. Er will vielmehr an sich selbst gemessen und vor allem in Ruhe und Besonnenheit erlebt werden. Wagner hatte zu seiner Zeit durchaus recht, wenn er das Ganze als Ganzes und möglichst nur in Bayreuth aufgeführt wissen wollte. Inzwischen hat man das Gesamtwerk wieder und wieder aufgeführt, so daß der Hörer, der dieses oder jenes Einzeldrama besucht, im Einzelteil unwillkürlich das Ganze noch einmal erlebt.

Außer ein paar Fachleuten, die immer wieder die speergewaltigen Frauen auf der Bühne oder die germanischen Reckengestalten verspotten, wird wohl kein Mensch mehr glauben, hier gehe es um altertümelndes Heldengetöse und um nichts weiter. Im ,,Ring" wird eine Welt geschaffen, werden Mensch und Schicksal gegeneinandergestellt, geht eine Welt an sich selbst zugrunde. Es gibt kaum ein Werk der Dichtkunst, das mit so wenigen Strichen so überzeitlich und für uns Heutige so besonders eindringlich den dramatischen Gegensatz von Macht und Liebe darstellt, wie es im ,,Ring" geschehen ist. Wer das Gold (als Sinnbild äußerer Macht über andere) angreift, ist dem Untergang verfallen, sei er Gott oder Mensch, sei er gut oder böse ... Damit ist der alles durchdringende Grundgedanke des Werkes ausgesprochen. Alles Sichtbare ist nur Sinnbild, Sinnbild allerdings einer furchtbaren Wahrheit.

Einige Worte zur Musik. Wagner faßt zusammen, was er insbesondere im *Tristan* und in den *Meistersingern* sich erarbeitet hat. Jedem Lebenskreis werden ganze Motivkreise zugeordnet. Wie sie zusammenklingen, sich verflechten, sich wandeln (melodisch, harmonisch, rhythmisch, klanglich), sich bekämpfen oder ergänzen – das spricht deutlicher noch als die Dichtung. Wesentlich verstärkt und vergrößert, d. h. klanglich umgestaltet, ist das Orchester gegenüber dem früheren Wagner-Orchester, das sich nur wenig von der Besetzung eines Beethoven-Orchesters unterscheidet. Dennoch ist nichts überladen instrumentiert; zu beachten der vielfach bestimmende Klang der tiefen (zum Teil neu eingeführten) Bläser. Der aufmerksame Hörer wird einen Unterschied erkennen: vom dritten *Siegfried*-Akt an nimmt die musikdramatische Dichte des Ausdrucks zu: nach dem zweiten ,,Siegfried"-Akt hat Wagner zunächst den *Tristan* und die *Meistersinger* vertont, bevor er mit der Komposition des *Ringes* fortfuhr.

Bei der ungewöhnlichen Fülle tragender musikalischer Gedanken und Leitmotive muß hier davon abgesehen werden, Notenbeispiele zu geben, weil sie vereinzelt nur flach und schablonenhaft wirken können. Der Verfasser darf daher den ernsthaft Interessierten auf sein „Opernbuch" verweisen.

Das Rheingold

Vorabend zu dem Bühnenfestspiel „Der Ring des Nibelungen"

Ein Akt in vier Szenen. – Text vom Komponisten.

Personen: WOTAN *(Baßbariton);* DONNER *(hoher Baß);* FROH *(Tenor);* LOGE *(Tenor);* FRICKA *(tiefer Sopran);* FREIA *(hoher Sopran);* ERDA *(Alt);* ALBERICH *(hoher Baß);* MIME *(Tenor);* FASOLT *(hoher Baß);* FAFNER *(tiefer Baß);* WOGLINDE *und* WELLGUNDE *(hohe Soprane);* FLOSSHILDE *(tiefer Sopran). – Ort: Auf dem Grunde des Rheins, freie Gegend auf Bergeshöhen, unterirdische Klüfte Nibelheims. – Uraufführung: 22.9.1869, München.*

Auf dem Grunde des Rheins spielen drei Rheintöchter in den Fluten, lüstern beobachtet von dem schlammgeborenen Alberich. Sein brünstiges Werben verspotten sie und necken ihn mutwillig. Da glänzt es plötzlich auf: das Gold des Rheines. Alberich wird neugierig: was ist's mit dem Gold? Die Antwort: „Der Welt Erbe gewänne zu eigen, wer aus dem Golde schüfe den Ring, der maßlose Macht ihm verlieh"; aber „nur wer der Minne Macht entsagt ..., nur der erzielt den Zauber, zum Reif zu zwingen das Gold". Das ist etwas für den Schwarzalben: mit unheimlicher Behendigkeit klettert er auf das Felsenriff, verflucht die Liebe, raubt das Rheingold, um Macht zu gewinnen. Dunkel wird es ...

Freie Gegend auf Bergeshöhen. Auch Göttervater Wotan singt im Traum von ewiger Macht. Da weckt ihn die Göttermutter Fricka, weist auf die Burg, die Riesen ihm gebaut, erinnert an den ausbedungenen Preis: Freia, die Göttin ewiger Jugend, muß den Riesen ausgeliefert werden! (Also ein ähnlicher, wenn auch verfeinerter Vorgang wie in der ersten Szene.) Schon nahen die Riesen Fafner und Fasolt, den Preis ihrer Arbeit in Empfang zu nehmen. Freia fleht, die Götter Froh und Donner vermögen sie nicht zu schützen; als Gott der Verträge muß Wotan seinen eigenen Vertrag erfüllen, hofft aber auf den listigen Loge. Endlich erscheint der gleißende, schillernde Gott des Feuers und Geistes, belobt umständlich die Riesen ob ihrer tüchtigen Arbeit, läßt beiläufig die Geschichte von dem geraubten Rheingold einfließen, von der unermeßlichen Macht, die den Besitzer des zu schmiedenden Ringes erwartet ... Und Fafner wird aufmerksam; während Fasolt mehr geneigt ist, sich mit der Schönheit des Weibes zufrieden zu geben, macht Fafner knurrend den Vorschlag: Wotan solle ihnen das Gold verschaffen; dann wollen sie auf Freia verzichten. Und schon stampfen die Riesen davon, schleppen aber Freia als Pfand mit sich.

In Nibelheims unterirdischen Klüften. Alberich hat den kunstreichen Schmied Mime den Ring fertigen lassen und beherrscht nun das dunkle Reich materieller Macht. Auch einen unsichtbar machenden Tarnhelm hat Mime angefertigt, den Alberich nun ebenfalls an sich reißt. Den jammernden Mime finden Wotan und Loge, die nach Nibelheim niedergefahren sind, um den Ring zu gewinnen. Alberich tritt den Lichtgöttern mit giftigem Haß entgegen, aber Loge verleitet ihn zu allerlei Großsprechereien, und als sich Alberich, um die Zauberkraft des Tarnhelms zu beweisen, in eine Kröte verwandelt, ergreifen ihn die Götter und bringen ihn an die Oberwelt.

Wieder auf Bergeshöhen. Der gefesselte Alberich muß auf Wotans Geheiß alle seine Schätze herbeischaffen lassen. Als ihm Wotan aber auch den Ring entreißt, stößt Alberich eine entsetzliche Verwünschung aus: wer je den Ring besitzt, den treffe Verderben. Kaum ist Alberich verschwunden, da nahen die Riesen mit Freia, um das Gold zu holen. Daß Maß wird gestellt nach Freias Gestalt, der Goldschatz wird um sie gehäuft. Noch sieht man ihr Haar: der Tarnhelm muß es decken. Fasolt, verliebt in die Göttin, erspäht noch ,,ihres Auges Stern". Der Ring an Wotans Hand soll den Spalt schließen. In höchstem Zorn verweigert der Gott den Reif. Da taucht aus der Tiefe die alleswissende Erda empor, warnt Wotan vor dem Ring: ,,Ein düsterer Tag dämmert den Göttern." Er wirft den Ring von sich. Und schon wirkt Alberichs Fluch: als Fasolt den Ring ergreift, wird er von seinem Bruder Fafner erschlagen. Ein Gewitter zieht auf, vertreibt das ,,schwüle Gedünst". Klar und mächtig liegt die Götterburg da. ,,Walhall" nennt Wotan den neuen Wohnsitz und führt die Götter über einen Regenbogen der Burg zu.

Die Walküre

Erster Tag des Bühnenfestspiels ,,Der Ring des Nibelungen"

Drei Akte. – Text vom Komponisten.

Personen: WOTAN *(Baßbariton);* FRICKA *(tiefer Sopran);* BRÜNNHILDE *(Sopran);* SIEGMUND *(Tenor);* HUNDING *(Baß);* SIEGLINDE *(Sopran); Acht* WALKÜREN *(Sopran und Alt); – Ort: Hundings Hütte, wildes Felsengebirge, Walkürenfelsen. – Uraufführung: 26.6.1870, München.*

1. Akt. Bei Gewitter und Sturm stürzt Siegmund auf der Flucht vor Verfolgern und Wetter in Hundings Hütte, wirft sich ermattet auf ein Lager. Ihm naht Hundings Weib Sieglinde, labt ihn. Tief schauen sich die beiden in die Augen, schicksalhaft müssen sie einander lieben. Siegmund reißt sich los, will seine Flucht fortsetzen, um Sieglinde kein Unheil zu bringen. Doch sie ruft: „ So bleibe hier! Nicht bringst du Unheil dahin, wo Unheil im Hause wohnt." Gewappnet betritt Hunding seine Hütte, beobachtet mißtrauisch die beiden: „Wie gleicht er dem Weibe!" Beim Mahl erzählt Siegmund seine Geschichte: mit dem Vater zog er einst auf Jagd. Bei der Heimkehr fanden sie das Haus verbrannt, die Mutter tot, die Zwillingsschwester war verschwunden. Auch Vater und Sohn wurden verfolgt. Im Walde verlor Siegmund des Vaters Spur (der Vater ist Wotan). Ein Mädchen rief ihn einst zur Hilfe; doch wieder erntete er Weh, mußte waffenlos fliehn. Da erhebt sich finster Hunding: „Zur Rache war ich gerufen … und kehre nun heim, des Frevlers Spur im eignen Haus zu erspähn." Für die Nacht sei ihm Schutz gewährt; aber morgen werde er mit ihm kämpfen. Er geht ins Schlafgemach, gefolgt von Sieglinde. Verzweifelt bleibt Siegmund allein: wenn er ein Schwert hätte, wie sein Vater ihm eines versprochen! Da kommt Sieglinde leise zurück: ein Schwert will sie ihm weisen. Das habe einmal ein „Greis im grauen Gewande" (Wotan) in den Stamm der Esche gestoßen, die Hundings Hütte stützt. Nur dem solle es gehören, der es her-

auszuziehen vermöchte. Bisher haben alle Männer vergeblich an dem Schwertgriff gezogen. Siegmund springt zu dem Eschenstamm, er greift den Schwertknauf. ,,Notung" tauft er die Waffe, reißt sie mit einem Ruck aus der Esche. Und nun nennt er seinen wahren Namen: Siegmund. Sieglinde jauchzt auf: dann ist er ihr Zwillingsbruder. In brünstiger Glut zieht Siegmund die Schwester an sich und stürzt mit ihr davon.

2. Akt. In einem wilden Felsengebirge erteilt Wotan der Walküre Anweisung für den bevorstehenden Kampf: Hunding falle! Doch da naht Fricka, die Hüterin der Ehe. Was weiß sie von Wotans planenden Gedanken und Zielen! Sie sieht nur Ehebruch und Blutschande, verlangt Siegmunds Tod. Wotan, Hüter der Verträge, muß nachgeben, gibt der Walküre neue Weisung. Als sie erschrocken ihn anfleht, vertraut er ihr sein Leid: der Götter Ende naht, wenn Alberich den Ring zurückgewinnt (vergl. die Vorgeschichte im ,,Rheingold"). Die neun Walküren, die ihm Erda gebar, sollen Helden als Kämpfern gegen Alberich beistehen; vor allem Helden wie Siegmund. Aber nun hat ihn Fricka in ihrer kurzsichtigen Starrheit wehrlos gemacht. Nichts will er mehr als das Ende, das Ende. Siegmund falle. Als die Walküre zu widersprechen wagt, wiederholt er zornig den Befehl. – Siegmund stützt die auf der Flucht ermattete bräutliche Schwester, geleitet sie zu einem Lager. Im Dunkel tritt die Walküre zu ihm, verkündet ihm den Tod. Sein trotziges Aufbäumen, seine Liebe zur Schwester und Braut erweckt der Walküre Mitgefühl und Verstehen: entgegen Wotans ausgesprochenem (innerlich aber widerstrebend gegebenem) Befehl will sie ihm im Kampfe beistehen. Schon ertönt Hundings Horn, Siegmund stürmt ihm mit dem Schwert in der Hand entgegen. Sieglinde erwacht, sieht die beiden kämpfen, sieht, wie die Walküre ihren Schild über

Siegmund hält. Doch in einer Feuerlohe steigt Wotan empor, streckt seinen Speer aus: an ihm zerschellt Siegmunds Schwert, und Hunding stößt ihn nieder. Verächtlich wendet sich Wotan zu Hunding, heißt ihn, Fricka berichten, daß der Gott den Vertrag gehalten. Hunding sinkt tot zu Boden. Die Walküre Brünnhilde hat hastig die Stücke des zerschmetterten Schwertes aufgenommen und Sieglinde fortgeführt. In aufflammendem Zorn verfolgt Wotan die Flüchtigen.

3. Akt. Auf hohem Felsen versammeln sich die Walküren. Als letzte naht Brünnhilde mit Sieglinde. Ein frisches Pferd will sie sich leihen für die Flucht; doch keine der Walkürenschwestern wagt es, Wotans Zorn zu trotzen. Sieglinde ist allem gegenüber gleichgültig: sie erwartet Wotan und den Tod. Doch als Brünnhilde ihr weissagt: „Den hehrsten Helden der Welt hegst du, o Weib, im schirmenden Schoß", ist sie bereit, in den Wald zu fliehen, in dem Fafner den Nibelungenschatz hütet. Vor dem heranstürmenden Wotan verbirgt sich Brünnhilde zunächst, doch dann tritt sie hervor, ihre Strafe auf sich zu nehmen. Aber entsetzt weicht sie zurück, als sie Wotans Gebot vernimmt: er werde sie einschläfern, und wer sie finde, dem gehöre sie als Weib; Walküre sei sie nicht mehr. Aber Brünnhilde weiß ihre

Worte wohl zu setzen: habe sie doch nur getan, was Wotan zu tun verwehrt gewesen. Wenn sie schon nur noch Weib sein dürfe, dann solle wenigstens nur ein Held ihr nahen: ein loderndes Feuer solle ihren Leib umbrennen, ein Feuer, das nur der Tapferste zu durchschreiten wage. Gerührt gewährt Wotan den Wunsch. Loge ruft er herbei, daß er die Feuer entfache. „Wer meines Speeres Spitze fürchtet, durchschreite das Feuer nie!" Diese Worte singt er auf den Klängen eines Motivs, das später Siegfried zugeteilt wird. Schlafend liegt Brünnhilde auf dem umloderten Felsen, wehmütig wendet sich Wotan von ihr ab.

Siegfried

Zweiter Tag des Bühnenfestspiels „Der Ring des Nibelungen"

Drei Akte. – Text vom Komponisten.

Personen: SIEGFRIED (Tenor); MIME (Tenor); DER WANDERER (Baßbariton); ALBERICH (Baß); FAFNER (Baß); ERDA (Alt); BRÜNNHILDE (Sopran); Stimme des WALDVOGELS (Sopran). – Ort: Mimes Höhle, Wald vor Neidhöhle, wildes Felsengebirge, Walkürenfels. – Uraufführung: 16.8.1876, Bayreuth.

1. Akt. In seiner Höhle sinnt Mime verzweifelt darüber nach, wie er den Ring der Macht erringen könne. Fafner hütet ihn, hat sich mit Hilfe des Tarnhelms in einen Drachen verwandelt. Nur das Schwert Notung vermag ihn zu fällen; aber Notung liegt in Stücke zerschmettert vor Mime. Ein Weib hatte einst die Stücke zu ihm gebracht; einen Knaben gebar sie, starb an der Ge-

burt und ließ Mime Knaben und Schwertstücke zurück.
Seit Jahren bemüht sich Mime, das Schwert zu schweißen – es gelingt nicht. Und wer soll es schweißen, wenn
er, der kunstreichste Schmied, es nicht vermag? Da
stürmt Jungsiegfried aus dem Wald in die Höhle, zerbricht ein sorgfältig geschmiedetes Schwert und tobt
über den Schmied. Wissen will er von Mime, wer seine
Eltern waren. Widerwillig spricht Mime von Sieglinde
und der Geburt des Knaben; Siegfried sollte er genannt
werden, hatte die sterbende Mutter geboten. Ergriffen
lauscht der Jüngling; und doch – Beweise will er sehen.
Da schleppt Mime die Schwertstücke herbei. Laut
jauchzt Siegfried auf: Stücke von seines Vaters Schwert!
Die muß ihm Mime schmieden! Jubelnd stürzt er zurück
in den Wald, und Mime sitzt wieder da mit seiner alten
Not: „Vernagelt bin ich nun ganz." – Ein Wanderer
(Wotan) tritt in die Höhle, läßt sich von Mime nicht ab-
weisen. Drei Fragen solle Mime an ihn richten, dann
werde auch er den Schmied nach drei Dingen fragen.
Wer die Fragen nicht beantworten kann, soll sein Leben
verwirken. (Diese „Wissenswette" ist ein Kunstgriff des
Komponisten, die Vorgeschichte des „Siegfried" zu er-
zählen). Der Wanderer beantwortet alle Fragen Mimes:
in der Erde Tiefe wohnen die Nibelungen, auf der Erde
Rücken die Riesen, auf wolkigen Höhen die Götter.
Auch Mime weiß viel zu erwidern auf des Wanderers
Fragen: Wotans Lieblingsgeschlecht waren die Wälsun-
gen. Fafner kann nur mit Notung getötet werden. Aber
auf die dritte Frage, die er selbst hätte stellen sollen, weiß
Mime keine Antwort: Wer schmiedet Notung neu? Der
Wanderer gibt sie ihm in rätseldunkler Form: „Nur wer
das Fürchten nie gelernt ..." Und dem sei auch Mimes
Haupt verfallen. Dann schreitet er davon, läßt Mime
schreiend vor Erregung zurück. So findet ihn Siegfried.

Er hat das Fürchten nicht gelernt: ,,Ist's eine Kunst, was lehrtest du sie mich nicht!" Aus all dem Gestammel des Schmiedes wird ihm nur eines klar: das Schwert muß er selbst schmieden, wenn er Fafner fällen und den Hort gewinnen will. Sogleich geht er ans Werk – zum Erstaunen Mimes ganz laienhaft ... aber das Schwert wird geschmiedet, das merkt der Schlaue wohl. Während Siegfried schmiedet, kocht Mime einen giftigen Trank; mit dem will er Siegfried vergiften, wenn Fafner erledigt ist, den Ring für sich selbst gewinnen, die Welt beherrschen ...

2. Akt. Nacht vor Neidhöhle. Alberich umschleicht wie immer des Drachen Gehäuse. Wütend fährt er den Wanderer Wotan an, glaubt, auch dieser giere nach dem Ring. Doch der kommt, Fafner zu warnen. Fafner aber liegt auf seinen Schätzen: ,,Ich lieg und besitz, laßt mich schlafen." Der Wanderer geht lachend, Alberich birgt sich im Walde. Siegfried naht, jagt Mime davon, streckt sich wohlig unter einem Baum aus. Sonnenaufgang. An die Mutter denkt Siegfried. Da hört er ein Vöglein, will ihm nach Knabenart auf einem selbstgeschnittenen Rohr antworten, wirft es als untauglich fort und bläst auf seinem Horn eine lustige Weise. Die weckt den Drachen Fafner. Bald fährt ihm Notung ins Herz – Alberichs Fluch hat sich wieder bewahrheitet. Ein Tropfen Drachenblut hat Siegfrieds Ohren für die Sprache der Vögel geöffnet: Ring und Tarnhelm solle er dem Schatz entnehmen, singt ihm das Vöglein zu. Während er in die Höhle geht, springen Alberich und Mime geifernd aufeinander los, verschwinden aber bei Siegfrieds Rückkehr. Jetzt möchte Mime Ring und Tarnhelm erschleichen, umschmeichelt Siegfried; doch der versteht nun auch des Menschen wahres Sinnen hinter heuchelnden Worten: mit dem Schwert schlägt er Mime nieder, Zwerg und

Drachen wirft er in die Höhle. Höhnisch lacht Alberich: sein Fluch! Siegfried fragt das Vöglein nach einem „gut Gesell". Da flattert es vor ihm her, ihm den Weg zur schlafenden Brünnhilde auf dem Felsen zu weisen.

3. Akt. In wildem Felsengebirge beschwört Wotan noch einmal Erda herauf, die Wissende, daß er sich Antwort hole auf sein Fragen, was nun geschehe. Doch „Urmütter Weisheit geht zu Ende!" Wotan will nun das Ende, sendet Erda zurück in die Tiefen. – Siegfried naht, geleitet von dem Waldvöglein. Wotan stellt sich ihm als „Hüter des Felsens" entgegen, hat Freude an der Unerschrockenheit des Jünglings aus seinem eigenen Geschlecht. Doch fährt er auf, als Siegfried zum Walkürenfels will, hält ihm seinen Speer entgegen, an dem schon einmal das Schwert Notung zerschellte. Doch diesmal zerschlägt Notung den Götterspeer! Ruhig hebt Wotan die Stücke auf: „Zieh hin, ich kann dich nicht halten."

Auf hohem Fels, von Feuern umlodert, liegt schlummernd eine gewappnete Gestalt. Man hört Siegfrieds Horn, die Feuer verlöschen, Siegfried erklimmt den Felsen, schaut sich staunend um, erblickt das schlafende Wesen, will ihm die Rüstung lösen – und fährt in seligem Erschrecken zurück: „Im Schlafe liegt eine Frau, die hat ihn das Fürchten gelehrt." Scheu und dann brünstig küßt er die Schlafende. Langsam erwacht sie, begrüßt mit feierlichem Gesang das Licht. Jetzt nennt Siegfried seinen Namen: da weiß Brünnhilde, daß Wotan Wort gehalten. Doch Siegfrieds Liebeswerben setzt sie ihren Walkürenstolz entgegen, bis auch sie überwältigt wird von der Liebe ... Was einstiges Göttliches, was künftiges Unheil – „Leuchtende Liebe, lachender Tod".

Götterdämmerung

Dritter Tag des Bühnenfestspiels „Der Ring des Nibelungen"

Ein Vorspiel und drei Akte. – Text vom Komponisten.

Personen: SIEGFRIED *(Tenor);* GUNTHER *(Bariton);* HAGEN *(Baß);* ALBERICH *(hoher Baß);* GUTRUNE *(Sopran);* BRÜNNHILDE *(Sopran);* WALTRAUTE *(Mezzosopran);* DREI NORNEN, DREI RHEINTÖCHTER *(Sopran und Alt). – Ort: Walkürenfelsen, Gunthers Halle in Worms, Wald am Rheinufer. – Uraufführung: 17.8.1876, Bayreuth.*

Vorspiel. Auf dem nächtlichen Walkürenfelsen werfen die Nornen das Seil des Schicksals, singen von Wotan, der um Walhall hat Scheite schichten lassen und des Endes harrt. Was wird daraus werden? Doch das Schicksalsseil reißt – zu Ende ist ewiges Wissen. Die Nornen verschwinden, der Tag bricht an. In Brünnhildes Rüstung und mit dem Walkürenroß Grane tritt Siegfried aus dem Steingemach, in dem er mit Brünnhilde geruht. Nun ist sie Weib, aber der Walkürengeist ist noch lebendig in ihr: „Zu neuen Taten, teurer Helde!" Als Pfand der Liebe steckt ihr Siegfried den Ring an, dann stürmt er davon.

1. Akt. Behaglich und zufrieden sitzt Gunther als König zu Worms in seiner Halle. Doch der finstere Hagen schilt ihn: immer noch sei er unbeweibt. Ihm zieme das herrlichste Weib: Brünnhilde; auf hohem Felsen schlummre sie hinter einer Feuerlohe; durchschreiten könne die nur Siegfried, der den Drachen erschlug und den Nibelungenhort mit dem Ring der Macht gewann. Siegfried müsse durch einen Zaubertrank dahingebracht werden, alles frühere zu vergessen, Brünnhilde für

Gunther zu gewinnen und Gunthers Schwester Gutrune zum Weibe zu nehmen. Vom Rhein her hört man Siegfrieds Horn, Hagen ruft den Helden in die Halle. Stolz berichtet der junge Held auf Befragen von seinen Taten; ein Land habe er nicht, nur ein selbstgeschmiedetes Schwert, den Tarnhelm und den Ring – diesen „hütet ein hehres Weib". Hagen weiß genug, spinnt seine Fäden. Gutrune reicht Siegfried den verhängnisvollen Vergessenheitstrank. Als er das Trinkhorn wieder absetzt, sieht er die Welt mit anderen Augen, begehrt Gutrune zum Weib. Sie solle ihm werden, wenn er Brünnhilde vom Walkürenfelsen hole. Bei diesem Gedanken wird er noch einmal unruhig, doch dann schwört er Gunther Hilfe und besiegelt den Schwur mit Blutsbrüderschaft auf Hagens Speer. Schnell drängt er zur Abfahrt mit Gunther. Hagen hält finster Wacht in der Halle.

Verwandlung. Die Walküre Waltraute naht Brünnhilde mit der Mahnung: nur wenn der Ring den Rheintöchtern zurückgegeben werde, seien Wotan und die alte Welt zu retten. Doch Brünnhilde ist nicht mehr Walküre, sondern nur mehr liebende Frau, weigert sich, von Siegfrieds Ring zu lassen. Verzweifelt stürzt Waltraute davon. Da lodert das Feuer wieder empor. Siegfrieds Hornruf ertönt, begeistert springt Brünnhilde auf. Doch durch das Feuer dringt ein anderer: es ist dennoch Siegfried, der durch die Kraft des Tarnhelms Gunthers Gestalt angenommen hat. Der Verzweifelten entreißt er den Ring. Für die Nacht teilt er ihr Gemach: doch das Schwert trennt ihn von der Braut des Blutsbruders.

2. Akt. In Gunthers Halle. Vor Tagesanbruch. Hagen im Halbschlaf. Sein Vater Alberich raunt ihm zu von Rache und Macht: „Drum ohne Zögern ziel auf den Reif." Alberich versinkt. – Es wird Morgen. Siegfried naht als erster, berichtet von der gelungenen Fahrt, dann sucht er

Gutrune auf. Hagen weckt die Mannen „zum Streit". Jubelnd werden Gunther und Brünnhilde begrüßt. Die Walküre blickt düster zu Boden. Doch als sie beim Nahen froher Menschen den Namen „Siegfried" hört, blickt sie auf, starrt dem geliebten Mann ins Antlitz. Der aber erkennt sie nicht, bietet ihr freundlich Willkommen. Fassungslos blickt sie auf Siegfried, auf den Ring an seinem Finger ... Den entriß ihr doch gestern erst Gunther!? Brünnhilde schreit Verrat, Verrat an ihr und Gunther. Hat Siegfried ihr nicht „Lust und Liebe abgezwungen"? Doch Siegfried schwört auf Hagens Speer, niemals Brünnhilde als Mann genaht zu sein. Brünnhilde aber schwört den Gegeneid. Verwundert sucht Siegfried zu scherzen, zieht Gutrune und die Menge mit fort. Zu der ermatteten Brünnhilde tritt Hagen, bietet ihr seinen Speer als Rachewerkzeug. Siegfried ist zwar durch Brünnhildens Zauberkraft unverwundbar; „doch träfst du im Rücken ihn ... dort spart ich den Segen". Hagen: „Und dort trifft ihn mein Speer!" Unentschlossen und jämmerlich beträgt sich Gunther. Erst als Hagen ihm durch den Ring ungeheure Macht verheißt, eint er sich mit Brünnhilde und Hagen zum Racheschwur.

3. Akt. Wildes Waldtal am Rheinufer. Die drei Rheintöchter spielen in den Fluten und necken den bisher beutelosen Jäger Siegfried. Dann bitten sie ihn um den Ring. Zunächst schlägt er ab, will ihn dann doch geben. Aber jetzt wollen sie ihn nur nehmen, wenn sie ihm sein Geschick vorausgesagt haben: sterben werde er am heutigen Tage. Allzu stolz auf seine Taten weist er ihre Warnungen zurück, behält auch den Ring, nur auf sich selbst bauend. Hornrufe – die Jäger nahen. Hagen lenkt geschickt das Gespräch: Siegfried, der doch die Sprache der Vögel verstehe, möge erzählen von früheren Tagen. Und frei beginnt Siegfried. „Daß Fernes ihm nicht entfalle",

würzt ihm Hagen einen Trank. Siegfried gewinnt sein Gedächtnis zurück, singt von Brünnhildens Liebe ... Da stößt ihm Hagen den Speer in den Rücken: ,,Meineid räch ich!" und wendet sich zum Gehen. Noch einmal grüßt der Todwunde Brünnhilde, dann schließt er die Augen für immer. Seine Leiche wird auf einen Schild gehoben und davongetragen.

Verwandlung. Unruhig irrt Gutrune durch die nächtliche Halle. Sie fragt den heimkehrenden Hagen; der gibt roh Antwort. Schon nahen die Männer mit Siegfrieds Leiche. Hagen wird ,,Mörder" gescholten; er bleibt kalt. Doch als Gunther den Ring verlangt, erschlägt er auch ihn und tritt selbst zu der Leiche, ihr den Ring abzuziehen. Da fährt des Toten Hand drohend in die Höhe, Hagen weicht zurück. Brünnhilde naht, verachtet das Streiten und Jammern um den Erschlagenen. Einen Scheiterhaufen läßt sie am Ufer errichten, dann tritt sie zu Siegfried, nimmt den Ring, steckt ihn an den Finger. Mit einer Fackel entzündet sie den Scheiterhaufen, auf den Siegfrieds Leiche gelegt wird. Sie schwingt sich auf ihr und Siegfrieds Roß und sprengt in die Flammen. Der Scheiterhaufen bricht zusammen, der Saal brennt, der Rhein tritt über die Ufer, überschwemmt die Brandstätte. Die Rheintöchter tauchen auf, halten jubelnd den Ring empor. Hagen stürzt auf sie zu und versinkt in den Wassern. Und droben am Himmel brennt nun auch Walhall, der Götter Burg. Götterdämmerung ...

Parsifal

Ein Bühnenweihfestspiel in drei Akten. – Text vom Komponisten.

Personen: AMFORTAS *(Bariton);* TITUREL *(Baß);* GURNE-
MANZ *(Baß);* PARSIFAL *(Tenor);* KLINGSOR *(Baß);* KUNDRY
(Sopran); ERSTER *und* ZWEITER GRALSRITTER *(Tenor und
Baß);* VIER KNAPPEN *(Sopran und Tenor);* KLINGSORS ZAU-
BERMÄDCHEN *(Sopran); Die Brüderschaft der Gralsritter
(Tenor und Baß); Jünglinge und Knaben (Tenor, Alt und
Sopran). – Ort: Auf dem Gebiet und in der Burg der
Gralshüter ,,Monsalvat" (nördliches Gebirge im goti-
schen Spanien), Klingsors Zauberschloß (Südgebirge,
dem arabischen Spanien zugewandt). – Uraufführung:
26.7.1882, Bayreuth.*

Mehr als dreißig Jahre lang hat sich Wagner mit dem
Parsifal-Stoff beschäftigt und der endgültigen Wortfas-
sung daher alles in verdichteter Form anvertraut, was ihn
ein Leben lang bewegte. Daher die Fülle der Gedanken,
die Tiefe des Erlebens, die Verklärung der Sprache, die
Knappheit des dramatischen Baues, die Klarheit des musikalischen Geschehens. In der Musik stehen sich zwei
Welten gegenüber: die des Grals mit Weisen, die an Ton-
leitern und Tonarten-Lichte gebunden sind, hebt sich
deutlich ab gegen die der Zauber- und Sinnenwelt
Klingsors mit ihren leidenschaftlichen, aufwühlenden,
lockenden Motiven. Beiden Kreisen gehören an (oder
treten nahe) Kundry und Amfortas, und bei diesen Figuren überschneiden sich die beiden Klangwelten geradezu
schmerzhaft. Die Leitmotiv-Technik tritt gegenüber
dem ,,Ring" ganz beträchtlich zurück; wohl ist sie stets
gegenwärtig, doch sparsam, beschränkt auf Wesentliches. Besonders beachtenswert die Instrumentation:
herrschten im ,,Ring" – entsprechend dem Stoff – vielfach die Bläser (insbesondere die Blechbläser), so ist das
,,Parsifal"-Orchester vor allem auf stark besetzten Streichern und Holzbläsern aufgebaut; das gibt einen samte-

nen Klang, der durch den „verdeckten Orchesterraum"
in Bayreuth noch runder wirkt.

1. Akt. Waldlichtung im Gralswald. Der greise Gral-
ritter Gurnemanz und zwei Knappen verrichten ihr
Morgengebet. Zwei Gralsritter berichten, daß die
Schmerzen ihres Königs Amfortas wieder stärker werden. Da naht die wilde, unzähmbare Gralsbotin Kundry,
reicht Gurnemanz hastig ein Fläschchen mit Balsam für
Amfortas und wirft sich ermattet auf den Boden. Amfortas wird herbeigetragen zum Bad im See. Stöhnend vor
Schmerzen begrüßt er den Waldmorgen. Seinen stillen
Dank wehrt Kundry unruhig ab. Amfortas wird zum See
getragen. Den Knappen, die „das wilde Tier" Kundry
beschimpfen, wehrt Gurnemanz: treu diene sie dem
Gral, doch „wann oft lange sie uns ferne blieb, dann
brach ein Unglück wohl herein" – wie damals, als Amfortas den heiligen Speer verlor und mit der unheilbaren
Schmerzenswunde zurückkehrte. Titurel, des Amfortas
Vater, hatte einst durch Himmelsboten die Schale empfangen, aus der Christus beim letzten Abendmahl trank,
und auch den Speer, der des Heilands Seite am Kreuz
durchbohrte. Diesen „Heiltümern" baute Titurel ein
„Heiligtum", die Gralsburg, in der die reinen Ritter des
Grals wohnen. Auch Klingsor wollte Gralsritter werden,
wurde aber als Sündiger abgewiesen. Zornig entsagte er
der Liebe und schuf nicht weit vom Gralsgebiet einen
Zaubergarten mit „teuflisch holden Frauen". Ein Ritter
nach dem andern ging dem Gral verloren durch die Kün-

Langsam

Durch Mit-leid wis-send der rei - ne   Tor

ste der Blumenmädchen Klingsors. Da brach endlich Amfortas gegen Klingsor auf – doch er verlor in Klingsors Zaubergarten den heiligen Speer. Seither will sich die Wunde, die ihm mit dem Speer geschlagen wurde, nicht schließen. Erst ein „reiner Tor, durch Mitleid wissend" werde ihn heilen, so lautet die Weissagung. (Unser Beispiel gibt das verklärte Thema der Verheißung). – Lärmen, Rufe ... Ritter und Knappen bringen einen sterbenden Schwan und den Jüngling, der ihn erlegte. Stolz ist der Jüngling auf seine Schießkunst; doch als Gurnemanz ihm bedeutsam das starrende Blut und das gebrochene Auge des Schwanes weist, da zerbricht er reuevoll den selbstgefertigten Bogen. Auf Gurnemanz' Fragen weiß er kaum zu antworten; „glänzenden Männern" sei er nachgelaufen, die Welt habe er durchzogen, sich mit dem selbstgeschaffenen Bogen gegen wilde Tiere und „große Männer" gewehrt – das ist alles. Aber Kundry weiß mehr noch: den vaterlosen Knaben habe die Mutter fern von der Welt erzogen, ihn absichtlich unwissend gelassen, damit er nicht in die Händel der Welt verstrickt werde; nun sei sie tot, „dich Toren hieß sie mich grüßen". In tiefem Nachdenken steht Gurnemanz: sollte dieser Jüngling der verheißene „reine, unwissende Tor" sein? In unbestimmter Hoffnung schreitet er mit dem Knaben dem Gral entgegen. Kundry aber versinkt in magischen Schlaf.

Verwandlung. In der Gralsburg. Gurnemanz führt den Jüngling in die Halle und tritt zu den hereinschreitenden Gralsrittern. Weihevoll wird der verhüllte Gralskelch auf einen erhöhten Platz gestellt, Ritter tragen Amfortas herein. Titurel („im Grabe lebend durch des Heilands Huld") singt aus der Tiefe: „Enthüllet den Gral!" Aber Amfortas schreit auf, weigert sich; denn der Anblick des Grals verleiht neue Lebenskraft, er aber will sterben. Endlich nimmt er die heilige Handlung vor, enthüllt den Gral. Der beginnt von innen her zu glühen, ein Lichtschein überflutet den Gralshüter Amfortas, Stimmen aus der Höhe, dann ein Verklingen, Verlöschen ... Schweigend ergriffen, gepeinigt hat der Jüngling alles mit angesehen, die Schmerzensklage des Amfortas gehört, aber er bleibt stumm. Ärgerlich weist ihn Gurnemanz hinaus; der Jüngling „ist doch eben nur ein Tor", wird nicht durch Mitleid wissend.

2. Akt. In seinem Zauberschloß weckt Klingsor die schlafende Kundry zu neuem sündhaften Tun. Sie will nicht; aber er weiß ihre Sinne zu reizen, schildert die Schönheit des Knaben, der eben in den Garten eingedrungen ist. Kundry verschwindet.

Verwandlung. Erstaunt und unbeholfen sieht der Jüngling im Zaubergarten den Spielen der Blumenmädchen zu. Aber ihr Locken begreift er nicht. Da erscheint Kundry, nur leicht verhüllt, scheucht die Mädchen fort und beginnt das Verführungswerk. Vom Tode seines Vaters berichtet sie ihm, von der Mutter, der das Leid um den verlorenen Knaben das Herz brach, „und Herzeleide starb". Sanft tröstet sie den vor Reue fast vergehenden Jüngling, bietet ihm „als Muttersegens letzten Gruß – der Liebe ersten Kuß". Parsifal – jetzt erinnert er sich, daß ihn die Mutter einst so genannt – saugt den Kuß Kundrys in sich hinein. Dann springt er plötzlich auf: „Amfortas!" entringt es sich seinen Lippen ... jetzt begreift er die unheilvolle, nicht heilende Wunde des Gralskönigs. Alles begreift er, alles – auch seine Sendung. Kundrys Werben und Flehen weist er zurück um seiner Sendung willen: zum Gral will er zurück, Amfortas zu retten. da verflucht die enttäuschte Kundry seine Wege und ruft Klingsor. Der Zauberer wirft den heiligen Gralsspeer gegen Parsifal; aber die Waffe bleibt über dessen Haupt stehen. Indem Parsifal den Speer ergreift und mit ihm ein Kreuzeszeichen macht, versinkt der Zaubergarten.

3. Akt. Seit langen Jahren lebt Gurnemanz als Einsiedler fern der Burg in einer Klause. An einem Karfreitagmorgen findet er die erstarrte Kundry wie tot im Gebüsch, bringt sie ins Leben zurück. Als sie erwacht, ist sie nicht mehr die wilde Gralsbotin: dienen will sie, dienen; demütig schreitet sie in die Hütte. Mit geschlossenem Helm und gesenktem Speer naht ein Ritter in schwarzer Rüstung. Gurnemanz, dessen Fragen nur mit stummen Gebärden beantwortet werden, verweist ihm seinen Aufzug: am heiligen Karfreitag in Waffen! Still legt der Ritter seine Rüstung ab, rammt den Speer in den Boden und kniet betend vor ihm nieder. Da erkennt Gurnemanz die Waffe: es ist der heilige Speer, und der schwarze Ritter ist der Schwanentöter von damals. Parsifal berichtet von seinem Suchen nach dem Gral, den er nicht fand. Auch Gurnemanz berichtet: Titurel ist gestorben, die Ritterschaft siecht dahin. Heute aber will Amfortas zur Totenfeier für Titurel noch einmal seines Amtes walten. Gurnemanz führt Parsifal zum heiligen Quell, salbt ihn zum König des Grals. Und Parsifal vollzieht an Kundry die Taufe. – Karfreitagszauber … Die drei rüsten sich zum Gang auf die Gralsburg.

Verwandlung. Amfortas wirft sich an der Bahre seines toten Vaters Titurel nieder. Dann wendet er sich an die Ritter, reißt sein Gewand auf: „Tötet den Sünder mit seiner Qual!" Da naht Parsifal mit Gurnemanz und Kundry. Mit dem heiligen Speer berührt er die Wunde Amfortas'. Wie entzückt schaut der Geheilte auf den Speer. Parsifal aber schreitet zum Weihtische und waltet seines neuen Amtes als Gralshüter. Entseelt und entsühnt gleitet Kundry tot zu Boden.

VERDI

Guiseppe V. (1813–1901, Italiener), Sohn eines Schenkwirtes, errang mit 26 Jahren seinen ersten großen Opernerfolg (der Mailänder Konservatoriumsdirektor hatte den jungen Verdi als Schüler abgelehnt!). Bald konnte Verdi ganz seinem Schaffen leben – zumeist auf seinem Mustergut Sant' Agatha. Vorübergehend Mitglied des italienischen Einheitsparlaments; lebte auch mehrere Jahre in Paris.

Verdi nimmt in der italienischen Operngeschichte einen ähnlichen Platz ein wie Wagner in der deutschen: beide Meister haben das Vorhandene zusammengerafft und zu einmaliger Gipfelhöhe emporgetragen. Es ist dabei nicht entscheidend, daß Wagner vieles Alte zerschlagen und Neues an dessen Stelle setzen wollte, während Verdi ganz bewußt auf dem Alten aufgebaut hat; denn erreicht haben sie beide (jeder auf seine Art) das gleiche. Daß Verdi betont nationale Werke geschaffen hat, sollten gerade die nicht vergessen, die Wagner gern ,,nationalistische Absichten" unterstellen. Im übrigen hat die Verwurzelung im heimatlichen Kunst- und Volksgut stark dazu beigetragen, daß die Werke beider Meister hoch genug wuchsen, in der ganzen Welt gesehen und geachtet zu werden.

Die beiden Großen sind in ihren Hauptschöpfungen nicht mehr Opernkomponisten, sondern Musikdramatiker; dabei liegt die Betonung bei Wagner auf dem Drama, bei Verdi auf der Musik, ja, eigentlich auf dem Gesang der menschlichen Stimme. Allerdings nicht so sehr im Sinne des alten italienischen Schön-Gesangs als dem eines neuen Ausdrucks-Gesangs. Trotz dieser Bevorzugung der menschlichen Stimme hat Verdi das Orchester sehr sorgfältig behandelt und läßt es am dramatischen Geschehen selbständig teilnehmen; das aber geschieht niemals „sinfonisch", so genau auch Verdi seinen gleichaltrigen großen Zeitgenossen Wagner studiert hat.

Wesentliches Merkmal von Verdis Melos ist ein gespannter Rhythmus. Diese bald tänzerischen, bald gelösten Rhythmen vermag er so zu beseelen, ja, zu „verkörperlichen", daß wir in ihnen eine Parallele zu Wagners mehr thematisch und harmonisch bestimmten Leitmotiven erblicken dürfen.

Die neuerliche Suche oder Sucht, auch Nebenwerke großer Meister auf die Bühne zu bringen, hat auch bei Verdi nicht haltgemacht. Obwohl anzunehmen ist, daß es sich zum Teil um vorübergehende modische Erscheinungen handelt, wollen wir in gebotener Kürze auch manche dieser Nebenwerke wenigstens erwähnen.

Auf die auch an anderen Stellen mehrfach erwähnte Tatsache, daß viele deutsche Übersetzungen ausländischer Opern das wahre Bild der Werke verzerren oder gar verfälschen, möge der Hörer auch bei Verdi nicht vergessen. Von den neueren Bearbeitungen hat sich bisher nur ein Teil bewährt und durchgesetzt.

Nabucco (Nebukadnezar)

Oper in vier Akten. – Text von Temistocle Solera

Personen: NABUCCO, babylonischer König (Bariton); FENENA, seine Tochter (Sopran); ABIGAIL, Sklavin, angeblich erstgeborene Tochter Nabuccos (Sopran); ZACCARIA, hebräischer Oberpriester (Baß); ANNA, seine Schwe-

ster (Sopran); OBERPRIESTER DES BAL (Baß); ABDALLO, babylonischer Offizier (Tenor); ISMAEL, Enkel Sedecias, des Königs von Jerusalem (Tenor); Babylonische und Hebräische Krieger, Frauen, Volk usw. – Ort und Zeit: Jerusalem und Babylon, 568 v. Chr. – Uraufführung: 9.3.1842, Mailand, Teatro alla Scala.

Das Thema „Volksbedrückung und endliche Versöhnung" war politisch gemeint und wurde vom italienischen Publikum auch so verstanden. Die Akte mit gesonderten Überschriften zu versehen, die nicht nur äußerlich einleitende, sondern wesentliche Teile des Geschehens vorwegnehmende Ouvertüre, die wortgezeugten Rezitative und die Rolle des Chores machen den Ablauf bildhaft deutlich.

„Jerusalem". Der hebräische Königsenkel Ismael rettet die in Jerusalem als Geisel festgehaltene babylonische Königstocher Fenena, als diese von den Hebräern beim Ansturm der Babylonier getötet werden soll.

„Der Gottlose". In Babylon will die erstgeborene, allerdings von einer Sklavin stammende Tochter Nabuccos Abigail, ihre Halbschwester Fenena von der Thronfolge ausschließen. Babylonier und Hebräer schreien gegeneinander. Da tritt Nabucco hinzu, verspottet beide Parteien und verlangt, daß er als Gott angebetet werde. Ein Blitz schmettert ihn zu Boden und verwirrt seinen Geist.

„Die Prophezeiung". Auf Drängen Abigails hat man dem wahnsinnigen Nabucco ein Vernichtungsurteil gegen Fenena und die Hebräer abgerungen. Der hebräische Oberpriester ermutigt sein Volk durch die Prophezeiung, die Unterdrücker würden vernichtet.

„Das zerbrochene Götzenbild". Nabucco hört von der geplanten Hinrichtung seiner Tochter Fenena, betet in einem lichten Augenblick für ihr Leben. Da fällt der

Wahnsinn von ihm ab. Er nimmt die Todesurteile zurück und läßt Baals Götzenbild zerbrechen.

✳

Stark politisch bestimmt war auch die Thematik der nun folgenden Opern Verdis, und sie wurden von den Zuhörern auch so verstanden. Dahin gehören *Ernani* (1844), eine textlich etwas verworrene Oper mit Karl V., die *Schlacht von Legnano* (1843), wo Barbarossa als der Unterdrücker erscheint, ferner die Empörer-Oper *Die sizilianische Vesper* (1855) und *Ein Maskenball* (1859), in weiterem Umfang auch die Thronräuber-Oper *Macbeth* (1847 und 1865).

Macbeth

Oper in vier Akten. – Text nach Shakespeare von Francesco Maria Piave.

Personen: Duncan, *König von Schottland;* Macbeth *(Bariton)* und Banquo *(Baß), Feldherren;* Lady Macbeth *(dramatischer Alt);* Macduff, *schottischer Edler (Tenor);* Malcolm, *Duncans Sohn (Tenor);* Fleance, *Banquos Sohn; Ein* Arzt *(Baß);* Kammerfrau *(Alt); Ein Diener Macbeths, Ein Mörder, Ein Herold (sämtlich Baß) – Ort und Zeit: Schottland, Mitte des 11. Jahrhunderts. – Uraufführung: 14.3.1847, Florenz, Teatro della Pergola.*

Noch nicht der Verdi, der heute in unserer Vorstellungswelt lebt, obwohl bereits die elfte Oper des Meisters. Doch zeichnen sich an einigen genial vollendeten und vielen noch nicht ganz gelungenen Stellen musikalische Besonderheiten ab, die für den Stil von Verdis künftigem Schaffen entscheidend wurden. Bezeichnend insbesondere die musikdramatisch sichere Wahl der Stimmen: Bässe, Bariton und Alt beherrschen die durch den düsteren Stoff bedingte Klangfärbung.

Dem Feldherrn Macbeth haben Hexen geweissagt, er werde König sein in Schottland; doch auch aus Banquos Nachkommenschaft würden Könige auf dem schottischen Throne sitzen. Angestachelt von seiner krankhaft ehrgeizigen Gemahlin, läßt er den König umbringen, als dieser in Macbeths Schloß zu Gast weilt. Der neue König Macbeth muß nun auch den zweiten Schritt tun: Banquo fällt als nächstes Opfer des ehrgeizigen Wahns. Bei einem Festmahl erscheint Banquos Geist dem von Gewissensbissen gepeinigten Macbeth. Noch einmal befragt er die Hexen. Die Antwort: er werde herrschen, solange nicht der Wald von Birnam gegen ihn vorrücke; und ihn werde keiner überwinden, der vom Weibe geboren ist. Macbeths Ruhe hält nicht lange an: wieder erscheint ihm Banquo mit anderen Geistern, und nur der unheimlichen Dämonie seines Weibes gelingt es, ihm Widerstandskraft einzuflößen. Doch nun ist es auch mit Lady Macbeths Kraft zu Ende: als Schlafwandlerin geht sie in Wahnvorstellungen umher und stirbt schließlich im Wahnsinn. Jetzt kehren die nach England geflohenen Feinde Macbeths zurück und belagern sein Schloß. Die Soldaten tragen Zweige aus dem Wald von Birnam und rücken so langsam gegen das Schloß vor! Macbeth sieht das Ende seiner Macht, nicht aber – vertrauend auf den Spruch der Hexen – das Ende seines Lebens. Doch im Kampf erschlägt ihn Macduff, der nicht vom Weibe geboren, sondern aus dem Mutterleib geschnitten wurde.

Die sizilianische Vesper

Text von Scribe und Duveyrier, Uraufführung 1855) behandelt den historischen Aufstand der Sizilianer gegen die Franzosen am 2. Ostertag 1282. Als Große fünfaktige Oper für Paris geschrieben, enthält sie manche Verdi-fremde Bestandteile, zeigt dagegen in Soloszenen starke gesangsdramatische Kraft. Eingebaut in das Widerspiel von Besatzungsmacht und Empörungswillen ist eine Vater-Sohn-Tragik, die sich zwischen dem herrschenden Gouverneur und seinem – ihn anfangs nicht kennenden – Sohn abspielt.

Lange Zeit als *die* Opern Verdis galten: *Rigoletto, Troubadour* und *La Traviata.*

Rigoletto

Oper in vier Akten. – Text nach Victor Hugo von Francesco Maria Piave.

Personen: HERZOG VON MANTUA *(Tenor);* RIGOLETTO, *sein Hofnarr (Bariton);* GILDA, *Rigolettos Tochter (Sopran);* GIOVANNA, *Gildas Gesellschafterin (Alt);* GRAF VON MONTERONE *(Baß);* GRAF VON CEPRANO *(Baß);* GRÄFIN CEPRANO *(Sopran);* MARULLO, *Kavalier (Bariton);* BORSA, *Höfling (Tenor);* SPARAFUCILE, *Bandit (Baß);* MADDALENA, *seine Schwester (Mezzosopran); – Ort und Zeit: In und bei Mantua, 16. Jahrhundert. – Uraufführung: 11.3.1851, Venedig, Teatro Fenice.*

Die allbekannten Arien dieser Oper (etwa ,,Ach, wie so trügerisch", ,,Freundlich blick ich auf diese und jene", ,,Holdes Mädchen, sieh mein Leiden" usw.) sind alles andere als geträllerte Schlager, wie man unter dem Eindruck unzureichender Übersetzungen oft meint. Sie sind bewußt gestaltete Oberfläche, unter der das eigentliche Drama dumpf und unausweichlich brodelt, bis es zum Ausbruch kommt. Diesen musikdramatisch entscheidenden Gegensatz vollendet zu gestalten, war Verdi nur möglich, weil er zuvor seine Kräfte an zahlreichen Opernkompositionen geschult und nun hier in der Gestalt des Rigoletto einen tiefmenschlichen, uns heute mehr denn je erschreckenden Doppelcharakter vor sich hatte: einen Mann, der als Hofnarr bösartig, als Vater jedoch besorgt und gütig ist. Beispiel für die zugleich opernhafte und musikdramatische Gestaltung bildet vor allem das zerfetzte Gespräch zwischen Rigoletto und dem sich als rächenden Mörder anbietenden Sparafucile über einem düsteren Marschthema der tiefen Orchesterstimmen (siehe Notenbeispiel).

1. Akt. Bei einem seiner rauschenden Feste erzählt der leichtlebige Herzog von Mantua einem seiner Höflinge, daß er demnächst das Abenteuer mit der ihm noch unbekannten Spröden, die er in der Kirche gesehen, zu Ende bringen will, entflammt sich aber gleichzeitig an der vorübergehenden Gräfin Ceprano. Sein Vertrauter Marullo berichtet den Höflingen, der Hofnarr Rigoletto halte sich im verborgenen ein Liebchen. – Mit Rigoletto beredet der Herzog, wie man die Gräfin Ceprano verführen könne; der Narr schlägt bösartig vor, den Grafen entweder ins Gefängnis zu setzen oder ihm den Kopf abzuschlagen. – Der alte Graf Monterone verschafft sich mit Gewalt Zutritt in den Saal, beschuldigt den Herzog, seine Tochter ehrlos gemacht zu haben. Statt des Herzogs antwortet ihm Rigoletto, indem er ihn lächerlich macht. Da stößt Monterone den ,,Fluch des weinenden Vaters" gegen ihn aus.

2. Akt. Nachts vor Rigolettos Haus. Der Fluch hat Rigoletto ins Herz getroffen: hat er doch selbst eine Tochter, die er ängstlich vor dem Herzog verbirgt. Der Bandit Sparafucile tritt zu Rigoletto, bietet ihm seinen Degen an, wenn er einen Feind aus dem Wege zu räumen habe. Noch weist der Narr das Angebot zurück, beklagt seine durch die Menschen verdorbene Seele und seinen von Natur mißgestalteten Körper. Doch dann vergißt er alle Not beim Wiedersehen mit seiner Tochter Gilda. Gildas Gesellschafterin läßt inzwischen einen ,,jungen Studenten'' (den Herzog) heimlich ins Haus, und dieser hört aus seinem Versteck, daß Gilda die Tochter Rigolettos ist. Kaum ist Rigoletto gegangen, da vereinen sich Gilda und der Student zu heißen Liebesschwüren. Gilda blickt dem Geliebten nach, singt eine (dramaturgisch belanglo-

se) Liebesarie („Teurer Name") und geht langsam ins Haus. Leise schleichen die vermummten Höflinge herbei, um für den Herzog „das Liebchen Rigolettos" zu entführen. Da werden sie von dem unruhig zurückkehrenden Narren überrascht. Sie erklären ihm jedoch, es gelte, die Gräfin Ceprano zu entführen. Auch er wird mit einem Tuch über das Gesicht vermummt, hält die Leiter – und wird so zum Mithelfer bei der Entführung seiner Tochter. Zu spät erkennt er den Trug: „Ha, jener Fluch des Alten!"

3. Akt. Während der Herzog noch klagt über den Verlust seiner geliebten Gilda, berichten ihm die Höflinge, sie hätten für ihn das „Liebchen Rigolettos" entführt. Geschwind eilt er zu der Entführten, ihren Schmerz galant zu trösten. Rigoletto tritt ein, spielt den Lustigen, sucht aber zu erfahren, was mit Gilda geworden ist. Schließlich schreit er seine Qual heraus: „Ich will meine Tochter!" Die Höflinge erstarren: seine Tochter! Da stürzt Gilda aus dem Nebengemach. In hoheitsvollem Zorn weist Rigoletto alle hinaus: er will allein sein mit der Tochter. Während sie ihm stockend von ihrer Schande erzählt, wird Monterone durch den Saal geführt. Vor des Herzogs Bild bleibt er stehen: da sein Fluch bisher nicht gewirkt hat, nimmt er ihn zurück und wünscht dem Herzog ein langes Leben. Aber nun will Rigoletto den Rächer spielen.

4. Akt. Der Herzog sucht in Verkleidung die Behausung des Banditen Sparafucile auf, um ein kleines Abenteuer mit dessen Schwester Maddalene zu erleben. Rigoletto glaubt, seine Tochter von ihrer Liebe heilen zu können, wenn er sie Zeugin von des Herzogs treuloser Flatterhaftigkeit werden läßt. In Männerkleidern soll sie dann fliehen; er selbst werde folgen, sobald er noch eine notwendige Aufgabe erledigt habe. Dann betritt er das

Haus des Banditen, übergibt ihm das für einen Mord geforderte Geld, und Sparafucile ist bereit, den in seinem Hause schlafenden „Offizier" – wie er meint – umzubringen. Doch die in den hübschen „Offizier" verliebte Schwester bringt den sonst auf „geschäftliche Korrektheit" bedachten Sparafucile dazu, den „Offizier" zu verschonen und sich nach einem anderen Opfer umzusehen. Gilda, in Männerkleidern, ist entschlossen, dieses andere Opfer zu sein: sie klopft an die Tür, es wird geöffnet, Sparafucile stößt sie nieder ... Wenig später naht Rigoletto, empfängt „seinen Mann" in einem Sack, triumphiert – da hört er den Herzog ein Liedchen trällern. Erregt öffnet er den Sack und findet seine zu Tode getroffene Tochter: „Ha, jener Fluch des Alten!"

Der Troubadour

Oper in vier Akten. – Text von Salvatore Cammarano.

Personen: GRAF VON LUNA (Bariton); FERRANDO, sein Vasall (Baß); GRÄFIN LEONORE (Sopran); INEZ, ihre Vertraute (Sopran); MANRICO, ein Troubadour (Tenor); RUIZ, sein Freund (Tenor); AZUCENA, Zigeuner (Alt). – Ort und Zeit: Biscaya und Arragonien, 15. Jahrhundert. – Uraufführung: 19.1.1853, Rom, Teatro Apollo.

Ein reichlich verwirrtes Textbuch ohne echte dramatische Handlung. Daß sich Verdi dennoch an dem Stoff entzünden konnte, liegt vor allem daran, daß er hier einige scharf geprägte Charaktere und das unverhüllte Gegensatzpaar Liebe-Haß fand. Dementsprechend will die Musik nicht als zusammenhängendes Ganzes, sondern in ihren für sich bestehenden Einzelheiten aufgefaßt werden. Vielfach handelt es sich bei den Arien und Ensembles um rhythmisch straffe Tanz- oder Marschbilder, geladen mit einer Leidenschaft, die auch hundert Jahre nach der Uraufführung noch nichts von ihrer ursprünglichen Kraft verloren hat. – Die einzelnen Akte hat Verdi mit Überschriften versehen.

1. Akt. „Der Zweikampf". – Im Vorzimmer des Schlosses erzählt Ferrando, ein Hauptmann des Grafen Luna, den Wachen eine unheimliche Geschichte aus dem Grafenhaus. Der alte Graf Luna hat eine Zigeunerin, die angeblich einen seiner Söhne verhexte, verbrennen lassen. Die Tochter der Zigeunerin wollte sich rächen, indem sie ein Kind des Grafen in den brennenden Scheiterhaufen schleuderte; doch in ihrem Rachedurst verwirrten sich ihre Sinne, und sie verbrannte ihr eigenes Kind. Der alte Graf glaubte nie recht an den Tod seines Sohnes und ließ den anderen, den jetzigen Grafen Luna, schwören, nach seinem Bruder und der Zigeunerin zu suchen. – Verwandlung. Leonore spricht zu ihrer Vertrauten Inez von ihrer Liebe zu dem Troubadour Manrico; dann verlassen die Frauen den nächtlichen Garten. Graf Luna erscheint, eifersüchtig auf Manrico. Dessen Ständchen lockt Leonore aus dem Hause; in der Dunkelheit wirft sie sich Luna in die Arme und gesteht ihm ihre Liebe. Doch weicht sie entsetzt zurück, als Manrico naht und sie erkennt, daß sie den falschen Bewerber umarmt hat. Jäh lodert Lunas Zorn auf; denn Manrico ist nicht nur sein glücklicher Nebenbuhler, sondern, wie er jetzt sehen muß, auch ein alter Feind von ihm. Beide ziehen ihre Schwerter; vergeblich versucht Leonore, den Zweikampf zu hindern.

2. Akt. „Die Zigeunerin". – Die Zigeunerin Azucena wird wieder von ihren Erinnerungen an das Geschehene gequält. Zum ersten Male berichtet sie Manrico vom To-

de ihrer Mutter und von der Verwechslung der Kinder. Manrico hat sich bisher für ihren Sohn gehalten, fragt erregt ... doch Azucena beschwichtigt ihn. In jenem Zweikampf hatte er Lunas Leben geschont, weil „zu ihm eine innere Stimme sprach"; doch in einem späteren Gefecht war Luna mit seinen Leuten über ihn hergefallen und hatte ihn für tot liegengelassen. Jetzt kommt Botschaft, daß Manrico die Verteidigung einer Feste übernehmen soll; gleichzeitig erfährt er, daß Leonore, die Manrico für tot hält, in ein Kloster gehen will. Da stürmt er davon. – Verwandlung. Durch den Klosterhof schreiten Nonnen mit Leonore, die heute ihr Gelübde ablegen soll. Da stürzt Graf Luna mit seinem Gefolge aus einem Versteck, um sie zu entführen. In höchster Not wird sie befreit – von Manrico, der gleichfalls seine Leute auf die Lauer gelegt hatte.

3. Akt. „Der Sohn der Zigeunerin". – Azucena wird in das Lager Lunas geschleppt und erkannt; sie habe damals den Grafensohn ins Feuer geworfen. Kurzerhand wird sie zum Feuertod verurteilt. – Verwandlung. In der Feste sind Leonore und Manrico vereint, doch werden sie von unbestimmten Ahnungen gequält. Ruiz bringt die Nachricht, Azucena sei gefangen und solle verbrannt werden. Um die Mutter zu retten, entschließt sich Manrico zu einem Ausfall. (Berühmte Stretta „Lodern zum Himmel seh ich die Flamme".)

4. Akt. „Das Hochgericht". – Aus dem Kerkerturm hört Leonore ein Miserere und Manricos Stimme. Sie fleht den Grafen Luna um Gnade für Manrico; doch erst als sie sich selbst als Preis bietet, willigt er ein. Heimlich saugt sie Gift aus einem Ring, um Luna um den Preis zu bringen. – Verwandlung. Im Kerker gelingt es Manrico, die halb wahnsinnig gewordene Azucena in Schlaf zu singen. Leonore bringt ihm die Freiheit. Er ahnt den

Preis und weist „die Verräterin" zurück. Da offenbart sie
ihm, daß sie Gift genommen habe, und stirbt. Luna hat ihr
letztes Geständnis gehört. Wie von Sinnen schickt er Manrico zur Richtstätte und reißt Azucena ans Fenster, damit
sie die Hinrichtung ihres Sohnes mit ansehe. Doch er erstarrt, als er ihre Worte hört: „Er war dein Bruder!"

La Traviata

*Oper in drei Akten. – Text nach Dumas' „Camelien-
dame"*

Personen: VIOLETTA VALERY *(Sopran);* FLORA, *ihre Freundin (Sopran);* ANNINA, *Violettas Dienerin (Mezzosopran);* ALFRED GERMONT *(Tenor);* ALFREDS VATER *(Bariton);* GASTON VON LÉTORIÈRES *(Tenor);* BARON DOUPHAL
(Bariton); MARQUIS VON ORBIGNY *(Bariton);* DR. GREN-
VIL, *Arzt (Baß);* JOSEF, *Violettas Diener (Tenor); Floras
Diener (Bariton); Kommissionär (Baß). – Ort und Zeit:
Paris und Umgebung, Mitte des 19. Jahrhunderts – Uraufführung: 6.3.1853, Venedig, Teatro Fenice. – Eine
vielbewunderte Umarbeitung stammt von Walter Felsenstein.*

   Nach der Uraufführung dieser Oper war das Publikum enttäuscht, weil die Musik nichts von dem Schwung
der früheren Werke in sich trug. Heute sehen wir längst,
daß *Rigoletto,* der *Troubadour* und *La Traviata* innerlich als Dramen von Liebe und Schuld zusammengehö-
ren; der Unterschied der „Traviata"-Musik zu den anderen Opern besteht nur darin, daß in ihr nicht lodernde
Leidenschaften, sondern zarte Seelenregungen gestaltet
werden.

„La Traviata" heißt auf deutsch „Die vom Wege Abgekommene". Der Titel zeigt also bereits an, daß es sich um ein Geschehen in der Halbwelt handelt.

1. Akt. Alfred Germont ist durch seinen Freund Gaston bei Violetta, die er seit langem aus der Ferne liebt, eingeführt worden. Ein Anfall ihrer Krankheit zwingt sie, sich von der rauschenden Gesellschaft vorübergehend zurückzuziehen. Alfred tritt zu ihr und erklärt ihr seine selbstlose Liebe. Solche Worte hört die Halbweltdame zum ersten Male. Sie ist ergriffen und gestattet Alfred wiederzukommen, wenn die Camelie, die sie ihm überreicht, verwelkt sei.

2. Akt. Violetta hat ihrer bisherigen Welt den Rücken gekehrt und lebt mit Alfred auf einem Landgut. Eines Tages erfährt Alfred durch die Dienerin Anna, Violetta müsse ihr Eigentum verkaufen, damit sie weiterhin die Kosten des Haushalts bestreiten kann. Sogleich fährt er nach Paris, um Geld aufzutreiben. In der Zwischenzeit erscheint bei Violetta sein Vater. Zwar ist er erstaunt, eine innerlich anständige Frau in Violetta zu finden und nicht ein leichtes Halbweltdämchen, aber er bleibt bei seiner Absicht: Violetta möge das Verhältnis mit seinem Sohne Alfred aufgeben, damit der angesehene Verlobte seiner Tochter nicht von der Verlobung zurücktrete. Nach inneren Kämpfen willigt sie ein, schreibt Alfred einen Abschiedsbrief ohne Gründe und reist wieder nach Paris. Kurz darauf kehrt Alfred zurück. Als er den Brief liest, lodert Eifersucht in ihm auf. Des Vaters Bitten vermögen ihn nicht zu bewegen, zumal er auf dem Tisch einen vergessenen Brief findet, in dem Violetta zu einem Halbweltfest bei ihrer Freundin Flora eingeladen wird.

3. Akt. Auf Floras Fest ist auch Alfred erschienen. Er spielt und gewinnt. Als Violetta mit Baron Douphal erscheint, stellt er sich, als sehe er sie nicht. Doch seine

Worte werden so bösartig, daß es fast zu einem Zusammenstoß zwischen ihm und Douphal kommt. Während die Gesellschaft zu Tisch geht, fleht Violetta Alfred an, er möge das Fest verlassen. Mit ihr zusammen, ja, erwidert er. Als sie das abschlägt, beleidigt er sie vor der herbeigerufenen Gesellschaft und wirft ihr Geld vor die Füße.

4. Akt. In einem Zweikampf mit Douphal ist Alfred leicht verwundet worden. Sein Vater hat ihm endlich erklärt, aus welchem Grunde Violetta ihn verlassen hat. Reuig eilt er zu ihr. Doch der Auftritt bei Flora war zuviel für die durch eine heimtückische Krankheit seit langem Geschwächte. Violetta hat nur noch wenige Stunden zu leben. Noch einmal glaubt sie an Glück, als Alfred ihr leidenschaftlich seine Liebe bekennt; dann aber sinkt sie in die Kissen zurück und stirbt.

Ein Maskenball

Oper in drei Akten. – Text nach Scribe von Francesco Maria Piave.

Personen: GRAF RICHARD (Tenor); RENÉ, sein Sekretär (Bariton); AMELIA, Renés Gattin (Sopran); ULRICA, Wahrsagerin (Alt); OSCAR, Page (Sopran); SILVANO, Matrose (Bariton); SAMUEL und TOM, Verschworene (Baß); Ein Richter (Baß); Diener Amelias (Tenor). – Ort und Zeit: Boston und Umgebung. Ende des 17. Jahrhunderts. – Uraufführung: 17.2.1859, Rom, Teatro Apollo.

Verdi hatte 1857 eine Oper „Gustav III. von Schweden" fertiggestellt. Aber die Zensur in Neapel wollte nicht einen Königsmord auf der Bühne, kritisierte, zen-

sierte, ja, sie fing sogar an, das Stück umzudichten. Da
bot Verdi seine Oper der römischen Bühne an. Dort hatte man weniger Bedenken, ließ ein paar Äußerlichkeiten
ändern, das Stück in Amerika spielen, und unter dem
Titel *Amelia oder Ein Maskenball* hatte das Werk einen
ungeheuren Erfolg. Opernstoff und Opernmusik sind
hier zum größten Teil Einheit geworden. Die Vertonung
umschließt alle Züge des früheren Verdi, doch ist die
Sprache reifer, satter, dunkler, dramatischer geworden.

1. Akt. Graf Richard, Gouverneur von Boston, wird
von Bürgern und Offizieren, unter die sich auch Verschwörer mischen, in seinem Amtsraum erwartet. Er
tritt ein, prüft die amtlichen Schriftstücke, zeigt sich als
verständnisvoller Mensch und Beamter. Ein Page reicht
ihm auch die Liste der zum nächsten Fest Eingeladenen.
Beglückt findet Richard darauf auch den Namen der von
ihm heimlich geliebten Frau seines Sekretärs René. Dieser – zugleich sein bester Freund – warnt ihn vor einer
Verschwörung. Der vertrauensselige Richard nimmt die
Warnung gelassen auf. Als ihm der Richter ein Urteil gegen die Wahrsagerin Ulrica vorlegt und dabei der Page
Oscar für Ulrica spricht, will er den Tatbestand selbst
prüfen und fordert alle auf, ihm verkleidet zu der Wahrsagerin zu folgen. – Verwandlung. Die Geisterbeschwö-
rerin sagt dem Matrosen Silvano allerlei Gutes voraus.
Richard (als Fischer verkleidet) steckt dem Matrosen un-
bemerkt eine Rolle Gold in die Tasche, so daß zum Jubel
aller die erste Voraussage bereits Wirklichkeit geworden
ist. Da sich Renés Gattin Amelia durch einen Diener an-
sagen läßt, schickt Ulrica alle fort; doch Richard verbirgt
sich. So hört er, daß Amelia ihn liebt, aber ein Mittel gegen diese Liebe wünscht. Ulrica verschreibt ein Kraut,
das Amelia diese Nacht noch unter dem Galgen pflücken
muß. Amelia geht verängstigt davon. Hofleute und Ver-

schwörer kommen verkleidet, Richard läßt sich wahrsagen. Wer ihm zuerst die Hand gebe, spricht Ulrica, werde ihn in Kürze ermorden. Die Verschwörer fühlen sich verraten, keiner ergreift des Grafen ausgestreckte Hand; da erscheint René und begrüßt den Grafen mit Handschlag. Daß Richard die Warnung Ulricas in den Wind schlägt, ist selbstverständlich.

2. Akt. Amelia sucht unter dem Galgen das Kräutlein. Richard ist ihr heimlich gefolgt und kommt gerade recht, als ihre Kräfte sie verlassen. Auf sein Drängen gesteht sie ihm ihre Liebe – aber auch ihre Absicht, sich diese Liebe aus dem Herzen zu reißen. Man hört Schritte, Amelia kann gerade noch den Schleier vor das Gesicht ziehen – da erscheint René, um seinen gräflichen Freund zu warnen: die Verschwörer lauern ihm in der Nähe auf. Richard nimmt Renés Mantel, verpflichtet René, den Schleier der Dame nicht zu lüften, und eilt davon. Mordgierig erscheinen die Verschwörer, sind aber ärgerlich und enttäuscht, als sie statt des Grafen seinen Sekretär finden. Dafür wollen sie wenigstens das Gesicht der Dame sehen. René will sie gegen die Zudringlichen mit dem Schwert beschützen, da reißt sie den Schleier vom Gesicht. René erstarrt: seine Frau beim Stelldichein mit seinem Freunde. Kaum hört er die spottenden Stimmen der Verschwörer. Dann faßt er sich, verbündet sich rachsüchtig mit den Verschwörern.

3. Akt. René will Amelia in seinem Arbeitszimmer töten – vor dem Bilde des Grafen Richard. Noch einmal darf sie in ein Nebenzimmer, sich von ihrem Kinde zu verabschieden. Die Verschwörer erscheinen. René weist ihnen ihre verräterischen Pläne nach, doch nicht um sie zu verderben, sondern um sich ihnen anzuschließen. Das Los soll entscheiden, wer den Dolchstoß gegen Richard zu führen hat. Die wiederkehrende Amelia muß die Lose

ziehen. Auf dem zuerst gezogenen Los steht der Name ... René. In diesem Augenblick überbringt der Page Oscar eine Einladung des Grafen zum Maskenball. – Verwandlung. Graf Richard unterschreibt schweren Herzens einen Erlaß, daß René mit Amelia zusammen das Land verlassen und einen Gesandtenposten übernehmen soll; die Ehe des Freundes will er nicht zerstören. Ein Brief ohne Unterschrift warnt ihn vor einem Mordanschlag auf dem Maskenball; doch Richard ist nicht feige. – Verwandlung. Der Page Oscar will René die Maske des Grafen Richard nicht verraten. Amelia aber erkennt ihn, warnt ihn abermals; doch im Augenblick des schmerzlichen Abschieds durchbohrt ihn René mit dem Dolch. Der Sterbende schützt den Mörder vor den aufgebrachten Anhängern des Grafen und zeigt René den Erlaß, durch den er höchste Freundestreue bewahren wollte.

Die Macht des Schicksals

Oper in vier Akten. – Text von Francesco Maria Piave, zweite Fassung von A. Ghislanzoni.

Personen: MARCHESE VON CALATRAVA *(Baß);* LEONORE, *seine Tochter (Sopran);* DON CARLOS, *sein Sohn (Bariton);* ALVARO, *ein Inkasproß (Tenor);* PATER GUARDIAN *(Baß);* FRA MELITONE *(Bariton);* PREZIOSILLA, *junge Wahrsagerin (Mezzosopran);* CURRA, *Leonores Kammerzofe (Sopran). – Ort und Zeit: Spanien und (2. Akt) Italien. Mitte des 18. Jahrhunderts. – Uraufführung: 10.11.1862, Petersburg; zweite Fassung: 27.2.1869, Teatro alla Scala.*

Ein echter Verdi-Stoff: Liebe und Haß, Fluch und Segen, Persönlichkeit als Schicksal gegen Standesdünkel als Erstarrung – solche echt dramatischen Gegensätze brauchte Verdi, und hier waren sie vorhanden, so daß er auf die Unklarheit der Handlung kaum achtete. Musikalisch kommt das Werk vor allem vom *Troubadour* her, wirkt allerdings stark verfeinert; gleichzeitig bereitet es Kommendes vor; so ist Leonores Todesgesang eine Vorwegnahme des *Aida*-Schlusses.

1. Akt. Leonore erwartet Alvaro, damit sie mit dem Geliebten fliehen kann. Als Alvaro erscheint, betritt auch Leonores Vater den Raum und beschimpft ihn. Alvaro überwindet sich und wirft die schon gezogene Pistole von sich – da löst sich der Schuß und trifft den Marchese tödlich. Sterbend verflucht der Marchese seine Tochter. Alvaro und Leonore fliehen.

2. Akt. Leonores Bruder Don Carlos spürt in Studentenkleidern der geflohenen Schwester nach. In einem Dorfgasthaus beobachtet er mißtrauisch einen jungen Mann (es ist die verkleidete Leonore, die auf der Flucht Alvaro verloren hat). Es gelingt Leonore, zu entkommen. – Verwandlung. Vor einem Kloster. Leonore verlangt vom Pater Guardian, er möge sie als Einsiedlerin in den Klosterkreis aufnehmen, und offenbart ihm, daß sie eine Frau ist. Ihr wird eine in der Nähe gelegene Klausnerei angewiesen; wenn sie in Not komme, solle sie die Glocke läuten.

3. Akt. Alvaro hält Leonore für tot. Aus Verzweiflung ist er Soldat geworden und wurde wegen Tapferkeit zum Hauptmann befördert. In der Nähe eines Kriegslagers rettet er Don Carlos vor einem Überfall durch Meuchelmörder; beide schwören, ohne sich zu kennen, ewige Freundschaft. In der Schlacht wird Alvaro schwer verwundet. Der Freund soll für ihn ein versiegeltes Päck-

chen mit Briefen ins Feuer werfen. Carlos zögert eine Weile, weil es ihm seltsam vorkam, daß Alvaro zusammenfuhr, als er mit dem Orden von Calatrava ausgezeichnet werden sollte. Doch dann will er das Päckchen vernichten – da fällt das Bild seiner Schwester heraus. – Verwandlung. Der wiederhergestelle Alvaro wird von Don Carlos zum Zweikampf gefordert, weigert sich aber, gegen den Bruder seiner Geliebten den Degen zu ziehen. Erst als er hört, Leonore lebe und Carlos wolle sie töten, greift er zur Waffe. Die Kämpfenden werden getrennt. Alvaro, den die Macht des Schicksals bedrückt, will ins Kloster gehen.

4. Akt. Vor dem Kloster des Paters Guardian. Streit der hungrigen Menge mit dem Fra Melitone. Don Carlos erscheint und verlangt, den Pater Raphael (Alvaro) zu sprechen. Alvaro bleibt allen Beleidigungen gegenüber unbewegt; doch als ihn Carlos ins Gesicht schlägt, ergreift er den von Carlos mitgebrachten Degen und eilt mit dem Freund und Todfeind zum Zweikampf. – Verwandlung. In ihrer Klause betet Leonore um baldigen Tod. Als sie Stimmen hört, schließt sie sich ein. Alvaro und Carlos nahen kämpfend. Leonore läutet die Glocke. Carlos wird schwer verwundet. Alvaro klopft an die Klause; in dem heraustretenden „Klausner" erkennt er – Leonore. Traurig naht sie dem verwundeten Bruder; der aber sticht sie nieder und stirbt. In den Armen von Alvaro und dem herbeigeeilten Pater Guardian haucht Leonore ihr Leben aus.

Don Carlos

Oper in vier Akten. – Text nach Schiller von Jos. Méry und Camille du Locle.

Personen: PHILIPP, *König von Spanien (Baß);* ELISABETH,
seine Gemahlin (Sopran); DON CARLOS, *Philipps Sohn
(Tenor);* MARQUIS VON POSA *(Bariton);* PRINZESSIN EBOLI
(Mezzosopran); Der GROSSINQUISITOR *(Baß); Graf* LER-
MA *(Tenor);* TEBALDO, *Page (Sopran). – Ort und Zeit:
Spanien, zweite Hälfte des 17. Jahrhunderts. – Urauf-
führung: 11.3.1867, Paris, Grand Opéra; endgültige Fas-
sung: 10.1.1884, Mailand, Teatro alla Scala.*

In *Don Carlso* setzt sich Verdi zum zweiten Male mit
der sogenannten Großen Oper auseinander (der erste
Versuch war *Die sizilianische Vesper*). Daß er das Werk
siebzehn Jahre später umarbeitet, zeigt schon, daß hier
mancherlei Un-verdisches vorliegt. Auch die zweite Fassung ist nicht der Verdi, wie wir ihn sonst kennen; dennoch enthält sie hohe musikalische Schönheiten (stärkste
Szene: der Monolog des Königs „Sie hat mich nie geliebt"). – Der Inhalt stimmt in großen Zügen mit Schil-
lers gleichnamigem Drama überein, enthält jedoch manche ausgesprochene Opern-Wirkungen.

1. Akt. Don Carlos, der mit Elisabeth von Valois verlobt war, aber von dieser Verlobung zurücktreten mußte, weil sein Vater aus staatspolitischen Gründen Elisabeth heiratete, liebt seine Stiefmutter noch immer. Sein
Freund Marquis Posa will ihn aus dieser für Herz und
Leben gefährlichen Lage befreien und rät ihm, sich vom
König nach Flandern schicken zu lassen. – Verwandlung. Posa überreicht der Königin einen Brief von Don
Carlos, der sie bittet, Posa volles Vertrauen zu schenken.
Auf Fürsprache von Posa kommt es zwischen Elisabeth
und Carlos zu einer Aussprache. Carlos will anfangs nur
bitten, die Königin möge ihm helfen, daß er nach Flandern geschickt werde; doch dann vergißt er sich, umarmt
die noch immer Geliebte und stürzt davon. Finster und

mißtrauisch erscheint der König. Er ist einsam, sucht einen Menschen. In einer Zwiesprache mit Posa gewährt er diesem freien Zutritt zu jeder Stunde, warnt ihn aber zugleich vor der Inquisition.

2. Akt. Carlos wartet im nächtlichen Garten auf Elisabeth; ein Briefchen hat ihn hierher bestellt. Doch es stammt nicht von der Königin, sondern von der in Carlos verliebten Prinzessin Eboli. Als Carlos enttäuscht seine Liebe zur Königin erkennen läßt, droht die eifersüchtige Eboli mit Rache. Zur Vorsicht läßt sich Posa von Carlos alle wichtigen Papiere aushändigen. – Verwandlung. Bei einer Ketzerverbrennung treten sechs Abgeordnete der rebellischen Niederlande vor den König – an ihrer Spitze Don Carlos. Als dieser allzu hitzig die niederländischen Freiheitsforderungen vertritt, will ihn der König verhaften lassen. Den Befehl auszuführen, wagt nur – Marquis Posa, der Freund.

3. Akt. Den König quält der Gedanke an Carlos und Elisabeth. „Sie hat mich nie geliebt." Der Großinquisitor fordert von ihm den Kopf des „Versuchers Posa", des Menschen, auf den der König allein noch baute. Er muß nachgeben. Elisabeth beklagt sich: man hat ihre Schatulle geraubt. Da hält er ihr die Schatulle und das Bild von Carlos entgegen, nennt sie eine Buhlerin, verläßt den Raum. Die Eboli gesteht der Königin: sie hat sie beim König beschuldigt (aus Eifersucht) und ist des Königs Geliebte. Elisabeth verbannt sie vom Hofe. – Verwandlung. Posa hat die gefährlichen Briefe von Carlos, als die seinen ausgegeben und wird auf des Königs Befehl erschossen. Zu spät erfährt der König die wahren Zusammenhänge. Als er Carlos aus dem Gefängnis befreien will, schreit ihm dieser seine Verachtung entgegen.

4. Akt. Im Kloster von St. Just verabschiedet sich Carlos, der nach Flandern gehen will, von Elisabeth. Die

beiden werden vom König überrascht. Da öffnet sich das Grabmal des verstorbenen Kaisers. Der Tote in Mönchsgestalt zieht Carlos zu sich herein.

Simone Boccanegra

Oper in einem Vorspiel und drei Akten. – Text von Francesco Maria Piave, überarbeitet von Arrigo Boito. – Uraufführung der ersten Fassung Venedig 1857, der zweiten Fassung Mailand 1881.

Um der leidenschaftlichen, ausdrucksstarken Musik willen wird das Werk zuweilen aufgeführt; die Handlung freilich, die wir nachfolgend umrißhaft nachzeichnen, hat zu allen Zeiten die Bühnen gehindert, sich des Werkes auf die Dauer anzunehmen.

Der vom Volke gewählte Doge Boccanegra hat drei erbitterte Feinde: den Adelsführer Fiesco, den jungen Adeligen Gabriele und den plebejischen Ratsherrn Paolo. Gabriele und Paolo lieben Amelia. Erst spät erfährt Boccanegra, daß Amelia sein Kind ist, das ihm Fiescos Tochter heimlich geboren hatte. Als Gabriele in diese Zusammenhänge eingeweiht wird, will er zwischen dem Dogen und der Adelspartei Frieden stiften. Zu spät. Der als Bewerber um Amelias Hand abgewiesene Paolo hat aus Rache dem Dogen Gift gegeben. Boccanegra kann eben noch Amelia ihrem Großvater, seinem Todfeind Fiesco, zuführen, dann sinkt er tot zu Boden.

Aida

Oper in vier Akten. – Text von Antonio Ghislanzoni.

Personen: DER KÖNIG VON ÄGYPTEN (Baß); AMNERIS, seine Tochter (Mezzosopran); AIDA, ein äthiopische Sklavin (Sopran); AMONASRO, ihr Vater, König von Äthiopien (Bariton); RADAMES, ägyptischer Feldherr (Tenor); RAMPHIS, Oberpriester (Baß). – Ort und Zeit: Memphis und Theben (Ägypten), Pharaonenzeit. – Uraufführung: 24.12.1871, Kairo, in Zusammenhang mit der Eröffnung des Suezkanals.

Die Stoffwahl zu dieser Pharaonen-Oper erklärt sich einfach: das Werk wurde zur Einweihung des Suezkanals bestellt und in Kairo am Weihnachtsabend 1871 uraufgeführt. Die Musik geht auf drei Grundbestandteile zurück: auf die französische Große Oper mit ihrem prunkenden Schaustil (wesentliche Vorarbeiten bei Verdi: seine *Sizilianische Vesper* und sein handlungsmäßig an Schiller angelehnter *Don Carlos*), auf den italienischen Gesangsausdruck und auf (allerdings in behutsam gewahrten Grenzen) Wagners leitmotivisches Arbeiten. Diese drei Bestandteile verschmilzt Verdis Schöpferkraft so fugenlos, daß *Aida* seit mehr als dreiviertel Jahrhun-

dert eine der am meisten aufgeführten Opern ist, ohne an künstlerischer Wirkung je eingebüßt zu haben. Wie meisterhaft verinnerlicht Verdi nun zu schaffen weiß, mag unser Beispiel zeigen: in wenigen Tönen wird Aidas Liebe und Liebesleid dargestellt.

1. Akt. Oberpriester Ramphis verkündet dem jungen Krieger Radames, daß die Göttin Isis den Feldherrn im Kampf gegen Äthiopien auserkoren hat. Versonnen bleibt Radames allein: wäre er doch zu diesem Amt bestimmt! Doch noch eine andere Stimmung beherrscht ihn: seine verheimlichte Liebe zu der äthiopischen Sklavin Aida. So trifft ihn die Königstochter Amneris; sie liebt ihn und heischt Gegenliebe. Als er ausweicht und seine Freude über das Nahen Aidas nicht ganz verbergen kann, wird Amneris argwöhnisch. – Vor König und Priestern meldet ein Bote, der Aufstand der Äthiopier werde angeführt von dem gefährlichen Amonasro (,,Mein Vater", singt Aida leise). Der Name des ägyptischen Feldherrn wird bekanntgegeben: Radames. Begeistert stimmt alles in den Kampfruf ein, selbst Aida jubelt: ,,Als Sieger kehre heim!" Doch allein geblieben, gibt sie sich widersprechenden Empfindungen hin: soll sie dem Vater oder dem Geliebten den Sieg wünschen? – Verwandlung. Im Vulkantempel wird Radames das heilige Schlachtschwert überreicht.

2. Akt. Inmitten ihrer Liebeslieder singenden Sklavinnen sehnt sich Amneris nach Radames. Aida naht. Amneris entläßt die Sklavinnen. Um sich Gewißheit zu verschaffen, gibt sie vor, Radames sei gefallen. Aida erbleicht, faßt sich aber. Doch als Amneris ruft, Radames lebe, da weiß sie Aidas Jubelschrei richtig zu deuten. Stolz verweist sie die ,,Sklavin" in ihre Grenzen. Von draußen ertönen Siegesrufe: das Heer kehrt heim! – Verwandlung. Großer Aufzug des siegreichen Heeres (hier

feiert die französische Prunkoper in musikalisch glänzendem Stil einen ihrer größten Triumphe). Amneris
überreicht dem Sieger Radames den Ruhmeskranz. Jede
Belohnung dürfe sich Radames erbitten, schwört der
König. Radames aber will zuvor die Gefangenen vorführen lassen. Als sie hereinziehen, springt Aida auf eine
kriegerische Gestalt zu: ,,Mein Vater!" Der Gefangene
weiß geschickt die Ägypter zu täuschen; sie glauben, er
sei Amonasro (der er ja auch ist), während er vom angeblichen Tode Amonasros berichtet. Nun bittet Radames
den König um die beschworene Gunst: er möge die Gefangenen freilassen. Amonasro triumphiert; aber die listigen Priester wissen den König zu bestimmen, daß
zwar die Gefangenen, nicht aber Amonasro und Aida
freigegeben werden. Und endlich kann auch die durch
Radames' Bitte enttäuschte Amneris triumphieren: der
König schenkt Radames ihre Hand. Allgemeiner Jubel –
doch die einzelnen Hauptpersonen geben sich widerstrebenden Empfindungen hin.

3. Akt. Amneris wird vom Oberpriester zu innerer
Vorbereitung in den Tempel geführt. Draußen harrt Aida auf Radames. Da tritt der Vater zu ihr. Er hat ihre
Liebe zu dem ägyptischen Feldherrn längst entdeckt und
darauf einen Plan gebaut. Mit Schmeicheln und endlich
mit unbeherrschtem Drohen bringt er Aida dazu, Werkzeug für seinen Plan zu sein. Er verbirgt sich, denn Radames naht. Mit gespielter Kälte weist Aida seine leidenschaftlichen Liebesbeteuerungen zurück. Wenn er wirklich nicht Amneris, sondern sie liebe, dann möge er mit
ihr fliehen. Anfangs ist Radames entsetzt, bis es Aidas
Lockungen gelingt, ihn umzustimmen. Und welchen
Weg sollen sie einschlagen, um den Grenzwächtern zu
entgehen? Auf diese wohlberechnete Frage Aidas gibt
Radames Antwort – und verrät damit die Aufmarschplä-

ne des ägyptischen Heeres. In wildem Triumph springt
Amonasro aus seinem Versteck – seine List ist gelungen.
Fast im gleichen Augenblick erscheint Amneris mit dem
Oberpriester. Amonasro will sie töten; doch Radames
schützt sie und stellt sich den herbeieilenden Wachen,
während Aida mit ihrem Vater entflieht.

4. Akt. Verzweifelt läßt Amneris Radames herbeiführen, beschwört ihn, sich vor Gericht zu rechtfertigen
und mit ihr die Ehe zu schließen. Beglückt hört er, daß
Aida noch lebe, dann läßt er sich trotz Amneris' Flehen
ins Gefängnis zurückführen. Aus dem unterirdischen
Saal tönt die Stimme des Oberpriesters: ,,Radames,
rechtfert'ge dich!" Dreimal die Frage, dreimal keine
Antwort. Das Urteil wird gefällt: Radames soll lebendig
begraben werden. Den vom Urteilsspruch zurückkommenden Richtern schleudert Amneris wilde Vorwürfe
entgegen. Umsonst. – Verwandlung. In ein kellerartiges
Gewölbe wird Radames hinabgelassen, die Priester wälzen einen mächtigen Stein über die Öffnung und schreiten davon. In trauernder Verzweiflung gedenkt der Eingeschlossene der Geliebten. Da tritt sie zu ihm: sie hatte
sich in dem Gewölbe verborgen, um mit Radames zu
sterben. Ein unirdisch schöner Liebes- und Todesgesang
blüht auf, dumpf untermalt von Chören der Priester und
Priesterinnen. Amneris naht dem Stein, murmelt ein
letztes Gebet.

Othello

Oper in vier Akten. – Text von Arrigo Boito.

Personen: OTHELLO, Mohr, venezianischer General (Tenor); DESDEMONA, seine Gemahlin (Sopran); EMILIA, ihre

Kammerfrau (Mezzosopran); JAGO, *deren Mann, Fähnrich (Bariton);* CASSIO, *Hauptmann (Tenor);* RODRIGO *(Tenor);* LODOVICO, *Gesandter (Baß);* MONTANO, *früherer Statthalter von Zypern (Baß). – Ort und Zeit: Zypern, 15. Jahrhundert. – Uraufführung: 5.2.1887, Mailand, Teatro alla Scala.*

Die Handlung rafft das Geschehen von Shakespeares gleichnamigem Drama so stark zusammen, wie es die Oper, deren Hauptbestandteil ja die Musik bleiben soll, verlangt. Als Bühnenkomponist erreicht Verdi in diesem Werk einen neuen Gipfel. *Aida* ist Höhepunkt der italienisch-französischen *Opern*form, der *Othello* ist einsam ragender Fels der italienischen *Musikdramatik*. Freilich nicht im Sinne Wagners. So sehr auch Verdi seinen deutschen Zeitgenossen studiert haben mag – als er dieses italienische Musikdrama schuf, hat er ihm *seinen* unverkennbaren Stempel eingeprägt. Den entscheidenden Unterschied zwischen den Meistern darf man darin erblikken, daß Wagner vom alten Sprechgesang (Rezitativ) ausgeht und die menschliche Stimme wesentlich in das orchestrale thematisch-motivische Geschehen einbezieht, daß Verdi dagegen von der Arie aus schafft, sie immer mehr dem Sprechgesang annähert und das Orchester zwar selbständig führt, es aber zu keiner Zeit der Singstimme überordnet.

1. Akt. Bei gefährlichem Unwetter kehrt der Feldherr Othello siegreich von einem Türkenkrieg heim, jubelnd beglückwünscht vom Volk, gehaßt von dem Fähnrich Jago, dem er bei der letzten Offiziersbeförderung den jetzigen Hauptmann Cassio vorgezogen hat. Kalt und satanisch faßt Jago seinen Racheplan. Zunächst muß Cassio beseitigt werden. Zu diesem Zweck macht er ihn in lustiger Gesellschaft trunken, dann versteht er es, Rodrigo

(der wie Cassio Othellos Gemahlin Desdemona anbetet) auf den Trunkenen zu hetzen. Cassio zieht den Degen, und als der frühere Statthalter Montano den Streit schlichten will, verwundet ihn Cassio. Der durch den Lärm herbeigerufene Othello hört Jagos hinterlistigen Bericht und entkleidet Cassio seiner Offizierswürde. Dann entläßt er alle Anwesenden und ist nun endlich seit langer Zeit wieder allein mit seiner abgöttisch geliebten Desdemona.

2. Akt. Scheinheilig rät Jago dem trostlosen Cassio, er möge sich Desdemonas Fürsprache bei Othello bedienen. Als Cassio davongeht, singt Jago in teuflischer Dämonie ein „Glaubensbekenntnis" von abgrundtiefer Gemeinheit. Im rechten Augenblick naht Othello; Jago kann ihn unauffällig auf das Bild im Garten weisen: dort bemüht sich Cassio um Desdemonas Fürsprache. Othellos Eifersucht ist geweckt. Als Desdemona naht und um Begnadigung Cassios bittet, weist er sie ungeduldig zurück. Unschuldig fragt sie ihn nach dem Grund seiner Verstimmung; als er etwas von Kopfschmerz murmelt, will sie ihm ein Tüchlein um den Kopf binden. Wütend wirft Othello das Tuch zu Boden. Die Kammerfrau Emilia hebt es auf, doch Jago entreißt es seiner Frau und steckt es ein. Verwirrt ziehen sich die Frauen zurück. Verwirrt ist aber auch Othello: ist Desdemona schuldig oder nicht, ist Jago ein Freund oder ein Feind? Der träufelt ihm behutsam das Gift des Mißtrauens in die Seele, berichtet von einem Traum Cassios, bei dem dieser allerlei verdächtige Worte im Schlaf gesprochen habe. Othello ist außer sich; aber Beweise verlangt er, Beweise … Die deutet ihm Jago an: besitze nicht Cassio das Spitzentüchlein, das Othello einst Desdemona als erstes Geschenk der Liebe gegeben habe? Da fährt Othello auf: Rache! Auch Jago singt, aber von einer anderen Rache.

3. Akt. Jago will den „Beweis" bringen, verabredet er mit Othello im Hauptsaal des Schlosses: „Denkt an das Taschentuch!" Desdemona gegenüber heuchelt Othello Kopfschmerz, will das Tüchlein sehen, heißt sie es suchen, als es nicht zur Hand ist. Auch jetzt bittet Desdemona unruhig, doch ahnungslos für Cassio. Das ist zuviel: „Dirne" beschimpft er sie, drängt sie hinaus. Jago meldet Cassios Nahen. Und Othello wird von einem Versteck aus Zeuge eines von Jago geschickt gelenkten Gespräches. Cassio ist ein Schürzenjäger, gibt das harmlos lachend zu; aber durch Jagos doppelsinnig gestellte Fragen muß Othello annehmen, daß Cassio von einer Liebschaft mit Desdemona spreche. Und nun sieht er in Cassios Händen auch noch das Spitzentüchlein, das Jago dem Cassio zugespielt hat. „Sag, wie ermord' ich sie" – mit diesen Worten tritt Othello aus seinem Versteck hervor, als Cassio gegangen ist. Vergiften will er Desdemona. Aber Jago rät: „... erwürgt sie im Bette, dort, wo sie gesündigt." – Eine Gesandtschaft von Venedig muß vorgelassen werden; kaum vermag Othello, sie zu empfangen. Befehl vom Dogen: Othello habe sich nach Venedig einzuschiffen. Cassio habe ihn während seiner Abwesenheit auf Zypern zu vertreten. Wieder der Name Cassio! In ihrer Unschuld bittet Desdemona abermals für Cassio. Da schleudert er sie zu Boden. Rufe werden laut gegen den Rasenden. Doch in seinem Zorn jagt er alle davon. Dann bricht er ohnmächtig zusammen. Triumphierend reckt sich Jago auf.

4. Akt. Desdemona bereitet sich mit Emiliens Hilfe auf die Nachtruhe vor, singt ahnungsschwer ein trauriges Lied, entläßt Emilia und legt sich nieder ... Othello schleicht herein (unser Beispiel zeigt, wie greifbar-beredt Verdi das Geschehen musikalisch und seelisch zeichnet; Kontrabässe). Er löscht das Licht, küßt die Schlafende.

Wieder werden die Erinnerungen an das Einst in ihm lebendig. Doch dann erwürgt er sie, taub gegen ihre Unschuldsbeteuerungen ... An der Tür klopft es. Emilia ahnte Schreckliches, das Spitzentuch ... Othello stürzt sich auch auf sie. Auf ihren Hilferuf eilen Bewaffnete herbei, alles wird offenbar! Othello ist gebrochen. Dann tritt er zu der ermordeten Geliebten, und ehe es die Umstehenden verhindert können, ersticht er sich.

Falstaff

Lyrische Komödie in drei Akten. – Text von Arrigo Boito.

Personen: FALSTAFF *(Bariton);* FORD *(Bariton);* ALICE, *seine Frau (Sopran);* ÄNNCHEN, *ihre Tochter (Sopran); Frau* QUICKLY *(Mezzosopran); Frau* MEG PAGE *(Mezzosopran);* FENTON *(Tenor);* DR. CAJUS *(Tenor);* BARDOLPH *(Tenor) und* PISTOL *(Baß), beide Falstaffs Diener; Bürger, Volk, Masken, Elfen usw. – Ort und Zeit: Windsor, kurz nach 1400. – Uraufführung: 9.2.1893, Mailand, Teatro alla Scala.*

Eine der besten Kammeropern der Geschichte, musikalisch mit dem Silberstift gezeichnet (der freilich auch

köstlich-krauses Liniengewirr zustande bringt), von au-
ßerordentlicher Kunst der Stimmführung in Orchester,
Ensembles, Chören und Soli, flüssig durchkomponiert
in wort- und stimmunggezeugtem Parlando, keine
„Arien", dafür groß angelegte Soloszenen. Das Ganze
bis in den letzten Takt witzig, spöttisch, kullernd auf
dem Untergrund eines weisen Humors.

Der Inhalt geht auf Shakespeares *Heinrich IV.* und
Die lustigen Weiber von Windsor zurück, ist aber stark
verdichtet.

1. Akt. Wie gut, daß Alice Ford und Meg Page in den
Fettwanst Falstaff – wie er glaubt – verliebt sind und die
Kasse ihrer Männer verwalten; denn der Dicke ist wieder
einmal völlig abgebrannt. Schleunigst schreibt er den beiden Frauen zwei Liebesbrieflein; seine Ritterehre (gro-
tesker Gesang) ficht das nicht an. – Die Frauen wollen
den ehrenwerten Schnorrer tüchtig foppen. Dr. Cajus,
Ännchens heimlicher Liebhaber Fenton und Ännchen
wirken zusammen; gleichzeitig aber auch Falstaffs Diener und Herr Ford, dem die Diener alles verraten haben.

2. Akt. Herr Ford sucht als „Herr Born" Falstaff auf:
er möge für ihn eine Frau Ford erobern (und will ihn dabei ertappen). Doch verrät er sich beinahe, als Falstaff
ihm mitteilt, das könne gleich heute geschehen; habe er
doch bereits ein Stelldichein verabredet (Alice hat ihm
ein Briefchen geschrieben). – Der Schwerenöter singt gerade höchst siegesbewußt Alice in deren Wohnung an, da
kommt wütend Herr Ford heim, Falstaff verbirgt sich
hinter einem Wandschirm, Ford sucht im ganzen Haus,
Falstaff versteckt sich schlotternd in einem Waschkorb,
wird davongetragen und in den Mühlgraben geworfen,
und Ford hört zwar einen schmatzenden Kuß hinter dem
Wandschirm, doch dahinter stecken Fenton und Ännchen.

3. Akt. Das Bad im Mühlgraben sucht Falstaff durch
einen Humpen Wein auszugleichen. Da bekommt er
abermals ein Brieflein: diesmal soll das Stelldichein im
mitternächtlichen Park von Windsor stattfinden. – Nunmehr sind alle eingeweiht, wollen gemeinsam den Fettkloß verspotten. Kaum hat Falstaff Alice begrüßt, da
naht das Heer der Mücken und Wespen, Kobolde und
Elfen (verkleidete Bürger und Bürgerinnen), zwicken
und zwacken ihn, schütten Hohn und Spott über ihn.
Doch auch ein anderer wurde gefoppt: Herr Ford, der in
der Nacht seine Tochter Ännchen mit Dr. Cajus verbinden wollte, ist überlistet und gibt Ännchen ihrem geliebten Fenton. Allgemeine Freude und Heiterkeit, aber
auch Besinnung und Nachdenklichkeit: große Fuge mit
dem Beginn „Alles ist Spaß auf Erden, wir sind geborene
Toren" (Notenbeispiel).

Falstaff

Al-les ist Spaß auf   Er-den, wir,

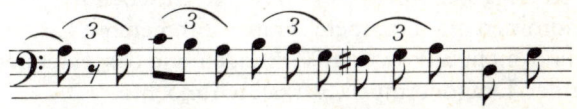

wir sind ge-bo-re-ne To-ren, ja, To-ren

MAILLART

Aimé M. (1817–1871, Franzose) war Schüler des Pariser Konservatoriums und gewann dort den Römerpreis. Von seinen sechs Opern ist heute nur noch ,,Das Glöckchen des Eremiten" bekannt.

Das Glöckchen des Eremiten

Komische Oper in drei Akten. – Text von Lockroy und Cormon.

Personen: Pächter THIBAUT *(Tenor);* GEORGETTE, *seine Frau (Sopran);* BELAMY, *Dragonerunteroffizier (Bariton);* ROSE FRIQUET, *arme Bäuerin (Sopran);* SILVAIN, *Thibauts Knecht (Tenor); Ein* FLÜCHTLING *(Baß). – Ort und Zeit: Französisches Gebirgsdorf, 1704. – Uraufführung: 19.9.1856, Paris, Théâtre Lyrique.*

Mehr eine Operette als eine Oper. Sehr melodienselig, aber meist an der Grenze des Banalen. Merkwürdig, daß ein so begabter Musiker so billig geschrieben hat (Männerstimmen mit Trompete, Frauenstimmen mit Klarinette) und nicht auf so öde Wirkungen wie das Tateratatatata der Dragonermusik verzichten mochte.

1. Akt. Beim Heranrücken der berüchtigten Dragoner von Villars verbergen die Bauern eines Dorfes ihre Frauen und Getränke. Nur die arme verspottete Rose Friquet läßt sich sehen, und durch sie findet der Dragonerunteroffizier Belamy die Weiber und die Weine. Er verliebt sich in Georgette, die Frau des Pächters Thibaut, und

verabredet mit ihr ein Stelldichein. Sie fürchtet freilich das „Glöckchen des Eremiten", weil dieses selbsttätig läute, wenn eine Frau des Dorfes ... Da Rose Friquet gelauscht hat, flüstert sie dem Knecht Silvain zu, er könne heute unbesorgt die verborgenen Flüchtlinge über die Grenze schaffen.

2. Akt. Vor der Klause trifft Silvain auf Rose. Sie weist ihm einen geheimen Pfad über das Gebirge. Beide gestehen einander ihre Liebe. Das Stelldichein Georgette-Belamy wird gestört, weil das Glöckchen ertönt (Rose hat es schadenfroh gezogen). Belamy entdeckt die Flüchtlinge und holt die Dragoner.

3. Akt. Thibaut hat ungesehen vor der Klause erst Rose und dann Belamy beobachtet; er erklärt den Bauern, Rose habe die Flüchtlinge verraten. Die ahnungslos dazukommende Rose wird als „Verräterin" von Silvain zurückgestoßen. Belamy kommt von erfolgloser Verfolgung zurück und will Silvain als Helfer der entronnenen Flüchtlinge erschießen lassen. Doch Rose macht ihn darauf aufmerksam, er selbst habe um eines Stelldicheins willen seine Pflicht verletzt. Alles geht gut aus.

GOUNOD

Charles G. (1818–1893, Franzose) studierte am Pariser Konservatorium und gewann den Römerpreis. Schrieb zahlreiche Opern, von denen aber nur *Margarete (Faust)* bühnenfähig geblieben ist. Von ihm stammt die berühmt gewordene Ave-Maria-Melodie, die er dem C-dur-Präludium aus Bachs wohltemperiertem Klavier unterlegt hat.

Margarete (Faust)

Oper in fünf Akten. – Text von J. Barbier und M. Carré.

Personen: FAUST *(Tenor);* MEPHISTO *(Baß);* MARGARETE *(Sopran);* VALENTIN, *ihr Bruder (Bariton);* MARTHE *(Alt);* BRANDER *(Baß);* SIEBEL *(Sopran). – Ort und Zeit: Deutschland, 16. Jahrhundert. – Uraufführung: 19.3. 1859, Paris, Théâtre Lyrique.*

Der Deutsche ist geneigt, die Veroperung des durch Goethe geheiligten Faust-Stoffes mit scheelen Augen zu betrachten. Daher mag es kommen, daß man so viele ablehnende Urteile über diese Oper von Gounod hört (Wagner!). Dabei strotzt das Werk von geschmackvollen, eingängigen und doch nicht platten Stellen. Gounod hat nur die Liebesgeschichte zwischen Faust und Margarete in Musik setzen wollen, nicht das gedankenschwere Drama Goethes. Die Szene, in der Gretchen ihr Lied vom König von Thule singt, die zügige Walzerszene des zweiten Aktes, die Trinklieder und insbesondere die großen Szenen des Mephisto atmen echte Opernstimmung.

1. Akt. Der von seiner Gelehrsamkeit unbefriedigte Faust verschreibt sich dem Teufel, um ewige Jugend und ewigen Genuß auf Erden zu gewinnen.

2. Akt. Auf einer Kirmes treibt Mephisto allerlei Allotria mit Gretchens Bruder Valentin und dessen Kumpanen, singt eine Ballade vom goldenen Kalb und läßt „die allbekannte Schöne Margarete" hochleben. Valentin will die Ehre seiner Schwester verteidigen; doch sein Schwert fruchtet wenig gegenüber dem Teufel. Vor dem erhobenen Schwertkreuz aber muß der Böse weichen. Faust bietet Margarethe Arm und Geleit, wird jedoch abgewiesen.

3. Akt. Im Garten bei Margarete. Siebel steckt an die Tür einen Strauß. Mephisto stellt ein Kästchen mit glänzendem Schmuck daneben. Margarete greift nicht nach dem Strauß, sondern zum Schmuck, träumt von Prinzessin-Sein – und „von jenem edlen Manne". Der alten Marthe erzählt sie von dem Fund des Kästchens. Da treten Faust und Mephisto herein. Mephisto lockt Marthe hinweg. Faust und Margarete finden sich in Liebe. Daß es nicht nur seelische Liebe bleibe, dafür sorgt der Teufel.

4. Akt. Gretchen fleht in der Kirche um Vergebung ihrer Sünden, bricht aber unter dem Fluch des Bösen zusammen. – Vor Margaretens Haus. Die Soldaten sind heimgekehrt, unter ihnen Valentin. Mephisto singt der verlassenen Margarete ein anzügliches Ständchen. Valentin will die Beleidigung der Schwester rächen, fällt aber von Faustens Degen. Sterbend verflucht er die Schwester.

5. Akt. Auf dem Blocksberg. Faust singt ein wildes Trinklied. Da erscheint ihm Gretchens Gestalt. Er will zu ihr. – Verwandlung. Gretchen liegt im Kerker, weil sie im Wahnsinn ihr Kind getötet hat. Faust kommt zu

ihr. Noch einmal erlebt sie ihr einstiges Liebesglück. Den Bösen stößt sie zurück, dann auch den Geliebten, vor dem ihr graut. Entseelt fällt sie zu Boden. Mephisto: „Gerichtet!" Chor der Engel: „Gerettet!"

＊

Der Arzt wider Willen

(3 Akte, Text nach Molière von Barbier und Carré, bearbeitet von E. N. von Reznicek. Uraufführung 1858 in Paris).

Während Gounods *Romeo und Julia* allen lyrischen Schönheiten zum Trotz nicht auf die deutschen Bühnen kommt, hat sich der *Arzt* immer wieder Freunde erworben, nicht zuletzt wegen des fantastischen 2. Aktes, in dem Gounod, sonst oft von religiösen Vorstellungen heimgesucht, alle Register quirlenden Musizierens zieht.

1. Akt. Der Holzhacker Sganarelle (Bariton) hat sein Weib Martine (Mezzosopran) verprügelt. Sie rächt sich, indem sie zwei Dienern des Herrn Geronte (Baß), die für die Tochter ihres Herrn einen Arzt suchen, berichtet, ihr Mann sei zwar Arzt, gebe es aber nur zu, wenn man ihn tüchtig verwalkt. Das geschieht.

2. Akt. Im Hause des Geronte stiftet der Scheinarzt großes Durcheinander, während er die angeblich kranke Tochter Gerontes Lucinde (Sopran) gegen Stummheit behandelt. Da erfährt er, Lucinde stelle sich stumm, weil sie ihren Geliebten, freilich armen Leander (Tenor) nicht heiraten darf.

3. Akt. Sganarelle führt Leander als Apotheker in Gerontes Haus, Lucinde kann wieder sprechen, will aber
als Stumme weiterleben, wenn sie ihren Leander nicht
bekommt. Nach einigen Verwicklungen bekommt sie
ihn, weil er eine reiche Erbschaft gemacht hat.

MONIUSZKO

Stanislaw M. (1819–1872, Pole) wurde nach schweren Lebenskämpfen 1858 Opernkapellmeister in Warschau und später auch Konservatoriumsdirektor. Schrieb vor allem Bühnenmusik und Lieder. Man nennt ihn den ,,polnischen Schubert".

Halka

Oper in drei Akten. – Text von Wladimir Wolfky.

Personen: Der TRUCHSESS des Königs (Baß); SOFIE, seine Tochter (Alt); JANUSCH, ein Edelmann (Bariton); HALKA (Sopran) und JONTEK (Tenor), Leibeigne Januschs; DSCHEMBA, Verwalter (Baß). – Ort und Zeit: Polen, 1700. – Uraufführung: konzertmäßig 1848; auf der Opernbühne: 16.2.1854, Wilna.

Eine Volksoper, eine revolutionäre Oper, die erste polnische Nationaloper überhaupt, die auch im deutschsprachigen Raum mit wechselndem Erfolg aufgeführt wird. Für die vielfach undramatische Musik ist bezeichnend der volkstümliche, volkhafte Untergrund in Chören, Liedern und Tänzen.

Der Edelmann Janusch feiert Hochzeit mit der Tochter des königlichen Truchseß. Um seine Liebschaft mit der Leibeigenen Halka nicht ruchbar werden zu lassen, verspricht er ihr goldene Berge; dann eilt er ins Schloß zur Hochzeitsfeier. Jontek, der Zeuge von Januschs Versprechungen war, tritt zu der von ihm geliebten Halka

und enthüllt ihr Januschs Doppelspiel. Als die Verzweifelte sich dem treulosen Verführer und der Hochzeitsgesellschaft zusammen mit Jontek entgegenstellt, droht Janusch, die beiden mit Hunden fortjagen zu lassen. – Die
fröhlichen Gesänge der Bauern, die den Hochzeitszug
erwarten, verstummen, als mit Jontek die klagende Halka hinzutritt. Nichts nützen die Drohungen des Verwal-
ters – die Menge bleibt stumm. Halka will während der
Trauung Feuer an die Kirche legen, läßt aber bei den feierlichen Klängen davon ab und stürzt sich einen Felsen
hinab. Bei dem entsetzten Aufschrei der Bauern eilen die
Gäste aus der Kirche. Jontek holt Janusch auf den Felsen. Dann wirft er ihn hinunter: „Dein Liebchen verlangt nach dir."

OFFENBACH

Jacques O. (geb. 1819 in Köln, gest. 1880 in Paris) ging 1833 ans Pariser Konservatorium, wurde Kapellmeister und Theaterunternehmer. Schrieb eine Oper und zahlreiche Operetten (vergl. den Operettenteil).

Hoffmanns Erzählungen

Phantastische Oper in einem Vorspiel, drei Akten und einem Nachspiel. – Text von Jules Barbier und M. Carré.

Personen: HOFFMANN *(Tenor);* NIKLAUS, *sein Freund (Mezzosopran);* STELLA, OLYMPIA, GIULIETTA, ANTONIA, *ursprünglich von der gleichen Sängerin verkörpert (Sopran);* LINDORF, COPPELIUS, DAPERTUTTO, MIRAKEL, *vom gleichen Sänger darzustellen (Baßbariton);* ANDREAS, COCHENILLE, PITICHINACCIO, *vom gleichen Sänger zu verkörpern (Tenor);* SPALANZANI *(Tenor);* NATHANAEL *(Tenor);* CRESPEL *(Baß);* SCHLEMIHL *(Baßbariton);* LUTHER *(Baß);* HERMANN *(Bariton);* Eine STIMME *(Mezzosopran).* – *Ort und Zeit: Nürnberg und Venedig. Anfang des 19. Jahrhunderts. – Uraufführung: 10.2.1881, Paris, Opéra Comique.*

In der Rahmenhandlung sehen wir den Dichter Hoffmann und in den drei Akten erleben wir seine Erzählungen bildhaft. (Wie stark Wirklichkeit und Schein ineinandergreifen, lehrt ein Blick auf das Personenverzeichnis.)

Vorspiel. Hoffmann, der ewig betrunkene, ewig verliebte Dichter, zecht im Kreise seiner studentischen Kameraden. Die Sängerin Stella hat ihm den Schlüssel zu ihrem Zimmer geschickt; doch Lindorf, Hoffmanns ständiger Widersacher, hat ihn abgefangen. Im Dämmerzustand zwischen Wachen und Träumen erzählt Hoffmann von seinen Geliebten.

1. Akt. Der Physiker Spalanzani hat eine Puppe geschaffen, die wie ein Mensch singt und spricht, steht und geht: Olympia. Hoffmann als einziger hält den Puppenautomaten für ein lebendiges Wesen und verliebt sich. Auf einem Fest wird die Puppe der Gesellschaft vorgeführt. Da erscheint Coppelius. Er hat die Augen der Puppe angefertigt und ist dafür von Spalanzani mit einem gefälschten Wechsel bezahlt worden. Um sich zu rächen, zerschlägt er die Puppe. Jetzt erst erwacht Hoffmann aus seinem wunderlichen Liebestraum.

2. Akt. In Venedig. Hoffmann sucht bei der schönen Buhlerin Giulietta Sinnenrausch und Genuß. Doch die Buhlerin steht im Bunde mit dem Teufel (Dapertutto); ihm hat sie bereits den Schatten ihres Anbeters Schlemihl verschafft, und jetzt verlangt er von ihr auch Hoffmanns Spiegelbild. Obwohl sein Freund Niklaus ihn warnt, bleibt Hoffmann verliebt. In rasender Eifersucht tötet er Schlemihl, der von Giulietta einen Schlüssel zu ihren Gemächern erhalten hat, im Zweikampf. Mit dem Schlüssel will er zu Giulietta; doch die verlacht ihn, steigt in eine Gondel und fährt spottend davon. Endlich kommt Hoffmann zur Besinnung.

3. Akt. Die lungenkranke Antonia ist mit einer herrlichen Stimme begabt; aber sie darf nicht Sängerin werden, weil dann ihre Krankheit schnell zum Tode führen würde. Sie verspricht ihrem Vater Crespel, nicht mehr zu singen. Einen Doktor Mirakel weist Crespel entsetzt aus dem Haus, weil er ihn für schuldig am Tode seiner Frau hält. Antonia muß dem Vater und dem von ihr geliebten

Hoffmann abermals versprechen, nicht zu singen. Aber der unheimliche Doktor Mirakel weiß sich bei ihr einzuschleichen, verspottet das Eheglück und stellt ihr vor, welch wunderbares Leben sie als gefeierte Sängerin führen könne. Auch das Bild ihrer Mutter scheint Antonia zu ermutigen, und schließlich singt sie zu Mirakels Geigenspiel. Zu spät eilen Crespel und Hoffmann herbei – Antonia stirbt.

Nachspiel. Die Erinnerungen zu vergessen, betrinkt sich Hoffmann im Kreise seiner studentischen Zuhörer und sinkt unter den Tisch. Lindorf führt Stella herein und weist auf den Bezechten. Angewidert geht sie mit Lindorf davon.

SMÉTANA

Friedrich (Bedřich) S. (1824–1884, Tscheche), Schüler u. a. von Liszt. Einige Jahre Dirigent in Schweden, dann 1866–1874 Kapellmeister am Prager Nationaltheater. Wurde völlig taub und starb im Wahnsinn. Schrieb Orchester-, Kammer- und Klaviermusik und Opern.

Die verkaufte Braut

Komische Oper in drei Aufzügen. – Text von K. Sabina.

Personen: KRUSCHINA, *Bauer (Bariton);* KATHINKA, *seine Frau (Sopran);* MARIE, *beider Tochter (Sopran);* MICHA, *Grundbesitzer (Baß);* AGNES, *seine Frau (Mezzosopran);* WENZEL, *beider Sohn (Tenor);* HANS, *Michas Sohn aus erster Ehe (Tenor);* KEZAL, *Heiratsvermittler (Baß);* SPRINGER, *Direktor eines Wanderzirkus (Tenor);* ESMERALDA, *Tänzerin (Sopran);* MUFF, *Komödiant (Tenor).* – *Ort und Zeit: In einem böhmischen Dorf, 1865.* – *Uraufführung: 30.5.1866, Prag, Nationaltheater.*

Eine der europäischen Volksopern, die so tief im Heimatboden wurzeln, daß sie zu internationalem Höhenrang emporwachsen konnten. Hauptbestandteile der Musik sind nationaltschechische Tänze und Lieder – freilich nicht in dem Sinne, daß Smétana Vorhandenes seiner Oper eingefügt hätte; er schafft vielmehr aus der Gesamtlage der Volksmusik heraus, durchaus eigengestalterisch und mit technisch blendender Meisterschaft. Musterbeispiel die Ouvertüre, die so ungebärdig-heiter dahinrast und doch durch die weise Hand eines wirklichen Meisters geleitet ist.

1. Akt. Vor einem Dorfwirtshaus herrscht lustiges Frühlingstreiben. Weniger vergnügt sind Marie, die Tochter des reichen Bauern Kruschina, und der arme Knecht Hans, dessen Herkunft niemand kennt. Marie soll nämlich Wenzel, den Sohn des Grundbesitzers Micha, heiraten und will doch ihren Hans zum Manne. Hans wurde aus der Heimat verjagt, als sein Vater sich wieder verheiratete. Kaum sind die Liebenden gegangen, da erscheint der Heiratsvermittler Kezal (die eigentliche Hauptfigur der Oper) mit Mariens Vater Kruschina und dessen Frau Kathinka. Dem unverschämt-großmäuligen Kezal stimmt Kruschina durchaus zu; Frau Kathinka aber wünscht ihre Tochter nicht einfach zu verhandeln, sondern diese soll auch ihr Einverständnis erklären. Marie, der die Heiratspläne auseinandergesetzt werden, will natürlich nicht.

2. Akt. Im Gasthaus lassen die Bauern den edlen Gerstensaft hochleben, Hans trinkt auf sein Mädchen, der Heiratsvermittler auf das bare Geld. Als die Wirtshausstube sich geleert hat, stolpert der junge Wenzel herein. Er ist ein recht alberner Bursche, stottert furchtbar. Marie naht. Da Wenzel sie nicht kennt, sich aber bald in sie verliebt, bringt sie ihn leicht dazu, auf jene „nicht ehrliche, einen andern liebende Marie" zu verzichten. Doch als er sie umarmen will, läuft sie ihm lachend davon – er stotternd hinterdrein. Kezal schleppt den Hans herbei. Er möchte ihn zum Verzicht auf Marie bewegen und zieht los mit allerlei guten Lehren, die einem rechten Junggesellen die Ehe gar grauslich machen könnten. Hans ist zunächst ärgerlich; dann beschließt er, dem aufgeblasenen Kerl einen Streich zu spielen, und erklärt sich bereit, die Braut zu „verkaufen". Für dreihundert Gul-

den verzichtet er auf Marie; freilich unter der wichtigen
Bedingung, daß sie niemanden anders als Michas Sohn
heiraten dürfe. Da strömt die Menge herbei und wird
Zeuge, wie Hans den schändlichen Vertrag unterschreibt.

3. Akt. Vor dem Wirtshaus zieht eine wandernde Zir-
kusgruppe auf. Sogleich verliebt sich Wenzel in die Tänzerin Esmeralda. Leicht läßt er sich überreden, den be-
trunkenen Darsteller des Tanzbären zu ersetzen. Die
Tanzschritte werden ihm beigebracht. Während er für
sich allein seinen Tanz übt, überraschen ihn seine Eltern
und Kezal. Sie müssen zu ihrem Schrecken erfahren, daß
er nicht die für ihn Bestimmte heiraten will, sondern ein
anderes Mädchen, das ihn liebe. Dieses Mädchen – es ist
Marie – kommt nun herbeigestürzt, gefolgt von den Eltern. Sie kann es nicht glauben, daß Hans sie verkauft habe. Ein Weilchen Bedenkzeit bittet sie sich aus. Zu der
Alleingebliebenen stürmt übermütig der Hans. Natürlich weist sie ihn wütend und gekränkt zurück. Doch er
bleibt lustig und froh. Jawohl, der Vertrag sei richtig und
unterschrieben. Aber nun die Zeugen herbei! Mit Erstaunen erkennt der Grundbesitzer Micha seinen Sohn
Hans, glücklich durchschaut Marie die List des Geliebten, immer länger wird das Gesicht Kezals: das also war
des „Micha Sohn", der vertragsgemäß die Marie heiraten
soll! Gewaltig ausgelacht wird der auf den Leim gegangene Heiratsvermittler.

CORNELIUS

Peter C. (1824–1874), Neffe des gleichnamigen Malers, war mit Liszt und Wagner befreundet. 1865 an der
Königlichen Musikschule in München. Bekannt vor allem durch Lieder und Chöre.

Der Barbier von Bagdad

*Komische Oper in zwei Aufzügen. – Text vom Kompo-
nisten.*

*Personen: DER KALIF (Bariton); BABA MUSTAPHA, ein Kadi
(Tenor); MARGIANA, seine Tochter (Sopran); BOSTANA,
Verwandte des Kadi (Mezzosopran); NUREDDIN (Tenor);
DER BARBIER (Baß). – Ort und Zeit: Bagdad, Zeit von
,,1001 Nacht``. – Uraufführung: 15.12.1858, Weimar.*

Eine der köstlichsten deutschen komischen Opern,
aber leider zu selten aufgeführt. Trotz aller Verehrung
für Liszt und Wagner hielt sich Cornelius von deren
Kompositionsart fern; er wollte vielmehr ,,neben Wagner stehen wie Mörike neben Goethe``. Daher die silber-
ne Zartheit dieser heiteren Opernmusik, ihr tänzelnder
Witz und ihre beseelte Innerlichkeit.

1. Akt. Fast sterben könnte Nureddin vor Sehnsucht
nach der schönen Margiana, die ihm der böse Kadi (ihr
Vater) nicht geben will. Da bringt des Kadis Verwandte
Bostana Botschaft, daß ein Stelldichein möglich werde.
Nureddin ist überglücklich – aber erst muß er sich rasieren lassen. Der Barbier tritt ein. Abu Hassan Ali Ebn Be-
kar heißt er; umständlich wie sein Name ist auch sein Ar-

beiten. Er schwätzt und singt, singt und schwätzt, bis Nureddin ihn verzweifelt durch die Diener hinauswerfen lassen will. Aber der Barbier hat nicht nur ein Mundwerk, sondern auch ein Rasiermesser zu seiner Verteidigung. Und so müssen die Diener das Feld räumen. Schneller rasiert er aber nun auch nicht. Und als der Name „Margiana" fällt, stimmt er mit Nureddin einen großartigen Sang an. Endlich kann Nureddin sich umkleiden. Der Barbier aber beginnt von neuem zu reden und zu warnen. Doch Nureddin läßt ihn nun von seinen Dienern festhalten und „ärztlich behandeln"; er selbst eilt davon.

2. Akt. Vergnügt singen der Kadi, Margiana und Bostana: „Er kommt, er kommt!" Die Mädchen meinen Nureddin, der Vater aber den ihm genehmen reichen Brautwerber. Kaum ist der Kadi zur Moschee gegangen, da stürzt Nureddin glücklich herein, umarmt die Geliebte und stimmt mit ihr einen Liebesgesang an, in den der Barbier mit einem Liebeswächterlied von der Straße dröhnend einfällt. Unvermutet schnell kommt der Vater zurück. Nureddin wird in einer Kiste versteckt. Der Kadi prügelt einen Sklaven, und dessen Gebrüll hält der Barbier für Nureddins Todesschrei. Herein stürmt er mit den Dienern, um seinen Rasierkunden zu schützen. Ein gewaltiges Lärmen hebt an. Das lockt den vorübergehenden Kalifen herein. Vor seinen Augen wird die Kiste geöffnet, der „tote" Nureddin erwacht unter des Barbiers Beschwörungen zum Leben, und der Kalif sorgt dafür, daß Nureddin und Margiana ein Paar werden. Ein großmächtiges Loblied stimmt der Barbier an, die Anwesenden fallen andächtig ein. „Salam aleikum!"

BIZET

Georges B. (1838–1875, Franzose) war bereits mit neun Jahren Konservatoriumsschüler in Paris; dort errang er den Römerpreis. Von seinen Opern hat sich nur *Carmen* auf die Dauer durchgesetzt.

Carmen

Oper in vier Akten. – Text nach Mérimée von H. Meilhac und L. Halévy.

Personen: ZUNIGA, *Leutnant (Baß);* JOSÉ, *Sergeant (Tenor);* MORALÈS, *Sergeant (Baß);* ESCAMILLO, *Stierfechter (Bariton);* DANCAIRO *(Tenor)und* REMENDADO *(Baß); Schmuggler;* CARMEN, *Zigeunerin (Mezzosopran);* FRASQUITA *(Sopran) und* MERCEDES *(Mezzosopran), Zigeunerinnen;* MICAËLA, *Bauernmädchen (Sopran). – Ort und Zeit: Sevilla und Umgebung, um 1820. – Uraufführung: 3.3.1875, Paris, Opéra Comique.*

Eine der großen unvergänglichen Nationalopern, die die Welt erobert haben. Bei der Uraufführung wurde sie freilich abgelehnt, weil sich das französische Publikum durch die unverhüllte, leidenschaftliche Sinnlichkeit des Werkes abgestoßen fühlte. Heute streitet man allenfalls darüber, ob man den durchkomponierten oder den gesprochenen Dialog vorziehen soll, nicht aber über die Bedeutung der Oper überhaupt. Die besondere Stärke der Musik liegt darin, daß sie bei aller hinreißenden Leidenschaftlichkeit, allem federnden Schwung und sinnenhaften Glühen mit wachem Kunstverstand gearbeitet ist,

sorgfältig charakterisiert, formal geschlossen wirkt und
ganz durchsichtig instrumentiert ist.

1. Akt. Auf dem Marktplatz von Sevilla wartet die
neugierige Menge auf die Ablösung der Wache und auf
die verführerisch schönen Arbeiterinnen der Zigaretten-
fabrik. Ein junges Landmädchen, Micaëla, fragt nach
dem Sergeanten José; da er nicht bei der Wache, sondern
bei der Ablösung ist, enteilt sie wieder. Die Ablösung
zieht auf. Leutnant Zuniga beginnt sogleich ein Gespräch über die Zigarettenmädchen; das interessiert José
wenig, weil er nur an seine Micaëla denkt. Die Fabrik-
glocke ertönt, die Zigarettenschönen erscheinen – ganz
zuletzt Carmen. Sie wird sofort von allen Seiten umworben; doch die Leidenschaftliche hat für langweilige Stutzer nur spöttische Abwehr – und ein Lied von der Liebe,
die von Zigeunern stamme. Alles hängt an ihren Lippen;
nur José bastelt gleichmütig an seinem Gewehr. Etwas
gereizt, aber auch belustigt wirft sie ihm eine Rose zu
und eilt lachend mit ihren Gefährtinnen in die Fabrik zurück. José ist verwirrt. Doch Micaëla erscheint zur rechten Zeit, bringt ihm Brief und Kuß von der Mutter. Sein
Gleichgewicht scheint wiederhergestellt. Kaum ist Micaëla gegangen, da stürzen die Zigarettenmädchen
schnattern und schreiend herbei: in einem Streit hat Carmen einem anderen Mädchen einen Messerstich versetzt.
José wird zur Untersuchung in die Fabrik geschickt. Er
bringt Carmen. Sie spottet über das Verhör. José muß sie
binden und soll sie ins Gefängnis führen. Doch sie weiß
ihn zu betören, versetzt ihm einen (verabredeten) Stoß
und entflieht. José wird festgenommen.

2. Akt. In einer Schmugglerschenke sitzen Zigeunermädchen, unter ihnen Carmen, mit Offizieren beim
Wein. Als Carmen erfährt, daß José heute aus dem Gefängnis entlassen wird, will sie ungeduldig die Gäste ver-

abschieden. Da erscheint Spaniens gefeierter Stierkämpfer Escamillo. Mit seinem Strophenlied „Euren Toast
kann ich wohl erwidern" (Kehrreim „Auf in den Kampf,
Torero") macht er Eindruck nicht nur auf die Menge,
sondern auch auf Carmen. Noch läßt sie ihn im ungewissen ... Mit dem Torero verlassen alle Gäste die Schenke.
Zwei Schmuggler verabreden mit den hübschen Zigeunermädchen, wie sie mit ihrer Hilfe die Grenzwächter
täuschen können. Dann wartet Carmen verliebt auf Don
José. Endlich kommt er, und sie weiß ihn durch Tanzen
und Singen völlig einzufangen. Doch als er aus der Kaserne die Trompetensignale hört, will er der Pflicht gehorchen. Wohl liebt er Carmen („Rosenarie"), doch ihre
zornigen Ausbrüche weist er zurück, weigert sich auch,
zu desertieren und Schmuggler zu werden. Eben will er
die Wütende verlassen, da naht Zuniga, hofft auf ein
Schäferstündchen. José wird eifersüchtig, trotzt dem Be-

fehl seines Vorgesetzten und zieht den Degen. Herbei-
eilende Schmuggler entwaffnen Zuniga. José aber hat
nun keine Wahl mehr: er muß bei den Schmugglern bleiben.

3. Akt. Die Zigeunerschmuggler rasten auf einer Fel-
senhöhe. Carmen ist Josés bereits überdrüssig geworden,
und dieser schämt sich seines Banditenlebens. Doch:
„Von dir mich trennen, Carmen? Sprichst du noch einmal solch ein Wort ..." Drohend erklingt im Orchester
das Todesmotiv (Notenbeispiel). – Carmen beteiligt sich
am Kartenschlagen zweier Zigeunerinnen; sie sieht in
den Karten ihren und Josés Tod. Aufbruch der Zigeuner,
José bleibt als Wache zurück. Da erscheint Micaëla;
schnell verbirgt sie sich, als José auf einen Nahenden
schießt. Beinahe hätte der Schuß getroffen. Es ist Escamillo, der lachend José berichtet, daß er Carmen erobern
wolle. Zwischen den Nebenbuhlern gibt es eine Messer-
stecherei. Im letzten Augenblick wird der Stierkämpfer
durch Carmen und die Schmuggler gerettet. Escamillo
lädt alle zum nächsten Stierkampf ein: „Wer mich liebt,
der ist dort!" Verliebt blickt ihm Carmen nach. In ihrem
Versteck wird Micaëla gefunden. Sie fleht José an, heim-
zukommen – zur sterbenden Mutter. Widerstrebend willigt er ein; aber finster droht er Carmen, als sie verzückt
aufspringt beim Klang von Escamillos Lied aus der Ferne.

4. Akt. Einzug der Stierkämpfer in die Arena. Carmen
erscheint an der Seite Escamillos. Hastig erregt warnen
sie zwei Mädchen vor José, der sich in der Menge verborgen halte; doch „Ich bin nicht das Weib, das sich
fürchtet". Sie läßt alle in die Arena gehen und erst zuletzt
folgt auch sie. Da vertritt ihr José den Weg. Nicht drohend. Nein, flehend spricht er von seiner Liebe. Kalt,
abweisend antwortet Carmen. Immer erregter, dramati-

scher wird die Auseinandersetzung, aus dem Zirkus erklingt das Jauchzen der Escamillo zujubelnden Menge,
und an Carmens freudiger Bewegung erkennt José endlich, wie es steht. Carmen wirft dem einstigen Geliebten
seinen Ring vor die Füße. Rasend vor Zorn, zieht José
sein Messer und sticht sie nieder, als aus der Arena das
,,Auf in den Kampf" erklingt.

MUSSORGSKY

Modest Petrowitsch M. (1839–1881, Russe), anfangs Gardeoffizier, dann freischaffender Musiker, bald aus Not wieder in Staatsdiensten. Mit Balakirew, Cui, Borodin und Rimsky-Korssakoff bildet er die revolutionäre jungrussische Schule. Alkoholische Ausschweifungen haben den genialsten russischen Opernkomponisten vor der Zeit dahingerafft. Außer dem *Boris Godunow* hat M. noch zwei nicht ganz beendete Opern geschrieben: *Der Jahrmarkt zu Sorotschinzi* und *Die beiden Chowansky*.

Boris Godunow

Musikalisches Volksdrama in einem Vorspiel und vier Aufzügen. – Text nach Puschkin und Karamsin vom Komponisten.

Personen: BORIS GODUNOW, *Zar (Baßbariton);* FEODOR *und* XENIA, *seine Kinder (Mezzosopran und Sopran);* FÜRST WASSILI IWANOWITSCH SCHUISKIJ *(Tenor); Andrej* SCHTESCHELKALOW, *Geheimschreiber (Bariton);* PIMENN, *Mönch (Baß);* GRIGORIJ, *der falsche Dimitrij (Tenor);* MARINA MNISCHEK, *Tochter des Wojwoden von Sandomir (Mezzosopran);* RANGONI, *geheimer Jesuit (Baß);* LOWITZKY, TSCHERNJAKOWSKY, *Jesuiten (Bässe);* WARLAAM *(Baß) und* MISSAIL *(Tenor), entlaufene Mönche;* CHRUSCHTSCHOW, *Bojar (Tenor);* NIKITITSCH, *Vogt (Baß);* SCHENKWIRTIN *(Mezzosopran). – Ort und Zeit: Rußland (3. Akt Polen), um 1600. – Uraufführung: 8.2. (27.1.) 1874, Petersburg, Marien-Theater.*

Mussorgsky war, fachlich gesehen, ein Dilettant ohne zureichende musikalische Ausbildung. Aber dieser Dilettant, der die europäische Kunstmusik verachtete, hat Dinge in seine Musik zu bannen vermocht, die selbst ein so ungewöhnlich begabter, kompositionstechnisch überragender Meister wie Rimsky-Korssakoff nicht zu bewältigen vermochte. „Mütterchen Rußland in seiner ganzen Weite" wollte er darstellen. Um das zu tun, warf er alle Kunstregeln rücksichtslos über Bord, faßte sein Ziel ins Auge und arbeitete mit jener verbissenen revolutionären Besessenheit, die nur wirklichen Genies eigen ist. Zwar trägt die vorliegende Oper den Namen einer Einzelperson; doch schon der Untertitel „Musikalisches Volksdrama" zeigt, worauf es Mussorgsky in Wirklichkeit ankommt: das Volk als wahren Träger des Ganzen darzustellen. Daher bilden auch die großartigen dramatischen Chöre die eigentlichen Pfeiler des musikalischen Baues; die Solisten sind nur Einzelverkörperungen des Volkes und seiner Seele. Die musikalische Ausdrucksweise entwächst so unmittelbar dem Boden der Volksmusik, daß wohl nur sehr gute Kenner zu entscheiden vermögen, was Mussorgsky frei geschaffen und was er der Volksmusik (und der altrussischen Kirchenmusik) entnommen hat. Als Beispiel mag gleich das Thema der knappen Orchestereinleitung dienen, das nach Linie und Rhythmus wahrhaft russisch anmutet.

Vorspiel. – 1. Bild. Im Hofe des Jungfrauenklosters zu Moskau treibt ein Vogt die Menge mit der Knute zum Gebet. Es gilt, Boris Godunow zu erweichen, daß er die Zarenkrone annehme. Gehorsam beten und plärren die Bauern. Sobald der Vogt sich abwendet, geht das Schwatzen und Schimpfen wieder los. Der zaristische Geheimschreiber verkündet, daß Boris unerbittlich bleibe. Sogleich stimmt das Volk wieder das Beten an. – 2. Bild. Bei den Krönungsfeierlichkeiten in Moskau drängt sich das Volk: Boris hat sich umstimmen lassen. Gewaltig dröhnen die Glocken Moskaus, die Geschlechter der Bojaren ziehen auf, immer aufgeregter wird das Volk. Nur der Bejubelte selbst, Boris Godunow im Krönungsschmuck des Zaren, ist banger Ahnungen voll; sein Gewissen läßt ihm keine Ruhe.

1. Akt. – 1. Bild. Beim Schein eines Lämpchens schreibt der alte Mönch Pimenn an seiner Chronik der russischen Geschichte. Ein raunendes Streichermotiv begleitet seine Selbstgespräche. In einer Nische schläft der junge Mönch Grigorij. Weltliche Träume von Schönheit und Heldentum umgaukeln seine unruhige, ehrgeizige Seele. Den Erwachenden unterweist Pimenn im rechten Gottesglauben und in der Geschichte Rußlands: ein Zar sitze auf dem Thron, der den rechtmäßigen Thronfolger als Kind habe ermorden lassen. Der weise Alte und der ruhmsüchtige Junge, so abgeschieden sie auch dasitzen, sind nicht allein: aus dem Betsaal vernimmt man den Chor der Mönche, von denen sie nur einen Teil bilden. 2. Bild. In der Schenkstube an der litauischen Grenze singt die Wirtin ein merkwürdiges Liebeslied von einem Enterich. Die entlaufenen Mönche Warlaam und Missail kommen in Begleitung des entflohenen Grigorij singend herein. Während Grigorij leise die Wirtin nach dem Weg über die Grenze fragt, beginnen die beiden anderen ein

gewaltiges Saufen. Da – eine Streifwache! Angesichts
dieser Gefahr werden sogar die zechenden Mönche einen
Augenblick nüchtern. Als der Hauptmann der Wache
nichts zu plündern findet, stellt er mit dem Haftbefehl in
der Hand ein Verhör an. Da er nicht lesen kann, muß
Grigorij den Steckbrief verlesen – es ist sein eigener!
Schnell fälscht er den Inhalt, so daß die Beschreibung auf
Warlaam paßt. Doch nun kann dieser plötzlich auch le-
sen. Grigorij wird erkannt. Mit einem Sprung ist er zum
Fenster hinaus.

2. Akt. Im Palast klagt des Zaren Tochter Xenia. Doch
die Amme singt ein tragikomisches Lied von der Mücke,
der junge Thronfolger Feodor macht ein Klatschhänd-
chenspiel vor; vergnügt und ausgelassen singen die drei
ihre Volkslieder. Der Zar Boris tritt ein. Der Gram nagt
ihm im Herzen. Er schickt Xenia und die Amme fort;
dann öffnet er in banger Vorahnung um seinen frühen
Tod sein Inneres. Fürst Schuiskij berichtet von einem aus
Polen kommenden Thronforderer, der sich Dimitrij nen-
ne. Bei diesem Namen erbleicht der Zar. Nachdem er
seinen Sohn fortgeschickt hat, fragt er Schuiskij, ob damals in Uglitsch auch wirklich der Zarensohn Dimitrij
ermordet wurde. Mit scheinheiliger Ruhe schildert der
heimtückische Fürst alle Einzelheiten der furchtbaren
Tat. Da fehlt nicht der Verwesungsgeruch, nicht die klaf-
fende Wunde im Gesicht des auf Boris Godunows An-
stiften erschlagenen Kindes. Solche Worte vermag der
von Gewissensbissen zerfressene Geist des Zaren nicht
zu ertragen. Kaum kann Boris den Fürsten entlassen – da
bricht er zusammen. Als er sich wieder erhebt; ist sein
Geist umnachtet. Abgerissene Worte nur vermag er zu
stammeln, er sieht das ermordete Kind in einer Ecke des
Raumes, es wächst, kommt auf ihn zu – winselnd wirft
er sich zu Boden, fleht um Gnade.

3. Akt. – 1. Bild. Im polnischen Schlosse zu Sandomir singen die Dienerinnen ein schmachtendes Lied zu Ehren ihrer Herrin Marina Mnischek. Hohl klingt dieser ehrgeizigen Polin das Lied von Schönheit und Liebe. Sie strebt nach Macht und Ehre. In einer „Arie" (Mazurka) offenbart sie, nachdem sie die lästigen Dienerinnen entlassen hat, ihre heimlichen Träume. Den falschen Dimitrij will sie bestricken, damit sie Zarin werde und ihren Fuß auf Rußlands Rücken setzen könne. Leise schleicht der Jesuit Rangoni zu ihr, setzt ihr mit ölig-glatten Reden, aber auch mit Fluchdrohungen zu: Zarin solle sie werden, damit Rußland dem römischen Glauben gewonnen werde. Dann nahen Magnaten, umwerben die schöne Marina; sie aber schickt sie in den Kampf gegen Rußland. In einem unbewachten Augenblick stürzt Grigorij-Dimitrij der Polin zu Füßen. Sie weist ihn kalt zurück, vermag ihn aber endlich aufzustacheln: Zar will er werden, um Marina zu gewinnen.

4. Akt. – 1. Bild. Die Bojaren sitzen zu Gericht über den falschen Dimitrij und beraten über seine Todesart, obwohl sie ihn noch gar nicht haben. Boris tritt herein. Er sieht vor seinem umnachteten Geist noch immer das ermordete Kind und redet irre Worte. Fürst Schuiskij beobachtet ihn lauernd. Als der Zar zum Bewußtsein kommt und die Sitzung eröffnen will, bittet Schuiskij um Gehör für einen alten Mönch. Pimenn wird hereingeführt. Den Zaren faßt der Alte scharf ins Auge – dann beginnt er seine Erzählung. Sie handelt von Uglitsch. Der Zar fährt zusammen. Von einem Wundertäter berichtet der Greis, und dieser Wundertäter ist – das ermordete Zarenkind Dimitrij. Wild schreit Boris um Hilfe, die Gesichte bedrängen ihn. Daß Bußkleid und seinen Sohn will er haben. Noch kann er dem herbeigeholten Kinde seine letzten Wünsche zuflüstern, da ertönt hinter

der Szene ein Choral der Kirchensänger: ,,Ein schuldlos Kindlein mußte sterben einst." Der Wahnsinnige hört aus diesem Christlied nur eine neue Anklage gegen seinen Mord, schreiend gebietet er Einhalt. Noch einmal rafft er sich auf, ist er der Herr; auf seinen Sohn weisend gebietet er: ,,Hier steht euer Zar." Dann bricht er tot zusammen.

Schlußbild. Im nächtlichen Walde stürmt ein aufrührerischer Haufe daher. Die entfesselte Meute setzt einen gefangenen Bojaren auf einen Baumstumpf und huldigt ihm mit spöttischen, boshaften Liedern. Ein Blödsinniger wird von Knaben auf die Bühne geschleppt. Man hänselt ihn ein wenig und läßt ihn ein Liedlein singen. Warlaam und Missail nahen mit einem Haßgesang auf den Zaren Boris, steigern die Erregung des Volkes ins Ungemessene. In fugierten Einsätzen beginnt der Chor einen Empörungsgesang: ,,Frei und ledig ihrer Fesseln stürmisch bricht sich Bahn des Volkes Kraft." Zwei Mönche, die für den falschen Dimitrij werben, werden verprügelt, nur weil sie lateinisch singen. Da erscheint hoch zu Roß Grigorij-Dimitrij. Und das Volk, das den einen Zaren beseitigen will, jubelt dem neuen entgegen. Auf nach Moskau! Wie von Sinnen stürmt alles dem falschen Zarewitsch nach. Nur der Blödsinnige bleibt zurück, singt leise vor sich hin: ,,Wehe dir, du armes Volk, du hungernd Volk."

TSCHAIKOWSKY

Peter T. (1840–1893, Russe), anfangs im Staatsdienst, seit 1863 ausschließlich Musiker. Schrieb Sinfonien, Konzerte, Opern, Ballette, Klavierwerke usw.

Eugen Onegin

Lyrische Szenen in drei Aufzügen. – Text nach Puschkins Versroman ,,Onegin" vom Komponisten.

Personen: LARINA, *Gutsbesitzerin (Mezzosopran);* OLGA *(Alt) und* TATJANA *(Sopran); ihre Töchter;* FILIPJEWNA, *Wärterin (Mezzosopran);* EUGEN ONEGIN *(Bariton);* LENSKY, *Dichter (Tenor);* FÜRST GREMIA *(Baß);* TRIQUET, *ein Franzose (Tenor). – Ort und Zeit: auf Larinas Landgut und Peterbsurg, erste Hälfte des 19. Jahrhunderts. – Uraufführung: 29.3.1879, Moskau, Mali-Theater.*

,,Lyrische Szenen" lautet der Untertitel; lyrisch, das heißt, undramatisch ist auch die Musik. Sie treibt das Geschehen nicht, sie unterstreicht es nicht, sondern gibt nur seelische Stimmungen wieder. Aber der Orchesterzauberer Tschaikowsky bewährt sich in einzelnen Stellen

Walzer

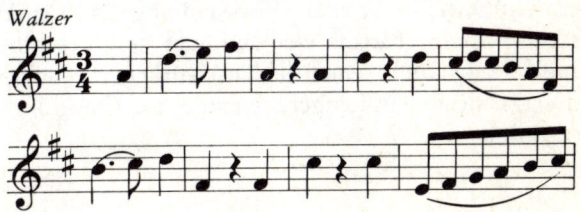

auch hier, so in dem großen Walzer (siehe Notenbeispiel) und in der peitschenden Polonaise.

1. Akt. Larina und Filipjewna sitzen im Garten bei häuslichen Arbeiten. Als die Schnitter heimkehren und vor der Herrin tanzen, kommen Larinas Töchter aus dem Hause. Olga tanzt mit, doch die verträumte Tatjana hält sich abseits. Als aber Olgas Bräutigam Lensky seinen Freund Onegin mitbringt, verliebt sich Tatjana in den gewandten, innerlich müden Weltmann. – Verwandlung. In ihrem Zimmer schreibt Tatjana nachts einen glühenden Brief an Onegin. – Verwandlung. Tatjana harrt im Garten auf Onegin. Dieser schätzt das schlichte Mädchen, fühlt sich jedoch zum Ehemann nicht geeignet. Aus seinen vornehmen Erklärungen hört Tatjana nur eines: die Abweisung ihrer Liebe.

2. Akt. Beim Ball in Larinas Haus ärgert sich Onegin über Lensky, weil dieser ihn in diese fade Gesellschaft eingeladen hat. Scherzhaft rächt er sich an ihm, indem er Olga den Hof macht. Aber Lensky wallt auf und fordert Onegin zum Duell. – Verwandlung. Zum Sekundanten hat Onegin seinen Kutscher gewählt, um die Unsinnigkeit des Geschehens deutlich zu machen. Onegin und Lensky finden aber nicht das befreiende Wort. Und Onegin erschießt, ohne hinzusehen, den Freund.

3. Akt. Nach langen, ruhelosen Wanderjahren erblickt Onegin auf einem glanzvollen Fest die Fürstin Gremia – es ist Tatjana. Diese behandelt ihn sehr kühl. In Onegin aber flammt die Liebe auf. – Verwandlung. In einer Aussprache bekennt Tatjana weinend, daß sie Onegin noch immer liebe. Doch seinen leidenschaftlichen Fluchtplänen setzt sie ihr Pflichtgefühl entgegen. Onegin geht, verzweifelt.

Pique Dame

Oper in drei Aufzügen. – Text nach Puschkin von Modest Tschaikowsky (dem Bruder des Komponisten).

Personen: HERMANN *(Tenor);* GRAF TOMSKY *(Bariton);* FÜRST JELETZKY *(Baß);* CZEKALINSKY, SSURIN, TSCHAPLITZKY, NARUMOFF, *russische Edelleute und Offiziere (Tenor und Baß);* DIE GRÄFIN *(Alt);* LISA, *ihre Enkeltochter (Sopran);* PAULINE, *deren Freundin (Sopran);* DIE GOUVERNANTE *(Alt);* MASCHA, *Kammermädchen (Sopran). – Ort und Zeit: Petersburg, um 1800. – Uraufführung: 19.12. 1890, Petersburg.*

Vielleicht ist die Musik dieser Oper nicht ganz so „russisch" wie die in *Eugen Onegin;* dafür wirkt sie in verschiedenen Szenen um so dramatischer. Das gilt vor allem für die Spielszenen und die unheimlichen Augenblicke im Zimmer der Gräfin. Im allgemeinen ist die Melodieführung etwas „eleganter" (französischer Einfluß), die Orchestersprache noch verfeinerter.

1. Akt. Mit einem Kameraden trifft Hermann auf der Promenade die von ihm geliebte Lisa; sie ist verlobt mit dem Fürsten Jeletzky. Mit Tomsky unterhält er sich über Lisas Großmutter: die hatte sich einst einem Edelmann hingegeben und dafür das Geheimnis erfahren, wie man im Spiel unfehlbar gewinne. Hermann will der Gräfin dieses Geheimnis entreißen und Lisa doch noch erobern. – Verwandlung. Lisa singt mit ihren Freundinnen Romanzen und ein tolles Tanzlied. Ärgerlich schickt die Gouvernante die Mädchen fort. Lisa denkt sehnsüchtig an Hermann. Da erscheint er. Sie muß ihn vor der Gräfin verbergen; dann wird sie die Seine.

2. Akt. Auf dem Maskenball gibt Lisa Hermann den Schlüssel zum Zimmer der Gräfin; durch dieses Zimmer

solle er zu ihr kommen. – Verwandlung. Hermann verbirgt sich im Zimmer der Gräfin. Dann zeigt er sich der
Alten, fleht sie an, ihm das Spielgeheimnis zu verraten,
und bedroht sie schließlich mit der Pistole. Ein Herz-
schlag macht ihrem Leben ein Ende. Lisa ist gekränkt:
um der Karten willen, nicht ihrer Liebe wegen sei er gekommen.

3. Akt. Hermann liest einen verzeihenden Brief Lisas.
Der Geist der toten Gräfin erscheint und nennt ihm drei
Karten. Drei, Sieben, As! – Verwandlung. Am nächtlichen Newa-Ufer erwartet Lisa den Geliebten. Er hat
aber nur ein paar flüchtige Worte für sie und eilt in den
Spielklub. Lisa wirft sich in den Fluß. – Verwandlung.
Hermann spielt, gewinnt auf Drei, verdoppelt auf Sieben, gewinnt, setzt eine riesige Summe aus As. Niemand
will den Einsatz halten. Fürst Jeletzky, der an Hermann
die Braut verloren hat, setzt sich an den Tisch. Hermann
hebt die Karte: Pique Dame! Hinter einem Stuhl sieht er
den grinsenden Geist der Spielgräfin und ersticht sich.

DVOŘAK

Antonin D. (1841–1904, Tscheche) hat sich von ganz unten emporgearbeitet, später gefördert durch Brahms und Bülow. Wurde dann Konservatoriumslehrer. 1892–1895 in den Vereinigten Staaten, dann in Prag. Bekannt durch Kammermusik und Orchesterwerke; schrieb auch einige Opern.

Rusalka

Lyrisches Märchen in drei Aufzügen. – Text von Jaroslav Kvapil.

Personen: DER PRINZ (Tenor); DER HEGER (Tenor); EINE FREMDE FÜRSTIN (Sopran); RUSALKA (Sopran); DER WASSERMANN (Bariton); DIE HEXE JEZIBABA (Alt); EIN JÄGER (Tenor); EIN KOCH (Tenor); DREI ELFEN (Sopran und Alt). – Ort und Zeit: Märchenland, Märchenzeit. – Uraufführung: 31.3. 1901, Prag.

Seit einigen Jahren spielt man diese Dvořak-Oper wieder häufiger. Nicht nur um des deutsch anmutenden Stoffes willen, sondern wegen der an Brahms, an Wagner und dem französischen Frühimpressionismus geschulten, dennoch in ihrem Kern unverwechselbar tschechisch-volkhaft gebliebenen Musik. *Rusalka* gehört mit Smétanas *Verkaufte Braut* und Janačeks *Jenufa* zu den größten tschechoslowakischen Opern, weil sie – wie diese – tief im heimatlichen Boden verwurzelt und strahlend emporgewachsen ist. Künstlerisch ein Meisterwerk.

1. Akt. Die Nixe Rusalka will fort aus ihrem See, fort von ihren Schwestern, will zu den Menschen, wie ein Mensch lieben. Nichts fruchten die Warnungen und Klagen des Wassermanns – Rusalka geht zur Hexe Jezibaba, damit diese ihr helfe. Diese verspricht ihr, sie dem Prinzen, der oft im See badet, zuzuführen, sagt ihr aber voraus: Schmerz werde Rusalka ins Nixenreich zurückbringen, und dann müsse auch der Prinz sterben. Schon hört man Hornklänge. Rusalka wird von dem Prinzen gefunden; er nimmt sie mit sich, obwohl sie stumm bleibt.

2. Akt. Die Hochzeit wird vorbereitet. Der Heger und der Koch machen ihre Bemerkungen nach Volkes Art: der Prinz sei schon nicht mehr so ganz verliebt in die schöne Stumme. Im Schloßteich jammert der Wassermann über Rusalkas Geschick. Auch Rusalka schüttet ihr Herz aus. In ihrer seelischen Not erlebt sie nun auch noch, daß der Prinz sein Herz an die fremde Fürstin verschenkt. Zornig droht der Wassermann dem Prinzen, von dem sich jetzt die Fürstin verächtlich trennt.

3. Akt. Nicht mehr als fröhliche Nixe, sondern als armseliges Geschöpf wohnt Rusalka am See. Nur eines kann sie vor dem Fluch retten, sagt die Hexe: Rusalka müsse den Prinzen töten. Heger und Koch wollen die zaubernde Jezibaba zum Prinzen holen, damit sie die bösen Geister verjage. Doch werden sie vom Fluch des Wassermannes verscheucht. Der Prinz naht. Er ist von Wahnvorstellungen befallen, sucht verzweifelt Rusalka. Sie aber warnt ihn traurig; wenn er sie küßt, muß er sterben. Doch der Prinz zieht sie an sich – und sinkt tot zu Boden.

HUMPERDINCK

Engelbert H. (1854–1921), studierte in Köln, München und Italien. 1881 in Bayreuth. Später Lehrer in Barcelona, Köln, Frankfurt, Berlin.

Hänsel und Gretel

Märchenspiel in drei Bildern. – Text von Adelheid Wette (der Schwester des Komponisten).

Personen: PETER, Besenbinder (Bariton); GERTRUD, sein Weib (Mezzosopran); HÄNSEL (Mezzosopran) und GRETEL (Sopran), ihre Kinder; DIE KNUSPERHEXE (Mezzosopran); SANDMÄNNCHEN und TAUMÄNNCHEN (Sopran). – Ort und Zeit: Märchenland, Märchenzeit. – Uraufführung: 23.12. 1893, Weimar.

Trotz stärkster Verehrung für Wagners Werk hat sich Humperdinck für sein eigenes Schaffen einen anderen Weg gesucht: den zur schlichten Seele des einfachen Volkes. In *Hänsel und Gretel* ist ihm das so gelungen, daß man oft nicht weiß, welche Weise von ihm stammt und welche echtes Volksgut ist. Das wirkt um so erstaunlicher, als Humperdinck sein meisterhaftes satztechnisches Können fast zu verbergen weiß, um den Gesamtstil nicht zu gefährden – am schönsten wohl in dem Abendgebet (vgl. Notenbeispiel), das auch in der – für das Ganze doch wohl überdehnten – Ouvertüre als tragender Pfeiler erscheint.

1. Bild. Hänsel und Gretel tanzen und singen, statt zu flechten und zu stopfen. Bei ihrem ausgelassenen Spiel

A-bends, will ich schlafen gehn,
vierzehn En-gel um mich stehn:
zwei zu mei-nen Häup - - ten

stoßen sie einen Topf mit Milch vom Brett. Die erboste Mutter schickt sie zur Strafe in den Wald, damit sie Erd-beeren zum Abendessen suchen. Die heitere Stimmung des heimkehrenden Vaters schlägt um, als er von der un-überlegten Handlung seiner Frau hört; denn im Wald da herrscht doch die Knusperhexe, die schon so viele Kin-der verzaubert hat. Mann und Frau eilen den Kindern nach.

2. Bild. Im Wald beginnen die Kinder ihr unschulds-
volles Spiel von neuem, finden im Dunkel nicht heim
und legen sich unter einen Baum. Sandmännchen schläfert sie ein, Engel halten an ihrem Lager Wacht.

3. Bild. Taumännchen weckt morgens die Kinder. Sie
reiben sich den Schlaf aus den Augen und – erblicken ein
Knusperhäuschen! Natürlich können sie nicht widerstehen und naschen. Die Hexe fängt sie und will einen Bra-
ten aus ihnen machen. Zunächst wird Hänsel in einen
Maststall gesteckt. Aber die listigen Kinder übertölpeln
das garstige alte Weib und werfen die Hexe in den glühenden Backofen. Mit einem Schlage werden die Pfeffer-
kuchenmännchen an der Hütte zu lebendigen Kindern:
die Hexe hatte sie einst verspeist. Und nun kommen
auch Vater und Mutter, schließen die geretteten Kinder
glücklich in die Arme.

Die Königskinder

Musikmärchen in drei Bildern. – Text von Ernst Rosmer.

Personen: KÖNIGSSOHN *(Tenor);* GÄNSEMAGD *(Sopran);*
HEXE *(Alt);* SPIELMANN *(Bariton);* HOLZHACKER *(Baß);*
BESENBINDER *(Tenor);* RATSÄLTESTER *(Baß);* WIRT *(Baß);*
WIRTSTOCHTER *(Mezzosopran);* SCHNEIDER *(Tenor);*
STALLMAGD *(Alt). – Ort und Zeit: Hellawald und Hella-
brunn, Mittelalter. – Uraufführung: 28.12. 1910, New
York, Metropolitan Opera House.*

Wie die Handlung dieser Oper, so zielt auch die Musik am eigentlichen Märchenhaften – wie es in *Hänsel
und Gretel* so prächtig getroffen war – ein wenig vorbei.
Was in der Ouvertüre jenes Werkes schon recht an-

spruchsvoll erschien, das breitet sich in dieser Oper über die meisten Teile aus. Daraus mag es sich erklären, daß *Die Königskinder* nicht ganz so erfolgreich waren wie *Hänsel und Gretel*. Dabei steht die Musik – sieht man von den Märchen-Voraussetzungen einmal ab – auf sehr hoher Stufe. Am schönsten wohl die drei Vorspiele zu den einzelnen Bildern: der ritterlich frohgemute ,,Königssohn", das trubelnd heitere ,,Fest in Hellabrunn" und das wehmutvoll schmerzliche ,,Verdorben-gestorben".

1. Bild. Auf Geheiß der Hexe soll die Gänsemagd das Zauberbrot kneten. Wer davon die Hälfte ißt, muß sterben. Ein Königssohn findet das liebliche Menschenkind, möchte die Maid mit sich nehmen; aber der Zauber verschließt ihr den Weg. Ein Spielmann kommt mit Bürgern aus Hellabrunn, um von der Hexe zu erfragen, wer König werde. Sein Blick erkennt in der Gänsemagd königlichen Sinn, und es gelingt ihm, das Mädchen dem Zauber zu entreißen.

2. Bild. In Hellabrunn wird ein Fest vorbereitet. Der Königssohn ist unter der Menge als Knecht. Was ein König sei, macht er kund; doch hört man ihm nur feindselig zu. Um die von der Hexe verkündete Stunde öffnet man das Stadttor, um den König zu empfangen – draußen stehen Gänsemagd und Spielmann. Wütend fällt die Menge über sie her. Königssohn und Gänsemagd können entfliehen, doch der Spielmann wird gefangen. Nur ein kleines Mädchen weint: ,,Das ist der König und seine Frau gewesen."

3. Bild. In der Hütte der von den Hellabrunnern verbrannten Hexe wohnt der zum Krüppel geschlagene Spielmann. Die Hellabrunner, vor allem die Kinder, wollen ihn zurückholen. Mit den Kindern geht er auf die Suche nach den Königskindern. Der Hütte nahen im kal-

ten Winter der Königssohn und die Gänsemagd. Für eine Königskrone erhalten sie von zwei Hellabrunnern ein altes Brot – das Zauberbrot. Hungrig essen sie es und müssen sterben. Traurig geleiten die mit dem Spielmann wiederkehrenden Kinder das Paar zur letzten Ruhe.

JANÁČEK

Leoš J. (1854–1928), Sprößling einer tschechischen Musikerfamilie, studierte in Wien und Leipzig, leitete dann die Orgelschule in Brünn, erforschte die Volkslieder seiner Heimat, arbeitete über die „Melodie des gesprochenen Wortes". Schrieb bedeutende Werke auf fast allen Gebieten der Musik.

Den tschechischen Meister Janáček darf man getrost neben seine berühmten Landsleute Smétana und Dvořak stellen. Allerdings wurden seine Bühnenwerke erst in unserem Jahrhundert auch im Ausland bekannt. Seit der Jahrhundertmitte gibt es sogar eine Art Janáček-Bewegung, die versucht, durch sorgfältige Übersetzungen das Bühnenschaffen des Meisters auch im deutschsprachigen Raum heimischer werden zu lassen. Wie schwierig gerade bei Janáček eine werkgerechte Übersetzung ist, geht schon daraus hervor, daß die Opern entsprechend der „Melodie des gesprochenen Wortes" komponiert sind. Musikalisch ist Janáčeks Opernmusik verwurzelt im tschechischen Raum (Volkslied, Volkstanz, volkhaftes Musizieren überhaupt), der immer wieder aufklingt, obwohl die rein künstlerischen Mittel von der russischen, mehr noch von der impressionistisch-französischen Musik angeregt sind.

Außer den nachfolgend skizzierten Werken hört man leider nur hin und wieder *Das schlaue Füchslein, Die Sache Makropulos, Aus einem Totenhaus, Die Ausflüge des Herrn Brouček*, sowie das erst drei Jahrzehnte nach Janáčeks Tode aufgeführte *Schicksal*.

Jenufa oder *Ihre Ziehtochter*

Oper in drei Akten. – Text nach Gabriele Preiß.

Personen: DIE ALTE BURYA (Alt); LACA, ihr Stiefenkel (Tenor); STEWA, ihr Enkel (Tenor); DIE KÜSTERIN BURYA, ihre Schwiegertochter (Sopran); JENUFA, deren Ziehtochter (Sopran); ALTGESELL (Bariton); DER DORFRICHTER (Baß); SEINE FRAU (Mezzosopran); KAROLKA, ihre Tochter (Mezzosopran). – Ort und Zeit: Gebirgsgegend in Mähren, 19. Jahrhundert. – Uraufführung: 21.1. 1904, Brünn.

Bei der Musik dieser mährischen Volksoper denkt man anfangs an den Verismus, an Mussorgsky – bis man plötzlich das Eigne des hochbegabten Komponisten wahrnimmt. Es besteht darin, daß die gesungene Melodik dem Tonfall und Rhythmus der mährischen Volkssprache abgelauscht ist. Diese Wortmelodik und die selbständige Orchestersprache sind so stark und eigenwüchsig, daß die Volksoper eine Weltoper geworden ist.

1. Akt. Jenufa wartet ängstlich auf das Ergebnis der Ausmusterung. Wenn Stewa zum Militär muß, können sie nicht heiraten, und Jenufas Schande wird offenbar. Da kommt der Stewa. Er braucht nicht Soldat zu werden. Aber so betrunken ist er, daß die Küsterin, ihre Pflegemutter, ihm ein Probejahr befiehlt, ehe er ihre Ziehtochter Jenufa bekommt. Der alleingebliebenen Jenufa sucht Laca die Liebe zu seinem Stiefbruder auszureden. Doch sie wehrt sich. Da fährt er ihr, um sie zu entstellen, mit dem Messer ins Gesicht und stürzt in Verzweiflung und Reue davon.

2. Akt. Ein halbes Jahr später. Jenufa hat ein Kind geboren. Die in ihrem Stolz verletzte Küsterin sucht Stewa zur Ehe zu zwingen. Der aber weint – und macht sich

davon, weil er sich inzwischen mit der Richterstochter Karolka verlobt hat. Während Jenufa schläft, nimmt die Küsterin Jenufas Kind und ertränkt es im Mühlgraben. Der in Angst und Qual erwachenden unehelichen Mutter erzählt die Küsterin eine Geschichte von dem ,,Totgeborenen" und von Stewas Verlobung. Sie solle den treuen Laca nehmen. Gebrochen stimmt Jenufa zu.

3. Akt. Jenufa will mit Laca zur Trauung gehen. Die Gäste sind versammelt. Da kommt ein Knecht: im Mühlgraben wurde ein totes Kind gefunden. Jenufa schreit auf: es sei ihr Kind! Die Küsterin nimmt Schuld und Strafe auf sich. Jenufa gibt Laca frei; doch der will nun erst recht zu ihr stehen. Jetzt lernt Jenufa wahres Leben und wahre Liebe.

Katja Kabanowa

Oper in drei Akten. – Text nach Alex. Ostrowskis ,,GEWITTER".

Personen: DIKOJ, ein Kaufmann (Baß); BORIS, sein Neffe (Tenor); DIE KABANICHA, reiche Witwe (Alt); TICHON, ihr Sohn (Tenor); KATJA, seine Frau (Sopran); BARBARA, Pflegetochter in deren Haus (Mezzosopran); KUDRJASCH, Lehrer (Tenor); KULIGIN, sein Freund (Baß); GLASCHA und FEKLUSCHA, Dienerinnen (beide Alt); Bürger und Bürgerinnen. – Ort und Zeit: Kalinow an der Wolga, um 1860. – Uraufführung: 23.1. 1921, Brünn.

Musikalisch gegenüber *Jenufa* verfeinert und vertieft, insbesondere in der Orchestersprache. Hervorzuheben der aus Gefühlsseligkeit ins Visonäre gesteigerte Bericht Katjas sowie die hochdramatische Gewitterszene.

Boris erträgt die Zänkereien seines Onkels nur, um seiner Schwester das Erbteil zu sichern. Zänkisch ist auch die Kabanicha, die in ihrer Eifersucht auf die Schwiegertochter Katja so weit geht, daß sie sie beleidigt und ihrem Sohn Tichon eine längere Abwesenheit einreden will. – Ein wenig überspannt ist Katja schon; das merkt man, als sie Barbara erst versonnen, dann aber übertrieben-visionär erzählt, sie liebe neben ihrem Mann noch einen anderen, obwohl sie sich gegen so sündhafte Gedanken wehrt. Um stark zu bleiben, verlangt sie, ihr Mann Tichon solle von ihr einen Treueschwur für die Zeit seiner Abwesenheit verlangen. Zunächst lehnt er ab, gibt aber nach, als seine Mutter ihn drängt. Da aber ist es mit Katjas Fassung aus. Immer übler wird die Stimmung, als die Kabanicha sie ständig wieder beleidigt.

Die ewigen Quälereien bringen Katja zur Verzweiflung. Als nun Barbara ihr die Möglichkeit zu einem Stelldichein mit dem jungen Boris bietet, willigt sie halb besinnungslos ein. In der Sommernacht gibt sie sich Boris hin, findet dann aber kaum die Kraft, mit ihrer Sünde wieder ins Haus zu gehen.

In einer schrecklichen Gewitternacht gesteht Katja dem heimgekehrten Mann, daß sie schuldig geworden sei, und verläßt das Haus, mehr den tobenden Elementen verwandt als geneigt, die zanksüchtigen Vorwürfe ihrer Schwiegermutter anzuhören.

Diese verlangt grausame Bestrafung der Sünderin. Und Katja erkennt, daß die Beichte ihr nicht geholfen hat. Ein einziges Mal noch will sie Boris treffen – dann wirft sie sich in den tosenden Strom. Der brave Tichon kann den Tod seines Weibes nicht fassen, wird nun erst ein rechter Mann und schreit seiner Mutter die Anklage „Mörderin" ins Gesicht. Die aber nimmt ungerührt die „Beileidsbezeugungen" der Leute entgegen.

LEONCAVALLO

Ruggiero L. (1858–1919, Italiener) war lange Jahre Musiklehrer und Klavierspieler in einem Kaffeehaus. Mit dem *Pagliazzi (Bajazzo)* beteiligte er sich an einem Preisausschreiben und wurde sogleich weltberühmt. Seine anderen Opern haben sich bei uns nicht durchsetzen können.

Der Bajazzo

Drama in zwei Akten. – Text vom Komponisten.

Personen: CANIO, Haupt einer Komödiantentruppe (Tenor); NEDDA, sein Weib (Sopran); TONIO (Bariton); BEPPO (Tenor), Komödianten; SILVIO, junger Bauer (Bariton). – Ort und Zeit: Bei Montalto in Kalabrien, Mariä Himmelfahrt 1865. – Uraufführung: 21.5. 1892, Mailand, Teatro dal Verme.

Der zweite Teil der Ouvertüre besteht aus einem programmatischen Vorspruch, in dem es heißt: „Denn nicht die Märchen allein sind der Zweck der Kunst; auch was er wirklich sieht, schildre der Dichter … Heut schöpfet der Dichter kühn aus dem wirklichen Leben schaurige Wahrheit." – Wahrheit, das große Schlagwort um 1890, auf italienisch „verismo"; daher die Bezeichnung „Veristen" für Dichter und Komponisten, deren Ziel es war, die sogenannte wahre Wirklichkeit zu schildern (vgl. auch Mascagnis *Cavalleria rusticana;* im übrigen war der Verismus nicht auf Italien beschränkt und nicht auf die Musik allein).

Man muß allerdings sagen, daß Leoncavallo in dem von ihm gedichteten Text veristischer war als in der Vertonung, die mehr auf die Wirklichkeit des Theaters als auf die des Lebens zielt. Das gilt vor allem für die ausdrucksgeladenen, gleichwohl auf Schönklang bedachten Arien und für die gepflegte Orchestersprache, in der er vielfach mit Leit- oder Erinnerungsmotiven arbeitet (vgl. die Notenbeispiele aus der Ouvertüre; das erste ein schwungvoll-anschauliches „Zirkus-Thema", das zweite aus der Verzweiflungsarie „Lache, Bajazzo").

1. Akt. Canio, der Führer einer Gauklertruppe, lädt mit großem Redeschwall die Bauern zur Vorstellung „heut abend um neune" ein. Als sich der Gaukler Tonio an Canios Frau Nedda heranmachen will, erhält er von Canio eine Ohrfeige. Die Bauern hänseln Canio ob seiner Eifersucht; aber da versteht der Spaßmacher keinen

Spaß. Doch dann läßt er sich von den Bauern ins Wirtshaus einladen und geht mit ihnen davon. Der zurückbleibenden Nedda nähert sich Tonio: er weiß, daß sie ihrem Mann untreu ist und hofft, durch dieses Wissen ein Schäferstündchen von ihr erpressen zu können. Aber Nedda verspottet ihn; als er zudringlich wird, schlägt sie ihn mit der Peitsche ins Gesicht. Rache schwörend entfernt er sich. Da schleicht der junge Bauer Silvio heran. Die beiden lieben einander schon lange, und nun will Silvio Nedda bestimmen, die Gauklertruppe zu verlassen und mit ihm zu leben. Beinahe hat er sie überzeugt – da schreit sie auf: Tonio hat Canio herbeigeführt! Silvio flieht, Canio verfolgt ihn. Umsonst, verzweifelt kehrt er zurück. Mit dem Dolch bedroht er die Ungetreue, will den Namen ihres Geliebten wissen. Und wenn der Komödiant Beppo nicht dazwischengesprungen wäre, hätte Nedda ihre Untreue mit dem Leben bezahlen müssen – und die Vorstellung heute abend wäre unmöglich geworden. Doch ,,jetzt spielen, wo mich Wahnsinn umkrallt?" Was nützt alles persönliche Leid! ,,Hüll dich in Tand nur und schminke dein Antlitz! Man hat bezahlt ja, will lachen für sein Geld."

2. Akt. Ungeduldig harren die Zuschauer, unter ihnen auch Silvio, auf den Beginn der Vorstellung. Endlich ist es soweit. Man spielt eine Eifersuchtskomödie. Colombine (Nedda) harrt in Abwesenheit ihres Mannes Bajazzo (Canio) ungeduldig auf den Liebhaber Harlekin. Endlich erscheint er. Das Schäferstündchen wird gestört: Bajazzo kehrt zurück, Harlekin flieht, und Colombine ruft ihm nach: ,,Auf die Nacht denn, und für ewig bin ich die Deine." Das sind die gleichen Worte, die Nedda dem entfliehenden Silvio nachgerufen hatte! Bajazzo-Canio verliert sogleich die mühsam wiedergewonnene Fassung. Das Spiel wird ernst: Bajazzo will den Namen des

Entflohenen wissen. Nedda-Colombine spürt, wie Ca-
nio-Bajazzo immer mehr seine Rolle vergißt und den
Namen des entflohenen Silvio wissen will; sie möchte
den Komödienton wieder aufgreifen. Canio aber spielt
nicht mehr Komödie, er ist nur noch eifersüchtiger
Mann. Die Bauern klatschen begeistert Beifall; halten sie
doch für glänzendes Spiel, was in Wahrheit blutiger
Ernst ist. Canio zieht das Messer, Beppo will eingreifen,
wird aber von dem rachsüchtigen Tonio zurückgehalten.
Da sticht Canio zu, und als der entsetzte Silvio auf die
Bühne springt, tötet der Eifersüchtige auch ihn. ,,Geht
ruhig heim, das Spiel ist aus.“

PUCCINI

Giacomo P. (1858–1924, Italiener), Sproß einer Musikerfamilie, studierte vor allem bei Ponchielli. Schrieb
vorwiegend Opern.

Man mag an Puccinis Musik herumdeuteln, soviel man
will – eines ist sicher: sie ist echt in dem Sinne, daß sie genau den Ton trifft, der einem bestimmten Weltbürger-
tum um 1900 entsprach. Liebe wurde kaum noch erlebt,
sondern nur mit Rührung wahrgenommen; der Schreck
ging nicht mehr ins Herz, sondern ließ die Nerven erzit-
tern; Leidenschaft war nicht mehr eine Sache des Blutes,
sondern ein Kitzel des Wissenden, Übermüdeten. Und
so ist denn Puccinis Opernmusik zwar nicht oberfläch-
lich, aber doch oberflächenhaft, tönender Spiegel eines
überzüchteten Weltbürgertums. Dieses Weltbürgerliche
offenbart sich auch darin, daß Puccini die Technik seines
Schaffens aus Wagners Leitmotivik, aus der italienischen
Gesangstradition, aus dem französischen Klangimpres-
sionismus, aus der japanischen Klangfärbung – kurz, aus
aller Welt zusammengesucht hat. Daher auch der Sieges-
zug seiner Opern durch die ganze Welt. Nur darf man
dabei nicht übersehen, daß der Komponist stark genug
war, alle diese Einzelzüge zu einem geschlossenen Ganzen zu vereinigen. Gewiß, er war ein Künstler der Deka-
dence, aber eben doch ein Künstler – eine Tatsache, die
ihn weit über alle Musikrechner hinaushebt und seine
Wirkung selbst nach mehr als einem halben Jahrhundert
nicht vermindert hat. Die Oper als Gattung hat in Puccini ihren bislang letzten Höhepunkt erreicht. Und das,
obwohl sich seine Opern im allgemeinen nicht durch einen großen Zug, sondern durch Stimmungsmalerei und

Augenblicksschilderung auszeichnen, klanggeworden
durch einen erstaunlichen Reichtum sangbarer Melodien
und eine höchst kunstvolle motivische Kleinarbeit im
Orchester.

Manon Lescaut

*Lyrisches Drama in vier Akten. – Text von Luigi Illica,
Dom. Oliva, Marco Praga und Giulio Ricordi.*

*Personen: MANON LESCAUT (Sopran); SERGEANT LESCAUT,
ihr Bruder (Bariton); CHEVALIER DES GRIEUX (Tenor); GE-
RONTE, Steuerpächter (Baß); EDMOND, Student (Tenor);
Der Wirt, ein Sergeant der Bogenschützen, ein Seekapi-
tän (sämtlich Baß); ein Ballettmeister, ein Leuchtturm-
wärter (beide Tenor), ein Musikmeister (Mezzosopran);
Alte Herren, Mädchen, Bürger, Bürgerinnen, Studenten,
Volk usw. – Ort und Zeit: Frankreich und Amerika,
zweite Hälfte des 18. Jahrhunderts. – Uraufführung:
1.2. 1893, Turin.*

Einen wirklichen Opernerfolg errang Puccini erst mit
dieser Oper, deren Stoff übrigens auch Massenet vertonte. Es ist ein Werk für schöne Stimmen. Tanzformen,
Madrigal und andere Kleinformen bilden das Gerüst.

1. Akt. Manon, die ihr Bruder ins Kloster sperren
will, möchte der reiche Steuerpächter Geronte entführen. Sie aber macht sich mit dem jungen Grieux aus dem
Staube.

2. Akt. Nun ist Manon, vermittelt durch ihren Bruder, die Geliebte des Steuerpächters geworden. Doch
sagt ihr die dünne Luft des Reichtums nicht zu. Des
Grieux, den sie noch immer liebt, will abermals mit ihr

das Weite suchen; doch werden sie überrascht. Bei Manon wird der Schmuck gefunden, mit dem sie der Steuerpächter behängt hat; sie wird festgenommen.

3. Akt. Des Grieux will die zur Deportation verurteilte Manon in einem Hafen durch Bestechung freibekommen, kann jedoch den Schiffskapitän nur dahin bringen, daß er auch ihn mitnimmt.

4. Akt. Wieder eine Entführung, diesmal geglückt, aus dem Gefängnis. Doch auf der weiteren Flucht durch die Wüste stirbt die verweichlichte Manon in den Armen ihres Geliebten.

La Bohème

Szenen aus Henri Murgers ,,VIE DE BOHÈME" in vier Bildern. – Text von Giacosa und Illica.

Personen: RUDOLF, Dichter (Tenor); SCHAUNARD, Musiker (Bariton); MARCEL, Maler (Bariton); COLLIN, Philosoph (Baß); MIMI (Sopran); MUSETTE (Sopran); BERNARD, Hauswirt ALCINDOR (Baß). – Ort und Zeit: Paris um 1830.– Uraufführung: 1.2.1896, Turin, Teatro Regio.

Wohl die für Puccinis bezeichnendste Oper. Wie die Handlung nicht straff durchgeführt ist, sondern nur einzelne Szenen aneinandergereiht, so gibt die samtene Musik lediglich (vgl. Mimis Thema) klanggebettete Einzelstimmungen von betörendem melodischen Zauber.

1. Bild. Der ,,Dichter" Rudolf und der ,,Maler" Marcel frieren elendiglich in ihrer Dachkammer. Auch der ,,Philosoph" Collin hat kein Geld auftreiben können. Da bringt der ,,Musiker" Schaunard Speisen, Wein und Geld: ein Engländer hatte ihn als Gesangslehrer für sei-

nen Papageien engagiert. Trinken wollen sie nun daheim, aber das Essen soll am Weihnachtsabend im Café Momus eingenommen werden. Den um die Miete vorsprechenden Hauswirt werfen die vier lustigen Vögel moralisch entrüstet hinaus, nachdem sie ihn listig lockere Reden haben führen lassen. Rudolf will noch einen Artikel für die Zeitung schreiben, die anderen drei gehen inzwischen voraus. Da tritt die arme Näherin Mimi herein, um sich Licht für ihre Kerze zu holen. Man erzählt sich gegenseitig seine belanglose Lebensgeschichte, man spielt ein wenig Verstecken, aber dann gesteht man sich seine Liebe. Mimi folgt mit Rudolf den anderen ins Café Momus.

2. Bild. Auf dem Weihnachtsmarkt kaufen die vier Bohèmiens ein paar Kleinigkeiten (Mimi erhält von Rudolf

ein Spitzenhäubchen). Dann geht's ins Café Momus. Gegenseitiges Vorstellen, heiteres Geplauder – da schreit Marcel auf: seine frühere Geliebte Musette, die er noch immer liebt, erscheint am Arm eines alten Gecken. Spitze Bemerkungen fliegen von Tisch zu Tisch, Musette stimmt ein betörendes Walzerlied an, und als sie die Wirkung auf Marcel bemerkt, schickt sie ihren reichen, alten Liebhaber mit einem Schuh zum Schuhmacher und wirft sich in Marcels Arme. Im Triumph wird sie von Collin und Marcel davongetragen, und der zurückkehrende Geck hat zu allem auch noch die Rechnung für die vier Freunde zu bezahlen.

3. Bild. Kleine Schenke neben dem Zollhaus. Von einem schrecklichen Husten geplagt kommt Mimi in der kalten Winternacht und läßt Marcel aus der Schenke holen. Er soll ihr helfen: zwischen Rudolf und Mimi, die nun zusammen wohnen, ist nicht mehr alles in Ordnung. Da Rudolf naht, schickt Marcel sie fort; doch sie verbirgt sich und wird nun Zeuge des Gesprächs. Auf Marcels Vorhaltungen behauptet Rudolf zunächst, Mimi sei flatterhaft; doch dann gesteht er: Mimis Husten ängstigt ihn, sie muß sterben. Da seufzt sie in ihrem Versteck, und Rudolf eilt beschämt zu ihr. Noch einmal finden sich die Herzen in einem Liebesgesang, während Marcel wütend mit der wirklich flatterhaften Musette einen heftigen Streit beginnt.

4. Bild. Rudolf und Marcel sitzen wieder in ihrem alten Dachstübchen. Ihre Mädchen haben sie verlassen, doch denken sie immer wieder an die seligen Tage. Schaunard und Collin kommen mit einem Brot und einem Hering. Man spielt vornehm ,,Diner", man wagt sogar ein ausgelassenes Tänzchen. Da tritt hastig Musette ein: Mimi folge ihr, sie sei sterbenskrank! Verstört legt Rudolf Mimi auf das armselige Bett. Musette will ihr eine

Freude machen und geht mit Marcel einen Muff kaufen.
Collin eilt in die Apotheke und nimmt Schaunard mit.
Mimi erwacht noch einmal. Süß und unsagbar traurig
klingen die Erinnerungen an das Einst auf; dann fällt die
Kranke kraftlos in die Kissen. Die Freunde und Musette
kehren zurück, Musette legt Mimi leise einen Muff auf
die Decke. Die Kranke erwacht, freut sich über das Geschenk Rudolfs – wie sie meint – und schläft langsam ein.
An den bestürzten Mienen der Freunde erkennt Rudolf,
was geschehen ist. Mit einem Schrei wirft er sich über die
Tote.

Tosca

*Musikdrama in drei Akten nach Sardou von Illica und
Giacosa.*

*Personen: MARIO CAVARADOSSI, Maler (Tenor); CESARE
ANGELOTTI, ehemaliger Konsul von Rom (Baß); BARON
SCARPIA, Chef der Polizei (Bariton); FLORIA TOSCA, Sän-
gerin (Sopran); SPOLETTA, Polizeiagent (Tenor); Der MES-
NER (Bariton). – Ort und Zeit: Rom 1800. – Urauffüh-
rung: 14.1. 1900, Rom, Teatro Costanzi.*

Die Grausamkeiten des Textes werden wesentlich gemildert durch die Musik. In ihren Harmonien und Melodien lebt mehr der Widerschein des Grausamen als das
Grausame selbst; gleichzeitig ist vieles so theatralisch
vertont, daß der Hörer jederzeit das Gespielte des Spiels
wahrnimmt. Wie scharf Puccini zu charakterisieren
weiß, lehrt das Motiv des brutalen Scarpia, das leitmotivisch die ganze Oper durchzieht (zu beachten der schnelle Wandel von B- nach E-dur).

1. Akt. Der frühere Konsul Angelotti ist aus der Engelsburg entflohen und verbirgt sich in einer Kapelle in der Kirche. Da der Mesner Geräusche gehört hat, kommt er herbei, findet aber nichts. Kurz darauf erscheint der Maler Cavaradossi, um an seinem Bild weiterzuarbeiten. Es ähnelt nicht nur Floria Tosca, der Geliebten Cavaradossis, sondern zugleich einer Dame, die in letzter Zeit mehrfach vor der Kapelle gebetet hat, in die Angelotti geflüchtet ist (es ist seine Schwester, die für den Flüchtigen den Schlüssel bereitgelegt hatte). Cavaradossi weist den Eßkorb des Mesners zurück; der stellt ihn für sich beiseite und geht. Angelotti kommt aus der Kapelle. Cavaradossi verspricht ihm Hilfe, schiebt ihn aber sofort in die Kapelle zurück, weil er Tosca kommen hört, und gibt ihm den Inhalt des Eßkorbes. Eifersüchtig ist Tosca: ihr Mario Cavaradossi hat sie lange warten lassen, und das Bild ... ja, gleicht es nicht der Atavanti? Mario beruhigt sie und verabredet mit ihr eine Zusammenkunft am Abend. Kaum ist sie fort, da holt er Angelotti, berät mit ihm einen Fluchtplan. Doch ein Kanonenschuß kündet an, daß die Flucht bereits entdeckt ist. Schleunigst eilen die beiden durch die Atavanti-Kapelle

zu Marios Landhaus. Da erscheint Baron Scarpia mit seinen Häschern, um Angelotti zu suchen. Ein Blick sagt ihm alles: das Bild ähnelt der Schwester des Entflohenen, der Maler ist verschwunden, der Eßkorb geleert, in der Kapelle wird ein Fächer der Atavanti gefunden ... Und mit diesem Fächer entfacht er die Eifersucht der zurückkommenden Tosca. Dann schickt er ihr Häscher zur Beobachtung nach. Scheinheilig sinkt er betend in die Knie; aber sein Gedanke ist: ,,Er für den Galgen, sie für mein Lager.''

2. Akt. Scarpia läßt Tosca zu sich bitten. Angelotti wurde nicht gefunden, aber Cavaradossi als verdächtig festgenommen. Ihn läßt Scarpia hereinführen, damit er aussage, wo Angelotti verborgen sei. Der aber schweigt und gibt auch der eintretenden Tosca einen Wink, zu schweigen. Wütend läßt ihn Scarpia auf die Folter spannen. Inzwischen sucht er Toscas Eifersucht zu schüren. Tosca weicht aus, will sich und Angelotti nicht verraten. Da ertönt ein furchtbarer Schrei des gefolterten Mario. Fast besinnungslos stößt sie heraus: ,,Im Brunnen hinterm Haus.'' Scarpia lächelt, läßt den halbtoten Mario hereintragen. Der weist die Tröstungen der ,,Verräterin'' zurück. Eine unvorhergesehene Nachricht: Napoleon ist nicht geschlagen, sondern hat gesiegt! Unbeherrscht singt Mario ein wildes Triumphlied. Kalt läßt ihn Scarpia zum Tode führen. Zu Tosca gewandt, erklärt er sich bereit, Mario entkommen zu lassen, wenn sie sich als Preis dafür biete. Erst als sie von draußen die Vorbereitungen zur Hinrichtung hört, flüstert sie leise ,,Ja''. Der Häscher Spoletta erhält von Scarpia Anweisung: Mario solle nur zum Schein erschossen werden: ,,Genau wie beim Grafen Palmieri'', sagt er mit besonderem Nachdruck. Der Häscher versteht. Während Scarpia einen Paß für Tosca und Cavaradossi ausschreibt, berührt Tosca zufäl-

lig ein auf dem Tisch liegendes Messer ... Als Scarpia den Preis der Freilassung gewinnen will, stößt sie ihm das Messer ins Herz.

3. Akt. Auf der Plattform der Engelsburg. Cavaradossi will noch einen Brief an Tosca schreiben – da erscheint sie selbst, gibt ihm statt aller Worte den Paß. Frei! Schnell unterrichtet sie ihn: nur zum Schein werde er erschossen; daß er nur recht geschickt hinfalle! Die Soldaten stellen sich auf, lächelnd schreitet Mario zum ,,Tode", die Schüsse ertönen, geschickt läßt sich Mario hinfallen. Die Soldaten marschieren ab. Tosca ruft leise, dann lauter; ärgerlich tritt sie zu ihm ... Da schreit sie auf: Mario ist tot. ,,Genau wie beim Grafen Palmieri." Scarpias Ermordung ist entdeckt, die Häscher nahen. Wild stößt Tosca sie zurück und springt vom Turm in die Tiefe.

Madame Butterfly

Tragödie einer Japanerin in drei Akten. – Text von Illica und Giacosa.

Personen: CHO-CHO-SAN, genannt Butterfly (Sopran); SUZUKI, ihre Dienerin (Mezzosopran); LINKERTON, amerikanischer Marineleutnant (Tenor); SHARPLESS, amerikanischer Konsul (Bariton); GORO (Tenor); FÜRST YAMADORI (Tenor); ONKEL BONZE (Baß); KATE LINKERTON (Sopran). – Ort und Zeit: Nagasaki, Anfang des 20. Jahrhunderts. – Uraufführung: 17.2. 1904, Mailand, Teatro alla Scala.

Mag der Hörer von heute das Geschehen dieser Oper nach der politischen Entwicklung Japans im 20. Jahr-

hundert für geradezu widersinnig halten, es geradezu ablehnen – Puccinis spiegelnde, spiegelglatte Musik
schwemmt alle Verstandesbedenken hinweg. Butterflys
Liebesweise, um nur eines herauszugreifen (vgl. Notenbeispiel), ist wie das meiste in dieser Oper so unsagbar
süß, meinetwegen: übersüß, daß man sich solcher Melodik widerstandslos überläßt. Zuweilen glaube ich, Puccinis Melodienfülle gerade in diesem Werk habe die moderne „Angst vor der Melodie" in vielen Komponisten
hervorgerufen: ähnliches zu erreichen, scheint ihnen
wohl unmöglich. (Nur Strawinsky betont immer wieder
die Bedeutung der Melodie.)

1. Akt. Der Mädchenhändler Goro zeigt dem amerikanischen Marineleutnant Linkerton das Häuschen, das
er für ihn und seine „auf neunundneunzig Jahre" gehei-
ratete Geisha Cho-Cho-San, genannt Butterfly, bereithält. Der Konsul Sharpless kommt als erster der Hochzeitsgäste; doch die Scheinheirat nimmt er nicht so leicht
wie Linkerton. Die Geishas nahen, unter ihnen die
„Braut". Sie erzählt ihre Geschichte, die Hochzeitszere-

monien werden vollzogen, alles ist vergnügt, bis Onkel Bonze wütend hinzukommt: er verflucht Butterfly, weil sie Linkertons und ihrer (von ihr ernstgenommenen) Ehe wegen zum christlichen Glauben übergetreten ist. Entsetzt fliehen alle japanischen Gäste, verfluchen Butterfly; und auch der Konsul geht, warnt noch einmal Linkerton. Die verlassene Butterfly hat jetzt nur noch Linkerton und ihre Liebe.

2. Akt. Drei Jahre später. Butterfly harrt der versprochenen Wiederkehr des Geliebten, wird zornig, als ihre Dienerin Suzuki zweifelt. Den Konsul, der mit schlimmer Kunde zu ihr kommt, läßt sie kaum zu Worte kommen. Und den Fürsten Yamadori, der um sie wirbt, weist sie höflich, doch bestimmt zurück: sie sei amerikanisch getraut. Nach Yamadoris Fortgang beginnt der Konsul, einen Brief von Linkerton vorzulesen; aber wiederum läßt ihn Butterfly nicht ausreden vor Entzücken. Da wird er deutlich: wenn nun Linkerton nicht wiederkehre? Sie zuckt zusammen, holt ihr blondes Kind ... Der Konsul ist erschüttert, wagt nicht mehr, seinen Auftrag zu erfüllen, und verläßt sie traurig. – Ein Kanonenschuß im Hafen! Aufgeregt holen die Frauen ein Fernrohr, buchstabieren den Namen des einlaufenden Schiffes: es ist das Linkertons, Butterfly triumphiert: er ist doch wiedergekommen! Das Haus wird mit Blumen geschmückt, und wie der Abend herabsinkt, stechen die Frauen Löcher in die Papierwände, schauen zum Hafen hinab, warten ...

3. Akt. Der Morgen dämmert, Butterfly hat vergeblich gewartet. Bedrückt trägt sie das schlafende Kind hinaus. Linkerton und Sharpless erscheinen, sprechen mit Suzuki: Butterfly möge auf das Kind verzichten. Suzuki begreift alles, als sie im Garten eine Dame sieht: Linkertons Gemahlin. Während Suzuki mit Kate Linkerton

spricht, eilt Linkerton selbst hinweg. Butterfly hat seine Stimme gehört, läuft jauchzend herbei, erblickt die Dame ... und weiß, was das zu bedeuten hat. Linkerton möge selbst das Kind holen, flüstert sie mit erstickter Stimme. Allein geblieben, läßt sie ihrer Verzweiflung freien Lauf. Das Zimmer wird verdunkelt, Suzuki fortgeschickt, Butterfly nimmt einen Dolch – da kommt das Kind. Sie umarmt es leidenschaftlich; dann schickt sie es in den Garten. Über eine spanische Wand wirft sie einen Schleier, eilt hinter die Wand, man hört den Dolch fallen, der Schleier verschwindet ... Von draußen hört man Linkertons Rufen. Butterfly schleppt sich ihm entgegen, bricht aber tot zusammen.

✳

Das Mädchen
aus dem goldenen Westen

(Text nach einem Drama von Belasco von G. Civinini und C. Zangarini, drei Aufzüge. – Uraufführung 1910 in New York).

Wenn man so will: ein Western aus Kalifornien um die Mitte des vorigen Jahrhunderts. Die von allen Goldgräbern umworbene, jedoch unnahbare Schenkwirtin Minnie trifft einen „Mr. Johnson", an den sie sich von früher her gern erinnert. Es stellt sich heraus, daß er der gefürchtete Bandenchef Ramerrez ist. Die eifersüchtigen Goldgräber, mit dem Sheriff an der Spitze, setzen sich auf seine Spur, erwischen ihn zwei Mal, doch wird er beide Male von Minnie gerettet und beginnt mit ihr ein neues Leben. – Den melodiensüßen Puccini erkennt man allenfalls an der musikalischen Zeichnung der Minnie; ansonsten wirkt die – sorgfältig vorbereitete und durch-gearbeitete – Partitur zumeist grobschlächtig, allzu auf „Milieuwiedergabe" berechnet.

Drei Einakter

Die drei Einakter des Jahres 1918 rechnen zu Puccinis stärksten Werken; weil Handlung und Musik sorgsam aufeinander abgestimmt sind. Gegensätzlich wie die Tex-te sind auch die Klänge, mit denen Puccini sie umkleidet.

Hart und rauh das Orchester und die Stimmen im *Mantel*. Der alternde Schiffer Marcel liebt noch immer seine junge, unruhige Frau Georgette. Diese aber ist ver-liebt in den Löscharbeiter Henri und verabredet mit ihm ein nächtliches Stelldichein auf dem Seineschlepper ihres Mannes. Marcel erwürgt Henri und wickelt die Leiche in seinen alten Schiffermantel, mit dem er in glücklicheren Tagen sein Weib liebevoll-sorgsam umhüllt hatte.

Verschwebende Harmonien und einfache Klosterge-sänge (nur Frauenstimmen) umrahmen eine dramatische, wirksame Szene (Fürstin und Angelica) in *Schwester An-gelica*. Streng ist die Zucht im Frauenkloster, aber lieb-lich und schlicht plaudern die Büßerinnen miteinander. Angelica hat vor sieben Jahren das Kloster aufsuchen müssen wegen einer Liebessünde. Immer denkt sie an ihr Kind. Der Besuch der fürstlichen Tante bringt ihr Kunde vom Tode des Kindes. Und Angelica, die frommste der Büßerinnen, mischt sich nachts ein Gift, um ihr Leid zu enden. Zu spät wird sie sich der Sündhaftigkeit des Frei-todes bewußt. Doch ihrem reuevollen Flehen neigt sich

die Gottesmutter; umgeben von Engeln tritt zu der Sterbenden das gestorbene Kind.

Reine Buffo-Oper mit zeichnerischer Klarheit im Musikalischen ist *Gianni Schicchi*. Bei seinem Tode hat Buo-
so Donati sein Hab und Gut der Kirche vermacht. Die
Erben sind verzweifelt. Doch Gianni Schicchi weiß einen
Ausweg. Donatis Tod wird verheimlicht, Schicchi legt
sich ,,als sterbender Donati" zu Bett und macht mit dem
Notar sein Testament. Jeder der Verwandten bekommt
ein Landgut, das meiste aber vermacht er sich selbst.

Turandot

*Lyrisches Drama in drei Akten. – Text von Giuseppe
Adami und Renato Simoni.*

Personen: TURANDOT, *chinesische Prinzessin (Sopran);*
ALTOUM, *Kaiser von China (Tenor);* TIMUR, *entthronter
Tatarenkönig (Baß); der unbekannte Prinz* KALAF, *sein
Sohn (Tenor);* LIU, *junge Sklavin (Sopran);* PING, *Kanz-
ler (Bariton);* PANG, *Marschall (Tenor);* PONG, *Küchen-
meister (Tenor); Ein* MANDARIN *(Bariton) – Ort und Zeit:
Peking, Märchenzeit. – Uraufführung: 25.4. 1926, Mai-
land, Teatro alla Scala.*

Die letzten Szenen dieser Oper hat Puccini nicht mehr
vertonen können; Franco Alfano hat sie nach Skizzen
des verstorbenen Meisters zu Ende geführt. Im ganzen
ein leicht zwiespältiges Werk, weil der Ausgleich zwischen der Welt um die kalte Prinzessin Turandot und der
um die menschlich warme Sklavin Liu (Puccinis edelste
Gestalt) musikalisch nicht ganz gelungen ist. Dennoch
ein Werk, das durch geschwungene Melodien, starke

Chorsätze, „chinesisch eingefärbte" Klänge nicht minder bezaubert als durch das bei Puccini nicht eben häufige Streben, an Stelle von Kleinbildern größere Zusammenschau zu geben.

1. Akt. Der „unbekannte Prinz" erblickt die Vorbereitungen zur Hinrichtung eines Turandot-Freiers, der die ihm aufgegebenen drei Rätsel nicht zu lösen vermochte. In der unruhigen Menge findet er seinen alten Vater und die ihn heimlich liebende Sklavin Liu. Das zuvor hämisch spottende Volk wird durch den Anblick des zum Tode Verurteilten von Mitleid bewegt und ruft Turandot um Gnade an. Die Prinzessin erscheint am Fenster, und Kalaf verliebt sich in ihre Schönheit. Auch er will sich als Freier melden. Vergeblich versuchen Ping, Pang und Pong ihn zurückzuhalten und zu warnen.

2. Akt. Ping, Pang und Pong möchten dem Hofe Turandots entfliehen, wo sie doch nur „bessere Henkersknechte" sind, und träumen von einem stillen Leben an lieblichen Lotosteichen. – Verwandlung. Im Kaiserpalast wird Kalaf von Turandot befragt. Die Prinzessin will die an einer Ahnin begangene Untat rächen, indem sie jeden Freier, der ihre Rätsel nicht zu lösen vermag, in den Tod schickt. Doch Kalaf findet die Lösung. Der Kaiser, des Mordens müde, möchte Turandot zwingen, Kalaf zum Gemahl zu nehmen; doch dieser will nicht Zwang, sondern Liebe: wenn Turandot bis zum Morgen seinen Namen errät, soll sein Leben verfallen sein.

3. Akt. Niemand darf schlafen in dieser Nacht; denn der Name des Fremdlings muß gefunden werden. Ruhig und siegesbewußt harrt Kalaf im Schloßgarten der aufgehenden Sonne. Ping, Pang und Pong versuchen, durch Schmeicheln und Drohen dem Fremden seinen Namen zu entreißen. Da werden Timur und Liu herbeigeschleppt. Sie wurden zuletzt mit dem Fremdling gese-

hen. Liu gibt zu, den Namen zu wissen, verschweigt ihn
aber standhaft. Vor Turandots Augen wird sie gefoltert;
doch sie ersticht sich mit dem Dolch eines Soldaten. Turandot ist erschüttert von solcher Liebe. – Kalaf entreißt
Turandot den Schleier und küßt sie. Weinend gesteht sie,
daß sie ihn von Anbeginn gehaßt – und geliebt habe.
Nun gibt er sich in ihre Hand und nennt ihr seinen Namen. – Verwandlung. Turandot verkündet vor dem ganzen Hofe, sie wisse den Namen des Fremdlings; er heiße
– ,,Gemahl".

WOLF

Hugo W. (1860–1903, Österreicher), war in der Schule „ungenügend", wurde wegen „Ordnungsvergehen" aus dem Konservatorium entlassen. 1881 zweiter Kapellmeister in Salzburg, dann kleiner Chorsänger. Als Musikkritiker in Wien berühmt und gehaßt. Starb im Wahnsinn. Er ist der bedeutendste Liederkomponist der letzten hundert Jahre.

Der Corregidor

Oper in vier Aufzügen. – Text von Rosa Mayreder-Obermayer.

Personen: DON EUGENIO DE ZUNIGA, *Corregidor (Tenor);* DONNA MERCEDES, *Corregidora (Sopran);* REPELA, *Diener des Corregidors (Baß);* TIO LUKAS, *Müller (Bariton);* FRASQUITA, *seine Frau (Mezzosopran);* DER ALKALDE, EIN GERICHTSBOTE, *Ein* NACHTWÄCHTER *(sämtlich Baß);* SEKRETÄR *des Alkalden (Tenor);* DUENNA, *im Dienst der Corregidora; Eine* MAGD *beim Alkalden (beide Mezzosopran) – Ort und Zeit: Andalusien 1804. – Uraufführung: 7.6. 1896, Mannheim.*

Von wirklicher Opernkultur dürfen wir erst dann sprechen, wenn Werke wie *Der Barbier von Bagdad* (Cornelius), *Der Widerspenstigen Zähmung* (Goetz) und *Der Corregidor* (Wolf) nicht nur gelegentlich auf dem Spielplan erscheinen, sondern sich ein dauerndes Heimatrecht auf den deutschen Opernbühnen errungen haben.

Die Oper von Wolf ist ein einziges großes Liederbuch
voll hoher lyrischer Schönheiten, das Liedhafte über-
zieht auch die Rezitative, einzelne Szenen gehören zu
den köstlichsten musikalischen Gestaltungen der komischen Oper überhaupt, das Orchester wird in meister-
haftem Zweiklang mit den Stimmen geführt und gibt
zudem in den Vor- und Zwischenspielen starke Eigen-
werte.

1. Akt. Der Corregidor (hoher Beamter in spanischen
Städten) verspürt trotz seiner Jahre einen gesegneten Appetit auf die mit Reizen aller Art begabte Müllerin Frasquita. Doch diese ist viel zu verliebt in ihren Mann Tio
Lukas. Aus seinem Versteck kann Tio belustigt beobachten, wie Frasquita zunächst den Diener Repela und dann
den Corregidor bös abfallen läßt. Der Corregidor
schwört Rache.

2. Akt. Noch lachen die Müllersleute über den Streich,
da kommt der angetrunkene Gerichtsbote, um Lukas
zum Alkalden zu führen. Frasquita bleibt unruhig allein.
Sie hört Hilferufe, und herein tritt – der Corregidor. Er
ist in den Mühlgraben gefallen, als er sich zu der Müllerin schleichen wollte. Mit dem Gewehr hält sich Frasquita den Zudringlichen vom Leibe und eilt davon, um Lukas zu suchen. Weinerlich entkleidet sich der durchnäßte
Corregidor und legt sich in des Müllers Bett. – Verwandlung. Lukas merkt beim Alkalden sehr bald, zu welchem
Zweck er von Hause fortgeholt wurde, trinkt die ver-
sammelte Gesellschaft unter den Tisch und schleicht in
der Dunkelheit davon.

3. Akt. Im nächtlichen Walde rennen Lukas und Frasquita aneinander vorüber, ohne sich zu erkennen. Repela
bringt die Müllerin dazu, wieder umzukehren. – Verwandlung. Lukas findet daheim die Kleidung des Corregidors, sieht diesen selbst durchs Schlüsselloch im

Schlafzimmer und tobt vor Eifersucht. Dann zieht er die Kleider Corregidors an und geht, um seine vermeintliche Schmach in gleicher Weise bei der Corregidora zu rächen. Der Corregidor zieht, da er seine Kleider nicht findet, die des Müllers an. Dann eilt er, durch Repela mißtrauisch gemacht, zu seinem Hause.

4. Akt. In sein Haus wird er nicht eingelassen: der Corregidor sei schon daheim und im Bett! Der hohe Herr rast und tobt, die wachgewordenen Nachbarn verprügeln den Ruhestörer, bis endlich der Müller-Corregidor mit der Corregidora erscheint. Zwar ist nichts Unpassendes geschehen; aber während man Frasquita das erklärt und beweist, wird der Corregidor im ungewissen gelassen. Mit einem heiteren ,,Guten Morgen" begrüßen alle den anbrechenden Tag.

DEBUSSY

Claude D. (1862–1918, Franzose), Schüler des Pariser
Konservatoriums (Römerpreis), galt schon den gestren-
gen Lehrern als zu modern. Schrieb vor allem Orchester-,
Kammermusik- und Klavierwerke.

Pelleas und Melisande

*Musikdrama in fünf Akten. – Text von Maurice Maeter-
linck.*

*Personen: ARKEL, König von Allemonde (Baß); GENOVE-
VA, Mutter des Golo und Pelleas (Alt); GOLO (Bariton)
und PELLEAS (Tenor), Enkel des Königs; MELISANDE (Sopran); YNIOLD, Sohn Golos aus erster Ehe (Kinderstimme); Ein ARZT (Baß). – Ort und Zeit: Auf einem nord-
französichen Schloß, sagenhaftes Mittelalter. – Uraufführung: 30.4. 1902, Paris, Opéra Comique.*

Ein Musikdrama, das zwar berühmt und für die musikalische Entwicklung auch bedeutsam ist, jedoch kaum
je zu einem regelrechten Bühnenwerk werden wird. Ich
erwähne es aber, weil es, obwohl ohne eigentliche Nachfolger, aus der Musikgeschichte nicht fortgedacht werden kann. Schon Maeterlincks Dichtung ist alles andere
als bühnengerecht mit den unbestimmten Farben und der
undramatischen Gegensatzlosigkeit. Und der Komponist, Vollender und Überwinder der Spätromantik, Mittelpunkt des französischen Impressionismus und ent-
scheidender Anreger für die Neue Musik, paßt seine

Vertonung diesem Verschweben und Verdämmern wahrhaft genial an und gibt dennoch gleichzeitg sich selbst, seine künstlerischen Vorstellungen, sein musikalisch-dichterisches Grunderleben. Alle festen Großformen werden aufgelöst in feingeschliffene Kleinstgebilde; schillernde Harmonien, Ganztonleitern, übermäßige Dreiklänge, Quartenakkorde gehören zu den hauptsächlich verwendeten Mitteln der Darstellung. Kaum schält sich eine greifbare „Melodie" heraus, alles bleibt verschwommen, *soll* verschwommen bleiben, entscheidend ist der flüchtige Augenblick, der vorüberhuschende Eindruck („Impression"). Das ist meisterhaft gemacht, geht aber stilistisch an den unabdingbaren Erfordernissen der Bühne vorüber und kann nicht von Dauer sein.

Bei einer solchen Musik kommt es selbstverständlich auf das Wort, auf die Satzmelodie an, nicht auf die Handlung. Diese ist denn auch knapp und schnell erzählt. Der finster-ernste Golo hat im Walde die zarte Melisande gefunden und sie heimgeführt. Aus kindlichen Spielereien von Melisande und dem jungen Pelleas, Halbbruder Golos, erwächst eine tiefe, kaum ins Bewußtsein tretende Liebe. Als Golo in eifersüchtigem Zorn den Halbbruder tötet, vergeht auch Melisandens Leben.

MASCAGNI

Pietro M (1863–1945, Italiener), Schüler u. a. von
Ponchielli, dann Kapellmeister an kleinen italienischen
Bühnen. *Cavalleria rusticana* machte den Sechsund-
zwanzigjährigen weltberühmt. Nach der Uraufführung
lebte und komponierte er noch fünfundfünfzig Jahre,
ohne einen ähnlichen Erfolg wieder zu erreichen.

Cavalleria rusticana

*Oper in einem Akt. – Text nach Verga von Targioni-
Tozzetti und Menasci.*

*Personen: SANTUZZA, junge Bäuerin (Sopran); TURIDDU,
junger Bauer (Tenor); LUCIA, seine Mutter (Alt); ALFIO,
Fuhrmann (Bariton); LOLA, sein Weib (Mezzosopran). –
Ort und Zeit: Dorf in Sizilien, Ostern 1880. – Uraufführung: 17.5. 1890, Rom.*

Mascagni und Leoncavallo, bis dahin unbekannte kleine Musiker, beteiligten sich um 1890 an einem Preisausschreiben und rückten beide mit einem Schlag in die vorderste Reihe der Opernkomponisten. Man ist berechtigt,
sich zu fragen, ob dieser Erfolg in der Hauptsache auf
der Komposition beruht. Entscheidend für den Erfolg
dürfte gewesen sein, daß in diesen Werken die Tragik des
Alltags auf der Bühne dargestellt wurde, und zwar zu einer Zeit, in der ganz Europa naturalistische Dramen und
Romane hervorbrachte. Immerhin, Mascagnis klobige
Harmonik, reißerische Melodien und grobschlächtige

Orchestersprache entsprechen der Tragik des Alltags in einem sizilianischen Bauerndorf so sehr, daß aus dem Zusammentreffen von Text und gleichartiger Musik ein großer Schlager werden konnte. Naturalistisch zu schreiben lag so in der Luft, daß wohl nicht zufällig in der *Cavalleria* wie im *Bajazzo* die menschliche Stimme in den Ouvertüren zu Hilfe genommen wurde.

Mit frohen Tanzliedern begrüßt das Volk vor der Dorfkirche den Lenz. Zur Schenkwirtin Lucia kommt die junge Santuzza, fragt jammernd nach Lucias Sohn Turiddu. Er hat sie verlassen, weil er in die Fuhrmannsfrau Lola verliebt ist. Eben kommt der Fuhrmann Alfio von einer größeren Fahrt wieder heim, stolz auf sein Gewerbe und stolz auf die vermeintliche Treue seiner Frau. Alles geht in die Kirche. Nur Santuzza bleibt, beichtet Lucia ihre Liebe zu Turiddu, klagt über dessen Untreue. Da erscheint er selbst, weicht Santuzzas Klagen und Vorwürfen aus, kann sich aber nicht verstellen, als er Lolas Stimme hört. Als sie kokett zur Kirche tänzelt, will er ihr folgen. Santuzza stellt sich ihm in den Weg, fleht ihn nochmals an. Doch er jagt sie roh davon und eilt Lola nach. Das war zuviel! Als Alfio vorübergeht, verrät ihm Santuzza, daß ihn Lola mit Turiddu betrügt. Schäumend vor Wut geht Alfio in sein Haus; entsetzt über das, was sie heraufbeschworen, läuft Santuzza davon. (Die Bühne ist leer, während das berühmte ,,Intermezzo'' gespielt wird.) Nach dem Kirchgang trinken die Bauern bei Lucia einen Becher Wein. Turiddu ist der fröhlichste unter allen. Als Alfio hinzukommt, bietet er auch ihm einen Trunk. Doch der Fuhrmann schlägt ihm den Becher aus der Hand. Jeder weiß, was das zu bedeuten hat. Ernst gehen die Männer, ängstlich die Frauen davon. ,,Ich erwarte Euch draußen hinterm Garten'', sagt Alfio kalt im Davonschreiten. Verwirrt bleibt Turiddu zurück. Sein

Leichtsinn kommt ihm zum Bewußtsein. Er bittet die
Mutter um ihren Segen, empfiehlt Santuzza ihrem
Schutz – dann zieht er sein Messer und stürzt hinaus.
Unheilvolle Stille. Und dann ein jäher Schrei: ,,Turiddu
ward erschlagen! Turiddu ist tot!"

D'ALBERT

Eugen d'A. (1864–1932), in England geborener, in Riga gestorbener Sohn eines deutschen Tanzkomponisten französischer Abstammung. Hatte berühmte Lehrer (u. a. Liszt). Ursprünglich weltberühmter Klavierspieler, dann packte ihn das Kompositionsfieber. Von seinen zahlreichen Opern hat sich nur *Tiefland* dauernd behaupten können.

Abgesehen von seinen beiden Einaktern *Die Abreise* und *Flauto solo*, seinen musikalisch wertvollsten Opern, arbeitete d'Albert im allgemeinen mit Mitteln, die sich in der Welt bereits als durchschlagend erwiesen hatten, angefangen vom italienischen Verismus bis hin zum amerikanischen Jazz und modernen Schlager. Man mag diese künstlerische Bedenkenlosigkeit ablehnen, man mag sich der oft allzu grobdrähtigen Art seiner musikalischen Sprache widersetzen; aber man kann nicht leugnen, daß seine blühende (zuweilen schale) Melodik und der heiße Theater-Atem dieser Musik immer wieder hinreißen.

Tiefland

Musikdrama in einem Vorspiel und zwei Aufzügen. – Text nach Guimera von Rudolf Lothar.

Personen: SEBASTIANO, ein reicher Grundbesitzer (Bariton); TOMMASO, Gemeindeältester (Baß); MORUCCIO, Mühlknecht (Bariton); MARTA (Mezzosopran); PEPA, ANTONIA und ROSALIA, Mägde (Soprane und Alt); NURI (So-

*pran); PEDRO, ein Hirt (Tenor); NANDO, ein Hirt
(Tenor). – Ort und Zeit: Pyrenäen und Kalalonien, um
1900. – Uraufführung: 15.11. 1903, Prag, Deutsches
Theater.*

Die Musik dieses Werkes zerfällt in lauter Einzelschil-
derungen, die miteinander nur das eine Ziel gemeinsam
haben: Wirkung zu erzeugen. Dazu trägt das derb geführte Orchester wesentlich bei. Eine lose Verklamme-
rung wird dadurch hergestellt, daß d'Albert eine Reihe
von Erinnerungsmotiven an den geeigneten Stellen immer wieder aufklingen läßt. Die beiden wichtigsten – Pedros Schalmeien-Weise und das Wolfsmotiv – seien hier
wiedergegeben.

Vorspiel. Zwei Hirten des Hochlandes im Gespräch.
Pedro fühlt sich wohl hier oben; aber wenn er abends betet, bittet er Gott um ein Weib. Die Gottesmutter hat
ihm im Traum die Erfüllung seines Wunsches zugesagt.
Jetzt will er erproben, von welcher Seite das Weib wohl
kommen werde, legt einen Stein auf die Schleuder und
wirft. Aus der Ferne hört man erregtes Schimpfen. Der
Grundbesitzer Sebastiano, den der Stein beinahe getroffen hätte, steigt mit dem Dorfältesten Tommaso und mit
seiner Geliebten Marta zu Pedros Hütte hinauf. Er muß

eine reiche Braut heiraten, um nicht seine Besitzungen zu verlieren; da er aber nicht auf Marta verzichten mag, will er sie mit dem „Tölpel Pedro" zusammengeben; seine Geliebte könne sie dann immer noch bleiben. Der ahnungslose Tommaso befürwortet die Ehe Marta-Pedro; aber Marta stürzt entsetzt davon, als sie den Plan erfährt. Berauscht blickt ihr Pedro nach, willigt in Sebastianos Heiratsvorschlag ein (zumal er im Tiefland auch noch eine Mühle bekommen soll), grüßt noch einmal seine Berge und eilt Sebastiano nach.

1. Akt. In der Mühle fragen drei Klatschbasen den Müllerknecht Moruccio aus, ob Marta wirklich heirate. Aber der wackere Knecht weiß sich der Fragen zu erwehren. Weiter kommen sie bei der kindlich-harmlosen Nuri; sie hat erfahren, Marta solle einen Hirten heiraten, aber weiter dem Herrn Sebastiano gehören (was Nuri nicht versteht; die Weiber verstehen es um so besser). Gehetzt erscheint Marta, jagt die Spottenden hinaus, schickt auch Nuri fort und geht in ihre Kammer. Moruccio erzählt dem alten Tommaso, was es mit der Heirat auf sich habe; der Alte will es nicht glauben, streitet mit Moruccio. Da erscheint Pedro, gehänselt von den Bauern. Sebastiano befiehlt ihm, sich zur Trauung umzukleiden und läßt Marta rufen, bleibt mit ihr allein. Da sie glaubt, Pedro habe sich kaufen lassen, vermag sie Sebastianos brutal-sinnlichem Werben kaum Widerstand zu leisten. Als Pedro zurückkehrt – er wollte sich nicht als Geck anputzen lassen –, flüchtet sie in Sebastianos Arme. Wild flüstert er ihr zu: „Heut nacht noch komm ich zu dir", dann schickt er alle zur Trauung. Tommaso bleibt zurück – und erhält Gewißheit über das Liebesverhältnis von Sebastiano und Marta. Er möchte die Trauung verhindern – zu spät: die Getrauten kommen zurück. Pedro schickt alle heim, schließt das Tor. Als Mar-

ta dem – wie sie glaubt – gekauften Manne ihre Kammer
wehrt, beginnt der verwirrte Pedro, auf seine Weise um
sie zu werben. Einen blutbefleckten Taler will er ihr
schenken, den einst Sebastiano ihm gab: sein Leben
hängt daran; denn mit dem blanken Messer hat er damals
einen Wolf getötet. Ergriffen spürt Marta, daß Pedro
von ihrer Schande nichts weiß. Da flammt plötzlich
Licht in ihrer Kammer auf: Sebastiano ist eingestiegen
und erwartet Marta. Nur mit Mühe kann sie den auffah-
renden Hirten beruhigen. Das Licht verlischt, verzweifelt setzt sich Marta an den Herd, Pedro läßt sich ihr zu
Füßen nieder: ,,... Still ist alles, der Wolf kommt heut
nicht.''

2. Akt. Marta ist wie umgewandelt. Eifersüchtig beobachtet sie Pedro in freundlichem Gespräch mit Nuri.
Auch Pedro ist ein anderer geworden; sie spürt es und
stürzt ihm nach, als er den Raum verläßt. Da trifft sie
den alten Tommaso, der sie zur Rede stellen will. Ihm
beichtet sie: als Kind mußte sie auf den Straßen tanzen
und wurde dann an Sebastiano verhandelt; nun aber liebt
sie Pedro und will ihn gewinnen. Tommaso segnet sie erschüttert, rät ihr, Pedro alles zu gestehen, und verläßt die
Mühle. Pedro aber hat, als er nun auch alles erfährt, genug vom Tiefland, will wieder in seine Berge. Marta reizt
ihn, schilt ihn Feigling ... wütend stößt er mit dem Messer nach ihr. Seine Reue und ihr Glücksgefühl über das
von ihm vergossene Blut lassen beide erkennen, daß sie
einander lieben. Fliehen wollen sie – doch werden sie
von Sebastiano und den Bauern aufgehalten. Lustig soll's
zugehen bis heute abend, wenn der reiche Vater von Sebastianos Braut kommt. Herrisch befiehlt Sebastiano der
eingeschüchterten Marta, zu tanzen. Pedro will dem
Auftritt wehren, doch wütend ohrfeigt ihn Sebastiano.
Jetzt schreit es Marta heraus: Sebastiano war es, der ge-

stern abend in ihrer Kammer das Licht entzündete. Als
Pedro aufbrausend über Sebastiano herfällt, schleppen
ihn die Bauern hinaus. Tommaso erscheint: er hat dem
Brautvater alles erzählt, es ist aus mit der reichen Heirat,
Sebastiano steht vor dem geldlichen Zusammenbruch. In
rasender Verzweiflung stürzt er auf Marta zu: nun hat er
nur noch sie und die Mühle. Wie von Sinnen will er sie
umarmen – da springt Pedro aus der Kammer. Mann gegen Mann beginnt der Kampf, Pedro erdrosselt den
,,Wolf". Dann reißt er die Tür auf, ruft die Bauern herein. In rauschhafter Begeisterung stürmt das Paar aus
dem Tiefland in die Berge.

Die toten Augen

*(Vorspiel und ein Akt, Text von Hanns Heinz Ewers und
Marc Henry, Uraufführung Dresden 1916).*
Eine Zeit lang sah es so aus, als wolle diese Oper an Beliebtheit *Tiefland* übertreffen; dann wurde es still um sie.
– Myrtocle, blinde Gattin des römischen Statthalters Ar-
cesius in Jerusalem, möchte den geliebten Mann einmal
sehen dürfen. Durch ein Christus-Wunder wird sie se-
hend, hält den Freund ihres Gatten für ihren Mann,
stürzt ihm selig in die Arme – da naht der verwachsene
Statthalter und erwürgt den Freund vor ihren Augen. Als
Myrtocle den Sachverhalt erkennt, läßt sie sich die Augen von der Sonne ausbrennen und erklärt, sie habe Ar-
cesius nie gesehen. – Braust in der ,,Tiefland"-Musik
wenigstens so etwas wie brutale, sinnliche Kraft, so sinkt
die Vertonung der *Toten Augen* zum bloßen Nervenkit-
zel herab. Was hilft es, daß vieles gut ,,gemacht" ist, betörend klingt, wenn der unerfreuliche Text durch breites
Ausmalen in der Musik noch peinlicher wirkt.

STRAUSS

Richard St. (1864–1949), Sohn eines Musikers. 1885 als Nachfolger Bülows Dirigent in Meiningen, anschließend in München, in Weimar, wieder in München, dann in Berlin. Dort 1908 Generalmusikdirektor. 1919–1924 zusammen mit Schalk Leiter der Wiener Staatsoper. Seither lebte er als Freischaffender meist in Garmisch.

Das Gesicht der Operngeschichte in der ersten Hälfte des 20. Jahrhunderts wurde wesentlich geformt durch Richard Strauss. Entscheidend ist dabei nicht so sehr die Art seiner Bühnenkompositionen; denn die reichen von der Wagner-Nachfolge *(Guntram* und *Feuersnot)* bis zur Walzerseligkeit *(Rosenkavalier),* von der Sinfonie-Oper *(Elektra* und *Salome)* bis zur bürgerlichen Musikkomödie *(Intermezzo),* von der Zauberoper *(Frau ohne Schatten)* bis zur Konversationsoper *(Capriccio).* Entscheidend ist vielmehr die einmalige Künstlerpersönlichkeit von genialem Zuschnitt und einzigartiger Begabung. Ob Strauss einen Walzer schrieb oder verschlungene Vielstimmigkeit, ob er Diesseitiges handfest ausmalte oder Bildungswerte ästhetisch nachzeichnete, immer spürt man die Hand eines ungewöhnlichen Meisters. Ob ihn seine angeborene und durch ungewöhnlichen Fleiß immer weiter ausgebildete Kunstfertigkeit nicht dazu verleitete, sich zu zersplittern, steht auf einem anderen Blatt. Auf jeden Fall war er *der* musikalische Repräsentant seiner bürgerlichen wechselvollen Zeit. Und wie es scheint, zerbröckelt nicht nur diese Zeit, sondern mit ihr auch ein Großteil seiner Bühnenwerke, und wehmütig steht man vor vielen Schönheiten mancher Werke, die kaum noch Aussicht haben, dem Opernspielplan auf die

Dauer anzugehören. Verloren ist auf jeden Fall der *Gun-tram* von 1894. Die *Feuersnot* (1901) würde man gelegentlich gern hören; ob aber eine Wiederaufnahme lohnen würde, steht doch sehr dahin.

Salome

Drama in einem Aufzug. – Text von Oscar Wilde (deutsch von Hedwig Lachmann).

Personen: HERODES *(Tenor);* HERODIAS *(Mezzosopran);* SALOME *(Sopran);* JOCHANAAN *(Bariton);* NARRABOTH *(Tenor);* PAGE *(Alt);* FÜNF JUDEN *(Tenor und Baß);* ZWEI NAZARENER *(Tenor und Baß);* SOLDATEN, KAPPADOZIER *(Baß). – Ort und Zeit: Palast des Herodes in Jerusalem, Beginn der christlichen Zeitrechnung. – Uraufführung: 9.12. 1905, Dresden.*

In der Wortdichtung Wildes herrscht Weltuntergangsstimmung. Alles Echte ist tot, es leben nur verzerrte Triebe, gierig sucht man nach Nervenreizungen, bevor es zu spät ist und bevor das Neue, das man nahen spürt, ohne es zu verstehen, heraufkommt. Solches musikalisch nachzugestalten oder vielmehr: auf andere Weise auszudrücken, genügte selbst nicht mehr das größte Wagner-Orchester. Und so schafft Strauss einen vergrößerten und raffiniert verfeinerten Orchesterapparat: immer wieder untergeteilte Streicher, Schlagzeuge aller Art, verstärkte Bläsergruppen (allein sechs Klarinetten), Harfe, Celesta, Xylophon, Glockenspiel, Orgel, Harmonium – alles wird herangezogen, um den Klang aufzuspalten für diese gespaltene Welt. Und dementsprechend verändern sich auch die Motive, verzerren sich, wenn nötig, verdichten sich, wenn es die Situation erfordert. Auch die menschliche Stimme wird diesem nervenpeitschenden Klanggewebe rücksichtslos eingeordnet (vergl. selbst so verhältnismäßig einfache Stellen wie die Worte des Herodes in unserem Notenbeispiel). Damit ist die Sinfonieoper geschaffen.

Der römische Hauptmann Narraboth betrachtet verzückt die schöne Prinzessin Salome, wie sie (hinter der Szene) beim festlichen Mahle sitzt, unberührt vom keifenden Streiten der jüdischen Schriftgelehrten, die selbst bei Tisch ihre theologischen Zänkereien nicht lassen können. Aus der unterirdischen Zisterne ertönt die Stimme des von Herodes gefangengehaltenen Propheten Jochanann. Salome kommt erhitzt in den Palastgarten: „Es ist seltsam, daß mich der Mann meiner Mutter (Herodes) so ansieht." Als sie des Propheten Stimme hört, ist ihre Neugier geweckt. Leicht überredet sie den verliebten Narraboth, die Zisterne zu öffnen. Jochanaan steigt herauf und predigt der sündigen Welt Buße. Lüstern umbuhlt sie ihn, hört nicht seine Stimme, sieht nur seinen Leib. „Laß mich deinen Mund küssen, Jochanaan." Immer brünstiger schreit sie es heraus. Angewidert ersticht sich Narraboth. Salome bemerkt es nicht einmal. Jochanaan flucht ihr, steigt wieder hinab. – Herodes stürzt auf die Terrasse, trunken und voller Gier nach Salome. Sein

Werben und ihre Abwehr werden übertönt von den Juden, die immer weiterstreiten. Endlich lauscht Salome: Herodes verspricht, ihr zu erfüllen, was sie sich wünscht, wenn sie nur vor ihm tanzen wolle. Einen heiligen Eid läßt sie ihn schwören, dann beginnt sie zu tanzen, einen Schleier nach dem andern fallen lassend. Dann fordert sie: auf einer silbernen Schüssel – den Kopf des Jochanaan! Herodes erschrickt, weigert sich, verspricht ihr die Hälfte des Königreiches. Doch unabänderlich wiederholt sie: „Gib mir den Kopf des Jochanaan!" Da winkt Herodes. Ein Henker steigt in die Zisterne, unheimliche Stille ... Salome erbebt vor Brunst. Endlich streckt der Henker seinen Arm aus der Zisterne empor: auf einer silbernen Schüssel der Kopf des Jochanaan. In wildem Rausch küßt sie den Mund des Kopfes, saugt das rinnende Blut ein, vergeht vor Lust. Unheil ahnt Herodes. Dann rafft er sich auf: „Man töte dieses Weib!" Krachend fahren die Schilde der römischen Soldaten auf die Herodiastocher.

Elektra

Tragödie in einem Aufzug. – Text von Hugo von Hofmannsthal.

Personen: KLYTÄMNESTRA *(Mezzosopran);* ELEKTRA *und* CHRYSOTHEMIS, *ihre Töchter (Sopran);* AEGISTH *(Tenor);* OREST *(Bariton);* ORESTS PFLEGER *(Baß);* DIE VERTRAUTE *(Sopran);* JUNGER DIENER *(Tenor);* ALTER DIENER *(Baß);* AUFSEHERIN *(Sopran);* FÜNF MÄGDE *(Sopran und Alt).* – *Ort und Zeit: Hof des Königspalastes in Mykene, nach dem Trojanischen Kriege. – Uraufführung: 25.1. 1909, Dresden.*

Wie in der *Salome* so steht auch in *Elektra* ein buhleri-
sches Weib im Mittelpunkt des Geschehens (Klytämnestra). Und neben ihr die sich vor Rachelust verzehrende,
muttermordsüchtige Tochter (Elektra). Was nun aber im
altgriechischen Drama schicksalhaft ins Übermenschli-
che gewandelt und dementsprechend gestaltet wurde,
das wird hier in der Fassung Hofmannsthals grauenhaf-
ter Nervenreiz. Und Strauss steht nicht an, jede Seelen-
regung, jeden Vorgang, jede Bewegung, jeden Gedanken
mit äußerster Genauigkeit Klang werden zu lassen. Das
Orchester ist selbst gegenüber der *Salome* noch weiter
vergrößert, die motivische Arbeit ist von einer kaum zu
übertreffenden, mit dem Ohr allein kaum wahrzuneh-
menden Dichte. Aus diesem Kratzen und Ächzen, aus
diesem meisterhaften Wirrwarr großartig gestalteter
Klangvisionen heben sich vor allem die Orest-Szenen mit
ihrer ruhigen Entschiedenheit wundervoll ab (ähnlich
wie die Jochanaan-Szenen in der *Salome*). Eine Weiter-
entwicklung der Sinfonie-Oper war nach der *Elektra*
nicht mehr möglich.

Vor dem Palast schwätzen und keifen die Mägde über
die in Lumpen gehüllte, bösartige Königstocher Elektra.
Kaum sind sie im Haus verschwunden, da naht sie. Besessen ist sie von nur einem Gedanken, den sie auf alle
nur erdenkliche Weise ständig wiederholt, sich rausch-
haft vor Augen hält: Rache für Agamemnon, ihren Vater, den nach der Heimkehr aus dem trojanischen Kriege
ihre Mutter Klytämnestra gemeinsam mit ihrem Buhlen
Aegisth ermordet hat. Nichts fruchten die Bitten und
Warnungen ihrer weicheren Schwester Chrysothemis;
hart, fast unmenschlich stößt sie sie zurück. Klytämnestra naht. Böse Träume hat die buhlerische Gattenmör-
derin; weiß Elektra kein Mittel? Scheinheilig beginnt die
Tochter, kreist die Gefühlswelt der Mutter immer mehr

ein; dann schreit sie: erst wenn sie unter dem Rachebeil blute, werde sie ruhigen Schlaf finden! Fast bricht Klytämnestra zusammen; doch da flüstert ihr eine Vertraute etwas ins Ohr – triumphierend schreitet die Königin davon. Elektra ist verwirrt: was hat die Mutter so siegessicher gemacht? Chrysothemis bringt die Lösung: Ihr Bruder Orest, für den Elektra das rächende Mordbeil bewahrt hat, sei in der Verbannung gestorben. Nach der ersten Verzweiflung faßt sich Elektra, will durch Schmeicheln und Drohen Chrysothemis für das Rachewerk gewinnen, und als die Schwester sich weigert, jagt Elektra sie davon. In grauenvoller Hast beginnt sie, in einer Ecke des Hofes nach dem Rachebeil zu graben. Ein Fremder betritt den Hof, läßt sich durch Elektra nicht vertreiben, berichtet von Orests Tod, und als er ihren tiefen Schmerz wahrnimmt, gibt er sich zu erkennen: er selbst ist Orest, hat das Gerücht von seinem Tode aussprengen lassen, um die Mörder seines Vaters in Sicherheit zu wiegen. Elektra jubelt auf, segnet den zur Rache erschienenen Bruder. Mit seinem Pfleger betritt Orest den Palast. Wie ein ruheloses Tier schreitet Elektra auf und ab. Ein Schrei Klytämnestras ... „Triff noch einmal!" kreischt die rachgierige Schwester Orests. Und Orest erschlägt die Mutter. Ahnungslos kommt Aegisth herangeschlendert, verwundert über die ungewohnte Freundlichkeit, mit der die Elektra ihn in den Palast geleitet. Auch ihn trifft das Beil Orests. Chrysothemis und die Mägde eilen herbei, Elektra die Botschaft von der vollzogenen Rache zu bringen. Doch entsetzt fahren sie zurück: im Übermaß der Freude ist Elektra wahnsinnig geworden. Einen grauenvollen Rachetanz führt sie auf – dann bricht sie entseelt zusammen.

Der Rosenkavalier

*Komödie für Musik in drei Aufzügen. – Text von Hugo
von Hofmannsthal.*

Personen: Die Feldmarschallin Fürstin Werdenberg
(Sopran); Baron Ochs von Lerchenau *(Baß);* Octa-
vian, *genannt Quinquin, ein junger Herr aus großem
Haus (Mezzosopran);* Herr von Faninal, *ein reicher
Neugeadelter (Bariton);* Sophie, *seine Tochter (Sopran);*
Jungfer Marianne Leitmetzerin *(Sopran);* Valzacchi,
ein Intrigant (Tenor); Annina, *seine Begleiterin (Alt);
Sänger, Haushofmeister, Polizeikommissar, Wirt, Notar
usw. – Ort und Zeit: Wien, Mitte des 18. Jahrhunderts. –
Uraufführung: 26.1. 1911, Dresden.*

Eine Lustspieloper mit klarem musikalischen Aufbau,
geschlossenen Szenen, mit Lied, Arie und Walzer. Nach
den Übersteigerungen der vorangehenden Bühnenwerke
atmet man auf, nimmt mancherlei Rührseligkeit in Kauf,
hört über manche schwache Stelle auch in der Musik hinweg, läßt sich vom Ganzen bezaubern. Meisterhaft wiederum der Satz und das Vermögen, bestimmte Situationen und Stimmungen unverkennbar zu umreißen, sei es
durch traumhaft-unwirkliche, verschwebende Klänge
(erstes Notenbeispiel, Thema der silbernen Rose), sei es

durch handfest gezeichnete Walzermelodien (zweites
Beispiel). Alles in schmelzenden Wiener Wohllaut ge-
taucht, aber, wenn es sein muß, auch höchst realistisch
geschildert (das Vorspiel ist eine Darstellung der ersten
Liebesnacht des jungen Octavian mit der reifen Feldmarschallin).

1. Akt. Im Zimmer der Feldmarschallin. Der junge
Octavian ist noch berauscht vom Erlebnis der Nacht,
verträumt und wissend die leise alternde Feldmarschallin. Behutsam muß man sein; denn niemand weiß, wann
der Feldmarschall von seiner Reise heimkehren wird.
Getöse in den Vorzimmern, schleunigst muß sich Octavian im Schlafzimmer verbergen. Es naht zwar nicht der
Feldmarschall, aber der aufgeblasene, grobschlächtige
Baron Ochs von Lerchenau. Mit vielem Schwadronieren
begrüßt er seine Cousine. Einen Brautwerber brauche er
für seine Hochzeit mit Sophie, der Tochter des reichen
Faninal; er berichtet gleichzeitig unverblümt von seinen
zahlreichen Liebschaften, verguckt sich in das appetitli-
che Kammerzoferl der Feldmarschallin (den verkleideten
Octavian), bleibt auch zum ,,Lever" und läßt sich unbekümmert um Haarkünstler, Modeberatung, Bittsteller,
Sänger – und was sonst zu einem ,,Lever" gehört – durch
einen Notar einen eigenwilligen Heiratsvertrag aufsetzen. Endlich bleibt die Feldmarschallin allein, betrachtet
wehmütig im Spiegel die ersten Falten ihres Gesichtes, ist
auch durch den wiederkehrenden Octavian nicht aufzu-

muntern. In jugendlichem Trotz geht er davon. Sinnend und entsagend schickt ihm die Feldmarschallin die weiße Rose ins Haus zur Übergabe an die Braut des Lerchenauers.

2. Akt. Im Hause Faninals. Aufgeregt wartet der frisch geadelte, reiche Hausherr auf den vornehmen Bräutigam. Seine Tochter Sophie ist in sich gekehrt. Mit einer silbernen Rose in der Hand betritt Octavian den Raum, hält eine wohlabgezirkelte Ansprache an die Braut. Ergriffen schauen die beiden jungen Menschen einander an. Aber schon erscheint, umwedelt vom Brautvater, der zukünftige Herr Schwiegersohn Baron Ochs von Lerchenau. Sogleich betätschelt er kennerisch die junge Braut. Seine unverschämte Art macht Octavian und Sophie zu Verbündeten: gegen den ,,Kerl" und für ihre aufkeimende Liebe. Sophie reißt sich los und bleibt mit Octavian allein, während die andern im Nebenzimmer den Heiratsvertrag unterzeichnen wollen. Die beiden gestehen einander ihre Liebe, besiegeln sie mit einem Kuß. Valzacchi und Annina, ein Intrigantenpaar, stürzen aus einem Versteck, halten die jungen Leute fest, rufen den Lerchenauer. Octavian reizt ihn so lange, bis er wohl oder übel den Degen ziehen muß. Wild brüllt er auf, als er einen leichten Stich in den Arm erhält, beruhigt sich aber schnell bei einer Flasche Rotwein und noch mehr, als ihm Annina ein Brieflein ,,von dem bewußten Mariandl" zusteckt. Das ,,Zoferl" der Feldmarschallin will zum Stelldichein kommen! ,,Mit mir … keine Nacht dir zu lang" – selbstzufrieden singt er ein Walzerlied vor sich hin.

3. Akt. Zimmer mit Bettraum in einem zweifelhaften Wiener Lokal. Octavian mit seinen Helfern (u. a. auch dem Intrigantenpaar) bereitet alles zum ,,Stelldichein" mit Ochs vor, verschwindet – und betritt sogleich wieder

am Arm Lerchenaus den Raum, verkleidet als Zoferl. Der Lerchenauer ist ein geiziger, dafür besonders zudringlicher Liebhaber, das „Zoferl" stellt sich weinselig. Ochs wird handgreiflich – da schrecken ihn Erscheinungen: aus den Ecken von den Wänden, vom Fußboden, von überallher lugt es. Und dann noch die Ähnlichkeit des Zoferl mit dem „verfluchten Bub"! Nun stürmt auch noch Annina herein mit vier „Papa" plärrenden Kindern, der Wirt erscheint, die Kellner, selbst die Polizei. Octavian weist sich heimlich aus, kleidet sich um ... Zu alledem auch noch Sophie mit ihrem Vater Faninal, der ob solcher Situation seines hochverehrten Schwiegersohns in Ohnmacht fällt und weggetragen werden muß. Und als letzte: die Frau Fürstin Feldmarschall! Dem Polizeioffizier erklärt sie, alles sei nur ein Scherz gewesen. Jetzt wird dem Lerchenauer nicht nur die Gleichung Octavian-Mariandl klar, sondern auch manches andere; aber das Maul wird ihm gestopft. – Hilflos steht Octavian zwischen der Feldmarschallin und Sophie. Jugend gehört zu Jugend ... entsagend geht die Fürstin, überläßt die Jungen ihrer Liebe. Nach einer Weile kehrt sie zurück: am Arme Faninals. Ihn wird sie zum Trost für das Überstandene in ihrem offenen Wagen heimfahren. Octavian und Sohpie folgen den beiden, Hand in Hand.

Ariadne auf Naxos

Oper in einem Vorspiel und einem Aufzug. – Text von Hugo von Hofmannsthal.

Personen im Vorspiel: Der TENOR *als* BACCHUS *(Tenor);* Die PRIMADONNA *als* ARIADNE *(Sopran);* ZERBINETTA *(Sopran);* SCARAMUCCIO *(Tenor);* HARLEKIN *(Bariton);* TRUF-

FALDIN (Baß); BRIGHELLA (Tenor); Der KOMPONIST (So-pran); Ein MUSIKLEHRER (Bariton); Ein TANZMEISTER (Te-nor); PERÜCKENMACHER (hoher Baß); OFFIZIER (Tenor); LAKAI (Baß); Der HAUSHOFMEISTER (Sprechrolle). – Perso-nen in der Oper: ARIADNE, BACCHUS, ZERBINETTA, HAR-LEKIN, SCARAMUCCIO, BRIGHELLA, TRUFFALDIN, NAJADE und ECHO (Sopran); DRYADE (Alt). – Ort und Zeit: Wien, Barockzeit. – Uraufführung der ersten Fassung: 25.10. 1912, Stuttgart, Kleines Haus des Hofhteaters; Urauf-führung der neuen Fassung: 4.10.1916, Wien, Hof-Oper.

Eine Oper für Kenner und Liebhaber, zart und durch-sichtig in der Instrumentation (nur 36 Musiker), köstlich im Satz, mit edel geschwungenen Gesangslinien, geformt nach alten und ältesten Mustern, innig und heiter – aber nur für Kenner und Liebhaber. Dazu kommt die spiele-rische Zerrissenheit des Textes. Ich rechne die Musik der „ARIADNE" zu den schönsten Offenbarungen von Strauss; als Oper, d. h. in die Breite wirkendes musikali-sches Bühnenspiel, hat sie sich ihren Bewundererkreis immer wieder erobern müssen.

Vorspiel. Im Palast eines Neureichen soll eine Oper gegeben werden und eine Posse. Was soll man zuerst aufführen, lautet die Streitfrage. Sie wird beantwortet mit einer neuen Anordnung: beides gleichzeitig. Der junge Komponist ist außer sich, doch die süße Possen-spielerin Zerbinetta bringt ihn dahin, „alles mit anderen Augen zu sehen".

Haupthandlung. Ariadne wurde auf einer Insel von Theseus verlassen und ersehnt den Tod. In ihren Klage-gesang und den Gesang der sie beschirmenden Naturwe-sen lugen die Possenreißer, versuchen einzeln und insge-samt, Ariadne eine leichtere Auffassung von der Liebe beizubringen. Umsonst, sie müssen verschwinden. –

Strahlender, männlicher Gesang vom Felsen. Ist es Theseus? Nein, das kann, so meint Adriadne, nur der überirdische Todesbote sein. Aber es ist Gott Bacchus. Allmählich vollzieht sich eine innere Wandlung: Mensch
und Gott schaffen eine neue, irdische und überirdische
Liebe. Ein letzter spöttischer Versuch Zerbinettas ver-
weht vor der Allgewalt des Zwiegesangs von Ariadne
und Bacchus.

✳

Neben den besprochenen vier Meisterwerken und der
Arabella vermögen die übrigen Bühnenwerke von
Strauss nur schwer bestehen. Das auszusprechen, fällt
schwer; denn die anderen Opern enthalten ergreifende
und bezaubernde musikalische Schönheiten, die um ihrer
selbst willen erhalten zu werden verdienten, wenn es
möglich wäre. Aber die Texte, meist ästhetisch verspielt
oder mindestens allzusehr „Bildungstexte", teilweise
auch zeit- oder situationsgebundene, werden diesen
Werken kaum einen Dauerplatz im Spielplan erlauben.
Wer Gelegenheit hat, diese Opern bei besonderen Anlässen zu besuchen, mag sich an den folgenden umrißhaften
Inhaltsangaben genug sein lassen.

Die Frau ohne Schatten

*(Drei Akte, Text von Hofmannsthal, Uraufführung
Wien 1919).*

Die Kaiserin ohne Kinder („ohne Schatten") ist Tochter eines Geisterfürsten. Wenn sie nicht innerhalb Jahres-
frist ein Kind gebiert, mußt sie ins Geisterreich zurück,

und der Kaiser erstarrt zu Stein. Im Menschenreich will
sie auf Anraten der bösen Amme einen „Schatten" er-
handeln von eines Färbers Frau, die keine Kinder will.
Zu spät: der Kaiser ist schon erstarrt. Die Kaiserin
möchte ihn zum Leben erwecken; doch das Opfer eines
anderen Schattens bringt sie nicht übers Herz. Diese seelische Läuterung macht den Kaiser wieder lebendig.
Auch die Färbersfrau hat das Unnatürliche ihrer Gesin-
nung erkannt und wird geläutert.

Intermezzo

(1924) ist eine reizende Plauderei aus dem Privatleben
des Komponisten; doch heute kaum mehr aufführbar.

Die ägyptische Helena

*(Zwei Akte, Text von Hofmannsthal, Uraufführung
Dresden 1928), Neubearbeitung 1934).*

Wieder eine Zauberoper, die an den Zuhörer textlich –
die Musik ist vielfach von überwältigender Schönheit –
zu hohe Ansprüche stellt: neuzeitliche Psychologie, altgriechischer Mythos und altägyptischer Zauber bunt ineinander gemischt.

Das nächste Werk hat sich verhältnismäßig lange auf
den Bühnen behauptet.

Arabella

*Lyrische Komödie in drei Aufzügen. – Text von Hugo
von Hofmannsthal.*

Personen: GRAF WALDNER *(Baß);* ADELAIDE, *seine Frau (Mezzosopran);* ARABELLA *(Sopran) und* ZDENKA *(Sopran), ihre Töchter;* GRAF LAMORAL *(Baß);* GRAF DOMINIK *(Bariton) und* GRAF ELEMER *(Tenor), Arabellas Verehrer;* MANDRYKA, *reicher Gutsbesitzer aus der Walachai (Bariton);* MATTEO, *Jägeroffizier (Tenor); Die* FIAKERMILLI *(Koloratursopran); Eine* KARTENLEGERIN *(Sopran). – Ort und Zeit: Wien 1860. – Uraufführung: 1.7. 1933, Dresden.*

Ein Versuch, den ,,Rosenkavalier"-Erfolg zu erneuern. Aber das Hotelmilieu mit allerlei Operettenfiguren ist doch wohl ein wenig peinlich. Immerhin wird niemand leugnen, daß Strauss in seiner Musik zuweilen das frühere Werk erreicht, freilich mit einer zugleich reifer wie müder gewordenen Meisterschaft. Wer sich von dem Text frei machen und nur der Musik lauschen kann, mag oft genug auf Köstlichkeiten stoßen, insbesondere bei den fein charakterisierenden Wendungen der menschlichen Stimmen: jede Person hat die nur ihr eigene Ausdruckswelt.

1. Akt. Faschingsdienstag in Wien. Wenn sich Arabella nicht mit einem ,,soliden Bewerber" verheiratet, ist es geldlich um die Familie Waldner getan. Der Graf Waldner spielt, die Gräfin befragt Kartenlegerinnen, Arabella wartet inmitten der schwärmenden Freier auf den ,,Einen", die Schwester Zdenka läuft aus Sparsamkeitsgründen als Knabe herum. Der Jägeroffizier Matteo liebt Arabella, wird aber kühl behandelt. Der ,,Knabe" Zdenka wiederum liebt den Matteo, schreibt ihm aber Briefe, angeblich von Arabella, um ihn zu trösten. Waldner hatte Arabellas Bild an einen alten reichen Regimentskameraden geschickt ... Doch es kommt dessen Neffe Mandryka. Mit seinen Geldscheinen, seinem Stallgeruch und

seiner Ursprünglichkeit bringt er in das unbezahlte Hotelzimmer der Waldners neue Hoffnungen.

2. Akt. Auf dem Fiakerball sehen sich Arabella und Mandryka: Liebe auf den ersten Blick. Arabella nimmt mit einem Tanz Abschied von ihren Verehrern und fährt glücklich ins Hotel. Matteo erhält von Zdenka den Schlüssel zu Arabellas Zimmer. Mandryka aber hat alles gehört und stürzt verzweifelt in die Arme der Fiakermilli. Doch nun wird sogar Papa Waldner energisch: man begibt sich zur Untersuchung ins Hotel.

3. Akt. Nach einigem tragischen Hin und Her stellt sich heraus: Zdenka hat dem Matteo zwar Arabellas Schlüssel gegeben, doch die Geliebte, die er im Dunkel der Nacht gewann, war nicht Arabella, sondern der „Knabe" Zdenka. Doppelhochzeit.

✳

Die schweigsame Frau

(Drei Akte, Text von Stefan Zweig, Uraufführung 1935).
Eine komische Oper sollte es werden, und Strauss hat ihr musikalisch allerlei Köstlichkeiten mit auf den Weg gegeben; doch das Ganze leidet an dem verkrampften Textbuch. Der Inhalt entspricht in wesentlichen Zügen dem von Donizettis *Don Pasquale* (s. dort).

Der Friedenstag

(Einakter, Text von Joseph Gregor, Uraufführung 1938).

Ein ausgezeichnetes Textbuch, von Strauss ausgesprochen männlich vertont; und doch werden wir noch eine Weile abwarten müssen, ob sich das Werk durchsetzen kann. Das Thema (dramatisch gestalteter Gegensatz von kriegerischem Befehlgehorsam und friedenersehnender Menschlichkeit) geht uns zwar unmittelbar an; doch scheint man derlei der Opernbühne noch nicht gern anvertrauen zu wollen. Das Stück spielt am 24. Oktober 1648, also in den letzten Stunden des Dreißigjährigen Krieges. Der Stadtkommandant hat vom Kaiser den Befehl bekommen, die Festung unter allen Umständen zu halten. Unerschütterlich bleibt er gehorsam trotz flehender Drohungen der Bürger und trotz der Friedenssehnsucht seines Weibes. Hart faßt er seinen Entschluß: wenn der Feind angreift, soll alles in die Luft gesprengt werden. Zwar naht der Feind, aber mit der Kunde, der Friede sei geschlossen.

Daphne

(Einakter, Text von Joseph Gregor, Uraufführung 1938).
Ein vortreffliches, doch von griechisch-klassischem Bildungsgut überfrachtetes Textbuch, dem jede Breitenwirkung, wie sie die Oper nun einmal braucht, versagt bleiben muß, weil die zur Aufnahme fähige Bildungsschicht verschwunden ist. Auch in diesem Werk hat Strauss musikalische Herrlichkeiten verschenkt – und verschwendet.

Capriccio

(Einakter, Text von Clemens Krauß, Uraufführung 1942).

Das Werk ist bezeichnet als „Konversationsstück für Musik". Ist in der Oper die Musik wichtiger oder der Text? Das ist die Fragestellung dieser Konversationsoper. Sie auf die Opernbühne von heute zu verpflanzen und sie dort zu erörtern, ist ein Unterfangen, das von vornherein zum Scheitern verurteilt ist. So etwas war vielleicht als ästhetisches Spiel möglich im 18. Jahrhundert, als Giambattista Casti als Operntext für Salieri die Unterlage zu dem Textbuch von Clemens Krauß schrieb. Aber selbst die damalige „gebildete Gesellschaft" scheint dem Thema nicht viel Geschmack abgewonnen zu haben. Was Strauss an Musik dazu geschrieben hat, ist daher vorwiegend eine allerdings unerschöpfliche Fundgrube kostbarster Einzelheiten für ernsthaft bemühte Komponisten.

Die Liebe der Danae

(Text von Joseph Gregor, drei Akte, Uraufführung 1952, aber schon 1940 geschrieben).

Die nicht ganz einfache Handlung spielt wieder einmal im griechischen Altertum und verbindet Bildungsgut mit heiteren Einfällen. Im Mittelpunkt die altgriechische Sage von Midas, der alles, was er berührt, in Gold verwandelt.

PFITZNER

Hans Pf. (1869–1949), Sohn eines Musiker-Ehepaares, studierte in Frankfurt a. M. Kapellmeister in Mainz, 1897 in Berlin, 1907 in München, 1908–1918 Konservatoriumsdirektor und Opernleiter in Straßburg, dann wieder kurz in München, 1920–1929 Leiter einer Meisterklasse für Komposition in Berlin, 1930–1933 an der Münchener Akademie der Tonkunst. Seither als Freischaffender in Wien, bei und in München. Gestorben in Salzburg. Hauptwerke: Chorwerke, Bühnenmusiken, Opern, Sinfonien, Kammermusik, Lieder.

Pfitzner war der letzte rechtmäßige Erbe der Romantik. Zugleich aber war er echtes Kind seiner verstandeswachen, kritischen Zeit. Dieses Widerspiel von empfindsamem Erleben und kritischem Grübeln findet sich in allen Pfitzner-Werken. Ausgangspunkt für seine Opern ist die Romantik und ihre Zusammenfassung durch Wagner. Er faßt alles das noch einmal zusammen im Brennspiegel seiner – im 20. Jahrhundert einzigartigen – Persönlichkeit. Ein durchaus unmoderner Mensch, aber einer der wenigen Künstler, deren Werk in die Zukunft weist; denn in ihm lebt nicht nur der Verstand, nicht nur die Seele, sondern beides. Nicht immer untrennbar verschmolzen, doch in den Meisterwerken erschütterndgroßartig, verbunden.

Kaum jemand hat so den inneren Sinn der Wagnerschen Leitmotivik erfaßt wie Pfitzner; und um dieses inneren Erfassens willen war er in der Lage, die Leitmotivtechnik im echten Sinne weiterzubilden. Von seinen fünf Opern sind *Der arme Heinrich* und *Palestrina* den erhabenen Werken ihrer Gattung zuzuordnen.

Der arme Heinrich

Musikdrama in drei Akten. – Text von James Grun.

Personen: HEINRICH, *deutscher Ritter (Tenor);* DIET-
RICH, *einer seiner Mannen (Bariton);* HILDE, *Dietrichs
Weib (Sopran);* AGNES, *ihre vierzehnjährige Tochter (So-
pran); Der* ARZT-MÖNCH *im Kloster von Salerno (Baß). –
Ort und Zeit: Heinrichs Burg in Schwaben und (3. Akt)
Kloster zu Salerno, um 1100. – Uraufführung: 2.4.1895,
Mainz.*

Die erstaunliche Leistung eines Fünfundzwanzigjähri-
gen. Vorbild für die Vertonungsweise mag Wagners *Parsifal* gewesen sein. Goldgrundierte Orchestersprache,
nicht dramatisch vorwärtstreibend, sondern ruhend,
nach innen gewendet, das meiste wird erzählt in verhal-
tener Lied- oder Balladenweise, sparsam durchziehen
Leitmotive das Werk, altertümelnde Kirchentonarten-
Wendungen werden herangezogen, zugleich wird jede
Figur mit satten Umrißstrichen gekennzeichnet. Drei
Bilder, nicht drei ,,Akte".

1. Bild. In seiner Burg liegt der Ritter Heinrich, un-
heilbar krank seit Jahren. Treue halten ihm Dietrich,
dessen Weib Hilde und ihre Tochter Agnes. Noch einmal war Dietrich ausgesandt worden zu Italiens berühm-
testem Arzt: nur wenn eine reine Jungfrau ihr Leben opfert, kann Heinrichs Leiden enden.

2. Bild. In dunkler Nacht wachen Dietrich und Hilde;
sie ahnen, was in ihrem Kinde vorgeht. Agnes, die Vierzehnjährige, tritt herein. Der Schmerz der Eltern kann
sie nicht von ihrer inneren Berufung zurückhalten: Mitleid treibt sie zum Opfertod.

3. Bild. Im Klosterhof zu Salerno harrt der mönchische Arzt des opferbereiten Kindes und des todkranken Ritters. Heinrich wird hin- und hergeworfen zwischen Sehnsucht nach Heilung und Scham vor sich selbst. Doch als die Opferkammer geschlossen wird, da findet die gepeinigte Seele in dem gepeinigten Leib ihre Kraft zurück: Agnes soll nicht für seine Schuld sterben. Und diese Selbstüberwindung macht den Ritter gesund. Mit einem eisernen Fackelhalter sprengt er das Tor zur Opferkammer und rettet Agnes vor dem Messer des Arztes. Heilig das Wunder der göttlichen Gnade, heilig die mitleidsvolle Jungfrau, heilig soll auch Heinrichs ferneres Leben sein.

Palestrina

Musikalische Legende in drei Akten. – Text vom Komponisten.

Personen: PALESTRINA *(Tenor);* IGHINO, *sein Sohn (Sopran);* SILLA, *sein Schüler (Mezzosopran);* KARDINAL BORROMEO *(Bariton);* PAPST PIUS IV. *(Baß);* KARDINALLEGAT MORONE)Bariton;* KARDINAL NOVAREGIO *(Tenor);* FÜRSTBISCHOF MADRUSCHT *(Baß); zahlreiche hohe kirchliche Würdenträger; Kapellsänger; Erscheinungen; Diener. – Ort und Zeit: Rom und (2. Akt) Trient 1563. – Uraufführung: 12.6. 1917, München.*

Eines der großen Musikdramen der Opernliteratur. Stark der klare dramatische Gegensatz zwischen dem geschäftig-streitenden Machtstreben der ,,Großen'' in der äußeren Welt und dem echten, aus dem inneren Kern und Wesen der Dinge schaffenden, nur seinem Genius

verantwortlichen Künstler (wobei freilich „Genius"
mehr bedeutet als nur einzelpersönliches Können, nämlich: tiefste Ehrfurcht vor gewachsener Gemeinsamkeit).
Dieser Gegensatz zwischen innerer Stärke und lärmen-
dem äußeren Getue spiegelt sich bereits in unseren beiden Notenbeispielen. Dazwischen finden sich alle Zwi-
schenfarben, angefangen von der Messe oder dem
schlichten Madrigal über sprühende Wechselreden und
tiefsinnige Monologe bis hin zu der naturalistischen Szene, in der die Diener mit Messer und Dolch aufeinander
losgehen und der Kardinal Madruscht auf sie feuern läßt.

1. Akt. Palestrinas junger Schüler Silla wittert die
neue, von Fesseln befreite Welt; er will die Lehre des berühmten alten Kirchenmusikers verlassen, sich vom
Zwang der strengen Vielstimmigkeit befreien und nach
Florenz gehen – nach Florenz, wo man einstimmig, soli-

2 *Mit Wucht und Wildheit*

stisch singt und selbständig denkt! Wichtige Worte
wechselt er mit Palestrinas Sohn Ighino über die neue
Zeit und den neuen Geist. Ighino bleibt trüb und traurig
beim Gedanken an den einsamen Vater. Da singt und
spielt Silla ihm sein Lied vor, sein Urteil als ,,Kunstge-
noß" herauszufordern. So trifft ihn der Kardinal Borro-

meo, der mit Palestrina eintritt. Die weltlichen Weisen mißfallen dem Kirchenfürsten sehr. Als die beiden Knaben gegangen sind, offenbart der Kardinal dem stillen Meister den höchsten, den herrlichsten Auftrag: der Papst wünscht von Palestrina eine Messe, die Vorbild kirchlicher Musik werden soll. Durch diese Messe soll der musikalische Streit auf dem Tridentiner Konzil beendet und zugleich die alte Figuralmusik gerettet werden. Zornig verläßt der Kardinal den Meister, als dieser den Auftrag ablehnt. Palestrina ist innerlich müde geworden: Zunftgenossen und Jugend nehmen den frommen Mann nicht mehr für voll, die Frau, die ihn einzig noch zum Schaffen anregte, ist gestorben. Nun aber, wo er den letzten Freund verloren und sich ganz von Welt und Mensch gelöst hat, überfällt ihn der Zwang des Schaffen-*müssens*. Er hält Zwiesprache mit den toten Meistern und in einer Nacht schöpferischer Qual und Freude schreibt er die Messe. Im fahlen Licht des Morgens, inmitten der beschriebenen Blätter, finden Silla und Ighino den erschöpften Meister im Schlummer.

2. Akt. Auf dem Konzil zu Trident. Zwar erfahren wir wenig von Palestrina (Borromeo hat ihn verhaften lassen, um ihn zur Komposition der Messe zu zwingen), und die erlauchte Versammlung geht über diesen Punkt der Tagesordnung schnell hinweg; um so mehr aber erfahren wir von dem recht wirklichkeitsnahen Sinn der Kirchenfürsten und Bischöfe, die schon seit Jahren immer wieder nach Trient kommen, um ihre ganz persönlichen Ansprüche durchzusetzen. Winkelzüge, diplomatische Spitzfindigkeiten, Ehrgeiz, weltlicher Nationalstolz, Eifersüchteleien aller Art machen sich breit. Als der Kardinallegat Morone, der heute unbedingt das Konzil zu Ende bringen will, mitten im wildesten Streit der Meinungen abbricht und die Versammlung auf den Nachmittag

wieder einberuft, da rotten sich in Abwesenheit ihrer
Herren die deutschen, italienischen und spanischen Diener zusammen und führen die Meinungsverschiedenheiten mit Messer und Dolch weiter. Das wird dem kriege-
rischen Kardinal Madruscht zuviel; er erscheint mit der
Stadtwache, läßt auf die Streitenden feuern und die
Überlebenden auf die Folter spannen.

3. Akt. Ighino hat den Vater aus dem Gefängnis befreit, indem er die Blätter der in jener Wundernacht ge-
schriebenen Messe ordnete und dem Kardinal überbrachte. Nun sitzt der Meister, durch die Wochen der
Haft erst recht gealtert, weltverloren in seinem Arbeits-
raum. Nach der Aufführung der Messe eilen die Kapellsänger zu Palestrina und berichten in eitler Selbstgefällig-
keit, daß die Messe infolge der hohen Kunst der Sänger
einen tiefen Eindruck hinterlassen habe. Der Papst selbst
kommt, um Palestrina zu segnen. Kardinal Borromeo
sinkt erschüttert an die Brust des Freundes. Als der
glanzvolle Besuch wieder gegangen ist, hört man von der
Straße den lauten Jubel des Volkes, und Ighino eilt hinab, um die Begeisterung Roms mitzuerleben. An Palestrina gleitet alles ab. Abendfriede ist in seiner Seele ein-
gekehrt. Demütig blickt er empor: ,,Nun schmiede
mich, den letzten Stein an einem deiner tausend Ringe,
du Gott! Und ich will guter Dinge und friedvoll sein.''

Die Rose vom Liebesgarten

*(Vorspiel, zwei Akte, Nachspiel, Text von James Grun,
Uraufführung 1901)*
bezeichnet der Komponist selbst als ,,romantische
Oper''. Trotz der zauberhaften Musik wird dieses Werk

in absehbarer Zeit kaum wieder im ständigen Spielplan unserer Bühnen erscheinen; der tiefgreifende Zeitwandel des vergangenen Halbjahrhunderts hat eine für solche „romantischen Opern" empfängliches Publikum zu sehr zusammenschmelzen lassen.

Das Christ-Elflein

(Zwei Akte, Text nach Ilse von Stach vom Komponisten, Uraufführung 1906, Neubearbeitung 1917)
ist dagegen eine Märchenoper mit Märchenmusik; das Werk in der Weihnachtszeit aufzuführen, sollte zur selbstverständlichen Pflicht unserer Bühnen werden. Und das um so mehr, als das Thema dieses Spiels (Besserwissen und Gläubigkeit) eine der (im wörtlichen Sinne) not-wendigsten Fragen unseres Daseins anschneidet. Der Tannengreis warnt sein Elfenkind im Walde vor der Leidenswelt der Menschen. Doch das Elflein will mehr erfahren. Frieder von Gumpach, der durch den Wald kommt und einen Arzt für sein Schwesterchen Traute holen soll, vermag die Fragen des Elfleins nicht genügend zu beantworten. Auch die Diener Gumpachs, die im Walde einen Weihnachtsbaum schlagen wollen, geben dem Elflein kein Bild vom Menschen. Selbst das mit Knecht Ruprecht erscheinende Christkind erzählt dem Elflein nicht genug. So beschließt es, selbst zu den Menschen zu gehen. Im Hause Gumpachs vollziehen sich nun allerlei Weihnachtswunder. Die größten Wunder aber sind, daß der ungläubige Frieder das Christkind um das Leben seiner Schwester bittet und daß das Elflein seine Seele für die der kranken Traute hingibt.

Das Herz

(Drei Akte, Text von Hans Mahler-Mons, Uraufführung 1931)
scheint verschwunden zu sein. Ich meine aber, dieses Werk umschließe mehr geistige und künstlerische Werte als manches, was uns aus ängstlich bemühtem Modernismus zuweilen serviert wird.

WAGNER (SIEGFRIED)

Siegfried W. (1869–1930), der einzige Sohn Richard Wagners, studierte vor allem bei Humperdinck Musik. Seine Opern sind ungleichwertig: als Dirigent und vor allem als Spielleiter in Bayreuth hat er Bedeutendes geleistet.

Der Bärenhäuter

Oper in drei Akten. – Text vom Komponisten.

Personen: HANS KRAFT, *junger Soldat (Tenor);* MELCHIOR FRÖHLICH, *Bürgermeister (Baß);* LENE, GUNDA, LUISE, *seine Töchter (Sopran);* PFARRER WIPPENBECK *(Bariton);* NIKOLAUS SPITZ, *Gastwirt (Tenorbuffo);* ANNA, *Schenkmädchen (Mezzosopran);* OBERST MUFFEL *(Baß);* KASPAR WILD, *Wachtmeister (Bariton);* DER FREMDE *(Bariton);* DER TEUFEL *(Baß). – Ort und Zeit: Oberfranken, während des Dreißigjährigen Krieges. – Uraufführung: 22.1. 1899, München.*

Der billige Spott über den „kleinen Sohn des großen Vaters" dürfte sich ebenso gelegt haben wie die seinerzeitige Mode, recht viel von Siegfried Wagner aufzuführen. Die meisten Opern des Komponisten, der sich wie sein Vater die Texte selbst schrieb, haben zu ihrer Zeit gefallen, sagen uns heute aber kaum noch etwas. Anders ist es mit dem „Bärenhäuter". Das ist eine volkstümliche Unterhaltungsoper aus der Nachfolge von Lortzing, angereichert mit gewissen Äußerlichkeiten von Richard Wagner, vor allem aber bereichert durch die Ausdrucks-

welt Humperdincks. Auf Lortzing geht das Liedhafte
zurück, auf Humperdinck die verfeinerte Orchestersprache. Ausgezeichnet die in Marsch und Tanz aufklingende
Volkstümlichkeit, witzig und sprühend der feinsinnige
und zuweilen auch derbe Humor. Eine heitere Volksoper, die bewahrt zu werden verdient.

1. Akt. Hans Kraft kommt nach mehreren Kriegsjah-
ren in sein Heimatdorf zurück. Als er hört, daß die Mutter gestorben ist, und als niemand etwas von ihm wissen
will, wird er betrübt und zornig. Ein Kichern im Wald;
der Teufel lacht über den Hans. Bald wird man handels-
einig: auf ein Jahr verdingt sich Hans als Kesselheizer in
der Hölle. In sausender Fahrt geht es hinab. Der Teufel
weist Hans die Arbeit zu und verschwindet. Petrus erscheint und gewinnt dem jungen Kraft im dreimaligen
Würfelspiel die verdammten Seelen ab. Der zurückkehrende Teufel verwandelt Hans zur Strafe in einen Bärenhäuter: berußt und ungewaschen muß er durch die Welt
ziehen. Ein Wunschsack soll ihn vor äußerer Not bewahren. Nur wenn ein Mädchen ihm drei Jahre treu ist,
soll der Fluch von ihm genommen sein.

2. Akt. In einer Schenke erzählen sich die Bauern
Spukgeschichten. Da klopft es an der Türe. Als die
ängstlichen Bauern nicht öffnen, springt der Bärenhäuter
durchs Fenster und wird für den Teufel gehalten. Doch
das Geld, welches er freigebig seinem Sack entnimmt, er-
wirbt ihm das Vertrauen des Wirtes. Hans bezahlt dem
Wirt sogar die Schulden des Bürgermeisters. Dann stellt
er sich dem Bürgermeister als Freier für eine seiner drei
Töchter vor. Am nächsten Morgen erscheint der Bürgermeister mit seinen beiden älteren Töchtern. Diese aber
weichen spottend und schreiend vor dem Bärenhäuter
zurück. Zu dem verzweifelten Hans tritt die jüngste
Tochter Luise. Ihr erzählt er sein Schicksal. Obwohl er

sich sträubt, will sie ihn erlösen und entreißt ihm einen Ring. Inzwischen hat der Wirt, der nachts den Wundersack durchwühlte und von eklem Gewürm gebissen wurde, die Bauern herangeführt. Doch Luise wirft sich zwischen die Bauern und Hans; dieser kann frei davongehen.

3. Akt. Drei Jahre sind um. Der Teufel sitzt neben dem schlafenden Hans und läßt ihm durch seine Teufelchen die ursprüngliche Gestalt wiedergeben. Der letzte Versuch, Hans im Taum zu einer Untreue zu verleiten, mißlingt. Hans erwacht, springt auf und zieht vergnügt davon. Unterwegs trifft er Petrus, der ihn zur Rettung der Plassenburg auffordert. – Im Garten des Bürgermeisters erzählt ein Wachtmeister, wie Hans Kraft in der Nacht die Schläfer geweckt und damit die Plassenburg vor einem Überfall bewahrt habe; niemand wisse, wo Hans sei. Der Sieg wird im Wirtshaus gefeiert. Nur Luise wartet im Gebet auf ihren Bärenhäuter. Hans tritt hinzu und bittet sie um ein Glas Wasser. An einem Ring, den er in das Glas wirft, erkennt Luise den struppigen Gesellen von einst. Der hinzutretende Wachtmeister entdeckt den Hans Kraft, die Bauern und der Bürgermeister sind starr vor Staunen.

BLECH

Leo B. (1871–1958) studierte in Berlin und später bei Humperdinck. Wurde Kapellmeister in Aachen, Prag, Berlin, Riga, Stockholm. Zuletzt Generalmusikdirektor der Städtischen Oper Berlin.

Versiegelt

Komische Oper in einem Akt. – Text von Richard Batka (nach Raupach).

Personen: BRAUN, Bürgermeister (Bariton); ELSE, seine Tochter (Sopran); FRAU GERTRUD, eine junge Witwe (Mezzosopran); FRAU WILLMERS, wohnt im gleichen Hause (Alt); BERTL, ihr Sohn, Ratsschreiber (Tenor); LAMPE, Ratsdiener (Baß); NACHBAR KNOTE (Baß); DER SCHÜTZENMEISTER (Sprechrolle); Nachtwächter, Bürger, Bürgerinnen. – Ort und Zeit: eine deutsche Kleinstadt um 1830. – Uraufführung: 4.11. 1908, Hamburg.

Ein köstlicher, immer wieder bezaubernder Einakter mit plaudernd geführten Stimmen, sprudelnden Einfällen und einer Verarbeitung, die dem in aller Welt bekannten Kapellmeister-Komponisten alle Ehre macht.

Frau Willmers hat einen Sohn und einen altertümlichen Schrank, denen der Bürgermeister Braun offenbar nicht wohlgesinnt ist: den Sohn will er als Schwiegersohn unmöglich machen, den Schrank pfänden lassen. Frau Gertrud, eine hübsche junge Witwe, ist bereit, den Schrank bei sich zu verstecken. Kaum ist das geschehen,

da kommt der Ratsdiener Lampe, um eine Botschaft des
(in Frau Gertrud verliebten) Bürgermeisters auszurichten, sieht den Schrank in Frau Gertruds Wohnung und
eilt zu Frau Willmers, um sich Gewißheit zu verschaffen.
Inzwischen trifft der Bürgermeister ein, erhofft sich bei
Frau Gertrud ein Schäferstündchen, muß sich aber in
dem Schrank verstecken, weil Lampe zurückkehrt. Dieser versiegelt nun den Schrank und läuft ins Bürgermei-
steramt, um seinem Herrn und Meister mitzuteilen, daß
sich anscheinend ein Liebhaber im Schrank verborgen
halte (er hat nämlich ein Rumoren gehört). Der Eingesperrte wird nun von den beiden Frauen, von seiner
Tochter und ihrem Liebsten dahingebracht, seine Einwilligung zur Eheschließung der beiden jungen Leute zu
geben. Er steigt aus dem Schrank, will aber nun seinerseits auch einen Spaß haben und heißt die glücklichen
Jungen, in den Schrank zu steigen. Frau Gertrud läßt den
Schützenmeister wissen, der Bürgermeister sei bei ihr an
einem sehr merkwürdigen Ort anzutreffen. Alles eilt
schadenfroh herbei, der Schrank wird geöffnet – heraus-
kommen errötend die beiden Jungen. Der Bürgermeister
weidet sich an der Verblüffung, macht aber nun seinerseits Ernst, indem er die Lippen der schalkhaften Frau
Gertrud mit einem Kuß versiegelt. So gibt es noch ein
zweites Paar.

SCHÖNBERG

Arnold Sch. (1874–1951) begann als Autodidakt, nahm später Unterricht bei A. von Zemlinsky. Mußte sich längere Zeit mit untergeordneten Arbeiten durchschlagen (Instrumentierungen, Gelegenheitsarbeiten für Kabarett usw.), unterrichtete vorübergehend in seiner Vaterstadt Wien, lehrte dann am Sternschen Konservatorium in Berlin, ging 1933 nach den USA, wo er gestorben ist. Schrieb Lieder, Kammer-, Orchester- , Klaviermusik, Chorwerke.

Wäre er nicht der große musikalische Anreger unseres Jahrhunderts, der viel gefeierte und viel bekämpfte Baumeister der Zwölftonmethode, dann würde Schönberg in keinem Buch über die Opern vertreten sein. Wenn der Wiener Meister zuweilen gesagt hat, es interessiere ihn nicht, ob seine Werke aufführbar seien, so spricht er damit bereits das Urteil über seine eigenen Bühnenschöpfungen. Allerdings sind drei dieser Stücke textlich von erstaunlicher Plattheit oder Verschrobenheit. Schönberg mag sie als Experimentierfelder für seine Hauptwerke mitbenutzt haben.

Erwartung

(Monodram, Text Marie Pappenheim, entstanden 1909, Uraufführung 1924 Prag).
Ein Angst- und Schreckensstück, ein Nachtmahr. Eine Frau (Mezzosopran) sucht in nächtlichem Walde ihren Mann, stolpert über seine Leiche und bricht zusammen.

Extreme Führung der einzigen Gesangsstimme, in tausend Reflexe aufgesplitterter Orchesterklang, dazu gespenstiger Lichtwechsel.

Die glückliche Hand

(,Drama mit Musik', Text vom Komponisten, entstanden 1908–1913), Uraufführung 1924 Wien).
Wiederum nur ein Solist: der ,Mann' (Bariton), dazu zwei stumme Rollen, ein Chor von je sechs Frauen- und Männerstimmen. Es wird ,,gesungen, geflüstert, kraftvoller geflüstert''. Farbenspiegeleien im Orchester, Farbenspiegeleien in der Beleuchtung. Mann liegt auf dunkler Bühne, Nachtkobold auf seiner Brust. Mann sehnt sich nach Frau, Bilder und Chor symbolisieren Stationen des Nichterfüllbaren, Vergeblichen, der stets aufs neue enttäuschenden Vergangenheit.

Von heute auf morgen

(Text M. Blonda, Uraufführung 1930 in Frankfurt).
Eine textlich durchaus mißlungene Zeitsatire mit kunstvoll-künstlicher Zwölftonmusik. Braves Ehepaar, einander langsam überdrüssig geworden, versucht es mit dem Bohème-Spielen, was nicht so recht gelingt, und findet sich dann in gewohnter Nestwärme wieder zueinander.

Moses und Aron

(Drei Akte, Text vom Komponisten, Uraufführung im Funk 1954, szenisch 1957 in Zürich).

Im Gegensatz zu den Plattheiten der zuvor genannten Werke eine gedankenschwere, mystisch-dunkle Schöpfung, trotz stark gesehener Gegensätzlichkeiten im ganzen doch undramatisch, dafür von ragender Statik. Die ersten beiden Akte enstanden 1930/32, den dritten Akt hat Schönberg nicht vollenden können. Eine Zwölftonreihe sendet ihre Ausstrahlungen bis in jeden Takt der umfangreichen, motivisch, rhythmisch und klanglich gleichermaßen fesselnden, oft erschütternden Partitur. Ob es je ein Theaterpublikum geben wird, das der Sprache des Werkes gewachsen ist, kann niemand vorhersagen. 1. Akt. Moses, der gottgläubige Denker, und Aron, der wundertätige Willens- und Tatmensch, erhalten von Gott den Auftrag, das Volk Israel aus Ägypten zu führen. Das Volk wird nicht durch Moses, sondern durch Aron in Bewegung gesetzt, als dieser sichtbare Wunder vollbringt. 2. Akt. Volk und Aron harren auf Moses, der seit vierzig Tagen auf dem Sinai verharrt und die Gottesgebote auf Tafeln schreibt. Um das Volk bei Stimmung zu halten, stellt Aron das goldene Kalb auf, das freudig umtanzt und umjubelt wird. Moses zerstört das Kalb, aber auch die Gesetzestafeln. Aron führt das Volk weiter. 3. Akt. Moses hält Gericht. Der Tatmensch Aron hat seine Aufgabe erfüllt, doch dabei das Volk von Gott entfernt. Die Wanderschaft, so mühselig sie ist, bedeutet Läuterung.

RAVEL

Maurice R. (1875–1937, Franzose), vortrefflicher Pianist, lebte zumeist seinem Schaffen, schrieb für Klavier, Kammermusik, Orchester, Konzerte und Bühne.

Der viel experimentierende, zwischen schlichtester Einfachheit und raffiniertester Klangvielfalt alle Ausdrucksmöglichkeiten beherrschende Ravel liebte im Leben wie in der Musik die feinen, kleinen Einzelheiten. Ihnen spürte er mit wachem Verstand und musikantischem Ahnungsvermögen nach, vereinigte sie jedoch zu erstaunlich einheitlichen Gesamtgebilden. Von dem anderen großen französischen Impressionisten seiner Zeit, Debussy, unterscheidet er sich durch strafferen Ausdruck.

Die spanische Stunde

Musikalische Komödie in einem Akt. – Text von Franc Nohain.

Personen: TORQUEMADA, *Uhrmacher (Tenor);* CONCEPCION, *seine Frau (Sopran);* GONZALVA, *ein Schöngeist (Tenor);* DON INIGO GOMEZ, *ein Bankier (Baß);* RAMIRO, *ein Eseltreiber (Bariton). – Ort und Zeit: Toledo, 18. Jahrhundert. – Uraufführung: 19.5.1911, Paris, Opéra Comique.*

Insbesondere von der Musik her trägt das Werk die Bezeichnung „Komödie" mit Recht. Denn die einzelnen Personen hat Ravel kompositorisch so ausgestattet und voneinander abgehoben, daß sie zu Persönlichkeiten werden. Das Ganze wippt und sprudelt von ausgelassener, dennoch niemals abgleitender Heiterkeit.

Der Eseltreiber Ramiro will beim Uhrmacher Torquemada eine Uhr reparieren lassen; doch dieser bittet ihn zu warten, weil er – wie jede Woche um diese Zeit – die Rathausuhren aufziehen muß. Frau Concepcion (welch aufschlußreicher Name!) paßt das wenig; ist es doch die Stunde, in der sie wöchentlich während der Abwesenheit ihres Mannes Liebhaber empfängt. So läßt sie den Eseltreiber eine Standuhr aus dem Laden in den Oberstock tragen. Endlich kommt der erste „Geliebte"; doch ist dieser Gonzalva ein Schönschwätzer, wo doch Concepcion etwas anderes erhofft. Ramiro muß, als er zurückkehrt, eine zweite Standuhr nach oben schleppen, in der sich der Schwätzer versteckt hat. Schon kommt ein neuer Liebhaber, der Bankier Gomez. Er ist zwar kein Schönschwätzer, aber für Liebesspiele zu fett. Schleunigst muß er in eine zweite Standuhr, um von Ramiro nicht gesehen zu werden. Das Hinauf und Hinunter der Uhren hat einen Vorteil: Concepcion erkennt die Kraft des Eseltreibers und macht von ihr ausgiebigen Gebrauch. Bei seiner Rückkehr glaubt der düpierte Uhrmacher, in den Geliebten seiner Frau zahlungskräftige Kunden zu sehen.

Das Kind und der Zauberspuk

(Auch „Das Zauberwort", Text von der Colette, Uraufführung 1925 in Monte Carlo)
ist bezeichnet als lyrische Phantasie. Man kann das Werk ansehen als heiteren Opern- oder Ballett-Einakter. – Das Kind (Sopran) wird für eine Unart bestraft und rächt sich dafür an Gegenständen und Tieren, bis es einschläft. Da

werden die Gegenstände und Tiere lebendig, sparen nicht mit Vorwürfen und Drohungen. Dabei erleidet ein Eichhörnchen eine Verletzung. Das Kind pflegt das Tierchen, und diese mitleidige Handlung besänftigt die Tiere, die nun die Mutter herbeirufen; denn das Kind wird „nun wieder gut sein". – Das Ganze ein hübscher Inszenierungseffekt: damit die das Kind verkörpernde Sängerin wirklich als Kind wirkt, stehen auf der Bühne überlebensgroße Gegenstände.

WOLF-FERRARI

Ermanno W.-F. (1876–1948), Sohn eines deutschen Malers und einer Italienerin, brachte schon als Dreizehnjähriger eine Oper heraus, studierte in München, wo er lange gelebt hat, ehe er in seine Vaterstadt Venedig zurückkehrte.

Von wenigen Ausnahmen abgesehen, schrieb Wolf-Ferrari Opern, die als moderne Fortsetzungen zur italienischen Opera buffa gelten dürfen, wobei sich eine gewisse deutsche Innigkeit nicht verleugnet. Moderne Opera buffa heißt in diesem Falle: zierlich plaudernde Stimmen, schlanke Melodik, zartgliedriger Rhythmus, lichte Orchestersprache. Im Opernthéater, im Rundfunk und Fernsehen begegnet man immer mal wieder einer der zahlreichen liebenswerten Schöpfungen des deutsch-italienischen Meisters.

Die neugierigen Frauen

(Drei Akte, Text nach Goldoni von Luigi Sugana, Uraufführung 1903),
sind bezeichnend für die meisten Opern Wolf-Ferraris. Es „geschieht" eigentlich nichts in diesem Werk, entscheidend sind vielmehr die auf einen Satz zugespitzten Augenblicke. Und die Lust am Vertonen solcher Zuspitzungen, solcher „Pointen", lag Wolf-Ferrari im Blute. – Da ist ein geheimnisvoller Männerverein, von dessen Tun die Frauen nichts wissen und nichts wissen sollen. Wird dort gespielt? Gold gegraben? Der Liebe gehul-

digt? Die Frauen platzen vor Neugier, die Männer aber schweigen sich aus. Mit List und Hinterlist kommen die neugierigen Frauen in den Besitz der Schlüssel zu dem geheimnisvollen Vereinshaus. Aber die Schlüssel werden ihnen allesamt wieder abgenommen. Endlich dringen sie doch ein – und finden die Männer beim Mahl. Nichts weiter. Alleinsein – das brauchten die Männer zuweilen, dafür gründeten sie ihren Verein.

Die vier Grobiane

(Drei Akte, Text nach Goldoni von Luigi Sugana, Uraufführung 1906)
bringen wiederum einen Streit um ein harmloses Nichts. Vier polternde Ehemänner toben und schimpfen solange herum, bis sich herausstellt, daß Männer und Frauen bei der vorgesehenen Verehelichung eines jungen Mädchens ein und dasselbe wollen. Die Musik mußte bei solchem Text etwas derber ausfallen als die der *Neugierigen Frauen.*

Der Schmuck der Madonna

(Drei Akte, Text von Zangarini und Golisciani, Uraufführung 1908),
nähert sich dem italienischen Verismo mehr, als dem feinsinnigen Musiker Wolf-Ferrari entspricht. Ein Mädchen liebt einen Räuber, gibt sich aber für eine Nacht dem Manne hin, der für sie den Schmuck der Madonna aus der Kirche stahl. Der Räuber weist die Geliebte zurück, der Kirchendieb ersticht sich.

Susannens Geheimnis

(Ein Akt, Text: Enrico Golisciani, Uraufführung 1909)
knüpft an die früheren Werke an. Der mißtrauische Graf
Gil (Bariton) bemerkt an seiner Susanna (Sopran) Ziga-
rettenduft. Auf alle mögliche Art belauscht er seine Frau
und findet endlich die Böse mit – einer Zigarette. Worauf
man denn sogleich eine Friedenszigarette gemeinsam
raucht. Dem Komponisten ist hier ein liebenswürdig be-
schwingter Einakter gelungen.

Sly oder *Die Legende*
vom wiedererweckten Schläfer

(Drei Akte, Text von G. Forzano, Uraufführung 1927)
ist eine Theatermischung zwischen Scherz und Ernst.
Dementsprechend findet der Komponist einen musikalischen Ausdruck, der im Scherzhaften blitzt, im Ernsten
aber glüht. Formal sehr geschlossen, beachtlich das trotz
unbestrittener Herrschaft des Gesangs sehr beredte Orchester. – Sly ist ein Dichter; ewig arm, ewig trunken,
ewig betrunken. Ihn findet des Grafen Liebchen Dolly,
als sie Abwechslung sucht, in einer lärmenden Vorstadt-
schenke. Der Graf und seine Freunde machen sich einen
Scherz, nehmen den im Rausch eingeschlafenen Sly mit
aufs Schloß, lassen ihn dort nach „langer Geisteskrank-
heit" den Grafen spielen. Dann aber erwecken sie ihn
und werfen ihn in den Weinkeller. Alles kann der Dichter vergessen, nur das Weib nicht, das er liebt und das
ihn zu lieben behauptet: Dolly. Er öffnet sich in tiefem
Schmerz die Pulsadern – Dolly kommt zu spät. Sie hat
ihn wirklich geliebt.

Die schalkhafte Witwe

(Drei Akte, Text nach Goldoni von Mario Ghisalberti, Uraufführung 1931)
ist in der Urfassung Goldonis so makelloses Theater, daß eine noch so amüsante Vertonung (und Wolf-Ferrari hat eine prachtvolle Musik dazu geschrieben) die Wirkung kaum zu erhöhen vermag. – Die Witwe Rosaura, wohlbestallte Gasthausbesitzerin, erprobt die Liebe ihrer vier Bewunderer: eines mit seinem Reichtum prunkenden Engländers, eines stolzen Spaniers, eines charmant plaudernden Franzosen und eines heißblütigen Italieners. Jeder Liebhaber schickt mit Geschenken einen Diener in der jeweiligen Landestracht zu Rosaura, und jedesmal tritt Rosaura auf einem Ball den einzelnen Bewerbern in ihrer Landestracht entgegen – allerdings: diese erkennen sie nicht, vergessen die Witwe und verlieben sich in die ,,Landsmännin". Nur der Italiener bleibt gegen die fremde ,,Landsmännin" kühl und will seiner Rosaura die Treue halten. Damit hat er die Probe bestanden und bekommt die schalkhafte Witwe.

Der Campiello

(Drei Akte, Text nach Goldoni von Mario Ghisalberti, Uraufführung 1936)
wirkt – ähnlich wie *Die schalkhafte Witwe* – als gesprochenes Lustspiel mindestens so stark wie in der an sich köstlichen Vertonung Wolf-Ferraris. – ,,Campiello" nennt man in Venedig jene unsagbar kleinen Plätze, die nur aus vier, fünf Häuschen bestehen und mit ihren Anwohnern eine winzige Welt für sich bilden. Jeder kann

jedem in den Topf gucken, besorgt das auch ausgiebig mit Liebe und Schmälsucht, mit Anteilnahme und Scheinfreundlichkeit. Solch ein Campiello ist „Held" dieser Oper. Ein hochnäsiges, reiches Gänschen wird unversehens die Frau des Neapolitaners Astolfi, der zwar in Schulden ertrinkt, doch seiner „Kavaliersart" die große Mitgift verdankt. Daneben andere Pärchen voll Schelmerei und Leidenschaft, eine üppige Bäckerin, zwei tenorsingende ältere Frauen. Volksfeste – alles das von morgens bis abends. Keine eigentliche Handlung, sondern Spiel und Spiegel dessen, was an diesem „Platzl" wohnt oder über ihn dahinflattert. Da wird gezärtelt und unbändig geschimpft, in geziertem Schriftdeutsch und erschrecklichem Bayrisch. Und Wolf-Ferrari musiziert dazu. Heiter, verträumt, voll reizender Anspielungen, in leichtem Stil, doch im Wissen um den Ernst jeglichen Spiels.

Der Kuckuck von Theben

(Drei Akte, Text von L. Andersen und M. Ghisalberti, Uraufführung 1943)
enthält gewiß hohe lyrische Schönheiten in der Musik; am köstlichsten aber wirken abermals die scherzhaften Szenen. Ein Werk, das der heiteren Muse dient, aber der ernsten Kunst verpflichtet ist. Die Stärke der Musik liegt in der Gestaltung der einzelnen Szenen. – Inhaltlich geht es um den alten Amphitryon-Stoff. Gottvater Zeus will Alkmene, die Gattin des Feldherrn Amphitryon, verführen, indem er dessen Gestalt annimmt. Infolge einer List seiner Göttergemahlin Hera muß er aber die ersehnte Nacht betend mit Alkmene im Tempel der Hera verbringen, während Hera selbst in der Gestalt Alkmenes den

unversehens heimkehrenden Amphitryon solange hin-
hält, bis der verabredete Kuckucksruf ertönt. Mit dem
Kuckucksruf aber ist der Verwandlungszauber vorüber:
Zeus wird wieder Zeus, Hera wieder Hera, und der richtige Amphitryon vollendet mit der richtigen Alkmene,
was Zeus vergeblich erstrebte.

BARTÓK

Béla B. (1881–1945, Ungar) studierte bei berühmten Lehrern, war befreundet mit seinem Landsmann Zoltan Kodaly, sammelte und erforschte wie dieser das musikalische Volksgut des südosteuropäischen Raumes. Emigrierte 1940 nach USA. Werke für Klavier, Kammermusik, Orchester, Ballett, eine Oper.

Herzog Blaubarts Burg

Oper in einem Akt. Text von Béla Balázs.

Personen: JUDITH (Sopran); HERZOG BLAUBART (Baßbariton); DIE FRÜHEREN FRAUEN BLAUBARTS (stumme Rollen); BARDE (Sprechrolle). – Ort und Zeit: irgendwo, irgendwann. – Uraufführung: 24.5. 1918, Budapest; Erstaufführung in deutscher Sprache: 1922, Frankfurt a.M.

Eine kleine, doch nicht unwesentliche Eigentümlichkeit dieses Werkes des bedeutenden ungarischen Komponisten und entscheidenden Anregers der neueren Musik sollte nicht übersehen werden: der *Blaubart* ist eine Bühnenballade etwa in der Art von Wagners *Fliegendem Holländer,* doch von dem Bayreuther Meister scharf abgesetzt durch eine formbetonte Folge von sieben Szenen. Die Personen werden charakterisiert durch einen wortgezeugten Deklamationsstil (der Prolog des Barden wird nur gesprochen), getragen von einem situationsbedingt dissonanten, an Debussy erinnernden Orchesterklang.

Das Spiel wird eingeleitet durch einen Vorspruch – man ahnt, es folgt eine Nicht-Erlösungsoper. Die lieben-

de Judith ist dem finsteren Herzog Blaubart auf seine düstere Burg gefolgt und glaubt, durch ihre Liebe Blaubarts
düstere Seele auflichten zu können. Sieben Türen starren
sie abweisend an, verschließen ihr Geheimnis und die innere Verfassung Blaubarts. Weiß sie, was hinter den Türen verborgen ist, dann werde sie, so glaubt Judith, auch
Blaubarts Verschlossenheit erschließen und ihn glücklich
machen können. Sie öffnet eine Tür nach der anderen
und blickt in eine schreckhafte Folterkammer, einen
dunklen Aufbewahrungsort blutiger Waffen, eine Kammer mit blutgetränkten Schätzen, einen mit Blut gedüng-
ten Garten, den blutigen Herrschaftsbereich Blaubarts.
Gegen Blaubarts Willen öffnet sie auch noch die sechste
Tür und erblickt einen Tränensee. Als sie die siebente
Tür entriegelt, schreiten stumm heraus und verschwinden ebenso stumm die drei früheren Frauen Blaubarts:
der ersten gehörte der Morgen, der zweiten der Mittag,
der dritten der Abend … und nun wird Judith die Nacht
gehören, die ewige Nacht des Todes und des nichterlö-
sten Blaubart. Dieser schmückt sie und führt sie in den
Raum der toten Frauen.

STRAWINSKY

Igor St. (1882–1971, Russe) war Schüler von Rimsky-Korsakoff. Ging bald nach Paris, schrieb für Diaghileff einige Ballette, deren Musik weltberühmt wurde. Lebte zumeist in den Vereinigten Staaten.

Seit mehr als dreißig Jahren habe ich mich geweigert, die *Geschichte vom Soldaten* (1918) oder *Mavra* (1921) als wirkliche Opern anzuerkennen; auch *Oedipus Rex* (1928) ist meiner Ansicht nach keine Oper. Alle diese Werke haben ihre Qualitäten, ja, der *Oedipus* war ein bedeutsames Ereignis in der Musikgeschichte der ersten Jahrhunderthälfte – nur mit dem überkommenen oder mit einem entwicklungsfähigen Begriff „Oper" haben sie nichts gemein. Aber seit der *Mavra* war ich ebenso überzeugt – und die verschiedenen Entwicklungsstufen des großen Anregers Strawinsky haben mich darin bestärkt –, daß der Meister eines Tages eine wirkliche Oper schreiben würde. Nach dreißig Jahren erschien sie.

Der Wüstling

Oper in drei Akten. Text von H. Auden und Ch. Kallman (Originaltitel „THE RAKE'S PROGRESS").

Personen: TRULOVE (Baß); ANN, seine Tochter (Sopran); TOM RAKEWELL (Tenor); NICK SHADOW (Bariton); MUTTER GOOSE (Mezzosopran); Die TÜRKENBAB (Mezzosopran); SELLEM, Auktionator (Tenor); IRRENHAUSWÄRTER (Baß); Diener, Dirnen, Bürger, Irre. – Ort und Zeit: England,

18. Jahrhundert. – Uraufführung: 11.9. 1951, Venedig,
Teatro Fenice.

Das Werk ist als Gattung ein weit entfernter Verwandter von Mozarts *Don Giovanni*, allerdings ins Moritaten-
hafte gebogen. Der Form nach eine Nummernoper (geschlossene Gesänge und Ensembles, klavierbegleitete
Rezitative), wobei die geschlossene Gruppierung auch
auf die Verwendung des Orchesters übergreift, dessen
Klanggruppen scharf voneinander abgesetzt werden. Vor
allem: was Strawinsky oft erklärt, aber nicht immer verwirklicht hat, ist in diesem Werk klare musikalische Gestalt geworden – der Melodie gebührt der erste Platz. Ein
wenig ironische Spitzbüberei ist freilich nicht zu überhören, so etwa dann, wenn Strawinsky klassisches, italie-
nisch-klassisches Arien-Gut darunter mischt und sich
dabei offenbar köstlich amüsiert über die abgenutzte
Thematik.

Das Textbuch ist – allem Gerede zum Trotz – schwach
und zudem unerfreulich. Im Grunde eine Jahrmarkts-,
Freuden- und Irrenhaus-Welt in Bilderbogenmanier.

1. Akt. Tome Rakewell wird zum Wüstling von dem
Augenblick an, in dem ihn der Teufel (Nick Shadow) aus
dem Landleben mit Braut Ann und Schwiegervater Trulove zum Reichwerden nach London entführt. – Ein bißchen sehnt er sich schon nach Ann, doch das Freudenhaus von Mutter Goose ist gar zu reizvoll – Ann entschließt sich, Tom nachzufahren und ihn wieder auf den
rechten Weg zu bringen.

2. Akt. Das Freudenhaus hat Tom überreizt und überspannt. Daher lockt es ihn, die selbstbewußte vollbärtige
Türkenbab zu ehelichen. – Beim Anblick dieses Jahr-
marktsmonstrums ergreift Ann die Flucht. – Doch auch
Tom ist des zeternden Vollbartweibes satt. Wütend

stülpt er ihr die Perücke übers Gesicht, und die Zeterei
verstummt. Jetzt beschäftigt sich Tom auf Anraten von
Nick Shadow mit einer Maschine, die aus Steinen Brot
produziert.

3. Akt. Doch die Maschine hat ihn nicht reich gemacht, über sein kümmerliches Vermögen wird Konkurs
eröffnet. Zum ,,toten Inventar" gehört bei der Versteigerung auch die Türkenbab. Da erwacht sie zu neuem Leben und will wieder Schaustellerin auf dem Jahrmarkt
werden. – Jetzt verlangt (natürlich auf einem Kirchhof)
der Teufel Toms Seele. Ann gelingt es, seine Seele zu retten, dafür verliert er den Geist und wird irrsinnig. Im Ir-
renhaus besucht ihn Ann. Er sieht in ihr die Göttin Venus und sich für Adonis an, ist also wohl noch verblöde-
ter als die feixend zuschauenden Irren. Ann singt ihn in
den Schlaf und geht traurig heim. Der erwachende Tom
glaubt, die Mitirren hätten ihm Venus entführt und geht
zugrunde. – Kleine Moral am Schluß: ,,Wo Faule sind
auf dieser Welt, der Teufel findet sein Feld bestellt".

*

Die Geschichte vom Soldaten

*(Text von Charles Ferd. Ramuz, Uraufführung Lausan-
ne 1918),*
hat nichts mit der Gattung Oper zu tun. Sie wird ,,gele-
sen, gespielt und getanzt" in zwei Teilen. Sie sei daher
nur erwähnt, weil sie für manchen einen gewissen Erin-
nerungswert hat. Gesangsrollen fehlen, die Begleitung
besteht aus sechs Einzelinstrumenten und allerlei Schlagzeug (eine Notlösung, bedingt durch die Entstehungs-

zeit, in der das „Werkchen" von Ort zu Ort wanderte).
– Der wandernde Soldat vertauscht seine Geige gegen ein
Zauberbuch des Teufels, wird reich, doch des Reichtums
überdrüssig, läßt sich die Geige zurückgeben, aber sie
klingt nicht mehr. Dabei könnte er durch sein Geigenspiel eine kranke Prinzessin gesund machen. Er verlangt
vom Teufel die Geige zurück, heilt die Prinzessin, bleibt
eine Weile bei ihr, bis ihn das Heimweh in sein Heimatdorf treibt. Doch davor hatte ihn der Teufel gewarnt: an
der Grenzgemarkung holt ihn der Teufel.

Mavra

*(Text nach A. Puschkin vom Komponisten, ein Akt, Ur-
aufführung 1922 Paris)*
tut wenigstens so, als sei es ein Operchen mit winzigen
russisch eingefärbten Arien und Ensembles. – Ein Husar
(Tenor) läßt sich als Köchin engagieren bei einer Frau
(Alt), kann so eine Weile mit deren Tochter (Sopran) zusammen sein, wird aber beim Rasieren überrascht und
flieht.

Oedipus Rex

*(Text nach Jean Cocteau, ins Lateinische übertragen von
J. Danielou, Uraufführung 1927 in Paris, als „Szenisches
Oratorium" 1928 in Berlin. Neufassung 1948).*
Eine hochbedeutende Schöpfung, aber kein Bühnenwerk
(auf deutschsprachigen Bühnen erscheint sie daher jahre-
lang überhaupt nicht). Damit der lateinische Text (siehe
Beispiel) begriffen wird, muß ein Sprecher zuvor erklä-
ren, worum es geht. Die bekannte von Sophokles drama-

Oedipus Rex (Strawinsky)

tisierte Sage: Oedipus (Tenor) hat, ohne es zu wissen, in der Ferne seinen Vater Lajos erschlagen, dessen Witwe – also seine eigene Mutter – und Königin von Theben Jokaste (Mezzosopran) geheiratet. Als das schicksalhafte Geschehen bekannt wird, tötet sich Jokaste, Oedipus blendet sich selbst und zieht in die Fremde. – Die Verwendung der lateinischen Sprache (Orff hat 1968 in seinem *Prometheus* aus dem gleichen Grunde sogar die griechische verwendet) soll die Aufmerksamkeit ganz auf das Allgemein-Schicksalhafte hin- und von den Einzel-Personen und Einzel-Geschehnissen ablenken. Dabei werden gerade die Einzelfiguren musikalisch höchst genau voneinander geschieden. Der wichtige Chor besteht nur aus Männerstimmen. Das Ganze starr wie das blinde Schicksal, erregend und niederdrückend.

BERG

Alban B. (1885–1935, Österreicher) war Schüler des Zwölftonmusikers Arnold Schönberg. Lebte als Freischaffender, schrieb zwar wenig, aber jedes Werk spiegelt die Arbeit eines besessenen Künstlers.

Wozzeck

Oper in drei Akten (fünfzehn Bildern). – Text nach Georg Büchner vom Komponisten.

Personen: WOZZECK (Bariton); MARIE (Sopran); TAMBOURMAJOR (Tenor); DER HAUPTMANN (Tenor); DER DOKTOR (Baß); ANDRES (Tenor); DER NARR (Tenor); MARGRET (Alt); ZWEI HANDWERKSBURSCHEN (Baß, Bariton); MARIENS KNABE. – Ort und Zeit: In einer kleinen österreichischen Garnison um 1820. – Uraufführung: 14.12. 1925, Berlin, Staatsoper.

Man mag die Musik dieser kühnsten Oper des musikalischen Expressionimus aus Gründen des persönlichen Geschmacks ablehnen; man mag sich abkehren von diesem Versuch, grauenhaft-angstvolle Seelenregungen durch atonale Tonfolgen, knarrende Quietschgeräusche, höchst realistische (d. h. nicht-musikalische) Dissonanzen noch peinigender zu machen. Aber man darf keinesfalls übersehen, daß hier ein echter Künstler nach künstlerischen Gesetzen etwas auf seine Weise Großartiges geschaffen hat. Eine auch nur annähernd bedeutsamere Oper ist bis heute nicht geschrieben worden.
Dieses Werk ist ein letzter, übersteigerter „Tristan" in

seiner Auflösung überkommener Harmoniebegriffe. Aber Berg arbeitet mit anderen Mitteln als Wagner. Kurz gesagt: er verzichtet auf Leitmotivik ebenso wie – im allgemeinen – auf die übliche Formgestaltung der Oper und bevorzugt an deren Stelle die Formerscheinungen der absoluten Musik. Etwa: Phantasie und Fuge über drei Themen, Passacaglia, Suite, Invention. Das scheint erklügelt, ist es aber nicht; denn die Wahl dieser reinen Instrumentalformen geschieht (wie alles in diesem Werk) durchaus handlungs- und sinnbedingt.

Beachtenswert der formale Aufbau des Ganzen. Drei Akte zu je fünf Szenen, jede Szene musikalisch auf einer musikalischen Form beruhend, der zweite Akt den ersten gewissermaßen sinfonisch zusammenfassend, der dritte Akt ein unerbittlicher Ablauf von sechs Inventionen. In solchem Großrahmen stehen dann die für Kleinstszenen verwendeten Mittel, die von der Fuge bis zum Marsch, vom unheimlich stillen Wiegenlied bis zu gröhlendem Wirtshausgebrüll, vom gesprochenen Wort bis zu exzessiver Klangmalerei reichen.

Wozzek (In der Schenke)

Die Stärke der Dichtung Büchners liegt im Wort: Qual, Leid, Trieb, Dummheit, Grauen, Glaubenseinfalt, Gleichgültigkeit, Blutrausch – alle Not gepeinigter Geschöpfe wird mit grausamer Naturtreue, aber in idealistischer Absicht mit packender Wortkunst dargestellt. – Der Soldat Wozzeck ist Prügelknabe für jeden. Er hat unheimliche Gesichter, schwebt in unbegreiflicher Angst. sein geistig beschränkter Hauptmann empfiehlt ihm, weniger zu denken. Der in eine fixe ,,wissenschaftliche Idee" verbohrte Militärarzt benutzt Wozzeck zu allerlei Experimenten. Einziger Lichtblick für den Gequälten: die geliebte Marie mit ihrem unehelichen Kind. Als sich diese (,,was liegt daran") von dem ,,schönen Tambourmajor" verführen läßt, ersticht Wozzeck die Geliebte, wirft das Messer in einen Teich, wird entdeckt, flieht, um das Messer noch weiter ins Wasser zu werfen und ertrinkt.

Lulu

(Drei Akte, doch nur die ersten beiden vollendet, Uraufführung 1937)
ist im Handlungsablauf zusammengezogen aus Frank Wedekinds *Erdgeist* und *Die Büchse der Pandora*. Diese Verdichtung kommt den Erfordernissen eines Opern-Textbuches entgegen, bringt nun allerdings ein nicht leicht zu ertragendes Hinschlachten von gleich einem halben Dutzend Menschen aus dem Umweltkreis des ,,schönen wilden Tieres" Lulu, die nun ihrerseits noch von Jack dem Bauchaufschlitzer ins Jenseits befördert wird. – Der musikalische Aufbau ist womöglich noch kunstvoller als im *Wozzeck*. Die verschiedenen Szenen werden, so weit sie inneren Zusammenhang haben, als

großer Sonatensatz behandelt, wobei die Unterabschnitte sinnvoll aufgeteilt sind. Fast raffiniert der musikalische Zusammenhang der Charaktere: Lulu wird getragen von einer Zwölftonreihe, und diese Reihe wird in ihren Variationen benutzt, um die Lulu umgebenden Personen selbständig und abhängig zugleich zu umreißen. – Der Wirkung der unmittelbar eingehenden musikalischen Dramatik kann sich auch der nicht entziehen, dem die formalen Zusammenhänge verschlossen bleiben.

SCHOECK

Othmar Sch. (1886–1957, Schweizer), ursprünglich Maler, dann Musikstudium in Zürich und Leipzig. Lebte vorwiegend als Dirigent und Freischaffender. Bedeutend vor allem als Liederkomponist.

Schoeck gehört zu den sehr seltenen Komponisten des 20. Jahrhunderts, die warmherzige Lyrik mit kühl prüfender Intellektualität zu verbinden wissen, eine Verbindung, die sich eines Tages als verbindlich erweisen mag.

Auf den Bühnen haben seine Opern nur schwer Fuß fassen können. Zu nennen der lyrisch verströmende *Don Ranudo* (1919), die geradezu leidenschaftliche Lyrik der *Venus* (1922 und 1933), die verhaltene Lyrik im *Schloß Dürande* (1943), die über Theater und Musik diskutierende *Massimila Doni*, eine der besten Kammeropern unseres Jahrhunderts.

Etwas häufiger begegnet man dem Märchenspiel *Vom Fischer un syner Fru* (1930, Text von Phil O. Runge), inhaltlich Kloses *Ilsebill* entsprechend: des Fischers Frau wird immer wunschgieriger und herrschsüchtiger, bis ihr Übermut alles zerstört. Der Charakter der Frau wird umrissen in einem musikalischen Grundthema, das von Situation zu Situation variiert wird. Formen der absoluten Musik, kontrapunktische Dichte, erlesener Orchesterklang.

Penthesilea

(Text nach Kleist vom Komponisten, drei Fassungen 1927, 1929, 1942),

selten aufgeführt, doch eines der wirklich bedeutenden musikalischen Bühnenwerke unseres Jahrhunderts. Das Lyrische bricht diesmal nur in den Zwiegesängen und Penthesileas Sonnengesang durch, ansonsten viel vorweggenommener Orff mit rhythmischem Sprechen, Aufschreien, heftigen Betonungen im Orchester, viel Schlagzeug, Klavier zwölf Klarinetten, wenig Violinen, kunstvoller Orchestersatz. – Die Amazonenkönigin Penthesilea haßt Achilles, der sie in der Schlacht besiegte, zugleich aber liebt sie den Mann Achilles. Als er sie versöhnen will und ihr ohne Waffen naht, mißversteht sie ihn, streckt ihn durch einen Pfeilschuß nieder, bricht aber zusammen, als sie den wahren Zusammenhang erkennt.

MARTIN

Frank M. (1890–1974, Schweizer), studierte und wirkte in der Schweiz, in Holland und in Deutschland.
Schrieb u.a. Orchester- und Kammermusik, Chorwerke,
vielfach an Schönberg angenähert, doch kein orthodoxer
Zwölftonkomponist.

Der Zaubertrank

(1947, Text von Jos. Bédier),
Handlungsgrundlage, so weit von Handlung die Rede
sein kann, der jahrhundertealte Roman *Tristan und Isot,*
die musikalische Gestaltung bewußt gegen Wagner.
Zwölf Singstimmen, je zwei Violinen, Bratschen und
Celli, ein Kontrabaß, Klavier. Eigentlich ein in Bilder
gestelltes Oratorium, gesungen nach dem Gesetz der
(französischen) Wort- und Satzkadenzen. Die drei Bilder
,,Der Liebestrank‘‘/,,Der Wald von Morois‘‘/,,Der
Tod‘‘ sind gerahmt von einem Vorspruch und einem
Epilog.

Der Sturm

*(1956 in Wien, drei Akte nach Shakespeares gleichnami-
gem Werk).*
Dieses Mal werden Worte und Sätze der Schlegelschen
Übersetzung nachmusiziert, nicht mehr so einseitig
rhythmisch, sondern melismatisch schmiegsamer. Märchen und Wirklichkeit greifen auch musikalisch ineinander, etwa in dem Luftgeist Ariel, der tanzt, doch nicht

selbst singt, sondern seine Worte von einem kleinen
Chor singen läßt, ferner in der Verwendung von Synko-
pen, über denen das Saxophon recht wirklichkeitsnah
seine Töne bläst. – Inhalt in Kürze: Prospero, von seinem Bruder aus dem Herzogtum vertrieben, hat auf einer Insel aus seine Büchern die Zauberkunst gelernt, be-
wirkt, daß sein Bruder und dessen Gefolge vor der Insel
Schiffbruch erleiden, rettet die Schiffbrüchigen, bestraft
und verwirrt die Sinne mit Hilfe des Luftgeistes Ariel,
vernichtet aber Zauberbuch und Zauberstab, als jedermann geläutert ist.

Dauernder Bühnenerfolg war bisher weder den zuvor
genannten Werken noch dem *Monsieur de Pourceaugnac*
(1953 in Genf, Text nach Molière) beschieden. Vielleicht
ist die Parallele dieses Monsieur zum Ochs im *Rosen-*
kavalier allzu deutlich.

HONEGGER

Arthur H. (1892–1955, die Eltern sind Schweizer), führender neuzeitlicher Komponist Frankreichs. Schrieb u. a. Bühnenwerke, Filmmusik, Chorwerke, Orchester- und Kammermusik, Orchesterlieder.

Honeggers künstlerischer Weg führt vom Kampf gegen unechte Romantik über denkerische, harmonisch herbe Werke zu Schöpfungen von ungewöhnlicher Gefühlstiefe und schließlich zu religiös bestimmten Werken, wobei die verwendeten Mittel niemals vereinzelt bewertet, sondern im Rahmen des Ganzen beurteilt werden müssen. Das gilt insbesondere für das szenische Oratorium *Johanna auf dem Scheiterhaufen* (Text von Paul Claudel, konzertant 1936, szenisch 1942). Der Dichter läßt das Geschehen an einem einzigen Tage spielen (am 30. Mai 1431, dem Verbrennungstage der französischen Nationalheiligen), sieht die heilige Johanna auf allen Stufen, die zwischen einfachem Landmädchen und begnadeter Gottgesandter denkbar sind, und schafft den Rahmen, in dem sich mittelalterliches Mysterienspiel, barock-spanisches Theater, altklassisches Oratorium, statische Oper, antiker Chor und Tanzmusik des 20. Jahrhunderts zusammenfinden können. Gleicherweise nützt Honegger alle Möglichkeiten, die zwischen Kinderlied und Gregorianik liegen, er läßt sprechen, singen, tanzen, spielen, bringt rührende Dreiklänge, kaum entwirrbare Dissonanzen, weihevolle Chorgesänge, plattes Plärren, innige Solostellen, schwatzendes Babbeln, verklärtes Entrücktsein, frechen Foxtrott, homophone Schlichtheit, polyphone Verzahnung. Ein Sprecher erzählt die einzelnen Stationen von Johannas Lebensweg, die so nochmals ihr ganzes Dasein vor sich abrollen sieht, bis sie schließlich in Flammen und Rauch des Scheiterhaufens leiblich stirbt, während ihre Seele verzückt emporschwebt.

Die gelinde Abkehr von der reinen Oper zum szenischen Oratorium findet sich auch in anderen, gleichartigen Werken wie dem *König Saul,* der *Judith* und der *Antigone.* Und das Hinwenden zu biblischen und altgriechischen Dramenstoffen (bei Honegger meist in Bühnenmusiken) findet sich mehrfach bei Komponisten, die um die Wende zum 20. Jahrhundert geboren sind.

MILHAUD

Darius M. (1892–1974, Franzose) studierte am Pariser Konservatorium, gehörte zur jungfranzösischen „Gruppe der Sechs". Lebte als Komponist meist in Paris.

„Die südländische und insbesondere die italienische Musik hat mir immer sehr viel gesagt, die deutsche so gut wie nichts." Mit diesen Worten kennzeichnete Milhaud sich selbst und seine Schaffensweise. Er „denkt" nicht in Tönen wie viele Deutsche, er musizierte – musizierte auf allen Gebieten und mit allen Instrumenten und für alle Gegebenheiten, die man sich nur ausdenken kann: das elektrische Klavier und das große Orchester, das Caféhaus und die Opernbühne – nichts ist vor seiner Musizierwut sicher. Musik war ihm immer Musik, wo und wie sie sich auch äußerte. Daher kam es, daß man ihm auch keinem bestimmten Stil zuordnen konnte. Und wenn man es doch versuchte, dann mußte man beim nächsten Werk von neuem beginnen. Impressionismus und Expressionismus haben ihn befeuert, doch immer nur für das eine Werk, für den einen Zweck, der ihm gerade vorschwebte.

Der arme Matrose

Klagelied in drei Strophen. – Text von Jean Cocteau.

Personen: DER ARME MATROSE (Tenor); SEINE FRAU (Sopran); SEIN SCHWIEGERVATER (Baß); SEIN FREUND (Bariton). – Ort und Zeit: Französische Hafenstadt, nach

1900. – Uraufführung: 16.12. 1927, Paris, Opéra Comique.

Die Musik dieser einzigen im deutschsprachigen Raum einigermaßen bekannt gewordenen Milhaud-Oper spricht unmittelbar an; nicht nur wegen der sangbaren Rezitative, der tänzerischen Rhythmen, der knappen Orchestersprache, sondern besonders wegen der balladenhaften Ganzheitsstimmung.

1. Strophe. Die Frau glaubt noch immer an die Rückkehr ihres vor fünfzehn Jahren verschollenen Mannes, weigert sich, dessen Freund zu heiraten, obwohl auch ihr Vater sie bestürmt. Da taucht der Verschollene wieder auf, gibt sich dem Freund zu erkennen, erzählt ihm, daß er reich geworden sei, aber seine Frau auf die Probe stellen wolle.

2. Strophe. Der Freund bringt den Verschollenen am nächsten Tage zur Frau. Dort gibt sich der Heimgekehrte als guter Bekannter ihres Mannes aus. Dieser werde bald heimkehren; freilich als armer Matrose, weil er eine Möglichkeit, reich zu werden, verpaßt habe. Er selbst dagegen habe die Gelegenheit wahrgenommen und zugleich durch die Gunst der mexikanischen Königin reiche Schätze erworben. Zugleich zeigt er als Beweis eine Perlenkette vor. Die Frau aber ist glücklich, daß ihr Mann ihr die Treue bewahrt habe. Der Fremde erinnert sie irgendwie an ihren Mann. Er darf in ihrem Hause übernachten.

3. Strophe. Um die Reichtümer des Fremden für ihren Mann zu gewinnen, erschlägt sie den Schlummernden nachts mit einem Hammer, sucht die Perlenkette. Der Vater kommt hinzu und hilft ihr, den Erschlagenen in den Brunnen zu werfen.

ORFF

Carl O. (1895–1982) studierte an der Münchener Akademie der Tonkunst und später bei Heinrich Kaminski.
Vorübergehend Kapellmeister. Mitbegründer der
,,Günther-Schule". Zuletzt Musikdramaturg der Bayerischen Staatstheater.

Mit seinem ,,Schulwerk", einem großartigen Beitrag
zur musikalischen Jugenderziehung (Ausgang: der
Rhythmus), hat sich Orff unvergängliche Verdienste erworben. Die szenische Kantate *Carmina Burana* (Gesänge aus Beuron) haben Orff auch als schaffenden
Künstler mit einem Schlage berühmt gemacht (1937, die
Catulli Carmina von 1943 bilden dazu ein zweites, der
Trionfo di Afrodite ein drittes Gegenstück). Orffs Versuche, die Oper auf neue Weise zu beleben, sind von
sehr vielen Seiten begeistert begrüßt worden. Doch ge-
stehe ich, daß ich über eine gewiß starke Hochachtung
nicht hinauskomme. Die ungewöhnliche schöpferische
Begabung Orffs äußert sich meines Erachtens häufig ein
wenig einseitig durch Verstandesmittel, während das
Strömen seelischer Kräfte – für mich das entscheidende
Kennzeichen eines musikalischen Kunstwerks – zuweilen bewußt aufgestaut wird. Daß es dann zu ungewöhnlich hochstehenden Werken kommt, die alles andere sind
als Opern, wird noch zu besprechen sein.

Zunächst die wirklichen, daher mit einer gewissen
Regelmäßigkeit aufgeführten Opern und verwandten
Werke.

Der Mond

,,Kleines Welttheater" – Text vom Komponisten.

Personen: DER ERZÄHLER (hoher Tenor); VIER BURSCHEN, die den Mond stehlen (Tenor, zwei Baritone, Baß); EIN BAUER (Bariton); EIN SCHULTHEISS, EIN WIRT (Sprechrollen); Ein anderer Schultheiß (stumme Rolle); Leute, die in der Schenke zechen und sich den Mond stehlen lassen (gemischter Chor und Kinderchor); Leute, die sich über den gestohlenen Mond freuen und die Toten begraben (gemischter Chor); Leichen, die der Mond aufweckt (Soli und gemischter Chor); Ein alter Mann, der PETRUS heißt und den Himmel in Ordnung hält (Baß); Ein kleines Kind, das den Mond am Himmel entdeckt (Sprechrolle). – Uraufführung: 5.2. 1939, München, Nationaltheater.

Das Personenverzeichnis mit seinen Zusatzangaben verrät schon die spielerische Natur dieses ,,kleinen Welttheaters", Einzelsänger, Chöre, Orchester, Zither, Ziehharmonika, Schlagzeug, abgestimmte Bläser – alles das und mehr wird aufgeboten, um Märchenhaftes recht realistisch erklingen zu lassen; mit eigentlicher Musik geht Orff sehr sehr sparsam um, um so wichtiger ist der reine Rhythmus, die Melodieandeutung, die Kleinszene.

Vier Burschen finden auf ihrer Wanderung durch fremdes Land eine leuchtende Kugel auf einem Eichbaum. Sie stehlen die Kugel und bringen sie im Triumph in ihre Heimat. Dort leuchtet sie bis zu ihrem Tode. Jeder von ihnen bekommt ein Viertel der Kugel mit in den Sarg, und es wird wieder dunkel in ihrer Heimat. In der Unterwelt setzen die Burschen die vier Viertel wieder zusammen. Alle Toten erwachen bei dem herrlichen Licht zu neuem, d. h. zu ihrem alten Leben. Man spielt und singt, liebt und säuft, zankt und schlägt sich, bis es

dem „alten Mann, der Petrus heißt und den Himmel in
Ordnung hält", zu bunt wird. Nachdem er eine Weile
selbst an dem Treiben teilgenommen hat, ergreift er die
Kugel und befestigt sie am Himmel. Von dort oben
leuchtet sie nunmehr der ganzen Erde. Ein kleines Kind
sieht sie zuerst: „Ah, da hängt ja der Mond!"

Die Kluge

*Die Geschichte von dem König und der klugen Frau. –
Text vom Komponisten (nach alten Märchen).*

*Personen: DER KÖNIG (Bariton); DER BAUER (Baß); DES
BAUERN TOCHTER (Sopran); DER KERKERMEISTER (Baß);
DER MANN MIT DEM ESEL (Tenor); DER MANN MIT DEM
MAULESEL (Bariton); DREI STROLCHE (Tenor, Bariton und
Baß). – Uraufführung: 20.2.1943, Frankfurt a.M.*

Wieder entscheiden Kurzrhythmen und Kurzmotive.
Wer „Musik" zu hören gewöhnt ist, wird zunächst be-
fremdet sein. Aber bald wird er merken, daß hier erlese-
ne Mosaikarbeit Klang wird.

Die kluge Bauerntochter warnt den Vater: er möge
den im Acker gefundenen goldenen Mörser nicht dem
König schenken, weil er nur in Verdacht kommen
würde, den Stößel unterschlagen zu haben, und ins Gefängnis müsse. Dem Bauern geschieht, wie die Tochter
vorausgesehen. Der König hört von der Voraussage der
klugen Tochter und will sie auf die Probe stellen. Spie-
lend löst sie die drei ihr aufgegebenen Rätsel. Ihre Klug-
heit gewinnt ihr die Achtung des Königs, doch ein stär-
keres Band knüpft die Liebe. Um und durch dieses
Hauptgerüst ranken sich allerlei Nebenhandlungen und

Nebenfiguren, vor allem in Gestalt von drei Strolchen, die sich als „Weltphilosophen" in diesem Erdental genau auskennen.

Die Bernauerin

Ein bairisches Stück. – Text vom Komponisten. – Urauf-führung: 15.6. 1947, Stuttgart.

Von einer Ausnahme abgesehen, gibt es in diesem Stück nur Sprechrollen. Gesprochen wird altbairisch (die rein philologische Arbeit Orffs ist erstaunlich, während ich nicht einsehe, weshalb man in der unverblümten Derbheit so weit gehen sollte, wie es hier geschieht). Im Grunde also eine Übertragung des alten oft bearbeiteten Stoffes in altbairische Sprache, dazu vorwiegend rhyth-misierende, motivisch nur andeutende Bühnenmusik. Wir Durchschnittsmenschen tun gut, nach dem Anhören des Stückes wieder einmal Hebbels *Agnes Bernauer* in die Hand zu nehmen. Einer Einführung in Orffs Werk bedarf wohl nur, wer der bayerischen Mundart nicht mächtig ist. Der Inhalt ist in seinen Grundzügen be-kannt: Agnes Bernauer, Baderstochter zu Augsburg, wird das Weib des jungen Herzogs Albrecht von Bayern, aber auf Betreiben des politisch denkenden alten Her-zogs als Hexe verurteilt und ertränkt.

Mehr noch ein von acht Schlagzeugern begleitetes Sprechstück ist *Astutuli (Uraufführung 1952)*. Orff nennt es eine „bairische Komödie"; vielleicht darf ich vorschlagen „bairische Show", denn es ist wirklich ein Schaustück, das den Pfiffigen (eben die Astutuli) gründ-lich unter die Haut schaut und den Dummen, die nicht

nur nie alle werden, sondern sich offenbar kräftig ver-
mehren. Hier läßt sich ein ganzes Städtchen etwas vor-
gaukeln – eine lärmende Gaudi ohne Gesang.

Überwiegend Sprechstück auch die *Comoedia de
Christi Resurrectione (1956 im Fernsehen)*. Gesungener
Chorvorspruch, gesungener Epilog des Chors (zuweilen
kleine Soli), die Wachsoldaten am Grabe Christi sprechen „bairisch", der Teufel ein lateinisch-französisches
Kauderwelsch. Die „Komödie" besteht darin, daß der
Teufel die Augen nicht vom Würfelspiel der Soldaten
läßt und sich daher der entschwebenden Seele Christi
nicht bemächtigen kann.

In die gleiche Reihe gehört *Ludus de nato Infante mi-
rificus (1961)*. Dieses „wundersame Spiel über die Geburt des Kindes" ist so ungefähr das irgend denkbare
Gegenteil eines üblichen Weihnachtsstückes. Keifende
Unterweltslemuren widersetzen sich der göttlichen Geburt, die Hirten träumen die Geburt, die Engel verkün-
digen sie, doch niemand nimmt sie wirklich war.

Trionfi

Die Trionfi sind drei Werke, die man dem Begriff
„Musiktheater" unterordnen mag. Aber es sind keine
Opern, keine Musikdramen, keine Oratorien, keine musikalisch unterbauten Sprechstücke – und doch haben sie
von allem etwas. Äußerlich erscheinen die drei Werke als
scheinbar unvereinbares Nebeneinander von philologi-
schem Bildungsgut und primitivsten Ausdrucksmitteln.
Latein, Altfranzösisch, Griechisch, Mittelhochdeutsch –
zu „verstehen" nur von Vielsprachlern, einfachste Ton-

wiederholungen ohne harmonische Entwicklung – befremdend für das operngewohnte Ohr. Aber bald spürt man, richtet man das Ohr aufs Ganze, keimträchtige Kraftkerne, die sich zu überwältigenden Gebilden auswachsen. Nicht auf irgend eine ,,Musik" sind die Werke abgestellt, sondern darauf, Sprache und Bewegung mit Hilfe des musikalisch dargestellen Rhythmus zur Einheit zu binden, ja, zu zwingen.

Nach anfänglichem Verwundern haben die Trionfi bald überall erstaunliche Erfolge gehabt, auch im Ausland; dann aber hat die Wirkung nachgelassen, weil das Publikum auf die Dauer doch wohl im Theater mehr die Oper und keine Kantaten sucht.

Carmina burana

(1937), Texte nach einer im Kloster Benediktbeuern aufbewahrten Handschrift aus dem 13. Jahrhundert.
Für Chor- und Tanzgruppen und wenige Solisten. 1. Chöre und Einzelgesänge besingen den erwachenden Frühling, das erwachende Leben mit dem Wechsel von Fortuna und Venus. 2. In der Schenke. Mag das Leben elend sein (insbesondere für den gebratenen Schwan), so tröstet uns das Trinken und Spielen. 3. Höhepunkt aber ist die Liebe: ,,Wenn der Jüngling mit dem Mädchen ..." Freilich aus Venus wird wieder die launische Fortuna.

Catulli Carmina

(1943, ,,Szenisches Spiel"), also Vertonung von Gedichten des Lateiners Catull.
Bezeichnend die Besetzung mit Chor, Sopran und Te-

nor, Schlagzeug, vier Klavieren. Diesmal eine kleine, ge-
rahmte Handlung. – Erfahrene, doch auch müde gewordene Greise lassen, um sie zu warnen, liebesvergnügten
Jünglingen und Mädchen ein Spiel des Dichters Catull
vorführen. Was dieser nur träumt an Freuden mit der geliebten Lesbia, das wird in Wirklichkeit seinem Freunde
Caelus beschert. Auf Anraten seiner Freunde vergilt er
gleiches mit gleichem. Jetzt will ihn Lesbia erhören,
doch seine Liebe ist tot. Die Greise reiben sich befriedigt
die Hände über das Warnspiel, doch die Jungen tanzen
und tändeln weiter.

Trionfo di Afrodite

(1953, Texte nach Catull, Sappho und Euripides), be-
zeichnet als „szenisches Konzert".
Da nach Natur- und Lebensfreude sowie Erotik in diesem dritten Stück Afrodite als Personifizierung der All-
Liebe gehuldigt wird, tritt zu den früheren Besetzungen
ein größeres Orchester. 1. Chöre in Erwartung des
Brautpaares. 2. Der Hochzeitszug naht. 3. Zwiegesang
des Paares (Tenor und Sopran). 4. Anrufung des Gottes
der Ehe. 5. Spiele und Gesänge vor dem Brautgemach.
6. Gesang des Hochzeitspaares im Gemach. 7. Afrodite,
Göttin der Liebe und der Schönheit erscheint in strahlen-
dem Triumph.

Triptychon

Jener Florentiner Kreis von Adeligen, Gelehrten und
Künstlern, der um 1600 versuchte, den altgriechischen
Dramenstil wiederzuerwecken, begründete unbeabsich-

tigt die Gattung Oper. Will Orff dreieinhalb Jahrhunderte später den Versuch wiederholen, wenn auch mit anderen Mitteln und tieferer Einsicht? Schon textlich geht er einen neuen Weg, indem er die altgriechischen Dramen selbst verwendet, sei es in Übersetzungen, sei es in der Ursprache, sich also nicht von Zeitgenossen Textbücher schreiben läßt. Doch will es scheinen, als liege ihm verhältnismäßig wenig am Text als einer verständlichen Wortfolge; denn in den unten skizzierten Werken läßt die Wortverständlichkeit – mindestens für das normale Theaterpublikum – schrittweise nach, bis sie im Schlußwerk völlig aufhört.

Opern sind es nicht, auch keine Musikdramen und kein episches Musiktheater noch Oratorien oder Kantaten. Betrachtet man das Triptychon in der Reihenfolge der Entstehung, so dämmert die Ahnung, Orff sehe Handlung, Wort und Musik lediglich als Mittel an, die aufwühlende Erschütterung, die das griechische Drama von Schuld und Schicksal bei den damaligen Zuhörern hervorrief, bei uns kühlen Zweiflern noch einmal nachzuvollziehen.

Ist diese Vermutung richtig, so begreift der Zuhörer und Zuschauer, daß in diesen Werken nicht edel geschwungene oder dramatisch vorwärtstreibende Melodien gesungen, vielsagende und vielfach deutbare Harmonien gebracht oder farbige Klänge gestaltet werden können. Daß hier vielmehr unerbittlich deklamiertes Tonhöhensprechen ohne harmonische Stützen verwendet wird, ein übermenschlicher rhythmischer Kosmos, erschreckend-gewalttätiges Geräusch und Getöse.

Der Geräuscherzeuger (das Orchester) besteht meist aus Kontrabässen (also keine hohen Streicher), Holz- und Blechbläsern, Klavieren, Harfen, Xylophonen, einer mächtigen Schlagzeugbatterie,, wozu im ,,Prometheus" noch allerlei südamerikanische, afrikanische und asiatische Instrumente treten.

Es mag bezweifelt werden, ob man das Nichtverstehen des Textes so zum Prinzip erheben darf, wie es auf weite Strecken hin geschieht; man mag einwenden, manches sei im wahrsten Sinne Theaterdonner, sei Gekreisch und sirenenartiges Geheul. Dennoch: wer von dem Ganzen dieser primitiven Raffiniertheit, dieser kunstvollen Künstlichkeit nicht erschüttert wird, der wird um ein seelisches (wenn auch nicht musikalisches) Erlebnis gebracht.

Antigonae

(Text ist die Hölderlin-Übersetzung des gleichnamigen Trauerspiels von Sophokles, Uraufführung 1949 in Salzburg).
Spielt im sagenhaften altgriechischen Theben. Stimmlagen für die handelnden Personen werden nicht angegeben: König KREON, seine Gemahlin EURYDICE, die Oedipustöchter ISMENE und ANTIGONAE, ANTIGONAES Verlobter HÄMON, der Seher TIRESIAS, ein Wächter, ein Bote, Chor der thebanischen Alten. – Die Thebaner haben gesiegt, Belagerer müssen abziehen. Im Kampf sind Antigonaes Brüder Eteokles und Polyneikes gefallen. Eteokles wird mit Ehren bestattet, weil er seine Stadt verteidigt hat, Polyneikes aber soll auf Kreons Befehl nicht bestattet werden, weil er *gegen* seine Vaterstadt kämpfte. Antigonae widersetzt sich; trotz der Warnung ihrer Schwester Ismene bedeckt sie des Toten Leib mit Staub. Sie wird vor Kreon gebracht und zusammen mit Ismene zum Tode verurteilt. Umsonst bittet Kreons Sohn Hämon um Aufhebung des Urteils, vergeblich seine Dro-

hen. Antigonae wird hinweggeführt (Ismene dagegen freigelassen). Da warnt der greise Seher Tiresias den selbstsicheren König: aus seinem Geschlecht werde ein neues Opfer fallen, wenn er Antigonae nicht freigebe und Polyneikes nicht bestatten lasse. Jetzt wird Kreon unsicher, eilt selbst davon, um Antigonae den Freispruch zu verkünden. Bald naht ein Bote und berichtet der Königin Eurydice, Antigonae habe sich selbst getötet und Hämon sei ihr in den Tod gefolgt. Gebrochen zieht sich die Königin zurück. Als Kreon verzweifelt über den Freitod seines Sohnes und Antigonaes heimkehrt, muß er erfahren, daß auch seine Gemahlin sich getötet und ihn verflucht habe.

Oedipus der Tyrann

(Text, die Hölderlin-Übersetzung des „OEDIPUS" von Sophokles, Uraufführung 1959 in Stuttgart).
Das bekannte altgriechische Drama; inhaltlich entspricht Orffs Werk dem „OEDIPUS REX" von Strawinsky, so daß hier darauf verwiesen werden kann. Besetzung (meist Sprechgesang): OEDIPUS (Tenor), seine Frau und Mutter JOKASTE (Sopran); TIRESIAS (Tenor), PRIESTER (Baßbariton), Boten, Chor der Alten. Rein musikalisch herrscht in diesem Werk eine Askese, die zur Schwer- und Unverständlichkeit führt, zumal die Stimmen in extremen Lagen gehalten und dadurch entsinnlicht sind. Dem Sing-Sprech-Schrei-Stil, der bewußt auf Vergeistigung verzichtet, steht wiederum ein donnernder, klopfender, rhythmusgeladener Geräuschklang des massigen Orchesters gegenüber, so daß es insgesamt an seelischen und (nervlichen) Aufpeitschungen und Erschütterungen nicht fehlt.

Prometheus

(Textvorlage ist der ,,GEFESSELTE PROMETHEUS" von Aischylos, Uraufführung 1968 in Stuttgart),
genaue Vertonung des Dramas in altgriechischer Sprache, die Grenze der Wortverständlichkeit ist damit – außer für Sprachenkenner – endgültig überschritten, nur Bild und Bewegung geben einen (allerdings nicht zureichenden) Anhalt. Um so stärker die Erschütterung, die von dem 126 Mann starken Orchester (vorwiegend Schlagzeug, südamerikanische, afrikanische, asiatische Instrumente) auch für den ausgeht, dem der Theaterdonner zu Beginn, das Jaulen der Io und manches andere zuviel wird. Man mag es drehen, wie man will: Orff sind hier Urklänge und Urgeräusche gelungen, die dem grausigen Urschicksal des Dramas nahekommen. Abermals kaum ein Singen, eher ein Sprechen und Schreien der gequälten Kreatur und der grimmen Urmächte. – Unter hämisch brüllender Anleitung des Götterschmiedes Hephaistos schmieden dessen Gesellen Kratos und Bia (Symbole von Macht und Gewalt) Prometheus an einen Felsen, weil er gegen den Willen von Zeus den Menschen das Feuer gebracht hat. Erst als die Peiniger gegangen sind, entringt sich Zorn und Klage dem Munde des Gefesselten. Der Meeresgott Okeanos versucht diplomatisch, Prometheus zum Widerruf zu bewegen. Umsonst. Im Gegenteil möchte er die durch Zeus verführte, halbwahnsinnige Königstochter Io trösten, die von Hera in eine Halbkuh verwandelt ist und durch Wespen geplagt wird. Als aber der Götterbote Hermes naht und dem Gefesselten noch schlimmeres androht, wenn er sich nicht dem Zeus unterwirft, da rast Prometheus so furchtbar gegen den Herrscher der Götter, daß er mitsamt dem Felsen in die Unterwelt geschleudert wird.

HINDEMITH

Paul H. (1895–1963) war Schüler von Arnold Mendelssohn und Bernhard Sekles. 1915 Konzertmeister am Frankfurter Opernhaus, später Bratscher im Amar-Quartett. 1927 Professor für Komposition in Berlin. Von dort 1935 vertrieben, ging er nach der Türkei und anschließend in die Vereinigten Staaten. Dort lange Jahre Lehrer an der Yale Universität. Wurde amerikanischer Staatsbürger. Schrieb Werke für alle Bereiche der Musik.

Hindemith zählt mit Arnold Schönberg, Igor Strawinsky und Béla Bartók zu den bedeutendsten Anregern der Neuen Musik. Musikantische Besessenheit, bewundernswertes technisches Können (als Komponist wie als Spieler) und scharfes theoretisches Denken gehen bei ihm eine innige Verbindung ein. Seine durch mancherlei Entwicklungen gegangene Tonsprache wird man allerdings nur dann völlig begreifen, wenn man sich in seine logisch zwingend vorgetragenen Gedanken vertieft hat („Unterweisung im Tonsatz"). Eine schnellebige Zeit ist mit Hindemiths Bühnenwerken nicht immer gerecht umgegangen. Der einst umjubelte Bürgerschreck Hindemith, das spätere Vorbild zahlreicher Komponisten, wird von vielen jungen Komponisten unserer Tage als „in der Entwicklung stehengebliebener Klassiker" abgetan. Durch solche Urteile lassen sich die Bühnen offenbar einschüchtern und räumen selbst den Meisterwerken des Meisters nur wenig Platz ein. Glücklicherweise werden die nicht für die Bühne bestimmten Werke einigermaßen häufig gespielt, wie es der Bedeutung eines Mannes entspricht, der im 20. Jahrhundert mehr für Haus-, Laien- und Konzertmusik getan hat als irgendein anderer.

Die kleinen Bühnenstücke der Frühzeit dürfen wir hier übergehen (*Mörder, Hoffnung der Frauen, Das Nusch-Nuschi, Sancta Susanna, Hin und zurück, Neues vom Tage*).

Cardillac

Oper in drei Aufzügen. – Text von Ferdinand Lion.

Personen: CARDILLAC, *Goldschmied (Bariton);* DIE TOCHTER *(Sopran);* DER OFFIZIER *(Tenor);* DER KAVALIER *(Tenor);* DIE DAME *(Sopran);* DER GOLDHÄNDLER *(Baß). – Ort und Zeit: Paris, 17. Jahrhundert. – Uraufführung: 9.11. 1926, Dresden.*

Der *Cardillac* mag musikalisch ein zwiespältiges Werk sein; aber der Rückgriff auf Formen der älteren Oper und gleichzeitig die Einbeziehung der Stimme in das Orchestergeschehen (etwas, das sich von Beethovens *Fidelio* bis zu den Sinfonieopern von Strauss immer wieder findet) ist vielfach überzeugend verschmolzen. Wir geben das untenstehende Notenbeispiel (Beginn der Ariette des Offiziers aus dem dritten Akt) als Probe eines Stils, der gesanglich dem Oratorium, orchestral der Sinfonieoper entsprechen könnte. Dieses Beispiel entstammt – wie auch die Inhaltsangabe – der Erstfassung; die Neufassung von 1952 wirkt gerundeter, verwischt aber die kühnen Konturen des ursprünglichen Werks. Hindemith hatte die erste Fassung zurückgezogen. Heute werden beide Fassungen aufgeführt.

1. Akt. Jeder, der vom Goldschmied Cardillac ein Schmuckstück kauft, wird nach kurzer Zeit ermordet aufgefunden. Eine Dame verspricht einem Kavalier eine

Liebesnacht, wenn er ihr einen solchen „Blutschmuck"
schenkt. – Verwandlung. Im Schlafzimmer der Dame.
Der Kavalier kommt mit einem Schmuckstück von Cardillac. Als er den Lohn in Empfang nehmen will, wird er
von einer vermummten Gestalt erstochen.

2. Akt. Der König möchte von Cardillac einen
Schmuck kaufen, wird aber von dem unruhig gewordenen Goldschmied hingehalten. Cardillac gibt einem Offizier ohne Überlegen seine Tochter; doch als dieser halb
mit Gewalt eine goldene Kette kauft, wird Cardillac unruhig.

3. Akt. Auf der nächtlichen Straße wird der Offizier
von einer vermummten Gestalt angefallen: es ist Cardillac. Doch der Offizier schützt später den Vater der Geliebten, indem er den Verdacht auf einen mißgünstigen
Goldhändler lenkt. Aber Cardillac verrät sich selbst;
stolz erklärt er, solche Kunstwerke wie die seinigen
müßten immer wieder zu ihrem Meister zurückkommen.
Die wütende Menge erschlägt das „Opfer eines heiligen
Wahns".

Ver-jagt____ sei al - - ler Schrek- - - - - - ken

Mathis der Maler

Oper in sieben Bildern. – Text vom Komponisten.

Personen: ALBRECHT VON BRANDENBURG, *Kardinal, Erz-bischof von Mainz (Tenor);* MATHIS, *Maler in seinen Diensten (Bariton);* LORENZ VON POMMERSFELDEN, *Dom-dechant von Mainz (Baß);* WOLFGANG CAPITO, *Rat des*

Kardinals (Tenor); RIEDINGER, *ein reicher Mainzer Bürger (Baß);* HANS SCHWALB, *Führer der aufständischen Bauern (Tenor);* TRUCHSESS VON WALDBURG, *Befehlshaber des Bundesheeres (Baß);* SYLVESTER VON SCHAUMBERG, *einer seiner Offiziere (Tenor);* DER GRAF VON HELFENSTEIN *(stumme Rolle);* DER PFEIFER DES GRAFEN *(Tenor);* URSULA, RIEDINGERS TOCHTER *(Sopran);* REGINA, SCHWALBS TOCHTER *(Sopran);* GRÄFIN HELFENSTEIN *(Alt);* Chor. – Ort und Zeit: Mainz und Maingegend, zur Zeit des Bauernkrieges, das letzte Bild einige Zeit später. – Uraufführung: 28.5. 1938, Zürich.*

Orchestervorspiele und Chöre sind die eigentlichen musikalischen Träger dieses großartig geschlossenen Werkes. Die menschliche Stimme ergeht sich in sangbarem Arioso und geschärftem Sprechgesang. Volkslied und gregorianischer Choral, erweiterte Tonalität, musikdramatische Technik, Formen der absoluten Musik und der Oper, formelhafte rhythmische Kurzmotive, beziehungsvoll eingesetzte Orchestersprache – das sind einige der wesentlichen Kennzeichen dieser Oper; ihre gemäßigt-moderne Sprache dürfte auch demjenigen Hörer eingehen, der sich sonst vom Überlieferten nicht lösen mag. Wir geben ein Beispiel aus dem das Werk einleitenden „Engelskonzert". (Hindemith hat einige Orchesterstücke des Werkes zu einer Sinfonie zusammengestellt.)

1. Bild. Antoniterhof am Main. Der Maler Mathis sitzt im Klosterhof bei der Arbeit. In diese äußere Weltabgewandtheit bricht das rauhe Weltgeschehen ein: Der Bauernführer Hans Schwalb mit seiner Tochter Regina auf der Flucht vor den Soldaten des Truchseß. Wie Mathis sich angerührt fühlt vom heißen Atem des „Handelns" (verkörpert in Schwalb), so erblüht in der aus Kampf und Krieg kommenden Regina unter dem Einfluß der

stillen Maler- und Mönchumgebung das Erinnern an stille Volkslieder. Mathis, aufgewühlt durch Schwalbs
männlichen Tätigkeitssinn, gibt ihm sein Pferd zur
Flucht und bekennt freimütig sein Tun dem mit Soldaten
hereinstürmenden Sylvester von Schaumberg.

2. Bild. Saal der Martinsburg zu Mainz. Die Bürger-
schaft erwartet den Kardinal-Erzbischof Albrecht. Mit
leichtem Lächeln nimmt der lebensgewandte, Schönheit
und Kunst verehrende Kardinal die Huldigung entgegen.
Der Saal leert sich; zurück bleiben nur Albrecht, sein Rat
Capito, der Domdechant Pommersfelden, der reiche
Bürger Riedinger und seine Tochter Ursula. Dann erscheint Mathis. Riedinger berichtet von des Legaten Befehl, einen Scheiterhaufen für die ketzerischen Bücher zu
errichten. Albrecht: ,,Es unterbleibt.'' Aber während
Riedinger mit Ursula freudig davongeht, überredet Pommersfelden Albrecht, das Verbrennungsdekret doch zu

unterzeichnen. Dem Maler und Freunde Mathis erteilt Albrecht einen neuen künstlerischen Auftrag; wieder mischt sich Pommersfelden ein, verweist auf die Geldnöte. Zur „rechten Zeit" erscheint auch Sylvester von Schaumberg mit einer Botschaft vom Truchseß, Albrecht müsse im Kampf gegen die aufrührerischen Bauern 600 Reiter und Geld stellen. Des Kardinals Geldsorgen wachsen. Da weist Schaumberg auf Mathis: dieser habe Schwalb zur Flucht verholfen. Und nun entschließt sich Mathis, spricht für die Unterdrückten. Pommersfelden rast. Doch der Kardinal zu Mathis: „Ließe mir mein Amt freie Wahl wie Dir das Deine, verfolgte ich oft bess-'re Ziele." Jetzt aber weigert sich Mathis, den erhaltenen Auftrag auszuführen.

3. Bild. Haus Riedingers am Marktplatz in Mainz. Auf dem Markt wird alles vorbereitet zur Bücherverbrennung. Bürger kommen in Riedingers Haus als eine Freistätte, um dort die Bücher zu verstecken. Doch Freistätte oder nicht – der Rat des Kardinals (Capito) führt Landsknechte an das Versteck und läßt die Bücher hinausbringen. Erscheint er so als päpstlich, so gibt er sich nach dem Abzug der Landsknechte lutherisch: er verliest einen Brief Luthers, in dem dieser den Kardinal auffordert, ein mächtiger Weltfürst zu werden, sich zur neuen Lehre zu schlagen und eine Frau zu nehmen. Schlau weiß Capito die Bürger zu fangen: müsse es denn eine Fürstentochter sein? Gebe es nicht auch reiche Bürgertöchter? Im rechten Augenblick tritt Ursula herein – „man möchte an Vorzeichen glauben", so gehen die Männer nachdenklich davon. Mathis erscheint. Er liebt Ursula, sie liebt ihn. „Ich kann nicht mehr malen", stöhnt Mathis, seit er um die Qual der Unterdrückten weiß; er muß tätig sein, helfen, kämpfen. Ursula will ihm folgen, doch Mathis geht seinen Weg allein.

4. Bild. Die Stadt Königshofen. Aufständische Bauern
führen höhnend den Grafen Helfenstein zur Hinrichtung und zwingen die Gräfin, sie zu bedienen, während
draußen die Hinrichtung vollzogen wird. Mathis, abge-
kämpft, in zerrissener Kleidung, stellt die Bauern zur
Rede, will der Gräfin beistehen, wird aber niedergeschlagen. Erregt eilt Schwalb mit Regina herbei: das Bundes-
heer greift an! Mürrisch gehen die Bauern zum Kampf.
Sie werden geschlagen. Schwalb fällt vor den Augen seiner Tochter. Mit der verwaisten Regina wankt Mathis
davon.

5. Bild. Martinsburg in Mainz. Im Arbeitszimmer des
Kardinals versucht der wendige Capito, seinem Herrn
den Vorschlag Luthers schmackhaft zu machen. Wie
könne er dann seinen Neigungen leben! Albrecht lehnt
anfangs ab, eine draußen harrende Dame zu empfangen;
dann gibt er nach. Zu seiner Überraschung erscheint Ursula. Um der großen Sache willen ist sie zu dem Opfer
bereit, wenn Albrecht ihr helfe, das Opfer zu tragen.
Der Kardinal begreift ihre große Seele. Nun aber, als
Riedinger und Capito eintreten, ist er zum Opfer gereift:
die Heirat lehnt er ab, ein gehorsamer Diener der Kirche
will er sein, auf persönliche Wünsche verzichten; die Lu-
therischen aber sollen Glaubensfreiheit haben.

6. Bild. Odenwald. Mathis und Regina irren durch
den Wald. Mathis bettet die Ruhelose zur Rast. Langsam
erheben sich aus dem Dunkel Bilder, wie sie Mathias
Grünewald auf seinem Isenburger Altar dargestellt hat:
,,Die Versuchung des heiligen Antonius. Mathis liegt in
der Gestalt des heiligen Antonius am Boden. Ein mittelalterliches Schloß. Die Gräfin als Sinnbild des Reichtums
und der Üppigkeit, ihr folgen nach und nach viele ge-
schmückte Leute ihres Hofes." Alles Irdisch-Verlocken-
de greift nach Mathis-Antonius. Nach der Üppigkeit

(Gräfin) kommt der Kaufmann (Pommersfelden), den Mathis zu Geld und Macht zu verlocken. Dann, zunächst als Bettlerin, weiter als Buhlerin, endlich als zum Richtplatz geschleppte Märtyrerin erscheint Ursula. Als weitere Versuchung bietet sich die Wissenschaft (Wissen ist Macht) in Gestalt eines Gelehrten (Capito). Und schließlich der Kriegsherr (Schwalb) als Verkörperung der rücksichtslosen Macht. Aber Antonius-Mathis erliegt keiner der Versuchungen; in halbem Dämmerzustand weist er alles zurück, überwindet sich selbst. Dämonen erscheinen, quälen Antonius, Solisten und Chor füllen die Bühne, einen sich zu einem meisterlich-kühn gefügten Ensemble. Im zweiten Traumbild erscheint „Der heilige Antonius in der Einsiedelei des heiligen Paulus". Nun Mathis-Antonius alle weltliche Sucht in sich überwunden hat, bringt Paulus (Kardinal Albrecht) ihm die innere Klärung: „Wo nur für Kampf und Blut Platz ist, gedeiht nicht die Kunst ... Dem Volke entzogst Du Dich, als Du zu ihm gingst, Deiner Sendung entsagtest."

7. Bild. Mathis' Werkstatt in Mainz. In stürmischem Schaffensrausch sind die Visionen dem Maler zu Bildern geworden. Mathis schläft den Schlaf höchster Erschöpfung. Bei ihm sind die kranke Regina und die pflegende Ursula. Als Mathis erwacht, stirbt Regina, während vor ihrem Auge Mathis und der tote Vater eins werden. Die Bühne wird dunkel. Wenn es, nach einem Orchesterzwischenspiel, wieder hell wird, ist die Werkstatt aufgeräumt, und alles ist zum Einpacken bereit. Noch einmal erscheint Albrecht. Beide Männer sind sich nun ihres rechten, ihnen innerlich entsprechenden Weges bewußt.

※

Die Harmonie der Welt

(Text vom Komponisten, Uraufführung 1957 in München, fünf Szenen).

Die Harmonie des Kosmos ist kein Drama, sondern in den Planetenbewegungen genau zu errechnendes Bezugssystem, das der Betrachtende in sich selbst nachvollziehen muß und auf sich selbst beziehen kann. Die physikalischen Bezüge der Obertonreihe sind dieser Art Kosmos nach Hindemiths Auffassung offenbar gleichzusetzen. Derartiges läßt sich musikalisch recht genau darstellen, entbehrt jedoch für eine Nur-Oper der dramatischen Antriebe. Daher schaffte sich Hindemith in diesem Werk in wohl bewußt eckiger Sprache ein auf der Bühne handlungarmes, dafür dem Zuhörer willige Mitarbeit abverlangendes Kreisen und Schwingen um die sinnbildhaften Gestalten: Kepler als Erde, seine Frau als Venus, seine Mutter als Mond, der Kaiser als Sonne, Wallenstein als Jupiter und so fort. Also der Mensch Kepler (Erde) als denkender Mittelpunkt des kleinen Kosmos. Wiederum wie im *Cardillac* und im *Mathis* der ungewöhnliche Einzelmensch, der sich in eine bald freundliche, bald feindselige, stets jedoch einem Gesamtgesetz untertane Vielfalt gestellt sieht. Hindemith hat drei Orchestersätze für Konzertzwecke aus der *Harmonie* zusammengestellt, die – obwohl in der Bezeichnung von einem frühen Theoretiker stammend – gewissermaßen das tragende gedankliche und musikalische Gerüst bilden: zu unterst die ‚Musica instrumentalis' als Kennzeichen der Widersacher, dann aufsteigend zur ‚Musica humana' als seelische Schwingungen zwischen den Menschen, endlich die ‚Musica mundana' als höchste klingende Stufe der Weltenharmonie. – Daß in einer Zeit aufgestachelter Sinne ein solches Werk des tiefschürfenden Sinnens nur gele-

gentlich einmal aufgeführt wird, ist fast selbstverständlich. Wenn jedoch an die Stelle der Hast einmal wieder
Rast einkehrt, werden Bühnen und Publikum froh sein,
in den drei großen Opernwerken Hindemiths ein klares,
tiefes Wasser zu haben, aus dem sie schöpfen können.

Das lange Weihnachtsmahl

*(Text nach Thornton Wilder, Einakter, Uraufführung
1961 in Mannheim).*
Musikalisch ein Werk der Reife und Weisheit, im Stil einer Kammeroper, durchsichtig und klar im Satz, genau
abgewogen in den Formen, alles stimm- und instrumen-
talgerecht, oberflächenhaftes Geschwätz ebenso ernst
nehmend wie die Rätselfrage, woher der Mensch komme, wohin er gehe. Diese Bayards, eine amerikanische
Durchschnittsfamilie, treten an den nur scheinbar ge-
deckten Tisch, essen nur scheinbar, werden zum Fried-
hof getragen, neue Generationen treten hinzu, plaudern
und schwatzen, sterben, werden begraben, machen neu-
en Generationen Platz, die wiederum nur scheinbar leben, essen – und so durch volle neunzig Jahre. Doch von
Weihnachten spricht kein Mensch, höchstens die imagi-
näre Erscheinung des in Amerika üblichen Weihnachts-
Turkeys auf dem Eßtisch.

GERSTER

Ottmar G. (1897–1969) studierte in Frankfurt a. M.
Nach dem Ersten Weltkrieg Bratsche im Frankfurter
Sinfonie-Orchester, Mitglied mehrerer Streichquartett-
Vereinigungen. 1927 Lehrer an den Folkwangschulen in
Essen, an der Musikhochschule in Weimar, endlich in
Leipzig.

Enoch Arden

*Oper in vier Bildern. – Text nach Tennyson von K. M.
von Levetzow.*

Personen: ENOCH ARDEN *(Bariton);* ANNEMARIE, *seine
Frau (Sopran);* KLAS, *Windmüller (Tenor);* DER SCHULT-
HEISS *(Baß);* DER JUNGE ENOCH ARDEN *(Mezzosopran). –
Ort und Zeit: Schifferdorf und (3. Bild) Südseeinsel. –
Uraufführung: 15.11. 1936, Düsseldorf.*

Gersters *Madame Liselotte* (1933) leidet unter dem
operettenhaften Text, und seine *Hexe von Passau* (1941)
wirkt trotz mancher musikalischen Schönheit zu unent-
schieden, als daß sie sich hätte durchsetzen können. So
bleibt vorerst nur *Enoch Arden* als wertvoller Beitrag zur
Gattung der ernsten Volksoper. Die wesentlichen Züge
der Musik sind leicht zu erkennen: Urmotive aus Quin-
ten und Quarten, aus der Tonleiter gewonnene Leitge-
danken und ein lebendig geführtes Orchester, das vor
allzu großer Einfachheit, wie sie sich aus so schlichten
Leitmotiven und -gedanken ergeben könnte, bewahrt.

1. Bild. Enoch Arden fährt in See, zum letzten Male soll es sein; denn seine junge Frau Annemarie wünscht „ein stilles festes Haus, wo man den Möwenschrei nicht hört, mit kleinen Fenstern ...“ Dem Freunde Klas vertraut Arden den Schutz Annemaries.

2. Bild. Zehn Jahre sind vorüber, Enoch Arden ist nicht heimgekehrt. Annemarie lebt mit Klas, den sie schon als junges Mädchen liebte, in der Mühle. Eine Flaschenpost berichtet vom Ende Ardens. Nun kann auch der Pfarrer den Lebensbund von Klas und Annemarie einsegnen.

3. Bild. Auf einer Südseeinsel lebt Enoch Arden als Schiffbrüchiger seit Tausenden von Tagen. Hoffnungslos will er seinem Leben ein Ende setzen – da naht ein rettendes Schiff.

4. Bild. Arden kehrt heim und findet Frau und Freund vermählt. Das Schicksal soll zwischen den Männern entscheiden: doch Annemarie erkennt Enoch Arden nicht. Und so stürzt er sich ins Meer, gerade in dem Augenblick, in dem sein junger Sohn zum ersten Male in See geht.

✳

Reizendes Orientmärchenspiel mit hübschen Arietten und Liedern, einer mächtigen Schlußfuge (Chor) und aparter Orchesterführung ist die vergnügliche Oper *Der fröhliche Sünder* (1963).

KŘENEK

Ernst K. (geb. 1900, Österreicher) studierte bei Franz
Schreker, wirkte zusammen mit ihm in Berlin, lebte
dann in der Schweiz, in Prag und Wien, wanderte nach
den Vereinigten Staaten aus. Schrieb Klavier- und Kammermusik, Lieder, Chorwerke, Bühnenstücke.

Křenek ist ein besonders krasses Beispiel dafür, wie
wenig die seit 1900 geborenen Komponisten mit Bühnenwerken einen entscheidenden Beitrag zur Oper im
weiteren Sinne zu leisten vermochten; anders ausge-
drückt – um nicht mißverstanden zu werden: das Opern-
publikum hat zwar oft die jeweilige „Sensation" bereit-
willig mitgemacht, sich auf die Dauer jedoch merklich
zurückgehalten. Die Werkstatistik des Deutschen Büh-
nenvereins registriert z. B. für die Saison 1966/67 nur ein
einziges Bühnenwerk Křeneks, nämlich *Karl V.*, und
dieses wurde lediglich vier Mal von einer einzigen Bühne
aufgeführt. Dabei zählt Křenek außer Frage zu den
wichtigsten Komponisten unserer Zeit, er hat unerschöpfliche Einfälle, beherrscht sein kompositorisches
Handwerk wie kaum einer, ist in allen Stilarten zu Hause
vom romantischen Lyrizismus bis zum strengen Zwölf-
tonsystem, kann sich unbekümmert musikantisch geben
und denkt zudem wie ein gelehrter Mathematiker. Da
nun aber die Aufführungsstatistik für das vorliegende
Buch ein gewichtiges Wort zu sprechen hat, müssen hier
einige Andeutungen genügen.

Jonny spielt auf

(1927, Text vom Komponisten)
ist nicht Křeneks Erstlingswerk. Vorauf gingen die antikapitalistische *Zwingburg* und die Halboperette *Der
Sprung über den Schatten* (beide 1924) sowie eine Art
moderne Barock-Oper *Orpheus und Eurydike* (1926).
Der *Jonny* war seinerzeit ein Sensationserfolg ohneglei-
chen, obwohl textlich wie musikalisch ein Mißverständnis. – Die Liebe zwischen dem Komponisten Max (Tenor) und der Sängerin Anita (Sopran) wird gefährdet
durch den Meisterviolinisten Daniello (Bariton). Dessen
herrliche Geige stiehlt der schwarze „Jazzbandgeiger"
Jonny (Bariton), lenkt den Verdacht auf Max und Anita,
springt auf einen einfahrenden Schnellzug, nimmt Geige,
Max und Anita mit, stößt den bestohlenen Daniello unter die Räder und erscheint geigespielend auf der von seinem „Jazz" beherrschten Weltkugel. – Mißverständnis
ist der „Jazz-Geiger" (was es nicht gibt), Mißverständnis
ist die Meinung, Křenek habe eine Jazzoper geschrieben;
denn es handelt sich um gefederte Rhythmen aus Schlagern und Tänzen der Entstehungszeit.

In den drei Einaktern des Jahres 1928 erkennt man die
Vielfarbenpalette, die Křenek meisterlich beherrscht.
Der Diktator („Tragische Oper") soll von der Frau eines
kriegsblinden Offiziers erschossen werden, macht aber
auf sie einen derartigen Eindruck als Mann, daß sie sich
opfert, als die Frau des Diktators in eifersüchtiger Regung ihn niederschießen will. In *Schwergewicht* wird ein
dümmlicher Boxweltmeister satirisch so bloßgestellt,
daß man diesem Kabinett-Kabarett-Stück gern wieder
begegnen möchte. *Das geheime Königreich* zeigt Křenek
als sicher gestaltenden Lyriker und romantischen Mär-
chenoper-Komponisten.

Leben des Orest

(1930, Text vom Komponisten, gestraffte Neufassung 1961)

nennt der Komponist mit leichter Ironie, doch zu vollem Recht „Große Oper". Ein Fünf-Akter, inhaltlich eine Zusammenziehung des altgriechischen, von Dramatikern mehrfach bearbeiteten Orest-Iphigenie-Stoffes, angereichert und zuweilen angekränkelt von modernem Psychologismus, Verurteilung und Persiflierung des Krieges, Verdammung alles Bösen, dazu „Geworfensein" des Menschen ins Schicksal. Musikalisch ein Bilderbogen aus Meyerbeers Theaterdonner, Wagners Pathos, Verdis Brio, beschwingtem Charleston und so fort. Alles aber straff gebaut über einen zügig dahinfließenden, rhythmisch gegliederten Strom, oft unbedenklich, doch stets theaterwirksam. – Um die Griechen kriegsbegeistert zu machen, soll Orest (Bariton) auf dem Blutaltar geopfert werden, rät Aegisth (Tenor). Doch Klytämnestra läßt ihren Sohn verbergen und statt seiner ihre Tochter Iphigenie (Mezzosopran) auf den Opferaltar legen. Die Gottheit nimmt das Opfer nicht an und zaubert Iphigenie ins Nordland des Königs Thoas (Bariton) und seiner Tocher Thamar (Sopran). Nach langen Jahren kommt Orest nach Athen, sieht, wie Schaubudenleute den Krieg seines Vaters Agamemnon verulken, greift zornig nach einem weißen Ball und zertrümmert mit ihm die Bude der Gaukler. Als Agamemnon (Tenor) abgerissen aus dem Kriege heimkehrt, reicht ihm seine Tochter Elektra (Sopran) unwissentlich den Giftbecher, den Klytämnestra und Aegisth gemischt haben. Beide werden von Orest erschlagen, er selbst muß fliehen, Elektra wird als angebliche Mörderin hingerichtet. Im Nordland findet Orest unvermutet seine Schwester Iphigenie wieder, wandert mit ihr, König Thoas und Thamar nach Athen, wo gerade Gerichtssitzung über ihn gehalten wird. Bei der Abstimmung der Richter werden gleich viel weiße und schwarze Kugeln abgegeben; doch mit einem Male rollt jene weiße Kugel vom Götterstandbild herab in die Urne: Orest wird freigesprochen.

Karl V.

(1938, deutsche Neufassung 1958, Text vom Komponisten) ist in vielem ein völliger Gegensatz zum *Orest*. Keine durchkomponierte Oper, sondern ein Werk mit vielen Sprechepisoden. Keine Theatermusik, sondern ein vergrübeltes Zwölftonwerk. Dem Kaiser Karl wird eine zentrale Zwölftonreihe zugewiesen, und deren Abwandlungen werden verwendet für die Ereignisse und Personen, die mit dem Kaiser in Berührung getreten sind. – Karl V. liegt im Kloster San Yuste auf dem Sterbebett, breitet vor seinem Beichtvater aus, wie er regiert, was er erreicht, wo er gefehlt hat. Sein Bericht wird auf der Hinterbühne dargestellt: seine Mutter Johanna die Wahnsinnige, Luther auf dem Wormser Reichstag, der ihn verratende Franz I. von Frankreich, die vom Kaiser eingesetzte Soldateska, die auf dem Scheiterhaufen brennenden Ketzer, der Tod seiner Gemahlin Isabella, der Scheinsieg von Mühlberg über die Protestanten, der mächtige Widerstand der Fürsten. Alles Streben war und ist vergebens gewesen.

Tarquin

(1950, Text von E. Lavery)
schließt sich thematisch dem Werk *Karl V.* an. Es geht
um den Gegensatz von Kirche als Geist und dem Staat als
Macht, ein gewiß sehr gegenwartsnahes Thema, daher
recht realistisch in die Gegenwart verlegt. Bei dem bewußt sparsam gehaltenen Instrumentarium (Klavier,
Violine, Klarinette, Trompete, Schlagzeug) eine beachtliche Kammeroper für kleinere, nicht im alten Trott da-
hinziehende Bühnen.

Pallas Athene weint

(1955, Text vom Komponisten)
schlingt gewissermaßen die drei zuvor genannten Werke
zu einem verdichteten Bündel zusammen: menschliche
Freiheit (Athen) und unmenschliche Macht (Sparta) werden konfrontiert. In Sokrates, dem zu Tode gebrachten
Weisen Athens, spiegelt sich der Kern des Menschen,
über den Pallas Athene ,,mit ungeheurem Klagelaut"
weint. Heute wie vor drei Jahrzehnten erschreckend die
Zeitnähe, wenn man das Stück politisch betrachtet.

Der Glockenturm

(1957, nach einer Novelle von Herman Melville)
bringt Schuld und Sühne, Teufelswerk und Erlösung auf
geheimnisvolle und zugleich realistische Weise zum Tönen. Ein Glockengießer der Renaissance bringt seinen
Altgesellen um; dessen Tochter ist seine Geliebte; sie
wird von ihm, als Glockenfigur verzaubert, durch einen

verfrühten Glockenschlag getötet. Durch den Aufschlag
des Klöppels auf einen Menschenkörper tönt die Glocke
nicht, ein Geselle springt hinzu, schlägt mit dem Hammer auf die Glocke, um das wartende Volk nicht zu ent-
täuschen. Da zerbirst die Glocke an der Stelle, an der
Blut des Altgesellen in die Gußmasse geflossen war. –
Musikalisch formgebunden durch Arien, Zwiegesänge,
Chöre; mit dem Ohr kaum wahrzunehmende Zwölfton-
reihung, das Orchester mehr stützend als führend.

Der Vollständigkeit halber – bei diesem Komponisten
erforderlich – seien genannt: *Dunkle Wasser* (1951, eine
tragische Kurzoper unter Kanalschiffern), das doppelsin-
nige *Ausgerechnet und Verspielt* (1962), der Vierakter
Der goldene Bock (1964, surrealistische Nachbildung der
Sage vom Goldenen Vlies, seriell, durchsichtiger Satz),
endlich die Fernseh-Oper *Der Zauberspiegel* (1966).

WEILL

Kurt W. (1900–1950) studierte u. a. bei Busoni, lebte
sich erstaunlich sicher in den Schwung der ,,goldenen
zwanziger Jahre" in Berlin ein und hat sie gegen Ende
entscheidend mitbestimmt. Dann wanderte er nach den
Vereinigten Staaten aus, schrieb zahlreiche ,,Musical-
Plays", war lange Zeit *der* Broadway-Komponist. Gestorben in Amerika.

Anfangs komponierte der ungewöhnlich begabte Weill
vor allem Kammermusik und schulte dadurch seine
Hand zu verdichtender, nur das Wesentliche herausstel-
lender Schreibweise. Sehr bald entdeckte er seinen Sinn
für theaterwirksame Musik und begann Bühnenwerke zu
schreiben. Es handelt sich dabei nicht um eigentliche
Opern, sondern um Stücke, die gerade das Opernhafte
vermeiden, an die Stelle des Komplizierten die Vereinfa-
chung treten lassen, den ausschwingenden Gesang durch
zupackende Songs ersetzen. Diese Songs mit ihrer boh-
renden, hypnotisierenden Monotonie, freilich auch mit
ihnen entsprechenden, oft sozialkritischen, immer
schlichten Texten, haben Weill zu Weltgeltung verholfen. Es kommt hinzu, daß sich Weill ausdrucksmäßig
und stilistisch mit erstaunlicher, ja erschreckender
Wandlungsfähigkeit jeder Marktströmung anzupassen
wußte. Seinen Stil im einzelnen haben manche schwächere Komponisten nachgeahmt, die Oper als Gattung wurde durch Weill nicht befruchtet, sondern merklich unter-
miniert.
    Die in Amerika geschriebenen Werke sind bei uns fast
durchweg unbekannt. Von den in Deutschland entstandenen Bühnenstücken sind *Der Protagonist* (1926, Text

Georg Kaiser) und *Royal Palace* (1927, Text Yvan Goll) bald verschwunden. Die übrigen haben nach längerer Pause immer wieder mal einen gewissen Serienerfolg.

Der Zar läßt sich photographieren

(1928, Text Georg Kaiser)
ist textlich wie musikalisch ein satirisches Kabinettstücklein. Eine Verschwörerbande lockt durch die „schöne Angèle" den Zaren in ein Photographenatelier, überwältigt das Personal und baut in den Apparat eine Schußwaffe ein. Als der Zar erscheint, beginnt zwischen ihm und Angèle eine Liebelei, jeder will jeden photographieren, zwischendurch sucht die gewarnte Polizei vergeblich nach den Attentätern. Erst als es wirklich brenzlig wird, verschwinden die Verschwörer, und der große Staatsakt des Photographierens erfolgt unter festlichem Gepränge.

Aufstieg und Fall der Stadt Mahagonny

Oper in drei Akten. – Text von Bertolt Brecht.

Personen: LEOKADJA BEGBICK (Alt); FATTY (Tenor); DREI-EINIGKEITSMOSES (Bariton); JENNY (Sopran); JIM MAHONEY (Tenor); JACK, BILL, JOE (Tenor, Bariton, Baß); TOBBY HIGGINS (Tenor); Männer und Mädchen von Mahagonny. – Ort und Zeit: Stadt in Kalifornien, Anfang des 20. Jahrhunderts. – Uraufführung des ursprünglichen Einakters 1927 in Leipzig, der dreiaktigen Fassung 1929, der jüngsten Bearbeitung 1950.

Wer den Einakter bei der Uraufführung erlebt hat (den angeblichen Theaterskandal hat eine Leipziger Zeitung erst nachträglich entfesselt), bedauert es, daß dieses angreiferisch, erbarmungslos zuschlagende Werkchen später zu einem Dreiakter überdehnt und damit der besten Wirkung beraubt wurde. Was einst Hieb und Stich in Songs, ist nun aufgebauschter, wenn auch hervorragend gearbeiteter Opernstil – und die Substanz reicht eben nicht über den Song hinaus (Das Beispiel gibt den Beginn des Alabama-Songs).

Mahagonny (Weill)

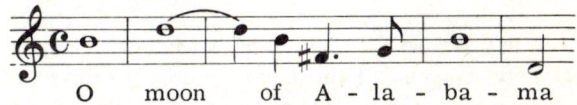

O   moon   of   A - la - ba - ma

Die Gründung der kalifornischen Stadt Mahagonny mit allem Zubehör des Goldgräberlebens (Spielsalon, zweifelhaftes Hotel, eindeutiges Frauenhaus) ist das Werk der Witwe Begbick, des Prokuristen Fatty und des Dreieinigkeitsmoses. Da geht es frech und gottesfürchtig zu. Zwar kommt der große Fall; doch wer ihn übersteht, ist gescheiter geworden. Alles darf man, alles, nur Geld muß man haben. Jim Mahoney versündigt sich gegen diese Voraussetzung und wird gehängt: „Wie man sich bettet, so liegt man". Das wird zugleich die Parole für die Zukunft, in der die „natürliche Unordnung der Dinge" gefordert und gelebt wird. (Und dergleichen müssen nun in der dreiaktigen Fassung richtige Sänger präsentieren statt wie früher singende Schauspieler.)

Die Dreigroschenoper

Stück mit Musik in acht Bildern und einem Vorspiel – Text nach John Gay von Bertolt Brecht

Personen: PEACHUM, *Bettlerchef;* FRAU PEACHUM; *ihre Tochter* POLLY; MACHEATH, *genannt Mackie Messer, Chef von Gangstern; Polizeichef* BROWN; *seine Tochter* LUCY; SPELUNKEN-JENNY; *Leierkastenmann; Gangster, Bettler, Polizisten, Huren, Volk. – Ort und Zeit: London, Anfang des 18. Jahrhunderts. – Uraufführung 1928 in Berlin.*

1728 wurde in London eine sogenannte „Bettler-Oper" von Gay und Pepusch aufgeführt. In ihr wurden die sozialen Zustände der englischen Gesellschaft unter Beschuß genommen und gleichzeitig der Pomp der Opernbühnen (Händel) persifliert. Stofflich wurde das Geschehen aus High Society und Sagenwelt in die unterste Unterwelt der Gannoven und Huren verlegt. Zweihundert Jahre später überarbeitete Bertolt Brecht das Werk, Kurt Weill schrieb eine den aggressiven Texten Brechts entsprechende Song-Musik dazu, unterbaute das Singsprechen mit einem winzigen Instrumentalapparat, und nach nervenzerreißenden Vorarbeiten ging die nun *Dreigroschenoper* genannte Moritat unter bösen Vorahnungen in Szene – und wurde zum größten Erfolg der ersten Jahrhunderthälfte. Die rauhen Songs und die geschärften Texte wurden zu unvergessenen Wort- und Melodie-Schlagern. „Nur wer im Wohlstand lebt, lebt angenehm ... Doch die Verhältnisse, sie sind nicht so ... Und der Haifisch, der hat Zähne ... Erst kommt das Fressen, dann kommt die Moral ..." Die antibourgeoise, antikapitalistische Tendenz ist überdeutlich, schießt

wohl auch über wirkliche Sozialkritik so weit hinaus,
daß sich niemand getroffen fühlte.

   Ein Leierkastenmann singt in einer Londoner Vorstadt
die Moritat vom Gangsterchef Mackie Messer. – Zu
Mackie Messer zieht es Polly, die Tochter Peachums, der
von allen Londoner Bettlern seinen Anteil einstreicht. –
Heimlich heiraten Polly und Mackie in einem Pferde-
stall; Hochzeitsgast ist u. a. der Polizeichef Brown, ein
Kriegskamerad Mackies. – Als Peachum von der Hochzeit hört, verrät er Mackie bei der Polizei. – Polly warnt
ihren Mackie, so daß er sich verbergen kann. – Und zwar
bei den Huren von Turnbridge, doch verrät ihn die Spelunken-Jenny. – Lucy, des Polizeichefs Tochter, verhilft
Mackie zur Flucht aus dem Gefängnis. Peachum ist außer sich: wird Mackie nicht vor Beginn der Krönung der
Königin gehängt, dann muß der Polizeichef daran glauben. – Wieder hat sich Mackie bei Dirnen verborgen,
wieder wird er verraten, und der Polizeichef muß ihn
verhaften, will er nicht in Ungelegenheiten geraten. – Alles strömt zusammen, um Mackie hängen zu sehen.
Doch Mackie wird von der Königin nicht nur begnadigt,
sondern obendrein noch geadelt und mit einer aus-
kömmlichen Pension versehen.

Die Bürgschaft

(1932 neue Fassung 1957 in Berlin, Text Caspar Neher)
nennt sich eine dreiaktige Oper und sollte wohl auch eine
werden mit ihren Arien, Mehrgesängen, spielenden und
deutenden Chören. Der Songstil der früheren Werke
tritt zurück, wirkt mehr im Untergrund weiter, indem er
die Gesänge entsentimentalisiert. Thematisch wiederum
antikapitalistisch: wer die Macht hat, hat immer recht,

und wer Geld hat, hat die Macht. – Der Getreidehändler Orth (Baßbariton) hilft seinem Freunde und Viehhändler Mattes (Bariton) aus einer Geldklemme, verkauft später an Mattes zwei Säcke Getreide, in deren einem er sein Geld versteckt hat. Als Mattes mit der Rückgabe zögert, will Orth auf das Geld verzichten. Ein Richter entscheidet: das Geld sollen die Mattes-Tochter Anna (Mezzosopran) und Orths Sohn Jakob (Tenor) zur Hochzeit erhalten. Doch das Land wird überfallen von ,,Kapitalisten", die nun die Moral auch im großen verderben. Auch die Freunde müssen mitmachen, um leben zu können. Der ,,Wucherer" Mattes wird umgebracht, Orth sieht ohnmächtig zu. Die Umstände verändern eben die Menschen.

REUTTER

Hermann R. (geb. 1900) war Schüler von W. Courvoisier und F. Dorfmüller. Bald Kompositionslehrer in Stuttgart, dann Leiter der Frankfurter und Stuttgarter Musikhochschulen, zuletzt in München. Schrieb vor allem Kammermusik, Lieder, Oratorien, Konzerte, Opern.

Dr. Johannes Faust

Oper in drei Aufzügen (fünf Bildern). – Text von Ludwig Andersen.

Personen: DR. JOHANNES FAUST (Bariton); WAGNER, sein Famulus (Tenor); MEPHISTOPHELES (Baß); HERZOG VON PARMA (Tenor); HERZOGIN BIANCA (Sopran); HANS WURST (Tenorbuffo); GRETEL (Sopran); DER GUTE GEIST, später „Junges Mädchen" (Sopran); Drei Studenten aus Krakau, Vier Zecher, Vier Marktweiber, Hofleute, Volk. Geister. – Ort und Zeit: Mainz und Parma, 16. Jahrhundert. – Uraufführung Frankfurt a. M. 1936, Neufassung 1955 Stuttgart.

Dieses Werk hat als einzige Oper Reutters in die Breite zu wirken vermocht, ein Erfolg, der den anderen (unten kurz skizzierten) Bühnenwerken versagt geblieben ist. Musikalisch entscheidend ist die Führung der Singstimme; der Liedmeister Reutter hat den einzelnen Figuren einen Gesangsstil gesellt, der sie scharf voneinander abhebt. Dafür wird das Orchester nur ganz sparsam gehandhabt, ein paar feste Themen kehren nach Art von

Erinnerungsmotiven immer wieder – ein bewußtes Gei-
zen, um die menschliche Stimme im Mittelpunkt zu lassen. Nur die Welt des Übernatürlichen klingt in voller
orchestraler Farbenpracht auf.

1. Akt. – 1. Bild. Der wissensübersättigte Faust wird
durch „Stimmen von unten" zur Magie verlockt, schlägt
die „Stimme von oben" in den Wind und empfängt von
den (durch seinen Famulus Wagner angemeldeten) drei
Krakauer Studenten ein Zauberbuch. Mit Mephistopheles schließt er den Teufelspakt und läßt sich sogleich nach
Parma zaubern. Der hereinstolpernde Hans Wurst, Faustens neuer Diener, gerät über das Zauberbuch, dann
wird auch er von einem Drachen durch die Luft nach
Parma getragen. – 2. Bild. Dort fällt er „vom Himmel"
mitten unter die Hofgesellschaft und sieht sich sogleich
nach einem guten Essen um. Faust gaukelt dem ganzen
Hof so lange Bilder von Paris und Helena vor, bis er un-
bemerkt die Herzogin entführen kann, während zwei
Strohpuppen seinen und der Herzogin Platz einnehmen.
Mephistopheles und Hans Wurst verschwinden in Zau-
berflammen – furchtbar und erheiternd zugleich.

2. Akt. – 3. Bild. In Mainz. Hans Wurst hat sich in die
Schankwirtin Gretel verliebt, will sie heiraten und
Nachtwächter werden. Faust zaubert vier lärmenden Ze-
chern ihre keifenden Weiber herbei und schlägt sie dadurch in die Flucht. Er sehnt sich nach schlichtem
Glück. In einem jungen Mädchen glaubt er es zu finden.
Doch Mephistopheles weiß alles so zu lenken, daß nach
einer wilden Umarmung das junge Mädchen tot zu Boden sinkt.

3. Akt. – 4. Bild. In der Nähe einer kleinen Friedhofs-
kapelle. Entsetzt bemerkt Faust, daß die singenden, spielenden Kinder vor ihm als dem „schwarzen Mann" fliehen. Noch einmal sucht er durch Gebet dem Teufel zu

entrinnen; aber vor der Erscheinung der Venus vergißt er alles, schwört Gott ab und muß nun von Mephistopheles hören, daß der Blutpakt „heut um Mitternacht" abgelaufen sei. – 5. Bild. Nächtlicher Stadtwinkel in Mainz. Gretel schickt den wohlbestallten Nachtwächter Hans Wurst zum Dienst und singt ihr Kind in Schlaf. Studenten bringen dem jetzigen Rektor Wagner ein lärmendes Ständchen. Dann Faust allein. Geisterstimmen rufen ihn vor das Höllengericht, die drei Krakauer Studenten holen das Zauberbuch zurück. Immer näher rückt die Mitternacht. Faust verzweifelt. Gute Geister, Höllengeister, Hans Wurst, Mephistopheles – all der Spuk taucht noch einmal auf. Punkt zwölf Uhr wird Faust von den Teufeln in die Tiefe gerissen. Durch den Lärm geweckt, kommen die Bürger unruhig herbei. Hans Wurst verkündet: „Faust ist dahin … Hätt' er wie ich beizeit ein Weib genommen, wär' sicherlich auch alles anders kommen."

Odysseus

(Drei Akte, Text von Rudolf Bach, Uraufführung 1942) ist eine lyrische Bildungsoper, deren Geschehnisse, wenn man hier überhaupt von „Geschehen" reden darf, im Grunde als bekannt vorausgesetzt werden (äußerlich und in ihrem kulturellen Sinn). Das verwehrt dem Werk die erforderliche Breitenwirkung. Bedauerlich; denn das Textbuch trägt entschieden dichterische Züge, und Reutters Musik steht nach Reife und Ausdruck über der des *Faust*.

Don Juan und Faust

(Sieben Bilder, Text nach Grabbe von Ludwig Andersen, Uraufführung 1950)
bleibt in den dramatischen, für die musikalische Gestaltung unergiebigen Schwächen des Grabbe-Werkes hängen. Dabei finden sich gerade in dieser Musik Reutters zahlreiche Ansätze für das vom Komponisten angestrebte „Schauspiel für Musik". Angesichts des *Odysseus* wie auch dieses Werkes fragt man sich, wie es möglich ist, daß prächtige musikalische Einfälle und redliches kompositorisches Bemühen an Textbücher vertan werden, die an sich nicht etwa schlecht, sondern für das in die Breite strahlende Musiktheater ungeeignet sind. Es geht um den Kampf zwischen Geist (Faust) und Kraft (Don Juan) um die Schönheit (Donna Anna).

Die Witwe von Ephesus

(Einakter, 1954 in Köln, Text nach Petronius von Ludwig Andersen)
ist ein besonders schönes Beispiel für Reutters vornehme Art. Das im Grunde recht bedenkliche Geschehen hebt er durch lyrisch zarte Vertonung (Duett!) und nur andeutenden, zierlichen Sprechgesang auf die Höhe einer mehr verhaltenen als ausmalenden Kunst. – Eine junge Witwe (Sopran) mauert sich mit ihrer Dienerin in das Grabgewölbe ihres verstorbenen Mannes ein. Als die beiden dem Tode nahe sind, findet ein draußen vor der Leiche eines Gehenkten wachender Soldat (Tenor) einen Zugang zum Gewölbe, bringt Wein und Essen, ja er gewinnt die Liebe der Witwe, die schon nicht mehr an die Treue ihres verstorbenen Mannes denkt. Draußen ist in-

zwischen der gehenkte Leichnam gestohlen worden. Alsbald schenkt die Witwe dem Soldaten die Leiche ihres Mannes, damit das Wachvergehen nicht entdeckt wird, und feiert nun erst richtig das Fest der Liebe mit dem Soldaten.

Die Brücke von San Luis Rey

(Text nach Thornton Wilder von Gerhard Reutter, 1954 in Essen)
führt zu einem Reutter, der sich stärker als zuvor auf ein nicht tonal gebundenes Gebiet begeben hat, aber auch dort nicht den Meister des Liedes, der sangbaren Melodik vergessen läßt. Sinn- und wirkungsvoll die Verteilung des musikalischen Geschehens auf Solisten und Chöre. – Ein Brückeneinsturz im Urwald, dem fünf Menschen zum Opfer fallen, als Sinngebung des Sinnlosen oder als unerforschliches Walten Gottes? So fragt sich der Pater Juniper (Tenor), und das Wesen der Getöteten steigt vor ihm auf. Die unschöne, unfeine, aber ihre Tochter mütterlich liebende Marquesa (Mezzosopran), die von den Blattern entstellte und ihres Sohnes beraubte Schauspielerin Perichole (Sopran), der sie verehrende, doch machtlose Onkel Pio (Tenor), der über den Tod seines Bruders Manuel (Tenor) verzweifelnde Esteban (Bariton) – alles Menschen, die gelebt und gelitten haben. Aber Pepita (Sopran), dieses lebfrische, stets heitere junge Mädchen – warum mußte auch sie sterben? Weder Pater Juniper noch die als Äbtissin viel erlebende Madre Maria (Alt) wagen eine Antwort.

Der Tod des Empedokles

(1966 in Schwetzingen, Text nach Hölderlin)
ist ein „szenisches Konzert" – Reutter scheute wohl davor zurück, das Werk textlich und musikalisch als
„Oper" zu fassen, obwohl es genügend Dramatik enthält: Selbstüberschätzung und Selbsterkenntnis, Offen-
barungsdrang und herrisches Priestertum, Wankelmut
der Menge, Einsicht und Einkehr, Selbsterhöhung und
freiwilliges Aufgehen durch Selbsttod im Feuer des Aet-
na – das alles musiziert Reutter aus mit einer Reife, die
nur wenigen gegeben ist und die sich das Gewand der
Oper nicht umlegen mag.

EGK

Werner E. (geb. 1901) studierte u. a. bei Carl Orff. Nach zeitweiligem Aufenthalt in Italien und Berlin lebte er als Freischaffender bei München, wurde Dirigent der Berliner Staatsoper und Leiter der Berliner Hochschule für Musik. Schrieb u. a. Oratorien, Lieder, Orchesterwerke, Ballette, Opern.

Der Musiker Egk ist eine merkwürdige, nicht immer ausgeglichene Mischung von scharfem Intellekt, zähem Willen und besessener Musizierfreudigkeit. Sein ausgeprägter Sinn für Theaterwirkung bewahrt ihn davor, sich einer der neueren Richtungen in der Musik bedingungslos anzuschließen; er verwendet ihre Mittel und Möglichkeiten, wo es ihm für seine Zwecke (und die der Bühne) sinnvoll erscheint. So finden sich knappe Herbheiten neben entfesselten Orchesterorgien, Anklänge an oberbayrische Volksmusik neben harmonisch-rhythmischen Vertracktheiten.

Die Zaubergeige

Heitere Oper in drei Akten. – Text nach Pocci von Ludwig Andersen und vom Komponisten.

Personen: KASPAR *(Bariton);* GRETL *(Sopran);* CUPERUS *(Baß);* NINABELLA *(Sopran);* AMANDUS *(Tenor);* GULDENSACK *(Baßbuffo);* SCHNAPPER *(Tenorbuffo);* FANGAUF *(Baßbuffo);* DER BÜRGERMEISTER *(Tenor);* DER BAUER *(Baß);* ZWEI LAKAIEN *(Tenor und Baß) – Ort und Zeit: Märchenland, Märchenzeit. – Uraufführung Frankfurt a. Main 1935, Neufassung Stuttgart 1954.*

Nach des Komponisten eigenen Worten wendet sich diese Oper „an arm und reich, an jung und alt, an Mann und Weib, an Bäckermeister, Kaminkehrer, Briefträger, Regierungsräte, Direktoren, Professoren und alle anderen Stände"; er will alles „vermeiden, was die Leute einschläfern könnte". Das ist eindeutiges Bekenntnis zur Breitenwirkung der Oper. Volkstümliche Thematik, klare Melodik der Singstimmen, ständige rhythmische Veränderungen, Einfärbung einer tonalen Harmonik mit tonartfremden Mischklängen – das etwa sind die Hauptkennzeichen dieser frisch und derb zupackenden Musik, die sich stilistisch sehr sorgfältig den jeweiligen szenischen Besonderheiten anpaßt.

1. Akt. In der Bauernstube wettert Knecht Kaspar über sein Los; er möchte „willig einem besseren Stern" folgen und die Magd Gretl in das neue Leben mitnehmen. Zornig fährt der Bauer dazwischen. Endlich aber kann Kaspar seinen Weg ziehen; Gretl jedoch muß zurückbleiben, um seine Schulden abzudienen. – Verwandlung. An einem Kreuzweg klagen die beiden Spitzbuben Fangauf und Schnapper über die schlechten Zeiten, verbergen sich schleunigst, als Kaspar daherkommt, hungrig und des Weges unkundig. Cuperus, der Herr der Geister, tritt in Bettlergestalt vor ihn und fleht um eine Gabe. Kaspar gibt ihm die drei Kreuzer, die Gretl ihm zugesteckt hat. Da verwandelt sich der Geisterfürst in seine wahre Gestalt und gibt Kaspar um seiner guten Tat willen einen Wunsch frei. Der wählt eine Zaubergeige. Mit ihr kann er alle Menschen bezaubern; doch gehorcht sie ihm nur solange, als er der Liebe entsagt. Kaum ist Cuperus mit seinen Geistern verschwunden, da kann Kaspar seine Geige zum ersten Mal erproben: an dem reichen Betrüger Guldensack, der des Weges daherkommt. Tanzen muß der Geldprotz, bis er halb ohn-

mächtig niederfällt. Während Kaspar vergnügt davon-
marschiert, wird Guldensack von Fangauf und Schnapper ausgeplündert.

Egk „Zaubergeige"

2. Akt. Festvorbereitungen auf einem Schloß. Gretl ist
Zofe der Schloßherrin Ninabella geworden. Ninabella
wird umworben von Amandus; sie aber denkt nur an den
berühmten Geiger Spagatini. – Kaspar läßt es sich in einem Gasthaus wohlsein: er ist „Spagatini". Guldensack
lädt ihn auf das Schloß ein, erkennt in Spagatini den Geiger vom Kreuzweg, von dem er sich beraubt wähnt, und
schwört heimlich Rache. Jetzt kommt auch Gretl. Wohl
erkennen sie einander; aber Kaspar darf ja um der Geige
willen nicht von der Liebe reden! Betrübt schleicht Gretl
von dannen.

3. Akt. Konzert im Schloß. Alles ist von dem großen
Geiger bezaubert, Ninabella erglüht in Liebe zu Kaspar-
Spagatini, Gretl muß einen Pavillon für eine Liebeszu-
sammenkunft von Ninabella und Spagatini herrichten.
Kaspar-Spagatini ist anfangs recht unhöflich gegen die
Dame; aber dann bekommt er Appetit, küßt die Schloßherrin Ninabella – da erscheint Guldensack, um Kaspar
als Räuber verhaften zu lassen. Diesmal hilft die Geige
nicht; denn Kaspar hat ihr durch den Kuß die Zauberkraft genommen. Cuperus, der Geisterfürst, nimmt die

Geige wieder an sich. – Verwandlung. Kaspar wird zum
Galgen geführt. Unter der Menge sind auch Schnapper
und Fangauf. Traurig verabschieden sich Kaspar und
Gretl. Im letzten Augenblick kommt Cuperus und gibt
Kaspar – trotz Guldensacks Widerstand – die Geige. Alles beginnt zu tanzen, Schnapper und Fangauf gestehen
keuchend, daß *sie* Guldensack ausgeraubt haben. Kaspar
ist gerettet – aber nur dieses eine Mal konnte Cuperus
ihm helfen. Da gibt ihm Kaspar die Geige zurück: fortan
wünscht er nur Gesundheit und das tägliche Brot – für
sich und Gretl.

Peer Gynt

Oper in drei Akten in freier Neugestaltung nach Ibsen.

Personen: PEER GYNT *(Bariton);* SOLVEIG *(Sopran);* AASE
(Alt); INGRID *(Sopran);* MADS *(Tenor);* DER ALTE *(Tenor);*
DIE ROTHAARIGE *(Sopran);* DREI KAUFLEUTE *(Tenor, Bari-*
ton, Baß); DER PRÄSIDENT *(Baß);* DREI SCHWARZE VÖGEL
(Soprane); EIN UNBEKANNTER *(Baß);* DEr HAEGSTADTBAU-
ER *(Baß);* DER SCHMIED *(Bariton);* DEr VOGT *(Tenor);*
DESSEN FRAU *(Alt);* EIN ALTER MANN *(Tenor);* EIN HOF-
TROLL *(Tenor); Sechs Würdenträger am Trollhof; Ein*
ganz kleiner Troll. Ein Kellner; Ein häßlicher Junge. –
Solotänzer: Solveigs Eltern, Klein Helga; Eine Kuh; Ein
Ziegenbock; Ein Matrose; Ein Neger; Arlechino; Pa-
gliazzo; Grazioso; Hanswurst; Clown. – Hochzeitsgäste,
Trolle, Schiffsbesatzung, Matrosen, Neger, Dirnen, Tän-
zerinnen. – Zeit: Etwa Mitte des 19. Jahrhunderts. – Ur-
aufführung Berlin 1938.

Aus Ibsens gleichnamiger Gedankendichtung hat Egk mit sicherem Blick herausgeschnitten, was für das Geschehen einer Oper taugt – und was ihn zum Vertonen reizt. Musikalisch ein fast überreicher Klangbilderbogen, zusammengehalten durch die Gestaltungskraft einer frischen, unbekümmerten und zugleich sorgfältig abwägenden Musikernatur.

Vorspiel. Peer Gynt, in abgerissener Kleidung, phantasiert über eine schwarze Wolke am Himmel. Man hält ihn für betrunken. Als ihm der vorübergehende Schmied zuruft: „Ingrid, Dein Schatz macht heute Hochzeit" antwortet er: „Mir einerlei … Ich tu, was ich will."

1. Akt. Zum Hochzeitsfest von Ingrid ist Peer nun doch gekommen. Ingrid hat sich vor ihrem Bräutigam Mads in ihre Kammer eingeschlossen. Mit ihren Eltern erscheint die zarte Solveig. Sie würde mit dem demütig gewordenen Peer tanzen – da hört sie seinen Namen und wendet sich erschrocken ab. Zornig trinkt er eine Flasche Schnaps. Mads verspricht Peer ein Kalb, wenn er ihn in Ingrids Kammer bringe. Solveig schlägt Peer abermals den erbetenen Tanz ab, weil er getrunken habe. Da braust er auf, entschuldigt sich sogleich, doch Solveig geht betrübt davon. Jetzt läßt er sich von Mads zu Ingrid führen. Kurz darauf kommt Mads aus dem Hause: „Peer Gynt ist fort! Mit Ingrid!" Die Menge verfolgt die Flüchtigen, Peers Mutter Aase betet für ihren Sohn. – Verwandlung. Im Hochgebirge singen der Alte (König der Trolle) und die Rothaarige (seine Tochter) ihr Evangelium des Genusses. Aase und Solveig gehen vorüber auf der Suche nach Peer. Mit Ingrid kommt Peer. Er ist ihrer überdrüssig, stößt sie von sich. Die Rothaarige streitet mit ihm, wessen Königreich größer sei, bietet sich ihm an und, als er sich naserümpfend abwendet, steht sie plötzlich in verführerischer Gestalt vor ihm. Da

erliegt er. – Verwandlung. „Während der Verwand-
lungsmusik toben Gestalten aus dem Trollreich über die
Bühne ... Dieser Tanz ... symbolisiert die Freude des
Trollreiches über den Fall Peers." Saal im Berg des Alten. Peer will nicht nur die Rothaarige, sondern auch das
Reich. Er wird mit dem Sonntagsschwanz des Alten geschmückt und muß schwören, nur zu tun, was ihm pas-
se. Als er an den Tanzvorführungen keine Freude hat,
soll ihm das eine Auge eingedrückt und das andere mit
dem Messer geritzt werden. In höchster Not ruft er:
„Hilf, Solveig!" Schreiend stürzen die Trolle auseinander. – Verwandlung. Waldlichtung im Hochgebirge.
Peer hat sich eine Hütte gebaut. Da naht Solveig. Sie will
bei ihm bleiben, geht ins Haus. Doch nun kommt auch
die Rothaarige mit einem häßlichen Kind, will ebenfalls
bleiben, zu dritt in einem Bett lieben. Peer gibt es auf,
zieht in die Welt.

2. Akt. Kai einer mittelamerikanischen Hafenstadt,
Riesendampfer mit dem Namen „Peer Gynt". Peer erzählt auf einer Hotelterrasse drei Kaufleuten (Vertretern
der Troll-Welt), wie er durch Handel mit Waffen und
Bibeln, durch Treten der Schwachen reich geworden ist.
Nun will er noch Kaiser der Welt werden. Während Peer
für einen Augenblick die Terrasse verläßt, steigen die
Kaufleute an Bord, um das Schiff zu stehlen. Der zu-
rückkommende Peer ruft zu Gott („Besitz ist heilig ..."), da explodiert der Dampfer. – Verwandlung.
Hafenschenke in Mittelamerika. Der Wirt, die Tänzerin
usw. sind wiederum Verkörperungen der Trollwelt. Diese Szene ist in der Hauptsache Ballett und Pantomime.
Peer, nur mehr in schäbiger Eleganz, schneidet wieder
auf: als Kaiser will er die Tänzerin lieben, ihr als Knecht
dienen. Da er ihr nur ein bißchen Geld geben kann, ohrfeigt sie ihn. Er sinkt mit dem Kopf auf den Tisch. Als

Vision erblickt er im Hintergrund eine Zirkusmanege, in
der die Tänzerin fünf Männchen in ,,hoher Schule" vor-
führt. Wirbelndes Tanzfinale. Peer erwacht: ,,Betrug,
ich hab genug."
   3. Akt. Niedergebrannter Wald in Peers Heimat. Den
alternden Peer verhöhnen drei Vögel. Ein Unbekannter
mit kalkweißem Gesicht tritt zu ihm. Seinen Leichnam
will er. Doch Peer: er wolle zur Mutter. Die sei tot. Auf
seinen Hof gehe er. Der sei versteigert. Da Peer sonst
niemanden weiß, der auf ihn wartet, führt ihn der Unbekannte ins Berginnere. – Verwandlung. Saal im Berg des
Alten. Peer soll zum König der Trolle gekrönt werden.
Nacheinander bestätigen die ,,Zeugen" Mads, Ingrid,
die Kaufleute, selbst Mutter Aase, Peer habe nie Gutes
getan. Da soll er mit Schmutz und Kot gesalbt werden.
Doch jetzt bittet Aase für ihn: vielleicht lebe doch ein
Mensch, dem Peer nur Gutes und nie Böses getan habe?
Zögernd und höhnend entläßt man ihn, diesen Menschen
zu suchen. – Verwandlung. Waldlichtung vor Peers
Blockhütte. Die immer noch auf Peer wartende Solveig
segnet seine Wege. Der Unbekannte will ihn von der
Hütte wegziehen, aber Peer will hier sein Gericht erwarten, tritt zu Solveig, bittet um sein Urteil: wenn sie ihm
sagen könne, wo er die ganze Zeit gewesen sei, werde er
erlöst: Die Antwort: ,,... in meinem Glauben, in meinem Lieben, Hoffen ..." Das spricht ihn frei. Erschüttert legt er sein Haupt in ihren Schoß.

                              *

Columbus

(Drei Teile, ,,Bericht und Bildnis")
war ursprünglich ein Rundfunkoratorium (1932), wurde
dann für die Bühne umgearbeitet (1942) und schließlich
nochmals geändert, indem das meiste tänzerisch dargestellt wird, die Sänger aber konzertmäßig singen (1951).
Als Oper wohl kaum anzusehen, für die Bühne kaum zu
retten – es sei denn als szenisches Oratorium mit Tanz,
wie es die letzte Fassung anstrebt. Drei Hauptteile mit
neun Szenen: Columbus beim König/ Columbus bei der
Königin/ Das Konzil/ Die Anwerbung/ Abschied und
Ausfahrt/ Verschwörung und Verrat/ Der Tod des Columbus. Mit diesen Überschriften ist der Inhalt bereits
umrissen.

Irische Legende

*(1955 in Salzburg, Umarbeitung 1957), Text nach W.B.
Yeats' Schauspiel ,,GRÄFIN CATHLEEN", das eine irische
Volkssage behandelt).*
Eines der musikalisch dichtesten Werke von Egk, Situa-
tionen und Personen scharf charakterisiert, scheinbar
Vordergründiges durch die Kraft des musikalischen Ausdrucks ins Symbolhafte, und Symbolisches an Irdisches,
Wirkliches gebunden. Daher die weite Fächerung der
Mittel von mittelalterlichen Wendungen bis zu einer behutsamen Zwölfton-Straffung (vier Grundakkorde, die
alle zwölf Töne der Tonleiter umspannen). – Nach dem
Willen des Tigers (des Bösen, Bariton), sollen Hyänen,
als ,,Kaufleute" getarnt, den Menschen durch Hunger
und Angst verderben. Sie kaufen alles Getreide zusammen. Gräfin Cathleen (Sopran) versucht zu helfen, in-

dem sie ihre eigenen Vorräte verteilt. Um die Menschen
davor zu bewahren, dem Bösen ihre Seele zu verscha-
chern, würde sie ihre ganzen Schätze hingeben; doch die
sind geraubt. Auch der sie liebende Dichter Aleel (Bariton) wendet sich unter dem Einfluß des Bösen von ihr
ab. Nun hat sie nur noch ihre eigene Seele; sie verpfändet
sie dem Bösen, um die Menschheit zu retten, und stirbt.
Aber nicht die Kreaturen des Bösen, sondern die Engel
führen die Seele der Opferbereiten davon.

Der Revisor

*Komische Oper in fünf Akten. – Text nach Nikolai Gogol
vom Komponisten.*

Personen: CHLESTAKOW *(Tenor);* OSSIP, *sein Diener
(Baß);* STADTHAUPTMANN *(Baßbariton); seine Frau* ANNA
(Alt); seine Tochter MARJA *(Sopran); sein Diener* MISCHKA
(Tenor); POSTMEISTER *(Tenor);* KURATOR *(Baß);* RICHTER
(Baß); BOBTSCHINSKIJ *(Tenor);* DOBTHSCHINSKIJ *(Bariton);*
EINE JUNGE WITWE *(Sopran);* SCHLOSSERSFRAU *(Mezzoso-
pran); Kellner. – Ort und Zeit: russische Kleinstadt um
1830. – Uraufführung 1957 in Schwetzingen.*

Prachtstück einer komischen Oper, überwältigend ul-
kig vor allem in dem viel verwendeten Parlando, in ironi-
schen Arien (Chlestakows Canzonetta), in großartigen
Ensembles, deren Gipfel das großartige A-cappella-No-
nett im fünften Akt darstellt. Dazu ein fast zärtlich be-
handeltes kleines Orchester, das besonders hübsch wirkt
in allerlei Anklängen an berühmte russische Komponisten, an Marsch und Tanz, an Schlager und Chanson.

1. Akt. Es ist etwas faul im Städtchen und vor allem im
Hause des Stadthauptmanns – daher Entsetzen und Auf-

regung, weil im Gasthaus ein Fremder abgestiegen ist.
Das muß der Revisor sein!

2. Akt. Der Fremde erschrickt, als ihm der Besuch der
städtischen Honoratioren gemeldet wird. Soll er wegen
Zechprellerei verhaftet werden? O nein. Die würdigen
Männer machen ihm vielmehr einen Bestechungsbesuch,
laden ihn gar ins Haus des Stadthauptmanns ein.

3. Akt. Dort entpuppt er sich als mächtig aufschnei-
dender Teufelskerl, wird mit Wein angefüllt und betrunken ins Bett gebracht. In einer Ballettszene träumt sich
Frau Anna als Geliebte und Töchterchen Marja als Braut
des Fremden.

4. In vier Pantomimen kommen die Einflußreichen der
Stadt mit Bestechungsgeschenken, zwei beschwerdeführ-
rende Frauen aber werden vor die Tür gesetzt. Jetzt singt
Chlestakow mit Mutter und Tochter französische Chansons, bittet um die Hand der Jüngeren – da wird es ihm
doch zu brenzlig: vor der Hochzeit müsse er noch einmal nach Petersburg fahren.

5. Akt. In die Hochzeitsvorbereitungen platzt der
Postmeister herein: er hat einen Brief geöffnet und weiß
nun, das Chlestakow kein Revisor, sondern ein
Schwindler ist. Allen verschlägt es den Atem, und es ist
ein Wunder, daß sie nicht vor Schreck den törichten
Geist aufgeben, als bekannt wird, der echte Revisor sei
soeben eingetroffen.

*

Die Verlobung in San Domingo

*(1963 München, Text nach der gleichnamigen Kleist-No-
velle von W. Egk)*

hatte vor Egk bereits Winfried Zillig vertont. Egk sieht
in dem Stoff vor allem die Gegenwartsbezüge und schält
sie, um das Problem plastisch werden zu lassen, durch
sorgfältig gearbeitete Rezitative deutlich heraus. Zudem
unterhalten sich in einem kurzen Vor- und Zwischenspiel Herr Weiß (Baß) und Herr Schwarz (Bariton) über
die Gefahren der Rassenstreitigkeiten. Entsprechend der
mittelamerikanischen Umwelt verleiht Egk dem Orchester viel Farbe mit funkelnden Harmonien, behutsamen
Anklängen an mittelamerikanische Folklore und sicher
eingesetztem Schlagzeug. – Der französische Offizier
Cristoph (Tenor) hat sich vor den aufrührerischen Ne-
gersklaven in eine Hütte gerettet, die, ohne daß er davon
weiß, ausgerechnet dem fürchterlichen Negerführer Hoango (Baß) gehört. Die Mulattin Babekan (Alt) und ihre
Tochter Jeanne (Sopran) wiegen ihn in Sicherheit, bis
Hoango wieder zurückkommt. Doch Jeanne verliebt
sich in Christoph und dieser sich in sie. Retten kann sie
ihn nicht rechtzeitig; denn Hoango kommt vor der Zeit
zurück. Schnell fesselt sie Christoph, als habe sie seine
Flucht verhindern wollen, was Christoph jedoch für
Verräterei hält. Er ist so verblendet, daß er nach der Rettung durch seine Verbündeten nicht nur Hoango und
Babekan zum Tode führen läßt, sondern auch Jeanne erschießt. Dann erst erkennt er, daß Jeanne ihn retten
wollte. Verzweifelt bricht er an ihrer Leiche zusammen.

17 Tage und 4 Minuten

*Burleske Oper in drei Akten (fünf Bildern). – Text nach
Calderon von W. Egk.*

Personen: CIRCE *(Sopran);* ULYSS *(Tenor);* ARSIDAS, *ent-*

thronter Inselkönig (Tenor); ANTISTES, *Steuermann
(Bariton); die Matrosen* KLARIN *und* LEPORELL *(Tenor
und Baß); drei Gefährtinnen der Circe (Sopran, Mezzosopran, Alt). – Ort und Zeit: auf der Circe-Insel in my-
thischer Zeit. – Uraufführung 1966 in Stuttgart.*

Pfitzner hat mit dem *Herz* eine Wiederbelebung der Barock-Oper mit modernen Mitteln versucht; er wurde tot-
geschwiegen oder niedergeschrien. Egk läßt sich weder
totschweigen noch niederschreien und wiederholt den
Versuch mit einer Zauberoper, von komischen Teilen
durchsetzt, Ballett, Zwischenspiele, Soli, Ensembles und
sogar die Beatles fehlen nicht. Ein Rahmen, in dem man
spielt, singt, spricht, tanzt und musiziert. Und vor allem: keine Bildungsoper, sondern Theater um des Theaters willen, kräftig unterstrichen von vielfältig schillern-
der, ständig wechselnder Musik.

Freilich, das Ganze steht dem Kabarett-Ulk vielfach
näher, und die Bezeichnung ,,burleske Oper" ist eine
leichte Untertreibung. Kabarett ist auch die Tatsache,
daß bei der Aufführung nicht ,,mythische Zeit", sondern
die Zeit um 1900 mit allen Ausstattungseffekten gewählt
wird.

Ursprünglich hatte Egk die Calderon-Vorlage als eine
spanische Barock-Oper gebracht unter der Bezeichnung
,,CIRCE" (1948). In der textlich wie musikalisch neuen
Fassung soll nach Egks Worten der ,,menschliche
Kern ... dem modernen Bewußtsein" angeglichen wer-
den.

So wie dieser Ulyss in Kapitänsuniform mit Fernrohr
auftritt, wenn er auf Circes Insel strandet, wie die Gefährtinnen Circes als lockere Mädchen erscheinen in langen Badehosen, wie Circes Insel eben keine Insel, sondern ein glasumschlossenes Warmhaus für Palmen ist, so

hat das Ganze mit dem Homerischen Helden und Seefahrer Odysseus nichts mehr zu tun. Mag Circe die Matrosen von Ulyss in Tiere verwandeln, mag sie diesen
Ulyss auch bezaubern, verzaubern kann sie ihn nicht.
Die beiden lassen es sich wohlsein in amourösen Umarmungen; doch einer traut dem andern nicht. Viel Allotria
treiben inzwischen Klarin und Leporell. Doch gerade
Klarin, in einen Affen verwandelt, erfährt von einem
schon früher von Circe verzauberten Löwen, daß jeder
unrettbar auf der Insel bleiben muß, wenn er die Aufent-
haltsgenehmigung auf länger als 17 Tage und 4 Minuten
ausdehnt. Glückhafterweise wird Klarin entzaubert und
berichtet Ulyss das Geheimnis. Ohne viel Federlesens
fährt Ulyss mit den Seinen grußlos davon. Wer wird
denn weinen, wenn man auseinandergeht – Circe wartet
auf neue Schiffbrüchige.

LOTHAR

Mark L. (geb. 1902) studierte in Berlin und später u. a. bei Wolf-Ferrari. Sein ausgesprochener Bühnensinn brachte ihn bald mit dem Theater in Berührung. Er war lange Jahre musikalischer Leiter des Berliner Staatsschauspiels, dann Leiter der Musikabteilung des Bayrischen Staatstheaters in München. Schrieb Opern, Schauspielmusik, Lieder.

Schneider Wibbel

Heitere Oper in vier Akten. – Text von Hans Müller-Schlosser (nach seinem gleichnamigen Lustspiel).

Personen: ANTON WIBBEL, *Schneidermeister (Bariton);* FIN, *seine Frau (Sopran);* KRÖNKEL, *Küfnermeister (Baß);* HEUBES, *Hauptmann der Bürgergarde (Bariton);* MÖLFES *und* ZIMPEL, *Gesellen bei Wibbel (beide Tenor);* HOPP-MARJÄNN, *Bänkelsängerin (Alt);* PANGDICH, *Blechschmied (Tenor);* MARIECHEN ULLENBREICH *(Sopran); Ein* POLIZIST *(Baß);* KNIPPERLING, *Gastwirt zum „Schwarzen Adler" (Baß);* PICARD, *französischer Beamter (Tenor);* ZWEI FRAUEN *(Mezzosoprane);* EINE ALTE JUNGFER *(Alt);* HÄNDLER *(Sprechrolle);* KÜSTER *(Sprechrolle); Bürger, Bürgerinnen, Soldaten. – Ort und Zeit: Eine rheinische Stadt 1813. – Uraufführung Berlin 1938.*

Lothars Opern sind geschmackvolle Unterhaltungswerke – ein höheres Lob läßt sich nicht aussprechen. *Schneider Wibbel* verlangt nicht nur gute Sänger, sondern diese müssen zugleich ganz hervorragende Schauspieler sein. Erstaunlich wieviel Neues Lothars Musik an dem altbekannten Wibbel noch zu entdecken vermag.

1. Akt. Während die Menge sich den Einzug der napoleonischen Truppen ansieht, schimpft und randaliert der schon leicht angetrunkene Schneider Wibbel in Knipperlings ,,Schwarzem Adler'' über die französische Besatzung, pöbelt auch einen französischen Beamten an, wird verhaftet und fortgebracht. Als er zurückkommt, sieht die Welt für ihn anders aus: vier Wochen ,,Kaschott'' (Gefängnis) sind eine bittere Sache. Für 30 Taler erklärt sich sein Geselle Zimpel bereit, die Strafe anstelle Wibbels anzutreten.

2. Akt. Wibbel darf sich nun natürlich nicht in seiner Werkstatt sehen lassen. Er lebt in einem ,,Kabäuschen'' unter der Treppe und verläßt es nur, wenn weder der Geselle Mölfes noch ein Kunde anwesend ist. Da kommt eine schauderhafte Nachricht: der ,,Schneider Wibbel'' (in Wirklichkeit also Zimpel) ist im Gefängnis gestorben! Der Geselle Mölfes, der bisher als Bräutigam von Mariechen Ullenbreich galt, macht sich jetzt Hoffnung auf die ,,Witwe Wibbel''.

3. Akt. In seinem eigenen Hause wird Wibbel (durchs Schlüsselloch) Zeuge seiner eigenen ,,Beerdigung'' mit allem feierlichen und komischen Drum und Dran.

4. Akt. Wibbel verkehrt jetzt, als Stutzer verkleidet, mit seiner Frau und geht auch ins Wirtshaus – freilich unter Beachtung aller möglichen Vorsichtsmaßnahmen. Mölfes macht Frau Wibbel einen Heiratsantrag; die Antwort gibt ihm allerdings Mariechen, die zufällig die Szene belauscht hat, und diese Antwort beschränkt sich nicht auf Worte. Immerhin, die beiden kommen wieder ins rechte Geleise. Peinlich wird es, als die Polizei sittenstreng nach dem fremden Herrn fragt, der Frau Wibbel abends immer besuche. Im unrechten Augenblick läßt

sich Wibbel sehen, wird befragt, erklärt sich erst für tot, dann für Wibbel, worauf seine Frau sofort einfällt, er sei ihr Schwager und jetziger Bräutigam. Dann kann endlich Wibbel zu amtlichem Leben erweckt werden: die Franzosen sind bei Leipzig geschlagen, das Land wird frei. Und jetzt begrüßt man Wibbel als Helden, der schon immer der Besatzungsmacht die Meinung gesagt habe.

WAGNER-RÉGENY

Rudolf W.-R. (1903–1969) war ursprünglich Autodidakt, dann Musikstudium in Leipzig und Berlin. Korrepetitor, Tonfilmdirigent, Musiker bei Labans Tanzgruppe, zuletzt Leiter der Staatlichen Hochschule für Musik und Theater in Rostock.

Der Günstling oder *Die letzten Tage des Großen Herrn Fabiano*

Oper in drei Akten. – Text von Caspar Neher (nach Georg Büchners Bearbeitung des Dramas ,,MARIA TUDOR" von Victor Hugo).

Personen: KÖNIGIN MARIA TUDOR von England (Sopran); FABIANO FABIANI, ein Abenteurer, Günstling der Königin (Tenor); JANE, eine Waise, Braut und Pflegetochter Gils (Sopran); GIL, ein Mann aus dem Volke (Bariton); SIMON RENARD, Minister (Baß); ERASMUS, ein alter Mann aus Neapel (Sprechrolle). – Ort und Zeit: London, um 1550. – Uraufführung Dresden 1935.

Die Frühwerke von Wagner-Régeny wie die späteren Opern *(Die Bürger von Calais, Johanna Balk)* reichen an den *Günstling* nicht heran. In dieser Oper werden sittliche und soziale Grundfragen einer schlichten, klaren Handlung anvertraut. Dazu schreibt der Komponist eine Musik, die sich sämtlicher opernhaften Formen bedient, die musikdramatische Technik ablehnt, eine starre, herbe Melodik pflegt, die Singstimmen (vielfach oratorienhaft) in den Vordergrund rückt und das Orchester auf knappe

Umrißzeichnung begrenzt. Sehr nüchtern, aber pak-
kend.

1. Akt. Das Volk verblutet unter dem Günstling und
Liebhaber der Königin. Kühl und berechnend arbeitet
der Minister Renard auf den Sturz des „großen Herrn
Fabiano" hin. – Verwandlung. Renard verbirgt sich
nachts vor dem Hause Janes, der Geliebten des Arbeiters
Gil. Jane aber erwartet den schönen Unbekannten (Fabiani). Dieser kommt, gibt Jane durch eine Serenade das
verabredete Zeichen. Da tritt der alte Arbeiter Erasmus
vor; ihm hat Fabiani Weib und Kind verführt. Fabiani
ersticht den lästigen Mahner. Gil kommt zurück, beschuldigt Fabiani des Mordes. Der große Herr ist nicht
zu erschrecken. Gil wird unsicher, schleppt mit Fabiani
die Leiche zum Fluß. Dann will Fabiani zu Jane ins
Haus. Dem wütenden Gil beweist er mit einem Brief,
daß Jane ihm untreu ist, und geht drohend davon. Gil
findet am Boden den blutigen Dolch. Renard tritt aus
seinem Versteck hervor und verspricht, Gil zu helfen.

2. Akt. Die Königin ist verliebt in Fabiani, verheißt
ihm Krone und Land. Siegestrunken geht er davon.
Doch Renard offenbart der Königin, daß Fabiani sie mit
einem Arbeitermädchen betrüge. Beweise! Jane und Gil
werden geholt, ein Plan ausgedacht. Gil muß ein Atten-
tat auf die Königin vortäuschen – mit Fabianis Dolch.
Die Königin stellt Fabiani und Jane gegenüber. Diese gesteht. Fabinai: „Ich habe nichts mehr zu sagen." Die
Bühne wird dunkel, sichtbar bleiben nur Gil und Jane.
Da sie bereut, finden sich die beiden wieder in Liebe.

3. Akt. Obwohl Renard im Namen der Königin für
Fabiani bittet, wird dieser zum Tode verurteilt. Auch der
„Attentäter" Gil soll zum Tode geführt werden. Renard
will ihn retten. Halb im Wahnsinn verlangt die Königin
von Renard die Freigabe Fabianis; doch Renard

Der Günstling (Wagner-Régeny)

Ich bin zu al - lem be - reit!

schweigt. – Verwandlung. Im Kerker. Gil, an einen
Pfahl gekettet, singt: „Herr, zerbrich den Stecken unsrer
Treiber." Dem ebenfalls an einen Pfahl gebundenen Fabiani wird das Todesurteil übergeben. Er schreibt ein
paar Worte, heftet das Papier an den Pfahl und läßt sich
zur Hinrichtung abführen. Die Königin kommt, liest das
Papier – im gleichen Augenblick hört man drei Kanonen-
schüsse: das Urteil ist vollstreckt. Renard erscheint mit
Jane und bindet Gil von seinem Pfahl los. „Tot ist Fabiani! ... Frei ist das Land!"

Die Bürger von Calais

Oper in drei Akten. – Text von Caspar Neher

Personen: DER GOUVERNEUR, *später „dritter Bürger"*
(Baß); seine Frau CORNELIA *(Sopran);* VATER WISSANT,
später „erster Bürger" (Bariton); seine Söhne JOSEPH *(Te-*
nor) und PETER, *später „zweiter Bürger" (Tenor);*
Josephs Frau PHILOMENE *(Sopran);* EUSTACH *(Baß); „vier-*
ter", „fünfter" und „sechster Bürger" (Bässe); DIE ENG-
LISCHE KÖNIGIN *(Sopran);* ENGLISCHER OFFIZIER *(Tenor);*
SERGEANT *(Bariton);* PHILIPP *(Tenor); Einwohner von*
Calais, Damen der Königin, Soldaten. – Ort und Zeit:
Calais 1347. – Uraufführung Berlin 1939.

Mehr noch als im „GÜNSTLING" wahrt der Komponist hier den starren oratorienhaften Stil, der Ausdruck ist vielfach polyphon, Sprechchöre durchsetzen den musikalischen Ablauf, so weit von einem solchen die Rede sein kann; denn die Starre tut sich durchweg in strengen, in sich geschlossenen Formen kund.

1. Akt. Das von den Engländern belagerte Calais wird wohl kapitulieren müssen, zumal Joseph von Wissant, der die Stadt verließ, um nach Hilfe auszuschauen, nicht zurückgekehrt ist. Cornelia, die Frau des zur Übergabe bereiten Gouverneurs, begibt sich heimlich ins englische Lager, um die Königin um Gnade zu bitten.

2. Akt. Die Königin kann nichts für die Stadt tun. Sie gewährt Cornelia und Joseph, den Cornelia gefunden hat, freies Geleit in die Stadt. Nur Joseph geht wieder nach Calais; Cornelia nimmt sich verzweifelt das Leben.

3. Akt. Sechs Bürger sind bereit, gemäß den englischen Übergabebedingungen ihr Leben zu lassen, damit die Stadt verschont werde. Die Einwohner wollen das Opfer nicht annehmen und erschlagen Joseph, der sich für das Opfer ausspricht. Die sechs Bürger wollen ihren schweren Gang antreten, da wird Cornelias Leiche durch eine englische Abordnung in die Stadt gebracht: ihr Selbstopfer erspart den sechs Bürgern den Tod und der Stadt die schimpfliche Übergabe.

BLACHER

Boris B. (1903–1975) studierte in Berlin, war eine Zeitlang in Dresden tätig, ging dann nach Berlin zurück.
Schrieb Orchester- und Kammermusik, Opern und Ballette.

Blacher gehört zu den starken, wenn auch umstritte-
nen Persönlichkeiten unter den neueren Komponisten.
Seine musikalische Sprache ist herb, nicht ohne weiteres
verständlich, doch offenbar ehrlich, freilich oft mehr
durch den Verstand als das gefühlsechte Erleben bestimmt. Man muß sich in diese rhythmisch und harmonisch geschärfte Musik erst hineindenken und hineinhö-
ren, bevor man zu ihr Stellung nehmen kann. Die große
Begabung kann auf keinen Fall überhört werden. Ich
halte die *Fürstin Tarankanowa* (1941) für ein vielverspre-
chendes Werk; doch scheint es bereits wieder vergessen
zu sein.

Die Flut

*(Ursprünglich für den Rundfunk gedacht, Text nach
Maupassant von Heinz von Cramer, Leipzig 1946, auf
der Bühne 1947 in Dresden)*
ist eine sozialkritische Studie, deren Handlung erst durch
die harte, unerbittliche musikalische Sprache ihren un-
entrinnbaren, packenden Sinn erhält. Ein Bankier, seine
Geliebte und ein junger Mann besuchen unter Führung
eines Fischers ein Wrack. Als sie dort durch die steigende
Flut in Lebensgefahr kommen, offenbaren sie ihr wahres
Selbst. Der junge Mann ersticht den alles nach Geldwert

abschätzenden Bankier und raubt dessen Brieftasche. Das junge Mädchen, das nur des Geldes wegen die Geliebte des Bankiers geworden war, hat sich zwar einen Augenblick in den naturhaft frischen Fischer verliebt; doch kommt sie nicht zu dem ihm nach dem Sinken der Flut versprochenen Stelldichein, sondern hält sich zu dem jungen Mann, der ihr zwar nicht eben sympathisch ist, dafür aber jetzt Geld hat.

Zwischenfälle bei einer Notlandung

(Text Heinz von Cramer, Hamburg, 1966)
sind der *Flut* ein wenig verwandt. In vierzehn Bildern gerät ein abgestürztes Flugzeug in eine Maschinen- und Laboratoriumswüste, die Geretteten vermögen mit Hilfe von Robotern die Wüste der Technik zu zerstören, sich selbst jedoch nicht zu retten. Das im Grunde verspielte Textbuch wird nur interessant durch Blacher, der den nicht immer geglückten Versuch macht, Elektronisches mit Reinmusikalischem zu verbinden.

Die Nachtschwalbe

Dramatisches Notturno. – Text von Friedrich Wolf.

Personen: NELLY, *Näherin, siebzehnjährig (Sopran);* GERDA, *ihre Freundin, achtzehnjährig (Sopran);* HARRY, *Vorstadtkavalier, zwanzigjährig (Tenor);* TANTE HOLZ-SCHUH, *Arbeiterin einer Baukolonne, fünfundvierzigjährig (Alt);* KOMMISSAR SCHMÖRL, *Leiter der Nachtstreife, fünfzigjährig (Bariton);* BULKE, *Kriminalbeamter (Baß); Frauen, Mädchen, Jünglinge, Männer, Kriminalbeamte.*

*– Ort und Zeit: Vorstadt-Tanzlokal, Gegenwart – Ur-
aufführung Leipzig 1948.*

Nüchtern und zugleich aufreizend zeichnet Blacher in
der von Songs und Jazz durchsetzten Musik die bald
kesse und bald rührselige Halb- und Viertelswelt; eine
außerordentliche Talentprobe, die erhoffen ließ, daß dieser Komponist einen weniger reißerischen Stoff finden
und auf ihn eine echte Umwelt-Oper der Gegenwart
schreiben würde.

Wie eine Nachtschwalbe in das Licht fliegt und verbrannt zu werden droht, so ist die kleine Nelly in ein
Tanzlokal der Vorstadt gekommen, um das sogenannte
Leben kennenzulernen. Sie verliebt sich in Harry, den
Freund ihrer Freundin Gerda. Er schenkt ihr eine wertvolle Kette zweifelhafter Herkunft. Da erscheint die Po-
lizeistreife. Nelly gibt unbefangen Antwort auf die Fragen des Kommissars Schmörl; sie sei ein außereheliches
Kind, der Vater sei Kraftfahrer bei der Polizei gewesen,
habe ihre Mutter verlassen. Dem Kommissar wird unbe-
haglich zumute. Tante Holzschuh sucht in ihrer Erinnerung; dann hat sie gefunden: dieser Kommissar ist ja jener Kraftfahrer, der mit ihrer Schwester ein Verhältnis
hatte! Als nun auch Harry verhört wird, kommt es zu einer Auseinandersetzung zwischen ihm und Nelly. Erschüttert hört der Kommissar etwas, das sich vor langer
Zeit fast genau so zwischen ihm und der Mutter Nellys
abgespielt hat. Die Streife zieht ab, der Kommissar bekennt, Nellys Vater zu sein, und verspricht, künftig wie
ein rechter Vater für sie zu sorgen.

*

Die Hoffnung auf eine echte Umwelt-Oper Blachers hat sich nicht erfüllt; vielmehr rutschten die weiteren „sozialkritischen" Werke mehr und mehr ins Kabarettistische ab. Das *Preußische Märchen* (Text H. v. Cramer, Berlin 1952) ist eine verdrehte Nachempfindung von Zuckmayers *Hauptmann von Köpenick*, die *Abstrakte Oper Nr. 1* (1953, Szenarium von W. Egk) verzichtet auf

Abstrakte Oper Nr. 1 (Blacher)

La - la - la, Na - na -- na,

Ta - ta, Lo - la - ra, Lo - la, Na - na - na

Handlung, singt nur einen „formelhaften Dialog" auf sinnlose „abstrakte" Silben. Chor, drei Solisten, Bläser, Klavier, Schlagzeug.

HARTMANN

Karl Amadeus H. (1905–1963) studierte anfangs in München, wurde stark durch H. Scherchen beeinflußt, setzte sich mit Schönberg und Berg auseinander. Lebte als Konzertleiter und Dramaturg in München, begründete dort die „Musica-Viva-Konzerte." Schrieb u. a. Orchester- und Kammermusik.

Des Simplicius Simplicissimus Jugend

Kammeroper in drei Teilen. – Text nach Grimmelshausen (und einem Entwurf von H. Scherchen) von Wolfgang Petzet und vom Komponisten.

Personen: SIMPLICIUS (Sopran); BAUER (Baß); EINSIEDEL (Tenor); LANDSKNECHT (Bariton); FELDWEBEL (Baß); GOUVERNEUR (Tenor); HAUPTMANN (Baß); EINE DAME (Tänzerin); SPRECHER (Schauspielerrolle); Bauern, Landsknechte, Stimmen. – Ort und Zeit: Mitteldeutschland im Dreißigjährigen Kriege. – Uraufführung 1948 im Funk, 1949 auf der Bühne in Köln, Neufassung 1957 in Mannheim.

Im Grunde gehört dieses Werk zur Gruppe des epischen, erzählenden Musiktheaters (ich halte es für einen Irrweg, wenn auch für einen nützlichen). Läßt man einmal die Grundsatzfrage beiseite, so wird man zugestehen müssen, daß Hartmann diesen Klangbilderbogen großartig musikalisch gefärbt hat. Hier werden einmal die herben, harten Mittel der neuen Musik wirklich sinnvoll eingesetzt – nicht mit dem Verstand allein, sondern mit einem Herzen, das bei der Vorstellung der fürchterlichen Kriegsereignisse und Kriegsfolgen blutet. Solche Dinge lassen sich „materialgerecht" mit modernen Mitteln besser darstellen als mit traditionellen.

1. Teil. Der Bauer fordert den weltfernen Knaben Simplicius auf, fleißig die Flöte zu blasen und damit den Wolf zu verscheuchen. Simplicius aber schlummert ein, träumt und erwacht mit dem Schrei: „Der Wolf!" Ein Landsknecht steht vor ihm, verlangt, den Weg zum Hof geführt zu werden. Der Hof wird überfallen, alles wird niedergemetzelt; nur Simplicius entflieht.

2. Teil. Er kommt auf der Flucht zu einem Einsiedel. Der beruhigt ihn mit Mühe, behält ihn bei sich und lehrt ihn im Laufe der Zeit, die Welt besser zu begreifen. Am Ende seiner Tage gräbt der Einsiedel mit Hilfe von Simplicius sein Grab und legt sich sterbend hinein. Feldwebel und Landsknecht, die eben geholfen haben, die Stadt Gelnhausen zu zerstören, entdecken Simplicius und führen ihn mit sich fort.

3. Teil. Simplicius wird als Beutestück dem Gouverneur gebracht. Der hält gerade ein Fest mit seinesgleichen, flucht anfangs über das „Beutestück", wird aber aufmerksam, als Simplicius erzählt, was er vom Einsiedel gelernt habe: die Wahrheit sagen. Auf des Gouverneurs Befehl sagt er über alle (auch über eine mit einem Hauptmann tanzende Dame) wirklich die Wahrheit. Alles brüllt vor Lachen. Da hat Simplicius eine Erscheinung, in der er sieht, wie all die Leute im Saal von Bauern aufgehängt werden. Aus der Erscheinung wird Wahrheit: Die Bauern dringen in den Saal und führen alle zum Tode, außer Simplicius. – So wurden von zwölf Millionen Menschen in Deutschland acht Millionen im Dreißigjährigen Kriege getötet.

ZILLIG

Winfried Z. (1905–1963) war Schüler von Schönberg, dessen Zwölftonmethode er sich anschloß, sie allerdings nur neben den „üblichen" Kompositionsmethoden anwendete. Schrieb Werke für Orchester, Kammermusik, Chöre, Sologesang, Funk, Bühne Film.

Zillig war ein zu bedeutender Musiker, als daß seiner nicht auch in unserem Zusammenhang wenigstens kurz gedacht werden müßte. Und das um so mehr, als Zillig die Zwölftonmethode seines Lehrers Schönberg sehr sinnvoll dort einzusetzen wußte, wo es der Stoff seiner Opern erforderte. Alle Werke sind vorzüglich gearbeitet, haben einen starken dramatischen Kern, der freilich oft mehr dem Oratorium als der Bühne entspricht.

Rosse (Düsseldorf 1933, Text von Richard Billinger) liebt ein Bauernknecht mehr als den Tanz und die Frauen, so daß er sich ausweglos schließlich im Roßstall erhängt.

Das Opfer (Hamburg 1937, Text nach Reinhard Goering) behandelt den erschütternden Abschluß der Südpolexpedition des Kapitäns Scott, bei der sich ein Kranker opfert, damit die Kameraden am Leben bleiben. Die musikalische Atmosphäre ist so verdichtet, daß es dem Ohr schwer fällt, alles sogleich aufzunehmen.

Die Windsbraut (1941, Text Richard Billinger) hat die Mutter eines bäuerlichen Hallodris herbeigezaubert. Tatsächlich erlöst die unirdische Braut den unsteten Jungbauern zu ruhig-bäuerlichem Leben, und seine Liebe macht die Unirdische zu einem menschlichen Wesen.

Troilus und Cressida (nach Shakespeare, Düsseldorf 1951, aber schon Jahre früher entstanden) bringt höchst sinnvoll gereihte Ausschnitte aus Shakespeares gleichnamigem Werk: die sechs Teile sind umschlossen von sieben Chorszenen, die erste und die letzte in C, alle anderen haben ebenfalls ihre Zentraltöne – also eine Art dramaturgische Zwölftonreihe.

Die Verlobung in San Domingo (nach Kleist, 1957 im Funk, 1961 auf der Bühne Bielefeld) hat den gleichen Inhalt wie Egks gleichnamige Oper. Musikalisch sehr fein gezeichnet: den Franzosen wird eine an die Marseillaise anklingende Zwölftonreihe zugeteilt, den Negerrebellen ein Schlagzeugrhythmus, und beide Bestandteile greifen ineinander in der Liebe zwischen dem weißen Offizier und der farbigen Mulattentochter.

Die Bauernpassion (Text Rich. Billinger, Fersehfassung 1955, szenisch 1960 in Bad Hersfeld) geht zurück auf ein älteres Hörspiel über den Bauernkrieg. Die ersten Bürger eines Städtchens sollen durch die aufrührerischen Bauern gehängt werden, dürfen aber zuvor noch ein Passionsspiel ansehen, durch das der Bauernhauptmann so gerührt wird, daß die Verurteilten begnadigt werden.

Das Verlöbnis (Text Rich. Billinger, 1962) ist thematisch den *Rossen* verwandt. Hier aber treibt der Sexualtrieb ein junges Mädchen so weit, daß sie vor einem Mord nicht zurückschreckt.

FORTNER

Wolfgang F. (geb. 1907) kommt aus der Schule Hermann Grabners, war Kompositionslehrer in Heidelberg, Detmold, Freiburg i. Br. Hielt Kurse in moderner Musik in Kranichstein und Salzburg. Bekannt durch Lieder, Chor- und Orchesterwerke, Kammermusik, Ballette, Bühnenmusik.

Fortner kann ebenso kühl mathematisch wie leidenschaftlich musikantisch schreiben. Seine Anreger sind im wesentlichen Reger (Kontrapunktik), Strawinsky (Rhythmik), Hindemith (erweiterte Tonalität) und Schönberg (Zwölftontechnik). Erstaunlich, wie er all das zu verschmelzen weiß. Seine Opern werden zuweilen aufgeführt, erzielten jedoch bisher nur zeitweise durchschlagenden Erfolg beim Publikum.

Die Bluthochzeit

(1957 Köln, Text von Garcia Lorca).
Ein Stück südspanischer Blutrache, realistisch-kraß und surrealistisch-geheimnisvoll zugleich. – Die Mutter (Sopran) hat Mann und ältesten Sohn durch eine in Blutrache verfeindete Sippe verloren. Jetzt schwebt sie in Angst, weil ihr zweiter Sohn (Sprechrolle) ein Mädchen (Sopran) heiraten will, das zuvor Leonardo (Bariton) aus der feindlichen Sippe geliebt hat. Leonardo, inzwischen selbst vermählt, kann das Mädchen nicht vergessen, flieht mit ihr in den Wald, wird aber verfolgt. Leonardo und der Bräutigam bringen sich gegenseitig um. Auch

die Braut will sterben, doch die Mutter verweigert ihr
den Tod. Drei Frauen klagen um ihre Männer, die „an
einem vorbestimmten Tage" durch das Messer umgekommen sind. – Fortner sagt vom Aufbau seines Werkes: „Jedes der sieben Bilder ist beherrscht von einem lyrischen Grundthema, dessen musikalische Entwicklung
und Durchführung die einzelnen Formen bildet". Freie
Zwölftontechnik, sehr verdichtete Orchestersprache.
Gipfelpunkt ist die Waldszene.

In seinem Garten liebt Don Perlimplin Belisa

(1962 Schwetzingen, Text von Garcia Lorca).
So unglücklich wie der Titel ist auch der Grundriß der
Handlung; erst die lyrische Kunst Lorcas und die meist
getupfte, punktuelle Vertonung Fortners (geschlossene
Formen sind selten) legen einen verzaubernden Duft
über das Ganze. Es sind „vier Bilder eines erotischen
Bilderbogens nach Art eines Kammerspiels". – Die junge
Belisa (Sopran) fühlt sich auf dem Herrensitz ihres ältli-
chen Gemahls, des Don Perlimplin (Bariton) nur äußer-
lich wohl; als Mann gibt er ihr zu wenig, und so träumt
sie von Umarmungen, die ihr durch fünf verschiedenras-
sige Liebhaber zuteil werden (ihr Schlafzimmer hat fünf
Türen), darunter besonders einer im roten Mantel. Don
Perlimplin erkennt die Unerfülltheit der Ehe und will
Belisa von rein körperlicher zu seelischer Liebe führen.
In seinem Garten erscheint er als Liebhaber im roten
Mantel. Entzückt fällt ihm Belisa um den Hals. Da ersticht er sich – sich und damit zugleich den von Belisa ge-
träumten Nebenbuhler.

SUTERMEISTER

Heinrich S. (geb. 1910, Schweizer) studierte u. a. bei Courvoisier, Pfitzner und Orff. Lebt als Freischaffender, vor allem als Opernkomponist.

Debussys impressionistische Klangvorstellungen, Verdis gespannte Melodik und die rhythmische Kraft der Moderne sind die wesentlichen Bestandteile, aus denen Sutermeister sich seine eigene Sprache zurechtlegt. Sein künstlerisches Bemühen gilt vorwiegend der Oper. Er schafft bedächtig; und was er bisher geschrieben hat, zeichnet sich aus durch eine Mischung romantischen Formwillens und germanischen Gehalts.

Romeo und Julia

Oper in zwei Akten (sechs Bildern). – Text vom Komponisten nach Shakespeare.

Personen: ESCALUS, Fürst von Verona (Bariton); MONTAGUE (Sprechrolle) und CAPULET (Baß), Häupter zweier Adelshäuser; ROMEO, Sohn des Montague (Tenor); BALTHASAR, Romeos alter Diener (Bariton); JULIA, Tochter des Capulet (Sopran); GRÄFIN CAPULET, ihre Mutter (Mezzosopran); DIE AMME (Alt); GRAF PARIS, ein junger Edelmann (weibliche Tanzrolle); DER BEDIENTE (Tenor); PATER LORENZO (Baß); DER HIRTENKNABE (Sprechrolle); Eine Knabenstimme (Mezzosopran); DIE VIER VERLIEBTEN PAARE (Madrigalchor); Verwandte beider Häuser, Bürger und Bürgerinnen von Verona, Fürstliches Gefolge, Herolde, Diener, Masken, Tänzer, Tänzerinnen;

Stimmen der Nacht; Stimmen aus der Tiefe; Stimmen aus der Höhe; Knechte Montagues. – Ort und Zeit: Verona, Anfang des 14. Jahrhunderts. – Uraufführung Dresden 1940.

Handlungsmäßig im wesentlichen nur die Liebesgeschichte aus Shakespeares gleichnamigen Schauspiel, angereichert durch Sonette Shakespeares und Dichtungen aus dem deutschen Barock. Das Ganze in Text und Musik lyrisch gehalten, eine „Melodie- und Belcanto-Oper", wie Sutermeister selbst sagt. Doch neben der Melodie steht eine ausgezeichnete kompositorische Arbeit, die sich in der Vielsträhnigkeit ebenso bewährt wie im Aufspüren feiner Klangwirkungen.

1. Akt. – 1. Bild. Eine der in Verona üblichen Streitigkeiten zwischen den beiden verfeindeten Adelsfamilien Capulet und Montague. Der an dem Getümmel nicht beteiligte Romeo Montague wird versehentlich zum Maskenfest der Capulet eingeladen. „Vier verliebte Paare" singen (vor dem Vorhang) ein Madrigal. – 2. Bild. Fest bei den Capulets. Julia Capulet, deren Reize ihre Amme schwatzend preist, soll auf Wunsch der Eltern den Grafen Paris heiraten. Romeo und Julia treffen einander. Nie haben sie einander bisher gesehen; aber nun müssen sie sich lieben. – 3. Bild. In Capulets Garten. Die „vier verliebten Paare" singen. Romeo springt über die Mauer. Julia steht auf dem Balkon. Zwiegesang.

2. Akt. – 4. Bild. Einsiedelei des Paters Lorenzo. Romeo bittet um seine Unterstützung. Amme und Julia kommen hinzu „Füg unsre Hände durch deinen Segensspruch in eins". Geschäftig geht die Amme, die Leiter für die Nacht zu holen. – 5. Bild. In Julias Gemach. Die Nacht geht zu Ende. Liebesduett. Die Amme warnt: die Gräfin komme. Romeo steigt die Leiter hinab. Julia wei-

gert sich, den Grafen Paris zu heiraten. Graf und Gräfin wollen sie verstoßen. Pater Lorenzo gibt Julia ein Fläschchen: trinke sie davon, so werde sie sechsunddreißig Stunden wie tot liegen. Draußen hört man Hochzeitsmusik. Die Amme findet Julia „tot". – 6. Bild. Julias „Leiche" aufgebahrt im Grabe der Capulets. Romeo steigt herab. Um der (scheinbar) toten Geliebten zu folgen, ersticht sich Romeo. Julia erwacht, erblickt den toten Geliebten und stirbt vor Schmerz und Liebe.

Die Zauberinsel

(Vorspiel und zwei Akte, Text nach Shakespeares „STURM", Uraufführung 1942)
ist eine von herrlicher Melodienfülle getragene Oper. Ob sie sich durchsetzen wird – man möchte es wünschen –, hängt auf die Dauer davon ab, ob sich eine Hörerschaft herausbildet, die solche handlungsarme Lyrik auf der Opernbühne zu genießen vermag.

Raskolnikoff *oder* Schuld und Sühne

Oper in zwei Akten (sechs Bildern) nach dem gleichnamigen Roman Dostojewskis von Peter Sutermeister.

Personen: RASKOLNIKOFF, ein mittelloser Student (Tenor); RASKOLNIKOFFS ZWEITES ICH (Bariton); FRAU RASKOLNIKOFF, Mutter Raskolnikoffs (Alt); RASUMICHIN, sein Freund (Sprechrolle); MARMELADOFF, ehemaliger Staatsbeamter (Baß); FRAU MARMELADOFF, dessen schwindsüchtige Frau (Sopran); SONJA, deren Tochter, ein Straßenmädchen (Sopran); LENE und POLETSCHKA, Sonjas kleine

*Schwestern (Sprechrollen); Eine Wucherin (Sprechrolle);
Ein Bärenführer (Baßbariton); Ein Polizist (Baßbariton);
Ein Kleinbürger (Sprechrolle); Ein kleiner Knabe, Beglei-
ter des Barenführers (stumme Rolle); Zwei Männer
(Sprechrollen); Volk, Budenleute. – Ort und Zeit: Petersburg, zweite Hälfte des 19. Jahrhunderts. – Uraufführung: Stockholm 1948.*

Ein wichtiges Werk, obwohl die Spaltung des Titelhelden in sein wahres und sein zweites Ich (die innere Stimme der Gewalt) bedenklich bleibt. Spaltung der Titelrolle
in Tenor und Bariton; Spaltung auch des Orchesters.
Durch die Musik der ganzen Oper zieht sich das Bestreben, in kurzen formelhaften Wendungen Menschen und
Situationen bündig zu charakterisieren. Wir geben als
Beispiele die Formel des verbitterten, im Trunk Vergessen suchenden Marmeladoff und die seiner schwindsüch-
tigen, keifenden, verzweifelten Frau. Der Inhalt gibt nur
ein paar Striche aus Dostojewkis gleichnamigem Roman.

1. Akt. Raskolnikoff in seiner ärmlichen Mansarde im
Halbschlaf. Freund Rasumichin will ihn mit Hilfe seiner
Wirtsleute, der Marmeladoffs, aufmuntern. Doch es
kommt nur zu einem Streit zwischen den Marmeladoffs.
Raskolnikoff allein, macht sich Vorwürfe, weil er über
die Armut nur ,,denkt", nicht gegen sie handelt. Sein
zweites Ich verlockt ihn, die Menschen als dumme Wesen zu hassen und auszunützen: ,,Mord ist Auslese der
Natur!" – Verwandlung. Auf dem Heumarkt in Petersburg bedroht das Volk eine alte Wucherin. Sonja, Tochter der Marmeladoffs, will bei der Wucherin Geld für ihre Eltern leihen, wird aber von dieser höhnisch abgewiesen. Raskolnikoff versetzt bei der Wucherin zu einem
Schandpreis seine Uhr. Sein zweites Ich hetzt ihn auf,
verweist auf Sonjas trauriges Los. Da erschlägt er die

Wucherin. – Verwandlung. Herr Marmeladoff, der in der Trunkenheit überfahren wurde, stirbt in Raskolnikoffs Zimmer. Frau Marmeladoff, halb irrsinnig, verhöhnt Gott, schickt ihre Tochter zu „zahlungsstarken Herren", umarmt sie sogleich wieder unter Tränen. Raskolnikoff möchte Sonja helfen, sie zu einem Übermenschentum ohne Gott führen, wird aber erschüttert durch ihre Worte: „Ich bin ehrlos, eine Sünderin. Aber was wär ich ohne Gott!"

2. Akt. Rasumichin bringt Raskolnikoffs Mutter in das Zimmer ihres Sohnes und geht, diesen zu suchen. Doch Raskolnikoff erscheint nur, um sogleich Abschied von der Mutter zu nehmen. – Verwandlung. Sonja sitzt sinnend vor der Kirche, in der für ihren Vater ein Trau-

ergottesdienst gehalten wird. Raskolnikoff tritt zu dem Mädchen, gesteht den Mord an der Wucherin. Sonja will ewig zu ihm stehen; aber auf den Weg zur Buße vermag sie ihn noch nicht zu führen. – Verwandlung. Einsame Gegend am Newa-Ufer. Raskolnikoffs zweites Ich will ihn zum Selbstmord verleiten. Da faßt er es zum ersten Male fest ins Auge: der Dämon senkt den Blick und geht in Raskolnikoff auf. Der innere Zwiespalt ist überwunden, Raskolnikoff schreitet mit Sonja in den erwachenden Morgen zum Geständnis, zur Buße.

Die schwarze Spinne

war als Rundfunkoper gedacht (1936) und bewährt sich als solche besser denn als Bühnenwerk (1949). Das Textbuch stammt von Albert Roesler (nach Jeremias Gotthelf). Mit Hilfe des Teufels will eine Magd ihr Dorf von der Pest befreien. Als sie den Blutpakt mit einem geraubten Kinde bezahlen will, wird sie in eine schwarze Spinne verwandelt.

Der Rote Stiefel

(Stockholm 1951) ist mit einigen Zutaten und Umdeutungen dem Hauff-Märchen *Das kalte Herz* nachgestaltet. Für Gold und Macht gibt der Kohlenbrenner Peter Munk (Tenor) dem Holländer-Michel (Sprecher) sein Herz hin und läßt sich dafür von ihm ein Uhrwerk einsetzen. Aus Herz- und Seelenlosigkeit befreit ihn die Liebe des schlichten Mädchens Lisbeth (Sopran). Großartigste Figur: der mit beiden Beinen im Leben stehende Bauer Ezechiel (Baßbariton). Auf der Vordergrundbüh-

ne die realistische Bauernwelt (Bauernkapelle), auf der
Hintergrundbühne das Geisterreich (Orchester mit viel
Schlagzeug); ein unsichtbares Vokalquartett bildet zu-
weilen einen wichtigen klanglichen Untergrund.

*

Titus Feuerfuchs

(Basel 1958) ist in der vielfach parodierenden Vertonung
fast noch witziger als der Text, den sich Sutermeister in
Anlehnung an Nestroys *Talisman* vergnüglich zurecht-
geschneidert hat. Aus welchem Grunde diese ,,burleske
Oper" dem doch gewiß lachbereiten Publikum so selten
vorgesetzt wird, ist unerfindlich. – Titus Feuerfuchs
(Bariton), wegen seiner roten Haare und allerlei Torhei-
ten von seinem Onkel Spund, einem Großbrauer (Baß),
hinausgeworfen, kommt einem von Räubern überfalle-
nen gräflichen Friseur (Tänzer) zur Hilfe, erhält von ihm
zum Dank eine schwarze Perücke und vergißt nun sogleich die ebenfalls rothaarige Gänsemagd Salome (Sopran). In den Schwarzlockigen verliebt sich zunächst eine gräfliche Gärtnerin (Sopran), dann die gräfliche Kammerfrau (Sopran). Das wird dem Friseur zuviel: er stiehlt
Titus die Perücke. Alsbald setzt sich dieser einen blon-
den Lockenschopf auf, worauf die verwitwete Gräfin
(Alt) in später Liebe zu ihm entbrennt. Doch die wirkliche Haarfarbe wird bald entdeckt, alles lacht über den
Armen – nur die Gänsemagd weiß, das rot zu rot gehört.

LIEBERMANN

Rolf L. (geb. 1910), bedeutender schweizer Komponist, Schüler von W. Vogel und H. Scherchen, zeitweise Opernintendant in Hamburg und Paris, lebt jetzt in Wien. Er bedient sich modernster Mittel (einschl. Zwölfton-Reihen), die er jedoch nicht nur denkerisch, sondern vor allem musikantisch hinreißend einsetzt. Unter anderen Klavier- und Orchesterwerke, Opern.

Zwei Opern von Liebermann erzielten anfangs einen Achtungserfolg, der vor allem der vortrefflichen Vertonung galt. Dann sind sie von den Spielplänen verschwunden. Diese Kurzlebigkeit hat ihre Ursachen. In beiden Werken wurden textlich wirkliche Zeitprobleme aufgegriffen, doch gewannen sie keine überzeitliche Gültigkeit, weil der Textverfasser Heinrich Strobel in dem Bemühen, eine Opera semiseria, eine halb heitere und halb komische Oper zu schreiben, das mutig angepackte Problem durch Witzigkeit und kabarettistische Einfälle auf eine unangemessene Ebene verpflanzte.

Leonore 40/45

(Zürich 1952) zeigt schon durch den Titel den Rückgriff auf Beethovens *Fidelio* an. Der deutsche Besatzungssoldat Alfred (Tenor) liebt die junge Französin Huguette (Sopran), kommt später in französische Gefangenschaft, muß bei einem Uhrmacher Lejeune (Baßbuffo) arbeiten und wird dort durch Huguette mit Hilfe ihres Schutzengels befreit. – Setzen wir ein Notenbeispiel hierher, das zeigen mag, wie auch ein Zwölftonthema (Ouvertüre

Leonore 1940/45 *(Liebermann)*

und Schlußfuge) so gar nichts erschreckliches an sich zu haben braucht.

Penelope

(Salzburg 1954) wiederum eine Opera semiseria, wiederum mit Ulk durchsetzt, jedoch dramaturgisch vorzüglich gebaut. – Die antike Penelope (Rahmenhandlung) führt ihren Freiern vor, was geschehen könnte, wenn sie den Werbungen nachgibt (Haupthandlung, in unsere Gegenwart vorausgeblendet). Dazu eine Meistermusik mit doppeltem Boden.

Die Schule der Frauen

Opera buffa in drei Akten. – Text von Heinrich Strobel.

Personen: POQUELIN, *genannt* MOLIÈRE *(Bariton, verkörpert zugleich noch ein altes Weib, Alain und Henri);* ARNOLPHE *(Baßbariton);* AGNES, *eine Waise in Arnolphes*

*Haus (Sopran); HORACE (Tenor); GEORGETTE (Alt);
ORONTE, der Vater von Horace (Baß). – Ort und Zeit:
Paris, 17. Jahrhundert. – Uraufführung 1955 in Louis-
ville (Vereinigte Staaten).*

Liebermanns geistvolle, sprühende, künstlerisch
hochwertige Vertonung der vorstehenden Werke
brauchte nicht in Archiven zu schlummern, hätte Strobel
dem Komponisten von Anfang an ein solches Buffo-
Textbuch geliefert wie mit der *Schule der Frauen*. Anstelle leicht verkrampfter Witzelei findet sich nunmehr
köstliche Ironie, anmutige Verspieltheit und ein durchgehender, wahrhaft tragender Humor, ein listiges Augen-
zwinkern, hervorgerufen und aufrecht erhalten durch
den Einfall, den Urvater des Spiels, Molière, persönlich
auftreten und eingreifen zu lassen. Und Liebermann
spielt kräftig mit, lächelt aus Arien und Duetten mit
Cembalo leise barock und verwendet zugleich die freie
Tonalität unserer Tage.

Vormund Arnolphe will die im Kloster streng gehaltene, naiv-törichte Waise Agnes zur Liebe erziehen und
heiraten. Sehr beunruhigt ihn, das der Sohn eines Ge-
schäftsfreundes ihm erzählt, er habe im Hause ein junges
Mädchen wiedergesehen, in das er verliebt sei. Da wird
es Zeit für den Alten, Agnes noch sorgfältiger bewachen
zu lassen und ihr die Heirat schmackhaft zu machen –
wie sie glaubt, mit Horace. Dieser berichtet Arnolphe in
seiner Harmlosigkeit, daß es ihm nicht gelinge, an das
Mädchen heranzukommen. Jetzt heißt es, den Schatz
noch fester einzusperren, die Überwachung zu verschär-
fen. Befreiungsversuche enden mit einer Tracht Prügel.
Als nun gar Oronte, der Vater des Horace, ins Spiel
kommt und seinem Sohn eine reiche Braut andrehen
will, da scheint alles aus zu sein – eilte nicht Molière

höchstpersönlich auf die Bühne als ,,Monsieur Henri'',
will sagen, der keineswegs gestorbene Vater der angeblichen Waise Agnes. Seligkeit der beiden Liebenden, langes Gesicht des ,,Lehrers zur Liebe''.

MENOTTI

Gian Carlo M. (geb. 1911 in Italien, kam aber schon als Jüngling in die Vereinigten Staaten, wo er heute noch lebt), studierte meist in Amerika, schrieb verschiedene Einakter und Opern, deren Texte er selbst verfaßte.

Der Konsul

Musikalisches Drama in drei Akten. – Text vom Komponisten.

Personen: JOHN SOREL *(Bariton);* MAGDA SOREL, *seine Frau (Sopran);* DIE MUTTER *(Alt);* AGENT DER GEHEIMPOLIZEI *(Baß); Zwei Detektive (stumm);* DIE SEKRETÄRIN *(Mezzosopran); Herr* KOFNER *(Baß);* DIE ITALIENERIN *(Sopran);* ANNA GOMEZ *(Sopran);* VERA BORONEL *(Alt); Der* ZAUBERER NIKA MAGADOFF *(Tenor); Der* GLASER ASSAN *(Bariton). – Ort und Zeit: irgendwo in Europa, Gegenwart. – Uraufführung Philadelphia 1950.*

,,Schaurige Wahrheit aus dem wirklichen Leben'' – genau, wie es im Prolog zum *Bajazzo* heißt. Diese schaurige Wahrheit ist aber heute nicht (wie bei Leoncavallo) Liebe, Eifersucht und Totschlag, sondern politische Macht, Widerstandskampf, Geheimpolizei und vor allem – schrankenloser Bürokratismus. Und dieser Stoff hat dieses Werk schnell weltberühmt bemacht. Musikalisch kleidet ihn Menotti in Gewänder, die er in der ganzen Operngeschichte, besonders bei den italienischen Veristen, bei Puccini, bei Richard Strauß, aber auch bei anderen Komponisten vorgefunden hat. Er will wahrscheinlich nicht so sehr „Eigenes" geben, als eine Oper schreiben, bei der von Text, Musik und Darstellung eine einheitliche Wirkung ausgeht. Und dieser Mut, weder modern noch unmodern zu sein, hat sich durchgesetzt.

John Sorel, Mitglied einer Untergrundbewegung, wird von der Geheimpolizei verfolgt, vermag sich aber bis zur Grenze eines „freien Landes" zu retten, wo er wartet, bis seine Frau Magda und sein Kind mit einem Paß nachkommen können. Aber der Paß wird auf dem Konsulat aus bürokratischen Gründen nicht ausgestellt. Sorel kommt zurück, verzweifelt von all dem Warten, und wird verhaftet, während Magda sich vergiftet, um ihrem Mann keine Last mehr zu sein. Solches Einzelschicksal wird gebettet in zahlreiche Nebenschicksale von Menschen, die ebenfalls in Not sind, denen aber das Konsulat nicht Hilfe gewährt, sondern Formulare zum Ausfüllen in die Hand drückt. Der Konsul selbst wird nur einmal sichtbar – als riesiger Schatten hinter einer Glastür. Unpersönliche Mächte regieren, versinnbildlicht in der formularsüchtigen Sekretärin. Der Mensch kann warten, warten – bis er zugrunde geht.

*

Amelia geht zum Ball

(Philadelphia 1936). Frau Amelias (Sopran) Wünsche, zum Ball zu gehen, werden andauernd durchkreuzt. Zunächst durch den eifersüchtigen Ehemann (Bariton), der den Namen ihres Liebhabers wissen will. Sie nennt den Herrn in der Wohnung über der ihren. Sogleich geht der

Ehemann mit der Pistole hinaus. Schleunigst ruft sie dem Liebhaber (Tenor) zu; er läßt sich an einem Seil zum Balkon hinunter, will mit ihr fliehen – aber sie möchte ja zum Ball! Schon kommt der Mann zurück. Schnell versteckt sich der Liebhaber, wird aber entdeckt; doch die Pistole des Mannes versagt. Es kommt zu einer Aussprache, die Amelia wiederum vom Ballbesuch zurückhält. Da ergreift sie eine Vase und schmettert den Ehemann zu Boden. Die Polizei erscheint. Amelia behauptet, der „fremde Mann" (ihr Liebhaber) sei eingedrungen und habe ihren Mann niedergeschlagen. Der Liebhaber wird ins Gefängnis gebracht, der Ehemann ins Krankenhaus geschafft. Mit wem soll nun Amelia zum Ball gehen? Galant bietet sich der Polizeikommissar (Baß) an. Und so geht Amelia zum Ball.

Die alte Jungfer und der Dieb

(1941 in Philadelphia) ist ein ulkiges Stücklein in vierzehn Szenen. Die schon etwas spinnige Miss Todd (Alt) nimmt die Gelegenheit wahr, einen Mann zu bekommen, indem sie einen Dieb BOB (Bariton) nicht der Polizei übergibt, sondern ihn für sich behält. Da ein übler Gangster gesucht wird, glaubt sie, es sei Bob; um sich ihm als ebenbürtig zu erweisen, stiehlt und betrügt nun auch sie darauf los. Erst als der Traum vom großen Gangster zerrinnt, zeigt sie Bob an. Doch der ist, als die Polizei kommt, längst über alle Berge – mit einigen Schmucksachen und der schmucken Hausgehilfin Lätitia (Sopran).

Das Telefon

(1947 in New York) erweist sich in diesem Einakter als Teufelsding, das nicht eine Verbindung herstellt, sondern eine andere Verbindung fast verhindert. Ben (Bariton) will sich vor einer kleinen Reise schnell noch seiner geliebten Lucy (Sopran) erklären; doch ständig klingelt das Telefon dazwischen. Endlich geht Ben, ohne sich erklärt zu haben. Wieder klingelt das Ding. Lucy hebt ab: in der Leitung ist Ben und macht seinen Heiratsantrag – anders war es nicht möglich.

Amahl und die nächtlichen Besucher

(1951 im Fernsehen, ein Jahr später in New York). Ein Einakter, der nicht den üblichen in seinen Mitteln wenig wählerischen Menotti zeigt, sondern einen Musiker, der weihnachtliche Stimmung erzeugt, ohne in Sentimentalität zu geraten. – Als der kleine lahme Hirtenknabe Amahl (Kinderstimme) wieder einmal auf seiner Hirtenflöte bläst, kommen drei reichgewandte Männer (Tenor, Baritone) mit Geschenken für ein Neugeborenes in fernem Land. Sie übernachten in Amahls Hütte, und Amahls Mutter (Mezzosopran) möchte sie bestehlen, um ihrer Not zu steuern. Aber Amahl denkt an jenes Neugeborene, wird von den drei Männern wunderbarer Weise geheilt und zieht mit ihnen davon.

Einige weitere Opern Menottis kreisen, mit ein wenig Tiefenpsychologie befrachtet, um Frauen von jeweils besonderer Eigenart. Dahin gehören *Maria Golovin, Vanessa, Das Medium* und *Die Heilige von der Bleeker Street*. Einige von ihnen hatten bei uns mehr Sensations- als Dauererfolge.

BRITTEN

Benjamin B. (1913–1976, Engländer) studierte am Royal College of Music, wurde frühzeitig bekannt auf internationalen Musikfesten durch sprühende, wenn auch nicht immer eigenwüchsige Werke. Schrieb vor allem für Film, Rundfunk und Bühne, komponierte aber auch Werke auf anderen Gebieten.

Nach dem Erfolg seiner ersten Opern nannte man Britten den ,,englischen Orpheus", eine Ehrung, die vor Jahrhunderten dem großen Purcell zuerkannt worden war und die nicht wieder verliehen werden konnte, weil seither Opernkomponisten von Format in England nicht mehr geboren wurden. Brittens erstaunliche Kunst besteht darin, daß er musikalisch genau den Ton zu treffen weiß, den der jeweilige Stoff verlangt. Melodisch und harmonisch, rhythmisch und klanglich, stimmig und polyphon – alles ,,stimmt", im Ganzen wie in den Einzelheiten. Manchem bereitet die Vielfarbigkeit der Klangpalette freilich Verdruß, so daß Britten sich auch den Spottnamen ,,englischer Saint-Saëns" zugezogen hat. So viele, immer sich verfeinernde Opern Britten auch geschrieben hat – den eigentlichen unvergeßlichen Markstein bildet der *Peter Grimes*.

Peter Grimes

Oper in drei Akten und einem Vorspiel. – Text von Montagu Slater (nach einer Dichtung von George Crabbe).

Personen: PETER GRIMES, Fischer (Tenor); SEIN JUNGMANN (stumme Rolle); ELLEN ORFORD, Witwe, Lehrerin des Städtchens (Sopran); KAPITÄN BALSTRODE, ehemaliger Handelsschiffer (Bariton); TANTCHEN, Wirtin ,,Zum Eber" (Alt); ERSTE und ZWEITE NICHTE, Hauptanziehungskräfte des ,,Ebers" (Sopran); BOB BOLES, Fischer und Methodist (Tenor); SWALLOW, Mann des Gesetzes (Baß); FRAU SEDLEY, Rentnerswitwe eines Agenten der Ost-Indien-Gesellschaft (Mezzosopran); Der ehrwürdige HORACE ADAMS, Pfarrer (Tenor); NED KEENE, Apotheker und Quacksalber (Bariton); Dr. THORP (stumme Rolle); HOBSON, Fuhrmann und Konstabler (Baß); Stadtleute und Fischer. – Ort und Zeit: The Borough, ein Fischerstädtchen an der Ostküste; um 1830. – Uraufführung London 1945.

Das Werk leidet ein wenig daran, daß es weder eine klare Handlung noch scharf geprägte Charaktere aufweist. Um so mehr wird die Umwelt, ,,das Milieu", herausgearbeitet: das Meer, das Schicksal, die stickige Lebensluft, die dumpfe Triebhaftigkeit, das Kleben am Gewohnten, das Heucheln und körperliche Berauschen. Dementsprechend sind den Chören als Trägern der Umwelt besondere Aufgaben zugewiesen, während die ,,Solisten" vorwiegend auf rezitativisches Singen beschränkt werden. Allerdings, die Überbuntheit der angewendeten musikalischen Mittel drohte zu zerfallen, wäre der Gesamtaufbau nicht streng symmetrisch und der Rhythmus nicht ein so straffes Band.

Vorspiel. Peter Grimes hat auf See einen Schiffsjungen durch den Tod verloren. Die Untersuchung ergibt zwar, daß er an dem Tode unschuldig ist; doch sein unwirsches Verhalten reizt die Menge. Nur die Lehrerin Ellen Orford hält zu Grimes.

1. Akt. Am Hafen schimpft die Menge über Grimes, der sich im Armenhaus einen anderen Schiffsjungen besorgt hat. Der von einem Frömmler aufgehetzte Fuhrmann will den Jungen nicht holen; erst als die Lehrerin mitfährt, erklärt er sich bereit. Kapitän Balstrodes Vorschlag, Grimes solle den Ort verlassen, um den Hetzereien zu entgehen, wird von diesem abgelehnt; er will durch Fischfang möglichst schnell reich werden, um Ellen heiraten zu können. – Verwandlung. Im „Eber" geht es hoch her, dafür sorgt die Wirtin mit ihren beiden zweifelhaften Nichten, dafür sorgt der frömmelnde, derben Genüssen nicht abgeneigte Boles, dafür sorgt der sangesfrohe Kapitän Balstrode – und vor allem der Fusel. Ellen und der Fuhrmann bringen den Jungen aus dem Armenhaus; Grimes nimmt ihn mit heim, verhöhnt von der Menge.

2. Akt. Ellen bittet Grimes, er möge seinen Schiffsjungen doch wenigstens sonntags ausruhen lassen. Grimes fährt auf, wird gegen Ellen handgreiflich und geht mit dem Jungen davon. Die aus der Kirche kommende Menge beschließt trotz Ellens Bitte, gegen Grimes vorzugehen. – Von seiner Hütte aus sieht Grimes, wie die schimpfende Menge herankommt. Er drängt den Jungen, zum Boot zu gehen, und zwar auf dem gefährlichen Klippenweg. Grimes verläßt die Hütte. Die Menge findet das Haus leer.

3. Akt. Großer lustiger Betrieb auf dem abendlichen Dorfplatz. Man munkelt über Grimes, den man seit langem nicht gesehen hat. Die Menge zerstreut sich. Ellen und Balstrode fragen sich, was mit Grimes ist: sein Boot liegt seit kurzem im Hafen, doch von ihm selbst und seinem Schiffsjungen weiß niemand etwas. Die lüstern-neugierige Witwe Sedley veranlaßt den Bürgermeister, daß nach Grimes und seinem Schiffsjungen gesucht wird. –

Einige Zeit später. Grimes ist verzweifelt, fühlt sich von allen Seiten gejagt, seit sein Schiffsjunge verschwunden ist (er ist beim Abstieg von der Klippe tödlich abgestürzt); auch Ellen kann Grimes nicht mehr helfen. Den letzten Rat gibt Balstrode: ,,Fahr aus – und dann versenk das Boot ... Sauf's ab! Leb wohl, Peter!" Grimes befolgt den Rat. Nach einer Weile erblickt man draußen ein sinkendes Boot.

*

Der Raub der Lucretia

(Glyndebourne 1946, zwei Akte, Text von Ronald Duncan nach E. Obey)
müßte in der Übersetzung richtig heißen *Die Schändung der Lucretia*. – Die römischen Generale haben nicht nur den Kampf gegen die Etrusker verloren, sondern auch die Treue ihrer Frauen durch die Sieger eingebüßt. Nur Lucretia (Alt) soll ihrem Mann Collatinus (Baß) treu geblieben sein. Da sticht den Etruskerfürsten Tarquinius (Bariton) der Hafer: er reitet in die Stadt, begehrt im Hause des Collatinus ein Nachtlager, bedroht dessen Frau Lucretia mit dem Schwert und schändet sie. Der großherzige Collatinus versucht Lucretia zu trösten; umsonst, sie gibt sich den Tod. – So handlungsarm das Werk ist, so fesselnd die musikalische Sprache dieser Kammeroper mit ihren hochstilisierten ,,Nummern", einer szenischen Passacaglia, den sinnvoll verwendeten Dissonanzen und den gefächerten Rhythmen und Geräuschen des Schlagzeugs in dem nur dreizehn Solisten starken Orchester (Streicher, Bläser, Harfe, Klavier, Schlagzeug).

Albert Herring

(Glyndebourne 1947, drei Akte, Text von Eric Crozier)
ist inhaltlich eine ins Komische gewandelte Kammeroper
nach einer tragisch ausgehenden Novelle von Maupassant. Im Grunde ein besserer Ulk. Abermals ein winzi-
ges Orchester, abermals „Nummern" (sogar ein fulmi-
nantes Nonett), dazu eine Prise Kabarett, eine Messer-
spitze Opernparodie und ein Hauch Lyrik. – 1. Akt. Da
mangels vorhandener Jungfrauenschaft keine Maiköni-
gin, sondern ein Maikönig gewählt werden muß, verfällt
die vornehme Gesellschaft von Loxford, unter dem Regiment der tugendstrengen Lady Billows (Sopran), auf
den tumben Albert Herring (Tenor), der nicht trinkt,
nicht raucht, nicht spielt, nicht küßt. Dieses ängstliche
Muttersöhnchen ist allerdings erst bereit, als ihn der
Metzgerbursche Sid (Bariton) weidlich hänselt ob seiner
Enthaltsamkeit, als ihm 20 englische Pfund als Belohnung winken und ihm das langweilige Leben mit seiner,
Gemüse verkaufenden Mutter (Mezzosopran) bewußt
wird. – 2. Akt. Großes Fest mit Krönung und – selbstverständlich – nur mit Limonade. Sid hat Albert allerdings tüchtig Rum beigemischt, und der Maikönig sieht
die Welt mit anderen Augen, sieht besonders, wie Sid
mit der Bäckerstocher Nancy (Sopran) scharmuziert.
Böse Beispiele ... 3. Akt. Morgens ist Albert verschwunden. Aufregung. Scotland Yard muß her ... Doch da
kommt der Vermißte. Den Tugendpreis hat er in Bars
mit fröhlichen Mädchen vertan. Der Zorn der feinen
Leute gleitet von ihm ab. Albert denkt es künftig so zu
halten wie Sid mit seiner Nancy.

Billy Budd

(London 1941, fünfzehn Jahre später umgearbeitet; Text nach Hermann Melville von E. M. Forster und E. Crozier, vier Akte mit Prolog und Epilog)
spielt an Bord einer englischen Fregatte 1791, ist also eine reine Männer-Oper. Hervorragend die Fähigkeit des Komponisten, die harten Charaktergegensätze, die verhaltene Seemannssehnsucht, die vom Rande her hineinspielende Kriegsstimmung, die brodelnde Meuterei in sorgfältig abgewogenen Gesängen (auch Chöre) und Klängen widerzuspiegeln. Gebunden ist das Werk mehr stilistisch als musikalisch-dramatisch. – 1. Akt. Mit anderen jungen Seeleuten kommt der stotternde Billy Budd (Bariton) an Bord, vom ersten Augenblick an gehaßt vom Schiffsprofoß Claggard (Baß); dieser läßt ihn bespitzeln. – 2. Akt. Der Spitzel Squeak (Tenor) wird von Billy in seiner Kabine überrascht, verprügelt und von Claggard angetrieben, Billy aufzuhetzen. – 3. Akt. Claggard hat Billy der Meuterei beschuldigt. Der Kapitän Vere (Tenor) stellt beide einander gegenüber. In einem Wutanfall erschlägt der seiner Unschuld bewußte, aber vor Zorn nur noch stotternde Billy seinen Peiniger. Billy muß zum Tode verurteilt werden. – 4. Akt. Billy wird, obwohl ihn der Kapitän für keinen Meuterer hält, vor versammelter Mannschaft gehängt. ,,Gott mit Ihnen Kapitän". Fast wäre es zu einer wirklichen Meuterei gekommen. Nachspiel. Vere plagt sich mit dem Gedanken, daß er dem Kriegsgesetz, nicht seiner besseren Einsicht gehorcht habe.

Die sündigen Engel

(*„The Turn of the Screw"*, *Venedig 1954*, *Text von Myfany Piper*).

Wieso die beiden, auf einem englischen Schloß ihre Ferien verbringenden Kinder Miles und Flora „sündige Engel" sind, geht aus der Oper ebenso wenig hervor wie aus der zugrundeliegenden Erzählung von Henry James. Irgendeinen Knacks müssen die lieben Kleinen schon haben, und die Gouvernante hat alle Mühe mit ihnen. Die Schatten oder Geister von zwei ehemaligen, seit einiger Zeit verstorbenen Angestellten des Schlosses suchen die Kinder so lange heim, bis sie zugrunde gehen. „Die Schraube ist überdreht". Interessanter ist die musikalische Seite des Werkes. Britten stellt ein zwölftoniges Grundthema auf und entlockt ihm kunstvoll für jede Szene eine neue, dem Geschehen entsprechende Variation.

Ein Sommernachtstraum

Oper in drei Akten. – Text nach Shakespeare von Peter Pears und Benjamin Britten.

Personen: ELFENKÖNIG OBERON *(Alt oder überhoher Tenor); seine Gemahlin* TITANIA *(Sopran);* PUCK, *ein Elf (Sprechrolle);* HERZOG THESEUS *(Baß); seine Verlobte* HIPPOLYTA *(Alt); zwei junge Athener* LYSANDER *und* DEMETRIUS *(Tenor bzw. Bariton);* HERMIA, *verliebt in Lysander (Mezzosopran);* HELENA, *verliebt in Demetrius (Sopran); die athenischen Handwerker: Weber* ZETTEL *(Baßbariton), Zimmermann* SQUENZ *(Baß), Bälgeflicker* FLAUT *(Tenor), Schreiner* SCHNOCK *(Baß), Kesselflicker*

SCHNAUZ *(Tenor), Schneider* SCHLUCKER *(Bariton); Spinnweb, Bohnenblüte, Motte, Senfsame (Soprane); Elfen. – Ort und Zeit: in und bei Athen, Sagenzeit. – Uraufführung 1960 in Aldeburgh.*

Schauspielmusik zu Shakespeares in Handlung, Wort und Stimmung musikdurchtränkten *Sommernachtstraum* haben schon manche geschrieben (Mendelssohn, Nick, Weismann, Křenek, Wagner-Régeny, Orff u. a.); der große Henry Purcell machte mit seiner *Fairy Queen* sogar einen Opernversuch. Aber erst Britten hat den Mut, meinethalben: die Unbedenklichkeit gehabt, eine richtige Oper daraus zu machen. Die fünf Akte des Lustspiels wurden mit Geschick auf drei Akte verdichtet, der Dichtertext ist so weit wie möglich beibehalten (die deutsche Übersetzung hält sich weitgehend an die Schlegel-Übersetzung). Britten zaubert mit einem mittelgroßen Orchester elfenhafte Klänge in den Feenszenen (Celesta, Harfe, Xylophon!), den biederen Handwerkern werden äußerst vergnügliche Nachäffungen der älteren italienischen Oper zugesellt. Kurz, die Bühne hat endlich die längst ersehnte *Sommernachtstraum*-Oper.

Der allbekannte Inhalt braucht hier nur gestreift zu werden. Im Elfenkönigspalast hängt der Haussegen wieder einmal schief, und wiederum denkt Königin Titania nicht daran, einzulenken. Da gibt König Oberon seinem verschmitzten Diener Puck einen Trank, den er der schlafenden Titania in die Augen flößen soll: wenn sie dann erwacht, wird sie in unstillbarer Liebe entbrennen zu dem ersten besten, den sie erblickt. Puck macht sich noch seinen Privatspaß, indem er zwei jungen Athenern ein paar Tröpfchen auf die geschlossenen Lider fließen läßt, so daß ihre Liebe jetzt ungewollte Wege geht. Damit nicht genug, macht sich Puck auch an die biederen

Athener Handwerksmeister heran, die im Walde eine Probe des erschröcklichen Dramas von Pyramus und Thisbe abhalten. Dem Meister Zettel wächst durch Pucks Zauberei ein Eselskopf – und genau da erwacht Titania, erblickt den verwirrten Meister Langohr und umwirbt ihn mit Kosen und Küssen. Es geht toll zu in dieser traumhaften Sommernacht. Erst als am Morgen Puck die Tropfen verteilt hat, wie es sich gehört, kommt alles wieder ins richtige Geleise. Und die Handwerker können nun dem Herzog einen Beweis ihrer darstellerischen Leistung geben. Oberon und Titania sind – bis auf weiteres – miteinander ausgesöhnt.

Auch ein Britten kann Mißerfolge haben. So erging es ihm mit der zur Krönung der englischen Königin komponierten *Gloriana* (1953). Dagegen hat er vielen großen und kleinen Leuten Freude gemacht mit *Wir machen eine Oper* („Eine Unterhaltung für junge Leute", Text von E. Crozier, 1949 in Aldeburgh), in der Erwachsene, Kinder und das Publikum mitwirken müssen, wenn der „Kleine Schornsteinfeger" nach heiteren Vorbereitungen über die Bühne geht. – Während Brecht-Weill die alte englische *Beggar's Opera* stark modernisiert haben, hat Britten in seiner *Bettleroper* (Cambridge 1948) den Text von John Gay und die Musik von Joh. Christoph Pepusch lediglich zusammengerafft und instrumental vorsichtig überarbeitet.

EINEM

Gottfried von E. (geb. 1918, Österreicher), Schüler von Boris Blacher, lebt als Freischaffender in Salzburg.

Dantons Tod

Oper in zwei Teilen (sechs Bilder). – Text nach Georg Büchner von Boris Blacher und vom Komponisten.

Personen: GEORG DANTON *(Bariton);* CAMILLE DESMOU-LIN *(Tenor);* HÉRAULT DE SÉCHELLES *(Tenor);* ROBESPIERRE *(Tenor);* ST. JUST *(Baß);* HERRMANN, *Präsident des Revolutionstribunals (Bariton);* SIMON, *Souffleur (Baß); Ein junger Mensch (Tenor); zwei Henker (Tenor und Baß);* JULIE, *Gattin Dantons (Mezzosopran);* LUCILE, *Gattin von Camille Desmoulin (Sopran); Eine Dame (Sopran); ein Weib, Simons Frau (Alt); Männer und Frauen aus dem Volke. – Ort und Zeit: Paris 1794. – Uraufführung Salzburg 1947.*

Stoff und Sprache des Büchnerschen Schauspiels sind so musikfern wie nur möglich. Aber dem jugendlich-unbedenklichen Komponisten kam es nicht auf Stoff oder Worte an, sondern auf den großflächigen Hintergrund, auf das unruhige Wogen der Massen, auf die ins Überpersönliche erhöhten Leidenschaften. Demgemäß bedenkt Einem den Chor und das Orchester (gewissermaßen als zwei großen Kollektiven) mit den wesentlichen musikalischen Aufgaben, während die Gesangssolisten (als Vertreter der Einzelpersönlickeiten) musikalisch nur skizziert erscheinen. Die Mischung von Oratorium, Oper, Musikdrama und Filmmusik mag zuweilen etwas errechnet anmuten; doch spürt man an vielen Stellen ein Lodern und Flammen wie etwa in Bergs *Wozzeck*.

1. Teil. – 1. Bild. Deputierte sitzen mit ihren Damen am Spieltisch. Camille Desmoulin kommt mit der Nachricht, daß Robespierre wieder zwanzig Menschen hat hinrichten lassen. Der moralpredigende Diktator Robespierre ist Danton verhaßt; gegen ihn im Konvent vorzugehen, scheint ihm aber noch zu früh. – 2. Bild. Als die Menge hört, daß der Souffleur Simon seine Frau prügelt, weil diese ihre Tochter an reiche Kavaliere verkuppelt, steigt die Wut gegen die Reichen auf den Siedepunkt. Robespierre wiegelt die Menge noch weiter auf. Doch Danton nimmt gegen die Anmaßung des Diktators Stellung und geht davon, erfüllt von Abscheu gegen den blutigen Tyrannen. So trifft St. Just den Diktator in der rechten Stimmung für seinen Rat. Danton mitsamt seinen Freunden zu vernichten. Nur seinen Jugendfreund Camille Desmoulin möchte er schonen. Als ihm aber St. Just zeigt, daß Camille einen Artikel gegen Robespierre veröffentlicht hat, willigt der Diktator auch in dessen Verurteilung ein. – 3. Bild. Bei Camille und seiner Frau Lucile. Danton wird benachrichtigt, daß seine Verhaftung beschlossen sei. Er lehnt es ab, zu fliehen: ,,Ich bin der Hudeleien überdrüssig.'' Dann geht er. Camille versucht vergeblich, Lucile zu beruhigen; sie ahnt, daß ihr Mann mit Danton zusammen fallen wird.

2. Teil. – 4. Bild. Danton ist mit seinen Freunden ins Gefängnis gebracht worden. Noch hält ein großer Teil der Menge zu ihm; doch der Souffleur Simon bringt einen Stimmungsumschwung zustande: Danton spiele sich als Aristokrat auf und sei von der Königspartei bestochen. Camille ist verzweifelt, wenn er an Lucile denkt,

fährt aus Angstträumen auf. Kaum vermag Danton ihn
und die anderen Gefangenen zu beruhigen, als Lucile
halb von Sinnen vor dem Kerker erscheint und fragt, ob
wirklich alle Gefangenen hingerichtet werden sollen. –
5. Bild. Danton verteidigt sich vor dem Revolutionstri-
bunal, erinnert an seine wahrhaft revolutionären Taten,
so daß selbst die Richter unsicher werden. Als St. Just
behauptet, die Frauen der Angeklagten wollten durch
Bestechung die Menge aufwiegeln, droht die Stimmung
wieder umzuschlagen. Aber Danton dreht nun den Spieß
um, klagt leidenschaftlich Robespierre an. Es kommt zu
keiner Einigung. Während die Anhänger Dantons und
Robespierres aufeinander losstürzen, wird Danton mit
seinen Freunden ins Gefängnis zurückgebracht. –
6. Bild. Das Fallbeil arbeitet, johlend begrüßt die Menge
die Hinrichtung: erst Camille, dann Hérault, schließlich
Danton. Als die Menge sich verlaufen hat und die beiden
Henker die Guillotine gesäubert haben, erscheint die
wahnsinnig gewordene Lucile, singt vor sich hin: ,,Es ist
ein Schnitter, der heißt Tod ...`` Ihre Tränen netzen die
Stufen der Hinrichtungsmaschine.

Der Prozeß

*Neun Bilder in zwei Teilen. – Text von Boris Blacher und
Heinz von Cramer.*

Personen: JOSEF K. *(Tenor);* DER STUDENT *(Tenor);* DER
ADVOKAT *(Bariton);* TITORELLI *(Tenor);* DER UNTERSU-
CHUNGSRICHTER *(Bariton);* DER AUFSEHER *(Bariton);* DER
GEISTLICHE *(Bariton);* ALBERT K. *(Baß);* WILLEM *(Bari-
ton);* FRANZ *(Baß);* DER PRÜGLER *(Baß);* DER GERICHTS-
DIENER *(Baß);* DER FABRIKANT *(Bariton);* DER DIREKTOR-

STELLVERTRETER *(Tenor)*; DER KANZLEIDIREKTOR *(Baß)*; EIN PASSANT *(Bariton)*; EIN BURSCHE *(Tenor)*; *Drei junge Leute / Drei Herren (je Baß, Bariton, Tenor); Erster Herr (Sprecher);* FRÄULEIN BÜRSTNER *(Sopran)*; DIE FRAU DES GERICHTSDIENERS *(Sopran)*; LENI *(Sopran)*; FRAU GRUBACH *(Mezzosopran)*; EIN BUCKLIGES MÄDCHEN *(Sopran)*. *Stumme Gestalten: Zuschauer, Soldat, Mädchen und andere. – Zeit: 1919. – Uraufführung 1953 in Salzburg.*

Aus Kafkas gleichnamigen Roman eine Opern*handlung* machen zu wollen, ist unmöglich; wohl aber läßt sich die seelische *Gestimmtheit* des Prosawerkes für die Bühne gewinnen, wenn man – wie es dem dramaturgischen Scharfsinn Blachers und von Cramers gelungen ist – aus Romanzitaten eine geeignete Bildfolge zusammenstellt. Die Bilder heißen: Die Verhaftung / Fräulein Bürstner / Die Vorladung / Erste Untersuchung / Der Prügler / Der Advokat / Der Fabrikant / Der Maler / Im Dom. Es sind äußerlich scheinbar kaum zusammenhängende Stationen eines Kreuzweges des Menschen Josef K., des Angstweges eines Menschen und der Menschheit. Doch dieses vorausblendende Einssein von Wirklichkeit und Unwirklichkeit, von greifbarem Vordergrund und unbegreiflichem Hintergrund, von Tatsache und Sinnbild, Unschuld und Schuld spiegelt mit beängstigender Eindringlichkeit die seelische Welt, der wir alle angehören, den Prozeß (den gerichtlichen und den des Lebens), der uns zwar frei herumlaufen läßt, dem wir aber doppelsinnig verhaftet sind. Wer nicht die Kraft hat, sich zu enthaften von den Widerwärtigkeiten und Widerlichkeiten des Lebens, den schleimigen, geschäftigen, schuldhaften, schuldlosen ,,Richtern" unseres Daseins, der kommt seelisch um, wird ,,in aller Höflichkeit" von der Umwelt hingerichtet. Also eine Art prophetischer Vorschau auf mannigfache Erscheinungen unserer Zeit.

Höchst fesselnd ist nun, wie umgekehrt der Komponist mit seiner Vertonung zurückblendet in die Zeit um 1919. Er bedient sich eines Orchesters, das etwa dem der *Meistersinger* entspricht, und holt mit diesem, jedoch mit der musikalischen Ausdrucksweise von heute, jene Welt nach dem ersten Weltkrieg geradezu panoptikumsartig wieder herauf. Besonders deutlich an Stellen, die bewußt Puccini und Strauß nachgebildet sind, diesen Opernmeistern jener Jahre. Jedes der neun Bilder ist über einem besonderen Grund- oder Leitrhythmus aufgebaut, wird zudem jeweils ganz eigenständig deklamiert oder gesungen, so daß sie musikalisch scharf voneinander geschieden sind; gleichzeitig wird das Ganze von bestimmten Grundlinien durchzogen (Beispiel: der häufig verwendete $^{10}/_8$-Rhythmus), die fast unmerklich die Einzelheiten bestimmend beeinflussen. Sinngemäß; denn die seelisch Versprengten des Textes sind ja auch nur scheinbar frei, zappeln in Wirklichkeit an unsichtbaren Drähten. Nicht minder sinngemäß, daß in einem solchen Werk der hoffnungslosen Vereinzelung der Chor (als musikalische Darstellung irgendeiner Gemeinschaft) völlig fehlt.

Der Zerrissene

(Hamburg 1964, Text von Heinz von Cramer nach Nestroys gleichnamiger Posse)
springt – nach den vorangehenden Werken recht unvermutet – ins Volkstümlich-Heitere. Trotz bewußt „unmoderner" Vertonung, trotz Mühen um Verständlichkeit der musikalischen Sprache hat sich das Werk bisher

nicht die Gunst des Publikums erwerben können. – Der vor Langeweile platzende, innerlich zerrissene Großkapitalist Lips macht in seinem komischen Weltschmerz ein unüberlegtes Heiratsversprechen, um dessentwillen er sich mit einem Schlossermeister sogar prügelt, mit ihm in einen Gebirgsbach stürzt, sich für den Mörder des Schlossers hält, sich auf einem seiner Pachthöfe versteckt, wo sich freilich auch der totgeglaubte Schlosser verbirgt. Als die beiden einander in der Dunkelheit begegnen, halten sie sich für Gespenster. Lips, der nach seinem „Tode" seine Freunde als Schnorrer erkennt, ändert verstohlen sein Testament zugunsten seines Patenkindes Kathi. Nach Entwirrung der schnurrigen Fäden heiratet er die diesseitsnahe Kathi, die ihn wahrscheinlich von seiner Zerrissenheit heilen wird.

ZIMMERMANN

Bernd Alois Z. (1918–1970) studierte anfangs Philologie, dann Schulmusik. Wirkte 1950/52 als Theorielehrer an der Universität seiner Vaterstadt Köln, leitete eine Kompositionsklasse an der Kölner Hochschule für Musik. Schrieb Werke auf fast allen Gebieten der Musik.

Nur wenige zeitgenössische Komponisten arbeiteten so selbstkritisch und bedachtsam wie Zimmermann. Wäre es anders, so wäre er in der Fülle der ihm zur Verfügung stehenden kompositorischen Mittel rettungslos untergegangen. Strenge Linien kreuzen sich mit verhaltenen Lyrismen, entfesselte Geräusche paaren sich mit prallen Instrumentalklängen, an die menschliche Stimme werden Anforderungen gestellt, die man „unmenschlich" nennen möchte, wären sie nicht durch die jeweilige Situation künstlerisch begründet. In diesem Pandämonium spielen winzige Anklänge an Strawinsky, Webern, wohl auch Bartòk eine unbedeutende Rolle, sind mehr Nachhall auf einem Wege, der ganz bewußt eine Zukunft ansteuert, die sich selbst von den modernsten Richtungen bewußt absetzt.

Eine frühe Oper *Valpone* (abgeschlossen 1957) ist kaum bekannt geworden, und gleiches gilt von der Oper *Medea*. Größte Aufmerksamkeit – wenigstens in der Fachwelt – erregte dagegen eine Oper nach Reinhold Lenz.

Die Soldaten

(Köln 1965, Text ziemlich getreu nach dem gleichnami-
gen Bühnenwerk des Stürmers und Drängers Reinhold
Lenz)
hatte Zimmermann 1959 abgeschlossen und der Kölner
Bühne eingereicht. Das Werk wurde angenommen, dann
aber abgesetzt, weil es so hervorragende Künstler wie
Fritz Schuh und Wolfgang Sawallisch schließlich doch
für unaufführbar hielten. Schon Manfred Gurlitt hatte
1930 den musikalisch überaus schwer zu realisierenden
Text ohne rechten Erfolg vertont. – Das Bürgermädchen
Marie aus Armentières liebt zwar ihren Verlobten Stolzius, läßt sich aber dann verführen von dem Edelmann
und Offizier Desportes, wird umworben von einem anderen Offizier namens von Mary und von einem Grafen
de la Roche. So kommt sie trotz mütterlicher Fürsorge
durch die alte Gräfin de la Roche unentrinnbar immer
tiefer, bis sie schließlich von einem Leibjäger von Desportes vergewaltigt wird, auf daß sie „genügend versorgt sei". Der kaltschnäuzige Desportes wird von Stolzius vergiftet, und Stolzius gibt sich selbst den Tod.
„Das sind die Folgen des ehelosen Standes der Herren
Soldaten". – Zwei Themen mögen es Zimmermann angetan haben: die sozialkritische Anklage und – mehr noch –
die Unentrinnbarkeit, in die alle verstrickt sind. Unentrinnbar sind auch bei einmaligem Hören die alles überwältigenden Klänge und Geräusche der Vertonung. Unverwechselbar die Klanggestalten für die vielen Einzel-
personen, so daß man nicht nur textlich, sondern auch
musikalisch an jene andere Marie aus Alban Bergs *Woz-*
zeck erinnert wird.

KLEBE

Giselher K. (geb. 1925) empfing in den für ihn entscheidenden Jahren 1937–1957 in Berlin wesentliche Anregung durch den Zwölfton-Mathematiker Josef Rufer und den rhythmisch-metrisch interessanten Boris Blacher. Er wirkte an der Detmolder Musikakademie und ist seit 1981 Direktor der Abteilung Musik der Akademie der Künste in Berlin. Wurde durch Instrumentalwerke früher bekannt als durch seine Opern.

Soweit sich das Schaffen Klebes heute überschauen läßt, stellt es sich dar als eine mehr und mehr sich verfestigende Einheit von lebensmächtiger Überlieferung und triebmächtigem Vorstoßen in Neuland. Obwohl seine Kompositionsweise stark an die Zwölftonmethode gebunden ist, sollte man ihn nicht als Zwölftöner im üblichen Sinne bezeichnen. Denn das – nicht orthodoxe – mathematische Planen nach Reihen wird mehr als aufgewogen durch einen immer wieder durchbrechenden Ausdruckswillen, der zu packenden Klangwirkungen führt. Aufschlußreich erscheint uns vor allem, daß alles Lineare mehr und mehr gebunden wird durch „senkrechte" Einschübe, eine ständig wachsende Spannung der harmonischen Räume. Obwohl seine Bühnenwerke einen bedeutenden Sinn für Dramatik verraten, haben sie sich bisher beim Publikum nicht recht durchsetzen können. Daher müssen hier einige Andeutungen genügen.

Die Räuber

(Düsseldorf 1957, Neufassung 1962)
gehen auf den Schillerschen Text zurück, sind jedoch

verdichtet auf das Familien-, nicht auf das Rebellen-Drama. Franz und Karl Moor erhalten jeweils eine sie kennzeichnende (nur bei Franz wirklich charakterisierende) Zwölftonreihe zugesellt, Amalia bekommt – ein großartiger Zug – ein paar kluge Dur-Akkorde auf den Weg, die sich dann aber gleich wieder in Harmonie- und Linienspannungen auflösen. Durch die geschickten Parlando-Partien schimmern immer wieder ariose Nummernformen durch. Am stärksten die Sprache des Orchesters.

Auch die nächsten Opern Klebes halten sich an Meisterwerke der Literatur. So *Die tödlichen Wünsche* (1959 nach Balzacs Roman ,,Die Eselshaut") und die dreiaktige *Alkmene* (Berlin 1961 nach Kleists ,,Amphitryon"). Der Stoff ist bekannt: Jupiter (Bariton) verbringt eine Nacht mit Alkmene (Sopran), wobei er freilich die Gestalt ihres Gatten Amphitryon (Tenor) annimmt. Als der Morgen anbricht, herrscht Verwirrung: Alkmene schwelgt in Erinnerungen, die sich ihr Gemahl nicht erklären kann; denn er hat ja an den Liebesverzückungen keinen Anteil gehabt. Lösung bringt Jupiter in seiner wahren Göttergestalt: Alkmene werde einen großen Helden namens Herakles gebären! Dagegen können die sterblichen Eheleute nichts einwenden.

Die Ermordung Cäsars

(Essen 1959) bringt einen gekürzten Auszug des dritten ,,Julius-Cäsar"-Aktes auf die Bühne. Fast möchte es selbstverständlich erscheinen, daß bei der Dolchstecherei im alten Rom die Streicher im Orchester nichts zu suchen haben. Aber mit massigem Blech und Lautspre-

chern ist dem Ganzen doch wohl kaum beizukommen, zumal die Männerstimmen wie der Chor nicht zur Geltung kommen können. Doch vielleicht ist das Absicht? Offenbar *soll* nach dieser Geschichte machenden Ermordung das Chaos von Volk und Zeit und Raum sinnfällig Klang werden. Überwältigend freilich die Rede Marc Antons.

Figaro läßt sich scheiden

(Hamburg 1963, Text nach Oedön von Horvath) versammmelt noch einmal die Hauptpersonen von Mozarts *Figaro,* jetzt aber in halb rührender, halb erheiternder Handlung. Alle mußten ins Exil gehen. Dort hat Graf Almaviva sein Vermögen vertan, gleitet immer tiefer und führt mit der Gräfin ein trübsinniges Leben in einer Mietwohnung. Figaro rasiert die Bewohner des Städtchens, verläßt aber seine Susanna und wird Verwalter auf dem ehemaligen Grafenschloß. Susanna ist als Bedienerin in einer von Cherubin geführten Bar. Dann stirbt die Gräfin, und Graf Almaviva nimmt Susanna mit in die Heimat, wo sich die Revolution inzwischen verlaufen hat.

Jacobowsky und der Oberst

(Hamburg 1965) ist abermals eine „Exil-Oper". Klebe hat sich ziemlich genau an den Text von Werfels gleichnamiger *Komödie einer Tragödie* gehalten. Auf der Flucht aus Polen sind der kluge alte Jude Jacobowsky und der hochtrabende, gleichwohl gar nicht so üble Oberst Stjerbinsky nach Frankreich gekommen, das nun

aber keine Sicherheit bietet, weil es von deutschen Truppen besetzt wird. Unter den sechs Szenen ragt die im Luftschutzkeller hervor, in der Jacobowsky, ,,keines Landes Inländer und aller Länder Ausländer" allem Leid zum Trotz den Willen zum Überleben gütig und heiter aufklingen läßt. Selbst der scheinbar so aufgeblasene Oberst enthüllt sein durch Bramarbasieren überdecktes wahres Wesen. Endgültig nähern sich die beiden Flüchtlinge einander an, als durch das Verhalten von ,,Madame Marianne" das Menschliche über alle Wirrnisse der Zeit siegt. ,,Es gibt immer zwei Möglichkeiten".

HENZE

Hans Werner H. (geb. 1926) studierte in Braun-
schweig, war Korrepetitor in Bielefeld, weiteres Studium
bei Fortner und Leibowitz. Vorübergehend Ballettdiri-
gent in Konstanz und Musikberater am Staatstheater
Wiesbaden. Lebt als Freischaffender in Castelgandolfo
(Italien). Bisher Instrumental- und Vokalwerke, Ballette
und Opern.

Henze ist der Meisterjournalist unter den neuzeitlichen Opernkomponisten. Er kennt alles, er kann alles, er
sprudelt über von Einfällen, schreibt mit erstaunlicher
Geschwindigkeit ein Werk nach dem andern, legt sich
nicht auf „Richtungen" fest und nutzt zugleich deren
Ausdrucksmittel, wo er es für richtig findet. Unverkennbar in jedem Augenblick die einmalige Handschrift, die
an Fortners Systematik, Schönbergs Zwölfton-Anregun-
gen, Strawinskys rhythmischer Kraft, Weberns klang-
licher Feinfühligkeit geschult ist, stets geschmeidig
wirkt, durchtränkt ist von neuromantischen Lyrismen
und in zügiger Musizierfreude dahinfließt. Das Bestreben, fast möchte man sagen: der „Spaß" musikantisch in
die Breite zur wirken, verständlich zu sein, wird in den
späteren Opern, entstanden in der Berührung mit der
von ihm geliebten italienischen Musik, immer deutlicher
und verschmäht auch nicht gelegentliche Plattheiten.
Und doch macht sich selbst bei einem so ungewöhnlich
begabten Komponisten wie Henze das alte Leid bemerkbar, unter dem die jüngeren Opernschreiber gemeinsam
stöhnen: die Werke kommen über einen mehr oder weniger sensationellen Anfangserfolg nicht hinaus, werden
zuweilen gegen den Willen ihrer Urheber hochgespielt

und verschwinden wieder. Doch auch das paßt durchaus zum Meisterjournalisten der zeitgenössischen Oper. – Einige kurze Umrisse müssen hier so lange genügen, als Henzes Opern sich nicht einen dauernden Platz an den Bühnen erworben haben.

Ein kleines, an Strawinskys *Geschichten vom Soldaten* ausgerichtetes Werk ist *Das Wundertheater (nach Cervantes, 1949 Heidelberg)*. Gaukler führen ein Stück auf, das angeblich nur ehrlich Geborene sehen können. Ein Soldat, der den Schwindel aufdecken will, wird von den „Sehenden" erschlagen. *Boulevard Solitude (Text Grete Weill, Hannover 1952)* ist ein halb traumhaftes, halb wirklichkeitsnahes Stück über eine Art Manon Lescaut, wobei nach Henzes eigenen Worten „kleine Sologruppen und müde Tongebilde das Klangbild bestimmen". Abendfüllend, sieben Bilder mit vierundzwanzig geschlossenen Nummern.

König Hirsch
oder *Die Irrfahrten der Wahrheit*

(Text nach Gozzi von Heinz von Cramer, drei Akte, Berlin 1956, spätere Neufassungen bis 1963). Schon bei der Uraufführung mußte das umfangreiche, textlich überfrachtete Werk gekürzt werden. Der verworrene Inhalt verhinderte einen Dauererfolg. Dabei ist gerade eine sangbare Melodik wesentliches Merkmal der orchestral zauberhaften, formal reichen, harmonisch vielschichtigen Partitur. – Ein gewalttätiger Statthalter (Baßbariton) will den König (Tenor), den er schon als Kind beseitigen wollte, verderben. Einem Mädchen (Sopran), das Köni-

gin werden soll, steckt er ein Messer zu und beschuldigt
sie eines Mordanschlages. Da zieht sich der König mit
seinem Papagei in den tiefen Wald zurück. Der Statthalter schickt ihm einen gedungenen Mörder nach, wirft
aber selbst ein Messer gegen den König. Es trifft den Papagei; doch ihn rettet der „verträumte Bursche" Checco
(Tenor), der dafür ein Zauberwort erhält, mittels dessen
der König sich in einen Hirsch verwandelt. Doch auch
der Statthalter benutzt das Zauberwort, verwandelt sich
in die Gestalt des Königs und läßt alle Hirsche töten. Der
König kann fliehen. Der Statthalter-König wird erschossen, als er den in die Stadt kommenden „Hirsch" töten
will. Aus dem „Hirsche" wird wieder ein richtiger König, und das Mädchen wird Königin.

Der Prinz von Homburg

(Drei Akte, Text nach Kleists gleichnamigem Schauspiel
von Ingeborg Bachmann, Hamburg 1960).
Konzentration überall: textlich auf die lyrischen Partien,
musikalisch auf ein verhältnismäßig kleines Orchester,
auf verdichtete Einzelszenen, z. T. kontrapunktisch un-
terbaut, harmonisch sorgfältig durchgeformt in freier
Tonalität, zuweilen Zwölftonmethode. – Wohl träumt
der Prinz (Bariton) von Kriegsruhm, doch sein Herz
schlägt vernehmlich für Prinzessin Natalie (Sopran).
Zwischen Traum und Wirklichkeit wandelnd führt er in
der Schlacht zwar den Sieg herbei, war jedoch ungehor-
sam gegen die Befehle des Kurfürsten (Tenor), kommt
vor ein Kriegsgericht und wird zum Tode verurteilt. Der
Kurfürst bleibt taub gegen alle Gnadengesuche und verfügt: wenn der Prinz selbst das Urteil für ungerecht halte, werde er nicht erschossen. Da findet der Prinz durch

Liebesnot und Todesangst zu sich selbst: das Urteil sei gerecht. In dem Garten, in dem er von Sieg und Natalie träumte, erwartet er verbundenen Auges den Tod. Da wird ihm die Binde abgenommen, der Kurfürst hat das Urteil kassiert, Natalie setzt dem sich selbst Überwindenden den Lorbeerkranz auf.

Elegie für junge Liebende

(Schwetzingen 1961, Text von Wystan H. Auden und Chester Kallman, drei Akte).
Inhaltlich ein mehr als unerfreuliches Stück, das zudem in seiner problematischen Abseitigkeit um ein Dreivierteljahrhundert zu spät kommt. Der vor seinem sechzigsten Geburtstag stehende Dichter Mittenhofer (Bariton) sieht in jedem der ihn umgebenden Menschen nur den Stoff für dichterische Inspirationen, besonders in der ihrem vor vierzig Jahren abgestürzten Mann nachtrauernden, halb irren Hilda Mack (Sopran) und in seiner jungen Geliebten Elisabeth Zimmer (Sopran), doch auch in seiner gräflichen, ihn finanziell unterstützenden Sekretärin (Alt), in seinem Arzt (Baß). Als die trauernde Witwe plötzlich zu Verstand kommt, als seine geliebte Elisabeth ihn verläßt, weil sie den Arztsohn Toni (Tenor) kennenlernt, ist sein selbstsüchtiges Innere wie ausgebrannt. Dabei muß er doch zu seinem Sechzigsten seine Gemeinde mit einer Elegie begeistern. Er findet den Stoff: wider besseres Wissen erklärt er einem Bergführer, kein Mensch sei in dem Schneetreiben zum Gipfel aufgestiegen. So kommen Elisabeth und Toni in der Bergwelt um, aber der große Dichter kann nun eine Elegie für die jungen Liebenden verfassen und vortragen. – Musikalisch kommt es zu Arien, Duetten und anderen Ensembles,

die jedoch ganz in den schmiegsamen Deklamationsstil
eingeschmolzen sind. Klanglich funkelnd das fast soli-
stisch besetzte, mit allerlei Schlaginstrumenten ange-
reicherte Orchester.

Der junge Lord

(Berlin 1965, sechs Bilder, Text nach einer Hauff-Parabel
von Ingeborg Bachmann)
wäre fast eine komische, eine Buffo-Oper geworden,
enthielte sie nicht zu viel spöttisch-satirische Angriffe auf
spießerische Dummheiten, und wäre sie nicht musikalisch zu sehr gespickt mit Verulkungen übermoderner
(serieller) Musik, die doch wohl nur bedingt von einem
größeren Publikum mit dem erforderlichen Schmunzeln
aufgenommen werden können. Selbst ein Hauptspaß,
mit einem platten C-dur zu beginnen und in C zu enden,
will nicht recht durchschlagen. Bewundernswert freilich,
die prächtigen, meist Ensemble-Gesänge mit ihren unverkennbaren Buffo-Vorbildern, die formale Durchar-
beitung (Frauen-Arie als Passacaglia), das Einstreuen
witzig aufgepulverter Walzer und Märsche. Dazu fünf
beachtliche orchestrale Zwischenspiele. Um 1830 versetzt ein vornehmer Engländer die deutsche Residenz
Hülsdorf-Gotha in Aufregung und Ärger, weil er niemanden aus der ,,Gesellschaft'' in sein Haus einlädt,
wohl aber eine Bande von Jahrmarktsleuten. Dann aber
trifft der angebliche Neffe des Engländers ein, wird unter
Gebrüll und Geschrei in der ,,deutschen Sprache unterrichtet'' und überhaupt gesellschaftsfähig gemacht. Zu
Ehren dieses jungen Lords (Tenor) empfängt endlich sein
Onkel ganz Hülsdorf-Gotha. Alles äfft die Manieren des
jungen Lords nach, die Damen sind entzückt, die junge

Luise (Sopran) verfällt dem ausländischen Zauber des Neffen, bis dieser mehr und mehr aus der Rolle fällt, sich beim Tanz auf den Kronleuchter schwingt und erst durch eine gebieterische Bewegung seines „Onkels" sein Treiben einstellt. Ein Affe war der „junge Lord", eine hübsche, wenn auch derbe Rache des Engländers, weil ihn die Hülsdorf-Gothaer anfangs so schändlich beschimpft hatten.

Die Bassariden

(Salzburg 1966, einaktige Opera seria mit einem Intermezzo „Das Urteil der Kalliope", Text nach den Bacchanten des Euripides von Wystan Hugh Auden und Chester Kallman).
Wer bereits bei anderen Bildungsopern der Gegenwart ernste Bedenken anzumelden hat, könnte bei den *Bassariden* verzweifeln. Mit erstaunlichem Snobismus setzen die Textverfasser eine Kenntnis der griechischen Mythologie voraus, die nur durch ernstes Studium erworben werden kann. Zudem wird die Euripides-Vorlage psychologisch und zeitlich verfremdet, jeder „Wert" ins Gegenteil verwandelt, Stile und Epochen aus Jahrtausenden mit robuster Ironie ineinandergemischt (eigentlich „gemixt"), mit dem einzigen Zweck, alles je Geschehene und noch Geschehende als widersinnigen Wirrwarr erscheinen zu lassen. Ob sich dergleichen auf der Bühne dauernd ansiedeln läßt, bleibt abzuwarten. Henzes Vertonung benutzt sinngemäß alle möglichen Zeitstile von Bachs Matthäus-Passion bis in die jüngste Gegenwart, von der Sonatenform bis zu modernen Kettenvariationen, aber alles eingeschmolzen, ja abgedunkelt, dann wieder frisch und frech musikantisch in einem schwerbe-

stückten Orchester. Der Inhalt in groben Zügen: König Pentheus von Theben (Bariton) verbietet den überschäumenden Kult des Dionysos (Tenor), ohne sein eigentliches Wesen recht zu kennen. Als er sich die erforderliche Kenntnis verschaffen will, läßt ihn der rächende Dionysos durch seine Bassariden (Bacchanten, trunkene Schwärmer) verfolgen und töten. Ausgerechnet die Mutter des Pentheus, Agaue (Mezzosopran) enthauptet ihren Sohn im Trancezustand.

OPERETTE

OFFENBACH

Jaques O. (eigentlich „Eberscht", geb. 1819 als Sohn
eines jüdischen Kantors, gest. 1880 in Paris) ging 1833
ans Pariser Konservatorium, war Cellist, Kapellmeister
und schließlich Theaterunternehmer. Schrieb rund hundert Operetten.

Offenbach gilt als der Schöpfer der eigentlichen Operette, die durch Singspiele und leichte komische Opern
zwar hinlänglich vorbereitet war, aber als Gattung noch
nicht bestand. Die Offenbach-Operette ist ein echtes
Kind ihrer Zeit: des zweiten französischen Kaiserreichs
(Napoleon III.). Die französische „Gesellschaft" nach
der Mitte des 19. Jahrhunderts durchschaute nicht nur
die nach außen blendende Hohlheit ihres Kaiserhofes, sie
durchschaute auch sich selbst. Literatur und Theater wit-
zelten über Gott und die Welt, sprühten vor Bosheit und
Ironie. Hier setzte Offenbach ein: was nur irgend zu verspotten war (und was war damals *nicht* zu verspotten!)
mußte in seinen zahlreichen Texten herhalten – das Publikum verstand jede Anspielung und lachte von Herzen.
Und Offenbachs Musik („musiquette", sagte der Pariser
halb zärtlich und halb spöttisch) empfand man nach dem
längst nicht mehr ernst genommenen Schwulst der sich
überschlagenden Großen Oper als kitzelnd-angenehm.
Dabei erreicht Offenbach seine musikalischen Wirkungen mit ganz einfachen Mitteln: faßliche Melodiebildun-
gen, wirbelnd-spritzige Rhythmen, packende Einpräg-
samkeit und hinreißende Temposteigerungen sind wesentliche Kennzeichen der Offenbachschen Operettenmusik. Rheinischer Humor, jüdischer Witz und franzö-
sisch-pariserische Eleganz treffen in Offenbach zusammen.

In den letzten Jahren sind immer andere Offenbach-Operetten ausgegraben, neu bearbeitet und zusammengestellt worden. Wir begnügen uns mit einer Übersicht. Einer „Einführung" bedürfen die meisten nicht.

Orpheus in der Unterwelt

Burleske Oper in zwei Akten (vier Bildern). – Text von Hector Crémieux.

Personen: PLUTO ARISTEUS (hoher Baß); JUPITER (Bariton); ORPHEUS, Konservatoriumsdirektor in Theben (Tenor); EURYDIKE, seine Frau (Sopran); MERKUR (Bariton); DIANA (Sopran); JUNO (Alt); VENUS (Sopran); MINERVA (Sopran); CUPIDO (Sopran); MORPHEUS (Tenor); HANS STYX (Tenor); DIE ÖFFENTLICHE MEINUNG (Alt); Bacchus, Mars, Götter, Göttinnen. – Ort und Zeit: Theben, Olymp, Unterwelt; griechisches Altertum. – Uraufführung: 21. Oktober 1858, Paris, Bouffes-Parisiens; Erstaufführung in deutscher Sprache: 17. November 1859, Breslau, Stadttheater.

1. Akt. – 1. Bild. „Der Tod der Eurydike." Der Konservatoriumsdirektor Orpheus hat seine Frau Eurydike satt und liebt die Nymphe Chloe; Eurydike ihrerseits ist ihres Gatten und seines ewigen Geigenspiels überdrüssig und liebt den Hirten Aristeus. Beide wollen sich trennen, tun aber nach außen so „als ob". Eurydike ergibt sich dem Hirten in einem Feld; da wirft dieser seine Verkleidung ab und steht in seiner wahren Gestalt vor ihr als Pluto, der Gott der Unterwelt. Sie muß Orpheus einen Abschiedsbrief schreiben und wird von Pluto in die Unterwelt entführt – zum großen Vergnügen von Orpheus,

der nun zu seiner Chloe ... Aber da gebietet „die Öffentliche Meinung", er habe auf seine gesellschaftliche
Stellung und die Nachwelt Rücksicht zu nehmen. Seuf-
zend folgt er der gestrengen Dame zum Olymp, um an-
standshalber seine Gemahlin zurückzuverlangen. – 2.
Bild. „Der Olymp". Den Göttern ist ihr Götterleben
längst zuwider, einer intrigiert gegen den andern. Und
als Jupiter als oberster Gott für höhere Moral eintritt,
reibt man ihm seine eigenen galanten Abenteuer unter
die Nase. Jupiter wendet sich besonders gegen Pluto;
man munkelt von Eurydikes Entführung. Da gibt es
Aufruhr, die meisten halten zu Pluto; aber im gefährlichsten Augenblick erscheint Orpheus mit der Öffentlichen
Meinung, bringt seine Anliegen vor. Es sieht schlecht aus
für Pluto. Obwohl er leugnet, beschließen die Götter,
den Tatbestand in der Unterwelt nachzuprüfen.

2. Akt. – 3. Bild. „Ein Prinz von Arkadien". In der
Unterwelt bewacht der ewig betrunkene Hans Styx, der
auf Erden ein Prinz von Arkadien war, die entführte Eurydike. Als die Götter nahen, wird sie versteckt. Jupiter
wittert sogleich die schöne Frau, naht ihr durchs Schlüsselloch als Fliege, umwirbt sie und will sie nach Tisch
entführen. Cupido warnt Pluto; der möchte sich auf den
Wächter Hans Styx verlassen, aber Styx ist wieder einmal
voll ... – 4. Bild. „Die Hölle". Die Götter sitzen beim
Mahl. Jupiter will die als Bacchantin verkleidete Eurydike entführen. Doch Pluto hat aufgepaßt: kann er Eurydike nicht selbst behalten, so soll sie auch Jupiter nicht besitzen. Und schon kommt auch Orpheus mit der Öffentlichen Meinung. Jupiter spricht scheinheilig Recht: Eurydike habe Orpheus zu folgen, doch dieser dürfe sich
auf dem Heimweg nicht nach ihr umsehen, sonst sei sie
ihm verloren. Orpheus willigt ein, versucht jedoch, sich
nach Eurydike umzudrehen, was aber die Öffentliche

Meinung zu verhindern weiß. Da schleudert Jupiter einen Blitzstrahl. Unwillkürlich dreht sich Orpheus mit der Öffentlichen Meinung um – Eurydike muß sich von ihm trennen. Aber Pluto behält sie auch nicht; denn Eurydike wird als Bacchantin in den Olymp versetzt.

Die schöne Helena

Burleske Oper in drei Akten. – Text von Meilhac und Halévy.

Personen: PARIS, Sohn des Königs Priamos (Tenor); MENELAUS, König von Sparta (Tenorbuffo); HELENA, seine Gemahlin (Sopran); AGAMEMNON, König der Könige (Bariton); KLYTEMNÄSTRA, dessen Gemahlin (Alt); OREST, beider Sohn (Sopran); PYLADES, dessen Freund (Alt); ACHILLES (Tenor); AJAX I. (Tenor); AJAX II. (Bariton); KALCHAS, Groß-Augur des Jupiter (Baß); PHILOCOMOS, Diener; EUTHYKLES, Schlosser; BACCHIS, Helenas Vertraute (Sopran); LEAENA, PARTHENIS und THETIS, Gespielinnen des Orest (Sopran); Wachen, Sklaven, Dienerinnen, Volk. – Ort und Zeit: Sparta und Nauplia, unmittelbar vor dem Trojanischen Kriege. – Uraufführung: 17. Dezember 1864, Paris, Théâtre des Variétés; Erstaufführung in deutscher Sprache: 1865, Berlin, Friedrich-Wilhelmstädtisches Theater.

Offenbachs zweiter Welterfolg. Dieses Mal geht es ihm darum, den Pomp seiner zeitgenössischen Über-Opern zu verspotten. Daher das große Aufgebot an Solisten, daher auch manche Pompwirkung des Orchesters.

1. Akt. „Das Orakel." – Bei einem Tempelfest berichtet der Priester Kalchas der Königin Helena, wie der tro-

janische Königssohn Paris bei einem Schönheitswettbe-
werb dreier Göttinnen der Liebesgöttin Venus den Preis
zugesprochen habe; dafür will ihm diese die schönste
Frau zum Lohn geben. Das ist etwas für Helena, die ihres vertrottelten Mannes Menelaus längst überdrüssig ist.
Paris kommt als Schäfer verkleidet und verlangt von Kalchas, er solle ihm helfen, Helena zu gewinnen; so lautet
das Gebot der Venus – und eine Bestechungssumme
macht den Priester noch willfähriger. Helena verliebt
sich in den jungen Menschen, sucht aber den Schein zu
wahren. Beim Fest wird auch eine Intelligenzprüfung
veranstaltet. Es gewinnt nicht einer der Könige, sondern
der vorgebliche ,,Schäfer", der sich dann allerdings zu
erkennen gibt. Nun tritt Kalchas vor und verkündet dem
verdutzten Menelaus, er müsse auf Befehl der Götter auf
einen Monat nach Kreta fahren. Paris weiß, was das bedeutet …

2. Akt. ,,Der Traum." – Helena hat während der Abwesenheit ihres Gatten immer noch gezögert, sich Paris
zu ergeben. Aber eine (von ihr sehr wohl durchschaute)
List bringt Paris (und sie) an das Ziel der Liebeswünsche:
Helena stellt sich schlafend und ,,träumt", daß Paris sie
umfange. Und sie findet es wenig freundlich von Mene-
laus, daß er den ,,Traum" der Liebenden stört: wie kann
er auch so schnell von seiner Kreta-Reise zurückkehren!
Menelaus wütet; aber – so meinen auch die Könige – im
Grunde ist er nicht schuldlos. Paris kann entfliehen.
Freilich, er muß noch Helena entführen – weil es ja im
Homer steht.

3. Akt. ,,Die Entführung." – Helena schmollt ihrem
Gatten; es sei doch alles nur im Traum geschehen! Die
Könige und vor allem Menelaus glauben allerdings, gegen die wachsende Unmoral müsse etwas unternommen
werden. Auch Kalchas wird nicht angehört, als er be-

hauptet, das Geschehene sei auf den Willen der Liebesgöttin Venus zurückzuführen. Menelaus ist mißtrauisch
geworden und hat den Groß-Augur der Venus kommen
lassen, um den Willen der Göttin zu vernehmen. Und
dieser Groß-Augur verkündet: zur Sühne müsse Helena
auf der Insel Kythere hundert weiße Kälber opfern. Helena besteigt das Schiff des Groß-Auguren – da wirft dieser seine Verkleidung ab: er ist Paris! Mit Helena segelt
er davon. Die getäuschten Könige beschließen den Ra-
chekrieg gegen Troja, die Vaterstadt des Königssohns
Paris.

Die Banditen

*Operette in drei Akten. – Text von Meilhac und Halévy
(Neubearbeitung von Gründgens).*

Personen: FALSACAPPA, *Räuberhauptmann (Bariton);* FIO-
RELLA, *seine Tochter (Sopran);* FRAGOLETTO, *ein junger
Pächter (Tenor);* PIETRO, *Vertrauter von Falsacappa;*
DER FÜRST VON BRAGANZA *(Tenor);* BARON CAMPOTASSO,
Oberstallmeister; ANTONIO, *Schatzmeister (Komiker);*
BRAMARBASSO, *Polizeihauptmann;* DIE PRINZESSIN VON
GRANADA *(Sopran);* GRAF VON GLORIA-CASSIS, *ihr Kam-
merherr; Ein Page der Prinzessin;* PIPO, *Gastwirt;* PIPA,
*seine Frau; Kurier, Banditen, Polizisten, Hofleute usw. –
Ort: Fürstentum Braganza. – Uraufführung: 10. De-
zember 1869, Paris, Théâtre des Variétés; Erstauffüh-
rung in deutscher Sprache: 12. März 1870, Wien, Theater an der Wien.*

„Die Banditen" huschen in Gründgens' Bearbeitung
als verschleierte Zeitsatire über die deutschen Bühnen.

Es ist eins der reizvollsten Werke Offenbachs; aber für ein Operettentheater im allgemeinen recht anspruchsvoll und ohne eigentliche „Schlager zum Mitsummen"; an den Opernbühnen wiederum herrscht entweder würdevoller Ernst oder Experimentiersucht oder weihevolle Tradition. Und so wird wohl diese köstliche komische Oper(ette) erst dann zum Repertoirestück werden, wenn unsere Opernbühnen als echte Kulturspiegel nicht nur Altgewohntes, Neumodisches und Männlich-Ernstes spiegeln, sondern auch Heiter-Entzückendes von zeitloser Geltung. Und welche stoffliche Aktualität! Die Grenzen zwischen dem Ausbeutertum in gehobener sozialer Stellung und ehrlich-offener Straßenräuberei schwinden; ein Dieb sucht den andern zu begaunern; die Polizei erscheint mit großer Lärmentfaltung, so daß sich die Übeltäter rechtzeitig verstecken können; niemand hat Geld, aber einer möchte dem andern welches abgaunern; die Ehe ist eine Mitgiftjagd, bei der es viele Jäger, aber keine Mitgift gibt. Geradezu erschreckend schließlich: der Räuberhauptmann wird Polizeichef – und die öffentliche Ruhe und Sicherheit sind wiederhergestellt.

Klar und zielstrebig die Handlung. Der Räuberhauptmann Falsacappa hat einen Kurier abgefangen. Unter dessen Gepäck findet er das Bild einer spanischen Prinzessin, die einen Fürsten heiraten soll. Das Bild vertauscht er mit dem seiner Tochter Fiorella und schickt den Kurier fort. In einer Schenke, in der die spanische Gesandtschaft erwartet wird, übernehmen Falsacappas Banditen zunächst die Rolle des Dienerpersonals, überwältigen dann eine Abordnung des Fürsten, ziehen deren Kleider an, empfangen so die spanische Gesandtschaft, sperren sie ein, bemächtigen sich ihrer Kleider und ziehen nun als „Spanier" an den fürstlichen Hof. Dort will Falsacappa seine als Prinzessin verkleidete Tochter als

Braut vorstellen und damit die vorgesehene Mitgift an
sich bringen – aber die Kasse ist leer. Inzwischen hat sich
die echte spanische Gesandtschaft befreit und kommt
wütend zum Fürsten. Der Betrug ist entdeckt. Doch alles geht gut aus; denn die Banditentochter Fiorella hatte
einst den Fürsten aus der Gefangenschaft der Banditen
entfliehen lassen und bittet jetzt für den Vater Räuberhauptmann. Der wird nicht nur nicht bestraft, sondern
seiner Fachkenntnisse wegen zum Polizeichef ernannt.

*

Ritter Blaubart

*(Text von H. Meilhac und L. Halévy, Uraufführung
1866 in Paris).*
Rauhe Sitten herrschen zur Zeit der Kreuzzüge. Dieser
Ritter Blaubart hält sich einen Privatchemiker ausdrück-
lich zu dem Zweck, daß er die Ehefrauen des Ritters
nach angemessener Zeit vergiftet. Fünf haben schon daran glauben müssen, jetzt geht es um eine Bauerndirn und
gleich darauf will er die Königstochter Hermia heiraten.
Deren Vater ist aus dem gleichen Holz geschnitzt; er hat
bereits vier Nebenbuhler umbringen lassen und befiehlt
seinem Minister, mit einem fünften ebenso zu verfahren.
Chemiker und Minister haben jedoch die Befehle nie
ausgeführt. Die fünf Blaubartfrauen sind noch quickle-
bendig und frisch, die fünf königlichen Nebenbuhler
ebenfalls – also fünf Hochzeiten und eine sechste von
Hermia mit einem Prinzen. Die Bauerndirn wird zwar
nicht Blaubarts Zwischengemahlin, schwingt aber in sei-

ner Burg den allgefürchteten Kochlöffel. Auch Blaubart ist nicht allzu ärgerlich; der Verbrauch einer Frau nach den anderen war doch recht anstrengend, so daß er sich lieber zur Ruhe setzt.

Pariser Leben

(Fünf Akte, Text von Meilhac und Halévy, Uraufführung Paris 1866, Neufassung 1945 von W. Felsenstein)
hat keine tragende Handlung, sondern besteht aus einer Reihe – durch die Regie beliebig auszumalender – Bilderbogen, eine Art Handlungs- und Musikpotpourri in ausgesprochen verspottender Absicht. Internationales Publikum trifft sich in Paris, um sich zu amüsieren. Nicht nur aus allen Ländern kommen sie, sondern aus allen Ständen, vom Schuster bis zum Baron, selbst aus Ständen, die es gar nicht gibt (ein Schweizer Admiral), und die Musik gibt sich nicht weniger bunt, reicht vom spanischen Bolero bis zum deutschen Gstanzl, vom zierlichen Menuett bis zur Marseillaise, vom kecken Couplet bis zu Mozarts „DON JUAN" (nach Belieben fortzusetzen).

Die Verlobung bei der Laterne

(Ein Akt, Text von Michel Carré und Léon Battu, Uraufführung Paris 1857)
möchte man als Singspiel-Operette bezeichnen wegen ihres lyrischen Einschlages. – Dem Pächter Peter wird von seinem Onkel ein Schatz versprochen. Das genügt, um zwei Witwen in ihn so verliebt zu machen, daß sie einander am liebsten die Augen auskratzen möchten. Und wo ist der Schatz? Unter der großen Eiche, Peter braucht ihn

nur zu holen. Nun hat aber Peter ein Mündel namens
Liese, die er liebt, ohne es recht zu wissen. Liese geht es
ähnlich; sie hat deshalb auch an den Onkel einen rat-
suchenden Brief geschrieben. In der Antwort des Onkels
steht, sie möge sich abends auf die Bank unter der großen
Eiche setzen. Verwundert gehorcht sie, läßt sich auf der
Bank nieder – und so findet Peter einen Schatz, wenn
auch einen anderen, als er glaubte. Heimlich sind die beiden Witwen und der von ihnen unterrichtete Nachtwächter dem Schatzgräber gefolgt, um einen Blick auf
den Schatz werfen zu können. Was des Nachtwächters
Laterne beleuchtet, ist Peter mit seinem unteilbaren
,,Schatz''.

Robinsonade

*(Drei Akte, neuer Text von Walther Brügmann, musika-
lische Bearbeitung von Georg Winkler, Uraufführung
Paris 1867, Neufassung Leipzig 1930)*
ist ein Zwischending zwischen komischer Oper und
Operette, gewissermaßen eine kokette, witzige Schwester von ,,Hoffmanns Erzählungen'', bezaubernd durch
die kunstvolle Frische und ironische Hintergründigkeit
der Musik. Nimmt man dazu den heiter-spottenden Text
der Neufassung, so hat man ein dankbares Werk, um das
sich die Bühnen bemühen sollten. – Ein junger Mann
entschließt sich, den Robinson zu spielen, geht an Bord
eines Schiffes, erleidet fahrplanmäßig an einer passenden
Insel Schiffbruch und kann sich programmgemäß retten.
Einen ,,Freitag'' braucht er nicht; der kommt ihm gleich
von Bord aus nachgeschwommen in Gestalt eines
Schiffsjungen, der aber in Wirklichkeit seine verkleidete
Braut ist. Ach – und Gott sei Dank – auf der Insel sind

Wilde. Ihr Häuptling ist wunderbarerweise ein seit langem verschollener Onkel des modernen Robinson. Das
läßt sich beweisen; denn er hat das „Kochbuch von Ma-
ma" bei sich, aus dem er seinen wilden Untertanen allerlei vorzaubert. Es gibt ein paar scheingefährliche Situationen; doch dann können Onkel und Schiffbrüchige un-
gefährdet in die Heimat zurückkreisen. Freilich, das „heilige Buch" müssen sie schon den Wilden dalassen.

Die Insel Tulipatan

*(Einakter, Text von H. Chivot und A. Duru, Urauffüh-
rung 1868 Paris).*
Herzog Cacatois (Kakadu) hoffte, nach seinen zwei
Töchtern nun endlich einen Thronerben zu bekommen.
Aber ach, abermals ein Mädchen. Man verheimlicht es
ihm, indem man das Dingchen in Knabenkleidung
steckt; doch Kleider machen nicht immer Leute, und der
angebliche „Alexis" bleibt schüchtern und bescheiden,
wie die Mädchen von einst waren. Umgekehrt ist's mit
dem etwa gleichzeitig geborenen Knaben des Sene-
schalls: damit er nicht eines Tages zum Militär muß, lassen ihn die Eltern als „Hermosa" in Mädchenkleidern
herumlaufen. Es kommt, wie es kommen muß: „Hermosa" wirbt stürmisch um „Alexis". Was bleibt übrig
für die Eltern? Sie erklären alles und vermählen die beiden. Herzog Kakadu aber begibt sich unverdrossen ans
Werk, vielleicht doch noch einen männlichen Erben in
die Welt zu setzen.

Die Großherzogin von Gerolstein

(Text von H. Meilhac und L. Halévy, drei Akte, Urauf-
führung Paris 1867)
ist eine jener Kleinstaatfürstinnen, die kräftig in Politik
und Liebe machen. Einen Gemahl nehmen und damit auf
die Herrschaft verzichten? Nein. Die energische Dame
begibt sich ins Feldlager ihres ziemlich unfähigen Generals Bum-Bum, erblickt den schönen Soldaten Fritz, der
zwar schon seine Wanda hat – doch was macht das
schon! Sie ernennt ihn zunächst zum General, das weitere wird sich finden. Aber es findet sich nichts; denn Fritz
heiratet schleunigst seine Wanda. Die erboste Großher-
zogin verdirbt ihm zwar die Hochzeitsnacht und entläßt
ihn aus der Truppe, doch etwas Besseres konnte sich
Fritz nicht wünschen, denn nun ist er ein freier Mann.
Und die große Dame? Ihr bleibt nichts übrig, als nun
doch einen Gemahl zu nehmen.

SUPPÉ

Franz von S. (eigentl. Name Francesco Cavaliere Suppé Demelli, 1819–1895, belgisch-wienerischer Abstammung) hatte berühmte Lehrer (u. a. Sechter), wurde Kapellmeister in Wien, schrieb viele Bühnenmusiken und Operetten, später auch Kirchenmusik.

Suppé ist vielen nur bekannt durch einige seiner melodiös-zügigen Ouvertüren („Leichte Cavallerie", „Dichter und Bauer" usw.). Dabei sind manche seiner Bühnenwerke recht bemerkenswert; nicht nur, weil Suppé neben und teilweise vor Johann Strauß die Wiener Operette geschaffen hat, sondern um der Musik selbst willen. Sie hat von vielem etwas: der Schmelz der Wiener Melodik, die Keckheit Offenbachischen Spottes, die rhythmische Kraft italienischer Buffo-Opern geben sich in der geschickten, teilweise genialen Satzart des Komponisten ein so amüsantes Stelldichein, daß man einigen seiner Operetten immer gern einmal begegnet. Zu den wirkungsvollsten gehören die folgenden.

Die schöne Galathee

(Einakter, Text von Poly Henrion, Uraufführung Wien 1865)
wandelt den alten Sagenstoff ins Menschlich-Heitere. Der Bildhauer Pygmalion hat eine Statue „Galathee" geschaffen, in die er so verliebt ist, daß er die Göttin Venus bittet, sie möge die Statue lebendig machen. Der Wunsch wird erfüllt; aber die lebendige Galathee zeigt nun sehr, sehr menschliche Seiten, kokettiert mit Pygmalions Die-

ner Ganymed, zeigt sich auch den Geschenken des reichen Midas gegenüber nicht unempfänglich – kurz, sie treibt es so bunt, daß Pygmalion nun Venus anfleht, sie möge die Lebende wieder in eine Statue verwandeln, – was auch geschieht.

Banditenstreiche

(Drei Akte, Text von B. Boutonnier, Uraufführung 1867 in Paris, Neufassung 1955 von Bender und Waldenmeier). In der Neufassung kein Originalwerk; die Handlung wurde erweitert, die Musik aus anderen Werken Suppés ergänzt. – Im Golf von Neapel lebt der Banditenführer Malandrino, Feind der Reichen, Freund der Armen und Verliebten. Bei der Hochzeit der reichen Bürgermeisterstochter Lidia hofft er, einen Fischzug machen zu können und lockt die Polizei ins Gebirge, wo sich der Banditenhauptmann, auf dessen Kopf tausend Dukaten ausgesetzt sind, angeblich aufhält. Bürgermeister Babbeo sagt die Hochzeit Lidias mit dem armen Gaetano ab, weil sich in dem reichen Lelio ein besserer Bewerber einfinden soll. – Über eine Leiter steigt Malandrino mit seinen Leuten beim Bürgermeister ein. Gaetano sieht die Leiter, steigt nach, um Lidia zu entführen, trifft auf Malandrino und berichtet ihm von der Ankunft des reichen Lelio. Das ist etwas für den Banditen. Zusammen mit seinem ehemaligen Lehrer Tondolo, der von seinen Leuten versehentlich ausgeraubt wurde, schmiedet er Pläne: dem Lelio nehmen sie das Geld ab, ziehen ihm die Kleider aus, und Malandrino spielt vor dem Bürgermeister nun den Lelio, bezeichnet diesen als den gesuchten Banditen und streicht das Kopfgeld ein. Inzwischen verliebt sich

Lidias Freundin Stella in den angeblichen Malandrino
(Lelio), der gehängt werden soll. Und der Schulmeister
Tondolo läßt sich als angeblicher Bandit einsperren. Jetzt
wird endlich die Hochzeit ausgerichtet: Lelio (in Wirklichkeit Malandrino) spielt den Bräutigam. Die Konfu-
sion wächst, als der Gemeindeschreiber hereinstürzt mit
der Mitteilung, der zu hängende Gefangene sei gar nicht
Malandrino, er sei Lelio, der richtige Malandrino sei
vielmehr der von ihm eingesperrte Tondolo. Endlich gibt
sich Malandrino zu erkennen: nicht er sei der richtige
Bräutigam, sondern Lelio. Der wiederum macht einen
neuen Strich durch die Rechnung des reichen Bürgermeisters: er will nicht dessen Tochter Lidia, sondern deren
Freundin Stella. So kommen Lidia und Gaetano doch
noch zusammen. Die Mitgift stiftet Malandrino mit dem
Kopfgeld und dem von Lelio geraubten Geld. Er hält
sich und seine Leute schadlos, indem er die Hochzeitsgäste ausraubt. Was aber der Hochachtung für ihn nicht
weiter schadet.

Fatinitza

*(Drei Akte, Text von Zell und Genée nach Delacour und
Wilder, Uraufführung Wien 1876)*
ist eine Verkleidungskomödie. Leutnant Wladimir hatte
sich, wie er erzählt, einst in kitzliger Situation als Mädchen verkleidet. Damals hatte sich General Kantschu-
kow in das „Mädchen" verliebt, sie aber aus den Augen
verloren. Eben wollen die Offiziere, belustigt von der
Geschichte, einen Theaterulk aufführen mit Wladimir als
„Fatinitza". Dem Spiel macht der hinzukommende General wütend ein Ende, ist aber hocherfreut, das „Mäd-

chen" von damals wiederzusehen. Doch die Kriegslage
ist brenzlig – erst muß exerziert werden. Da überfallen
die Türken das Lager und rauben zwei Mädchen: ,,Fati-
nitza" und des Generals Nichte Lydia. Erst im Harem
des türkischen Paschas offenbart Wladmir der verzweifelten Lydia, wer er ist. Die beiden sind einander früher
flüchtig begegnet und haben Gefallen aneinander gefunden. Durch eine List werden sie befreit. Aber die Freude
ist nur kurz: auf des Generals Befehl soll Lydia einen alten Fürsten heiraten, er selbst will sich mit ,,Fatinitza"
verloben. ,,Fatinitza" stellt eine Bedingung: sie will die
Seine werden, wenn ,,ihr Bruder Wladimir", den der
General sehr schätzt, Lydia bekommt. Als der General
einwilligt, erscheint ,,Fatinitza" als Wladimir und erhält
Lydia. Der General aber muß sich mit einem gefühlvol-
len Abschiedsschreiben von ,,Fatinitza" begnügen.
(Neubearbeitung München 1950).

Boccaccio

*(Drei Akte, Text von Zell und Genée. Uraufführung
Wien 1879).*
Der Dichter des Dekameron bringt die Florentiner Männer nicht nur durch sein Buch in Zorn, sondern ebenso
durch seine verliebten Streiche mit Freunden. So viele
Abenteuer er auch erlebt – seine Liebe gilt nur Fiametta,
der Ziehtocher eines Gewürzkrämers. Auch sie liebt ihn
und weiß, wie die Zeiten nun einmal sind: ,,Hab ich nur
deine Liebe, die Treue brauch ich nicht." Da stellt es sich
heraus: sie ist die natürliche Tochter des Herzogs und
soll den Prinzen Pietro heiraten, eben den Pietro, der
sich mit Boccaccio befreundet hatte und von ihm in das

Florentiner Liebesspiel eingeweiht wurde. Es ist nicht
allzu schwer, Pietro zum Verzicht zu bewegen. Und da
Boccaccio zudem durch Pietro bei Hofe eingeführt worden ist, können ihm die Florentiner Männer nichts mehr
anhaben.

STRAUSS (JOHANN)

Johann St. (1825–1899, Österreicher), Angehöriger einer hochbegabten Familie von Tanzkomponisten, wurde gegen den Widerstand seines Vaters Musiker, machte als ganz junger Tanzkapellmeister seinem Vater Konkurrenz, übernahm nach dessen Tode seine berühmte Kapelle, spielte und komponierte sich bald in die erste Reihe aller lebenden Walzerkomponisten, unternahm mit seiner Kapelle zahlreiche Auslandsreisen. Durch ihn erst wurde der Wiener Walzer zu einer noch heute unerschütterten musikalischen Weltmacht. (Nebenbei: mit dieser Familie Strauß ist weder Richard Strauß noch Oscar Straus verwandt.)

Ein neunzehnjähriger Jüngling spielt mit einer kleinen Kapelle in einem Biergarten in einer Wiener Vorstadt zum Tanz auf, übernimmt nach des Vaters Tod dessen Kapelle und spielt weiter zum Tanz auf, begnügt sich nicht mit den vorhandenen Tänzen, sondern komponiert Hunderte von Walzern, Galopps, Polkas und dergleichen für seine Tanzkundschaft, wird weltberühmt, erfreut sich der liebenden Hochachtung so eigenwilliger Meister wie Brahms und Wagner, führt in seinen Unterhaltungskonzerten u. a. Werkbruchstücke des in Wien wenig geschätzten Wagner auf, spielt im Freundeskreis am liebsten Kammermusik von Beethoven und Mozart, kommt erst als hoher Vierziger mit der Bühne in Berührung, schreibt gleich als eine seiner ersten Operetten ein Werk, das wahrhaft unvergänglich ist: ,,Die Fledermaus", begründet damit – ungewollt – die Vorherrschaft der Wiener Operette zu einer Zeit, in der von Paris aus Offenbach die Welt mit seinen Werken bezauberte, und

– was noch mehr sagt – er legt die Wiener Operette so
breit und so tief an, daß sie auch noch bedeutende Nachfolger fand (im Gegensatz zu Offenbach).

Woher dieser unglaubliche Erfolg? Man verweist zur
Erklärung meist auf das sanges- und tanzfreudige Wien
jener Jahrzehnte, auf die erstaunliche musikalische Begabung und auf die nicht analysierbare Schöpferkraft von
Johann Strauß Sohn. Das ist alles richtig; aber eines wird
vielfach übersehen, und das ist die doppelte Schulung
dieses wahrhaft großen Mannes: seinen künstlerischen
Geschmack schulte er ständig an den Meisterwerken der
ernsten Kunst, zugleich aber schulte er den Blick für die
Wirkung seiner eigenen Kompositionen an der (von vielen ,,Künstlern'' so verachteten) breiten Masse, für die er
schrieb – nicht anders als jener Luther, der mit seiner Bi-
belübersetzung auch ,,wirken'' wollte und daher ,,dem
gemeinen Volk aufs Maul schaute''. Vor künstlerischen
Verstiegenheiten bewahrte diesen Feuerkopf die an Hans
Sachs gemahnende Verbindung mit dem Volk, vor seich-
ten Plattheiten der Umgang mit edler Musik.

Sagt man von Offenbach, seine Hauptwirkung gehe
von den witzigen Couplets aus (was nur bedingt richtig
ist), so ruhen die Operetten von Johann Strauß vorwiegend auf den Tanzliedern. Keineswegs nur auf den Wal-
zer-Liedern, sondern auf den Tanzliedern schlechthin.
Von der großartigen Walzerszene im zweiten *Fledermaus*-Akt bis zur Barkarole der *Nacht in Venedig,* vom
wirklich auch musikalisch spritzgebackenen ,,Hoch-
zeitskuchen, bitte zu versuchen'' (Zigeunerbaron), bis
zum Schlußchor im *Wiener Blut* wird alles Bedeutende
vom Tanzlied aus gestaltet. Und diese Tanzlieder sind
mehr als schmeichelnde, lockende Walzer, sprühende
Galopps, funkelnde Polkas; sie sind rein musikalisch so
stark, daß sie selbst in ganz kunstloser (man darf zuwei-

len sogar sagen: gestaltloser) Reihung als geschlossene Kunstwerke anmuten. Beispiele dafür bieten das Potpourri der *Fledermaus*-Ouvertüre, die Erinnerungs-Pantomime des Gefängnisdirektors im dritten *Fledermaus*-Akt, die Konzertwalzer *Geschichten aus dem Wienerwald*, *An der schönen blauen Donau* (dieser eigentlichen Wiener Internationalhymne) und vieles mehr. Fast möchte man sich freuen, daß dieser Johann Strauß nicht noch stärkeren Bühnensinn hatte, *die* Fülle wäre kaum zu ertragen.

Die Fledermaus

Operette in drei Akten. – Text von Karl Haffner und Richard Genée.

Personen: GABRIEL VON EISENSTEIN, *Rentier (Tenor);* ROSALINDE, *seine Frau (Sopran);* FRANK, *Gefängnisdirektor (Baß);* PRINZ ORLOFSKY *(Mezzosopran);* ALFRED, *Gesangslehrer (Tenor);* DR. FALKE, *Notar (Bariton);* DR. BLIND, *Advokat (Baß);* ADELE, *Kammermädchen von Rosalinde (Sopran);* IDA, *ihre Schwester;* FROSCH, *Gerichtsdiener; Herren und Damen, Masken, Bediente. – Uraufführung: 5. April 1874, Wien, Theater an der Wien.*

Ein so seltsames Gemengsel das Textbuch auch ist (ursprünglich ein Lustspiel von Benedix, dann ein Vaudeville von Meilhac und Halévy, schließlich ein Operettenbuch von Haffner und Genée), so überraschend glücklich wurde es vom Publikum aufgenommen, weil hier nicht wie im Singspiel oder der französischen Operette Menschen aus anderen Welten, sondern Menschen der üblichen Umwelt auftraten. Freilich, die Hauptsache mußte der Komponist geben. Und er tat es: mit quellenden melodischen Einfällen, mit Tanzliedern und großen Ensembles, mit Pantomime und glänzender Instrumentierung, aber auch mit sorgfältiger musikalischer Charakterisierung der einzelnen Personen.

1. Akt. Der Gesangslehrer Alfred bringt seiner Jugendgeliebten Rosalinde, der Frau des Rentiers Eisenstein, ein Ständchen – und hofft auf mehr; denn er weiß, Eisenstein muß heute ins Gefängnis wegen Beleidigung. Schon erscheint Eisenstein mit seinem Rechtsanwalt Blind, der beim Prozeß eine unrühmliche Rolle gespielt hat. Aber der Notar Dr. Falke, der einst als Fledermaus auf einem Maskenball erschienen und von Eisenstein lächerlich gemacht worden war, beredet Eisenstein, er solle seine Strafe erst am nächsten Tage antreten und heute abend auf das Fest des Prinzen Orlofsky gehen. Sogleich wirft sich Eisenstein in den Frack, verabschiedet sich rührend von seiner Frau, die über solche Gefängniskleidung staunt, und geht mit Falke davon. („O Gott, o Gott, wie rührt mich dies"). Da auch das Kammermädchen Adele das Haus verläßt (angeblich, um ihre kranke Tante zu besuchen, in Wirklichkeit, um das Fest bei Orlofsky mitzumachen), ist nun für den Liebhaber Alfred die Stunde gekommen: frech und gottesfürchtig dringt er ein, zieht Schlafrock und Pantoffeln des Hausherrn an, macht es sich bequem, betört Rosalinde durch seinen Tenor – doch muß er plötzlich den Ritter spielen: der Gefängnisdirektor Frank, auch er auf dem Weg zu Orlofsky, will Eisenstein ins Gefängnis holen, sieht Alfred in Pantoffeln, hält ihn für Eisenstein und nimmt ihn mit. Um Rosalindes Ruf zu retten, klärt Alfred das Mißverständnis nicht auf.

2. Akt. Auf dem Fest beim Prinzen Orlofsky; es geht

merkwürdig zu dort, aber ,,... s! ist mal bei mir so Sitte". Für seine kleine Fledermaus-Rache hat Dr. Falk einige Personen bestellt: das Stubenmädchen Adele (die sich zum Erstaunen Eisensteins als junge Sängerin ausgibt und bewährt), den Gefängnisdirektor Frank (der sich als ,,Chevalier Chagrin" mit Eisenstein anfreundet) und schließlich auch Rosalinde als ,,ungarische Gräfin" in Maske. Mit der schönen Maske beginnt Eisenstein (als angeblicher Marquis) sogleich einen heftigen Flirt, in dessen Verlauf die ,,Gräfin" seine hübsche Taschenuhr in Verwahrung nimmt. Die Nacht hindurch wird getanzt, gesungen, getrunken und geflirtet (,,Brüderlein und Schwesterlein"). Morgens um sechs verlassen der ,,Chevalier Chagrin" und der ,,Marquis" das Fest; der eine, um seinen Posten als Gefängnisdirektor, der andere, um seine Strafe anzutreten.

3. Akt. Im Gefängnis waltet der schwer alkoholisierte Gerichtsdiener Frosch seines Amtes. Dr. Frank, nicht minder betrunken, möchte sich ein wenig hinlegen, bekommt aber Besuch vom Kammermädchen Adele, die ihn bittet, er möge sie als Sängerin ausbilden lassen. Vollends verdreht wird er, als jetzt auch noch der ,,Marquis" eintrifft und behauptet, Eisenstein zu sein. Eisenstein? Der sei doch schon gestern abend eingeliefert worden! Da dämmert dem guten Eisenstein etwas. Schleunigst fängt er draußen den Advokaten Blind ab, hüllt sich in dessen Robe und befragt nun als ,,Rechtsanwalt" den Gefangenen Alfred und seine eigene, eben hereinkommende Frau Rosalinde über den Sachverhalt. Doch wüten darf er nicht; denn Rosalinde hält ihm lächelnd seine Uhr entgegen, die sie ihm gestern als ,,ungarische Gräfin" nahm. Großes Gelächter: Orlofsky ist mit seinen Gästen erschienen und weidet sich an der gelungenen Fledermaus-Rache Dr. Falkes.

Eine Nacht in Venedig

Komische Operette in drei Akten. – Text nach dem Französischen von F. Zell und R. Genée.

Personen: GUIDO, *Herzog von Urbino (Tenor);* DELLAQUA, BARBARUCCIO *und* TESTACCIO, *Senatoren;* BARBARA, *Dellaquas Frau (Sopran);* AGRICOLA, *Barbaruccios Frau;* CONSTANTIA, *Testaccios Frau;* ANNINA, *Milchschwester von Barbara (Soubrette);* CARAMELLO, *Leibbarbier des Herzogs (Tenor);* PAPPACODA, *Makkaronikoch;* CIBOLETTA, *Köchin bei Dellaqua;* ENRICO PISELLI, *Seeoffizier; Ein Page; Gäste, Musikanten, Diener, Mädchen usw. – Ort und Zeit: Venedig, Mitte des 18. Jahrhunderts. – Uraufführung: 3. Oktober 1833, Berlin, Neues Friedrich-Wilhelmstädtisches Theater.*

Zwei Textbücher wurden Strauß vorgelegt: die *Nacht in Venedig* und der *Bettelstudent.* Strauß wählte das erste – und Millöcker wurde mit dem zweiten weltberühmt. Die *Nacht in Venedig* ist textlich wirklich schwach und hat sich erst in einer späteren Bearbeitung Kreneks einigermaßen durchsetzen können. Die Uraufführung in Berlin war ein Reinfall – trotz einer Reihe herrlicher Melodien, an der Spitze die Barcarole „Komm in die Gondel".

Der galante Herzog möchte auf einem Maskenfest Barbara, die junge Gattin eines alten Senators, gewinnen und verspricht demjenigen, der ihm dabei hilft, alles mögliche. Und nun geht die Verwirrung an. Der alte Senator bringt statt seiner Gattin Barbara seine Köchin Ciboletta als „seine Frau", der Barbier Caramello will Barbara verkleidet in den Palast führen, setzt aber, ohne sie in ihrer Verkleidung zu erkennen, seine eigene Geliebte

Annina in die Gondel und bemerkt seinen Fehler erst, als
er die angebliche Barbara beim Herzog abliefert. Belustigt speist der Frauenverehrer-Herzog mit zwei ,,Bar-
baras''. Die wirkliche Barbara aber stürzt sich mit ihrem
Geliebten Enrico in das Maskentreiben. Dort wird sie
von ihrem Mann erkannt; sie behauptet aber, dieser Enrico habe sie eben vor einer Entführung durch den Herzog bewahrt. Nun hat der Herzog dieses Mal keine Eroberung machen können; der eifersüchtig wachende
Koch Pappacoda wird durch Vermittlung seiner Liebsten
Ciboletta zum Hofkoch ernannt, der Barbier Caramello
wird durch Anninas Hilfe herzoglicher Verwalter, und
Barbara hat ja längst ihren Enrico, so daß hier dem herzoglichen Appetit bereits Grenzen gesetzt sind.

Der Zigeunerbaron

*Operette in drei Akten. – Text (nach Jokai) von Ignaz
Schnitzer.*

*Personen: GRAF PETER HOMONAY (Bariton); CONTE CAR-
NERO, königlicher Kommissär; SANDOR BARINKAY, junger
Emigrant (Tenor); KÁLMÁN SZUPÁN, reicher Schweine-
züchter im Banat (Komiker); ARSENA, seine Tochter (Sopran); MIRABELLA, deren Erzieherin; OTTOKAR, ihr Sohn
(Tenor); CZIPRA, Zigeunerin (Alt); SAFFI, Zigeunermädchen (Sopran); Bürgermeister von Wien; Zigeuner, Soldaten, Hofleute, Ratsherren usw. – Ort und Zeit: im Te-
meser Banat und in Wien, um die Mitte des 18. Jahrhunderts. – Uraufführung: 24. Oktober 1885, Wien, Theater
an der Wien.*

Trotz des auch heute noch anhaltenden Welterfolgs
muß es einmal ausgesprochen werden: Strauß hat an dem

Zigeunerbaron zuviel gearbeitet, hat ihn zu sehr in die Nähe der komischen Oper gebracht. So prächtig manches Couplet, mancher Walzer, manches Ensemble ist – die Spritzigkeit echter Operettenmusik fehlt an vielen Stellen doch recht bedenklich und wird durch Sentimentalität ersetzt (was allerdings stark durch das Textbuch bedingt ist).

1. Akt. Zum großen Verdruß des ungehobelten Schweinezüchters Szupán erhält der junge Barinkay die als herrenlos geltenden Güter seiner Eltern zurück. Aber Szupán, der sich auf diese Güter gespitzt hatte, findet einen Ausweg, indem er Barinkay mit seiner Tochter Arsena verkuppeln will. Diese jedoch verlangt spöttisch, Barinkay müsse erst Baron werden (sie liebt nämlich Ottokar, den Sohn ihrer Erzieherin Mirabella). Als die alte Zigeunerin Czipra ihn zum Zigeunerbaron ihrer Bande ausruft, wirbt er nochmals um Arsena, wird abgewiesen und will sich mit dem Zigeunermädchen Saffi zusammentun.

2. Akt. Nach der Brautnacht im verfallenen Herrensitz seiner Vorfahren findet Barinkay, durch einen Traum Saffis darauf hingewiesen, einen verborgenen Schatz. Am liebsten möchte Szupán ihm den Schatz entreißen. Da kommt der Werbeoffizier Homonay, verpflichtet Szupán und Ottokar – gegen deren Absicht – zum Kriegsdienst in Spanien. Barinkay opfert den gefundenen Schatz für den Krieg. Doch auch der Sittenkommissär Carnero ist erschienen. In Mirabella und Ottokar hat er seine verschollene Familie wiedererkannt. Höchst sittenstreng entrüstet er sich über die wilde Ehe Barinkay-Saffi. Da beweist die alte Czipra, daß Saffi keine Zigeunerin, sondern die Tochter eines türkischen Paschas ist. Nun glaubt Barinkay, auf eine so hochgeborene Braut verzichten zu müssen, und läßt sich anwerben.

3. Akt. Szupán ist dem siegreichen Heer nach Wien
vorausgefahren und erzählt den Staunenden von seinen
angeblichen Großtaten. Barinkay aber war ein wirklicher
Held; daher wird er in aller Form geadelt und führt Saffi
heim – nicht ohne zuvor als Brautwerber Ottokars um
Arsenas Hand aufgetreten zu sein.

Wiener Blut

*Operette in drei Akten. – Text von Victor Léon und Leo
Stein.*

*Personen: Fürst Ypsheim-Gindelbach, Premierminister
von Reuß-Schleiz-Greiz (Bariton); Balduin Graf Zedlau, Gesandter von Reuß-Schleiz-Greiz in Wien (Tenor); Gabriele, seine Frau (Sopran); Graf Bitowski;
Franzisca Cagliari, Tänzerin am Kärtnertor-Theater
(Sopran); Kagler, ihr Vater (Komiker); Pepi Pleininger,
Probiermamsell (Soubrette); Josef, Kammerdiener von
Graf Zedlau (Tenorbuffo); Ein Wirt, Ein Fiakerkutscher,
Bediente, Wäschermädel usw. – Ort und Zeit: Wien
1815. – Uraufführung: 25. Oktober 1899, Wien, Carltheater.*

Wiener Blut ist nicht von Strauß selbst bearbeitet worden, sondern nach des Meisters Hinweisen von Adolf
Müller. Die vielen weltbekannt gewordenen Melodien
stammen allerdings alle von Strauß selbst, und zwar aus
einer Art Bestandsaufnahme längst vergessen geglaubter
Einzelstücke. Müller hat diese Walzer und Lieder so geschickt eingesetzt, daß selbst der beste Straußkenner
nicht bemerken würde, daß die eigentliche Operettenar-
beit nicht von dem Walzerkönig selbst geleistet worden

ist. Ähnliches gilt z. B. auch von *Walzerzauber* (1949), einer Bearbeitung von W.W. Göttig, in der Strauß selbst auftritt.

Der Graf Balduin Zedlau war einst ein langweiliger Landedelmann; daher hat ihn seine vergnügungsbedürftige junge Frau verlassen und lebt in Wien. Inzwischen wurde aber aus dem Edelmann ein Lebemann, der außer seiner Frau noch eine Geliebte (eine Tänzerin) hat und zudem ein Abenteuer mit einer Probiermamsell (der Braut seines Kammerdieners) einzufädeln sucht. Das gäbe allein schon genügend Anlaß zu Verwicklungen; diese werden jedoch vollends unentwirrbar, weil des Grafen Ministerpräsident, ein leicht vertrottelter alter Fürst, mit seinem verwirrten Gehirn noch mehr Wirrungen verursacht. Wer ist wer und wird wo von wem geliebt und wann mit wem betrogen? Die köstliche Situationskomik hält fast zu lange an, und man ist recht froh, wenn zum Schluß sich alles übersichtlich gruppiert: Graf zu Gräfin, Fürst zu Tänzerin, Kammerdiener zu Probiermamsell. Das Wiener Blut hat es eben selbst den Fürsten und Grafen von Reuß-Schleiz-Greiz angetan.

HERVÉ

Florimond H. (eigentlicher Name Ronger, 1825–1892, französisch-spanischer Herkunft) war viele Jahre Kirchenmusiker, ging dann zur Bühne als Sänger, Dirigent und schließlich Direktor. Schrieb an die hundert musikalische Bühnenwerke.

Mamsell Nitouche

Operette in drei Akten. – Text von H. Meilhac und A. Millaud. Textliche und musikalische Neufassung 1955.

Personen: MAJOR GRAF CHÂTEAU-GIBUS (Bariton); CÉLESTIN, Organist (Buffo-Tenor oder -Bariton); LEUTNANT FERNAND (Tenor oder Bariton), DENISE (Soubrette); CORINNE, Sängerin (Sopran); Oberin, Direktor, Regisseur, Schauspielerinnen, Offiziere, Soldaten usw. – Ort und Zeit: französische Provinzstadt um 1850. Uraufführung: 26. Januar 1883, Paris, Théâtre des Variétés; Erstaufführung in deutscher Sprache: 19. April 1890, Wien, Theater an der Wien.

1. Akt. Eigentlich gibt es zwei „Nitouches"; denn das französische Wort bedeutet „zimperlich" oder „scheinheilig", und das sind sowohl der artige Musiklehrer im Kloster Célestin wie die frömmste der Klosterschülerinnen Dénise. Der eine schreibt heimlich eine Operette, und die andere schnüffelt nicht minder heimlich in seinen Noten herum. Dénise, die den Leutnant Fernand heiraten soll, wird von Célestin in die Heimat begleitet. Herrlich, da kann man heimlicherweise die Uraufführung von Célestins Operette besuchen.

2. Akt. Die Hauptdarstellerin Corinne, Freundin von Célestin, sieht in Dénise eine Nebenbuhlerin und weigert sich nach dem ersten Akt, weiterzusingen. Aber Dénise hat ja heimlich die Rolle studiert und springt mit riesigem Erfolg ein.

3. Akt. Corinne wird auch von Dénises Onkel umworben, der auf seinen Nebenbuhler Célestin eine Mordswut hat und ihn zusammen mit Dénise im Theater festnehmen lassen will. Die beiden springen aus dem Fenster, werden von einer Wache beobachtet, festgehalten und in die Kaserne gebracht. Aber – so stellt Leutnant Fernand fest – das ist ja die entzückende Sängerin, die den Abend gerettet hat. Die beiden Scheinheiligen werden freigelassen, von den Offizieren gefeiert, bis wutschnaubend der rachsüchtige Onkel erscheint. Schleunigst schlüpfen die Missetäter in Soldatenkleidung, entwischen abermals und fliehen ins Kloster zurück. Um Ausreden sind die beiden Durchtriebenen nicht verlegen. Jetzt erscheint Leutnant Fernand. Er will Dénise bitten, die Verlobung zu lösen, da er sich im Theater in eine Sängerin verliebt ... und er erstarrt: die „Sängerin" und Dénise sind ja ein und dieselbe Person! Es darf angenommen werden, daß Nitouche nach der nun bevorstehenden Hochzeit weder scheinheilig noch zimperlich sein wird.

LECOCQ

Alexandre Charles L. (1832–1918, Franzose) studierte am Pariser Konservatorium, wo er später selbst Lehrer wurde. Schrieb an die hundert Operetten.

Offenbach ist der Vater der französischen Operette, Lecocq aber ihr Onkel, den man ebenso kennen muß wie Offenbach. Die Musik der beiden französischen Komponisten ähnelt sich in der eleganten Schreibweise, in dem kecken Witz, in der sparsamen und doch erschöpfenden Orchestersprache; jedoch schreibt Lecocq feinsinniger, hält sich von den ständigen Spöttereien Offenbachs fern und verzichtet auf die bewußten Orchester-Derbheiten seines großen Pariser Kollegen. Vor allem tritt bei ihm das Couplet (mindestens in den bekannten Werken) stark zurück.

Giroflé-Girofla

Komische Operette in drei Akten. – Text von Albert Vanllo und Eugène Leterrier.

Personen: DON BOLÉRA ALCAZARAS, *Gouverneur einer französischen Kolonie:* AURORA, *seine Gemahlin,* GIROFLÉ *und* GIROFLA, *ihre Töchter (werden von der gleichen Darstellerin gespielt);* PEDRO *und* PAQUITA, *Bedienstete bei Boléro;* MARASQUIN, *Sohn eines Bankiers;* MURZUK, *Araberhäuptling;* EIN PIRATENHAUPTMANN; ZWEI VETTERN *der Familie Boléro;* MATAMOROS, *Admiral; Hochzeitsgäste, Piraten, Araber. – Ort und Zeit: in einer französischen Kolonie in Afrika, Ende des 19. Jahrhunderts. –*

Uraufführung: 21. März 1874, Brüssel. Théâtre Fantai-
sies-Parisiennes; Erstaufführung in deutscher Sprache:
2. Januar 1875, Wien, Carltheater.

1. Akt. Im Palast des Gouverneurs Boléro soll gleich
zweimal geheiratet werden: die Gouverneurstochter Giroflé ist dem Bankierssohn Marasquin zugedacht, ihre
Zwillingsschwester Girofla dem wilden Araberhäuptling
Murzuk. Heute geht zunächst Giroflé zur Trauung.
Eben will Girofla mit dem Diener Pedro der Hochzeitsgesellschaft folgen, da werden sie von Piraten entführt.
Der zurückkehrende Gouverneur schickt den Räubern
den Admiral Matamoros mit Schiffen nach. Wenn Girofla bis morgen wieder da ist, mag ja alles gutgehen; denn
der zweite Bräutigam Murzuk soll erst am nächsten Tage
erscheinen. Aber da kommt er schon an, will sofort getraut werden, wütet, weil seine Braut nicht zu sehen ist.
Eine List muß helfen: Giroflé, die ihrer Schwester vollkommen gleicht, springt ein und läßt sich zum zweiten
Male trauen: als ,,Girofla" mit dem Araber Murzuk.

2. Akt. Giroflé darf sich nicht an der Tafel zeigen, weil
sonst eine heillose Verwirrung entstehen würde; denn als
wessen Frau soll sie auftreten? Der Diener Pedro ist den
Piraten entkommen und berichtet, der Admiral wolle
erst kämpfen, wenn ihm zuvor die zugesagte Belohnung
ausgezahlt werde. Auch das noch! Giroflé, die ihr Näs-
chen doch einmal aus ihrem Zimmer steckt, wird von
zwei vergnügten Vettern mit Wein traktiert und trifft
leicht berauscht bald ihren einen und bald ihren anderen
Mann. Noch kann das Schlimmste verhindert werden.
Sie begibt sich mit ihrem Marasquin zur Ruhe, Murzuk
aber, der auf seine Frau harrt, wartet vergebens – man
sperrt ihn in seinem Zimmer ein.

3. Akt. Zwar hat man Marasquin die ganze Geschichte

erzählt und ihn gebeten, daß Giroflé noch einmal das Spiel fortsetzen darf; aber jetzt wird es brenzlig. Der Araber tobt und beruhigt sich erst, als man eine Ausrede findet. Auf jeden Fall will er jetzt seine Frau – Araber sind nun mal so stürmisch, selbst am Vormittag. Allerlei Listen müssen angewendet werden, damit Giroflé nach der Hochzeitsnacht mit Marasquin nun nicht noch einen Hochzeitsvormittag mit Murzuk erleben muß. Schließlich bleibt nichts anderes übrig, als auch Murzuk das Spiel zu enthüllen. Giroflé oder Girofla – wem gehört sie nun? Es wird immer gefährlicher, bis (Allah sei Dank!) der Admiral die befreite Girofla zurückbringt.

Mamsell Angot

(Drei Akte, Text von Clairville, Siraudin und Koning, Uraufführung Brüssel 1872)
ist ebenfalls eine Meisteroperette; sie besticht vor allem durch den geschichtlich-kulturellen Hintergrund (Zeit um 1797, also während des ,,Direktoriums'' nach der Französischen Revolution) und ist daher eine der nicht eben häufig echten Umwelt-Operetten. Allerdings bedürfte der Text mit seinen vielfältigen Verwirrungen und Verwechslungen einer gewissen Überarbeitung. Wirklich großartig der Ausklang des zweiten Aktes, wo aus einer Verschwörersitzung plötzlich ein vorgetäuschter Verlobungsball wird. – Das Blumenmädchen Clairette Angot soll auf Wunsch der Pariser Markthallenleute, die sich für das junge Ding verantwortlich fühlen, den Friseur Pomponnet heiraten, obwohl sie eigentlich schon entschlossen war, den politischen Versemacher Pitou zu nehmen. Als sie bei der Verlobung gegen dessen Willen eines seiner Gedichte vorträgt, wird sie verhaftet; doch

bringt man sie nicht ins Gefängnis, sondern zu der mit Geliebten reich versehenen Schauspielerin Lange. Diese empfängt großzügig allerlei mächtige Männer und weiß geschickt den einen mit dem andern zu betrügen. Sie will Clairette helfen, gerät aber durch den Besuch verschiedener Liebhaber selbst in Schwierigkeiten. Darunter ist auch Pitou, den sie, um anderen gegenüber den Schein zu wahren, als Liebhaber Clairettes ausgibt. Gegen den mächtigen Barras will sie aus Rache eine Verschwörung anzetteln, muß aber die Zusammenkunft der Verschwörer schleunigst in eine Scheinverlobungsfeier von Pitou und Clairette umwandeln. Rasend wird sie freilich bei der Beobachtung, daß der von ihr geliebte Pitou sich wieder ernstlich um Clairette zu bemühen scheint. Nach einer Reihe von Klein- und Großverwicklungen erkennt Clairette, daß Pitou doch wohl nicht der richtige Mann für sie ist. Sie nimmt den Friseur Pomponnet – zum großen Jubel der Markthalle, den Pitou läßt sie der Schauspielerin.

AUDRAN

Edmond A. (1840–1902, Franzose) studierte in Paris, war Organist in Marseille, schrieb u. a. Opern, Operetten, eine Messe.

Die Puppe

Operette in einem Vorspiel und drei Akten. – Text von M. Ordonneau.

Personen: MAXIMIUS, Klostervorsteher; AGUELET, BALTHASAR, BASILIUS, BENOIST – Klostermitglieder; LANCELOT, ein Novize; BARON CHANTERELLE; LOREMOIS, sein Freund; HILARIUS, ein Puppenfabrikant; FRAU HILARIUS; ALESIA, ihre Tochter; GUDULINE, Gesellschafterin; HÉNRI, Lehrling; Zwei Diener; Ein Stubenmädchen. – Ort und Zeit: Im Kloster, bei Hilarius und bei Chanterelle, 19. Jahrhundert. – Uraufführung: 21. Oktober 1896, Paris, Théâtre de la Gaîté; Erstaufführung in deutscher Sprache: 7. Januar 1899, Berlin, Central-Theater.

Eine Operette, gewiß, aber musikalisch so fein gearbeitet, daß man eher an eine heitere Oper denken möchte. Merkwürdigerweise ist diese duftige, selbst im ausgelassenen Scherz noch vornehme, die Grenzen zwischen Automatenhaftem und Lebendigem mit zarter Bestimmtheit zeichnende Musik nicht mehr so oft zu hören, wie sie es verdiente. Der Komponist gilt (wie Lecocq) als Nachfolger Offenbachs; doch darf man das nicht zu streng nehmen. Zwischen den Offenbach-Späßen und der humorvoll-witzigen Eleganz Audrans besteht ein erheblicher Unterschied. Vor allem ist Audran als Tanzkomponist dem Meister der französischen Operette überlegen. – Die Handlung dreht den Kern des Olympia-Bildes aus *Hoffmanns Erzählungen* gewissermaßen um.

Vorspiel. In dem armen Kloster lesen Mitglieder der wohltätigen Gemeinde eine Zeitungsanzeige: ,,Glänzendes Angebot für Witwer, Junggesellen und Weiberfeinde! Automaten, täuschende Ähnlichkeit mit Frauen, liefert in braun, blond oder schwarz, in jedem Alter, unter Garantie nicht launenhaft – Hilarius, Puppenfabrikant.'' Das könnte dem Kloster helfen. Da ist nämlich ein junger Mensch im Kloster. Er heißt Lancelot, möchte ins Kloster eintreten, würde dann aber von seinem reichen Onkel enterbt werden. Wenn er sich dagegen entschlösse zu heiraten, bekäme er 100 000 Francs. Könnte er nicht mit einer dieser ,,täuschend ähnlichen'' Puppen eine Ehe eingehen, das Geld einstreichen und es dem Kloster übergeben …?

1. Akt. Puppenfabrikant Hilarius scheint seine Puppen mehr zu schätzen als seine eigene Tochter Alesia. Das wird dem jungen Mädchen zu bunt, und sie beschädigt eifersüchtig die schönste Puppe. Bevor sie der Lehrling reparieren kann, erscheint Lancelot als Käufer. Schnell springt Alesia als Puppe ein, und zwar so großartig, daß selbst der Vater den Betrug nicht merkt. Lancelot kauft die ,,Puppe'', wünscht freilich, dieses tanzende und spielende und singende Ding wäre kein Automat. Und der ,,Puppe'' gefällt der Käufer ebenfalls recht gut.

2. Akt. Lancelots Onkel Chanterelle ist zwar ein wenig verwundert über die zuweilen (vor allem in Gesellschaft) so ,,steife'' Braut; wenn er aber mit ihr allein ist, gefällt sie ihm in ihrer lieblichen Art ausgezeichnet. Die Trauung mit der ,,Puppe'' wird vollzogen; erst hinterher

bekommt der auf seinen Erfolg als Puppenfabrikant so stolze Hilarius seinen Dämpfer, als ihm seine Frau das Spiel erzählt.

3. Akt. Mit Geld und ,,Puppe" erscheint Lancelot im Kloster. Nach einigen Schwierigkeiten darf er den ,,Automaten" in seinen Schlafraum mitnehmen. Als er nachts erwacht, sitzt die ,,Puppe" am Tisch und schreibt einen erklärenden Brief. Doch den braucht sie nicht zu Ende zu bringen; sieht doch Lancelot, daß sein heimlicher Wunsch, die Puppe möchte lebendig sein, in Erfüllung gegangen ist. So hat er eine Frau – und das Kloster das Geld.

ZELLER

Carl Z. (1842–1898, Österreicher) war Ministerialbeamter, beschäftigte sich aber nebenher fleißig mit Musik, schrieb Chöre, eine Oper und vor allem Operetten.

Der Vogelhändler

Operette in drei Akten. – Text von M. West und L. Held.

Personen: KURFÜRSTIN MARIE (Sängerin); BARONIN ADELAIDE, Hofdame; BARON WEPS, kurfürstl. Wildmeister; GRAF STANISLAUS, sein Neffe (Tenor); VON SCHARRNAGEL, Kammerherr; SUFFLE und WÜRMCHEN, Professoren; ADAM, Vogelhändler aus Tirol (Tenorbuffo); DIE BRIEFCHRISTL (Soubrette); SCHNECK, Dorfschulze; EMMERENZ, seine Tochter; FRAU NEBEL, Wirtin; JETTE, Kellnerin; QENDEL, Hoflakai; Zwei Tiroler. – Ort und Zeit: Rheinpfalz, Anfang des 18. Jahrhunderts. – Uraufführung: 10. Januar 1891, Wien, Theater an der Wien.

Zellers Musik besticht in der Operette nicht so sehr durch geschmeidige, glitzernde Wiener Walzer wie die seines Zeitgenossen Johann Strauß, sondern sie greift mehr auf das gefühlvolle Wiener Lied zurück, dessen Ton Zeller oft geradezu volksliedartig trifft. Daneben aber ist Zeller ein Meister ausgezeichneter Ensemblesätze, die er zumal bei den Aktschlüssen wirkungsvoll zu steigern weiß.

1. Akt. Der Kurfürst hat sich zur Jagd angesagt, will Wildschweine schießen und möglichst auch eine Ehren-

jungfrau ... sagen wir: zu seiner Begrüßung sehen. Aber im ganzen Forst gibt es keine Wildsau (dafür haben die wildernden Bauern gesorgt), und im ganzen Dorf keine Jungfrau (dank den lebenslustigen Burschen). Der Wildmeister Weps braucht Geld für seinen verschuldeten Neffen Graf Stanislaus, und so will er gegen eine angemessene Bestechungssumme diese Schwierigkeiten beseitigen. Während er beim Dorfschulzen das Geld in Empfang nimmt, erscheint der Vogelhändler Adam aus Tirol, um seine Braut, die Briefchristl, zu besuchen (,,Grüß euch Gott, alle miteinander"). Da erfährt Weps, die Jagd sei abgesagt. Damit das Bestechungsgeld nicht verloren geht, gibt sich sein Neffe Stanislaus als Kurfürst aus. Die Kurfürstin, im (berechtigten) Glauben, der Kurfürst wolle vor allem weibliches Wild jagen, hat sich mit einer Hofdame als Bauernmädchen verkleidet und will die Jagd beobachten. Adam verguckt sich in die saubere ,,Bauerndirne". Froh erregt teilt die Briefchristl ihrem Adam mit, sie wolle den Kurfürsten um eine Stelle für ihn bitten, läßt sich von ihm nicht zurückhalten, geht zum ,,Kurfürsten" (Stanislaus) in den Pavillon und bringt tatsächlich die Einwilligung. Wütend stößt Adam sie zurück; denn der Kurfürst gibt bekanntlich nichts umsonst. Adam hält es jetzt mit der schönen ,,Bauerndirne", zumal sie ihm, um die peinliche Situation zu überbrücken, eine Rose schenkt (,,Schenkt man sich Rosen in Tirol, weiß man, was das bedeuten soll").

2. Akt. Adam, nun (ohne es zu wissen) Schützling der Kurfürstin, wird zur Prüfung für die freie Stelle bestellt, möchte gern durchfallen, um nicht dem Kurfürsten zu Diensten sein zu müssen; doch er besteht. Die Kurfürstin, die anfangs wirklich geglaubt hatte, Christl sei mit dem Kurfürsten in dem Pavillon gewesen, erkennt ihren Irrtum. Wer dieser angebliche Kurfürst war, soll heute

beim Fest in der Sommerresidenz festgestellt werden. Auf dem Fest erntet Adam mit seinem Lied „Wie mein Ahndl zwanzig Jahre" großen Beifall. Da betritt Graf Stanislaus den Raum, und Christl gibt ein mit der Kurfürstin verabredetes Glockenzeichen: *der* also hat den Kurfürsten gespielt! Adam soll das Urteil sprechen. Er entscheidet: schimpfliche Entlassung als Offizier oder – Heirat mit der „ungetreuen" Christl.

3. Akt. Während Christl glaubt, Adam habe sie um der hübschen „Bauerndirne" willen verlassen, will dieser fort, um seinen Reinfall mit der Kurfürstin und seine immer noch lebendige Liebe zu Christl zu vergessen. Doch bald stellt sich heraus, daß Christl sich im Pavillon ganz energisch gegen den falschen Kurfürsten zur Wehr gesetzt hat. So wird nichts aus der Hochzeit Stanislaus-Christl. Vielmehr bekommt Adam die Christl, und Stanislaus muß seiner Schulden wegen wohl oder übel die zimperliche, doch reiche Hofdame Adelaide heiraten.

MILLÖCKER

Karl M. (1842–1899, Österreicher) wurde frühzeitig durch Franz von Suppé gefördert und durch ihn Kapellmeister in Graz, später an verschiedenen Theatern in Wien. Schrieb anfangs kleinere Sachen und Bühnenmusiken, dann Operetten.

Der Bettelstudent

Operette in drei Akten. – Text von F. Zell und R. Genée.

Personen: PALMATICA, *Gräfin Nowalska (Alt);* LAURA *und* BRONISLAWA, *ihre Töchter (Soprane);* OBERST OLLENDORF, *Gouverneur von Krakau (Bariton);* MAJOR VON WANGENHEIM (Tenor); RITTMEISTER VON HENRICI (Baß); LEUTNANT VON SCHWEINITZ (Baß), CORNET VON RICHTHOFEN (Tenor) – sämtlich sächsische Offiziere; BOGUMIL MALACHOWSKY, Musikgraf von Krakau (Baß); EVA, seine Frau (Alt); JAN JANICKI und SIMON RYMANOWICZ, Studenten in Krakau (Tenöre); ONUPHRIE, Leibeigener Palmaticas (Baß); ENTERICH, sächsischer Invalide und Kerkermeister (Tenorbuffo); Edelleute, Soldaten, Bürger usw. – Ort und Zeit: Krakau 1704. – Uraufführung: 6. Dezember 1882, Wien, Theater an der Wien.*

Johann Strauß hat dieses Textbuch abgelehnt, Millöcker aber errang mit ihm seinen größten Dauererfolg. Millöckers Musik, obwohl zur gleichen Zeit und auf dem gleichen Boden erwachsen wie die von Strauß, unterscheidet sich von dessen Tonsprache dadurch, daß er zwar auch vom Tanzlied ausgeht, daß aber bei ihm die

Betonung auf „Lied", bei Strauß jedoch auf „Tanz"
liegt. Erklärlich; denn Strauß war ursprünglich reiner
Tanzkapellmeister und Tanzkomponist, Millöcker dagegen ist als Theatermusiker großgeworden. Demgemäß
sind seine prächtigen melodischen Einfälle fast immer
wort- und satzgezeugt, während Strauß oft genug erst
die Musik schrieb und ihr dann nachträglich Texte unter-
legen ließ.

1. Akt. Der drollige Kerkermeister Enterich erlaubt
Krakauer Frauen, ihre wegen Aufruhrs gegen den sächsi-
schen König ins Gefängnis geworfenen Männer zu besuchen. Der Gouverneur von Krakau, Oberst Ollendorf,
sucht sich zwei junge Gefangene, die ihm bei einer kleinen Privatrache helfen sollen. Auf einem Ball hat er Laura, die schöne Tochter der adelsstolzen Gräfin Palmatica,
auf die Schulter geküßt und wurde von ihr dafür mit einem Fächer ins Gesicht geschlagen. Den Gefangenen Simon Rymanowicz will er nun als Fürsten ausstaffieren
und als Bewerber Lauras auftreten lassen. Ein zweiter
Gefangener, Jan Janicki, soll Simon als „Sekretär" begleiten. Simon ist zu dem Scherz bereit; jetzt nennt er
sich „Bettelstudent" – warum soll er nicht einmal
„Fürst" spielen. – Verwandlung. Auf der Frühjahrsmes-
se beginnt die Komödie. Die Mutter Palmatica ist Feuer
und Flamme für den reichen Bewerber, Laura findet Gefallen an Simon, und ihre Schwester Bronislawa verliebt
sich in Jan.

2. Akt. Bei der Gräfin wird alles zur Hochzeit vorbereitet. Simon liebt Laura wirklich und schreibt daher einen Brief an sie, in dem er die Komödie aufdeckt. Dieser
Brief wird aber abgefangen. Außerdem hat Ollendorf erfahren, daß Jan polnischer Offizier ist, und will ihn be-
stechen, damit er ihm den Aufenthalt des Herzogs Kasimir verrate. Jan geht zum Schein darauf ein. Simon, der

ja glaubt, sein Brief sei Laura zugestellt worden, ist glücklich, daß sie ihn heiraten will, obwohl er weder Fürst noch reich ist. Doch kurz vor der Eheschließung erscheinen die Gefangenen mit Enterich als Führer und beglückwünschen den ,,Bettelstudenten". Palmatica und Laura sind blamiert, Ollendorf hat seine Rache für den ,,Schlag mit dem Fächer".

3. Akt. Jan berichtet Simon von dem Bestechungsversuch Ollendorfs und bittet ihn, er möge sich um des Vaterlandes willen für den Herzog Kasimir ausgeben; die Bestechungssumme aber soll der Burgkommandant erhalten, damit er die Stadt in die Hände der Polen fallen lasse. Simon ist einverstanden. Nicht minder Palmatica, die jetzt sogar einen ,,Herzog" als Schwiegersohn erhofft. Aber Ollendorf, der das Märchen vom ,,Herzog" glaubt, läßt Simon verhaften und trotz Lauras Bitten, die Simon nun wirklich liebt, in den Kerker führen. Da donnern die Kanonen. Der echte Herzog Kasimir hat die Stadt erobert. Simon wird für seine Verdienste geadelt und erhält Laura zur Frau; auch Jan und Bronislawa werden ein Paar.

Gasparone

Operette in drei Akten. – Text von F. Zell und R. Genée.

Personen: CARLOTTA, *verw. Gräfin von Santa Croce (Sopran);* NASONI, *Bürgermeister von Syrakus (Bariton);* SINDOLFO, *sein Sohn (Tenor);* GRAF ERMINIO *(Tenor);* LUIGI, *sein Freund (Bariton);* BENOZZO, *Wirt (Tenor);* SORA, *seine Frau;* ZENOBIA, *im Dienst der Gräfin (Alt);* MARIETTA, *Zofe;* MASSACCIO, *Schmuggler (Baß). – Ort und Zeit: In und bei Syrakus (Sizilien), um 1820. – Ur-*

aufführung: 26. Januar 1884, Wien, Theater an der Wien.

1. Akt. Den Räuber Gasparone gibt es gar nicht; das Gerücht von seinem Vorhandensein haben Schmuggler – so erzählt einer von ihnen dem Hehler-Wirt Benozzo – ausgesprengt, um den Bürgermeister auf die falsche Fährte zu setzen. Dieses Gespräch hat Graf Erminio mit seinem Freunde Luigi belauscht. So phantasiebegabte Schmuggler kann er für seinen Plan brauchen, und er macht ihnen ein gutbezahltes Angebot: zum Schein sollen die Schmuggler die Gräfin Carlotta überfallen; er selbst will dann als „Retter" auftreten, um bei Carlotta einen guten Eindruck zu machen. Während alles vorbereitet wird, erscheint der Bürgermeister Nasoni. Eben ist ein Vermögensprozeß zugunsten der Gräfin entschieden worden; sie weiß es noch nicht, und das will der Bürgermeister ausnutzen, indem er ihr seinen Sohn Sindolfo als Gatten empfiehlt. Beide Pläne gelingen: Die Gräfin wird „überfallen" und von Erminio „gerettet", und der Bürgermeister erhält der Gräfin Versprechen, seinen Sohn Sindolfo zu heiraten. Jetzt erst gibt er den Ausgang des Prozesses bekannt. Die Gräfin ahnt die Berechnung des Bürgermeisters, will aber ihr Versprechen halten. Nur hat sich ein neuer „Überfall" ereignet: der Bürgermeistersohn wurde entführt und soll nur gegen hohes Lösegeld freigelassen werden.

2. Akt. Noch immer glaubt die Gräfin, dem Bürgermeister für seine Prozeßbemühungen dankbar sein zu müssen, hat das Lösegeld für dessen Sohn erlegt und will sich mit diesem verloben. Dabei gefällt ihr der „Retter" Erminio viel besser. Dieser hat wieder einen Einfall: als Räuber verkleidet steigt er nachts im Schlosse ein, bedroht die Gräfin und läßt sich die im Prozeß gewonnene

Erbschaft geben. Die Gräfin hat ihn jedoch erkannt und meint, dieser angebliche Graf Erminio sei in Wirklichkeit der Räuberhauptmann Gasparone.

3. Akt. Es kommt zu einer Gerichtsverhandlung wegen des Überfalls durch ,,Gasparone". Dabei macht die Gräfin ihre Aussage so, daß Graf Erminio nicht in Verdacht kommt. Die Erbschaft ist nun freilich dahin; und das veranlaßt den wackeren Bürgermeistersohn, sich von der nur wieder armen Gräfin zurückzuziehen. Damit ist der Weg frei: alles klärt sich auf, und Graf Erminio und Gräfin Carlotta empfehlen sich als Verlobte.

SULLIVAN

Arthur S. (1842–1900) studierte in London und Leipzig Musik, war dann Lehrer an berühmten englischen Musikinstituten, wurde seiner Verdienste wegen geadelt. Schrieb außer Operetten Werke für Orchester, Kammermusik, Oratorien.

Der Mikado

Busleske Operette in zwei Akten. – Text von J. Zell und R. Genée.

Personen: DER MIKADO VON JAPAN (Komiker); NANKI-PUH, sein Sohn, als fahrender Sänger verkleidet (Tenor); KO-KO, Oberhofhenkersknecht (Buffo); PUH-BAH, Minister (Buffo); PISH-TUSH, ein Großer des Hofes (Komiker); YUM-YUM (Sopran) mit ihren Schwestern PITTI-SING (Alt) und PEPI-BO (Sopran); KATISHA, eine Hofdame (komische Alte); Volk, Wachen usw. – Ort und Zeit: Titipu in Japan, vor Jahrhunderten. – Uraufführung: 14. März 1885, London, Savoy Theatre; Erstaufführung in deutscher Sprache: 2. März 1888, Wien, Theater an der Wien.

Eines der frühesten „gelben" Bühnenwerke. Sullivan bringt es fertig, mit nur geringen äußeren Mitteln eine „japanische Färbung" in seine Musik zu bringen; besonders großartig, wie er den (durch Japans politische Entwicklung heute natürlich überholten) steifen, in Formeln erstarrten Lebensstil Japans jener Jahre in Musik zu fassen weiß. Auch seine Vertonung ist vielfach formelhaft, aber gerade aus diesem Grunde so echt. Dabei werde ich den Eindruck nicht los, daß hier gar nicht einmal so sehr die japanische als vielmehr die englische Erstarrung der Gesellschaftssitten verulkt werden sollte.

1. Akt. Der ehemalige Schneider Ko-Ko war einmal zum Tode verurteilt worden. Das hört der Mikado-Sohn Nanki und kommt nun als fahrender Sänger verkleidet nach Titipu, um Ko-Kos Verlobte Yum-Yum, die er früher liebte, zu gewinnen. Vom Hofe seines kaiserlichen Vaters ist er geflohen, weil er die alte Hofdame Katisha heiraten sollte; und heiraten sollte er sie, weil seine Höflichkeit ihr gegenüber als unmoralisches Verhalten betrachtet wurde; so streng waren dort die Sitten. Ko-Ko ist aber begnadigt und zum Oberhofhenker ernannt worden. Nun ist Nanki lebensüberdrüssig, da er jetzt nicht mehr auf Yum-Yum hoffen kann. Infolgedessen erklärt er sich bereit, sich freiwillig aufhängen zu lassen, als er erfährt, daß Ko-Ko vom Mikado den Befehl bekommen hat, nun endlich einmal jemanden hinzurichten. Doch dieses Opfer verknüpft er mit der Bedingung, zuvor einen Monat lang mit Yum-Yum als Mann und Frau leben zu dürfen.

2. Akt. Die Hochzeit für einen Monat wird vorbereitet. Leicht fällt die ganze Sache dem braven Henker Ko-Ko nicht; denn seine Yum-Yum gibt er nicht nur für einen Monat her, sondern für immer, weil die Frauen von Hingerichteten ihrem Mann in den Tod folgen müssen. Plötzlich erscheint der Mikado, will wissen, ob sein Befehl ausgeführt wurde. Schnell gefaßt berichtet ihm Ko-Ko, Nanki sei bereits tot, und „beweist" das durch Zeugen und Dokumente. Aber die alte Hofdame Katisha, die Nanki in Titipu aufgespürt hat, erklärt dem Mikado, daß Ko-Ko den kaiserlichen Sohn hingerichtet habe. Das väterliche Herz wird davon wenig berührt, wohl aber

das kaiserliche: wer nämlich einen kaiserlichen Prinzen umbringt, wird – so will es leider das Gesetz – in siedendem Öl gekocht. Aus dieser bedauerlichen Lage wird Ko-Ko durch den Kaisersohn Nanki befreit: wenn er Yum-Yum zur dauernden Frau bekomme; und wenn Ko-Ko dafür die Hofdame Katisha heirate, wolle er ihn retten. Und so geschieht es. Dem Mikado aber macht man klar: wenn einmal jemand im Namen des Kaisers zum Tode verurteilt wird, dann ist er praktisch schon tot. Und dieses Praktisch-schon-tot-Sein habe man dem Mikado bewiesen, nichts anderes. Und man muß sagen, der Mikado hat entweder Humor, oder er fühlt sich durch solche Beweisführung geschmeichelt. Jedenfalls geht alles gut aus.

ZIEHRER

Karl Michael Z. (1843–1922, Österreicher) hat eine sorgfältige musikalische Ausbildung genossen, war Militärkapellmeister (Hoch- und Deutschmeister-Regiment) und letzter „K. u. K. Hofballmusikdirektor". Wurde besonders bekannt um 1900 durch Reisen mit einer eigenen Kapelle. Schrieb zahllose Märsche und Tänze sowie über zwanzig Operetten.

Die Landstreicher

Operette in einem Vorspiel und zwei Akten. – Text von Krenn und Lindau.

Personen: FÜRST ADOLAR GILKA; MUCKI VON RODENSTEIN, Oberleutnant; RUDI VON MUGGENHEIM, Leutnant; MIMI, Tänzerin; AUGUST FLIEDERBUSCH und seine FRAU BERTHA; LAJOS VON GELETNEKY, Maler; GRATWOHL, Wirt; ANNA, dessen Tochter; ROLAND, Assessor; KAMPEL, Gerichtsdiener; LEITGEB, Hotelier; STÖBER, Männergesangsvereins-Dirigent; Kellner, Gäste usw. – Ort und Zeit: Österreich und Oberbayern, um 1900. – Uraufführung: 29. Juli 1899, Wien, Sommertheater Venedig in Wien.

Stilistisch eine Mischung von Posse, Singspiel und Operette; in der Wirkung jedoch einheitlich gebunden durch einen heiteren, niemals verletzenden Humor und die stets melodiöse, leicht eingängige Musik Ziehrers. Manchem Theater gilt das Werk anscheinend als zu „harmlos" für die heutige Zeit; dabei ließe sich in ihm mancher bezaubernde „Musical-Wirbel" entfalten, wenn man tüchtige Darsteller zur Verfügung hat.

Vorspiel. Das Landstreicherpaar August und Bertha
Fliederbusch hat ein Halsband und einen 1000-Mark-
Schein gefunden, jedoch nicht abgegeben. Der Geldschein macht ihnen Schwierigkeiten, sie werden einem
Assessor zur Untersuchung vorgeführt und vorläufig
eingesperrt. Den beiden gelingt es, aus der Arrestzelle in
die Amtsstube zu kommen, die Amtskleidung des Asses-
sors mitsamt dem beschlagnahmten Geldschein zu ergat-
tern – da werden sie überrascht. Fürst Gilka erscheint
mit der Tänzerin Mimi und erstattet Verlustanzeige: ein
Halsband. August Fliederbusch als ,,Assessor" nimmt
die Mitteilung würdevoll entgegen, bittet die beiden, im
Nebenzimmer (der Gefängniszelle) zu warten, sperrt ab,
bemächtigt sich der Mäntel der beiden Besucher und verschwindet mit Frau Bertha.

1. Akt. Fliederbuschs treten in einem Kurhotel als
Fürst und Fürstin Gilka auf. Der Maler Lajos will den
,,Fürsten" umbringen, weil er ihm seine Braut Mimi aus-
gespannt habe. Kaum ist Fliederbusch dieser Gefahr entgangen, da kommt der richtige Fürst. Im Hin und Her
der Worte hält er Fliederbusch, der von dem Halsband
erzählt, für den Goldschmied, der in seinem Auftrag eine
wertlose Nachahmung des Halsbandes hergestellt hat,
und veranlaßt ihn, den nachgemachten Schmuck der
Tänzerin Mimi zu übergeben. Das geschieht; aber nun
will Fliederbusch den Finderlohn! Erschrocken glaubt
der Fürst jetzt, da dieser Mann ja nicht der Juwelier ist,
Mimi habe den echten Schmuck bekommen. Es wird immer brenzliger, zumal auch der Untersuchungs-Assessor
aufkreuzt. Wieder weiß das landstreichende Paar, den
Kopf aus der Schlinge zu ziehen. Kurz entschlossen
stehlen sie die Uniformen zweier Offiziere, die eben im
See schwimmen, und wandeln unangefochten von
dannen.

2. Akt. Nun endlich besinnt sich der Fürst, wie man die Qualitäten von Landstreichern richtig einsetzen kann. Auf einem Maskenfest müssen August und Bertha Fliederbusch zaubern: der Tänzerin Mimi wird das Halsband fortgezaubert und wieder herbeigezaubert – nur ist es nicht mehr das richtige, sondern das nachgemachte. Zum Dank dafür werden Fliederbuschs fürstliche Angestellte.

HEUBERGER

Richard H. (1850–1914, Österreicher) war ursprünglich Ingenieur, wurde mit achtundzwanzig Jahren Dirigent der Wiener Singakademie, später Musikkritiker, Konservatoriumslehrer und Chormeister des Wiener Männergesangvereins. Schrieb anfangs ernste Musik, später Operetten.

Der Opernball

Operette in drei Akten. – Text nach einem französischen Lustspiel von Victor Léon und Hugo von Waldberg.

Personen: BEAUBUISSON, *Rentier (Komiker);* PALMYRA, *seine Frau (Alt);* MARINEKADETT HENRI, *sein Neffe (Mezzosopran);* PAUL AUBIER *(Tenor);* ANGÈLE, *seine Frau (Sängerin);* GEORGES DUMÉNIL *(Tenor);* MARGUÉRITE, *seine Frau (Sängerin);* HORTENSE, *ihr Kammermädchen (Soubrette);* GERMAIN, *Diener bei Duménil;* FEODORA, *Chansonette;* PHILIPPE, *Oberkellner; einige Kellner. – Ort und Zeit: Paris, vor der Jahrhundertwende. – Uraufführung: 5. Januar 1898, Wien, Theater an der Wien.*

Es genügt, einmal behutsam Melodieführung und Instrumentation des berühmten Walzerliedes ,,Komm mit mir ins Chambre séparée" nachzutasten, um zu spüren: hier ist nicht ein Schlagerkomponist am Werk, sondern ein bedeutender Musiker, ein Mann, der aller Strauß-Nachahmung aus dem Wege gehen konnte, weil er selbst einen ebenso beschwingten wie wahrhaft vornehmen Operettenstil zu schaffen vermochte.

1. Akt. Paul Aubier ist mit seiner Frau Angèle von Orléans nach Paris gekommen und besucht seinen Freund Georges und dessen Frau Marguérite. Natürlich möchte er ohne Wissen seiner Frau das Pariser Leben kennenlernen und läßt sich von seinem Freund beraten. Angèle ahnt nichts von solchen Absichten; doch Marguérite macht die Freundin stutzig. Die Treue der Ehemänner soll erprobt werden. Zu diesem Zweck diktieren die beiden Frauen dem Kammermädchen Hortense zwei Briefe, durch die Paul und Georges von einer „adeligen Dame" auf den heutigen Opernball eingeladen werden. Kennzeichen: rosa Domino. Hortense schreibt heimlich noch einen dritten gleichlautenden Brief, den sie dém jungen Marinekadetten Henri zustellt. Kaum haben Paul und Georges (ohne voneinander zu wissen) die Briefe gelesen, da verstehen sie es, sich zu drücken. Paul läßt sich ein Telegramm schicken, demzufolge er sofort aus geschäftlichen Gründen abreisen müsse.

2. Akt. Auf dem Ball in Opernhaus erscheinen nun drei rosa Dominos: Henri mit seiner Hortense, Paul und Georges jeweils mit der Frau ihres Freundes. Als es in den Séparées gefährlich wird, geben die Frauen ein verabredetes Klingelzeichen, worauf der Oberkellner, wie vereinbart, die beiden Herren herausruft. Einigermaßen verblüfft stehen sie einander gegenüber. Die Damen entwischen aus den Séparées, und nun entsteht durch die drei Dominos ein tolles Durcheinander. Entscheidend, daß Paul und Georges, weil sie glauben, jeweils „ihre Dame" im Arm zu halten, jedesmal das Kammermädchen küssen und dabei dessen Domino beschädigen; und die Damen, die einzeln diese Szenen beobachten, werden eifersüchtig, weil jede glaubt, ihr Mann küsse ihre Freundin. Zwischendurch stellen der junge Henri und der alte Onkel Beaubuisson allerlei Allotria an, bis sich

zum Schluß die vier Abenteurer verdutzt ohne Damen finden.

3. Akt. Das schlechte Gewissen der Abenteurer legt sich am nächsten Tage schnell, als Georges noch einen Briefbogen findet, der genau denen gleicht, die er und Paul erhalten haben. Schon spielen sich die beiden Schlawiner als Sittenrichter über ihre Frauen auf, bedrohen sich sogar eifersüchtig gegenseitig. Dann kommt es heraus: die Dominos der Damen sind unbeschädigt; beschädigt aber ist der des Kammermädchens!

BERTÉ

Heinrich B. (1858–1924, Österreich-Ungar) schrieb zahlreiche Operetten und Balletts ohne jeden Erfolg; stellte dann Schubert-Melodien zu dem *Dreimäderlhaus* zusammen und wurde damit weltbekannt.

Das Dreimäderlhaus

Nach Bartschs Roman *Schwammerl* haben Willner und Reichert ein von falschen Gefühlen triefendes Singspielbuch zusammengebastelt, in dem der Tondichter Franz Schubert die klägliche Hauptrolle spielt. Berté wiederum hat Schuberts Musik nach besonders eingängigen Weisen ausgeplündert und sie den vielfach nicht dazu passenden Texten unterlegt. Das Ganze wurde ein aufsehenerregender Erfolg – und eine ungeheure Blamage. Blamiert hat sich nicht das Publikum und nicht Herr Berté, sondern die Musikfachwelt, die sich zwar emsig mit allen möglichen Fragen der ernsten Musik befaßt (was ohne Zweifel sehr verdienstvoll ist), aber in sträflicher Unkenntnis soziologischer Notwendigkeiten nichts getan hat, die Kinder der heiteren Muse geschmacklich erziehen zu helfen. Wer es für unter seiner Würde hält, die musischen Bedürfnisse der ,,Masse" zu studieren, hat das Recht verwirkt, sich über die Schubert-Verballhornung im *Dreimäderlhaus* zu entrüsten.

Die drei Töchter des Hofglasermeisters Schöll wollen nach ihrem, nicht nach dem Geschmack des Vaters heiraten. Als Schöll die drei Mäderl bei einem von ihm nicht gebilligten Stelldichein ertappt, wird er durch eine List der Künstlerfreunde Schuberts beruhigt: seine Tochter

Hannerl wolle bei Schubert Gesangsstunden nehmen. Solches geschieht auch. Dabei verliebt sich Hannerl in Schubert und Schubert in sie – allerdings, ohne daß ein entscheidendes Wort gesprochen wird. Als nun Schubert für sie ein Liebeslied komponiert und es ihr durch seinen lebemännischen Freund Schober vorsingen läßt, hält sie es für eine Liebeserklärung Schobers, fällt ihm um den Hals und verlobt sich mit ihm. Dieser Irrtum ist dadurch zustande gekommen, daß eine kokette Geliebte Schobers einmal Hannerl vor dem untreuen Franz gewarnt hat (sie meinte Franz Schober, Hannerl aber glaubte, es handele sich um Franz Schubert). Als das Mißverständnis aufgeklärt wird, ist es zu spät. Zu diesem Summs kommen noch allerlei Intrigen, die nicht wert sind, erwähnt zu werden.

LINCKE

Paul L. (1866–1946) wurde musikalisch-handwerklich in Wittenberge ausgebildet, war schon mit achtzehn Jahren Kapellmeister, ging dann nach Berlin, wurde auf Grund seiner ersten Operetten-Erfolge zwei Jahre an das Pariser Varieté „Folies Bergères" verpflichtet. Darauf wieder in Berlin als Dirigent und Komponist.

Unbestrittener Führer der aus der handfesten Lokal-posse entstandenen Berliner Operette ist Paul Lincke. Sie unterscheidet sich von der Wiener Operette dadurch, daß sie nie nach der Oper schielt und anstelle des ge-fühlsseligen Walzers den mitreißenden Marschrhythmus in den Vordergrund stellt. Wenig beachtet wird dabei die aufschlußreiche Tatsache, daß diese Märsche stets Ope-retten-Charakter wahren und höchstens in spöttischer Absicht einmal „militärisch" wirken. In ihnen weht die „Berliner Luft", die Berliner Fixigkeit und Ironie, diese eigentümliche Schein-Nüchternheit, hinter der sich ein so starker Humor, eine so echte Menschlichkeit verber-gen. Die Wiener-Walzer-Gefühls-Operette ist weltbe-rühmt geworden; die Berliner-Marsch-Humor-Operette dagegen ist über eine erweiterte Lokalbedeutung nicht hinausgewachsen. Dabei hat gerade sie den echten Ope-rettenton am besten gewahrt, weil sie sich die Fähigkeit erhalten hat, die dargestellte Welt des Scheins ebensowe-nig ernst zu nehmen wie sich selbst. Und daher glaube ich, die dringend notwendige Reform der Operette als Gattung wird weniger bei den Wienern und Österrei-chern anknüpfen müssen als bei den Berlinern und Norddeutschen, bei Lincke, Kollo, Gilbert, Künneke und anderen.

Den berlinerisch-norddeutschen Volkston treffen alle diese Komponisten meisterhaft. Und darauf, nur darauf kommt es ihnen an, und sie nehmen es aus diesem Grunde bewußt in Kauf, weniger salonhaft-gepflegt zu erscheinen als die Wiener von Strauß bis Léhar. Nur so ist es zu verstehen, daß selbst die fadesten Dinge (man denke an das unausrottbare „Puppchen, du bist mein Augenstern") einfach nicht totzukriegen sind, von so genial-ironischen Einfällen wie etwa Linckes „Donnerwetter – tadellos" ganz zu schweigen.

Ich spreche von der Berliner Operette und meine doch immer vor allem Lincke, obwohl seine einst berühmten Werke nur spärlich auf dem Spielplan erscheinen. Dabei ist seit seiner Revue-Operette „Donnerwetter – tadellos" (1906) nichts auf den Bühnen erschienen, was sich als Werk der gleichen Gattung mit ihr messen könnte. Gewiß, von der *Lysistrata* (1902) mit ihrem Glühwürmchen-Idyll wird man wohl endgültig Abschied nehmen müssen; aber *Frau Luna*?

Frau Luna

(Zwei Akte, elf Bilder, Text von Bolten-Baeckers, Uraufführung Berlin 1899)
hat wahrhaftig keine großartige Handlung (der Mechaniker Steppke fliegt mit dem Schneider Lämmermeier und dem Rentier Pannecke zum Mond, wird dort durch allerlei Versuchungen Frau Lunas fast seinem Mariechen untreu, wenn dieses nicht im entscheidenden Augenblick durch Prinz Sternschnuppe, der sich selbst um Frau Luna bemüht, auf den Mond gebracht würde und ihn wieder zur Erde zurückführte). Aber nicht die Handlung entscheidet hier, sondern der köstliche trockene Witz,

der verschleiernde Humor und die fröhliche Selbstver-
spottung Berliner Gehabes. Ob die Ballonfahrer auf dem
Mond von ihrer ,,Berliner Luft, Luft, Luft" singen, ob
man ihnen selbst da oben erklärt, die Berliner steckten in
alles ihre Nase, ob sie verdutzt tun, weil sie statt des erwarteten Mannes eine Frau im Mond finden, ob Mariechen spöttisch warnt, ,,Schlösser, die im Monde liegen,
bringen Kummer, lieber Schatz", ob der Ballon zu dem
Walzer ,,Ach Frühling, wie bist du so schön" durch die
Luft schwebt – alles hat Witz und Schwung, ist frei von
Getue und Sentimentalität.

JARNO

Georg J. (1868–1920, Österreich-Ungar) war Theaterkapellmeister und Regisseur, lebte seit dem Erfolg seiner
Werke nur noch seinem Schaffen. Schrieb Opern, Singspiele, Operetten.

Die Försterchristl

*Operette in drei Akten. – Text nach Bernhard Buch-
binder.*

Personen: KAISER JOSEPH II.; GENERALADJUTANT GRAF KO-
LONITZKY, OBERHOFMEISTER GRAF VON LEOBEN; KAMMER-
HERR VON REUTERN; HOFDAME BARONESSE AGATHE VON
OTHEGRAVEN; HAUPTMANN GRAF STERNFELD; KOMTESSE JO-
SEFINE, *seine Schwester;* FRANZ FÖLDESY, *Gutsverwalter
bei Graf Sternfeld;* HANS LANGE, *Förster;* CHRISTINE, *sei-
ne Tochter;* PETER WALPERL; MINKA, *junge Zigeunerin;
Hofleute, Bürger, Bauern usw. – Ort und Zeit: An der
Grenze Ungarns und in Wien 1764. – Uraufführung:
17. Dezember 1907, Wien, Theater an der Wien.*

Von einer Musik wie der dieses Werkchens pflegt man
zu sagen, sie sei ,,gefällig", um damit anzudeuten, daß
man über sie wirklich nichts auszusagen vermag. Sie ist
weder Singspiel- noch Operettenmusik, fließt freundlich
dahin, könnte auch anderswohin fließen, man hört sie
an, gibt sich aber kaum die Mühe, sie zu behalten, weil
sie zwar anmutig, doch unscharf ist. Textlich weicht die
Försterchristl zwar vom Operettenschema ab, dafür neigt

sie sich jenem anderen, dem „Alt-Heidelberg"-Schema zu, wonach einfache Mädchen und hochgestellte Herren sich verlieben, dann aber schmerzgebeugt den Weg der Pflicht gehen. Und dennoch: Erfolg bleibt Erfolg.

1. Akt. Bei einer Geburtstagsfeier des alten Försters Lange treffen sich allerlei Menschen, und es gibt allerlei Verwirrungen. Graf Sternfeld wütet, weil ihm berichtet wurde, sein Gutsverwalter Földesy und seine Schwester hätten ein Verhältnis miteinander. Christl, die Tochter des Försters, ertappt einen jungen Jägersmann auf unberechtigter Jagd und sagt ihm gründlich die Meinung über solches Verhalten und über den kaiserlichen Hof in Wien. Dann hat sie alle Mühe, eine Rauferei zwischen dem Grafen und seinem Verwalter zu verhindern, weil die Grafenschwester dem Verwalter ständig nachläuft. Ruhe scheint erst einzukehren, als der Verwalter Földesy zäh um Christl wirbt und endlich ihr Jawort erhält. Doch da wird Peter Walperl eifersüchtig und bezeichnet Földesy als einen Fahnenflüchtigen. Und er hat recht; denn Földesy hat einst einen Offizier verprügelt, der seiner Schwester zu nahe getreten war, und ist geflüchtet. Graf Sternfeld läßt ihn festnehmen, froh, den scheinbaren Liebhaber seiner Schwester aus dem Wege räumen zu können. Christl allein behält den Kopf oben: mit Peter Walperl will sie nach Wien zum Kaiser, für Földesy zu bitten.

2. Akt. In der Wiener Hofburg sieht Christl den jungen Jäger wieder. Er verschafft ihr Zutritt zum Kaiser. Wie erschrickt sie aber, als sie nach gründlicher Etikette-Belehrung durch die Hofleute vor den Kaiser geführt wird und in ihm den jungen Jäger erkennt. Zwar wird Földesy begnadigt und zu ihr geführt, aber jetzt mag sie ihn nicht mehr, weil sie in den Kaiser verliebt ist. Strahlend läßt sie sich vom Kaiser auf den Hofball führen.

3. Akt. Um den guten Földesy kümmert sich die Försterchristl nicht mehr. Wer einmal im Arm des Kaisers
getanzt hat, verschmäht natürlich einfache Erdenbürger.
Da muß denn schon der Kaiser selbst eingreifen. Er tut
es denn auch nach bewährtem Muster, besucht die
Christl, redet ihr gut zu, macht Földesy zum Oberförster. Tapfer werden Tränen verschluckt, der Kaiser geht
wieder nach Wien und die Försterchristl zu ihrem Oberförster.

JONES

Sidney J. (1869–1914, Engländer) war Militärkapellmeister, leitete eine Wanderbühne und später ein festes
Theater in London.

Die Geisha
oder *Eine japanische Teehaus-Geschichte*

Ein Spiel in zwei Akten. – Text von Owen Hall.

*Personen: MARQUIS IMARI, Gouverneur und Polizeiprä-
fekt einer japanischen Provinz; KATANA, Leutnant, japa-
nischer Artillerieoffizier; WUN-HI, Chinese, Eigentümer
eines Teehauses; O MIMOSA SAN, Geisha; JULIETTE Französin, Dolmetscherin in Wun-His Teehaus; RIGINALD
FAIRFAX, CUNNINGHAM und andere englische Seeoffiziere;
MOLLY SEAMORE, Verlobte von Fairfax; CONSTANCE WYN-
NE, eine englische Lady; MARY WORTHINGTON und EDITH
GRANT, Mollys Freundinnen; Geishas, Kulis, Dienerinnen usw. – Ort und Zeit: Japan, vor 1900. – Uraufführung: 4. April 1896, London, Daly's Theatre; Erstaufführung in deutscher Sprache: 1. Mai 1897, Berlin, Les-
sing-Theater.*

Jones gehört zu jenen nicht eben häufigen Komponisten, in deren Musik Singspielhaftes und Operettenton
wirklich verschmelzen. Wer sich trotz des vielschichtigen Aufwands der neueren Operetten noch ein empfind-
sames Ohr bewahrt hat, wird an der „Geisha"-Musik,
ihrer schlanken Melodik und feinen Charakterisierung
auch heute noch Freude haben. Freilich, der Text (dra-

maturgisch nicht immer glücklich, besonders in dem
überlasteten, daher besser zu unterteilenden ersten Akt)
teilt mit allen „gelben" Operetten das gleiche Schicksal:
man muß ihn nach den politischen Umschichtungen im
Fernen Osten beinahe als Märchen nehmen.

1. Akt. Zum großen Kummer des chinesischen Tee-
hausbesitzers Wun-Hi möchte der Gouverneur Imari
den Teehaus-Star Mimosa heiraten. Das würde das Ge-
schäft allerdings sehr beeinträchtigen. Und gerade jetzt
geht es glänzend, weil englische Seeoffiziere häufig das
Teehaus besuchen. Unter ihnen tut sich besonders der
junge Fairfax hervor. Heftig flirtet er mit Mimosa und sie
– getreu ihrer Aufgabe als Geisha – mit ihm. Aber der
Flirt wird unterbrochen. Erst durch Lady Wynne, die
Fairfax mahnt, an seine Braut Molly zu denken, dann
durch Gouverneur Imari, der sich über den Flirt von
Fairfax mit „seiner" Mimosa ärgert und sofort eine Versteigerung aller Geishas befiehlt, wobei er Mimosa kaufen zu können glaubt. Während die Versteigerung der
Geishas vorbereitet wird, kann Mimosa die Verlobte von
Fairfax beruhigen: als Geisha muß Mimosa zu allen Gästen freundlich sein; ihre wahre Liebe aber gilt dem japanischen Leutnant Katana. Ausgelassen beschließt Molly,
sich als Geisha zu verkleiden. Bei der Versteigerung
schnappt Lady Wynne dem Gouverneur nun doch Mimosa weg. Jetzt hofft die im Teehaus als Dolmetscherin
dienende Französin Juliette, der Gouverneur (den sie
liebt) werde nun sie ersteigern. Doch dieser kauft – die
verkleidete Molly.

2. Akt. Molly ist in eine peinliche Lage geraten. Nach
Landessitte gehört sie dem Gouverneur, und dieser will
sie heiraten. Weder Lady Wynne noch Fairfax vermögen
etwas auszurichten. Da bieten sich drei Helfer an: Wun-
Hi, Juliette und Mimosa. Als Zauberin verkleidet, sagt

Mimosa dem ängstlichen Gouverneur allerlei Böses voraus, wenn seine Braut nicht ein bestimmtes Mittel einnehme. So darf sie mit Juliette das Gemach der ,,Geisha" Molly betreten, um ihr das Mittel einzuflößen. Schleunigst zieht Juliette Mollys Hochzeitskleid an, Molly erhält durch Wun-Hi ihre eigenen Kleider zurück – dann geht es zur Trauung. Nun, der Gouverneur scheint nicht darauf zu bestehen, eine bestimmte Frau zu bekommen; war es erst Mimosa und dann Molly, so ist es nun Juliette. Auch gut. Zu diesem Paar kommen noch zwei: die befreite Molly mit dem leichtsinnigen Fairfax sowie die losgekaufte Mimosa mit ihrem treuen Katana.

LEHÁR

Franz L. (1870–1948, Österreicher) war Sohn eines Militärkapellmeisters, ging schon mit zwölf Jahren aufs Konservatorium, war jahrelang Militärkapellmeister, lebte dann meist seinem Schaffen und als Dirigent seiner Werke.

Wer ein klein wenig in Lehárs Operettenmusik hinein-hört, wird sogleich wahrnehmen, daß sich die österrei-chisch-ungarisch-französische Blutmischung des Kom-ponisten in seinen Werken ständig bemerkbar macht. Wer aber ganz genau hinhört, möchte wünschen, diese Musik wäre noch mit einem Tropfen Spreewasser ge-tauft; denn dann wäre Lehár nicht nur ein König, son-dern wahrscheinlich der Kaiser der Operette geworden. Erstaunlich bleibt dennoch alles an diesem, alle anderen Zeitgenossen weit überragenden Meister der ,,zweiten Wiener Operettenklassik": sein Einfallsreichtum, seine Sicherheit, Menschen und Situationen melodisch-harmo-nisch eindeutig zu charakterisieren, allem innerlich- wie umweltbedingten Geschehen ein unverwechselbares in-strumentales Gewand überzuwerfen, nicht zu vergessen sein sorgfältig ausgeübtes handwerkliches Können. Überall finden sich französisch-kecke Rhythmen im Sin-ne Offenbachs, geschmeidige Wiener Walzer, gefühlvol-le österreichische Liedanklänge, verhalten-sentimentale und dann wieder feurige slawisch-ungarische Weisen, ja, selbst große Gesangsbogen nach Art Puccinis fehlen nicht. Nur eines fehlt: die in der norddeutsch-berlineri-schen Operette vielfach überreich vorhandene Fähigkeit, die heitere Operettenwelt nicht zu ernst zu nehmen. Le-hár, dem wahrlich Humor nicht mangelte, nahm sie zu ernst und schien dadurch zuweilen bedenklich in die Nähe der Oper zu geraten; was noch bedauerlicher ist, er schied nicht immer sauber zwischen Gefühl und Sentimentalität und glaubte wohl gar zuweilen an die Echtheit dieser unwirklichen „Gesellschafts"-Welt, der er seine Zauberweisen anhing. Er glaubte an sie, weil er ihr selbst angehörte; und mag sie vergangen sein – auf jeden Fall hat er sie großartig in Melodien und Klängen gespiegelt.

Die lustige Witwe

Operette in drei Akten. – Text nach Meilhac von Victor Léon und Leo Stein.

Personen: BARON MIRKO ZETA, *pontevedrinischer Gesandter in Paris;* VALENCIENNE, *seine Frau (Soubrette);* GRAF DANILO DANILOWITSCH, *Gesandtschaftssekretär (Tenor);* HANNA GLAWARI *(Sängerin);* CAMILLE DE ROSILLON *(Buffotenor);* VICOMTE CASCADA; RAOUL DE ST. BRIOCHE; BOGDANOWITSCH, *pontevedrinischer Konsul,* SYLVIANE, *seine Frau;* KROMOW, *pontevedrinischer Gesandtschaftsrat;* OLGA, *seine Frau;* PRITSCHITSCH, *pensionierter pontevedrinischer Oberst;* PRASKOWIA, *seine Frau;* NJEGUS, *Kanzlist bei der pontevedrinischen Gesandtschaft (Komiker);* LOLO, DODO, JOU-JOU, FROU-FROU, CLOCLO *und* MARGOT, *Grisetten; Angehörige der Gesellschaft, Diener, Musikanten. – Ort und Zeit: Paris, um 1900. – Uraufführung: 30. Dezember 1905, Wien, Theater an der Wien.*

Von den mehr als zwei Dutzend Lehár-Operetten hat sich die *Lustige Witwe* nun schon ein halbes Jahrhundert lang als besonders lebensfähig erwiesen. Das hat zwei Gründe. Einmal spiegelt das Textbuch erstaunlich treu das Leben und „Denken" einer bestimmten internationalen „Gesellschaft" um 1900 (infolgedessen kann es auch nicht modernisiert werden). Zum andern hat Lehár nicht nur einschmeichelnde oder spritzige Weisen und eine sehr sorgfältige Orchestersprache gefunden, sondern sie mit Bedacht bestimmten Personen oder Situationen beigegeben. Wenn die Pontevedrinerin Hanna ihr erstes Lied als Mazurka singt, wenn Danilo sein „Dann geh ich zu Maxim" erklingen läßt oder halbspöttisch das „Studium der Weiber als schwer" bezeichnet, wenn die Aufforderung „Komm in den kleinen Pavillon" ertönt, wenn „Lippen schweigen, 's flüstern Geigen: hab mich lieb" betörend seine verschleierte Sinnlichkeit verströmt, dann sind das nicht willkürlich verstreute, sondern überlegsam eingesetzte Perlen. (Mißlungen ist in dieser Operette eigentlich nur das gefühlstriefende Vilja-Lied.)

1. Akt. Bei einem Fest in der pontevedrinischen Gesandtschaft zu Paris erwartet der Gesandte auch die reiche Witwe Hanna Glawari. Schön, jung, lebenslustig, reich – wie sollte sie nicht umworben werden von den Pariser Junggesellen! Nur einer hält sich zurück: der eben aus dem „Maxim"-Betrieb mit seinen gefälligen Mädchen kommende Danilo. Einst durfte er Hanna nicht heiraten, weil sie arm war; heute verbirgt er seine noch immer glühende Liebe, um nicht als Mitgiftjäger zu erscheinen. Daher lehnt er auch den Plan seines Chefs ab, er solle Hanna heiraten, damit ihr Vermögen nicht ins Ausland gehe; die Pariser Junggesellen aber will er von ihr fernhalten. – Auf dem Fest hat Valencienne, die junge Frau des Gesandten, ihren Fächer verloren; auf diesen hatte der in sie verschossene Rosillon geschrieben: „Ich liebe Dich." Wer findet den Fächer? Natürlich der Ehemann; aber glücklicherweise weiß er nicht, wem der Fächer gehört.

2. Akt. Gartenfest bei Hanna. Ihre Liebe zu Danilo ist wieder erwacht. Doch er weicht allen Anspielungen aus; ja, wenn sie nicht reich wäre ... Im Auftrag des Gesandten sucht er die Besitzerin des Fächers; aber „das Studium der Weiber" ist ihm zu schwer, und so legt er den Fächer irgendwo ab. Auf Umwegen erhält ihn die Besitzerin zurück, erklärt ihrem Verehrer Rosillon, „ich bin eine anständige Frau", und fordert ihn auf, sich um Hannas Hand zu bemühen. Aber im „kleinen Pavillon" will sie noch einen Kuß von Rosillon. Der mißtrauisch gewordene Gesandte glaubt, seine Frau bei einer Untreue ertappen zu können; doch schnell hat Hanna mit ihr den Platz gewechselt, kommt mit Rosillon aus dem Pavillon und erklärt vor allen, sie habe sich mit ihm verlobt. Der verzweifelte Danilo muß nun wieder zu „Maxim" und den hübschen Mädchen gehen.

3. Akt. Als echte Frau weiß Hanna sich zu helfen. Ein Saal ihres Hauses ist originalgetreu dem „Kabarett Maxim" nachgebildet worden, und Danilo merkt natürlich, aus welchem Grunde das geschah. Dennoch bleibt er zurückhaltend. Im Auftrage seines Gesandten bittet er sie nur, nicht den Pariser Rosillon zu heiraten, da ihr Vermögen dann ihrem gemeinsamen Heimatland verlorengehe. Sie sagt zu, erklärt ihm auch, wie die Geschichte mit dem Pavillon zustande gekommen ist. Danilo ist hochbeglückt, spricht jedoch noch immer nicht von seiner Liebe; aber wenn „Lippen schweigen, 's flüstern Geigen: hab mich lieb". – Auch der Gesandte hat nun wohl gemerkt, daß man ihn beim Pavillon getäuscht hat. Und so will er sich scheiden lassen und aus patriotischen Gründen Hanna heiraten. Freilich bekommt er eine kalte Dusche, als er hört, laut Testament ihres verstorbenen Mannes verliere Hanna ihr ganzes Vermögen, wenn sie sich wieder verheiratet. Jetzt jubelt Danilo auf: um eine

arme Hanna darf er werben! Was auch mit Erfolg geschieht. Und warum wird Hanna bei einer zweiten Heirat arm: Weil laut Testament ihr neuer Gatte das Vermögen bekommt. Die Ehe des Gesandten aber festigt sich
wieder, weil seine Frau auf den Fächer mit der verdächti-
gen „Ich liebe Dich"-Aufschrift als Antwort geschrieben
hat: „Ich bin eine anständige Frau."

Der Graf von Luxemburg

*Operette in drei Akten. – Text von A. M. Willner und
Robert Bodanzky*

Personen: Angèle Didier, *Sängerin (Sopran);* Réne,
Graf von Luxemburg (Tenor); Juliette Vermont *(Soubrette);* Armand Brissart, *Maler (Tenorbuffo);* Fürst Basil Basilowisch *(Komiker); ferner:* Gräfin Stasa, Pawel
von Pawlowitsch, Sergej Mentschikoff, Pelegrin, *Kavaliere, Diener, Oberkellner, Hotelleiter, Boy, Modelle,
Maler usw. – Ort und Zeit: Paris 1908. – Uraufführung:
12. November 1909, Wien, Theater an der Wien.*

Der Graf von Luxemburg, anfangs nicht minder beliebt als die *Lustige Witwe,* war eine Zeitlang in den Hintergrund getreten, doch haben anscheinend vor allem
einige Walzerlieder („Bist du's, lachendes Glück", „Mädel klein, Mädel fein") dem Werk neuerdings wieder zu
starkem Erfolg verholfen.

Der russische Fürst Basil möchte die auf seine Kosten
ausgebildete Sängerin Angèle heiraten. Da sie nicht ebenbürtig ist, verfällt er auf folgenden Ausweg, mit dem Angèle einverstanden ist: René Graf von Luxemburg, der
wieder mal sein Geld verjuxt hat, soll eine halbe Million

bekommen, wenn er Angèle heiratet, ohne sie zu sehen, wenn er sofort nach der Hochzeitszeremonie verschwindet und wenn er sich nach drei Monaten scheiden läßt (dann kann nämlich der Fürst eine ,,Gräfin" heiraten). Durch einen Wandschirm getrennt, werden die beiden tatsächlich getraut. – Nach drei Monaten treffen die Verheiratet-Unverheirateten, ohne sich zu kennen, auf einem Ball zusammen und verlieben sich ineinander. Als Angèle verächtlich von jenem Grafen von Luxemburg spricht, der sich für Geld zu einer Scheinheirat habe verführen lassen, sagt ihr Réne, wer er ist; und habe sie nicht ähnlich gehandelt, weil sie nur als ,,Gräfin" Fürstin werden könne? Sie haben einander nichts vorzuwerfen; ihre Liebe bleibt bestehen – Réne hat dem Fürsten immerhin sein Wort verpfändet; darüber kann ihm weder Angèles Spott noch ihr Kuß hinweghelfen. Doch die Operettenlösung bleibt nicht aus: Basil muß auf des Zaren Befehl eine uralte Gräfin heiraten, und Réne erhält sein beschlagnahmtes Vermögen zurück.

Die ,,Zigeunerliebe"

(Drei Akte, Text von Willner und Bodanzky, Uraufführung Wien 1910)
war ein Irrtum; daran ändert auch die lange anhaltende Publikumswirkung nichts. Um 1910 durfte selbst ein Lehár keine ,,romantische Operette" mehr schreiben. Der Komponist muß das Zwitterhafte des Werkes erkannt haben, denn er arbeitete es später zu einer Art Oper um (,,Garabonciás", 1943). Man kann natürlich verstehen, daß der Hauptwalzer der Operette (,,Nur die Liebe macht uns jung") alles elektrisierte. – Zorika soll den reichen Jonel heiraten, hat ihn noch nicht recht lieb, läßt

sich von dem Zigeunerspielmann Jozzi betören, ist un-
schlüssig, geht zum Fluß, versinkt in Schlaf und träumt
ein Leben mit dem Zigeuner. Durch diesen Traum ist sie
gewarnt; kaum noch braucht sie bei ihrer Rückkehr ins
Schloß den Zigeunerspielmann in den Armen der liebes-
tollen Ilona zu sehen; sie weiß nun, daß sie ihr Glück nur
bei ihrem Verlobten finden kann.

Paganini

*Operette in drei Akten. – Text von Paul Knepler und
Bela Jenbach.*

Personen: MARIA ANNA ELISA, FÜRSTIN VON LUCCA UND
PIOMBINO (Sängerin); FÜRST FELICE BACCIOCHI, ihr Gemahl; NICCOLÒ PAGANINI (Tenor); BARTUCCI, sein Impresario; GRAF HÉDONVILLE, napoleonischer General;
MARCHES GIACOMO PIMPINELLI, Kammervorsteher der
Fürstin (Buffo); GRÄFIN DE LAPLACE, Hofdame; BELLA GI-
RETTI, Opernprimadonna (Soubrette); Ein Wirt; Her-
bergswirtin; Damen und Herren des Hofes, Tänzerinnen, Soldaten, Schmuggler usw. – Ort und Zeit: Fürstentum Lucca, Anfang des 19. Jahrhunderts. – Uraufführung: 30. Oktober 1925, Wien, Johann-Strauß-Theater.

Zwischen der *Zigeunerliebe* (1910) und dem *Paganini*
(1925) hat Lehár genau ein Dutzend Operetten geschrieben; ihnen war aber nur ein kurzer Erfolg beschieden.
Die Schaffenskraft hatte nachgelassen, die Textbücher
regten den Komponisten nicht recht an (unerfreulichstes
Beispiel die „soziale" Operette *Eva das Fabrikmädchen*,
in der ein Proletarierkind einen so raffiniert parfümierten
Walzer wie „Wär es auch nichts als ein Augenblick" zu

singen hat). Mit dem *Paganini* dagegen beginnt eine neue Schaffensperiode Lehárs, die sich etwa so kennzeichnen läßt: Lehár schreibt nicht mehr Operetten für viele Sänger, sondern Bühnenstücke für einen großen Sänger-Darsteller (der berühmteste war Richard Tauber), die er mit großem Orchesteraufwand opern- und operettenmäßig einkleidet. Ohne Zweifel gelangen ihm prächtige Melodien, aber die Operette als Gattung verlor viel von dem, was ihr eigentliches Wesen ausmacht.

An dem vorliegenden Werk ist mancherlei geschichtlich richtig: der bedeutende Geiger Paganini war jahrelang in Lucca (allerdings als Jüngling), er war ein großer Frauenverbraucher und vom Spielteufel so besessen, daß er in jungen Jahren sogar seine Geige verspielte.

1. Akt. In einem Dorf behext Paganini die Bauern durch sein Geigenspiel und bezaubert sie durch sein liebenswürdiges Wesen. Am meisten aber tut er es der unerkannt hier weilenden Fürstin Elisa an, der dieser Feuerkopf viel besser gefällt als ihr ungetreuer Mann. Schon flammt die Liebe zwischen den beiden auf. Die Fürstin verpflichtet ihn zu einem Konzert an ihrem Hofe. Das verbietet zwar der hinzukommende Fürst; aber die Fürstin weiß ihn umzustimmen, weil sie wieder einmal eine seiner Liebschaften entdeckt hat.

2. Akt. Schon ein halbes Jahr weilt Paganini am Fürstenhof, weigert sich, weiterzureisen, wie sein Impresario Bartucci wünscht, ist verliebt in die Fürstin, verliert aber auch sein Geld und schließlich seine Geige an den Kammerherrn Pimpinelli. Der will sie ihm zurückgeben, wenn Paganini ihm dafür verrät, wie man Erfolg bei Frauen hat. Mit dessen Antwort (,,Gern hab ich die Fraun'n geküßt, hab nie gefragt, ob es gestattet ist'') weiß er nicht viel anzufangen. Freilich, die Lage wird brenzlig: erst hat sich ihm die Fürstin ergeben, nun

scheint auch noch die Geliebte des Fürsten dem fremden
Geiger verfallen zu sein. Da kommt ein General Napoleons mit dem Befehl: der Geiger ist zu verhaften und ab-
zuschieben (die Fürstin ist Napoleons Schwester). ,,Nie-
mand liebt dich so wie ich", hat die Fürstin gesungen;
aber dem Befehl muß sie Folge leisten; zudem ist ihre Eifersucht auf Bella, die Fürstengeliebte, erwacht. Noch
einmal betört sie der Geiger beim Abendkonzert durch
sein Spiel, und so verhilft sie dem Geliebten zur Flucht.

3. Akt. Rast auf der Flucht. In einer Schmugglerschenke. Bella, die Geliebte des Fürsten, ist Paganini heimlich
gefolgt, will mit ihm ziehen, begreift aber, daß ihn seine
Kunst in die Welt ruft. Nicht anders geht es der Fürstin,
die als Straßensängerin verkleidet dem Geliebten ein letztes Lebewohl sagt, bevor er sich ganz seiner geliebten
Kunst widmet.

Der Zarewitsch

*Operette in drei Akten. – Text von Bela Jenbach und
Heinz Reichert (nach einem Schauspiel von Zapolska)*

Personen: DER ZAREWITSCH *(Tenor);* DER GROSSFÜRST,
sein Oheim; DER MINISTERPRÄSIDENT; DER OBERHOFMEI-
STER; SONJA *(Sopran);* IWAN, *Leiblakai des Zarewitsch
(Buffo);* MASCHA, *seine Frau (Soubrette);* BORDOLO; *Hofdamen, Offiziere, Tänzerinnen, Wachen usw. – Ort und
Zeit: Petersburg und Neapel, irgendwann. – Uraufführung: 16. Februar 1927, Berlin, Deutsches Künstler-
theater.*

So stark der Erfolg dieser Operette gewesen ist, so
sehr wir manche melodischen und instrumentalen Ein-

zelheiten der Musik bewundern – das Ganze ähnelt der tränendrüsenerweichenden ,,Alt-Heidelberg"-Sentimentalität und entfernt sich damit (und mit der Bevorzugung einer Star-Rolle) vom echten Operettenstil. Hervorstechendes Kennzeichen der Musik ist die ,,russische" Einfärbung von Melodie, Rhythmus und Klang.

1. Akt. Der russische Thronfolger (Zarewitsch) nimmt seine künftige Aufgabe so ernst, daß er alle weltlichen Genüsse und Freuden meidet – insbesondere die Frauen. Kein weibliches Wesen darf sich in seiner Gegenwart zeigen; und sein Leiblakai Iwan muß vor dem Zarewitsch sogar verheimlichen, daß er verheiratet ist. Nun aber soll der Zarewitsch heiraten. Darauf muß er ,,vorbereitet" werden, und das geschieht auf den Rat des Ministerpräsidenten dadurch, daß man dem Zarewitsch die als Soldaten verkleidete Tänzerin Sonja als Sportkameraden beigibt. Als der Zarewitsch den Trug bemerkt, verabredet er mit Sonja, sein Kamerad zu sein, aber seine Geliebte zu spielen, damit er künftig von Frauen verschont werde.

2. Akt. Die Sache klappt ... so glaubt der Hof. Sie beginnt aber wirklich zu klappen; denn der Zarewitsch fängt an, sich zu verlieben (,,Willst du, willst du? Komm und mach mich glücklich"). Doch die prinzliche Braut wird kommen! Sonja ist nun ein Hindernis geworden. Der Großfürst-Oheim will es dem Zarewitsch leicht machen. ,,Siebzehn Jahre, leichte Ware ..sehr viel Jugend, wenig Tugend, tralala." Da braust der Zarewitsch auf, verzweifelt, als Sonja ihr angebliches ,,Vorleben" bekennt. Dann aber, als sie ihm erklärt, man habe sie gezwungen, sich als ,,kleine Dirne" auszugeben, damit er der standesgemäßen Hochzeit wegen von ihr lasse, beschließt er, mit ihr zu fliehen.

3. Akt. Glückliche, unbeschwerte Liebeswochen in Neapel liegen hinter den Entflohenen. Da trifft der

Großfürst-Oheim ein: der Zar sei schwer erkrankt, der
Zarewitsch müsse heim. Auch Sonja begreift schweren
Herzens, daß den Zarewitsch die Pflicht ruft. Noch aber
will er nicht. Erst als die Nachricht vom Tode des Vaters
ihn erreicht, als die Offiziere ihm als neuem Zaren huldigen, gehorcht er der Pflicht, kehrt schweigend in die
Heimat zurück, verläßt Sonja.

*

Friederike

*(Drei Akte, Text von L. Herzer und F. Löhner, Urauf-
führung Berlin 1928),*
seinerzeit viel umstritten, ist keine Operette, sondern ein
Singspiel um Goethes Jugendliebe Friederike von Sesenheim. Lehár hat es sich und seinen Textschreibern nicht
leicht gemacht; die Verantwortung war auch gar zu groß.
Der anfängliche Erfolg des Werkes hat sich nicht auf
gleicher Höhe halten können. Erst recht unserer Zeit erscheint das Werk zu rührselig, zu gewollt-stimmungs-
voll; der leicht sentimentale Einschlag der Musik läßt
sich in einer Operette noch gerade ertragen, kaum aber
in einem Singspiel um Goethe. – Der junge Goethe besucht wieder einmal seine Friederike, Pfarrerstocher von
Sesenheim, und küßt sie zum ersten Male – trotz böser
Vorzeichen. Auf einem Ball in Straßburg wird er von allen jungen Mädchen angehimmelt, besiegelt aber seine
Liebe zu Friederike mit einem Ring. Er kann heiraten,
denn er wurde nach Weimar berufen. Nur kommt eine
häßliche Bedingung hinterdrein: die Stelle in Weimar erhält er nur, wenn er unverheiratet ist. Da lehnt er ab.

Sein Freund Weyland erzählt das Friederike. Sie begreift, stellt sich, als sei sie eine Kokette und verliert dadurch den Geliebten. Nach Jahren kommt Goethe wieder nach Sesenheim. Jetzt erst hört er, daß Friederike damals um seiner Weimarer Berufung willen ihn durch Verstellung freigegeben hat.

Das Land des Lächelns

Operette in drei Akten. – Text (nach V. Leon) von Ludwig Herzer und Fritz Löhner.

Personen: LISA (Sopran); GRAF LICHTENFELS, ihr Vater; PRINZ SOU-CHONG (Tenor); MI, seine Schwester (Sopran); GRAF GUSTAV POTTENSTEIN (Buffo); LORE, Lisas Cousine; TSCHANG, Onkel des Prinzen; Obereunuch, Offiziere, Mandarine usw. – Ort und Zeit: Wien und Peking 1912. – Uraufführung: 10. Oktober 1929, Berlin, Metropol-Theater.

Das Land des Lächelns ist eigentlich nur die textliche Umgestaltung einer früheren Operette Lehárs (*Die gelbe Jacke*, 1923). Nach den gelben Opern Puccinis (*Butterfly, Turandot*) und den gelben Operetten der Engländer Jones und Sullivan (*Geisha* und *Mikado*) nun auch eine gelbe Operette Lehárs. Geblieben sind ein paar große Schlager wie ,,Dein ist mein ganzes Herz"; aber diese ,,romantische Operette" als Ganzes zerbröckelt immer mehr. Der Erfolg hält freilich an. – Die Grafentochter Lisa kann dem sie liebenden Dragonerleutnant Gustav nur Kameradin sein; sie heiratet den chinesischen Diplomaten Prinz Sou-Chong und folgt ihm in seine Heimat. Aber die Sitten des fremden Landes führen zu einer Ent-

fremdung zwischen den beiden sich aufrichtig Liebenden. Als nach Jahren Gustav als Militärattaché in China
auftaucht, will sie mit ihm, der in ihre Schwägerin verliebt ist, fliehen. Sie werden ertappt; doch Sou-Chong
überwindet sich, läßt beide heimziehen und steht seiner
Schwester tröstend zur Seite, die in Lisa eine Freundin
und in Gustav einen Geliebten verloren hat. „Immer nur
lächeln" – das gilt doch wohl nicht in jedem Augenblick.

Schön ist die Welt

*(Drei Akte, Text von Herzer und Löhner, Uraufführung
Wien 1931)*
ist wiederum eine Neubearbeitung eines früheren Werkes („Endlich allein", 1914). Der gleichnamige bekannte
Walzer spielt zwar eine wichtige Rolle, doch neben dem
Walzer stehen südamerikanische Rhythmen (Tango). –
Kronprinz Georg und Prinzessin Elisabeth sollen verheiratet werden, haben einander nie gesehen und lehnen daher ab. Ohne voneinander zu wissen, begegnen sie sich
in Tirol – zunächst bei einer Autopanne, dann machen
sie eine Bergwanderung, werden durch eine Lawine veranlaßt, die Nacht (in allen Ehren) auf der Berghütte zu
verbringen. „Schön ist die Welt" von hier oben aus. Als
aus dem Kofferradio die Meldung ertönt, die Prinzessin
Elisabeth sei auf einer Tour mit einem – wahrscheinlich
hochstapelnden – Bergführer verschwunden, weiß Kronprinz Georg, mit wem er hier oben ist. Nach der Rückkehr ins Hotel, wo Georgs Vater und Elisabeths Tante
aufgeregt warten, erklärt Elisabeth, sie werde niemals
den Kronprinzen, sondern nur ihren Bergführer heiraten. Da das ein und dieselbe Person ist, ergeben sich kei-
nerlei Schwierigkeiten. Auch des Königs Flügeladjutant

kann zufrieden sein; denn der König hat inzwischen heftig mit des Adjutanten (ohne des Königs Wissen heimlich angetrauter) Frau geflirtet und muß nun seine Zustimmung zu der Trauung geben: es ist eine brasilianische Tänzerin (daher die Tangoweisen).

Giuditta

(Fünf Bilder, Text von Knepler und Löhner, Uraufführung Wien 1934)
bezeichnete Lehár als sein liebstes Kind. Aber mit den liebsten Kindern geht es oft seltsam zu ... Köstlich die musikalische Arbeit, insbesondere die Instrumentierung; aber das Werk ist weder Oper noch Operette, ist ein Sonderfall ohne tragende Kraft. – Giuditta, Tochter einer marokkanischen Tänzerin, entflieht ihrem armen, arbeitsamen Mann mit dem Offizier Octavio nach Nordafrika. Als er in den Kampf muß, verleitet sie ihn beinahe dazu, zu desertieren, und wendet sich ab von ihm, dem Pflicht über Liebe geht, wird Hauptstar eines nordafrikanischen Nachtlokals. Dort beobachtet später Octavio, der seinen Offiziersberuf aufgegeben hat, wie sie sich heute mal einem reichen Engländer hingibt. Bei einer anderen Gelegenheit, als sie mit einem Herzog soupieren will und Octavio dazu als Klavierspieler Musik machen soll, begegnen sie sich zum letztenmal. Einen Augenblick flammt in Giuditta die Liebe wieder auf; doch Octavio verzichtet.

STRAUS (OSCAR)

Oscar St. (1870–1954, Österreicher, nicht mit dem Walzerkönig verwandt) studierte u. a. bei Grädener und Bruch, schrieb ursprünglich ernste Musik, war Theaterkapellmeister, dann musikalischer Betreuer von Wolzogens „Überbrettl" und entdeckte dabei seine Operettenbegabung.

Ein Walzertraum

Operette in drei Akten. – Text von Felix Dörmann und Leopold Jacobsen.

Personen: JOACHIM XIII., regierender Fürst von Flausenthurn; PRINZESSIN HELENE, seine Tochter (Sopran); GRAF LOTHAR, Vetter des Fürsten (Buffo); LEUTNANT NIKI (Tenor); LEUTNANT MONTSCHI; FRIEDERIKE VON INSTERBURG, Oberkammerfrau; HAUSMEISTER WENDOLIN; FRANZI STEINGRUBER, Leiterin einer Damenkapelle; verschiedene Einzelpersonen, Hofstaat, Offiziere, Mitglieder einer Damenkapelle usw. – Ort und Zeit: Fürstentum Flausenthurn, um 1900. – Uraufführung: 2. März 1907, Wien, Carltheater.

Oscar Straus schrieb ein halbes Jahrhundert lang reizende Operetten; aber sein Frühwerk „WALZERTRAUM" hat er nicht wieder erreicht, geschweige denn übertroffen. Vielleicht aus dem Grunde, weil er in manchen Spätwerken seinen eigentlichen Herrschaftsbereich, den süßwehmütigen Walzer, verlassen hat. Gewiß gehen diese Walzer bis hart an die Grenze des Sentimentalen, aber sicherer Geschmack, köstlicher Witz und abwägende Überlegenheit bewahren sie stets vor dem Abgleiten ins Banale. Die Handlung freilich ...

1. Akt. Der von Frauen verwöhnte Leutnant Niki heiratet die Prinzessin Helene; aber ihm ist nicht recht wohl dabei. Die steifen Hofsitten ärgern ihn, seine Rolle als künftiger „Prinzgemahl" verdrießt ihn, seine Frau kennt er noch gar nicht so recht, sein liebes Wien fehlt ihm. Und so verabredet er mit seinem Freund Montschi, heimlich am Abend in ein Kaffeehaus zu gehen, wo man Wiener Walzer spielt und hübsche, fröhliche Frauen sieht.

2. Akt. Eine Damenkapelle spielt Wiener Walzer. Niki flirtet sogleich heftig mit der Dirigentin Franzi, der er vortrefflich gefällt. Doch der Fürst und Graf Lothar sind ihm auf den Spuren, vergucken sich aber ebenfalls in die feschen Mädchen der Kapelle. Schließlich erscheint auch die Prinzessin Helene; von Franzi läßt sie sich das „gewisse Etwas" erklären, das die Männer (also auch ihren Niki) so anzieht. Dann freilich wird Franzi betrübt, als sie merkt, daß Helene eine Prinzessin und Nikis Frau ist. „Leise, ganz leise klingt's durch den Raum, liebliche Weise, ein Walzertraum" – diesen Walzer tanzend, kommen sich Helene und Niki zum erstenmal etwas näher.

3. Akt. Nach Franzis Angaben läßt Helene mit ihrer Oberkammerfrau das Schloß auf den Kopf stellen und „wienerisch" einrichten. Franzi, die zu diesem Zweck täglich verschleiert ins Schloß kommt, wird von dem ehrgeizigen Grafen Lothar für eine Geliebte Nikis gehalten. Er will Niki entlarven, blamiert sich jedoch. Niki und Helene leben nun wienerisch glücklich, Franzi entsagt – zumal sie ein glänzendes Engagement nach Wien bekommt.

Der letzte Walzer

Operette in drei Akten. – Text von Julius Brammer und Alfred Grünwald.

Personen: VERA LISAWETA *(Sopran);* GRAF DIMITRI *(Tenor);* BABUSCHKA *(Soubrette);* GRAF IPPOLITH *(Buffo);* KRASINSKI, *General, dessen Onkel (Bariton);* PRINZ PAUL *(Sprechrolle);* ALEXANDROWA NASTASIA OPALINSKI *(Alt);* ANNUSCHKA *(Sopran),* HANNUSCHKA *(Mezzosopran) und* PETRUSCHKA *(Alt); Polnische Adelsgesellschaft mit Offizieren, Damen, Tänzerinnen, Diener usw. – Ort und Zeit: Warschau 1910. – Uraufführung: 14. April 1920, Berlin, Metropol-Theater.*

Wenn auch die Operette selbst, einst ein Riesenerfolg, nicht mehr regelmäßig auf der Bühne erscheint, so ist der musikalische Höhepunkt „Das ist der letzte Walzer" doch unvergessen.

Zwiespältige Stimmung herrscht im Schloß des Generals Krasinski: Vorabend der Hochzeit des Generals mit Vera Lisaweta, doch hinter Schloß und Riegel sitzt Graf Dimitri, der am nächsten Tage erschossen werden soll, weil er den Prinzen Paul, als dieser einer Dame zu nahe trat, scharf in die Schranken gewiesen hat. Dem Todgeweihten wird jedoch erlaubt, auf dem Fest seinen letzten Walzer zu tanzen, wenn er sich ehrenwörtlich verpflichtet, nicht zu fliehen. Er fordert die Generalsbraut Vera zum Tanz auf – da erkennt er in ihr jene durch ihn beschützte Dame. Sie liebt ihn, will Krasinski, den ihr der Fürst heimtückisch bestimmt hat, nicht heiraten und ermöglicht dem Geliebten die Flucht. Doch er kehrt zurück und stellt sich. Jetzt hängt alles von Vera ab. Sie umgarnt den Prinzen Paul dermaßen, daß er ihr in seiner

Liebestollheit eine Zeitlang die Herrschaft überläßt. Geschwind läßt sie den Gefangenen in die Schloßkapelle bringen und sich mit ihm trauen. Gegen eine rechtmäßig geschlossene Ehe kann auch der Prinz nicht an. Doch sicher ist sicher: das junge Paar flieht vorsichtshalber ins Ausland.

Ihr erster Walzer

(Text von P. Knepler und A. L. Robinson, Uraufführung Zürich 1948 unter dem Titel „DIE MUSIK KOMMT", unter dem jetzigen Titel 1950 in München).
Das Werk ist als Musikkomödie bezeichnet und besteht aus zwei Akten, die in zehn Bilder unterteilt sind. Nun war also auch der fast achtzigjährige Straus der Bilderzersplitterung verfallen; derartiges mag dem Film, der Revue und dem Funk anstehen, keinesfalls aber der Operettengattung, der Straus seiner ganzen Art nach verbunden ist. Kein Wunder, daß dem Komponisten der Atem ausgeht, daß er die vielen Einzelheiten nicht auf einen musikalischen Gleichklang bringt. Dabei kann nicht überhört werden, daß die melodische Erfindungskraft an sich noch immer erstaunlich ist. – Dem derbfröhlichen Fürsten Albert hat man eine, wie es scheint, recht bigotte Frau Clementine beigesellt. Daraus ergibt sich erstens: getrennte Schlafzimmer (obwohl das bei Fürsten doch sonst auch üblich sein soll); und daraus wieder ergibt sich zweitens: vielbemunkelte Kinderlosigkeit. Glücklicherweise lebt da ein Kammerherr am Hofe, der gegen sein ewiges Mattsein eine Medizin braucht und der, da er nun schon selbst in die Apotheke gehen muß, gleich ein Mittel gegen die Schlaflosigkeit der Fürstin Clementine mitbringt. Und noch glücklicher: er nimmt aus Versehen

das Schlafmittel selbst, und Clementine bekommt die Aufpulverungsmedizin. Beide Arzneien wirken vortrefflich, besonders bei Clementine. Als nämlich ein Jugendfreund ihren Gemahl auf einen Maskenball mitnimmt, fühlt sie sich in ihrem ungewohnten Lebensdrang veranlaßt, ebenfalls auf diesen Ball zu gehen. Und da ist nun auch eine Marietta, die den Leutchen einen neuen Tanz beibringt: den Walzer. Alles ist berauscht, der Fürst tanzt begeistert mit dieser Marietta, und die Fürstin läßt den Jugendfreund ihres Mannes nicht los. Nach der Demaskierung gibt es zwar betretene Verlegenheit; aber wichtiger ist diese zwingende Folgerung: die Aufmunterungspillen führten die bigotte Clementine auf den Ball, auf dem Ball tanzte sie ihren ersten Walzer, der Walzer brachte ihr Blut in Wallung, die Wallung führt sie in die Arme ihres Gemahls – und über die Kinderlosigkeit des Fürstenpaares braucht man höchstwahrscheinlich in absehbarer Zeit nicht mehr zu munkeln.

✻

Eine weitere wenig gespielte Operette *Der tapfere Soldat* (auch *Der Schokoladensoldat*) sei hier genannt, weil Straus im Jahre 1908 manche Musicals vorweggenommen hat: der Text ist nämlich nach Shaws *Helden* geschrieben.

JESSEL

Leon J. (1871–1942) studierte in Stettin Musik, war dann Theaterkapellmeister in verschiedenen Städten. Schrieb 20 Operetten und wurde international bekannt mit seiner Komposition *Parade der Zinnsoldaten*.

Schwarzwaldmädel

Operette in drei Akten. – Text von August Neidhart.

Personen: BLASIUS RÖMER, Domkapellmeister (Bariton); HANNELE, seine Tochter (Sopran); BÄRBELE, in Römers Diensten (Sopran); JÜRGEN, Wirt; LORLE, seine Tochter; MALWINE VON HAINAU (Sängerin); HANS (Tenor); RICHARD (Buffo); DIE ALTE TRAUDEL; SCHMUSSHEIM, ein Berliner; THEOBALD; Bauern, Bäuerinnen. – Ort und Zeit: St. Christoph im Schwarzwald, Anfang des 20. Jahrhunderts. – Uraufführung: 25. August 1917, Berlin, Komische Oper.

Dem Werkchen fehlt das Spritzige, Wirbelnde, Mitreißende der echten Operettenmusik; dafür sind die gefälligen Melodien nett gesetzt, eingängig, vielfach in der Nähe des Singspiels beheimatet.

1. Akt. Ins Haus des alternden Domkapellmeisters Römer, der mit seiner Tochter Hannele und der jungen Magd Bärbele still für sich lebt, kommen Hans und Richard. Sie geben sich als wandernde Musikanten aus, doch Römer merkt bald, daß es zivilisationsmüde junge Leute sind, die der Großstadt auf einige Zeit entfliehen wollen. Hans flieht zudem noch vor der in ihn verliebten

Malwine von Hainau. Aber sie ist ihm auf der Spur, erscheint, erbittet sich von dem Trachtensammler Römer eine Tracht für das morgige Fest, kommandiert Hans zum Tanz, flirtet mit Richard, verschafft auch Bärbele ein hübsches Trachtenkleid und wirbelt davon. Die arme Bärbele ist so glücklich, morgen schön geschmückt mittanzen zu können, daß sie Römer einen Kuß gibt.

2. Akt. Lebhafte Bauernfröhlichkeit am Cäcilienfest; wobei nebenher Bärbeles Muhme als Hexe bedroht und von Hans in Schutz genommen wird; wobei der Berliner Schmußheim den üblichen Berliner Possenwirbel macht; wobei der seit dem Kuß Bärbeles in seine Magd verliebte Römer mittanzen möchte und nicht kann; wobei Bärbele plötzlich nicht auf den Tanzboden gelassen werden soll und von Hans verteidigt werden muß; wobei es schließlich zu einer zünftigen Rauferei kommt.

3. Akt. Die Schuldigen an der Rauferei werden gesucht. Zunächst Hans, dann Richard und Malwine ... als Verlobte. Verloben möchte sich auch der alte Römer, der Bärbeles Kuß nicht vergessen kann. Da wird ihm Nachricht, daß Bärbeles Vater gestorben ist und ihr ganz unvermutet ein Vermögen hinterlassen hat. Selbstverständlich werden nun Bärbele und Hans ein Paar, und Römer muß seinen Entsagungsschmerz seiner geliebten Musik anvertrauen.

FALL

Leo F. (1873–1925, Österreicher), Sohn eines Militär-kapellmeisters, studierte am Wiener Konservatorium, war Kapellmeister in verschiedenen deutschen Städten und ging dann nach Wien. Schrieb Opern und Operetten.

Im ersten Viertel des 20. Jahrhunderts spielten die Operetten von Fall keine geringere Rolle im deutschen Spielplan als die des um drei Jahre älteren Lehár; dagegen sind sie gegenwärtig etwas zurückgetreten. Das ist zu verstehen bei dem textlich leicht rührseligen Singspiel *Brüderlein fein*, bei der textlich dürftigen, musikalisch etwas schwülstigen *Rose von Stambul* und der widerspenstigen *Dollarprinzessin*, die heute durch eine andere Widerspenstige, *Kiss me, Kate!* verdrängt ist. Aber im großen und ganzen wäre der kerngesunden, echt operettenhaften Musik Falls, ihrer sprühenden und zugleich tiefsinnigen Heiterkeit, ihrer kaum jemals ins Sentimentale abgleitenden, volkstümlichen Innigkeit eine stärkere Beachtung zu wünschen. In ihr herrscht weder der unpersönliche „Schlager" noch der persönlich sein sollende Salonkitsch. Vielleicht am deutlichsten wird einem das bei dem unvergessenen Walzerlied „Kind, du kannst tanzen wie meine Frau" aus der vergessenen *Geschiedenen Frau*.

Der fidele Bauer

Operette in einem Vorspiel und zwei Akten. – Text von Victor Leon.

Personen: LINDOBERER, *reicher Bauer (Komiker);* VIN-ZENZ, *sein Sohn (Tenorbuffo);* MATTHÄUS SCHEICHELROI-THER, *der fidele Bauer (Bariton);* STEFAN, *sein Sohn (Tenor) und* ANNAMIRL, *seine Tochter (Soubrette);* DIE ROTE LISI *(Sopran) und ihr Söhnchen* HEINERLE *(Kinderstimme);* ZOPF, *der Polizist (Komiker);* VON GRUNOW, *Geheimrat (Bariton);* VIKTORIA, *dessen Frau (Alt);* HORST, *deren Sohn, Husarenleutnant (Bariton) und Tochter* FRIEDERIKE *(Sopran); kleinere Nebenrollen, Volk, Bauern, Studenten usw. – Ort und Zeit: oberösterreichisches Dorf und Wien 1896 und 1907. – Uraufführung: 27. Juli 1907, Mannheim, Deutsches National-Theater.*

Verwitwet, arm, aber fidel ist der Bauer Matthäus. Auch jetzt spielt er den Fidelen, als sein Sohn Stefan, für den er mit seiner Tochter Annamirl sparte und spart, zur Universität geht. Freilich, Pate Lindoberer hilft auch mit. – Die rote Lisi möchte ihrem Söhnchen zwar etwas auf dem Jahrmarkt kaufen, aber „Heinerle, Heinerle, hab kein Geld". Nach elf Jahren kommt Stefan, der niemals geschrieben hat, als „Doktor" zu den Seinen, doch paßt ihm die bäuerliche Einfachheit nicht mehr, auch verbittet er es sich, daß Vater und Tochter etwa zu der bevorstehenden Hochzeit mit der Geheimratstochter Friederike kommen. Ein harter Schlag für den fidelen Bauern, der so stolz ist auf seinen Doktor-Sohn. Doch dann nimmt er den kleinen Heinerle an Kindesstatt an. – Nun ist Stefan in Wien gar Professor geworden und empfängt seine vornehme Verwandtschaft. Törichterweise erscheinen unvermutet auch Vater, Schwester und Pate. Die vornehme Verwandtschaft verhehlt nicht ihre Geringschätzung; nur Stefans junge Frau, die von seiner bäuerlichen Abstammung nichts wußte, spricht liebevoll-energisch das rechte Wort. Als nun gar die Dorfleute sich zurückziehen, um „nicht zu stören", da schwindet auch Stefans Hochnäsigkeit: mit einem plötzlichen Stolz tritt er neben die Menschen, die ihm durch Sparsamkeit seine Laufbahn ermöglicht haben.

Der liebe Augustin

(Drei Akte, Text von R. Bernauer und E. Welisch, Uraufführung der endgültigen Fassung Berlin 1912, zuvor 1907 als „DER REBELL")
arbeitet textlich mit ähnlichen Gegensätzen wie der *Fidele Bauer*. Prinzessin Helene soll einen Fürsten heiraten, um ihren Onkel aus der ewigen Geldklemme zu befreien. Sie liebt freilich den Klavierlehrer Augustin Hofer, „und der Himmel hängt voller Geigen", wenn die beiden daran denken, sie könnten ein Paar werden. Doch sie sind vernünftige Menschen und wollen sich in ihr Geschick fügen. Augustin würde dann eben Anna, die Tochter des Kammerdieners Jasomirgott, heiraten ..., wenn diese nicht allzu hoch hinaus wollte und nicht schon kräftig mit dem fürstlichen Bräutigam kokettierte. Wie immer, so kommen auch diesmal die Richtigen zusammen. Es stellt sich nämlich heraus, daß es bei der Taufe ein Versehen gegeben hat: Helene ist in Wirklichkeit des Kammerdieners Tochter, und Anna hat das berühmte, in der hochadeligen Familie erbliche Muttermal eines – Champagnerkorks. Zwei Paare: August und Helene, der Fürst und Anna.

Die Rose von Stambul

(Drei Akte, Text von J. Brammer und A. Grünwald, Ur-
aufführung Wien 1916)

hat eine einfache, im Grunde freilich etwas dünne Handlung, und mir will scheinen, als sei die Vertonung Falls
für dieses Textbuch streckenweise zu schwülstig. Offenbar hat der Komponist durch dickeres Auftragen etwas
Orientalisch-Türkisches zum Klingen bringen wollen.
Die ,,Reformen, ganz enormen", von denen die Titelhel-
din schwärmt, dürften in der Türkei von heute inzwischen durchgeführt sein. – Die Paschastochter Kondja
Güll ist Achmed Bey, einem Ministersohn, zur Frau bestimmt. Nach altem türkischen Brauch darf der Bräutigam die Braut vor der Hochzeit nicht sehen; also unterhält man sich beim ersten Zusammentreffen so, daß zwischen den Verlobten ein Wandschirm steht. Dabei verhält sich die Braut noch zurückhaltender, als der Brauch
es vorschreibt; sie liebt nämlich einen anderen, den sie
zwar auch nie gesehen hat, der aber sooo moderne Romane schreibt. André Lery heißt der Mann. Nun wäre es
ja für den Bräutigam eine Kleinigkeit, sie davon in
Kenntnis zu setzen, daß er selbst die Romane geschrieben, ihrer freiheitlichen Ansichten wegen aber nicht mit
seinem Namen gezeichnet hat, weil sein Vater, der Minister, dadurch in Schwierigkeiten kommen könnte. Er
unterläßt jedoch diese Mitteilung, weil ja sonst die Operette nicht weiterginge. Als er nach der Hochzeit seiner
Frau Unterricht im Walzertanzen gibt (wie europäisch!),
sie aber dennoch nicht ganz für sich gewinnen kann, sagt
er nun endlich, daß er André Lery ist. Jetzt ist *sie* daran,
es nicht zu glauben, weil ja noch ein dritter Akt folgen
muß. Zielsicher, wie sie nun einmal ist, fährt sie in die
Schweiz, weil ihr Mann früher behauptet hatte, der

Dichter Lery sei dorthin gereist. Glücklicherweise kommt sie in ein Hotel, in dem man ihr auf Befragen mitteilt, der Dichter Lery werde noch heute mit Frau erwartet. O Gott, der Mann ist also verheiratet! Wäre sie doch lieber bei ihrem Achmed geblieben! Wie kaum anders zu erwarten, erscheint nun Achmed persönlich. Der dritte Akt nähert sich dem Ende, so daß der Guten nichts anderes übrigbleibt, als nunmehr die Gleichung Achmed-Lery erfreut anzuerkennen.

Madame Pompadour

Operette in drei Akten. – Text von R. Schanzer und E. Welisch.

Personen: DER KÖNIG; MARQUISE VON POMPADOUR; GRAF RÉNE; MADELAINE, *seine Frau;* MAUREPAS, *Polizeiminister;* POULARD, *sein Spitzel;* JOSEPH CALICOT, *Dichter;* BELOTTE, *Kammerzofe der Pompadour;* COLLIN, *Haushofmeister der Pompadour; Verschiedene Nebenfiguren: Hofleute, Künstler, Grisetten usw. – Ort und Zeit: Paris, Mitte des 18. Jahrhunderts. – Uraufführung: 9. September 1922, Berlin, Berliner Theater.*

Wenn man diese Operette französisch-spielerisch aufführt (wozu übrigens manche Teile der Musik geradezu einladen), vermag sie heute noch mit Glanz zu bestehen; eine Über-Regie verträgt sie jedenfalls nicht.

1. Akt. Das Königsliebchen – freilich zugleich auch die eigentliche Beherrscherin der französischen Politik –, die Marquise von Pompadour, hat sich auf dem Hofball gelangweilt und ist verstohlen und unerkannt auf ein Karnevalsfest des Pariser Künstlervölkchens gekommen; nur ihre Zofe Belotte hat sie mitgenommen. Daß man

dort spöttische Couplets auf sie singt, wobei sich der
Dichter Calicot mit einem neuen Schlager besonders her-
vortut, rührt sie wenig. Da interessiert sie sich schon
mehr für einen Freund des Dichters, den Grafen René,
der die unbekannte Schöne sogleich für sich in Beschlag
nimmt, während der Dichter und die Zofe aneinander
Gefallen finden. Plötzlich erspäht sie den Polizeiminister
Maurepas, ihren alten Gegner, der sie belauert. Mit
überlegener Ruhe erklärt sie ihm, sie habe hier lauter
Feinde des Hofes beobachtet, und verlangt von ihm – um
sich selbst zu decken – deren Verhaftung. Den Grafen
René möchte sie gern in Sicherheit bringen, aber er geht
auf ihre andeutende Warnung nicht ein. Der Polizeiminister kommt mit seinen Leuten zurück, um die aufsässi-
gen Hoffeinde festzunehmen. Dabei wird die Pompadour erkannt. Graf René, der sich von der Schönen ge-
nasführt glaubt, singt ihr zornig Calicots höhnisches
Lied ins Gesicht. Dichter und Sänger erhalten wider Erwarten eine seltsame Strafe: Calicot soll ein Festspiel für
den Hof schreiben, Graf René muß in das Regiment der
Pompadour eintreten.

2. Akt. Calicot sieht ein, daß seine Strafe gar nicht so
leicht ist, obwohl das Zöfchen Belotte wacker versucht,
ihm das Dichten von Hoffestspielen zu erleichtern. Graf
René dagegen findet seine Strafe höchst angenehm; denn
die Dienste, die er der Marquise zu leisten hat, werden
kaum soldatischer Art sein ... Da kommt zur Pompadour eine Frau Madelaine, die nach ihrem verschollenen
Gatten sucht, und es stellt sich heraus, daß sie eine Halbschwester der Marquise ist; ihr soll Hilfe werden. Inzwischen glaubt der Polizeiminister, in Calicot einen Liebhaber der Pompadour entdeckt zu haben. Der verbirgt
sich vor lauter Angst um das, was aus dieser wenn auch
ungerechtfertigten Beschuldigung erwachsen könnte, in

einer gewaltigen Truhe der Pompadour; denn der König naht. Nur kommt es anders. Zwar wollte die Marquise, wie der Polizeiminister ganz richtig vermutete, in ihr Schlafzimmer, wohin sie René zu besonderer Dienstleistung befohlen hatte; doch kurz zuvor hat sie erfahren, daß René der Mann ihrer Halbschwester Madelaine ist. Bevor sie ihn mit leichtem Bedauern entlassen kann, hat der Polizeiminister den König hereingeführt. René wird ins Gefängnis geworfen. Der König schenkt den Versicherungen der Pompadour keinen Glauben, worauf sie kurzerhand die Truhe mit den politischen Dokumenten in des Königs Zimmer bringen läßt. Soll er künftig seine Politik selbst machen!

3. Akt. Das Todesurteil gegen Calicot, den angeblichen Geliebten der Madame Pompadour, ist unterzeichnet. Da rappelt es an der Truhe, man öffnet – Calicot steigt heraus! Mit Leichtigkeit läßt sich beweisen, daß er nicht der Geliebte der Pompadour sein kann; der Polizeiminister hat sich mit seiner Verdächtigung blamiert. Und René, den man im Schlafzimmer der Marquise fand? Oh, bitte, der ist doch der Pompadour Schwager, der Mann ihrer Halbschwester Madelaine, die nun dem König vorgestellt wird. Wie ist doch Madame Pompadour so rein, so unschuldig, so erhaben über jeden Verdacht! Daß Calicot das Zöfchen Belotte bekommt, versteht sich von selbst.

EYSLER

Edmund E. (1874–1949, Österreicher) studierte in
Wein, gab Klavierunterricht, bis er nach seinen ersten
Erfolgen als Freischaffender leben konnte. Von seinem
halben hundert Operetten sind *Bruder Straubinger* und
Die gold'ne Meisterin die erfolgreichsten geblieben.

Bruder Straubinger

Operette in drei Akten. – Text von West und Schnitzer.

*Personen: LANDGRAF PHILIPP; LANDGRÄFIN LOLA; EXZEL-
LENZ NAUPP, Hofintendant; FRÄULEIN VON HIMMELISCH,
Hofdame; RÜCKEMICH, Ratsherr; BRUDER STRAUBINGER;
Das „wilde Mädchen" OCULI; SCHWUDLER und seine
Frau LIDUSCHKA, Schaubudenbesitzer; BONIFAZ, ein
Deserteur; Wimmerer; Ratsschreiber; Bierschopf, Rats-
diener; Hofleute, Offiziere, Bürger, Handwerksburschen
usw. – Ort und Zeit: Rheingegend im 18. Jahrhundert. –
Uraufführung: 6. Januar 1903, Wien, Theater an der Wien.*

„Küssen ist keine Sünd", singt der Bruder Straubinger, und noch nach einem halben Jahrhundert singen und
summen es ihm alle nach. Abgesehen von der in diesem
Walzerliedchen gepriesenen Tätigkeit muß doch in der
Melodie etwas stecken, was Ohr und Gemüt anspricht,
ein fröhlicher Herzenston, dem man willig lauscht und
zwar immer wieder, Jahrzehnt um Jahrzehnt. Eyslers
„Straubinger"-Musik kann sich gewiß nicht messen mit
der leicht salonhaften Gesellschaftsmusik eines Lehár

oder den raffinierten Künsten anderer Operettenkomponisten. Dafür spricht sie eine menschliche Seite an, die wohl auch dann noch bestehen wird, wenn die meisten Operetten der ersten Hälfte unseres Jahrhunderts (und auch der *Bruder Straubinger*) vergessen sind: das Bedürfnis nach harmloser, nicht überwürzter Fröhlichkeit.

1. Akt. In dem Großbetrieb vor der Stadt fehlt natürlich auch der geschäftüchtige Schaubudenbesitzer Schwudler nicht; mit dem ,,wilden Mädchen Oculi", hofft er, den Leuten etwas Zugkräftiges bieten zu können. Diese Oculi wäre auch etwas für den ewig liebeshungrigen Landgrafen, der heute zurückkommt; das ist jedenfalls die Meinung des Hofintendanten. Außer dieser frischen Rosenknospe für den hohen Herrn braucht man auch noch einen Rosengärtner für das Schloß. Inzwischen bereitet die Landgräfin mit ihren Hofdamen einen Empfang für den Gemahl vor, wobei die Damen sich als Offiziere verkleiden. Müde kommen Bruder Straubinger und der desertierte Bonifaz herbei. Straubinger legt sich gleich an den Wegrand, um zu schlafen. Da stiehlt ihm Bonifaz seinen Paß und verschwindet, um den Posten des Rosengärtners zu bekommen. Der erwachte Straubinger aber hat nur noch den Paß seines Großvaters. Das ist etwas für den Schaubudenbesitzer: er stellt Straubinger als neue Zugnummer ein. Der älteste Mann der Welt! – siehe den Paß, 114 Jahre alt. Nun läßt sich alles wunderbar an: als der Landgraf endlich kommt, macht er den Schaubudenbesitzer zum Hofballmeister, setzt für das ,,wilde Mädchen Oculi" im Vorgefühl süßer Freuden ein Dauergehalt aus, und der 114jährige Krieger Straubinger bekommt eine Rente.

2. Akt. Natürlich möchte nun der Landgraf eine Gegenleistung von Oculi. Das hört die Landgräfin, will daraufhin Oculi mit dem neuen Rosengärtner Bonifaz

verheiraten. Als diese sich weigert, bietet sich der Hundertvierzehnjährige als Mann an. Das scheint nun nichts für ein junges Ding; doch der „Alte" singt ein Lied („Küssen ist keine Sünd"), und nun weiß Oculi, wer der Verkleidete ist: ihr geliebter Straubinger, dem sie schon immer die Treue gehalten hat.

3. Akt. Nach Hochzeit und Brautnacht findet Oculi den vom Rosengärtner Bonifaz verlorenen Paß Straubingers. Sofort wirft der seine Verkleidung weg – zur großen Freude übrigens der Landgräfin. Sie war nämlich zur Hütte des Paares gekommen und wollte sehen, ob ihr landgräflicher Gemahl nicht doch den Versuch machen würde, bei Oculi das zu erreichen, was einem Hundertvierzehnjährigen versagt bleiben muß. Tatsächlich macht sich der hohe Herr heran, muß aber betreten feststellen, daß ein anderer – nämlich der *junge* Bruder Straubinger bereits besitzt, was der Landgraf zu besitzen wünschte. Zürnen darf er ja nicht; denn die Landgräfin lächelt ihn so merkwürdig an.

Die gold'ne Meisterin

Operette in drei Akten. – Text von Julius Brammer und Alfred Grünwald.

Personen: MARGARETE, *Goldschmiedswitwe (Sopran);* CHRISTIAN, *Goldschmiedegeselle (Tenor);* PORTSCHUNKULA, *Haushälterin (Mezzosopran);* GRAF JAROMIR *(Buffo);* FRIDOLIN, *Ritter (Buffo);* BRUDER IGNATIUS *(Bariton);* FRIEDL, *Lehrbub (Soubrette);* CONTEZZA GIULIETTA, *Altgeselle, Mitbrüder von Ignatius, Volk aller Stände usw. – Ort und Zeit: in und bei Wien, Mitte des 16. Jahrhunderts. – Uraufführung: 13. September 1927, Wien, Theater an der Wien.*

Musikalisch das Gegenteil von einer Schlager-Operette, charaktervoll die Personen- und Situationsbezeichnung, stets anmutig und von gewinnender Heiterkeit, sorgfältig in der Orchesterführung.

Reichsein ist ganz schön, aber viel vornehmer wäre es doch, wenn man in Adelskreisen verkehren könnte – und wenn es nur heimlich möglich ist. So hält es die junge Goldschmiedewitwe Margarete, schleicht sich auf einen Adelsball in Wien, wird von ihrem maskierten Tänzer mit „Prinzessin" angeredet und schwelgt nach der Rückkehr in seliger Erinnerung. Doch ihr Tänzer war „nur" ihr Geselle Christian. Am liebsten würde sie ... Aber gerade jetzt bedarf sie seiner; denn nur er kann den goldenen Teller anfertigen, den soeben die Contezza Giulietta bestellt. – Zu einem Hausball empfängt Margarete, adelsnärrisch wie nur je, einen Grafen Jaromir und einen Ritter Fridolin, träumt sich bereits als Gräfin Jaromir, weist die Warnungen Christians, der die betrügerischen Habenichtse von früher her kennt, hochmütig zurück. Christian liebt seine Meisterin, will sie vor Enttäuschungen bewahren, schreibt nach Nürnberg an den Großvater von Jaromirs Braut (denn dieser Hochstapler ist längst verlobt), befürchtet jedoch, der Brief könne zu spät kommen, und beweist nun in der Maske des besagten Großvaters, daß Graf Jaromir nicht nur verlobt, sondern zudem Vater von etlichen unehelichen Kindern ist. Der heiratschwindelnde Graf muß verschwinden. Christian wirft seine Verkleidung ab, und Frau Margarete wäre nun sogar bereit und willens ... Da aber mag Christian nicht mehr und geht von ihr. – Gott sei dank gibt es einen anerkannten Retter aus Liebesklemmen, den Klosterbruder Ignatius, der zudem noch im Besitz eines Lügendetektors in Gestalt eines „Bonifacius-Sessels" ist. Es hilft nichts – jeder muß dran. Graf Jaromir bekennt, eine

Braut zu haben, und verspricht sie zu heiraten, zumal sie
gerade tüchtig geerbt hat. Ritter Fridolin macht sein in
völliger Trunkenheit gegebenes Versprechen wahr, die
Haushälterin Portschunkula zu heiraten (denn sie hat ein
hübsches Sümmchen erspart). Auch Frau Margarete, die
goldene Meisterin, und der Geselle Christian beichten
auf dem Sessel, daß sie einander lieben. Drei Heiraten
auf einmal, mehr kann man von dem Bonifacius-Sessel
kaum verlangen.

NEDBAL

Oscar N. (1874–1930, Böhme) studierte u. a. bei Dvořák, war an der Gründung des berühmten Böhmischen Streichquartetts beteiligt, Dirigent verschiedener Bühnen und Orchester, schrieb vor allem Kammermusik, Operetten, Ballette.

Polenblut

Operette in drei Akten. – Text von Leo Stein.

Personen: Jan Zaremba, *Gutsbesitzer;* Helene, *seine Tochter (Sopran);* Graf Boleslaw Baranski *(Tenor);* Bronio von Popiel, *sein Freund (Buffotenor);* Wanda Kwasinskaja, *Tänzerin (Soubrette);* Jadwiga Palowa, *ihre Mutter; Polnische Edelleute, Bauern, Mägde, eine Pfändungskommission usw. – Ort und Zeit: Warschau und Baranskis Gut, um 1900. – Uraufführung: 25. Oktober 1913, Wien, Carltheater.*

Daß Nedbal ein tüchtiger Könner ist, spürt man an vielen Stellen dieser Operetten-Partitur; nicht minder beachtlich seine urmusikantische Veranlagung. Aber dieser Böhme, der polnisches Feuer und Wiener Sentimentalität seiner Musik beimischt, kommt oft allzu nah an jenes Eck, an dem echte Musikalität, gewollter Schlager und reißerischer Effekt zusammenstoßen. Im übrigen ist die im Text behandelte „polnische Wirtschaft" längst versunken; ob sie in dieser Form überhaupt je bestanden hat, darf man leise bezweifeln.

1. Akt. „Der Polenball." Die Art, in der Graf Baranski bisher gelebt, geliebt und gespielt hat, hält auch das schönste Vermögen nicht aus. Gutsbesitzer Zaremba muß ein netter Mann sein; denn er will Baranski nicht nur seine Tochter Helene, sondern eine hübsche Mitgift obendrein geben. Auf einem Ball sollen die beiden Heiratsanwärter zusammengeführt werden. Helene paßt die leichtfertige Gesellschaft nicht, und Baranski will sich Helene nicht einmal anschauen. Für die Liebe ist ihm die anwesende Tänzerin Wanda gerade recht, und für die Wirtschaft? Schön, soll ihm sein Freund Popiel die so sehr empfohlene Wirtschafterin schicken. Jetzt nichts mehr von Heirat, von Helene, jetzt nur Tanz und Liebelei.

2. Akt. „Die neue Wirtschafterin." Bei Baranski wird gespielt und gelacht, aber es wird auch gepfändet, alles radiputz weggepfändet. Baranski lacht und spielt weiter. Allerdings nur, bis die neue Wirtschafterin kommt (natürlich Helene in Verkleidung); denn die sorgt für Ordnung, macht kein langes Federlesen, wirft die Freunde hinaus, sagt selbst dem Gutsherrn Baranski die Meinung. Und merkwürdig: ihm imponiert nicht nur ihre sachverständige Tüchtigkeit, sondern diese Wirtschafterin hat auch als Frau irgend etwas an sich ...

3. Akt. „Goldene Ähren." Die Wirtschafterin muß ein Übermensch sein; denn in einem halben Jahr hat sie die verlotterten Zustände beseitigt und das Gut wieder hochgebracht. Baranski setzt ihr nach der wunderbaren Ernte den Ährenkranz auf und bietet ihr auch den Brautkranz an, obwohl er sie für eine einfache Wirtschafterin hält. Helene wäre schon bereit, den Hallodri zu nehmen. Doch die eifersüchtige Wanda ist dagegen und glaubt, Baranski für sich gewinnen zu können, wenn sie Helenens Verkleidung als Männerfängerei hinstellt und Ba-

ranski die ganze Geschichte spöttisch auseinandersetzt. Wenn es dem einst leichtsinnigen, jetzt aber zur Besinnung gekommenen Baranski auch nicht ganz einfach erscheint, auf das Weibchen Wanda verzichten zu müssen, lieber ist ihm schon eine tüchtige, reiche und zudem noch hübsche Frau. Also ...

KOLLO

Walter K. (1878–1940) studierte unter anderem in Königsberg, wurde in jungen Jahren Kapellmeister in Berlin, schrieb erst kleinere Lieder, dann mehrere Dutzend Operetten.

Ein Jahr vor dem ersten Weltkrieg wurde Kollos Operette *Wie einst im Mai* uraufgeführt – fast wie ein Sinnbild, als wollte sich Berlin „wie es weint und lacht" mit seiner ganzen harmlosen Schnoddrigkeit, seinem bezaubernden Schmiß, seinem scharfen und doch gutmütigen Witz, seiner aufgepulverten Betriebsamkeit und verhüllten Liebenswürdigkeit noch einmal singend und tanzend auf der Bühne zeigen, ehe es in seiner alten Lebensart zu Grabe getragen wurde. Dieses Berlin in musikalischen Schlagern widerzuspiegeln, war neben Lincke und Gilbert besonders Kollo berufen. Zwei Takte Kollos aus jener Zeit – und man fühlte sich nach Schöneberg oder Unter die Linden versetzt. Daß die berühmten Berliner Schusterjungen mit Ausdauer und Nachdruck Kollos Schlager pfiffen, zuweilen vielleicht sogar noch pfeifen, beweist am besten, wie genau dieser Komponist den keck-kessen Volkston zu treffen wußte. Mehr wollte er nicht. Je mehr das alte Berlin verschwand, desto geringer wurde der Widerhall seiner Operetten und Schlagerlieder. Von den späteren Werken Kollos wählen wir noch zwei, die jenen Berliner Ton nicht so stark verraten und eine Aufführung sehr wohl verdienen.

Wie einst im Mai

Operette in vier Bildern. – Text von Rudolf Bernauer und Rudolf Schanzer. Mit Musikeinlagen von Willy Bredschneider.

Personen: Ottilie von Henkeshoven (Sopran); Ernst Cicero von Henkeshoven, *ihr Vetter (Buffo);* Stanislaus von Methusalem (Baßbuffo); *seine vier Frauen* Mechthildis, Angostura, Mizzi *und* Kitty *(Alt);* Fritz Jüterbog *(Tenor);* Heinrich von Jüterbog *(Bariton);* Fred von Jüterbog *(anfangs Kind, dann Buffo);* Tilla Müller *(Soubrette);* Arthur Müller *(Buffo);* Komtesse Hohenberge-Tiefenthal *(Alt); kleinere Rollen: Oberst von Henkeshoven, Justizräte Pergamenter senior und junior, Vera Müller geb. Henkeshoven. – Ort und Zeit: Berlin 1838, 1858, 1888, 1913. – Uraufführung: 4. Oktober 1913, Berlin, Berliner Theater.*

„Das war in Schöneberg, im Monat Mai", singt es in dieser Halb-Operette; aber das Stücklein spielt nicht im Maimonat, sondern erstreckt sich auf ein volles dreiviertel Jahrhundert, nimmt also manchem Schauspieldichter von heute vieles vorweg.

1838. Der bürgerliche Fritz Jüterbog, der seine Jugendfreundin Ottilie von Henkeshoven heiraten möchte, ist den feinen Adeligen nicht gut genug. Ihr Verkehr muß endgültig unterbleiben.

1858. Ottilie hat ihren Vetter Ernst Cicero, einen Schürzenjäger und Liedrian heiraten müssen. Die Unglückliche trifft nach zwanzig Jahren den inzwischen reich gewordenen Jugendgeliebten Firtz in einem Ballsaal wieder.

1888. Immer reicher ist der Fritz geworden, sogar frisch geadelt und Kommerzienrat. Ottilie ist geschieden und hat eine Tochter Vera, wie Fritz einen Sohn Heinrich hat. Dieser wirbt um Vera, die jedoch einen bei Fritz von Jüterbog arbeitenden Ingenieur Müller liebt. Es geht wie einst im Mai, woran sich Ottilie und Fritz halb wehmütig erinnern: Sohn Heinrich muß sich von Vera zurückziehen.

1913. Was bei Fritz und Ottilie, bei Heinrich und Vera nicht ging, das geht jetzt wenigstens bei Fred von Jüterbog und Tilla Müller. Alle Eltern und Großeltern sind gestorben; nur Stanislaus von Methusalem lebt noch; kein Wunder, viermal hat er heiraten können: die Mechthildis, die Angostura, die Mizzi und nun die Kitty. Überhaupt ein alter Tausendsassa und Glücksbringer; denn er findet einen verschollenen Vertrag wieder, so daß sich die durch Prozeß entzweiten Familien der altadeligen von Henkeshoven und der neuadeligen von Jüterbog aussöhnen können. Auch die schlichten Müllers profitieren davon.

Drei alte Schachteln

Operette in einem Vorspiel und drei Akten. – Text von Hermann Haller und Rideamus.

Personen: CHARLOTTE KRÜGER (Sopran); URSULA, ihre Schwester (Soubrette); KLAUS KERSTING (Tenor); CORNELIUS HASENPFEFFER (Komiker); AUGUSTE, Köchin bei Krügers (Soubrette); RITTMEISTER VON TRESKOW, Offiziere, Damen, Soldaten, Freundinnen der Krügers usw. – Ort und Zeit: Potsdam, Anfang des 19. Jahrhunderts. – Uraufführung: 6. Oktober 1917, Berlin, Berliner Theater.

Eine Operette, die wahrhaftig heiterer und geschmackvoller ist als jenes vielgespielte andere Drei-Mädchen-Stück. Entscheidend sind Situationskomik und die zuweilen trefflich pointierende Musik Kollos.

Ursula wird zwar kaum mehr unter die Haube kommen, aber ihrer Schwester Lotte wäre es nach Jugend und Schönheit sehr wohl möglich. Sie hat auch schon in Klaus Kersting einen Auserwählten; der aber will mit einemmal ein Held werden, und das kann man seiner Meinung nach nur im Kriege. Und so zieht er denn ins Feld. Mit ihm, Cornelius Hasenpfeffer, der Bräutigam von Auguste, der Köchin von Ursula und Lotte. Nach zehnjährigem Heldendasein kehren die beiden Kämpen zurück, höchst erstaunt, daß ihre Liebsten nicht mehr so jung sind wie damals. Immerhin, der Hauptmann gewordene Held lädt Lotte höflicherweise zum Ball ein, den das Regiment veranstaltet. Hasenpfeffer tut das gleiche mit Auguste. Aber Lotte lehnt ab. Hinterher kommt den Mädchen ein Gedanke: sie wollen doch zum Ball, und zwar auf eigene Rechnung. Nun wird besonders Lotte hübsch herausgeputzt, und Ursula stellt sie auf dem Ball dem besagten Helden als ihre Nichte vor. Schon auf Grund der Ähnlichkeit mit der Lotte von einst verliebt er sich in die ,,Nichte", doch die hält es zum Schein mit den jüngeren Herren. Am nächsten Tage macht der nachdenklich gewordene Held einen Besuch bei den Schwestern: ob nicht doch Lotte und die Nichte ein und dieselbe Person waren! Die ,,alten Schachteln" wollen ihren kleinen Trug nicht aufkommen lassen, und die Köchin Auguste verkleidet sich als ,,Nichte". *Darauf* fällt selbst unser Held nicht herein. Er verlangt seine Lotte und bekommt sie auch. Ursula freilich bleibt nun ganz allein; denn Auguste und Gustav gedenken ebenfalls ...

Die Frau ohne Kuß

(Drei Akte, Text von R. Keßler, Gesangstexte von Kollos Sohn Willi, Uraufführung Berlin 1924)
will nicht so sehr eine Operette als ein ,,Lustspiel mit Musik" sein und verzichtet erfreulicherweise auf jede Film- und Revuewirkung. – Der Frauenarzt Dr. Hartwig sieht nur seinen Beruf, nicht aber seine reizende Mitarbeiterin Lotte. Um so mehr bemühen sich andere um sie, freilich ohne Erfolg, da sie in Hartwig verliebt ist. Da wird der Arzt telegraphisch nach Persien berufen. Natürlich will man dort als Helfer bei einer fürstlichen Geburt nicht einen Junggesellen, sondern einen wohlverheirateten Mann. Lotte schlägt vor, er solle mit ihr eine Scheinheirat eingehen, Hartwig ist einverstanden. Die Reise nach Persien wird ein beruflicher Erfolg für Hartwig, aber nicht der erwünschte Erfolg für Lotte; sie ist eine Frau ohne Kuß geblieben. Dabei ist Hartwig bereits in sie verliebt. Indem die listige Lotte ihre anderen Verehrer (darunter sogar einen persischen Prinzen, der dem Scheinehepaar nachgereist ist) dazu benutzt, ihren Chef eifersüchtig zu machen, bringt sie den frauenärztlichen Eisblock endlich zum schmelzen. Jetzt gibt es nicht nur einen Kuß, sondern noch mehr. Daß die Scheinheirat nun in eine echte umgewandelt werden muß, daß die anderen Bewerber verzichten lernen müssen, nun, das alles läßt sich mit Geschick einrichten.

GILBERT

Jean G. (eigentlich Max Winterfeld, 1879–1942) genoß eine vorzügliche musikalische Ausbildung, war Kapellmeister, seit 1910 nur noch Komponist, schrieb dutzende von leichten Bühnenwerken.

Neben Paul Lincke und Walter Kollo bekanntester Vertreter der Berliner Operette. Nur: waren es Operetten? Waren es nicht in Wirklichkeit pfiffige Schlager, ja Gassenhauer, denen nachträglich ein Bühnenmäntelchen umgehängt wurde? Die Operetten sind kaum noch bekannt; doch muß ihrer auch in diesem Rahmen gedacht werden, weil ihre Schlager noch heute wie Evergreens wirken, zumal in der Nacht, denn das haben die Mädchen so gerne, wenn der Vater mit dem Sohne von Puppchen, ihrem Augenstern, singen und pfeifen. Namen wie *Polnische Wirtschaft, Tangoprinzessin, Autoliebchen, Puppchen* sind feste Erinnerungsbestandteile. Spielbar sind heute allenfalls noch die folgenden kurz skizzierten Operetten.

Die keusche Susanna

(1910, Text von Georg Okonkowski, Alfred Schönfeld und Gilberts Sohn Robert)
ließe sich als eine Art Musical aufmöbeln. Da gibt es Tugendpreise für Männlein und Weiblein, Ermahnungen an die heranwachsende Jugend, ebenfalls den Pfad der Tugend zu betreten, bis alle Mahner und Ermahnten recht betreten sind, wenn sie sich als tugendlose Nachtschwärmer im Moulin Rouge begegnen. Ein besonderer Sauer-

topf benachrichtigt von derartigen Ruchlosigkeiten die
Polizei. Zwar wird später alles erklärt und vertuscht,
aber der Haupttugendwächter muß tief in die Tasche
greifen, und die „keusche" Susanne wird gar noch belo-
bigt, weil sie doch den lockeren Mädchen im Moulin
Rouge angeblich höhere Ziele weisen wollte.

Die Kinokönigin

*(1913, Neubearbeitung 1949 durch H. Kawan und
M. Maxfeld, ursprünglich von Georg Okonkowski und
Julius Freund)*
ist fast noch „musicalgeeigneter", hat das gleiche
Grundthema von gepredigter Tugend und praktizierter
Tugendlosigkeit, wäre zudem – wenn's euch gefällt – ein
Stücklein gegen die „saubere Leinwand". Ist da doch ein
sittenstrenger, filmfeindlicher Senator, der sich von einer
Filmdiva so umgarnen läßt, daß er in eine Situation gerät,
die ohne sein Wissen gefilmt und sogar aufgeführt wird.
Natürlich wird vertuscht: der Senator habe in dem aufse-
henerregenden Film nur mitgewirkt, weil der Reinertrag
wohltätigen (also wahrscheinlich filmfeindlichen) Zwek-
ken zugeführt wird.

STOLZ

Robert S. (1880–1975, Österreicher), Sohn von Berufsmusikern, studierte bei hervorragenden Lehrern, war Kapellmeister an zahlreichen Bühnen. Seine Opuszahl hat die Tausendergrenze längst überschritten (vor allem Unterhaltungsmusik auf allen Gebieten).

Trotz Strauß und Offenbach, Lehár und Kollo, trotz diesen und anderen; keines Schlager-, Tanz- und Operettenkomponisten Melodien haben einen derart durchschlagenden und dauernden Erfolg wie die von Stolz. Sie alle sind geschrieben mit leichter, aber sorgfältig kontrollierter Hand, sind elegant und charmant, schweigen bald gefühlsselig und kommen bald keck-spritzig daher, lassen träumen und rütteln dann wieder mit gepfefferten Rhythmen auf. Unverkennbar die einmalige Handschrift vom dramatisch-sentimentalen Chanson „Servus Du" bis zu den blühenden Praterbäumen, vom Lebewohl des „kleinen Gardeoffiziers" zum „Kaiser meiner Seele" und so weiter und so fort. Unvergeßlich zudem Stolz als Dirigent, z. B. der „Fledermaus"-Ouvertüre.

Wer so viel komponiert, hat bald Mißerfolg und bald kleinen Erfolg, dann wieder großen Erfolg und schließlich Welterfolg. Und seltsam: da erobert dieses oder jenes Werk alle Bühnen, wird serienweise aufgeführt, wird durch neue Werke ersetzt, taucht dann nach Jahrzehnten wieder auf und wird zum zweiten und dritten Mal ein Welterfolg. Wir können selbstverständlich hier nur einige wenige Kostproben geben.

Der verlorene Walzer
oder Zwei Herzen im Dreivierteltakt

*Operette in drei Akten (acht Bildern). Als Tonfilm mit
dem Text von W. Reisch und F. Schulz, 1930 und 1933
als Operette von P. Knepler, J. M. Welleminsky und
Rob. Gilbert.*

Personen: ANTON HOFER, *der Komponist (Tenor);* ANNY
LOHMEYER, *Operettensängerin (Sopran);* MIZZI REITMEY-
ER, *eine Soubrette;* NICKI *und* VICKI MAHLER, *Textbuch-
schreiber (beide Buffo);* HEDI MAHLER *(Mezzosopran);*
BARON HARTENBERG; FREDY PACHINGER; DR. MITISLAW
ISAKIEWICZ, *Notar; Theaterdirektor (Komiker);* FRANZ
GSCHWENDTNER, *Heurigensänger (Bariton);* BRIGITTE,
*Wirtschafterin bei den Brüdern Mahler (Mezzosopran);
Kleinere Rollen, Wirtshausgäste, Kellner, Theaterleute
usw. – Ort und Zeit: Wien um 1930. – Uraufführung:
Tonfilm 1930; Bühne: 30. September 1933, Zürich,
Stadttheater.*

1. Akt. Für Nicki und Vicki gilt es, dem Komponisten
Toni ein Operettentextbuch zu schreiben; dabei verdrießt es sie, daß der Sängerin Anny ein Lied Tonis nicht
gefällt, zudem dieser der Freundschaft mit ihr überdrüssig scheint. Ob die Stimmung der Brüder besser wird,
wenn ihre reizende Schwester Hedi zu Besuch kommt? –
Die Operette will der Theaterdirektor annehmen, doch
er verlangt unbedingt noch einen zündenden Walzer. –
Toni sitzt mit Anny beim Heurigenwirt und starrt in sein
Glas; es will ihm nichts Rechtes einfallen. Er brauche eine andere Freundin, meint der Wirt; dann kämen auch
neue Einfälle.

2. Akt. Den Toni wolle sie kennenlernen, fragen Nicki

und Vicki ihre Schwester Hedi? Das möge sie bleiben lassen; nicht mal einen richtigen Walzer bringe der zustande. Sie wollen ihm als inspirierende Freundin die Soubrette Mizzi schicken; doch an deren Stelle geht Hedi selbst. – Toni hat Anny den Laufpaß gegeben, sucht am Flügel einen Walzer, doch vergeblich. So findet ihn die ,,Fee Florabella", und schon ist der Walzer geboren: ,,Zwei Herzen im Dreivierteltakt ..."

3. Akt. Toni will seinen Librettisten den Walzer vorspielen ... aber die Melodie hat er vergessen. Die Fee muß her! Aber wer ist sie? – Viel wichtiger ist den dichtenden Brüdern die Mitteilung des Notars, daß Hedi nicht ihre Schwester sei; schon fangen sie zu flirten an. – Theaterprobe, doch der Walzer will und will sich nicht einfinden. Plötzlich singt aus den Kulissen die ,,Fee Florabella" die Melodie. Der Walzer ist wieder da, die Aufführung kann stattfinden, und die ,,Fee" ist (wer hätte es nicht erraten) Hedi, der ,,Mai hat zwei Herzen zusammengebracht".

Der Tanz ins Glück

(1921, Text von Rob. Bodanzky und Bruno Hardt-Warden).
Wenn ein Graf das Erkennungszeichen ,,Monokel am blauen Band" verliert, ein Friseurgehilfe es findet, als angeblicher Graf zum arrangierten Stelldichein geht, dem Mädchen den Kopf verdreht, von deren Vater als Schwiegersohn in spe anerkannt, dann aber durch allerlei Hin und Her entlarvt wird, dann schmeckt die Haarkräuslerei nicht mehr. Wie gut, daß die gute Lizzi nicht nur verliebt ist, sondern energisch eine Razzia durch

sämtliche Friseurgeschäfte veranstaltet, bis sie endlich den nun doch Geliebten wiederfindet. Also diesmal kein verlorener Walzer, sondern ein verlorener Friseur.

Die Tanzgräfin

(1921, Text von Rob. Bodanzky und Leopold Jacobsen) trippelt thematisch auf dem gleichen Parkett. Vor der Hochzeit mit einem dummen Marquis will sie sich unerkannt noch mal austanzen, trifft einen reizenden Partner, der sie, als beide bei dem Marquis eingeladen sind, wiedererkennt und den sie, um ihre Eskapade zu verheimlichen, schneidet. Noch schlimmer: sie will ihre Hochzeitsreise ausgerechnet auf dem Schiff machen, auf dem der Tanzpartner als Offizier Dienst tut. Aber mit wem macht sie die Hochzeitsreise? Durchaus nicht mit dem Marquis, sondern mit ihren Tanzpartner und Marinemann.

Wenn die kleinen Veilchen blühen

(1932 in Den Haag, Text von Bruno Hardt-Warden), dann gibt es ein Singspiel mit Rückblende. Student Fritz hat sich mit der Studentin Gustl verlobt, aber das hosentragende, zudem gesellschaftlich unter ihm stehende Mädchen paßt Fritzens Ministervater nicht. Da erzählen Gustls Eltern, wie es der Herr Minister als Student getrieben hat (die Erzählung wird in Rückblende als Hauptstück des Werkchens gespielt). Diesem Herrn Vater werden sie es nun zeigen! Mit zwei einstigen Studienkollegen wird er so unter Alkohol gesetzt, daß es zwischen ihm und dem Hosenweibchen zu einem Kampf

mit Schläger kommt; prompt verliert der alt, fett und träge gewordene Minister das Duell, und Fritz bekommt
seine Gustl.

Venus in Seide

*(Text von A. Grünwald und L. Herzen, Uraufführung
1932 in Zürich)*
ist eigentlich das Gemälde einer verführerisch schönen
Polin. Dieses Bild bringt der junge Fürst Stephan in den
Gerichtssaal. Sein Vater hatte aus politischen Gründen
Ungarn verlassen müssen, sein Riesengut einem Freunde
zu treuen Händen übergeben; der aber hat alles selbst behalten, die junge Polin Jadja geheiratet, doch von Besitz
und Frau nicht viel gehabt, weil er bald starb. Jetzt prozessiert der junge Stephan auf Herausgabe des väterlichen Gutes. Man sehe doch nur: die ,,Venus in Seide" –
sehe sie nicht aus wie eine in Halbseide, habe sie die Ehe
und den Besitz nicht vielleicht erschlichen? Kein Wunder, wenn die junge Witwe ihr Faschingsfest in übler
Stimmung begeht. Dann aber geht das Durcheinander
los. Da erscheinen gleich zwei ,,Fremde", zweimal der
berüchtigte Edelräuber Rósza Sándor. Um allem zu entgehen, auch um nicht dem Edelräuber zum Opfer zu fallen, heiratet Jadja schleunigst den Fremden Nummer
Zwei. Natürlich ist es der Prozeßgegner Fürst Stephan,
und geliebt hat sie ihn schon auf den ersten Blick.

Abschließend seien noch einige weitere Werke von
Stolz genannt, entstanden von 1906 bis 1962: *Manöverliebe, Das Glücksmädel, Mädi, Peppina, Himmelblaue
Träume, Frühling im Prater, Trauminsel.*

ASCHER

Leo A. (1880–1940, Österreicher) war im Hauptberuf
Jurist, schrieb aber zahlreiche musikalische Bühnenwerke.

Ascher, ein liebenswürdiges Talent, konnte sich neben
seinen berühmten Kollegen der Wiener Operette hören
lassen, weil er ihnen nicht nachstrebte, sondern seinen
bescheidenen Eigenweg gehen wollte. War es auch mehr
ein Pfad als ein Weg, so hat ihm diese kluge Selbstbe-
schränkung doch einige starke Erfolge eingetragen. Im
Grunde ist er ein Musiker, der weiche Stimmungen zu
erzeugen versucht, d. h. dem sogenannten Schlager ab-
hold ist.

Seine dreiaktige Operette *Hoheit tanzt Walzer* (Text
von A. Grünwald und J. Brammer, Wien 1912) behandelt den in Rührstücken und Operetten vielfach abge-
wandelten Stoff von Herzliebe und Pflichtheirat. Die Bi-
bliothekarstochter Lisi möchte den netten, aber armen
Aloisius Strampfl heiraten; doch der Vater ist dagegen
und möchte sein Töchterlein lieber in die zwar fetten,
doch im Geld wühlenden Hände des Gastwirts Plunderer geben. Retter in der Not ist der ewig optimistische
Musiklehrer Peperl Gschwandtner: er streckt sein ge-
spartes Geld vor, damit die beiden jungen Leute einen
Gasthof erwerben und heiraten können. Anfangs will
der Gasthof gar nicht gehen, weil Plunderers Konkurrenz (er läßt bei sich sogar den Lanner spielen!) zu stark
ist. Wieder weiß Peperl Gschwandtner Rat: der Gasthof
wird zu einem Treffpunkt für abwechslungsbedürftige,
heiratslustige Menschen. Unter diese mischt sich unerkannt auch Prinzessin Marie. Peperl, der jetzt als Bedie-

ner in dem Gasthof wirkt, verliebt sich in das hübsche
Fräulein. Und Prinzessin Marie macht ausgelassen mit,
spannt dem Plunderer seine Lanner-Kapelle aus und
tanzt mit Peperl fröhlich und unbekümmert – bis sie zum
Erstaunen aller in einem vornehmen Wagen zum fürstlichen Hof zurückgebracht wird. Aber Hoheit vergißt
nicht, wie glücklich sie war, als sie mit Peperl Walzer
tanzen konnte. Dem jungen Wirtspaar weist sie Gäste
zu, Peperl wird zum Hofkapellmeister ernannt. Wie
schön könnte nun alles sein, wenn nur das Herz nicht
wäre! Aber die Prinzessin muß nun einmal standesgemäß
heiraten, ob sie liebt oder nicht, und Peperl muß seine
zarte Liebe zur Prinzessin in Musik ertränken.

KÁLMÁN

Emerich K. (1882–1953, Ungar) studierte Musik, wollte Pianist werden, versuchte es, als seine Hand verletzt wurde, mit der Juristerei, blieb aber doch seiner alten Liebe, der Musik, treu und wurde Musikkritiker. 1908 machte er durch die Operette *Herbstmanöver* auf sich aufmerksam und schrieb eine Reihe weiterer Operetten, von denen einige wie das *Hollandweibchen* zeitweilig, andere dagegen dauernd Erfolg hatten.

Den Grundsatz mancher Komponisten, nur etwas zu schreiben, was dem normalen Hörer *nicht* gefällt, stellt Kálmán bewußt auf den Kopf: er will nur etwas komponieren, was „jenen gewissen zündenden Funken hat, der die Leute mitreißt". Nun, es funkt und funkelt sehr oft bei ihm, seine Melodien zünden, seine Orchesterbehandlung leuchtet, sein Rhythmus reißt mit. Daher steht er insbesondere mit seinen Hauptwerken *Csárdásfürstin* und *Gräfin Mariza* erfolgreich neben Lehár. Nur fragt man sich zuweilen, ob die Verwendung ungarischer Volksweisen und Tanzrhythmen durch sich selbst wirkt oder infolge einer „ungarischen Musikmode".

Die Csárdásfürstin

Operette in drei Akten. – Text von Leo Stein und Bela Jenbach.

Personen: LEOPOLD-MARIA, Fürst von und zu Lippert-Weylersheim; ANHILTE, seine Gemahlin; EDWIN RONALD, beider Sohn (Tenor); KOMTESSE STASI, Nichte der Fürstin

(Soubrette); GRAF BONI KANSCIANU (Buffo); SYLVIA VARES-CU (Sopran); OBERLEUTNANT EUGEN VON ROHNSDORFF; FE-RI VON KEREKES, genannt Bacsi; MAC GRAVE, Botschafter; GRÄFIN TSCHEPPE; BARONIN ELSNER; Notar; Oberkellner; Groom; Lakai; Zigeunerprimas; Kavaliere; Varietéda-men. – Ort und Zeit: Budapest und Wien, Anfang des 20. Jahrhunderts. – Uraufführung: 17. November 1915, Wien, Johann-Strauß-Theater.

1. Akt. Der Kabarett-Star Sylvia Varescu in Budapest fährt nach Amerika, und alle Verehrer haben sich zu ih-rer Abschiedsvorstellung eingefunden, allen voran Ed-win Ronald, ein Fürstensohn. Wohl weiß er im stillen, daß er sie kaum wird heiraten können, doch hoffen ist nicht verboten. Da naht die Entscheidung: der Vater ver-langt, er solle Sylvia sofort aufgeben, und Oberleutnant Rohnsdorff bringt den Befehl, Edwin Ronald habe sich sofort in Wien auf dem Korpskommando zu melden. Da bricht es aus dem jugendlichen Offizier hervor: vor Zeu-gen gibt er Sylvia ein schriftliches Eheversprechen und reist nach Wien. Glücklich bleibt Sylvia zurück, will auf ihr Amerika-Gastspiel verzichten. Da läßt Baron Boni sie die Karte sehen, auf der die Eltern Edwin Ronalds ohne dessen Wissen seine Verlobung mit der Komtesse Stasi bekanntgeben. Sylvia fühlt sich verraten.

2. Akt. Sylvia hat keinen Brief Edwins beantwortet, ist doch nach Amerika gefahren, die Komtesse Stasi ist ein guter Kerl – also fügt sich Edwin in die scheinbar unum-gängliche Verlobung im väterlichen Fürstenpalast in Wien. Sylvia aber ist zurückgekehrt, will Edwin noch einmal sehen und sie, der seit jener Geschichte in Buda-pest der Spottname „Csárdásfürstin" anhängt, erscheint nun als angebliche Gräfin Boni in Edwins Vaterhaus. Natürlich lieben die beiden einander noch. Edwin will

den Grafen Boni veranlassen, sich von Sylvia scheiden zu
lassen, damit er standesgemäß um eine Gräfin Sylvia
werben kann. Das hat keine Schwierigkeit; denn Graf
Boni hatte Sylvia nur zum Schein als seine Frau vorgestellt. Zudem: Boni liebt die Komtesse Stasi, und sie erwidert seine Liebe. Aus der vom Vater geplanten Verbindung wird also nichts. Ja, Sylvia inszeniert noch einen
hübschen Skandal im Fürstenhaus.

3. Akt. Die Lösung geht in einem Wiener Hotel vor
sich. Edwin sucht Sylvia, ihn wiederum sucht der fürstliche Vater, und der hört nun eine etwas peinliche Geschichte. Der alte vornehme Herr von Kerekes meint
nämlich zum Fürsten, er möge ruhig die Einwilligung
zur Eheschließung Edwin-Sylvia geben; in jungen Tagen
habe er (Kerekes) auch einen Varieté-Star heiraten wollen; aber ein Graf habe ihm die Geliebte weggeschnappt.
Jetzt dämmert es dem Fürsten: diese Jugendgeliebte von
Kerekes, die einen Grafen heiratete und ihn dann durch
den Tod verlor, ist die jetzige Fürstin, also Edwins Mutter. Zwei Paare: Edwin-Sylvia und Boni-Stasi.

Gräfin Mariza

*Operette in drei Akten. – Text von Jul. Brammer und
Alfred Grünwald*

Personen: GRÄFIN MARIZA (Sopran); FÜRST POPULESCU;
BARON KOLOMÁN SZUPÁN, *Gutsbesitzer aus Varasdin
(Buffo)*; GRAF TASSILO ENDRÖDY-WITTENBURG (Tenor);
LISA, *seine Schwester (Soubrette)*; KARL STEFAN LIEBEN-
BERG; FÜRSTIN BOZEN *Guddenstein zu Clumetz*; PENIZEK,
ihr Kammerdiener; TSCHEKKO, *ein alter Diener der Grä-
fin Mariza*; BERKO, *Zigeuner*; MANJA, *junge Zigeunerin*;

Gäste, Kinder, Tänzerinnen, Zigeuner, Bauernburschen und Bauernmädchen. – Ort und Zeit: Auf dem ungarischen Schloßgut der Gräfin Mariza, Anfang des 20. Jahrhunderts. – Uraufführung: 28. Februar 1924, Wien, Theater an der Wien.

1. Akt. Auf dem Gut der Gräfin Mariza arbeitet treu und gewissenhaft der „Verwalter Török"; in Wirklichkeit ist er ein Graf Tassilo, der durch Arbeit und Sparen eine Mitgift für seine Schwester Lisa zusammenzubringen hofft. Unvermutet erscheint die seit langem abwesende Gräfin Mariza; sie will sich ihren zahlreichen Verehrern in der Großstadt entziehen und hat erklärt, sie verlobe sich mit Baron Kolomán Szupán (wozu sie freilich nicht die geringste Absicht hat). Sie hat unter anderen Gästen auch Tassilos Schwester Lisa mitgebracht. Lisa glaubt, die Verwaltertätigkeit ihres Bruders sei nur ein Scherz, und so bleibt Gräfin Mariza über den Verwalter „Török" im unklaren. Höchst unangenehm: Kolomán Szupán erscheint und freut sich über die unerwartete Aussicht, sich mit Gräfin Mariza verloben zu können. An der Feier selbst darf der „Verwalter" natürlich nicht teilnehmen; und so singt er draußen ein wenig melancholisch: „Auch ich war einst ein feiner Csárdás-Kavalier." Die Gräfin hört ihn, fordert den „Verwalter" auf, ihren Gästen etwas vorzusingen, und als er ärgerlich ablehnt, entläßt sie ihn. Doch den lieben Menschen mag sie dann doch nicht entbehren; als sie auf dem Schloß wieder allein ist, bittet sie ihn, zu bleiben – und für sie, nur für sie zu singen.

2. Akt. Zart wirbt der „Verwalter" um die Gräfin, und auch sie ist ihm zugetan. Der gute Kolomán Szupán hat sich zudem von ihr vorsichtig zurückgezogen und liebt Lisa. So wäre die Gräfin Mariza frei ... Da fällt ihr

ein Brief in die Hände, den der „Verwalter" an einen
Freund geschrieben hat. Aus ihm muß sie entnehmen, er
werbe nur ihres Vermögens wegen um sie; allerdings erfährt sie nun auch, wer er wirklich ist. Vor allen Gästen
läßt sie dem Verwalter-Grafen eine große Geldsumme
auszahlen und gibt ihm den Abschied, diesem „Mitgiftjäger".

3. Akt. Die beiden Hitzköpfe verabschieden sich voneinander, keiner will den ersten Schritt zur Versöhnung
tun. Da schneit glücklicherweise eine reiche alte Tante
des Verwalter-Grafen in die Abschiedsszene. Sie hat erfahren, wie schlecht es ihrem Neffen geht und daß er für
Lisa arbeitet, hat daraufhin seine verschuldeten Güter
aufgekauft und gibt sie ihm nun feierlich zurück. Nun
geht's mit einem Male: Gräfin Mariza und Graf Tassilo
empfehlen sich als Verlobte. Desgleichen Komtesse Lisa
und Baron Szupán.

*

Wer sich noch des *Herbstmanövers* oder *Holland-
weibchens* erinnert, wird mit Bedauern feststellen müssen, wie sehr sich Kálmán in der *Zirkusprinzessin* (Wien
1926) von der Operette entfernt und der unbefriedigen-
den Zwischengattung Film-Operette nähert. Das liegt
zwar mehr am Text als der unvermindert frisch strömen-
den Musik; aber Kálmán hat schließlich den Text gewählt. Die Handlung spielt in Petersburg und Wien vor
dem ersten Weltkrieg. Ein Mr. X tritt als Kunstreiter in
einer gefährlichen Nummer allabendlich im Zirkus auf;
aber nur in Maske. Er ist nämlich der Neffe eines verstorbenen Fürsten und wurde von diesem enterbt, als er

sich in des Fürsten Braut – ohne von dieser gesehen zu werden – verliebte. Aus der Braut ist inzwischen eine Fürstin und dann eine Witwe Feodora geworden. Um sie wirbt Prinz Sergius; sie aber weist ihn ab und kränkt ihn durch die Bemerkung, lieber einen Zirkusreiter heiraten zu wollen. Aus Rache stellt ihr Sergius den Mr. X als ,,Prinzen Korosoff" vor. Mr. X liebt Feodora noch immer, und sie ihn nun auch. Ein angeblicher Zarenbefehl besagt, wie Sergius behauptet, sie müsse den ,,Prinzen Korosoff" heiraten, und Feodora ist wahrlich nicht dagegen. Bevor dieser ,,Prinz" erklären kann, wer er eigentlich ist, wird die Ehe geschlossen. Natürlich hat Sergius die Leute vom Zirkus herbestellt, damit sie ihrem Kollegen gratulieren. Feodora, jetzt als ,,Zirkusprinzessin" verspottet, fühlt sich beleidigt und verläßt sogleich ihren Mann, obwohl er ihr nun alles berichtet. Doch die Liebe läßt sich nicht aus ihrem Herzen reißen. Feodora wohnt in einem Wiener Hotel, immer wieder umworben von Sergius, der sich zwar gerächt hat, aber Feodora nicht erringen kann. Im gleichen Hotel wohnt zufällig auch Mr. X, der Fürstenneffe, Zirkusreiter, ,,Prinz Korosoff" und verlassene Ehemann. Wie es so zu gehen pflegt – die Liebenden finden sich, sprechen sich aus. Und wenn Feodora auch behauptet, ein Zirkusreiter könne nicht ihr Gatte sein, so kommt das (angeblich) nicht daher, daß sie den Zirkusreiterstand verachtet, sondern aus Besorgnis, dem geliebten Mann könne etwas zustoßen. So kommt nicht nur die Frau, sondern auch die einst vorenthaltene Erbschaft des Onkels in die Hände von Mr. X.

KÜNNEKE

Eduard K. (1885–1953) studierte an der Berliner
Hochschule für Musik und bei Max Bruch, war Gesang-
vereinsleiter und Theaterkapellmeiser. Schrieb bisher
neben einigen Opern vor allem Singspiele, Operetten
und Filmmusik.

Eduard Künneke ist ein ernst zu nehmender Jünger
der heiteren Muse. In Jahrzehnten hat er versucht, so etwas wie eine Einheit von Oper, Operette, Filmmusik
und Singspiel herzustellen. Es ist dabei gar nicht einmal
so wichtig, daß ihm das nicht ganz gelungen ist; entscheidend bleibt vielmehr, daß ein begabter, einfallsrei-
cher und handwerklich vortrefflich bewanderter Künstler Singspiel-Operetten ohne Mache und ohne Sentimentalitäten schreibt, dabei nicht in seichte Schlichtheit verfällt, sondern alle Zwischenstufen vom Volkston bis zum
rhythmisch gepfefferten Tanzensemble mit ebensoviel
Lebendigkeit wie Verantwortungsbewußtsein betreut.
Im ganzen ein vornehmer Ausdrucksstil, der wieder einmal bewiesen hat, daß das Beste für das „Volk" gerade
gut genug ist.

Der Vetter aus Dingsda

*Operette in drei Akten. – Text von Haller und Ri-
deamus.*

Personen: Julia de Weert (Sopran); Hannchen, *ihre
Freundin (Soubrette),* Josef Kuhbrot, *Julias Onkel;* Wil-
helmine, *genannt ,,Wimpel", seine Frau;* Egon von Wil-

DENHAGEN; *EIN FREMDER (Tenor)*; *EIN ZWEITER FREMDER (Tenorbuffo)*; *KARL und HANS, zwei Diener.* – *Ort und Zeit: Schloß de Weert, Anfang des 20. Jahrhunderts.* – *Uraufführung: 15. April 1921, Berlin, Theater am Nollendorfplatz.*

1. Akt. Julia hat nicht nur *einen* Vormund, sondern *zwei*. Beide wollen ihr eine Heirat aufschwatzen: Josef Kuhbrot bietet ihr seinen Neffen August an, Herr von Wildenhagen offeriert seinen Sohn Egon. Aber Julia denkt nur an ihren Vetter Roderich; ihm hat sie als kleines Mädchen ewige Treue geschworen, als er nach „Dingsda" in Indien auswanderte. Gott sei Dank, eben wird sie mündig und kann tun und lassen, was sie mag. Ihre erste Handlung besteht darin, einen um Obdach vorsprechenden Fremden fürstlich zu bewirten und unterzubringen. Ein netter, wirklich sehr netter Mensch. Nur sagt er über sich nichts aus als: „Ich bin nur ein armer Wandergesell."

2. Akt. Julias lustige Freundin Hannchen fragt den Fremden neugierig aus; doch der dreht sehr geschickt den Spieß um und hört so allerlei über Julias Mädchenschwüre. Er beschließt nun, sich als den Vetter Roderich aus „Dingsda" auszugeben. Seine Rolle spielt er gut, und Julia gefällt er noch besser. Selbst Josef Kuhbrot merkt nicht, daß dieser Fremde sein Neffe August ist, den er Julia als Mann vorgeschlagen hat (er hat ihn seit Jahren nicht gesehen). Doch Herr von Wildenhagen beweist, daß der Vetter Roderich noch gar nicht angekommen sein kann, weil das Schiff erst in einigen Tagen erwartet wird. Julia liebt zwar den Fremden; doch ihr Mädchenschwur ist ihr heilig: der Fremde muß gehen.

3. Akt. Josef Kuhbrot hat herausbekommen, daß sein Neffe August vor zwei Tagen mit der Bahn angekommen

ist. Aber wo ist er geblieben? Schon trifft wieder ein
Fremder ein – und in diesen zweiten Fremden verliebt
sich nun Hannchen. Aber ach: es ist der richtige Roderich, dem Julias Schwur gilt. Verliebte finden jedoch immer einen Ausweg, und so stellt er sich als ,,August
Kuhbrot'' vor. Schon der Name langt, um ihn bei Julia
unmöglich zu machen. Und dann spricht man über Roderich, den Vetter aus Dingsda. Könne sich Julia wirklich einbilden, dieser Vetter im Ausland halte sich an den
Schwur eines Kindes? Julia wird nachdenklich, kommt
sich als dummer Backfisch vor. Wenn sie nur nicht den
netten Fremden fortgeschickt hätte ... Aber der schleicht
ums Haus. Und so bekommt sie doch den August Kuhbrot, der sich erst armer Wandergesell und dann Vetter
Roderich nannte. Und Hannchen erhält den Vetter Roderich, der sich erst als Fremder und dann als August
Kuhbrot im Schloß einfand.

BENATZKY

Ralph B. (1884–1957, Österreicher), Sohn eines Musikers, studierte u. a. bei F. Mottl.

Benatzky ist im Grunde kein Operettenkomponist; dazu fehlt ihm die auch für die echte Operette notwendige große Linie, der durchschwingende, durchhaltende gleiche Unterton. Ihm liegt mehr die sparsame, witzige Zeichnung von Chansons – ganz gleich, welcher Art. Das ,,ganz gleich" ist bezeichnend für Benatzky; denn er trifft den Stil des schnadahüpfelnden Liedchens genau so wie den eines Walzers oder jazzverbrämten Schlagers. Doch hält er sich dabei mit Glück von allem Klischeehaften fern.

Im weißen Rößl

Singspiel in drei Akten.– Text nach dem gleichnamigen Lustspiel (Blumenthal und Kadelburg) von Hans Müller.

Personen: JOSEPHA VOGELHUBER, Wirtin ,,Zum weißen Rößl" (Sopran); LEOPOLD BRANDMEYER, Zahlkellner (Tenorbuffo); WILHELM GIESECKE, Fabrikant aus Berlin; OTTILIE, seine Tochter (Sopran); DR. SIEDLER, Rechtsanwalt (Tenor); SIGISMUND SÜLZHEIMER; PROF DR. HINZELMANN; KLÄRCHEN, seine Tochter; Ein Hochzeitspaar; Der Kellner Franz; Der Piccolo Gustel; Bürgermeister; Oberförster; Lehrer; Reiseführer; Dampfkapitän; Die Briefträgerin Kathi; Die Kuhmagd Zenzi; Drei Hoteliers; Zwei Hausdiener; Der Kaiser und sein Leibkammerdiener. – Ort und Zeit: Vor dem Gasthaus ,,Zum weißen Rößl"

am Wolfgangsee im Salzkammergut, nach 1900. – Ur-
aufführung: 8. November 1930, Berlin, Großes Schau-
spielhaus.

Aus der Stammzucht Blumenthal-Kadelburg, aufge-
zogen von H. Müller, zugeritten von Robert Gilbert
(Gesangstexte), aufgezäunt von Benatzky und drei musikalischen Mithelfern (Einlagen von Granichstädten, Gilbert und Rob. Stolz), in Hoher Schule vorgeführt von
zahlreichen Regisseuren in Bühne und Film – so trabt das
weiße Rößl unentwegt und unermüdlich durch die Jahrzehnte. Keine Operette, kein Singspiel, eher eine Aus-
stattungsschau, uneinheitlich in der Musik, tönender
Bilderbogen, zusammengehalten nur durch den Handlungsfaden, humorvoll und witzig, gefühlvoll und senti-
mental, immer aber geschickt, raffiniert sogar im scheinbar Schlichten.

1. Akt. Der brave Zahlkellner Leopold! Mitten in der
Fremdensaison braucht er die Hände zum Bedienen, den
Kopf zum Rechnen – und das Herz zum Lieben. Seine
Chefin, die Wirtin zum ,,Weißen Rößl'', hat's ihm angetan: ,,Es muß ein Wunderbares sein, von dir geliebt zu
werden.'' Doch die Josepha hat andere Sorgen; denn
Leopold hat ein Zimmer, das für den Rechtsanwalt
Dr. Siedler bestimmt war, absichtlich dem eintreffenden
Berliner Fabrikanten Giesecke gegeben, damit Siedler
möglichst nicht im ,,Weißen Rößl'' wohne; Leopold
weiß nämlich, daß Siedler der heimliche Schwarm Jose-
phas ist. Giesecke schnaubt: ,,Det Jeschäft is richtig!'' –
ausgerechnet Siedler, der Rechtsanwalt seines Prozeß-
gegners Sülzheimer! Es bedarf allerlei taktischen Ge-
schicks von Josepha, Giesecke und dessen Tochter Ottilie im Nebenhaus unterzubringen, damit Siedler sein
Zimmer doch bekommt. Schon spinnt der eifersüchtige

Leopold einen neuen Faden: Ottilie solle Dr. Siedler
schöntun, damit ihr Vater seinen Prozeß gewinne. Aber
er kommt mit diesem Rat etwas spät; denn Dr. Siedler
hat sich beim ersten Zusammentreffen bereits in Ottilie
verliebt.

2. Akt. Leopold kann die verliebten Blicke, mit denen
Josepha den Dr. Siedler bedenkt, nicht mehr ertragen:
,,Zuschau'n kann ich nicht." Josepha wird ernstlich böse
und will Leopold entlassen. Inzwischen muß sie den
ewig meckernden Giesecke ein bißchen in Stimmung
bringen: ,,Im Salzkammergut, da kann ma gut lustig
sein." Bald reibt sich Giesecke die Hände; denn sein
Prozeßgegner Sülzheimer schlägt ihm brieflich vor, Ottilie Giesecke solle seinen Sohn Sigismund heiraten. Da
wäre dann freilich alles in schönster Ordnung. Nur: der
eintreffende Sigismund (,,Was kann der Sigismund dafür, daß er so schön ist!") fühlt sich in der Nähe der reizenden, wenn auch stark lispelnden Klärchen Hinzelmann viel wohler, und Dr. Siedler umschwärmt immer
heftiger Ottilie Giesecke. – Noch einmal sieht Leopold
seinen Weizen blühen: der Kaiser wird kommen und im
,,Weißen Rößl" wohnen ... da muß Josepha recht schön
bitten, daß der entlassene Leopold ihr doch noch helfe,
den hohen Gast würdig zu betreuen. Aber ach: als er sich
bei der Begrüßungsrede in komischster Weise blamiert
und nun gar noch Dr. Siedler mit Josepha zusammen
sieht, da bricht er vor der Festgesellschaft weinend zusammen.

3. Akt. Doch der Kaiser ist ein lieber Mann; er redet
Josepha gut zu, und als der Rößl-Wirtin zudem langsam
klar wird, daß Siedler nicht sie, sondern Ottilie Giesecke
liebt, da entläßt sie zwar trotz allem den braven Leopold
als Zahlkellner, engagiert ihn aber sogleich als ihren Ehemann und Wirt zum ,,Weißen Rößl". Und noch zwei

Paare verloben sich: der schöne Sigismund mit dem fast
nicht mehr lispelnden Klärchen und Dr. Siedler mit Ottilie Giesecke ,,Det Jeschäft is richtig."

Meine Schwester und ich

*(Zwei Akte mit Vor- und Nachspiel, Text nach Berr und
Verneuil, Uraufführung Berlin 1930)*
ist ein musikalisches Lustspiel (keine Operette), in dem
Benatzky mit kurzen, witzigen, treffsicheren musikalischen Gedanken glänzt. Ein jungverheiratetes Paar will
sich scheiden lassen; das Gericht verlangt eine genaue
Darstellung des Sachverhalts. Prinzessin Dolly liebt ihren Bibliothekar Fleuriot; der aber wagte keinen Gedanken an eine so hochgeborene Dame. Da schickt sie ihn,
der in Nancy eine Professur antreten will, mit einem
Brief zu ihrer angeblichen Schwester, die in Nancy Verkäuferin sei. Schleunigst fährt sie selbst nach Nancy,
spielt (gegen gutes Geld) die Verkäuferin – mit dem Erfolg, daß Dr. Fleuriot sich verliebt und sie heiratet. Aber
als er hinter den gutgemeinten Trug kommt, ist es aus: er
will nicht Prinzgemahl sein, sie aber mag sein allzu stilles
Wissenschaftlerleben nicht. Im Nachspiel entscheidet
das Gericht: alle Meinungsverschiedenheiten in Ehren;
aber die beiden lieben einander doch so sehr, daß sie auf
diesem festen, unerschütterten Grunde versuchen müssen, ein rechtes Ehehaus zu erbauen.

Bezauberndes Fräulein

*(Vier Bilder, Text nach dem Französischen vom Kompo-
nisten, Uraufführung Wien 1933)*

ist abermals ein kompositorisch feingewürztes musikalisches Lustspiel. – Der lebendige, frische Felix ist zu Besuch bei seinem trockenen, nüchternen Freund Paul und möchte ihn einmal richtig in Schwung bringen. Doch dessen Beamtennatur denkt nur an seine bevorstehende Heirat mit der langweilig sanften Luise, Tochter seines Herrn Direktors. In der Nacht gibt es große Unruhe: eine junge Dame hat eine Autopanne, verlangt Hilfe, Felix verlängert und vergrößert die Panne, weil dieses bezaubernde Autofräulein ihm eine gute Partnerin für Paul erscheint; dieser benimmt sich höchst abweisend und gerät vollends aus dem Häuschen, als am nächsten Tage der Herr Direktor mit der sanften Luise erscheint und, empört über den Nachtbesuch der feschen jungen Dame, sogleich mitsamt Tochter wieder davonrauscht. Felix bohrt weiter, spielt eine Photographie des bezaubernden Fräuleins in Pauls Akten, und als das Bild im Amt dem Herrn Direktor vor die Augen kommt, wird Paul entlassen. Das wäre nicht so schlimm; denn das bezaubernde Fräulein, das durch eine List von Felix ihren Bräutigam nicht mehr mag, würde Paul heiraten; aber er fühlt sich gefoppt und begibt sich in selbstmörderischer Absicht zum Fluß. Mit einem Male steht das bezaubernde Fräulein vor ihm, nun aber nicht mehr keck, verführerisch und selbstsicher, sondern demütig – im Kleid der Heilsarmee. Auf all ihren Reichtum als Tochter eines Schokoladenkönigs wolle sie verzichten, und auch er solle in sich gehen. Da umarmt der überzeugte Heilsarmeebruder Paul die Heilsarmeeschwester – und spürt plötzlich ein liebendes Verlangen, dem sich das bezaubernde Fräulein keineswegs widersetzt.

NICK

Edmund N. (1891–1974, Böhme) war ursprünglich Jurist, dann Pianist, Musikkritiker, Kapellmeister an Bühne und Funk. Gegenwärtig Professor an der Münchener Hochschule für Musik.

Welch ein Lichtblick, daß sich ein so ernsthafter Musiker und großartiger Könner wie Nick auch der Operette (und dem musikalischen Lustspiel) zugewendet hat! Bereits in seinen Kabarett-Vertonungen mit ihrer kecken Frische, ihrem hinreißenden Rhythmus, ihrer blitzenden Instrumentierung und ihrer zuweilen erschauernden Hintergründigkeit erweist er sich als Meister, der mit ein paar Takten ein ganzes Dutzend anderer Schlager einfach auslöscht. Und die Operette selbst sucht er mit neuzeitlichen Mitteln auf die Ebene gepflegtester Unterhaltungs-*Kunst* zu erheben. Sein Erfolg würde allerdings vielleicht noch größer sein, wenn die vertonten Texte volksnäher wären.

Das kleine Hofkonzert

(Drei Akte, Text von Paul Verhoeven und Toni Impekoven, Uraufführung München 1935)
ist bezeichnet als ,,musikalisches Lustspiel in zehn Bildern aus der Welt Carl Spitzwegs". Die mit dieser Bezeichnung beabsichtigten und künstlerisch auch notwendigen Gedankenverbindungen dürften sich beim größten Teil des Publikums kaum einstellen (ähnlich steht es mit manchen Feinheiten des Textes). Die Handlung selbst ist klar geführt und witzig pointiert. Die Sängerin Christine

kommt auf der Suche nach ihrem leiblichen (nicht ge-
setzlichen) Vater in eine kleine Residenz, wird von den
Spießbürgern angeekelt, verliebt sich in den Sohn des
Hofmarschalls. Diese unpassende Liebe und der Klatsch
genügen, daß sie ausgewiesen wird; der Geliebte will sie
begleiten. Doch wird sie zurückgerufen, weil sonst das
geplante kleine Hofkonzert nicht stattfinden kann.
Durch ein altes Gedicht des belächelten Poeten Knipp
wird dem Fürsten klar, daß er selbst Christinens Vater
ist. Ohne sein Geheimnis preiszugeben, sorgt er nun für
sie wie ein Vater, gibt ihr den Geliebten zum Mann, adelt
auch den Poeten „von Knipp" – und die Spießer sind wie
umgewandelt.

Das Halsband der Königin

(*Drei Akte, Text von Gerhard Metzner, Uraufführung
München 1950*) spielt am Hofe Ludwigs XVI., einige
Jahre vor der großen Französischen Revolution. Leider
ist der hübsche Grundgedanke in der Ausführung etwas
zu überladen und arbeitet zu stark mit Verkleidung und
Verwechslung. Der König will, da er sie zu Unrecht eifersüchtig verdächtigt zu haben glaubt, der Königin ein
kostbares Halsband schenken; doch sie lehnt das Geschenk als zu teuer ab (und schließlich ist ja ihr Verhältnis zum Grafen Fersen auch nicht ganz so harmlos). Die
Intrigen spinnende Gräfin de la Motte überredet nun den
aufgeblasenen Prinzen Rohan, der in die Königin verliebt ist, das Halsband durch Ratenzahlung zu erwerben
und es der Königin zu überreichen. Auf das Gartenfest,
auf dem die Überreichung stattfinden soll, schickt sie
aber die Modistin Nicolette, und zwar verkleidet, weil
das Festkleid der Königin in doppelter Ausführung vor-

handen ist (!!). Nicolette soll das Halsband als ,,Köni-
gin" entgegennehmen, und die Gräfin will es dann an
sich bringen und damit verschwinden. Es ergibt sich das
übliche, teilweise gefährlich aussehende Hin und Her,
bis sich alles aufklärt.

ABRAHAM

Paul A. (1892–1960, Ungar), studierte in Budapest, schrieb Musik für Bühne und Tonfilm.

Als Abraham zu Anfang der dreißiger Jahre seine großen Erfolgsoperetten herausbrachte, hätte man eigentlich allgemein erkennen müssen, daß die Operette als Gattung auf einen Weg geführt wurde (vorbereitet durch andere, doch in vollem Umfang bei Abraham sicht- und hörbar), der ihr bisheriges Wesen völlig in Frage stellte, ohne daß ein neues, sinnvolles Ziel erkennbar geworden wäre.

Die echte Operette ist eine Bühnenkunstform wie jede andere; damit unterliegt sie gewissen Gesetzen, die sich zwar behutsam dehnen, nicht aber einfach ausschalten lassen. Des Aristoteles Grundforderung nach der Einheit des Ortes hat die Bühnenschriftstellerei längst nicht mehr als starre, unabdingbare Vorschrift befolgt; doch des ihr zugrundeliegenden Kerngedankens ist sie sich immer bewußt geblieben. Wenn nun eine Operette Abrahams in Sibirien, Tokio, Petersburg und schließlich in einem ungarischen Dorf spielt, so verliert sie eines ihrer wesentlichen Kennzeichen, die geschlossene Intimität, und arbeitet mit Mitteln, die dem Film (auch der Revue) sehr wohl anstehen können, die Operette als solche aber auflösen. Denn es kommt hinzu, daß nun der Komponist gezwungen ist, dem Textverfasser zu folgen, das heißt, eine Allerweltsmusik (im wirklichen wie im übertragenen Sinne des Wortes) zu schreiben. Eine solche Musik kann man überall hören, doch sie ist nirgends zu Hause. Die Meister der klassischen Operette übernahmen ausländisches Musikgut nur, um einzelne besondere

Lichter oder Farben aufzusetzen (etwa Strauß im *Zigeunerbaron*), blieben jedoch in der Hauptsache der gesellschaftlichen und musikalischen Umwelt treu, der sie entstammten. Abraham – er ist nur einer von vielen – jedoch schrieb Musik, deren Melodien und Rhythmen beinahe bewußt den Zusammenhang mit einer geschlossenen gesellschaftlichen oder volksverbundenen Gemeinschaft leugneten. Daher z. B. bei Abraham die vielfach unpersönliche, zuweilen sogar faden und schablonenhaften Wendungen. Dabei steht außer Frage, daß Abraham wahrhaftig etwas konnte und auch Einfälle hatte.

Diese Art Operette, die sich ihres eigenen Wesens schämt, ein neues auf veränderter Sozialschichtung nicht zu schaffen vermag und statt dessen nach den Mitteln der Kunstgattung Film schielt, hat Nachfolger bis in die jüngste Zeit gefunden. Mit dem Erfolg, daß sich die Kassen füllen, daß dem Publikum eine echte Geschmacksbildung erschwert wird und daß die Operette als solche abzusterben droht.

Viktoria und ihr Husar

(Drei Akte und ein Vorspiel, Text von E. Földes, A. Grünwald und F. Löhner-Beda, Uraufführung 1930).
Dem ungarischen Husarenrittmeister Koltay gelingt es, nach dem ersten Weltkrieg aus einem sibirischen Kriegsgefangenenlager zu entfliehen und mit seinem Burschen Jansci nach Tokio zu kommen. Dort trifft er seine Braut Viktoria, die ihn für tot gehalten hat, als Frau des amerikanischen Gesandten Cunlight. Dieser nimmt ihn mit nach Petersburg, wo er Gesandter wird, ohne zu wissen, daß Koltay einst mit Viktoria verlobt war. Koltay möchte mit Viktoria fliehen; da sie sich weigert, ihren zwar

nicht geliebten, doch geachteten Mann zu verlassen, läßt sich Koltay von den Russen wieder einfangen. Aber nun kann auch Viktoria nicht mehr mit Cunlight zusammenleben, trennt sich von ihm und kehrt in ihre ungarische Heimat zurück. Cunlight ist inzwischen Gesandter in Budapest geworden. Ganz im stillen hat er Koltay freibekommen, bestellt ihn auf Viktorias Gut, verzichtet auf sein Glück und führt seine Frau Viktoria mit ihrem Husaren zusammen.

Die Blume von Hawaii

(1931, drei Akte, Text abermals von Földes, Grünwald und Löhner-Beda).
So um 1830 wird das Königshaus in Haiwaii durch die Amerikaner beiseite geschoben. Der neue Gouverneur fühlt sich recht sicher; denn die rechtmäßige Thronerbin Prinzessin Laya lebt in Paris, und der mit ihr im Kindesalter verlobte Prinz Lili-Taro ist kein ernsthafter Gegner für den Gouverneur. Da kommt die Prinzessin als „Kabarettistin Susanne" zurück auf einem Schiff, dessen Kapitän Stone sich in sie verliebt hat. Ein Untergrundführer Kanako will die heimkehrende Prinzessin bei einem Blumenfest zur rechtmäßigen Königin ausrufen. Um das zu verhindern, soll Laya auf Verlangen des Gouverneurs auf den Thron verzichten. Sie weigert sich, Kapitän Stone widersetzt sich dem Befehl, sie zu verhaften, soll vor ein Kriegsgericht – da unterzeichnet Laya. Prinz Lili-Taro glaubt, seine Prinzessin unterzeichne, weil sie Stone liebe, stürzt sich ins Meer und wird von Stone gerettet. Auf nach Monte Carlo! Dort kann Stone im Spiel gewinnen, weil er in der Liebe verloren hat; Prinz und Prinzessin und drei weitere Paare schreiten zum Standesamt.

Ball im Savoy

*(1932, drei Akte und ein Vorspiel, Text von Alfred Grün-
wald und Fritz Löhner-Beda).*
Marquis Aristide und seine Frau Madelaine kehren von
der Hochzeitsreise zurück und wollen nun das eigentliche Leben beginnen. Da wird Aristide von seiner früheren Geliebten Tangolita, einer Tänzerin, zum Souper ins
Hotel Savoy bestellt. Er muß gehen, weil Tangolita der-
einst auf eine Abfindungssumme verzichtet, dafür aber
verlangt hatte, er müsse mit ihr soupieren, wann immer
sie es verlange. Um Madelaine nichts erfahren zu lassen,
erhält der Marquis Aristide durch seinen sechsmal geschiedenen Freund Mustapha ein Telegramm, durch das
er ins Savoy gebeten wird, um des Komponisten Pasodoble neue Werke anzuhören. Dieser Pasodoble ist jedoch
eine Frau und dazu noch die Freundin von Madelaine;
sie lüftet den Schleier, und Madelaine sagt sich, was ihr
Mann könne, vermöge auch sie, begibt sich ihrerseits ins
Savoy und soupiert mit einem sehr jungen Referendar –
just neben dem Zimmer, in dem Aristide mit Tangolita
feiert. Aristide telefoniert sogar mit seiner Frau, die er
freilich daheim glaubt. Endlich wird es Madelaine zu
dumm. Wütend behauptet sie, ihm mit dem Referendar
untreu geworden zu sein. Aristide will sich scheiden lassen, kommt aber justament an den vom Rechtsanwalt bestimmten Referendar, der ihm klipp und klar beweist,
daß er mit Madelaine soupiert, sie aber nicht verführt habe. Große Versöhnung der jungen Ehegatten. Mustapha,
geleitet von den besten Wünschen seiner sechs von ihm
geschiedenen Frauen, begibt sich zum siebenten Male ins
sanfte Joch der Ehe.

DOSTAL

Nico D. (1895–1981, Österreicher) entstammt einer Familie von Militärkapellmeistern, studierte Rechtswissenschaften, dann Musik, schrieb Kirchenmusik, später Schlager und endlich Operetten.

Dostal hat bereits eine ganze Reihe Operetten geschrieben, die die Handschrift eines tüchtigen Musikers zeigen; mit dem Könnnen halten aber die Einfälle nicht ganz Schritt. Ständen die wirklich guten Stücke aus seinen zehn Operetten nicht in zehn, sondern in drei Werken, dann wäre die Operettenbühne wahrscheinlich um drei gepflegte Dauerwerke reicher. So aber halten die Stücke des Fast-Wieners Dostal immer nur ein hübsches Mittelmaß. Dostal hat das selbst gespürt und mit *Doktor Eisenbart* und dem *Dritten Wunsch* (1952 bzw. 1954) einen neuen, bisher allerdings wenig erfolgreichen Stil erprobt.

Clivia

Operette in drei Akten. – Text von Charles Amberg.

Personen: CLIVIA GRAY, *Filmschauspielerin (Sopran);* PATTERTON, *der Finanzmann (Bariton);* JUAN DAMIGO *(Tenor);* YOLA, *seine Cousine (Soubrette); ein* REPORTER *(Buffo); zahlreiche Nebenrollen, Offiziere, Soldaten, Girls, Filmleute usw. – Ort und Zeit: die (erfundene) mittelamerikanische Republik Boliguay; 1. Drittel des 20. Jahrhunderts. – Uraufführung: 23. Dezember 1933, Berlin, Theater am Nollendorfplatz.*

Der rücksichtslose amerikanische Finanzmann Patterton sieht seine geschäftlichen Pläne in Boliguay gefährdet durch den Präsidenten Olivero, will ihn stürzen, stellt kurzerhand eine Filmgesellschaft auf die Beine und will als deren Produzent unerkannt in Boliguay seine Umsturzfäden ziehen. Aber als Ausländer wird ihm die Einreise verwehrt. Sogleich läßt der Yankee durch einen fixen Reporter einen filmbegabten Boliguayaner aufgabeln, bietet ihm reichlich Geld, damit dieser den weiblichen Star Clivia zum Schein heirate und damit die Einreiseschwierigkeiten beseitige. Auf das Geld verzichtet der Mann aus Boliguay, doch die Hochzeit will er schon sehr gern feiern. Ein guter Mann, dieser Juan Damigo. Seit er dabei ist, läuft alles glatt, die Filmleute dürfen einreisen, und Patterson kann den Sturz des Präsidenten ungehindert vorbereiten. Aber es kommt anders. Patterson und Clivia werden verhaftet – dieser Juan ist nämlich kein geringerer als der Präsident selbst. Eigentlich schade; denn er hatte sich mit Clivia bereits trefflich verstanden. Nun, das hübsche Ding mag entkommen, obwohl Clivia eine Hauptperson in der Verschwörung zu sein scheint. Doch sie denkt nicht ans Entfliehen, beweist so ihre politische Unschuld und ihre wirkliche Liebe zu Juan alias Olivero. Der Filmstar wird Präsidentin.

Monika

Operette in drei Akten. – Text von Hermann Hermecke.

Personen: ALEXANDER GUNDELACH, *ehem. Landrat;* CLEMENTINE, *geb. von Wuhlow, seine Frau;* HORST-DIETRICH, *ihr Sohn;* KOMMERZIENRAT MARQUARDT; OTTILIE, *seine Frau;* VERA, *ihre Tochter;* RALF KRÖGER, *Maler;*

Der kleine PETER GEISLINGER, *Erbe des Geislingerhofes,
und seine Schwestern* ROSEL, MARIE *und* MONIKA; *Onkel*
MICHAEL GEISLINGER; ANTON GRUBER, *Lehrer;* DER SON-
NENWIRT; JAKOB GÄBELE, *Bauer;* JOHANN LEMKE, *Diener
von Gundelach; Dörfler und Städter, Diener und Musikanten usw. – Ort und Zeit: Schwarzwald und eine
norddeutsche Stadt, um 1930. – Uraufführung: 3. Oktober 1937, Stuttgart, Württembergisches Staatstheater.*

Aus einer Art Dreimäderlhaus des Schwarzwaldbau-
ern Geislinger hat eben eine der drei Nichten Geislingers
geheiratet. Eine der beiden anderen muß den Sonnenwirt
heiraten, damit der nicht mit seinem Schuldschein den
Hof erwerben kann: Rosel oder Monika. Rosel aber liebt
heimlich den Lehrer Gruber, und daß Monika den Me-
dizinstudenten Horst-Dietrich liebt, wird den beiden
jungen Leuten klar, als Horst-Diertrich eben zu den Eltern heimfahren will. Kurz entschlossen nimmt er sie auf
seinem Motorrad mit. Aber diese Braut paßt der adelig
geborenen Mutter durchaus nicht. Es gelingt ihr sogar,
im Trubel einer Gesellschaft ihren Horst-Dietrich und
die Kommerzienratstochter Vera als Verlobte vorzustel-
len. Diese aber liebt einen Bildhauer und gedenkt, dessen
Frau zu werden. Es ginge nun alles ganz gut aus, wenn
nicht Onkel Geislinger, Lehrer Gruber und der Sonnenwirt unvermutet aufgetaucht wären. Der Sonnenwirt
verlangt (für seine Schuldscheinrechte) Monika; diese
wagt nicht zu widersprechen, um Onkel Geislinger nicht
in Geldnot zu bringen. Horst-Dietrich aber ist enttäuscht. Wieder in ihrem Schwarzwalddorf angelangt,
glaubt Monika, den Sonnenwirt heiraten zu müssen.
Horst-Dietrich hat sie wohl vergessen; denn nicht einen
Brief hat sie von ihm bekommen. Aber geschrieben hatte
er doch, wie eben der Lehrer Gruber berichtet; nur hat

Onkel Geislinger die Briefe zurückgehen lassen, damit Monika sich mit dem Sonnenwirt abfinde. Glücklicherweise braucht der Sonnenwirt eben gegen sein Zipperlein den Arzt. Der kommt – es ist Horst-Dietrich, der die Praxis des alten Dorfarztes übernommen hat. Mit Entschiedenheit verordnet er dem kranken Sonnenwirt ausgiebige Bettruhe, er selbst aber führt Monika heim, wie denn auch Rosel ihren Lehrer Gruber bekommt.

Die ungarische Hochzeit

Operette in drei Akten und einem Vorspiel. – Text von Hermann Hermecke.

Personen: KAISERIN MARIA THERESIA; JOSEF VON KISMARTY, Stuhlrichter (Bariton); FRUSINA, seine Frau (Alt); JANKA, seine Tochter (Sopran); GRAF STEFAN BARDOSSY (Tenor); VON PÖTÖK, sein Onkel (Bariton); ANTON VON HALMAY, sein Freund (Baß); ARPAD, Bardossys Kammerdiener (Buffo); ETELKA, das Bauernmädchen (Soubrette); verschiedene kleinere Rollen, Offiziere, Soldaten, Bauern, Zigeuner usw. – Ort und Zeit: Ungarn um 1750. – Uraufführung: 4. Februar 1939, Stuttgart, Württembergisches Stattstheater.

Die Kaiserin befiehlt dem Grafen Bardossy, in der von ihr gegründeten Kolonistensiedlung nach dem rechten zu sehen: die Kolonisten sind mit den Äckern zufrieden, haben sich aber beschwert, weil man ihnen statt der zugesagten jungen Mädchen ziemliche Vetteln andrehen will. Bardossy ist gerade in ein Liebesabenteuer verstrickt, schickt daher seinen Diener Arpad als ,,untersuchenden Grafen" in die Kolonie, besinnt sich jedoch und

reist selbst ab, so daß er noch vor Arpad ankommt und
sich als Bauer ausgeben kann. Stuhlrichter Kismarty und
Frau Frusina haben Lunte gerochen und führen dem
kontrollierden „Grafen" Arpad ganz allerliebste Mädel-
chen als Ehekandidatinnen vor; ja, sie paaren ihre Tochter Janka mit dem „Bauern" Stefan. Dessen Onkel Pötök paßt das alles nicht, er klärt Frau Frusina über den
Rollentausch zwischen dem echten und dem falschen
Grafen auf, und Frau Frusina berichtet das ihrer Tochter
Janka. Um sich für das Doppelspiel zu rächen, läßt sie
sich scheinbar mit Graf Stefan trauen, versteckt in Wirklichkeit unter den dichten Brautschleiern ihre Magd, und
Stefan ist der Genasführte. Sofort bittet er die Kaiserin,
sie möge diese unmögliche Ehe lösen. Die Kaiserin ist
dazu bereit unter der Bedingung, daß eine ihn wirkliche
liebende Jungfrau den Geschiedenen zum Manne nimmt.
Nun, Janka hat längst bereut, weil sie auf den ersten
Blick in Stefan verliebt war. Die eine Ehe wird gelöst, die
andere vollzogen.

Manina

*Operette in vier Akten. – Text von H. Adler und
A. Licks.*

*Personen: GRÄFIN AMELIA; HELLA VON LIECHTENAU, CAR-
LA, FRANZI, GUSTI, NELLI, WALLI, sechs Nichten der Grä-
fin; MARIO ZANTIS, Dichter; RONNI, sein Freund; OBER-
HOFMARSCHALL; FIAMETTA, Chansonette; FERDINAND,
Diener der Gräfin; BEBSCHO, Diener von Zantis; Drei
Minister; Ein Wirt; Ein Offizier; Polizisten, Fischer,
Bauern usw. – Ort und Zeit: Im Palast der Gräfin, ir-
gendein kleines Reich im Süden, um 1900. – Urauffüh-
rung: 28. November 1942, Berlin, Admiralspalast.*

1. Akt. Gott wie glücklich muß doch Hella sein, denken fünf Nichten der Gräfin Amelia: sie ist Braut eines richtigen (wenn auch kleinen) Königs geworden! Nicht gerade aus freien Stücken, aber gegen Tante Amelias Willen ist kaum aufzukommen. Und so entschließt sich Hella schweren Herzens, nach der Königsstadt Catatea aufzubrechen.

2. Akt. Dort lebt ein Dichter Zantis, dessen Werke Hella sehr schätzt, die auch sonst Anklang finden – außer beim König und seiner Umgebung. Dem Dichter erzählt sein Freund Ronni, König Jalomir, der doch eigentlich seine Braut hätte empfangen müssen, sei spurlos verschwunden. Wohin, berichtet nun die hereintänzelnde Chansonette Fiametta: sie ist des Königs Geliebte und hat ihn bei einem Stelldichein aus Eifersucht eingeschlossen. Sofort schreibt Zantis ein keckes Liedchen auf diese Geschichte, Fiametta nimmt es an sich und geht mit Ronni fort. Hellas erster Weg in Catatea führt sie zu dem verehrten Dichter. Aus einer Plauderstunde erwächst Liebe; Hella, die sich nicht als Königsbraut zu erkennen gegeben hat und sich Manina nennt, bleibt bis zum nächsten Morgen bei Zantis und verläßt dann ohne Abschied sein Haus. Wenig später trifft den Dichter Verbannung: Fiametta hat gestern abend sein Lied auf den verschwundenen eingesperrten König gesungen!

3. Akt. König Jalomir hat sich wohl auch nach der Eheschließung mit Hella immer wieder unmöglich gemacht; jedenfalls muß er aus dem Land. Hella ist Alleinherrscherin. Freund Ronni macht den Dichter darauf aufmerksam, daß er nun ein Gesuch auf Aufhebung des Verbannungsurteils einreichen könne. Zantis will das Gesuch der Königin überreichen und erkennt in ihr „Manina". Da sie – wenigstens äußerlich – nicht geruht, ihn zu erkennen, will er wieder in die Verbannung gehen.

4. Akt. Durch Ronni wird der Dichter kurz vor seiner Abreise zur Königin bestellt. Als er sich weigert, kommt sie höchstpersönlich, bittet ihn um Verzeihung, versichert ihn ihrer immerwährenden Liebe. Schließlich will sie sogar abdanken, wenn sie nur bei ihm bleiben kann. Und so wird aus der Königin eine Dichtersfrau.

RAYMOND

Fred R. (eigentlich: Friedrich Vesely, 1900–1954, Österreicher) wurde zuerst bekannt mit Schlagerliedern, schrieb eine Reihe Operetten.

Anfangs wußte man von Raymond vor allem, daß er musikalisch sein „Herz in Heidelberg verloren" habe. Sein Erfolg als Schlagerkomponist ermutigte ihn, sich der Operettenbühne zuzuwenden. Wieder hatte er Erfolg, jedes Stück wurde beifällig aufgenommen, vor allem die *Maske in Blau*. Und doch muß man sich fragen, ob Raymond den tragenden Ton findet, dessen die Operette bedarf. Mir jedenfalls scheint, daß er zuweilen ebenso an den Film wie an die Operette denkt, ohne stets zu einer echten Bindung zu gelangen. Auch bei der unterhaltsamen Operette gibt es ein Geheimnis, nämlich Lieder und Tänze nicht nur zu reihen, sondern sie aus einer einmaligen, durchhaltenden Grundstimmung entstehen zu lassen.

Maske in Blau

Operette in sechs Bildern. – Text von H. Hentschke, Liedertexte von G. Schwenn.

Personen: MARCHESE CAVALOTTI, ARMANDO CELLINI, FRANZ KILIAN und JOSEPH FRAUNHOFER, sämtlich Maler; JULISKA VARADY, die Freundin Fraunhofers; EVELYNE VALERA, argentinische Plantagenbesitzerin; GONZALA, ihr Verwalter; PEDRO DEL VEGAS; Ein Gaucho; Ein Tavernenwirt; Ein Hotelchef in San Remo; zahlreiche Statisten aller Art. – Ort und Zeit: Argentinien, erstes Viertel des 19. Jahrhunderts. – Uraufführung: 27. September 1937, Berlin, Metropol-Theater.

Der Maler Armando Cellini hat mit einem Bild ,,Maske in Blau'' Aufsehen erregt; das Modell zu diesem Bild hat seinerzeit nie die Maske abgelegt, jedoch versprochen, nach einem Jahr wiederzukommen. Und sie kommt: als reiche argentinische Plantagenbesitzerin Evelyne Valera. Beide verlieben sich. Doch da ist ein finsterer Argentinier Pedro del Vegas, der selbst Absichten auf Evelyne hat. Er entwendet ihr einen Ring, den sie von Armando erhalten hatte, und gibt ihn diesem als Zeichen des Abschieds zurück. Das ließe sich beilegen, wenn Armandos Freunde nicht in gutgemeinter Absicht auf einem Fest die Verlobung Evelyne-Armando bekanntgäben; Armando, verstimmt über das scheinbare Abschiedszeichen, brüskiert aber die ahnungslose Evelyne, so daß sie mit Pedro den Saal verläßt und nach Argentinien zurückkehrt. Während sie dort über die unverständliche Sinneswandlung Armandos nachgrübelt und Pedro nach wie vor abweist, hat ihr Verwalter gehandelt und Armando mit seinen Freunden heimlich kommen lassen. Obwohl das die Ankunft meldende Telegramm von Pedro unterschlagen wird, hat der Verwalter etwas gemerkt und begibt sich in die Bezirkshauptstadt, um die Angekommenen abzuholen. Durch allerlei Reden beunruhigt, hat sich gleichzeitig Armando allein auf den Weg zu Evelyne gemacht, unterwegs dem ihm begegnenden Pedro die Quittung für seine Intrige ausgestellt und Evelyne alles erklärt. Die Armando besorgt nacheilenden Freunde finden bereits ein glückliches Paar.

*

Saison in Salzburg
oder Salzburger Nockerln

(1938 in Kiel, Text von Max Wallner und Kurt Feltz)
sollte nicht als Operette, sondern als Posse bezeichnet
werden. Salzburger Schmalz und dick aufgetragene Berliner Komik, dazu nehme man drei Gasthöfe, rühre je einen Parfüm-, Auto- und Autoreifenfabrikanten hinein,
gebe einen als Bergführer verkleideten Rennfahrer hinzu,
mische als Rosinen drei junge Mädchen und als Zitronat
eine paar ältere Herrschaften darunter, schlage das Ganze zu Schaum, bis nichts mehr zu nichts paßt, rolle alles
nochmals gut aus, lege die richtigen Zutaten zu den richtigen Gewürzen – und habe beileibe keine Salzburger
Nockerln, wohl aber vier Verlobungen, nachdem zuvor
falsch verlobt worden war. – Der ,,Enzian‘‘-Wirt Toni
will den Gasthof ,,Zum Salzburger Nockerl‘‘ ersteigern
und die berühmte Mehlspeisköchin Vroni aus dem
,,Mirabell‘‘ heiraten. Steffi, die Nichte des ,,Nockerl‘‘-
Wirts, möchte die Versteigerung verhindern, klagt ihr
Leid dem angeblichen Bergführer Frank, der seinen
Monteur Knopp beauftragt, die ,,Nockerl‘‘-Wirtschaft
zu ersteigern und Steffi als Geschäftsführerin einzusetzen, die nun ihrerseits wieder den ,,Bergsteiger‘‘ als
Hausdiener engagiert und dazu noch die Mehlspeisköchin Vroni. Jetzt glaubt Steffi erfahren zu haben, dieser
Bergsteiger und Rennfahrer Frank liebe die Reifenfabri-
kantentochter Erika. Das Maß wird übervoll, als sich
Steffi zornig mit dem ,,Enzian‘‘-Wirt Toni, der Rennfahrer mit der Gummi-Erika, der Duftfabrikant mit der
Mehlspeisköchin verloben. Aber da ist Tante Olga; sie
besitzt nicht nur eine Autofabrik, sondern bringt die falschen Paare auseinander und die richtigen zusammen. Sie
selbst aber gedenkt den Reifenfabrikanten zu heiraten.

WINKLER

Gerhard W. (1906–1977) studierte bei hervorragenden Lehrern; er ist vor allem durch Filmmusiken und Operetten bekannt geworden.

Premiere in Mailand

Operette in drei Akten. – Text (nach einer Novelle von Gillmann) von W. Frank und E. Rogati; Gesangstexte: G. Schwenn.
Personen: AKKORDEON XI., König von Triolien; SONATA, seine Tochter; ARIETTA, Hofdame; ERNESTO FLAUTO, Innenminister; ENRICO CLARINO, Minister der Justiz; GIUSEPPE FAGOTTI, Finanzminister; SARDINIA, Herzogin von Risotto; CHIANTI, ihr Sohn; TINO BELCANTO, Operettenkomponist; SIGNORA DOULLIEUX, Leiterin der Musikschule Casa Musica; PIANO, des Königs Kammerdiener; Verschiedene kleinere Rollen, Musiker, Volk, Schülerinnen usw. – Ort und Zeit: Asduria (Hauptstadt von Triolien) und Mailand, Gegenwart. – Uraufführung: 14. April 1950, Dortmund, Stadttheater.

Winkler scheinen die musikalischen Gedanken so leicht zuzufliegen, wie der Hörer sie aufnimmt. Wichtiger noch, daß er in allen angewendeten Formen diese Gedanken sorgfältig und mit hoher Könnerschaft durcharbeitet. Am wichtigsten jedoch, daß er mit der *Premiere in Mailand* einen Stoff vertont, in dem die Operette sich selbst belächelt. Ich meine damit nicht so sehr die Stelle, in der das ewige Einerlei schablonenhafter Operetten reizend verulkt wird, als die allgemeine Haltung des Werkes selbst.

Schon ein Blick auf das Personenverzeichnis gibt die ersten Hinweise: die Namen sind Bezeichnungen von Instrumenten, musikalischen Formen, Speisen, Getränken und so fort; selbst dem Lande Triolien und seiner As-Dur-Hauptstadt haften Schalksbezeichnungen an. Vor allem aber hat das Textbuch – und damit glücklicherweise auch die Musik – jede Sentimentalität, jedes Gefühls-öl, jede an langen Wimpern baumelnde Träne von vornherein erstickt. Viel norddeutscher Humor mit einem Schuß Offenbach-Würze.

Vor allem aber: Operette ohne Querschüsse auf den Film. Ganz gewiß noch nicht die Operette, die der gesellschaftlichen Umwälzung, wie wir sie in den vergangenen Jahrzehnten erlebt haben, wirklich entspräche. Aber der hier eingeschlagene Weg bleibt beachtlich.

1. Akt. In einem Lande, das Triolien heißt und dessen Hauptstadt sich Asduria nennt, das ein König Akkordeon regiert und eine Prinzessin Sonata verschönt, kann es natürlich nur hochmusikalisch zugehen. Insbesondere heute am Geburtstag des Königs. Leider bleibt aber auch einer Stadt mit vier ,,b'' manch kleines Kreuz nicht erspart. Der sehnlichst aus Mailand erwartete Komponist Belcanto, aus dessen Werken man einiges zu spielen beabsichtigt, trifft nicht rechtzeitig ein, und als er endlich in die Nähe von Asduria kommt, nimmt ihn die offenbar amusische Polizei in Gewahrsam. So muß denn das Konzert ohne den Maestro beginnen. Und selbst da geht nicht alles ohne Störung ab. Denn die nahrhaft benamste Herzogin Sardinia von Risotto landet samt ihrem weinbenannten Sohn Chianti mit dem Flugzeug und beginnt sogleich, Fäden zu spinnen: Chianti und Sonata könnten eigentlich ein Paar werden. Allerdings fließt der Chianti

anderswo hin, nämlich zur Hofdame Arietta, in die er sich alsbald verliebt, zumal er sie für die Prinzessin hält.

2. Akt. Prinz Chianti und Komponist Belcanto sitzen im Künstlercafé ,,Liebesgrotte" bei Mailand. Prinzessin Sonata und Hofdame Arietta sind (natürlich unter anderen Namen) in ein Mailänder Musikinstitut eingetreten und kommen mit ihren Mitschülerinnen, wohlbewacht von der Institutsleiterin Doullieux, in das gleiche Café. Herrlich für Chianti und Arietta, die sich so unvermutet wiedersehen, aber auch hübsch für Belcanto, der sich schleunigst in Sonata verliebt, ohne zu wissen, daß sie eine Prinzessin ist. Sonata gefällt der Komponist auch recht gut. Der lädt die ganze Gesellschaft zur Premiere in Mailand ein: seine Operette soll das Licht der Welt erblicken, und zwar eine ganz besondere Operette. – Nach der Aufführung kommen die Hauptpersonen wieder in die ,,Liebesgrotte". Leider auch König Akkordeon mit seinen Ministern. Das macht allerlei Versteckspiel notwendig; aber einiges wird auch geklärt: Arietta sagt dem Prinzen Chianti, daß sie nur eine Hofdame ist, was der Liebe jedoch keinen Abbruch tut; die wirkliche Prinzessin Sonata entscheidet sich mit einem Kuß für den Komponisten Belcanto, was freilich dem König Akkordeon einen wütenden Schnaufer auspreßt: nie wieder Belcanto-Musik in Triolien!

3. Akt. Musikalische Sperrstunde über Triolien und Asduria: wehe dem, der Belcanto-Weisen pfeift oder sein Musikinstrument nicht abliefert! Allerdings weiß man im Ausland nichts von diesem strengen Musikverbot König Akkordeons. Und so kommt Belcanto harm- und ahnungslos mit seiner ganzen Operettentruppe von Mailand angereist, um sein neues Werk in Asduria aufzuführen. Das ist ja beinahe Majestätsbeleidigung, also ins Gefängnis mit diesen ausländischen Übertretern des in-

ländischen Musikverbots. Jetzt hat Prinzessin Sonata genug; sie rüstet zum Finale und singt auf dem Marktplatz keck ein Lied ihres geliebten Belcanto. Der Bann ist gebrochen, die Asdurianer stellen sich einmütig hinter die Prinzessin, und Sonata verlangt, ihr Vater solle so einsichtig sein wie die Risotto-Herzogin; die ist einverstanden, daß ihr Sohn Chianti die Hofdame Arietta bekommt; warum soll also Prinzessin Sonata nicht den Komponisten haben! Diesmal siegt nicht Standespflicht über Herzensliebe: Belcanto und Sonata vereinen sich, und König Akkordeon tritt in den wohlverdienten Ruhestand.

SCHRÖDER

Friedrich Sch. (1910–1972, geboren in der Schweiz) hat eine ausgezeichnete musikalische Schulung durchgemacht (u. a. bei Paul Höffer). Lebte als Komponist und Verleger in Berlin.

Hochzeitsnacht im Paradies

Operette in acht Bildern. – Text von H. Hentschke, Liedertexte von G. Schwenn.

Personen: DR. ULRICH HANSEN (Tenor); REGINE, seine Frau (Sopran); FELIX WACHTEL, Bonbonfabrikant; POLDI OBERLÄNDER, Sportberichter (Tenorbuffo); VERONIKA, Freundin Reginens (Soubrette); DOLORES, gen. Dodo (Soubrette); DAJOS LAJOS FÖLDESY, ihr Impresario; Professor Fisch; Portier Bastian; Der Präsident des Venediger Tennisclubs; Romano Picco, Gondoliere; Egon, ein Diener; Käthchen, eine Zofe; Ein Schlosser; Zwei Boxer; Ein Schiedsrichter; Sportpublikum, Gäste, Tänzerinnen usw. – Ort und Zeit: Berlin und Venedig, Gegenwart. – Uraufführung: 24. September 1942, Berlin, Metropol-Theater.

Mit diesem Werk hat sich Schröder sogleich in die vorderste Reihe der lebenden Operettenkomponisten gespielt. Dieser Erfolg ist um so erfreulicher, als Schröder mit erstaunlicher Sicherheit musikalische Sentimentalitäten zu vermeiden weiß. Seine geschmackvolle Verwendung moderner Rhythmen, seine vielfach zügigen Melodien (man wird Schröder vor allem als Melodiker betrachten dürfen) und eine vortreffliche Instrumentierung bilden eine schöne musikalische Einheit. Noch nicht ganz gelungen schient mir die offenbar angestrebte Bindung operettenhafter und filmischer Eigentümlichkeiten in Text und Musik. Die einzelnen, locker gereihten Bilder tragen besondere Überschriften.

1. „Mit harten Bandagen". Bei einem Boxkampf schlagen auch zwei Zuschauer (Felix Wachtel und Dajos Földesy) gewaltig aufeinander los.

2. „In letzter Minute". Alles wartet auf den Bräutigam Regines, Dr. Hansen; so ihre Freundin Veronika und deren Verlobten Poldi Oberländer, so auch die beiden Kampfhähne des ersten Bildes, so auch leider die temperamentvolle frühere Freundin von Dr. Hansen: Dolores genannt Dodo. In letzter Minute gelingt es, Dolores mit ihren Tanzmädchen in den Keller einzuschließen: Hansen kommt und fährt mit Regine zur Trauung.

3. „Die Hochzeitsnacht". Die längst versöhnten Kampfhähne rauchen am Hochzeitsabend in Regines Zimmer eine Zigarette; dabei läßt Földesy das Etui der von ihm als Impresario betreuten Dolores liegen, Regine glaubt an ein Stelldichein ihres Mannes mit Dolores und schließt sich ein. Hansen zieht ärgerlich ins Hotel „Paradies". Kaum hat Regine den wahren Raucher-Sachverhalt erfahren, da fährt sie ihm nach.

4. „Das gibt es nur im Paradies". Im Hotel freundet sich Dolores mit Felix Wachtel an. Hansen wird nach einigen Gläschen wieder vergnügter, muß aber immer wieder an seine junge Frau denken.

5. „Paradies. Zimmer 51". Versehentlich gerät Hansen in das Zimmer Veronikas. Da erscheint Regine, sucht ihren Mann, Veronika versteckt sich, aber nicht gut genug, Regine sieht ein schlecht verborgenes Damenbein, glaubt, Dolores sei bei ihrem Mann. Und schließlich

muß der hinzukommende Poldi Oberländer annehmen, seine Veronika habe ein Stelldichein mit Hansen.

6. „Kurzschluß im Paradies". Zu alledem noch Kurzschluß! Alles rennt durcheinander und steht, als das Licht wieder brennt, in Schlafanzügen auf den Gängen. Dolores versucht es nochmals bei Hansen, was Regine vollends in Zorn bringt. Jetzt hat Hansen genug: er macht seine Hochzeitsreise ohne Frau – nach Venedig. Veronika, in ihrer Verstimmung über ihres Verlobten Mißtrauen, schließt sich Hansen an.

7. „Vor den Arkaden". Nach einem Tennissieg wird Hansen mit seiner „Frau" (Veronika) vom Venediger Tennisclub zum „Liebestrunk" eingeladen. Inzwischen sind aber auch Veronikas Verlobter und Felix Wachtel in Venedig eingetroffen, und Hansen erfährt, daß seine jungfräuliche Frau Regine ebenfalls in der Lagunenstadt ist und nun weiß, wessen Bein sie damals im „Hotel Paradies" gesehen hat.

8. „Am Canale grande". Auf einem Fest der Gondoliere wird alles wieder ins Geschick gebracht. Die temperatmentvolle Dolores gibt sich Felix Wachtel, Veronika söhnt sich mit ihrem zu Unrecht eifersüchtigen Verlobten aus, und Hansen tritt, als Gondoliere verkleidet, zu Regine, um nun endlich mit ihr aus dem Liebespokal auf eine rechte Ehe zu trinken.

BURKHARD

Paul B. (1911–1977, Schweizer) war nach dem Musikstudium in Zürich als Pianist, Sänger und Kapellmeister
in Theatern und im Funk tätig. Schrieb außer den unten
skizzierten Werken u. a. noch *Das Paradies der Frauen,
Bunbury, Der schwarze Hecht.*

Kaum ein anderer Komponist der leichten Muse hat
einen so starken Sinn für Einzelsituationen, ja Einzelsät-
ze wie Burkhard. Er erfaßt sie mit erstaunlicher Sicherheit und musiziert sie aus, ohne auch nur einen einzigen
Takt zu komponieren, den man in dieser Situation oder
in jenem Satz als unwesentlich weglassen könnte. Zudem
sind seine musikalischen Einfälle stets aus dem Einzelfall
geboren, nur für diesen sinnvoll, lassen sich nicht austau-
schen. Stilistisch sind seine Werke weder der Gattung
Schlager- noch der Tanzoperette zuzuordnen; sie sind
musikalisches Theater, musikalisches Spiel, also ,,Musi-
cal plays'' und stehen daher den amerikanischen Musicals
sehr nahe, übertreffen sie freilich musikalisch allesamt.
Vortrefflich kennzeichnet Burkhard sein *Feuerwerk* als
abendfüllendes Chanson''.

Hopsa

*Operette in zwei Akten (18 Bildern). – Text von P. Bau-
disch, Rob. Gilbert und A. L. Robinson.*

Personen: PERKINS, *Bürgermeister (Komiker);* GLORIA,
dessen Tochter (Tanz-Soubrette); VIRGINIA PHIPPS, *Lehrerin (komische Alte);* BILL CARTER, *junger Lehrer (Buf-*

fo); MARY MILLER, genannt HOPSA (Soubrette); der ,,große Regisseur" J. G. BROWN (Tenor); ELLERY KING, Detektiv (Buffo); ferner Gemeinderäte, Eisenbahner, Passagiere, Theaterleute, Arzt, Barmixer, Reporter, Theaterbesucher, Feuerwehr, Schulmädchen usw. – Ort und Zeit (Zweite Fassung): amerikanische Kleinstadt und New York zwischen 1950 und 1960. – Uraufführung: 1935, Zürich, Stadttheater.

Formaler Aufbau: 18 Bilder mit gesonderten Bezeichnungen (genau wie in dem amerikanischen Musical ,,PYJAMA GAME" von 1954). 1. Vor dem Vorhang, 2. Mädchenschulklasse, 3. Schulgarten, 4. Sitzungszimmer des Gemeinderats, 5. Eisenbahnabteil, 6. Times Square, 7. Theaterkanzlei, 8. Theaterfoyer, 9. Bühne, 10. Artistenpension, 11. Hotel, 12. Bar, 13. Vor dem Vorhang, 14. Theatergarderobe, 15. Pension, 16. Gang zur Bühne, 17. Revue auf der Bühne, 18. Garten eines Farmhauses.

Ein mutwilliger Streich des Waisenmädchens Hopsa erzürnt Bürgermeister und Gemeinderat. Als sich der junge Lehrer Carter für sie verwendet, verweigert ihm der Bürgermeister endgültig die Hand seiner Tochter Gloria. Um so besser für diese; denn jetzt brennt sie durch, um in New York ein Revuestar zu werden. Carter reist ihr nach, wird aber seinerseits verfolgt von einem Detektiv. Dieser soll herausbekommen, ob Carter das Trinken einstellt; denn nur dann bekommt er eine große Erbschaft ausgehändigt. In New York ist Gloria bereits zum Ballettgirl avanciert. Doch auch Hopsa wird von dem ,,großen Regisseur", der sie heiraten möchte, ausgebildet und von diesem veranlaßt, an Carter einen Abschiedsbrief zu schreiben. Carter will seinen Kummer in etlichen Drinks ertränken, trifft auf den Detektiv, glaubt sich von ihm verfolgt wegen angeblicher Entführung Glorias, läßt alle Drinks stehen, entflieht, bricht sich ein Bein und kommt ins Krankenhaus. Die ,,Flucht vor dem Alkohol" sichert ihm die Erbschaft. Als Hopsa ihn besucht, von der Erbschaft und der nun mutmaßlich bevorstehenden Heirat mit Gloria erfährt, rast sie ins Theater, um ihre große Rolle zu spielen. Doch ach, die Vorstellung ist bereits im Gang, und Gloria spielt Hopsas Rolle mit größtem Erfolg. Der ,,große Regisseur" bekommt Gloria zur Ehefrau, Carter aber kauft sich von der Erbschaft eine Farm, und Hopsa wird seine Farmerin.

Feuerwerk

Musikalische Komödie in drei Akten (vier Bildern). – Text von Emil Sautter, Eric Charell, Jürg Amstein, Gesangstexte von J. Amstein und Rob. Gilbert.

Personen: ALBERT OBERHOLZER, *Fabrikant (Baß);* KAROLINE, *seine Frau (Sopran);* ANNA, *ihre Tochter (Sopran);* KATI, *die Köchin (Alt);* JOSEF, *Hausdiener (Baß);* FRITZ OBERHOLZER, *Landwirt (Tenorbuffo);* BERTA, *seine Frau (Alt);* GUSTAV O., *Regierungsrat (Buffo);* PAULA, *seine Frau (Alt);* HEINRICH O., *Professor (Tenorbuffo);* KLARA, *seine Frau (Alt);* HERBERT KLUSMANN, *Schiffsreeder (Komiker);* LISA, *seine Frau (Alt); Alexander O., genannt* OBOLSKI, *Zirkusdirektor (Bariton);* IDUNA, *seine Frau (Soubrette);* ROBERT FISCHER, *ein junger Gärtner (Tenor); kleine Gruppen usw. – Ort und Zeit: Irgendwo um 1900. – Uraufführung: 16. Mai 1950, München, Theater am Gärtnerplatz.*

Der 50. Geburtstag des Fabrikanten Albert Oberholzer hätte so familiengerecht verlaufen können mit den Brüdern, den Schwägerinnen, der Schwester und dem

Schwager, wäre nicht das schwarze Schaf der Familie, der zum Zirkus durchgebrannte Bruder Alexander, jetzt Obolski genannt, mit seiner Frau Iduna in die ehrenreiche Runde eingedrungen. Schon singt die Zirkusreiterin Iduna ein kesses Liedchen von ihrem Pony Jonny, zum Entsetzen der Spießer beiderlei Geschlechts, aber zum hellen Entzücken von Oberholzers Tochter Anna, die, Feuer und Flamme, sogleich zum Zirkus will, den ihr Onkel Obolski in glühenden Farben zu schildern weiß. Stich ins bürgerliche Wespennest, alles sirrt und surrt, sticht und spricht aufeinander los – da beginnt im Garten das Feuerwerk, das mit Oh und Ah gewürdigt werden muß. Doch aufgeschoben ist nicht aufgehoben: Anna spinnt sich mehr und mehr in das Wunschbild Zirkus ein, sieht sich als gefeierte Trapezkünstlerin, will mit Onkel Obolski in die Manege. Eltern, Onkel und Tanten, sogar der geliebte junge Gärtner Robert reden sich die Zungen fusselig – umsonst. Erst Frau Idunas offene Worte über die rauhe Wirklichkeit hinter dem Glitzerkram erzielen einige Wirkung bei Anna, die nun auch wieder auf ihren Robert hört. Da wäre alles gut, wenn nicht selbst Vater und Onkel durch Frau Idunas antibürgerlichen Charme so angesteckt würden, daß sie aus der Geburtstagsfeier einen tollen Budenzauber machen. Jetzt wird es den Tanten zu dumm. Energisch bringen sie ihre Männer auf den Pfad bürgerlicher Sittsamkeit zurück und setzen es durch, daß Obolski mitsamt Frau Iduna hinausgewiesen werden. Allerdings hält man den Geburtstagsgästen noch eine Rede über geistige Verkalkung, rettungslose Verspießerung, verknöcherte Armseligkeit. Eines hat der unerwünschte Besuch doch zuwege gebracht: Anna darf ihren Robert heiraten, sie wird das heilige Feuer am Herd hüten und gern auf das Feuerwerk des Zirkuslebens verzichten.

MUSICAL

Das Musical (eigentlich: musical play, also ein Spiel mit Musik), vorwiegend amerikanischer Herkunft und im Grunde als amerikanische Sonderform der europäischen Operette zu betrachten, verhält sich zur Operette etwa wie eine veristische Oper (Beispiel: *Cavalleria rusticana* von Pietro Mascagni) zu einer auf Sagenstoff aufgebauten Oper. Das Musical nimmt sich – im Gegensatz zu Oper und Operette – in der Regel den Handlungsstoff nicht aus der Traumwelt unwirklicher Vorgänge in einer „gehobenen Gesellschaft", sondern bevorzugt ganz eindeutig die Wirklichkeit des Alltags in teilweise überzeichneter Realität. Dabei kann die Darstellung den Alltag grau oder bunt, ernst oder heiter, immer jedoch mit sprudelnden Einfällen und jedermann verständlichen aktuellen Tagesbezügen bühnenwirksam präsentieren. Einzelstimmungen, Einzelgeschehnisse und solistische Darstellung von Gesang, Akrobatik und Tanz werden durcheinandergewürfelt, untrennbar verschachtelt – ganz anders als in der „Operettenwelt" wo alles sauber getrennt erscheint. Die Vielfalt des Musicals würde das Verständnis von Zuschauern und Zuhörern überfordern und überfluten, wäre nicht alles auf stärkste verdichtet, knapp gefaßt, auf das unbedingt Notwendige vereinfacht und wie ein kompliziertes Räderwerk verzahnt.

Sprechen und singen, spielen und springen, steppen, tanzen und turnen müssen die Darsteller zumindest teilweise beherrschen. Revue und Zirkus, Kabarett und Ballett, Varieté und Schauspiel, Oper und Singspiel – alles liefert Beiträge, wird zerlegt, neu zusammengefügt, abermals geändert, in Probeaufführungen getestet und so lange umgebaut, bis endlich eine maschinenmäßige Perfektion erreicht ist. Eine Perfektion, die notwendig ist, damit nach langer Probenzeit und enormen Vorbereitungskosten das Musical sich auch tatsächlich durchsetzen kann gegen den großen Konkurrenzdruck am „New Yorker Broadway" und die Arbeit der verschiedenen Textbuchverfasser, Komponisten, Regisseure, Darsteller, Sänger, Musiker, Bühnen- und Kostümbildner, Beleuchter usw. und nicht zuletzt der Geldgeber der „Show" durch einen angemessenen und erwarteten Gewinn zufriedenstellt.

Aus diesem Grunde wird verständlich, weshalb das Musical sich nur in den Vereinigten Staaten zu solcher Vollendung entwickeln konnte. Herstellung und Aufführung jedes einzelnen Werkes erfordern Millionenkosten und erbarmungslose Präzisionsarbeit des gesamten Theaterpersonals, wie sie hinsichtlich der Kosten und des Personals an deutschen Repertoiretheatern in solcher Form nicht geleistet werden kann. Ein Dutzend Aufführungen können die Kosten nicht einspielen – dazu sind einige Hundert Aufführungen notwendig und möglichst noch nach gefeiertem Erfolg ein Hollywoodfilm, der das Musical auf Leinwand und Bildschirm bringt, um auch diejenigen Zuschauer zu erreichen, die weder die Originalaufführung oder ein Tournee-Gastspiel erleben konnten. Jede Aufführung im Theater muß Premierencharakter haben, ja, die Aufführungen sollen möglichst von Mal zu Mal noch besser, noch ausgefeilter, noch spritziger sein. Eine solche Anforderung ist nur mit einem eigens zusammengestellten Ensemble zu verwirklichen, das immer wieder probt, spielt, unablässig trainiert, bis endlich – oft nach Jahren erst – die Aufnahmewilligkeit des Publikums nachläßt.

So kommt es, daß in den Vereinigten Staaten ein Musical nach dem anderen entsteht und aufgeführt wird, während im deutschsprachigen Raum nur weitaus seltener ein derartiges Werk – nachdem es in den USA einen besonders herausragenden Erfolg erzielt hat – erscheint und eigentlich auch nur dann eine wirkliche Vorstellung vom ,,wahren" Musical vermittelt, wenn es von Gastspieltruppen in Originalbesetzungen dargeboten wird. Auch die in jüngster Zeit verstärkt stattfindenden Fernsehausstrahlungen von Musicals in den jeweiligen amerikanischen Originalbesetzungen vermitteln nur einen bescheidenen Eindruck der Wirkungsvielfalt und des Theatererlebnisses einer Originalaufführung, da gerade beim Musical die ,,Bühnenwirksamkeit" das eigentliche Geheimnis des Erfolges ist. Die Auswahl der im folgenden ausführlicher behandelten Musicals beschränkt sich daher auf besonders bekannte Werke, die auch in Deutschland auf der Bühne zu bewundern waren und die aufgrund ihres Erfolges auch echte Chancen haben längerfristig zum Repertoire unserer Musikbühnen zu gehören.

KERN

Jerome D. K. (1885–1945), Amerikaner, erhielt seinen ersten Klavierunterricht von seiner Mutter, studierte Musik in New York, Heidelberg und London und wurde Korrepetitor an einem Broadway-Theater. Anfänglich schrieb er nur Songs und verfertigte Bearbeitungen für andere Komponisten. Häufig wurde er als der „Vater des amerikanischen Musicals" bezeichnet. Seine über längere Zeit angehaltene Spitzenposition am Broadway gipfelte im 1927 zum erstenmal aufgeführten *Show Boat*, das in der Folgezeit eine ganze Reihe von Musicals in Konzeption, Darstellung und Musik beeinflußt hat.

Show Boat

Musical in zwei Akten von Oscar Hammerstein II. nach dem gleichnamigen Roman von Edna Ferber.

Personen: ANDY HAWKS, Kapitän des Show Boats; PARTHY ANN HAWKS, seine Frau; MAGNOLIA, ihre Tochter; JULIE LAVERNE, STEVE BAKER, ELLIE und FRANK, Darsteller auf dem Show Boat; GAYLORD RAVENAL; WINDY, Steuermann; PETE GARVIN, Maschinist; JOE, Heizer; QUEENIE, Köchin; RUBBER-FACE; VALLON, Sheriff; Spielsalon-Besitzer; zwei Hinterwäldler; zwei Ausrufer; SET CURDY und OLD SPORT; ETHEL, JAKE und MAX; HAZEL, DOLLY und LOTTI; Gitarrist, Portier und Ansager im Trocadero; Spieler und Bummler. – Ort und Zeit: in Natchez und auf dem Mississippi 1890; in Chicago 1893 und dann wieder in Natchez 1927. – Uraufführung: 27. Dezember 1927 New York, Ziegfeld Theatre; Erstaufführung in deutscher Sprache: 30. Oktober 1970 in Freiburg im Breisgau, Städtische Bühnen.

1. Akt. Vor dem Show Boat „Cotton Blossom" werden die Darsteller des Theaterstücks dem vorüberziehenden Publikum reißerisch vorgestellt. Dabei trifft die blutjunge Tochter des Kapitäns Andy Hawks und seiner alles beherrschenden Frau Parthy Ann den Taugenichts Gaylord Ravenal, für den sie sogleich zu schwärmen beginnt, obwohl sie die erfahrene Julie vor der Liebe eindringlich warnt. – Die Farbigen an Bord hören zufällig Julie ein Lied singen, das üblicherweise nur von den Schwarzen gesungen wird und da sie nicht sagt, woher sie das Lied kennt, kann sie der gerade fortgejagte Maschinist Pete beim Sheriff anzeigen und behaupten, sie sei in Wirklichkeit eine Schwarze. Als der Sheriff Steve und Julie wegen Rassenschande festnehmen will, können zwar beide einer Verhaftung entgehen, müssen aber das Theaterensemble verlassen und dürfen nicht mehr auftreten, was Kapitän Andy in arge Bedrängnis bringt. In der Not werden der Spieler Gaylord Ravenal und die Tochter Magnolia als Ersatz engagiert. Da beide ihre Liebesszenen vollkommen echt spielen, werden sie schon in kurzer Zeit zu den Stars des Show Boats, sehr zum Ärger von Magnolias Mutter, die gerade verhindern wollte, daß ihre Tochter den Schauspielerberuf ergreift. Trotz der Intrigen von Pete und Parthy Ann und, obwohl bekannt wird, daß Gaylord Ravenal erst vor kurzem in Notwehr jemanden erschossen hat, liebt ihn Magnolia so sehr, daß sie sich nicht von ihrem Entschluß, ihn zu heiraten, abbringen läßt.

2. Akt. Schauplatz ist das Gelände der Weltausstellung in Chicago, drei Jahre später. Gaylord hat sich trotz Heirat nicht geändert und ist Spieler mit halbkrimineller

Neigung geblieben. Als die Not der kleinen Familie immer drückender wird, läßt Gaylord Ravenal verantwortungslos seine Frau im Stich. Mit Hilfe zweier ehemaliger Kollegen vom Show Boat – Ellie und Frank – soll Magnolia ein Engagement als Sängerin im Trocadero in Chicago erhalten, damit sie ihren Lebensunterhalt verdienen kann. Beim Vorsingen wird sie von Julie, der eigentlichen Sängerin beim Trocadero, erkannt. Um Magnolia eine Chance zu geben, zieht sich Julie selbstlos zurück, da sie für sich keine rechte Zukunft mehr sieht, nachdem sie schon lange von dem heruntergekommenen Steve verlassen worden ist. Nach anfänglicher Schüchternheit wird ihr erster Auftritt ein überwältigender Erfolg, der Magnolia glänzende Zukunftsaussichten eröffnet.

Zwanzig Jahre später wird in der Nähe von Natchez die Leiche von Julie angespült, genau dort, wo sie zusammen mit Steve ihre glücklichste Zeit vollbracht hat. So wenigstens meint der inzwischen mehr als achtzig Jahre alte Kapitän Andy Hawks. Während es dem alten Andy gelungen ist Gaylord Ravenal zum besseren Leben zu bekehren, hat sich Magnolia vom Theaterleben zurückgezogen; damit kommt es endlich zu einem Happyend zwischen Magnolia und Gaylord. Wie in einer echten Komödiantenfamilie ist mittlerweile ihre gemeinsame Tochter ein berühmter Broadway-Star geworden. Die alte ,,Cotton Blossom``, das ehemalige Show Boat dampft noch immer den Mississippi hinauf und hinab, und ständig fließt der Mississippi, der Vater der Ströme.

Mit fünfhundertundsiebzig Aufführungen in der Uraufführungsfassung wird der überwältigende Erfolg von Oscar Hammerstein als Librettist und Jerome Kern als Komponist deutlich dokumentiert. Auch in der Folge ist das Musical *Show Boat* immer wieder der Erfolgsmaß-

stab gewesen, an dem andere gleichartige Werke wie
z. B. *Annie Get Your Gun, West Side Story* oder *The
Fiddler On The Roof* gemessen worden sind. Anknüp-
fend an die Erfolgsrezepte der europäischen Operette ist
es Kern gelungen, die Musik dieses Musicals verdichtet
in musikalische Szenen und durch originellen Melodien-
reichtum zu später weithin populären Schlagern zu machen. Am bekanntesten wurde jenes Lied, das der farbige
Heizer Joe vorträgt und das den großen Fluß Mississippi
verherrlicht „Old Man River".

BERLIN

Irving B. (eigentlich Israel Baline, geb. 1888, Amerikaner) wurde in Temun in Rußland geboren, kam schon dreijährig in die Vereinigten Staaten. Er begann seinen Berufsweg als Aushilfskellner und schrieb ab 1910 mit stetig steigendem Erfolg Songs und Revuemusiken. Mit seinem Musical *Annie Get Your Gun* erzielte Irving Berlin 1946 Weltruf.

Annie Get Your Gun

Musical von Herbert und Dorothy Fields. – Gesangstexte stammen vom Komponisten.

Personen: ANNIE OAKLEY; FRANK BUTLER; BUFFALO BILL; PAWNEE BILL; CHARLIE DAVENPORT; SITTING BULL; FOSTER WILSON; DOLLY TATE; *Truppe des Buffalo Bill, Hotelbesitzer, Zuschauer und andere. – Ort und Zeit: USA in der Zeit zwischen 1885 und 1902. – Uraufführung: 16. Mai 1946 New York, Imperial Theatre; Erstaufführung in deutscher Sprache: 9. September 1963, Berlin, Theater des Westens.*

Buffalo Bills Truppe gibt ein Gastspiel in einer amerikanischen Kleinstadt. Der Meisterschütze der Truppe, Frank Butler muß zu seinem großen Ärger mitansehen, daß die Anführerin einer Gruppe sich herumtreibender Kinder, Annie Oakley, sich als Naturbegabung im Schießen entpuppt und zu allem Überfluß von Buffalo Bill noch als Mitglied der Truppe engagiert wird. Verständlich, daß Frank Butler seinen Ruf als „der treffsicherste Schütze der Welt" dahinschwinden sieht. Annie Oakley erkennt ihre Chance und verwandelt sich schnell in eine ansehnliche junge Dame, indem sie Lesen und Schreiben lernt, ihr abgetragenes Kleid ablegt und sich zu präsentieren weiß. Kein Wunder, daß Frank Butler mehr und mehr unruhig wird; noch schlimmer wird es, als er mitansehen muß, wie Annie eines Abends vom Manager der Wildwest-Show groß angekündigt wird und auch tatsächlich aus allen akrobatischen Situationen schießt – kein Schuß geht daneben. Das kann Frank Butler nicht mehr ertragen, und er kündigt deshalb sein Engagement bei Buffalo Bill auf, um zu einem Konkurrenzunternehmen zu wechseln.

Die Erfolge für Annie reißen nicht ab, selbst die Indianer der Wildwest-Show geben ihr den Titel ,,Tochter des Häuptlings". Sogar eine Tournee nach Europa unternimmt die Truppe, wo Annie Oakley zur größten Schießkünstlerin der Welt ernannt, gefeiert wird und sogar Orden über Orden für ihre Leistungen erhält. Schon gleich nach der Rückkehr in die Vereinigten Staaten fällt der Entschluß, daß sich die Wildwest-Show von Buffalo Bill mit dem Show-Unternehmen vereinigen will, in dem Frank Butler die Hauptattraktion ist. Ein Hindernis für die Vereinigung ist die alte schwelende Eifersucht von Frank Butler auf die Schießkunst von Annie. So kommt es zu einem Zweikampf zwischen den beiden, bei dem entschieden werden soll, wer der bessere Meisterschütze ist. Annie will, daß es zwischen ihnen endlich zu einer Verständigung kommt und schießt in dem Vergleichskampf absichtlich daneben. Für Annie und Frank ist der Ausgang des Zweikampfes der Meisterschützen ein großer Erfolg: Frank sieht seine angekratzte Ehre als Meisterschütze gerettet und vergißt seine Eifersucht auf Annie, und Annie, die Frank schon seit langem heimlich liebt, kann endlich Mrs. Butler werden.

PORTER

Cole A. P. (1893–1964, Amerikaner) studierte zuerst Jura und wandte sich erst später der Musik zu. Er schrieb viele Schlager und Songs, erzielte jedoch seine größten Erfolge mit den Musicals *Kiss Me, Kate!* und *Can-Can*.

Kiss Me, Kate!

Musikalische Komödie in zwei Akten von Samuel und Bella Spewack. Die Gesangstexte stammen vom Komponisten.

Personen: FRED GRAHAM *(Petrucchio);* HARRY TREVOR *(Baptista);* ANN LANE *(Bianca);* RALPH, *Inspizient;* LILLI VANESSI *(Katharina);* HATTIE, *Garderobiere von Lilli Vanessi;* PAUL, *Garderobier von Fred Graham;* BILL CALHOUN *(Lucentio); erster und zweiter* GANOVE; *Bühnenportier,* HARRISON HOWELL; *Schauspieler, Tänzerinnen und Tänzer; ein Arzt; ein Taxichauffeur. – Ort und Zeit: im Sommer in einer amerikanischen Stadt. – Uraufführung: 30. Dezember 1948 New York, Century Theatre; Erstaufführung in deutscher Sprache: 19. November 1955, Frankfurt am Main, Städtische Bühnen.*

Das Musical *Kiss Me, Kate!* ist eine neuzeitliche Umformung von Shakespeares *Der widerspenstigen Zähmung* durch den Komponisten sowie Bella und Samuel Spewak (die sehr geschickt verfertigte deutsche Textfassung stammt von Günter Neumann). Der Witz des Handlungsablaufes besteht darin, daß ständig Szenen aus

Shakespeares mit solchen hinter der Bühne abwechseln,
daß dann wieder Personen auftreten, die bei Shakespeare
nicht vorkommen, oder daß Ausbrüche stattfinden, die
(scheinbar!) mit alledem nichts zu tun haben. – Wie
zähmt man eine Widerspenstige? ,,Brush up your Shakespeare!" (Schlag nach bei Shakespeare!). – Fred Graham
und Lilli Vanessi lieben einander noch immer, obwohl
sie sich haben scheiden lassen. Lilli explodiert vor Eifersucht mitten im Spiel, ohrfeigt Fred, bezieht von diesem
eine Tracht Prügel und legt ihre Rolle demonstrativ nieder. Da präsentieren zwei Ganoven einen gefälschten
Scheck, den Fred jedoch nur dann zahlen will, wenn Lilli
ihre Rolle weiterspielt. Dazu wird sie schließlich von den
Ganoven mit vorgehaltenem Revolver auf der Bühne gezwungen. Daraufhin gibt sie auch ihrem Verehrer, dem
schläfrigen, ältlichen Geldprotz und Theatermäzen,
Harrison Howell, den Laufpaß, um bei ordnungsgemä-
ßem Abschluß der Vorstellung ihren Fred für immer zu
lieben.

   Aus den vielen bekannten und eingängigen Nummern
dieses Musicals ist vor allem das Walzerduett ,,Wunder-
bar! Wunderbar! Diese Nacht so sternenklar!" hervorzuheben, daß als Evergreen inzwischen aus der Unterhaltungsmusik nicht mehr wegzudenken ist.

Can-Can

*Musical in zwei Akten von Abe Burrows. Gesangstexte
stammen vom Komponisten.*

Personen: HENRI MARCEAUX, *Gerichtspräsident;* PAUL
MARRIÈRE *und* ARISTIDE FORESTIER, *Richter;* LA MÔME PI-
STACHE, *Besitzerin eines Montmartre-Lokals;* CLAUDINE,

GABRIELLE, MARIE *und* CÈLESTINE, *Tänzerinnen;* BORIS ADZINIDZINADZE, HERCULE, THÉOPHILE *und* ETIENNE, *Künstler;* HILAIRE JUSSAC, *Kunstkritiker; Gerichts- und Gefängnispersonal, Kellner, Polizisten, Gäste, Bewohner von Montmartre. – Ort und Zeit: Paris 1893. – Uraufführung: 7. Mai 1953, New York, Schubert-Theatre; Erstaufführung in deutscher Sprache: 29. August 1965, Stuttgart, Württembergisches Staatstheater, Kleines Haus.*

1. Akt. Einige Mädchen sind nach ihrer Verhaftung dem Polizeirichter vorgeführt, weil sie im Montmartre-Lokal von Mademoiselle Pistache den anstößigen und verbotenen Cancan getanzt haben sollen. Der Richter beschließt das Lokal persönlich in Augenschein zu nehmen und verursacht mit diesem Entschluß die größten Verwirrungen und Verwicklungen bei den Beteiligten. Claudine, die die harte Arbeit als Wäscherin mit der angenehmeren des Cancantanzens vertauschen will, versucht den Richter Forestier mit ihren weiblichen Reizen und schließlich mit Bestechung davon zu überzeugen, daß der Cancan ein harmloser Volkstanz sei. Doch der Richter bleibt unbestechlich und sammelt fleißig Beweise für seine Verhandlung und verurteilt die Mädchen schließlich zu 10 Tagen Gefängnis. Der Kritiker Jussac, der in Claudine verliebt ist, will dafür sorgen, daß der diesjährige Ball der Pariser Künstler in Pistaches Lokal stattfindet und dabei auch Werke von Claudines Freund Boris ausstellen lassen.

Als Forestier wieder bei Pistache erscheint, nachdem die Mädchen ihre Gefängnisstrafe abgesessen haben, will er ihr seine Motive für die Verurteilung erklären. Dabei hört er zufällig, daß Pistache trotz der ihr entzogenen Konzession den Künstlerball in ihrem Lokal abhalten will. Daraufhin kommt es zwischen beiden zu heftigem Streit. – Claudine besucht Boris in seinem Atelier in einem neuen, vom Kritiker Jussac geschenkten Kleid. Die Eifersucht überkommt Boris trotz der Protektion, die ihm durch Jussac zuteil werden soll. Am Abend erscheint der inzwischen mehr und mehr in Pistache verliebte Richter Forestier und sieht dabei die vor dem Lokal zum Ball versammelten Pariser Künstler. Als er dann auf Pistache trifft und sie küßt, wird er fotografiert. Zu spät merkt er, daß er seinen Feinden in die Falle gegangen ist.

2. Akt. Forestier war noch in der Nacht niedergeschlagen worden und anschließend war er auf Veranlassung von Boris in dessen Atelier gebracht worden, wo er am anderen Morgen aufwacht. Zu allem Übel sieht er in der Morgenzeitung auch ein Bild, das ihn Pistache küssend zeigt und muß lesen wie die Presse sein Doppelleben geißelt. Auch der Kritiker Jussac hat die Arbeiten von Boris so vernichtend besprochen, daß sich dieser mit ihm duellieren will. Forestier wird kommentarlos aus seinem Richteramt entfernt. Erst nachdem er gemeinsam mit Pistache ein verbotenes Tanzlokal gründet, das schon bald gut floriert, kann er ein öffentliches Verfahren erzwingen. Er wird auch tatsächlich in der abschließenden Gerichtsverhandlung rehabilitiert, weil die als Zeuge auftretende Pistache zusammen mit ihren Cancanmädchen den Richtern beweist und demonstriert, daß der Cancan kein anstößiger Tanz, sondern vielmehr der fröhliche Ausdruck ihrer Lebensfreude ist.

Schon Jacques Offenbach hat in seine Operetten (vor allem in *Pariser Leben*, 1866) den um 1840 in Paris entstandenen Cancan mit großem Erfolg verarbeitet. Auch Cole Porter gelingt es in seinem Musical, die spritzige

Rhythmik dieses Tanzes gezielt einzusetzen, was ihm den überwältigenden Beifall des Publikums einbrachte. Berühmt geworden ist der aus diesem Musical stammende Schlager „Ganz Paris träumt von der Liebe".

GERSHWIN

George G. (1898–1937, Amerikaner) studierte Musik bei dem Operettenkomponisten Rubin Goldmark und schuf bereits 1919 im Alter von nur 21 Jahren seine erste musikalische Komödie, der noch eine große Zahl von Musicals und Filmen folgen sollte. Seine Kompositionen *Rhapsody in Blue* (1924) und *Ein Amerikaner in Paris* (1928) wurden große Publikumserfolge. Der Höhepunkt seines Schaffens ist zweifellos sein Werk *Porgy and Bess,* das er selbst als Oper bezeichnete, obwohl es aufgrund seiner musikalischen Mittel (Songs, Spirituals, Blues und Jazzbestandteile) weitaus mehr zur Gattung der Musicals zuzurechnen ist.

Porgy and Bess

Musical (Oper) in drei Akten (neun Szenen) von Du Bose Heyward und Ira Gershwin nach einem Roman von Dorothy und Du Bose Heyward.

Personen: PORGY *(Bariton);* CROWN *(Bariton);* BESS, *seine Geliebte (Sopran);* ROBBINS *(Tenor);* SERENA, *seine Frau (Sopran);* JAKE *(Bariton);* CLARA, *seine Frau (Sopran);* SPORTING LIFE *(Tenor);* MARIA/LILY, *Erdbeerfrau (Mezzosopran);* MINGO *(Tenor);* PETER, *der Honigverkäufer (Tenor);* FRAZIER *(Bariton);* ANNIE *(Mezzosopran);* JIM *(Bariton);* LEICHENBESTATTER *(Bariton);* NELSON/Krebs-Mann *(Tenor); Mr. Archdale, Detektiv, Polizist, Leichenbeschauer und Chor. – Ort und Zeit: Charleston, South Carolina; Gegenwart oder jüngste Vergangenheit. – Uraufführung: 30. September 1935 in Boston; Erstaufführung in deutscher Sprache 1965, Wien, Volksoper.*

1. Akt. Es ist Sommerabend. Die Neger haben ihr schweres Tagewerk vollbracht und genießen den Feierabend. Man singt, man tanzt, man spielt auch Klavier. Clara sitzt abseits und versucht, ihr Baby in den Schlaf zu singen. In einer anderen Ecke würfeln die Männer – unter ihnen der Rauschgifthändler Sporting Life. – Den hinzutretenden Robbins fordert Jake auf mitzuspielen. Robbins ist bereit, weil er hofft, beim Spiele die Last des Alltags vergessen zu können. In Claras Wiegenlied „Summertime" klingen die abgerissenen Melodien der würfelnden Männer hinein. Gespött kommt auf, da es auch Jake nicht gelingt, das Baby einzuschläfern. Während Clara ihr Kind wegträgt, erscheint Peter, der Honigverkäufer, der seine Ware singend anpreist. Dann wendet sich die Aufmerksamkeit Porgy zu, der in seinem Ziegenwagen heranfährt. Er fragt nach Bess, und Jake beantwortet zum Gespött aller Porgys Frage nach Bess, denn alle wissen von Porgys Verehrung für Bess und daß sie aber die Geliebte von Crown ist. Porgy weist diesen Vorwurf zurück. Sein Los – das eines Krüppels – ist, allein die Straßen des Landes entlangzuziehen. Seine bewegenden Worte werden mit Spott und Gelächter quittiert, das erst ein Ende nimmt, wenn Crown und Bess erscheinen. Beide schließen sich dem Würfelspiel an. Aber Crown ist betrunken und streitsüchtig. In einem Wutanfall greift er Robbins an. Nach kurzem, wild-erregenden Kampf tötet er Robbins mit einem Baumwollhaken. Aufschreiend wirft sich Serena über ihren erschlagenen Mann, während in dem turbulenten Durcheinander Crown entkommen kann. Bess bleibt allein zurück. Da macht sich Sporting Life an sie heran und versucht sie zu überreden, mit ihm nach New York zu gehen. Aber Bess lehnt das Angebot ab und sucht vor der nun anrückenden Polizei Unterschlupf in Porgys Zimmer. – Am näch-

sten Abend in Serenas Zimmer: Der ermordete Robbins
liegt auf dem Bett aufgebahrt. Die trauernden Neger singen schwermütig den Spiritual „Gone, gone, gone“.
Porgy und Bess treten auf. Sie wollen Geld für das Be-
gräbnis spenden. Jedoch Crowns Geliebte wird von allen
so gehaßt, daß man ihre Spende nicht annehmen will. In
dem nun folgenden Chor werden alle Anwesenden auf-
gefordert, Geld zu geben, damit der Ermordete begraben
werden kann. Der eintretende Detektiv unterbricht den
Chor. Er teilt Serena mit, daß die Leiche den Medizin-
studenten übergeben werden würde, wenn sie nicht bis
zum nächsten Tage ordnungsgemäß bestattet sei. Das erschreckt alle Anwesenden zutiefst und noch mehr wühlt
es sie auf, als der Detektiv nun auch noch Peter, den Honigverkäufer, als Zeugen des Mordes verhaftet. Unmittelbar nach seinem Weggehen erscheint der Leichenbestatter. Er läßt sich überreden, Robbins für das wenige
zusammengekommene Geld doch noch zu bestatten. In
dankbar-erregtem Chore bringen die Neger ihre Erleich-
terung über diese Wendung zum Ausdruck.

2. Akt. Es ist Morgen in der Catfish-Gasse und einen
Monat später. Zu den zündenden Rhythmen eines Ar-
beitsliedes flickt man die Fischnetze. Clara warnt ihren
Mann Jake, jetzt zur Zeit der gefährlichen September-
stürme aufs Meer zu fahren. Doch Jake muß hinaus,
muß Geld verdienen, um seinem Sohne eine gute Ausbildung zu ermöglichen. Porgy erscheint am weit geöffne-
ten Fenster und singt ein frohes Lied. Seit Bess bei ihm
wohnt, ist er wie ausgewechselt. Für anderthalb Dollar
verkauft der betrügerische Rechtsanwalt Frazier an Porgy eine Urkunde, aus der hervorgeht, daß Bess von
Crown geschieden ist. Einer Verbindung Porgy–Bess
steht nun nichts mehr im Wege, und der Chor kommen-
tiert dazu, daß nun aus dem leichten Mädchen Bess eine

Lady Bess werden würde. Aber Porgy liebt Bess und läßt sich durch nichts beirren. Da fliegt ein Bussard über die Catfish-Gasse – und das bedeutet: Unglück! Aufgescheucht und erregt zieht sich alles zurück. Nur Bess ist noch da, und wieder macht sich Sporting Life an sie heran, um sie abermals zu überreden, mit ihm nach New York zu entfliehen.

Unbeabsichtigt wird Porgy Zeuge davon, wie Bess den Verlockungen des Rauschgifthändlers gegenüber standhaft bleibt und auch das „Happy dust" zurückweist. Sporting Life muß feststellen, daß unter Porgys Einfluß aus der leichtfertigen Geliebten Crowns doch ein anderer Mensch geworden ist. Nach seinem Weggang gestehen sich Porgy und Bess in einem Duett erneut ihre tiefe Zuneigung. Gleich darauf fordert Maria Bess auf, an dem Lodge-Picknick auf der Kittiwah-Insel teilzunehmen. Bess schließt sich nach einigem Zögern an, und der glückliche Porgy bleibt allein in der Catfish-Gasse zurück. Am selben Abend: Die Neger feiern das Lodge-Picknick auf der Kittiwah-Insel mit weltlichen Gesängen und ausgelassenen Tänzen. Sporting Life singt als Vorsänger ein Spottlied auf die Bibel, und jedesmal antwortet ihm ein jubelnder Chor. Serenas Auftreten unterbricht diesen jubelnden Trubel. Empört schimpft sie alle Sünder und fordert sie auf, die Insel sofort zu verlassen. Im allgemeinen Aufbruch bleibt Bess ein wenig zurück. Da wird sie plötzlich von Crown angerufen, der sich bereits den ganzen Tag über in ihrer Nähe verborgen gehalten hatte. Er bricht ihren Widerstand und zwingt sie, mit ihm auf der Insel zurückzubleiben.

Eine Woche später: Wiederum die Catfish-Gasse. Die Fischer bereiten sich zur Ausfahrt vor. Jake verabschiedet sich von Clara. Noch lange ist der Gesang der ausfahrenden Fischer zu hören. Aus Porgys Zimmer hört

man die Stimme von Bess. Im Fieber erlebt sie noch einmal die fürchterlichen Stunden, die sie auf der Insel mit
Crown durchmachen mußte. Auf Porgys Wunsch
spricht Serena ein feierliches Bittgebet zur Wiedergesun-
dung der Schwerkranken. Danach vermag Bess tatsächlich erfrischt aufzustehen. Obwohl Porgy weiß, daß Bess
bei Crown war, verstößt er sie nicht – nicht einmal als
Bess ihm gesteht, daß sie Crown versprochen habe, weiter mit ihm zusammen zu leben, sobald er aus seinem
Versteck zurückkehrt. Da gewinnt ihre Zuneigung zu
Porgy wieder Oberhand und sie bittet diesen zartfühlen-
den und verständnisvollen Menschen um Schutz vor dem
anderen, dem Gewaltmenschen Crown. Porgy verspricht, alles zu tun, um sie in der Zukunft vor dem Zu-
griff Crowns zu bewahren. In diesem Augenblick unterbricht der unheilvolle Ton der Sturmglocke die stim-
mungsvolle Szene. Gleich darauf bricht der Hurrikan –
vom Orchester naturalistisch wiedergegeben – über der
Catfish-Gasse herein.

In der Morgendämmerung des folgenden Tages haben
sich die Neger in Serenas Zimmer versammelt. Sie singen
und beten, während draußen der Hurrikan noch immer
tobt. Dicht aneinander geschmiegt sitzen Porgy und Bess
unter ihnen. Sie sind sicher, daß Crown den Sturm auf
der Insel nicht lebend überstehen wird. Da wird die Tür
aufgestoßen, und Crown stürzt herein. Er ist von der Insel herübergeschwommen und verspottet höhnisch die
verängstigten Neger. Geradewegs geht er auf Bess zu.
Porgy stellt sich ihm entgegen und wird brutal zu Boden
geschlagen. Bess eilt Porgy zu Hilfe und bekennt sich damit offen zum ihm. Crown lästert. Um seine Flüche zu
übertönen, stimmen die Neger einen Chor an. Bess entdeckt aus dem Fenster blickend auf der See das kieloben
treibende Boot von Jake. Clara gibt Bess ihr Baby, dann

stürzt sie verzweifelt hinaus, um ihren Mann zu suchen. Crown folgt ihr, um ihr zu helfen, ruft jedoch – bevor er den Raum verläßt, Porgy zu, daß er zurückkommen werde, um Bess zu holen. Während die verängstigten Neger einen religiösen Chor anstimmen, fällt der Vorhang.

3. Akt. Die Catfish-Gasse bei Nacht. Clara, Jake und viele andere Fischer sind in dem Hurrikan umgekommen. Die ergriffenen Neger singen einen Trauer-Spiritual zum Gedenken der Toten. Sporting Life schleicht herein und gibt Maria zu verstehen, daß Crown mit dem Leben davongekommen ist. Bess erscheint mit Claras Baby am Fenster. Sie singt zum Zeichen, daß sie Mutterstelle übernommen hat, das Wiegenlied „Summertime", das Clara immer ihrem Kinde sang. Das bringt ihr sogleich die Sympathie aller ein, die ihr immer noch ein wenig abwartend und mißtrauisch gegenüberstanden. Nachdem die Catfish-Gasse wieder ruhig und verlassen daliegt, taucht plötzlich Crown auf. Vorsichtig schleicht er sich zu Bess' Zimmer. Bevor er eindringen kann, packt ihn Porgy und erwürgt ihn.

Am folgenden Tage: Der Detektiv, der Leichenbeschauer und der Polizist erscheinen in der Catfish-Gasse und verhören die Bewohner, um den Mörder Crowns zu finden. Schließlich verlangt der Leichenbeschauer, daß Porgy ihn begleite, um den Toten zu identifizieren. Der Gedanke, noch einmal in das Gesicht des Opfers blicken zu müssen, erfüllt Porgy mit einem solchen Abscheu, daß er sich weigert. Daraufhin wird er mit Gewalt zur gerichtlichen Identifizierung seines Opfers abgeführt. Bess ist verzweifelt. In diesem Augenblick erscheint Sporting Life und versucht ein drittes Mal, Bess zu überreden, mit ihm fortzuziehen. Erneut bietet er ihr Rauschgift an, das sie aber verächtlich mit dem Fuß wegstößt. Doch Sporting Life läßt noch ein Päckchen Rauschgift auf der Schwelle zu Bess' Zimmer zurück. Eine Woche später: Porgy kehrt aus dem Gefängnis zurück. Er wird freudig willkommen geheißen und verteilt die mitgebrachten Geschenke an die Freunde. Sie jedoch stehen traurig und verlegen um ihn herum.

Porgy bemerkt die Traurigkeit und Verlegenheit seiner Freunde nicht; denn noch ist er zu sehr mit den Geschenken beschäftigt, die er für Bess und das von ihr betreute Baby Claras eingekauft hat. Dann aber ruft er Bess und entdeckt plötzlich Claras Baby auf dem Arm von Serena. Schlimmes ahnend ruft er nach Bess – da rücken die anderen mit der Sprache heraus. Bess ist mit Sporting Life nach New York gezogen, weil sie im Glauben war, Porgy sei für immer eingesperrt worden. Dieser Grund scheint Porgy nicht zu interessieren. Für ihn ist Hauptsache: Bess lebt, und als er erfährt, daß die große Stadt „nur" tausend Meilen entfernt ist, will er mit seinem Ziegenwagen dorthin. Vergeblich suchen die Freunde ihn von diesem Vorhaben zurückzuhalten. Doch: wo immer auch Bess weilt – er will sie finden. Dann verläßt er die Catfish-Gasse. Noch lange sind die Bittgesänge der Zurückgebliebenen zu hören.

RODGERS

Richard R. (1902–1979, Amerikaner) wurde als Sohn eines musikinteressierten Arztes und einer Pianistin schon früh mit den Grundbegriffen der Musik vertraut. Bereits im Alter von nur vierzehn Jahren komponierte er seine ersten Songs und schrieb ab 1926 im ständig steigendem Erfolg eine Reihe erfolgreicher Musicals. Neben *South Pacific* (1949) und *The King and I* (1951) ist sein größter Erfolg *Oklahoma*.

Oklahoma

Musical von Oscar Hammerstein II.

Personen: CURLY; LAUREY; ADO ANNIE; WILL PARKER; TANTE ELLER; ALI HAKI; PAPA CARNES; JAD FRY; GERTIE; SKIDMORE; Frauen, Mädchen, Farmer, Cowboys und Kinder. – Ort und Zeit: Ländliche Gegend im Staat Oklahoma in der Zeit um 1906. – Uraufführung: 31. März 1943, New York, St. James Theatre.

In der ganzen Gegend ist kein Bursche, der sich mit Curly vergleichen kann. Er ist sympathisch, temperamentvoll und größer und kräftiger als alle seine Konkurrenten bei den hübschen Mädchen des Landstrichs. Aber nur eine einzige unter den Mädchen hat bei ihm eine Chance: Laurey, die bei ihrer Tante Eller lebt. Am kommenden Tag soll es ein Tanzfest in der nahe gelegenen Stadt geben, und Laurey wartet vergeblich darauf, daß sich der von ihr angehimmelte Curly mit ihr verabredet, um das Fest gemeinsam zu besuchen. Da will sie dem selbstbewußten Curly einen Denkzettel verpassen. Sie bittet den bei ihrer Tante Eller angestellten Jad Fry sie zum Tanzfest zu begleiten. Da Jad, schon seit er bei Tante Eller angefangen hat, Laurey anhimmelt und verehrt, willigt er in Laureys Vorschlag gern ein.

Schon auf der Fahrt in der Stadt deutet er die Einladung von Laurey falsch, er macht Annäherungsversuche und will sie küssen. Das gefällt Laurey nicht, und als sie sich energisch wehrt, fällt er aus dem Wagen. Die unfreiwillige Unterbrechung der Fahrt zwingt Jad, den Weg in die Stadt zu Fuß fortzusetzen. Aber er kommt noch rechtzeitig, um an einer Versteigerung eines Körbchens mit von Laurey zubereiteten und gestifteten Leckerbissen teilzunehmen. Der Einsatz wird zwischen Curly und Jad immer höher getrieben. Da gerät Jad in Wut über seinen Widersacher und sinnt auf Rache.

Für Laurey und Curly erfüllt sich am nächsten Tag ihr Wunschtraum, und ihre Hochzeit wird mit einem großen Festessen gefeiert. Da wird nach altem Brauch das Brautpaar entführt und von seinen Entführern gezwungen, einen hohen Heuhaufen zu erklimmen. Plötzlich erschallt der Ruf „Feuer", und sofort laufen die den Heuhaufen des Brautpaares umtanzenden Entführer zu einer in Flammen stehenden Strohmiete, um sich an der Löscharbeit zu beteiligen. Kaum sind sie fort, da schleicht der tief gekränkte, rachsüchtige Jad heran und setzt den Heuhaufen mit Laurey und Curly mit einer Fackel in Brand. Hilflos müssen die beiden von oben mitansehen, wie die Flammen emporzüngeln. Als einzige Rettung verbleibt ihnen der gefährliche Sprung in die Tiefe. Laurey wagt den Sprung als erste und kommt unverletzt von dem brennenden Heustapel herunter. Als dann Curly ihr folgt, erwartet ihn bereits sein Gegner Jad mit gezücktem Messer, und ein Kampf auf Leben und Tod beginnt. Es gelingt Curly, dem rasenden Jad das Messer zu entwinden, aber als ihn Jad erneut anspringt, stürzt er in sein eigenes Messer und wird dabei tödlich verletzt. Obwohl auf Curly sogleich der Verdacht eines Mordes fällt, wird er von einem sofort zusammentretenden Gericht freigesprochen.

Curly und Laurey können endlich glücklich vereint ihre Flitterwochen beginnen und verlassen am folgenden Morgen in ihrem geschmückten Hochzeitswagen die Stadt. – Besonders bekanntgeworden ist der Song ,,Oh what a beautiful morning" (Wundervoll ist dieser Morgen) mit dem dieses spritzige Musical beginnt und ebenfalls in der Schlußszene endet.

South Pacific

Musical in drei Akten von Oscar Hammerstein II. und Joshua Logan nach A. Micheners Roman ,,TALES OF THE SOUTH PACIFIC".

Personen: EMILE DEBECQUE, Plantagenbesitzer; NELLIE FORBUSH, Krankenschwester; LT. JOSEPH CABLE, Marineoffizier; LUTHER BILLIS; BLOODY MARY, Kuriositätenhändlerin; LIAT, ihre Tochter; CAPT. Adjudant; GEORGE BRACKETT, Kommandeur; STEWPOT; HARBISON; NGANA und JEROME, die Kinder von DeBeque; LT. BUS ADAMS, Manager; Copilot; Pilot; Verbindungsmann; Südseehäuptling; Admiral Kester. – Ort und Zeit: Eine Insel im südlichen Pazifik während des Zweiten Weltkrieges. – Uraufführung: 7. April 1949, New York, Majestic Theatre.

Der Marineoffizier Joseph Cable hat den militärischen Auftrag, die wichtigsten Nachschubwege der Japaner im Südpazifik zu erkunden, um der amerikanischen Marine eine bessere Ausgangsbasis für eine geplante Gegenoffensive zu geben. Er landet auf einer kleinen Insel, wo die Marine einen Stützpunkt unterhält und wo auch der verwitwete Franzose DeBecque mit seinen kleinen Mischlingskindern Ngana und Jerome lebt und eine Plantage bewirtschaftet. DeBecque ist mit der Krankenschwester Nellie befreundet und hofft in ihr eine neue Lebensgefährtin und Mutter seiner Kinder zu finden.

Jetzt soll er wegen seiner guten Ortskenntnis der umliegenden Inseln zu den Aufklärungszwecken gegen die Japaner gewonnen werden. Während Cable die verschiedenen Persönlichkeiten des Stützpunkts und der Insel bald nach seiner Landung kennenlernt, versucht die Kuriositätenhändlerin Bloody Mary ihn für ihre Tochter Liat zu interessieren. Joseph Cable ist einer kleinen Romanze mit Liat zwar nicht abgeneigt, erklärt aber Bloody Mary deutlich, daß er bereits in den USA eine Braut habe und treu zu bleiben gedenke.

Damit DeBecque sich endlich für die Spionage der Amerikaner entscheidet, zwingt der Stützpunktkommandant Georg Braket die Schwester Nellie DeBecque auszuhorchen und für die Aufgabe zu gewinnen. In der Entscheidung zwischen Pflicht und Zuneigung zu DeBecque, gelingt es Nellie trotz aller Bedenken, DeBecque zur Teilnahme an dem wichtigen Erkundungsflug zu bewegen.

Die Maschine wird auf ihrem Flug angegriffen; Luther Billis springt mit dem Fallschirm ab und lenkt dadurch die Angreifer ab, und das Flugzeug kann so trotz aller Widrigkeiten sein Ziel erreichen. Nachdem Cable und DeBecque ihre Beobachtungen melden, kann der Gegenschlag der Amerikaner stattfinden, und nur ihrem tapferen Einsatz ist es zu verdanken, daß die Japaner kurz darauf eine empfindliche Niederlage einstecken müssen.

Doch leider fällt Cable bei den anschließenden Kämpfen, gerade als er erkennt, daß seine eigentliche Liebe nicht der fernen Braut in den Staaten, sondern Liat gehört. – DeBecque dagegen hat mehr Glück, denn findet bei seiner Heimkehr die Schwester Nellie überraschend doch bei seinen beiden Kindern und hört, wie sie gemeinsam ein französisches Volkslied singen ...

LOEWE

Frederick (Friedrich) L. (geb. 1904) wurde in Wien geboren und folgte seinem Vater, dem Opernsänger Edmund Loewe 1924 nach New York. Nach schwerem Anfang als Pianist in einem Nachtclub, gelang ihm gemeinsam mit Alan Jay Lerner ab 1942 mehr und mehr der Durchbruch am Broadway. Seine Erfolge hatten einen ersten Höhepunkt mit dem Musical *Brigadoon*, das nach der Uraufführung 1947 fünfhundertachtzig Vorstellungen erlebte. Die Zusammenarbeit zwischen dem Komponisten Loewe und dem Librettisten Lerner gipfelte in dem Musical *My Fair Lady*, das wohl als der größte Erfolg der modernen Theatergeschichte bezeichnet werden kann.

My Fair Lady

Musical in zwei Akten (achtzehn Bildern) von Alan Jay Lerner nach Bernhard Shaws Bühnenstück „PYGMALION".

Personen: Professor HENRY HIGGINS, Experte auf dem Gebiet der Phonetik; ELIZA DOOLITTLE; ALFRED DOOLITTLE, Elizas Vater; Oberst PICKERING; FREDDY EYNSFORD-HILL; Mrs. HIGGINS, die Mutter von Professor Higgins; Mrs. PEARCE; ZOLTAN KARPATHY; HARRY; JAMIE; Mrs. HOPKINS; Mrs. EYNSFORD-HILL, Freddys Mutter; ein Mann aus Selsey; ein Mann aus Hoxton; Kneipwirt, Barmixer; Butler bei Higgins; die Zofe von Mrs. Higgins; Blumenmädchen; die Königin von Transsylvanien; Cockneys und Straßenakrobaten. – Ort und Zeit: in

London zur Regierungszeit von Königin Viktoria. – Ur-
aufführung: 15. März 1956, New York, Mark Hollinger
Theatre; Erstaufführung in deutscher Sprache: 25. Okto-
ber 1961, Berlin, Theater des Westens.

1. Akt. Auf dem Covent Garden Market geht ein heftiger Regen nieder, und die Besucher des gleichnamigen
großen Opernhauses haben sich in der Vorhalle der St.-
Pauls-Kirche untergestellt, um den Schauer abzuwarten.
Darunter befinden sich auch Mrs. Eynsford-Hill und ihr
junger Sohn Freddy. Als Freddy mit seiner Mutter Zu-
flucht zwischen den Säulen der Kirchenvorhalle sucht,
stößt er mit einem Blumenmädchen zusammen und wirft
dabei ihren Korb mit kleinen Veilchensträußen in den
Straßenschmutz. Als Freddy sich für seinen Fehler bei
dem Blumenmädchen entschuldigt und hinaus in den Regen laufen will, um für sich und seine Mutter eine
Droschke zu finden, schreit das Mädchen lautstark hinter ihm her, beschwert sich bei den umherstehenden
Leuten und verlangt schließlich von Freddys Mutter
Mrs. Eynsford-Hill, daß sie für den von ihrem Sohn verursachten Schaden aufkommen möge. Als diese entrüstet
ablehnt, weint das Mädchen und versucht nun, die be-
schmutzten Blumen einem anderen Herrn anzudrehen.
Während sie ihre Ware mit gekreischten und geplärrten
Worten feilbietet, tritt ein zweiter Herr dazu und notiert
sich die verschiedenen Ausdrücke des Mädchens. Dabei
demonstriert er den Wartenden, daß er allein auf Grund
der Aussprache in der Lage ist, genau zu bestimmen, aus
welchem Stadtteil Londons das Blumenmädchen stamme. Schließlich behauptet er sogar, daß er über die Fähigkeit verfüge, dieses aus der Gosse stammende Mädchen durch intensiven Sprachunterricht soweit zu bringen, daß schon nach einem halben Jahr das Mädchen an

einem Diplomatenball als Herzogin teilnehmen könne und niemand von der vornehmen Ballgesellschaft merken würde, von welch einfacher Herkunft sie sei. Aufmerksam verfolgt das Blumenmädchen das Gespräch der beiden Herren, während diese miteinander Bekanntschaft schließen. Der eine von beiden ist Oberst Pickering und der andere, der die fantastische Behauptung über die Möglichkeit, das einfache Blumenmädchen schon in wenigen Monaten zur vornehmen Dame umzuformen, vorgebracht hat, ist der berühmte Experte auf dem Gebiet der Phonetik und Sprachforscher Henry Higgins. Beide tauschen hocherfreut ihre Adressen aus, und Higgins wirft anschließend dem Mädchen eine Handvoll Kleingeld in das Blumenkörbchen. Das Mädchen ist glücklich über das überraschend von Higgins erhaltene Geld und träumt laut von ihren bescheidenen Wünschen: ein warmes Zimmer, ausreichende Kohlen und viel Schokolade erhofft sie sich vom Leben. Als sie auf dem Heimweg ihren Vater in einer Kneipe trifft, zeigt sich, daß auch er ähnlich bescheidene Ansprüche hat, und eine der berühmten Nummern dieses Musicals wird gesungen „Nur ein kleines Stückchen Glück".

Am nächsten Tag sitzen die neuen Freunde Oberst Pickering und Henry Higgins in dessen Phonetikstudio. Higgins überrascht Pickering durch seine Spezialkenntnis der Dialekte Londoner Stadtteile. Da meldet die Haushälterin Higgins, Mrs. Pearce, das Blumenmädchen Eliza Doolittle an. Eliza erklärt, daß sie das Gespräch des vergangenen Tages nicht vergessen habe und sie unbedingt von ihm Sprachunterricht erhalten wolle, um eines Tages Verkäuferin in einem vornehmen Blumenladen zu werden, was ja mit ihrer jetzigen Aussprache leider nicht möglich sei. Obwohl Higgins nicht übel Lust hat Eliza hinauszuwerfen, bringt ihn eine spöttische Bemerkung von Oberst Pickering dazu, die Wette anzunehmen, das Mädchen binnen eins halben Jahres so weit zu bringen, daß sie auf einem Botschaftsball für eine Herzogin gehalten werden könne und niemand an ihrer Aussprache oder ihrem Benehmen die einfache Herkunft feststellen werde. Schon allzu schnell merkt der Junggeselle Higgins, daß es mit seinem bisherigen geruhsamen Tagesablauf vorbei ist, nachdem er jetzt eine Frau in sein Leben hat eintreten lassen. Elizas Vater, der Müllkutscher Alfred Doolittle, sorgt für die erste Aufregung bei Higgins, denn er vermutet bei dem Sprachforscher ganz andere Hintergründe und weiß nichts von der Wette. Alfred Doolittle hat zwar nichts gegen den Aufenthalt und die Schulung seiner Tochter im Hause Higgins, aber er möchte für sich davon profitieren. Mit einer Fünfpfundnote wird er von Higgins abgespeist. Sehr viel schwieriger wird es mit dem Sprachunterricht, den Higgins Eliza nun erteilt, denn es will und will nicht vorwärts gehen. Als Higgins ihr sogar die tägliche Schokolade und das Essen verwehrt, da singt sie in ihrer Verzweiflung, daß sie ihn am liebsten geköpft sehen möchte.

Mit der Zeit lernt Eliza mehr und mehr richtig zu sprechen und sich richtig zu benehmen. Zwar wird sie hin und wieder rückfällig, und manchmal ist Higgins auch nahe daran, das Experiment aufzugeben; aber gerade dann zeigt sich die Schülerin jedesmal so willig und anpassungsfähig, daß Professor Higgins zufrieden lächelt und dabei immer mehr Chancen sieht, die mit Oberst Pickering abgeschlossene Wette zu gewinnen. Bei dem traditionellen Rennen in Ascot wird Eliza zum ersten Mal in die ,,High Society" eingeführt. Dabei sieht Eliza auch den eleganten Freddy aus dem noblen Hause Eynsford-Hill wieder. Sowohl Freddy, als auch seine Mutter wissen natürlich nicht, woher sie Eliza kennen, und daher macht ihr Freddy auch schöne Augen und verliebt sich in sie. Als Freddy ihr aber kurz vor seinem Weggang seinen Wettschein schenkt und schließlich gerade dies Pferd im Rennen weit zurückfällt, fällt Eliza gänzlich aus ihrer einstudierten Rolle und leistet sich eine Serie köstlicher „Entgleisungen". Trotzdem wagt nur wenige Tage später Professor Higgins, Eliza auf den Botschaftsball zu führen, um für Experiment und Wette nun endlich die Entscheidung herbeizuführen. Ihr selbstsicheres Auftreten gibt der Lehre und Behauptung von Higgins recht, ja sogar die auf dem Ball anwesende Königin von Transsylvanien behandelt Eliza als vornehme Dame und ihr selbst ebenbürtig.

2. Akt. Um drei Uhr in der Nacht kehren alle drei in „Hochstimmung" in das Haus von Henry Higgins zurück. Während sich Pickering und Higgins ausgiebig zu ihrem Erfolg beglückwünschen, vergessen sie in ihrem „Pädagogenstolz" vollständig Eliza, die ja auch einiges zu dem Erfolg ihrer Methode beigetragen hat. Eliza ist zutiefst betroffen und läuft beleidigt aus dem Haus. Draußen läuft sie Freddy Eynsford-Hill in die Arme, und er gesteht ihr seine Liebe. Eliza ist von der Liebeserklärung nicht besonders beeindruckt und vertröstet Freddy auf später. Als Professor Higgins später aufwacht und feststellt, daß sein Versuchskaninchen ihn verlassen hat, wird er sehr ärgerlich und spottet über das Wesen der Frauen. Eliza hat sich in ihrer Verzweiflung zu Mrs. Higgins geflüchtet, um Trost und Zuspruch zu finden. Dort findet Professor Higgins seine Ausreißerin wieder. Sogleich wagt er einen Versuch der Versöhnung bei Eliza, der jedoch keinen Erfolg hat, da seine schroffe und arrogante Art bei ihr auf Ablehnung stößt, und sie will ihn endgültig verlassen. Nachdenklich und trübsinnig hört sich Higgins Elizas Stimme im Grammophon an

und spürt deutlich, wie sehr durch sie sein Leben verändert worden ist und daß er mit ihr einen prächtigen Menschen verloren hat. Als in diesem Augenblick Eliza ins Haus kommt, um einige dort liegengebliebene Sachen abzuholen, sieht sie Higgins durch die halbgeöffnete Tür traurig vor dem Grammophon sitzen und begreift sogleich, daß auch Henry Higgins sie liebt, nur eben auf seine oft schroffe und ablehnend wirkende Weise.

In sechseinhalb Jahren erlebte dieses Musical am Broadway mehr als zweitausendsiebenhundert Aufführungen in der Uraufführungsfassung. Nicht nur auf Tourneen in den USA, sondern auch in vielen Aufführungsserien außerhalb der Vereinigten Staaten und vor allem in Europa, hat *My Fair Lady* Triumphe gefeiert, die dieses Werk zu einem der herausragenden Erfolge der modernen Theatergeschichte gemacht haben. Dieser Erfolg basiert auf der besonders glücklichen Verbindung von Text und Musik. Viele der Songs sind in der Originalsprache und auch in ihrer deutschen Übersetzung zu großen Schlagererfolgen geworden. Hervorzuheben sind ,,Wouldn't It Be Loverly?" (,,Wäre det nich wundascheen"), ,,With a Little Bit of Luck" (,,Mit 'nem kleenen Stückchen Glück"), ,,Just You Wait" (,,Wart's nur ab Mr. Higgins"), ,,The Rain in Spain" (,,Es grünt so grün"), ,,I Could have Danced All Night" (,,Ich hätt' getanzt heut nacht"), ,,Get Me to the Church on Time" (,,Bring mich pünktlich zum Altar") und ,,I've Grown Accustomed to Her Face" (,,Ich bin gewöhnt an ihr Gesicht"). Alle Songs dieser Aufzählung haben in den rund zwanzig Jahren seit der deutschsprachigen Erstaufführung in Berlin im Theater des Westens ihren Evergreen-Charakter behalten und sind ein fester Bestandteil im Repertoire der Unterhaltungsmusik geworden.

ROME

Harold R. (geb. 1908, Amerikaner), studierte an der Yale University, New Haven zuerst Jura und wandte sich dann verstärkt der Musik zu. Seit 1934 in New York schrieb er mit Erfolg anfangs nur Songs und dann ganze Musicals. Seine größten bekanntesten Werke sind *Fanny* und *Gone with the Wind*.

Fanny

Muscial in zwei Akten von S. N. Behrmann und Joshua Logan. – Die Gesangstexte stammen vom Komponisten.

Personen: CÉSAR; MARIUS, sein Sohn; HONORINE; FANNY, ihre Tochter; PANISSE, Segelmacher; ESCARTIFIQUE; BRUN, der Admiral; 2. Maat; Tänzerin; LOUIS; CÉSARIO; Postbote und Bewohner von Marseille. – Ort und Zeit: Der alte Hafen von Marseille, nicht fern unserer Zeit. – Uraufführung: 4. November 1954 in New York; Erstaufführung in deutscher Sprache 1955, München.

Marius, der neunzehnjährige Sohn des Barbesitzers César ist in Fanny, die bildhübsche Tochter der Fischhändlerin Honorine verliebt. Diese Liebe hindert ihn bislang seinen Lebens- und Berufswunsch Seemann zu werden, zu verwirklichen. Da erscheint plötzlich der am alten Hafen von Marseille als Faktotum bekannte ,,Admiral" und berichtet Marius, daß er jederzeit auf einem Forschungsschiff anheuern könne, das bereits in wenigen Tagen zu einer Expedition auslaufen werde. Fanny ist verzweifelt und hofft, Marius von seinem Vorhaben abzubringen, indem sie ihm ihre Liebe schenkt. Doch der Wunsch auf See zu gehen ist in Marius stärker, und so geht Marius heimlich an Bord des Forschungsschiffes, um Marseille für eine längere Zeit zu verlassen.

Nur wenig später muß Fanny feststellen, daß sie von Marius ein Kind erwartet. Der Geliebte ist fern, und der Einfluß der Mutter groß; die Tochter soll vor allem gut versorgt sein. Fanny heiratet den schon ältlichen, aber reichen Segelmacher Panisse, dem nicht viel daran liegt, wenn seine junge und hübsche Frau ein Kind mit in die Ehe bringt. Er denkt, daß Fanny ihren Marius schon bald vergessen wird.

Das Schiff liegt im fernen Australien fest, als Marius mit zwei anderen Besatzungsmitgliedern den Auftrag erhält, wichtige Ergebnisse der Forschungsreise nach Frankreich zu bringen. Plötzlich ist er wieder in Marseille, sieht Fanny mit ihrem (seinem) Sohn Césario. Er bittet Fanny um Verzeihung für sein seinerzeitiges Verschwinden, Panisse tritt hinzu, die beiden Männer geraten in Streit, und Marius verabschiedet sich traurig. Fanny ist todunglücklich, denn sie empfindet noch immer für Marius große Liebe.

Zehn Jahre später: Genau wie sein Vater schwärmt der kleine Césario von Meer und Schiffen. Wieder ist es der „Admiral", der auf einmal auftaucht und Césario mit seinem richtigen Vater – den er ja nicht kennt – zusammenbringen will. Als der Junge einen Abschiedsbrief hinterläßt, in dem er mitteilt, daß er zur See gehen will, bricht sein Stiefvater Panisse zusammen. Schnell hat der Admiral inzwischen Vater und Sohn zueinandergebracht, da Marius längst nicht mehr Seemann ist, sondern in der Nähe Marseilles in einer Garage arbeitet.

Als die beiden Arm in Arm nach Hause kommen, müssen sie feststellen, daß der alte Panisse im Sterben liegt. Panisse sieht die beiden an und meint, daß sie doch gut zueinander passen. Noch kurz vor seinem Tode hat er seinen letzten Willen niedergeschrieben und darin Marius gebeten, Fanny zu heiraten und Césario ein guter Vater zu sein.

BERNSTEIN

Leonard B. (geb. 1918, Amerikaner) erhielt mit zehn Jahren seinen ersten Klavierunterricht, nachdem seine Eltern bei ihm eine außergewöhnliche musikalische Begabung überraschend festgestellt hatten. Später studierte er auf Wunsch seiner Eltern neben Musik auch noch Sprachen und Philosophie. Er assistierte nach seinem Studium bei Serge Koussewitzky und Artur Rodzinski. Sensationeller Erfolg wurde ihm überraschend zuteil, als er 1943 für den erkrankten Bruno Walter als Dirigent einsprang. Schon nach wenigen Jahren wurde er einer der meistgefragtesten Orchesterleiter der Vereinigten Staaten und entwickelte daneben mehr und mehr sein kompositorisches Talent. Bernstein schrieb Orchester- und Instrumentalstücke, Werke der Kammermusik, Ballette und schließlich auch mehrere Musicals, von denen *West Side Story* weltweite Erfolge erringen konnte.

West Side Story

Musical in zwei Akten (fünfzehn Bildern) von Arthur Laurents nach einem Entwurf von Jerome Robbins.

Personen: RIFF, *Anführer der* ,,*Jets*``; TONY, *sein Freund;* ACTION; A-RAB; BABY JOHN; SNOWBOY; BIG DEAL; DIESEL; GEE-TAR; MOUTHPIECE; GRAZIELLA, VELMA, MINNIE *und* CLARICE, *die Mädchen der Jets;* BERNARDO (*junger Puertoricaner*), *Anführer der* ,,*Sharks*``; CHINO, *sein Freund;* PEPE; INDIO; LOUIS; ANXIOUS, NIBBLES; JUANO; MARIA, *Bernardos Schwester;* ANITA, *Bernardos Freundin;* TERESITA, FRANCISCA, ESTELLA *und* MAGUERITA, *die*

Mädchen der Sharks; DOC; KRUPKE; SCHRANK; GLAD HAND; Polizisten und andere. – Ort und Zeit: im Nordwesten Manhattans (New York) während des Spätsommers in der Gegenwart. – Uraufführung: 26. September 1957, New York, Winter Garden; Erstaufführung in deutscher Sprache: 25. Februar 1968, Wien, Volksoper.

1. Akt. Die „Jets" und die „Sharks" sind die Namen von zwei Halbstarkenbanden, die sich in bitterem Haß und Feindschaft gegenüberstehen, da jeder der beiden Gruppen in ihrem gemeinsamen Wohnviertel die unumschränkte Macht auf der Straße für sich beansprucht. Mehr und mehr spitzt sich die Lage zu, und es ist nur noch die Frage einer kurzen Zeit bis es zwischen beiden zu einer entscheidenden Auseinandersetzung kommt. Riff, der als Anführer der Jets die weißen Jugendlichen aus New York – im Gegensatz zu dem aus Puertorico stammenden Bernardo als Anführer der aus Farbigen bestehenden Gruppe der Sharks, symbolisiert, verspricht prahlerisch den Mitgliedern seiner Gruppe, am kommenden Abend bei einer Tanzveranstaltung den gegnerischen Anführer zu provozieren und ihm zu zeigen, wer von beiden im Revier der Stärkere ist. Tatsächlich aber kann Riff sein Versprechen am Abend nicht wahrmachen, denn die Polizei ist im Lokal anwesend und der Tanzmeister Glad Hand gruppiert die Paare so geschickt, daß ihm die Provokation nicht recht gelingen will. Als sich während des Tanzes auch die verschiedenen Mitglieder beider Gruppen begegnen, stößt Tony, der Freund von Riff, auf Maria, die Schwester von Bernardo, und beide verlieben sich spontan ineinander. Die Spannung erreicht ihren Höhepunkt, als Tony Maria küßt und sogleich von Bernardo heftig in die Schranken verwiesen wird. Da an diesem Ort zwischen den Grup-

pen die anstehende Auseinandersetzung nicht erfolgen kann, geht man auseinander und verabredet sich in Doc's Drugstore. Nur Tony sondert sich von seinen Kameraden ab und folgt verliebt seiner Maria über die Feuerleiter bis in ihre Wohnung. Inzwischen finden sich die beiden Anführer mit ihren Gruppen am vereinbarten Treffpunkt ein und beschließen, ihre „Entscheidungsschlacht" am Abend des folgenden Tages unter einer der vielen New Yorker Hochbrücken stattfinden zu lassen. – Am nächsten Tag trifft sich Tony wieder mit der von ihm geliebten Maria. Dabei gelingt es Maria leicht, den ebenfalls von ihr geliebten Tony dazu zu überreden, die Straßenschlacht der beiden Gangs zu verhindern. – Die verfeindeten Gruppen versammeln sich unter der Hochbrücke. Als Tony eingedenk seines Maria gegebenen Versprechens versucht, mit Worten den Kampf zu verhindern, wird er von Bernardo als Feigling beschimpft. Riff wird durch die Beschimpfungen seines Freundes Tony mehr und mehr erregt, und als auch seine übrigen Kameraden ihn blutrünstig anfeuern, stürzt er sich mit gezogenem Messer auf Bernardo. Im letzten Augenblick gelingt es Tony, Riff das Messer zu entreißen, aber fast im gleichen Augenblick ersticht Bernardo den inzwischen unbewaffneten Riff. Daraufhin stößt Tony dem triumphierenden Bernardo das Messer, das er Riff entwendet hatte, in den Leib. Erst als in der Ferne die Polizeisirenen zu hören sind, begreift Tony seine Tat und ruft von Schmerz erfüllt den Namen Maria aus.

2. Akt. Chino erscheint plötzlich in Marias Schlafzimmer, wo sich auch die übrigen Mädchen der Sharks versammelt haben und berichtet atemlos, daß Tony den Bernardo erstochen hat. Kaum haben er und die Mädchen Maria verlassen, steigt Tony von der Feuerleiter in Marias Zimmer. In ihrem Schmerz schleudert sie ihm das

Wort „Mörder!" entgegen. Tony erklärt ihr verzweifelt den wirklichen Tathergang und will sich auch bei der Polizei stellen. Da begreift Maria, und die beiden Liebenden bringen ihre Sehnsucht nach einem Land, wo sie ohne Angst leben können, durch den Song „There is a place for us" zum Ausdruck. Chino aber will unbedingt an Tony Rache nehmen, nur weiß er nicht, wo sich Tony aufhält. Um Tony aus seinem Versteck zu holen, verbreitet Anita die Nachricht, daß Chino Maria erschossen habe. Die Vermutung trifft zu, und Tony eilt wie betäubt zu Marias Haus, um dort Chino zu suchen. Da sieht er plötzlich Maria auf sich zukommen, merkt, daß er in eine Falle gelockt wurde, läuft auf Maria zu, will sie umarmen, als sich aus dem Halbdunkel ein Schatten löst – der rachsüchtige Chino legt ein Gewehr an und erschießt Tony, der sterbend in die Arme Marias sinkt. Im gleichen Augenblick wollen die Jets und die Sharks erneut aufeinander losgehen, um ihre aufgestaute Wut zu befriedigen. Da tritt Maria zwischen die Parteien, entreißt Chino das Gewehr und kniet neben dem Toten nieder. Über der Leiche Tonys schließen die beiden feindlichen Gangs Frieden. Sie tragen gemeinsam den toten Tony, dem Maria weinend folgt.

Die West Side Story ist mit fast 4000 Aufführungen in New York mit größtem Abstand Bernsteins bedeutendster Publikumserfolg geworden. Es handelt sich bei diesem Musical im Grunde um eine Ausstattungsrevue mit hunderten von blitzenden, schnell wechselnden Einzelheiten ohne wirklichen Handlungsfaden. In der Vertonung hat Bernstein sein überragendes kompositorisches Können stark den Bedürfnissen eines Musicals und damit der Unterhaltungsmusik angepaßt. Die Beliebtheit einzelner Songs wie „I like to be in Amerika" beweisen die

Richtigkeit seines Erfolgsrezeptes, wenn auch viele andere Melodien des Stückes am Ohr vorüberhuschen und bald vergessen sind.

BOCK

Jerry Lewis B. (geb. 1928, Amerikaner) komponierte schon seit seiner Schulzeit. Bald kam er mit der „Show-Welt" des Broadways in engen Kontakt und brachte 1958 sein erstes Musical *The Body Beautiful* heraus. Es folgten noch einige weniger erfolgreiche Musicals bis ihm 1964 der große Durchbruch mit *Fiddler On The Roof* gelang. Bis heute ist dies sein meistgespieltes Werk geblieben.

Der Fiedler auf dem Dach
(Anatevka)

Musical in zwei Akten von Joseph Stein nach einer Erzählung (Tewje, der Milchmann) von Scholem Alejchem. – Die Gesangstexte stammen von Sheldon Harnick.

Personen: TEWJE, *der Milchmann;* GOLDE, *seine Frau;* TZEITEL, HODEL, CHAWE, SHPRINTZE *und* BJELKE, *ihre fünf Töchter;* JENTE, *Heiratsvermittlerin;* FRUMA-SARAH; GROSSMUTTER TZEITEL; SHEJNDEL; MOTEL, *Schneider;* PERCHIK, *Student;* LEJSER WOLF, *Fleischer;* MORDCHE, *Gastwirt;* RABBI; MENDEL, *Sohn des Rabbi;* AVRUM, *Buchhändler;* JUSSEL, *Hutmacher;* NACHUM, *Bettler;* FJEDKA, *ein Russe; Flaschentanzsolist; vier junge Russen; der Dorfpolizist; der Fiedler; der Priester; Gehilfen des Dorfpolizisten, Kinder und Dorfbewohner. – Ort und Zeit: Anatevka, ein russisches Dorf, um 1905. – Uraufführung: 22. September 1964, New York, Imperial Theatre; Erstaufführung in deutscher Sprache: 1. Februar 1968, Hamburg, Operettenhaus.*

Das Musical erzählt die Lebens- und Leidensgeschichte einer jüdischen Familie in einem kleinen russischen Dorf mit all der Willkür der Obrigkeit und der übergroßen Geduldigkeit der in der Tradition verhafteten, in ärmsten Verhältnissen lebenden Dorfjuden, vor dem Hintergrund unruhiger, revolutionärer Zeiten und Pogrome.

1. Akt. Die Hauptfigur des Musicals, der Milchmann Tewje, besingt mit herzerfrischendem Humor gemeinsam mit anderen Dorfbewohnern in einem Rundgesang das Leben im Dorfe. Seine Frau, Golde, möchte gern Tzeitel, die älteste ihrer fünf Töchter verheiraten und ist hocherfreut, als ihr die Heiratsvermittlerin Jente mitteilt, daß der wohlhabende Fleischer Lejser Wolf auf Tzeitel ein Auge geworfen hat und einer Verbindung zuzustimmen bereit ist. Im Gegensatz zur Mutter ist Tzeitel über diese Nachricht traurig, denn sie liebt schon lange heimlich den armen Schneider Motel, den allerdings ihre Mutter nicht akzeptieren wird, weil er ein Habenichts ist. – Tewje ist verärgert darüber, daß sein Pferd ein Hufeisen verloren hat und er nun den Milchkarren selber ziehen muß. Und trotz seines Humores und seiner Bereitwilligkeit vieles zu ertragen, macht er „seinem Herrgott" Vorwürfe über sein Los und meint: Armut ist zwar keine Schande, aber sie bereite auch kein besonderes Vergnügen. – Als der Buchhändler Avrum von erneuten Pogromen gegen Juden berichtet, die erst kürzlich stattgefunden haben sollen, erscheint ein Fremder im Dorf, der Student Perchik. Die um ihn versammelten Dorfbewohner will Perchik aufrütteln, indem er ihnen sagt, daß sie Augen und Ohren nicht vor dem verschließen sollen, was ringsherum in der Welt vorgehe. Die meisten Dorfbewohner wollen ihm nicht zuhören, anders dagegen Tewje, der von den Worten Perchiks beeindruckt ist und

ihn schließlich bittet, als Lehrer für seine fünf Töchter in
sein Haus zu kommen. – Am folgenden Abend treffen
sich Tewje und der Fleischer Lejser Wolf in der Dorf-
kneipe Mordchens. Während der Fleischer glaubt, mit
Tewje über die von der Heiratsvermittlerin in die Wege
geleitete Verbindung der ältesten Tochter Tzeitel zu verhandeln, denkt Tewje, es drehe sich um eine Kuh, die
der Fleischer von ihm kaufen wolle. Nach einer köstlichen Szene wird das Mißverständnis aufgeklärt, und
man wird sich rasch einig; Tewje verspricht Lejser Wolf
seine Tochter. – Auf dem Heimweg von der Dorfwirt-
schaft wird Tewje vom Gendarmen angehalten, der mitteilt, daß er zu seinem persönlichen Bedauern auf Weisung der Obrigkeit in Kürze eine kleine Demonstration
gegen die Juden des Dorfes Anatevka organisieren müsse. – Zuhause angekommen macht die Nachricht aus
dem Dorfkrug Tzeitel traurig, während Tewjes zweite
Tochter inzwischen dem Studenten und Lehrer näherge-
kommen ist. Endlich faßt sich der arme Schneider Motel
ein Herz und hält bei Tewje um die Hand von Tzeitel an.
Obwohl Tewje zuerst bestürzt Motels Antrag zurückweist, willigt er schließlich in die Verbindung ein, als er
erfährt, daß der Schneider und seine Tochter schon länger miteinander heimlich verlobt sind. Die Schwierigkeit, die neue Situation auch seiner Frau Golde beizubringen, überwindet Tewje, indem er Traumgesichter
für die neue Verbindung sprechen läßt, und auch Golde
willigt endlich in die Hochzeit Tzeitels mit dem Schneider ein. – Die große Neuigkeit der bevorstehenden
Hochzeit erreicht bald jeden im ganzen Dorf, und die
dadurch entstehende, freudige Unruhe führt Chawe die
dritte Tochter Tewjes in Zuneigung mit dem jungen Russen Fjedka zusammen, ein Vorgang, der recht ungewöhnlich ist, da Juden und Russen im Dorf auf strikte

Trennung voneinander zu achten pflegen. – Endlich, der Tag der Hochzeit ist da. Mitten in die vergnügt tanzende Hochzeitsgesellschaft tritt der Dorfpolizist, entschuldigt sich ausführlich bei Tewje und wiederholt seine schon vor einigen Tagen geäußerte Begründung, daß man jetzt die von der Obrigkeit befohlene kleine Demonstration durchführen müsse. Binnen kurzem schlägt er mit seinen Gehilfen alles kurz und klein; eine zertrümmerte Einrichtung und zertrampelte Hochzeitsgeschenke bleiben mit niedergeschlagenen Hochzeitsgästen zurück, die sich schweigend daran machen, die Verwüstung zu beseitigen.

2. Akt. Seit dem traurigen Ausgang des Hochzeitsfestes sind zwei Monate vergangen, und die allgemeine Unruhe im Lande ist seitdem weiter gewachsen. Der Student Perchik will bei der bevorstehenden Revolution nicht fehlen, und als er sich verabschiedet, gestehen sich Hodel und er gemeinsam ihre Liebe. Widerstrebend willigt auch diesmal Tewje in die Verbindung ein, obwohl Hodel dann sicher bald auch Anatevka verlassen wird. Bald darauf erfährt das Dorf durch die schwatzhafte Heiratsvermittlerin, daß Perchik wegen revolutionärer Umtriebe in der Stadt verhaftet sei und zur Verbannung nach Sibirien geschickt werde. Als Hodel ihm ohne Zögern nachreist, um ihn nicht im Stich zu lassen, verliert Tewje seine zweite Tochter. Chawe ist inzwischen mit Fjedka einig geworden und selbst dann, als Tewje erfährt, daß beide bereits ohne seine Zustimmung die Ehe geschlossen haben, verweigert er Chawe seinen väterlichen Segen, denn die Heirat seiner Tochter mit einem Andersgläubigen ist gegen jede Tradition und daher völlig undenkbar für ihn. – Noch schlimmer aber als diese Auseinandersetzung ist die vom Dorfpolizisten überbrachte Unglücksbotschaft, daß alle Juden ihr Heimatdorf Ana-

tevka verlassen müssen. Traurig und niedergeschlagen verpacken alle ihre wenigen Habseligkeiten auf den wakkeligen Milchkarren und ziehen davon. Und werden in alle Welt zerstreut: Tewje und Golde mit den beiden übriggebliebenen Töchtern in die Vereinigten Staaten, Tzeitel und Motel nach Warschau, Chawe und Fjedka nach Krakau ...

Obwohl die literarische Vorlage vom Librettisten Joseph Stein außerordentlich stark verändert worden ist, ist der dramatische Inhalt mit den vielfältigen Hintergründen gut erhalten geblieben und ein Stück entstanden, daß sich in vielen Szenen besonders bühnenwirksam darstellt. Einige Nummern des Musicals sind zu heute noch viel gespielten und bekannten Schlagern geworden, darunter vor allem Tewjes Lied ,,Wenn ich einmal reich wär' ".

HERMAN

Jerry H. (geb. 1933, Amerikaner), studierte Musik an der Universität in Miami und begann seinen Berufsweg am Broadway in New York zuerst als Kapellmeister und dann auch als Verfasser von Songtexten. Sein erstes Musical schrieb er 1961. Nur kurze Zeit später, 1964 gelang ihm mit dem Musical *Hallo, Dolly!* ein sehr erfolgreicher Wurf. Seine später aufgeführten Musicals *Dear World* (1968) und *Mame* (1969) konnten in musikalischem Einfallsreichtum und Aufführungszahlen an den großen Erfolg von *Hallo, Dolly!* nicht anknüpfen.

Hallo, Dolly!

Musical in zwei Akten (fünfzehn Bildern von Michael Stewart nach Thornton Wilders „THE MATCHMAKER". – Die Gesangstexte stammen vom Komponisten.

Personen: DOLLY MEYER, geborene Gallagher; HORACE VANDERGELDER; ERMENGARDE, seine Tochter; CORNELIUS HACKL, sein Kommis; BARNABY TUCKER, sein Lehrling; AMBROSE KEMPER; ERNESTINA; IRENE MOLLOY; MINNIE FAY; MRS. ROSE; RUDOLPH; Richter; Protokollführer, Kellner und andere Personen. – Ort und Zeit: New York City und Yonkers, ein Vorort New Yorks in der Zeit um 1890. – Uraufführung: 16. Januar 1964, New York, St. James Theatre; Erstaufführung in deutscher Sprache: 26. November 1966, Düsseldorf, Schauspielhaus.

1. Akt. Die weithin bekannte Heiratsvermittlerin Dolly Meyer will in Yonkers ihren Klienten Ambrose Kem-

per mit Ermengarde Vandergelder verkuppeln, während gleichzeitig Dolly Ermengardes Vater für sich selbst gewinnen will. Doch Mr. Vandergelder ist gegen die geplante Heirat seiner Tochter und kennt nur eine Sorge, wie er die Hand von Irene Molloy, der Inhaberin eines Hutladens gewinnen kann, die er eigentlich mehr als Haushälterin für sein Anwesen benötigt. Seinen beiden Gehilfen Cornelius Hackl und Barnaby Tucker gegenüber behauptet er, lediglich in die City fahren zu wollen, um bei einer Straßenparade sich eine Frau zu suchen, weil ihm diese Möglichkeit zur Kontaktaufnahme am leichtesten erscheine. Da taucht die Heiratsvermittlerin Dolly bei ihm auf und gratuliert ihm scheinheilig zur Eheschließung mit Irene Molloy. Dabei erregt sie bewußt sein Mißtrauen, als sie behauptet, daß Mrs. Molloy nur deshalb Witwe geworden sei, weil sie ihren Mann vergiftet habe. Unbeeindruckt von ihrem Gerede fährt Mr. Vandergelder dennoch in die City. Während Dolly weiter an ihrem Plan einer Verbindung zwischen Ermengarde und Ambrose Kemper arbeitet, benutzen die beiden Gehilfen von Mr. Vandergelder die Abwesenheit ihres Chefs ebenfalls nach New York zu fahren. – In ihrem Hutladen erwartet Irene Molly ihren Verehrer Vandergelder und erklärt gerade noch ihrer Angestellten, daß sie nur deshalb wieder heiraten wolle, weil sie die Arbeit in ihrem Laden satt habe. Um ein Haar wären die beiden Gehilfen von Vandergelder mit ihrem Chef auf der Straße zusammengestoßen, gerade noch rechtzeitig können sie in Molloys Hutgeschäft verschwinden und sich dort verstecken, als Vandergelder ebenfalls den Laden betritt. Erst gelingt es Molloy den Eifersüchtigen abzulenken, anschließend muß Dolly diese Aufgabe übernehmen. Endlich erfährt es Vandergelder doch, daß in einem Wandschrank ein gewisser Cornelius Hackl steckt, worauf er sofort wutentbrannt seine bislang verehrte Irene Molloy für immer verläßt. Doch als geschickte Heiratsvermittlerin hat Dolly sogleich einen Ersatz zur Hand, eine Universalerbin, die gewaltige Reichtümer zu erwarten hat, wird sich dank Dollys Vermittlung mit ihm im Harmonie-Garden-Restaurant treffen. Als die beiden in Schränken versteckten Männer wieder auftauchen, überredet Dolly auch diese ins gleiche Restaurant zu gehen und trotz ihrer kleinen Barschaft Mrs. Molloy mit ihrer Angestellten Minnie einzuladen.

2. Akt. Alle hier Beteiligten treffen sich im Garten des Restaurants wieder. Hinzu kommt noch die „Universalerbin", die allerdings nur noch gerade zwei Dollar in ihrem Strumpfband besitzt und außer ihrer in einer Gurkenhandlung arbeitenden Mutter niemanden zu beerben hat. Brenzlich wird es vor allem für die beiden Gehilfen, als Mrs. Molloy und Minnie die teuersten Sachen bestellen und beide ihre Einladung bitter bereuen, da ihr Geld für diesen Luxus nicht ausreichen wird. Da werden zufällig die Brieftaschen von Mr. Vandergelder und Barnaby miteinander vertauscht, Dolly taucht auf, gerät mit Vandergelder aneinander, macht ihm aufdringlich deutlich, daß er doch eigentlich sie heiraten solle, was er brüsk ablehnt. Als Vandergelder zu seinem Ärger mit Dolly auch noch seinen Kommis und seinen Lehrling mit ihren Damen Molloy und Minnie, sowie seine Tochter mit Ambrose Kemper im Restaurant entdeckt, wird es ihm zuviel, und er gerät mit dem Kellner in eine Schlägerei. – Das nächste Wiedersehen der am Geschehen Beteiligten ist vor Gericht. Weil Dolly alle Schuld der Auseinandersetzung auf Vandergelder wälzt, gelingt es ihr die anderen so zu entlasten, daß sie freigesprochen werden. – Kurze Zeit später finden sich die gleichen Personen wieder in Vandergelders Haus in Yonkers ein. Seine An-

gestellten fordern ihren rückständigen Lohn, Ermengarde will das Erbteil ihrer Mutter und auch Dolly Meyer, die Vandergelder selbst als Ehemann will. Er fühlt sich vom Schicksal schwer bestraft, zahlt die geforderten Gelder aus und bittet sogar um Dollys Hand. Dolly Meyer hat auf der ganzen Linie gesiegt.

Zwar bedient sich Herman in seinem Musical durchweg herkömmlicher musikalischer Gestaltungsmittel, aber es gelingt ihm, mit eingängigen Musiknummern und spontan verständlichen Songs die Zuhörer zu erreichen. Vor allem das Titellied „Hallo, Dolly!" hat als Beispiel für seine Kompositionstechnik viel zum durchschlagenden Erfolg seines Musicals beigetragen.

MacDermot

Galt McD. (geb. 1928, Amerikaner) stellt sich als echter Hippie außerhalb der Tradition und hat über seine Herkunft und Ausbildung nur wenig oder nichts in der Öffentlichkeit verlauten lassen.

Hair (Haare)

Schock- und Rock-Musical von Gerome Ragni und James Rado. Deutsche Fassung von Ulf von Mechow und Karl-Heinz Freinik. Songtexte von Walter Brandin.

Personen: Claude Hooper Bukowski, George Berger, Sheila, Jeanie, Hud, Woof, Crissy und weitere Hippies; Eltern, Lehrer, zwei bürgerliche Frauen, Pop-Sängerinnen, Indianer, afrikanische Farbige, buddhistische Mönche, Nonnen, Astronauten, amerikanische und vietnamesische Soldaten. – Ort und Zeit: New York, Ende der sechziger Jahre. – Uraufführung: 29. Oktober 1967, New York, Public Theatre; Erstaufführung in deutscher Sprache: 24. Oktober 1968, München, Theater in der Brienner Straße.

Von seinen langmähnigen Autoren wird Hair als ,,Musical ohne Libretto" bezeichnet, von einigen kurzhaarigen, bürgerlichen Beobachtern dagegen als heidnisches Ritual, als orgiastischer Krawall, als Happening oder schlichtweg als Skandal.

Das ,,nicht existierende Libretto" von Hair erzählt alles über den Pilz- und Hitzkopf George Berger, der gerade von der High-School geflogen ist; über den Banden-

führer Claude Hooper Bukowski, Bergers besten
Freund, der gerade eingezogen werden soll zum Militär,
über Sheila, die mit beiden zusammenlebt und für die
Gewerkschaft demonstriert, über Woof, der – verständ-
licherweise – vom Verein Christlicher Junger Männer
ausgeschlossen wurde und in Mick Jagger vernarrt ist;
über Hud, der ein zweiter Black-Power Carmichael zu
werden verspricht und trotzdem Sinn für Humor hat.
Daneben gibt es noch die in Claude verliebte Jeanie, die
ein Baby erwartet und Crissy, Dionne, Paul, Steve, Su-
zannah und all die anderen Pro-Liebe-, Pro-Drogen-,
Pro-Sex- und Anti-Establishment-Typen, die während
der Aufführung Be-ins veranstalten, Touristen erschrek-
ken, vor Musterungsbehörden protestieren, hin und wieder eine Rauferei inszenieren, koksen, ihre Kleider aus-
ziehen, in den Straßen singen, sich lieben oder auf andere
Weise amüsieren.

WEBBER

Andrew Lloyd W. (geb. 1948, Engländer) erhielt bereits früh eine intensive Förderung seiner musikalischen Begabung durch seinen Vater, der selbst Komponist und Leiter des College of Music in London war. Webber beschäftigte sich überwiegend mit Film- und Bühnenmusik und hatte mit dem Musical *Jesus Christ Superstar* (1979) einen ersten durchschlagenden Erfolg, der sich mit dem Musical *Evita* fortsetzte.

Evita

Musical in zwei Akten (23 Szenen) nach der Lebensgeschichte der Eva Perón. – Liedertexte von Tim Rice; deutsch von Michael Kunze.

Personen: EVA PERON (Evita); JUAN PERON; CHE (Guevara); Perons Geliebte; Magaldi; Tango-Paar; Argentinische Bevölkerung aller Schichten; Offiziere; Modeschöpfer; Friseure und Kosmetiker. – Ort und Zeit: Argentinien 1934–1952. – Uraufführung: 21. Juni 1978, London, Prince Edward Theatre; Erstaufführung in deutscher Sprache: 10. September 1982, Berlin, Theater des Westens.

In loser Folge wird in insgesamt 23 Szenen das aufregende Leben der Evita Perón in diesem Musical geschildert. Ausgehend von der Todesnachricht Evitas am 26. Juli 1952 und dem pompösen Begräbniszeremoniell wird in einem Rückblick das Leben Eva Peróns aufgerollt. So zeigen die Szenen, wie sich Evita aus ihrem armseligen

Kindheitsmilieu in der Provinz befreit und nach Buenos
Aires kommt, dort als Barsängerin beginnt und als
Künstlerin Karriere machen will. Um ihr Ziel zu erreichen, benutzt sie viele Liebhaber, die ihr den Weg ebnen
sollen. Als Radiosprecherin lernt sie die Macht ihrer
Stimme erkennen und sorgt bei der Präsidentschaftswahl
für den Sieg des argentinischen Obristen Perón. Mehr
und mehr begreift Evita, schließlich auch als Präsiden-
tengattin, die Spielregeln der Macht und zieht daraus ihren persönlichen Nutzen. Auf einer ,,Regenbogentour"
durch Europa, bei der sie in märchenhaftem Luxus
schwelgt, erlebt sie Triumphe und Niederlagen. Sie weiß
sich nicht nur im Ausland, sondern vor allem in Argentinien, als Märchenfee zu präsentieren und beschafft sich
in der vorletzten Szene mit ihrer letzten Rundfunkan-
sprache noch als Todgeweihte einen letzten Triumph bei
den Massen Argentiniens. Die Szenen werden begleitet
durch Kommentare des legendären lateinamerikanischen
Revolutionärs ,,Che", der zu den wenigen gehört, die
die Machenschaften Evitas von Anfang an durchschaut
haben und der sie ständig als Verführerin des Volkes entlarvt.

FACHWÖRTERVERZEICHNIS
UND
KLEINE INSTRUMENTENKUNDE

A

Absolute Musik Musik, die nur durch ihre eigenen Formgesetze (also nicht durch dichterische usw.) bestimmt ist

a cappella Chorgesang ohne Begleitung von Instrumenten

adagio langsam, ruhig

Achtel achter Teil einer ganzen Note ♪

Affettuoso gemütvoll, mit viel Ausdruck

Agitato aufgeregt

Akkord Zusammenklang mehrerer Töne verschiedener Höhe (Konsonanz = in sich ruhender Klang, Dissonanz = auflösungsbedürftiger Klang, → auch „Dur" und „Moll")

Akteur Opernsänger, Schauspieler

Aktrice Opersängerin, Schauspielerin

Akustik Lehre vom Schall und Klangerzeugung („Musik physikalisch untersucht")

Aleatorik (alea = Würfel) Musik des Zufalls. Die Komposition ist nur in groben Zügen festgelegt und läßt den Ausführenden Spielraum zur eigenen Improvisation in vorgegebenen Grenzen

Alla-breve-Takt 2/2-Takt. Die erste Halbe ist betont

allegretto lebhaft, etwas langsamer als allegro

allegro heiter, rasch

Allemande alte deutsche Tanzform

Alt tiefe Frauenstimme (oder Knabenstimme), z.B. Amneris („Aida"), Azucena („Troubadour")

Altklarinette („Bassetthorn"), Holzblasinstrument der Klarinettenfamilie. Sie steht eine Quinte tiefer als die üblichen Klarinetten, wird auch in verschiedenen Stimmungen gebaut. Streng ge-

Altklarinette

nommen sind Altklarinette und Bassetthorn nicht ganz das gleiche; aer die Bezeichnung hat sich nun einmal eingebürgert. Der Klang ist dunkler als der der Klarinette.

Altklassik Zeit von Bach und Händel

amoroso liebevoll

andante schreitend, gehend

andantino kleines andante, etwas lebhafter als andante

Anglaise englischer Kettentanz mit lebhaftem Charakter. Allgemein auch Bezeichnung für alte Tanzformen englischer Herkunft

Animato beseelt, belebt

Appassionato leidenschaftlich

Arie kunstvolles Gesangsstück (dreiteilige Form, Grundform A-B-A) vorwiegend lyrisch empfindungsstark, melodisch betont

Ariette kleine Arie

Arioso ausdrucksvoller Vortrag melodischer Linien

Arrangement Einrichtung (Besetzung) von Musikstücken

Assai sehr (adv.)

Atonalität Nichtachtung der Tonalität (→ dort)

Auflösungszeichen (♮) verwandelt erhöhte (♯) oder erniedrigte (♭) Töne wieder in ihre Grundform zurück

Auftakt vor dem Takstrich stehende, meist unbetonte Noten, die innerlich zum folgenden Takt gehören

Aufzug Teil eines Bühnenwerkes (Akt). Auch Eröffnungsmusik einer festlichen Veranstaltung (ursprünglich verbunden mit dem Erscheinen hochgestellter Persönlichkeiten)

Autodidakt jemand, der durch Selbstunterricht lernt

B

Background Klanghintergrund (z.B. durch gesummten Backgroundchor); die Rhythmus- und

Harmoniegruppen, von denen sich die Instrumental- oder Gesangssolisten abheben

Balalaika russisches Saiteninstrument mit dreieckigem Holzkörper und langem Hals mit Griffbünden

Ballade Sagen (oder Geschichten) erzählendes Lied (ursprünglich Tanzlied)

Ballad opera (engl. Liedoper) volkstümlicher, im England des 18. Jahrhunderts verbreiteter Singspieltyp mit gesprochenen Dialogen und volkstümlichen Liedern oder Opernmelodien

Ballerina Tänzerin (Primaballerina = erste Solotänzerin)

Ballett selbständige szenische Tanzdarbietung. Tanzensemble, meist Opernhäusern angegliedert (aber auch selbständig, z.B. Fernsehballett). Auch Bezeichnung für eine Komposition, die für ein Tanzensemble geschrieben wurde

Ballettoper eine erst im 20. Jahrhundert entstandene Sonderform der Oper, in der das Ballett den szenischen und dramatischen Handlungsablauf wesentlich beeinflußt

Band Bezeichnung für eine Instrumentalisten-Gruppe im Jazz. Man unterscheidet in kleine Band (ca. 3–8 Spieler) und Bigband (12–40 Spieler)

Bandleader der Leiter einer Band

Banjo gitarreartiges Zupfinstrument. In seiner heutigen Form in Nordamerika entwickelt. Angezupfte Saiten übertragen die Schwingungen auf ein Trommelfell. Verwendung hauptsächlich im Jazz (Rhytmusgruppe)
Saitenstimmung:

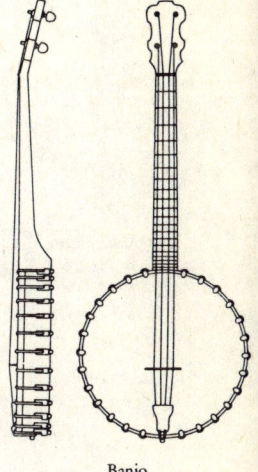

Banjo

c g d a

Barcarole Gondellied (Barkenlied)

Bariton Männerstimme zwischen Tenor und Baß. Z.B. Hans Sachs, Wotan (dramatisch), Wolfram im ,,Tannhäuser" (lyrisch). Ferner: älteres Streichinstument (zwischen Bratsche und Celle)

Baßklarinette

und ein dem Tenorhorn ähnliches Blechblasinstrument

Bässe (Baß), die tiefen Stimmen der Sänger z.B. Sarastro, Hunding (im Orchester die Instrumente in tiefen Lagen, z.B. Kontrabaß, tiefe Posaunen usw.)

Baßbuffo Bezeichnung für ein spezielles Rollenfach. Sänger mit besonderer schauspielerischer Begabung (z.B. Leporello in Mozarts ,,Don Giovanni")

Baßflöte → Blockflöte ·

Bassetthorn → ,,Altklarinette"

Baßklarinette klingt eine Oktave tiefer als die übliche Klarinette. Sie hat also etwa die Lage des Fagotts, unterscheidet sich jedoch von diesem durch die Weichheit des Tones, der zuweilen auch etwas Unheimliches an sich hat

Basso continuo (ital. ununterbrochener Baß) die ununterbrochene instrumentale Baßstimme, die in der mehrstimmigen Musik der 16. bis 18. Jahrhunderts als harmonische Grundlage für die teils freie Einfügung der übrigen Stimmen dient

Baßtrompete klingt etwa eine Oktave tiefer als die übliche Trompete. Ihr Klang hat entweder etwas unheimlich Gewalttätiges oder etwas wuchtig Anfeuerndes (Wagner, ,,Walkürenritt")

Baßtuba die übliche Baßtuba (in C) hat den Tonumfang:

Sie gehört zur Gruppe der sogenannten Bügelhörner. Als solches hat sie keine eigentliche Stürze, sondern ist verhältnismäßig weit gebaut und klingt daher dröhnend. Die Wagnersche Baßtuba (in F) verfügt zwar ungefähr über den gleichen Tonumfang, hat aber Hornstürze und Hornmundstück, und klingt deshalb edler, feierlicher

Baßtrompete

Beat (engl. Schlag), durchgehender rhythmischer Grundschlag besonders im Jazz und in der Unterhaltungsmusik. Außerdem ein um 1960 in England entstandener Musikstil, der sowohl instrumental als auch vokal sein kann. Auf Musicals neueren Datums hat auch der Beat Einfluß ausgeübt.

Becken tellerförmige Metallscheiben mit Ledergriffen. Zwei Becken werden aneinandergeschlagen und geben dann einen erregenden Schall (nicht Ton, sondern Geräusch). Man kann sie auch leise aneinanderklirren lassen, wodurch ein unheimliches, reibendes Geräusch entsteht. Ursprünglich wurden Becken nur in der Militärmusik verwendet; allmählich haben sie dann ihren Einzug in Opern- und Sinfonieorchester gehalten

Belcanto Schöngesang, im Gegensatz etwa zu Ausdrucksgesang

Berceuse Wiegenlied

Blechbläser Hörner, Trompeten, Posaunen, Tuben

Block →Holzblock

Blockflöte die Blockflöte wird in Familien gebaut (vom Sopranino bis zum Großbaß) in den Stimmungen c oder f. Der Tonumfang beträgt 2 Oktaven. In der Regel hat die aus Edelholz hergestellte Blockflöte acht Grifflöcher, die bei den großen Instrumenten (Tenor-, Baß- und Großbaßflöte) mit Klappen bedient werden. Nach großer Verbreitung in der Renaissance und im Barock erfreut sich die Blockflöte im

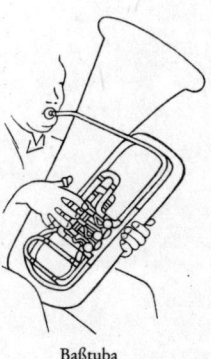

Baßtuba

Becken

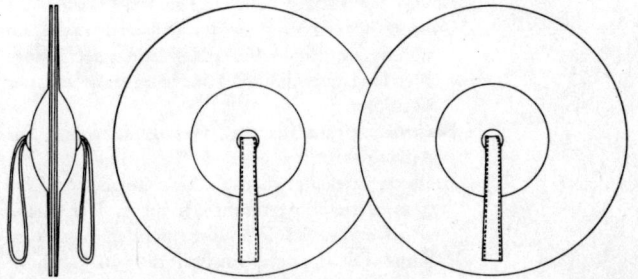

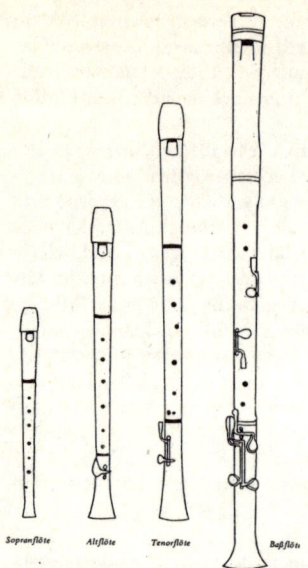

Blockflöten

Sopranflöte　*Altflöte*　*Tenorflöte*　*Baßflöte*

20. Jahrhundert wieder großer Beliebtheit und viele zeitgenössische Komponisten widmen ihr wieder verstärkt ihre Aufmerksamkeit.

Blues weltliches Lied der nordamerikanischen Neger, das häufig Geschichten aus dem Alltag zum Inhalt des Textes hat

Bohémien nach Lust und Laune lebender und schaffender Künstler oder Halbkünstler

Bolero Spanischer Volkstanz im 3/4-Takt

Bordun Bezeichnung in der Musizierpraxis; ein ständig mitklingender tiefer Ton oder Klang; auch lang ausgehaltene Töne in unveränderlicher Tonhöhe

Bourrée altfranzösischer Gesellschaftstanz aus Auvergne im 3/4- oder 4/4-Takt

Bratsche etwas größer als die Geige und eine Quinte tiefer gestimmt als diese. Der Klang wirkt etwas näselnd, aber nicht in negativem Sinne. Die Bratsche wird seit dem 16. Jahrhun-

dert gebaut. Im gesamten Streichkörper deckt sie die „Klanglücke" zwischen den hohen Geigen und den tiefen Celli. Als Einzelinstrument wird sie meist nur für besondere Anlässe verwendet (so als Trägerin des Verlockungsmotivs in der „Tannhäuser-Ouvertüre"); dann wirkt ihr Klang meist erregend oder auch trauervoll.
Der Tonumfang:

Die Saitenstimmung: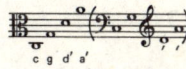

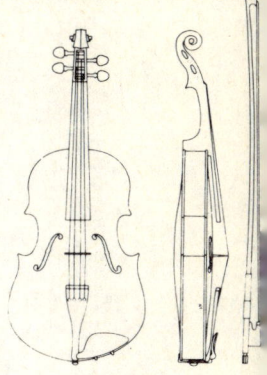

Bratsche

Bravour-Arie gesangstechnisch anspruchsvoll, virtuose Arie

Bühnenmusik die unmittelbar zu einer Bühnenhandlung gehörende Musik. Musik, die in der Oper, Operette, Musical, aber auch im Schauspiel auf, hinter oder vor der Bühne gespielt werden kann

Buffo „spaßhaft", Baßbuffo z.B. Osmin, Beckmesser; Tenorbuffo z.B. Pedrillo (Mozarts „Entführung"), David (Wagners „Meistersinger")

Burleske wörtlich: „die Spaßhafte", scherzhafter Satz einer Komposition

C

Cakewalk (engl. cake = Kuchen) Tanz der nordamerikanischen Neger, bei dem um einen Kuchen als Preis getanzt wurde

Cancan schneller Tanz, der um 1840 in Paris in Mode kam (→ auch das Musical „Cancan" von Cole Porter)

Cantabile singbar, gesangsartig

Cantabilität Sangbarkeit

Canzonetta kleines Gesangsstück (→ auch Kanzone)

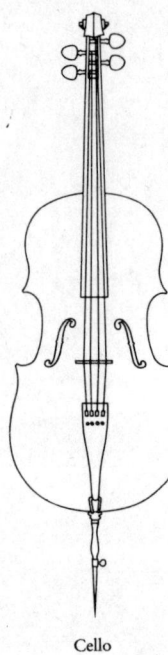

Cello

Capriccio scherzoartiges Musikstück

Cavatine → Kavatine

Celesta ein Stahlstabklavier von hellem, glöckchenartigem Klang. Es ist erst seit 1886 im Gebrauch. Beispiel: Überreichen der Rose im „Rosenkavalier"

Cello eigentlich Violoncello (altertümlich: Kniegeige). Tiefes Streichinstrument, welches der Geige nachgebaut ist, aber beim Spiel auf den Boden gestellt und zwischen den Knien gehalten wird.

Tonumfang:　　　　　　Saitenstimmung:

　　　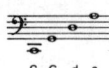

　　　　　　　　　　　　　　C G d a

Die endgültige Form hat es Mitte des 16. Jahrhunderts erhalten. Der edel-männliche Klang des Cellos entspricht im Streicherchor etwa der menschlichen Baritonstimme

Cembalo eigentlich „Clavicembalo", ein Vorläufer des heutigen Klaviers. Die Saiten werden – durch Niederdrücken der Tasten (Claves) – nicht wie beim Klavier durch ein Hämmerchen angeschlagen, sondern mit einem Federkiel angerissen oder gezupft. Der dadurch entstehende feine Klang mischt sich besser mit dem Streicherklang, in älteren Opern mit dem gesungenen Rezitativ, so daß man heute zur Aufführung vorklassischer Werke wiederum das Cembalo benutzt

Chaconne ein altes Instrumentalwerk im 3/4-Takt, in dem ursprünglich ein höchstens achttaktiges Thema ständig wiederkehrte und immer neu umspielt wurde. Dann langsame Variationen solcher Art

Chanson aus dem französischen stammende Bezeichnung für einen „Schlager mit esprit". Heute auch üblich für „Kabarettlied"

Charakterfächer (Charaktersopran, -alt, -tenor,-bariton oder Charakterbaß) spezielles Rollenfach in der musikalischen Bühnenpraxis

Charakterstück im 19. Jahrhundert zu großer Bedeutung gelangtes in knapper, übersichtlicher
Form gehaltenes und häufig durch eine Über-
schrift inhaltlich charakterisiertes musikalisches
Klavier- oder sonstiges Instrumentalstück

Chor Gruppe von Sängern. Man unterscheidet
in ein- und mehrstimmigen Chor, ferner in Frau-
en-, Männer-, Kinder- und gemischten Chor in
verschiedenen Stimmlagen

Choral Kirchenlied

Choreographie im wörtlichen Sinne im 17. und
18. Jahrhundert Bezeichnung der Tanzschrift,
der Notierung von Tänzen durch Schriftzeichen
oder Symbole. Heute jedoch allgemeiner Begriff
für die Gestaltung von Tänzen und Balletten

Chorus melodischer Refrain im Jazz und heute
auch in der Unterhaltungsmusik gebräuchlich

Chromatik (von ,,chroma" = Farbe), streng genommen die Aufeinanderfolge von Tönen, die
sich nur durch ein Versetzungszeichen unterscheiden; z.B.:

Dann aber auch allgemein eine Folge von Halb-
tönen

Coda (ital. ,,Schwanz"), letzter Teil einer Komposition oder eines Tanzes (besonders im ,,Pas de
deux")

Comédie en musique die heitere französische Oper
des 18. Jahrhunderts

Commedia in (per) musica die komische italienische Oper des 17. und 18. Jahrhunderts in der
die typischen Handlungen und Personen der
volkstümlichen Stegreifkomödie (Commedia
dell'arte) Verwendung fanden

Con brio mit Feuer, mit Schwung

Concerto Konzert (wörtlich: ,,Wettstreit"). Im
allgemeinsten Sinne: Aufführung von Musik-
werken. Im engeren Sinne: Musikstück, für ein
Soloinstument (oder mehrere) mit Orchester;
z.B. Klavier-, Cello-, Geigenkonzert

Concerto grosso eine alte Form orchestermäßigen Musizierens. Das Gesamtwerk zerfällt in mehrere Sätze (meist 3 bis 6), und die Sätze werden bestritten im Wechselspiel von Tutti („Alle") und einigen Einzelspielern („Concertino" genannt)

Con moto mit Bewegtheit

Con spirito mit Geist, mit Witz

Continuo eigentlich „Basso continuo", → dort

Couplet liedartiger Gesang bei dem mehrere Strophen auf die gleiche Melodie gesungen werden (wörtlich: gekoppelt)

Courante (auch: Kurante) alter, lebhafter französischer Tanz in dreiteiligem Takt

Crescendo (ital. anwachsend) an Tonstärke zunehmend; das Gegenteil von decrescendo (an Tonstärke abnehmend)

Csárdás ungarischer Nationaltanz im 2/4- oder 4/4-Takt, der nach einer ruhigen, getragenen Einleitung sehr lebhaft und leidenschaftlich getanzt wird

D

da capo (ital. vom Kopf an) Spielanweisung, noch einmal vom Anfang an bis zu der mit dem Wort *fine* oder einer Fermate (⌒) bezeichneten Stelle

Da-capo-Arie Arie in geschlossener, dreiteiliger Form (A-B-A), die Wiederholung wird nicht ausgeschrieben, sondern durch die Spielanweisung „da capo" vorgeschrieben

Décadence Verfall, Entartung, Auflösung

Dämpfer Vorrichtungen, durch die man den Klang der Streich-, Blas- und Schlaginstrumente abdämpfen kann

declamando Spielanweisung, mit ausdrucksvollem, dem Wortakzent folgendem Vortrag, mehr gesprochen als gesungen

decrescendo an Tonstärke abnehmend; das Gegenteil von crescendo

Deklamation Sprechgesang; → auch ,,declamando" und ,,Rezitativ"

Dialog Wechsel- oder Zwiegesang, auch der gesprochene Teil in einem musikalischen Bühnenwerk

Dialogoper → Nummernoper

Diatonik eigentlich ein Weiterschreiten in Ganztönen. Dann die normale Folge in einer Tonleiter (z.B. ist h-c diatonisch, h-his dagegen chromatisch). Heute vielfach gebraucht für das tonale System

Dilettant ein ohne Fachausbildung sich künstlerisch oder musikalisch Betätigender

diminuendo Nachlassen der Tonstärke, → auch ,,decrescendo"

Dirigent Orchesterleiter, etwa vergleichbar mit dem Regisseur beim Schauspiel

Dirigierpartitur auch ,,große Partitur", die Aufzeichnung aller gleichzeitig erklingenden Instrumental- und Gesangsstimmen bei einer Bühnenkomposition (oder bei einem sonstigen mehrstimmigen Musikwerk) in einer übereinander angeordneten Einteilung durch senkrecht durchlaufende Taktstriche gegliedert und für die werkgerechte Aufführung eines musikalischen Bühnenwerkes von großer Wichtigkeit

Diskant Stimme in hoher Lage

Dissonanz ,,mißklingendes" Tönen (wörtlich: ,,Auseinanderklang")

Divertimento zur Unterhaltung bestimmte Musik aus der Zeit der Klassik (andere Bezeichnungen der gleichen Gattung: Cassation und Serenade)

Diviso geteilt

dolce (ital.) sanft, süß

dolorosa (ital.) schmerzlich

Dominante (wörtlich: ,,die Herrschende"). Quinte einer Tonart (in C-dur also g) und der aus der Quinte aufgebaute Akkord. Da er zur Haupttonart zurückführt, sie also ,,beherrscht", nannte man diesen Akkord die Dominante

Doppelfuge Fuge, in der zwei Themen durchgeführt werden (nacheinander oder gleichzeitig)

dramatisches Fach ein zu den seriösen Rollenfächern zählendes lyrisch-dramatisches Fachgebiet für die verschiedenen Stimmlagen (z.B. dramatischer Sopran oder dramatischer Alt)

Dramaturg künstlerisch-literarischer Mitarbeiter beim Theater, der maßgeblich an der Programmplanung, Bühnenbearbeitung, Regiekonzeption usw. mitwirkt

Dramma per musica (auch: dramma in musica, dramma musicale) die ernste italienische Oper des 17. und 18. Jahrhunderts

Dramma sacro ein italienischer Operntyp mit geistlichem Inhalt, der im 17. und 18. Jahrhundert verbreitet war

due (ital. zwei) *a due*, für zwei Spieler

Duett Gesang von zwei Stimmen in gleicher oder verschiedener Ton- und Klanglage

Duettino kleines bzw. kurzes Duett

Duole zwei Noten von gleicher Dauer an Stelle dreier Noten von gleicher Gesamtdauer, z.B.:

Dur vom lateinischen durus („hart"), Tonart mit der großen Terz (c-e-g), hell und „hart" klingend, im Gegensatz zum Moll (von mollis, „weich"), der Tonart mit der kleinen Terz (c-es-g). Das folgende Beispiel gibt den C-dur- und den c-moll-Dreiklang:

Durchführung in der Sinfonie derjenige Teil eines Satzes, in dem die zuvor aufgestellten Themen verarbeitet werden. In der Fuge heißt Durchführung das einmalige Durchlaufen des Themas durch alle Stimmen

durchkomponiert eine Bezeichnung für ein Opernwerk in dem der musikalische Ablauf im

Gegensatz zur ,,Nummernoper'' nicht durch das gesprochenen Wort unterbrochen wird

Dynamik die Lehre von den unterschiedlichen Abstufungen der Tonstärke in der Musik, → ,,dynamische Zeichen''

dynamische Zeichen (dynamische Stufen), für bestimmte Teile eines musikalischen Werkes geltende und relativ aufeinander bezogene Klangstärkegrade, ausgehend von den Grundwerten piano (*p*) und forte (*f*)

ffff	fortissimo possibile = so stark, so laut wie möglich
fff	fortefortissimo = äußerst, stark, laut
ff	fortissimo = sehr stark, laut
f	forte = stark, laut, kräftig
mf	mezzoforte = mittelstark, ziemlich laut
mp	mezzopiano = ziemlich leise
p	piano = leise, sanft
pp	pianissimo = sehr leise
ppp	pianopianissimo = äußerst leise
pppp	pianissimo quante possibile = so leise wie möglich
ppppp	pianissimo quasi niente = fast unhörbar leise

Eine Kombination von forte (*f*) und piano (*p*) ist *fp* (fortepiano) mit der Bedeutung ,,sehr stark hervorgehoben und danach sogleich wieder leise''

E

Ecossaise schottischer Volkstanz im schnellen 3/2- oder 3/4-Takt

Elegie ein Gesangs- oder Instrumentalstück mit wehmütig-klagendem Charakter

Elektromechanische Instrumente gibt es in verschiedenen Arten. Mit ihrer Hilfe kann der Klang (besonders von Instrumenten) nachgeahmt, abgewandelt, denaturiert oder ergänzt werden

Elektronische Instrumente bringen Elektronen zum Schwingen (also nicht Materie wie menschliche Stimmen, Holz-, Blech- oder Saiteninstrumente) und zwar vermittels einer Elektronenröhre (erstmalig 1951). Diese Elektronenschwingungen müssen erst durch einen Lautsprecher überhaupt hörbar gemacht werden. Dadurch entstehen Geräusche und Klänge von nahe unbegrenztem Ausmaß und kaum vorstellbarer Art

elektronische Musik eine Musik, die mit ,,Elektronischen Instrumenten" produziert wird. Die Aufzeichnung dieser Musik geschieht in der Regel nicht durch die traditionelle Notenschrift, sondern mittels graphischer Zeichnungen

Engführung Stimmführung in der Themen und Gegenstimmen nicht nacheinander einsetzen, sondern ineinandergeschoben werden

Englischhorn

Englischhorn Alt-Oboe, Oboe in tieferer Tonlage (um eine Quinte tiefer). Ihr Klang verhält sich zu dem der Oboe wie der von Bratsche zu Geige. Tonumfang:

Engstufig ist ein Thema, wenn die einzelnen Schritte nicht weit ausgreifen, sondern eng, ,,kurz" sind

Ensemble geschlossenes Zusammensingen (oder -spielen) mehrerer Personen

Epilog Nachspiel, auch eine huldigende Schlußbe-
trachtung in der Oper und im Schauspiel
espressivo mit Ausdruck
Etüde Übungsstück, Studie
Evergreen ein langlebiger Schlager, im Gegensatz
zu einem Schlager, der schon nach kurzer Zeit
vollständig in Vergessenheit gerät
Expressionismus etwa „Ausdruckskunst". Musikalisch im engeren Sinne: Selbständiges Eigen-
leben der einzelnen Stimmen ohne Rücksicht auf
„Harmonie" (→ auch „Atonalität")

F

Fagott Holzblasinstrument, das schon seit Jahrhunderten in Gebrauch ist. Als tiefes Füllinstru-
ment tritt es wenig hervor. Dagegen wirkt es als
Solo entweder erheiternd oder schüchtern. Der
Klang ist tief und näselnd, zuweilen kollernd;
dementsprechend wird das Fagott verwendet.
Im Fortissimo wird der Klang zuweilen erregend.
Tonumfang:

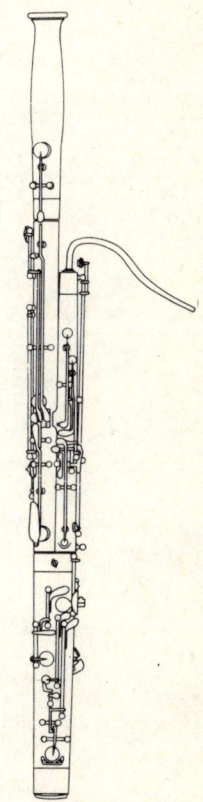

Falsett Kopf- oder Fistelstimme, die bei männli-
chen Sängern in der Höhe über den normalen
Stimmumfang hinausreicht und besonders von
Tenören angewendet wird
Fandango spanischer Tanz und Tanzlied in mäßi-
gem bis schnellem dreiteiligen Takt
Fanfare langes, ventilloses Blechblasinstrument.
Auch kurzes Signal oder eine kurze Komposi-
tion (z.B. Jagdstück)
Fantasie thematisch frei gestaltete, improvisierte
Instrumentalkomposition, ohne feste Form
fantasieren aus dem Stegreif musizieren (→ auch
„improvisieren")
Farce Bezeichnung für eine im 18. und 19. Jahr-
hundert entstandene kurze, meist einaktige ko-
mische Oper (→ auch „Opera buffa")

Fagott

Fermate Haltezeichen (⌒). Die unter diesem Zeichen stehende Note muß über ihren eigentlichen Wert hinaus ausgehalten werden

Fernsehoper eine Operngattung, die die speziellen technischen und künstlerischen Möglichkeiten des Fernsehens dramaturgisch verwertet und sich damit von den Bühnenfassungen eines Opernwerkes deutlich unterscheiden kann

Figuration etwa „Rankenwerk"

Filieren den Ton beim Gesang ruhig ausströmen lassen

Finale Schlußstück, meist auch Aktschluß

Fiorituren (ital. fiori = Blumen), die Verzierungen einer Gesangsmelodie

Flamenco Sammelbezeichnung für ein südspanisches, andalusisches volkstümliches Tanzlied mit dramatischem Charakter

Flatterzunge eine besondere Art, auf Flöten, Klarinetten und Oboen eine schnelle Tonwiederholung zu erzielen

Flöte das beim Musizieren quer gehaltene Holzblasinstrument.
Der Tonumfang

ist ziemlich groß. Da die Flöte sehr leicht anspricht und ihr perlender Klang im allgemeinen unpersönlich wirkt, hat man sie die „Koloratursängerin des Orchesters" genannt. Aber in der Tiefenlage stehen ihr Töne zur Verfügung, die man zunächst kaum als „Flötentöne" erkennen wird: dunkel, gedeckt und unheimlich (→ auch Blockflöte)

Forte stark, kräftig (→ Dynamik)

Fortissimo sehr stark, sehr kräftig (→ Dynamik)

Foxtrott um 1910 in Nordamerika entstandener Gesellschaftstanz (schneller Foxtrott = Quickstep; langsamer Foxtrott = Slowfox)

Flöte

Française Gesellschaftstanz des 19. Jahrhunderts, der aus Frankreich stammt und vorwiegend im 6/8-Takt steht

Fugato fugenartige, aber nicht strenge Einsätze

Fuge mehrstimmiges Stück, in dem ein Thema von sämtlichen Stimmen in verschiedener Tonlage „nachahmend" durchgeführt wird

Fughette kleine Fuge

G

Ganze Note   o

Galliarde volkstümlicher Tanz italienisch-französischer Herkunft, im 15. bis 17. Jahrhundert sehr verbreitet, später auch Bezeichnung eines Instrumentalsatzes

Galopp um 1820 entstandener Gesellschaftstanz in sehr schnellem 2/4-Takt, ähnlich einer schnell getanzten Polka

Gavotte altfranzösischer Tanz im zweiteiligen Takt, mäßig schnell

Geige höchstes Streichinstrument im Orchester. Von 1480 bis 1550 umgewandelt aus der älteren Viola (daher die Bezeichnung „Violine" = kleine Viola), voll entwickelt Anfang des 17. Jahrhunderts. Der Ton wird entweder durch Bogenstrich oder durch Zupfen (→ „Pizzicato") hervorgebracht.

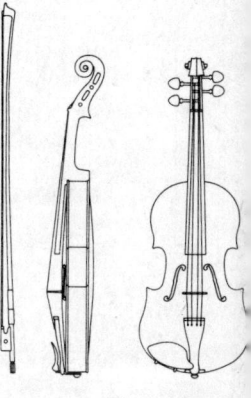

Geige

Saitenstimmung: Tonumfang:

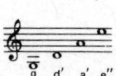   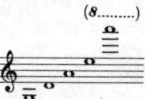

GEMA Gesellschaft für musikalische Aufführungs- und mechanische Vervielfältigungsrechte

Generalbaß Schreibweise in der Barockmusik, bei der unter oder auch über der einstimmigen Baßmelodie Ziffern notiert wurden, welche die zu spielenden Akkorde symbolisierten

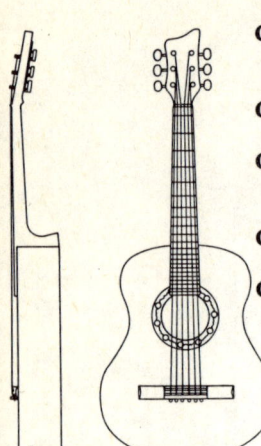

Gitarre

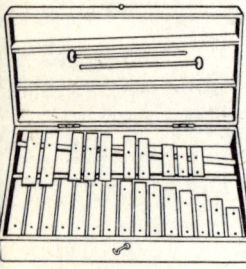

Glockenspiel

Generalmusikdirektor (GMD) Bezeichnung und Titel des obersten musikalischen Leiters eines Opernhauses oder eines großen Orchesters

Generalprobe die letzte Probe vor einer Opern- oder Theaterpremiere

Geräusch ein Schall unbestimmter Tonhöhe (z.B. durch Gegenstände oder elektronische Instrumente erzeugt)

Gigue altenglischer schneller Tanz im 6/8- oder 9/8-Takt

Gitarre Zupfinstrument; entspricht im wesentlichen der Laute, hat nur einen etwas kleineren, geigenförmigen Schallkörper.

Saitenstimmung: Tonumfang:

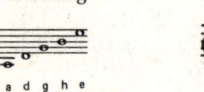

e a d g h e

Glissando gleitend, rutschend

Glockenspiel auf einem Rahmen angebrachte Stahlstäbchen, die mit einem Hammer angeschlagen werden (z.B. in Mozarts „Zauberflöte" Papageno)

Gong ein Schlaginstrument, daß aus einer dicken, gewölbten Metallscheibe besteht und eine Aufhängungsvorrichtung hat. Heller, glockenartiger Klang in unterschiedlichen Tonhöhen

Gospelsong (engl. gospel = Evangelium), während des Gottesdienstes durch Vorsänger und von der Gemeinde als Antwort improvisierte Liedform der nordamerikanischen Neger

Grandioso großartig

Grave schwer, ernst

Grazioso anmutig

Gregorianischer Choral genannt nach der ersten Kirchengesangsordnung durch Papst Gregor den Großen (um 600), bis ins 20. Jahrhundert mehrfach abgeändert

Große Oper im 19. Jahrhundert in Frankreich entstandene pompöse Ausstattungsoper (Hauptvertreter: G. Meyerbeer)

Große Trommel Zweifelltrommel aus Holz oder Messing, die mit einem kurzstieligem Schlegel oder mit einer Fußmaschine angeschlagen wird. Ohne bestimmte Tonhöhe dumpfer, dröhnender Klang in Baßlage (→ auch unter „Trommel")

H

Habanera ein ruhiger kubanischer Tanz im 2/4-Takt, der auch in Spanien verbreitet ist

Halbe die Hälfte einer ganzen Note:

Halbtonschritte Tonfolgen wie: (vergleiche auch Chromatik)

Harfe altes Saiteninstrument, das mit der Hand gezupft oder gerissen wird. Die Saiten sind in der Dur-Tonleiter gestimmt, und zwar in Ces-dur. Durch einen Fußhebel läßt sich die Harfe umstimmen und zwar nach C-dur und Cis-dur. Der Tonumfang ist:

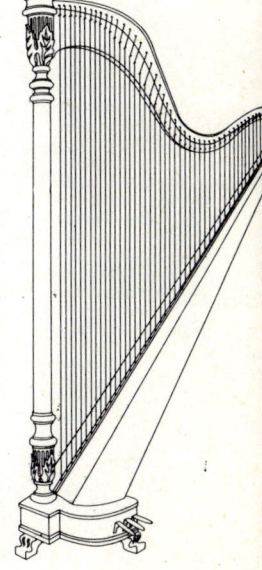

Harmonie eigentlich „Gefüge". Im engeren Sinne: Zusammenklang von zusammengehörigen Tönen

Harmonik Lehre von den Harmonien und ihrer Zusammengehörigkeit und Verbindung

Heckelphon eine Baritonoboe, deren Tonumfang etwa eine Oktave tiefer liegt als der der Oboe. Selten verwendet. Genannt nach der herstellenden Firma A. Heckel, Mainz

Heldenbariton auch „hoher Baß" genannt, seriöses Rollenfach der musikalischen Bühnenpraxis

Heldentenor auch dramatischer Tenor, ein seriöses Rollenfach der musikalischen Bühnenpraxis

Hit (engl. Stoß, Treffer), Spitzenschlager

Holzbläser die Gesamtheit der Blasinstrumente

Harfe

Heckelphon

aus Holz, also der Flöten, Oboen, Klarinetten und Fagotte

Holzblock mit Resonanzschlitzen, geschlagen mit Klöppeln, dumpfer, hohler Klang

Homophon ist ein Werk, in dem eine Stimme herrscht, während die übrigen nur „begleiten" (→ auch Polyphonie)

Horn Blechbasinstrument, das sich durch seinen weichen Ton von allen übrigen Blechbläsern unterscheidet. Es hat sich aus dem Waldhorn entwickelt: Durch Ventile, die das Ein- und Ausschalten von Bogen in den Schallkörper gestatten, lassen sich nicht nur die Naturtöne, sondern auch alle Zwischentöne erzeugen. Das meist gebräuchliche F-Horn hat den Tonumfang:

Mitte des 17. Jahrhunderts wurden zum ersten Mal Waldhörner in der Oper verwendet

Hymne Lobgesang der Götter- und Heldenverehrung, auch zur Feier des Sieges, auf die Freiheitsliebe oder das Vaterland (Nationalhymnen), und zum Lob der Künste und der Freude, meist in Form eines Strophenliedes

I

Horn

Idiophone (griech. Selbstklinger), Fachbezeichnung für Schlaginstrumente

Illustrationsmusik andere Bezeichnung für Tonmalerei („musikalische Dichtung")

Imitation (lat. Nachahmung), das Thema oder ein größerer Melodieabschnitt einer Stimme wird in der mehrstimmigen Musik von einer oder mehreren Stimmen nacheinander wiederholt

Impressario Geschäftsführer (Unternehmer) von Theater- oder Opernunternehmungen

Impressionismus etwa mit Eindruckskunst zu verdeutschen. Der musikalische Impressionismus richtet sich nicht auf die Wiedergabe fester For-

men, sondern vorübergehender, sich verflüchti-
gender Eindrücke, gibt also Mischfarben,
Mischklänge, Mischbewegungen usw.

Improvisieren (auch Improvisation), Stegreifspiel,
dem Einfall des Augenblicks folgend

Instrumentation Verteilung der musikalischen Gedanken nach Gewicht und Klangfarbe auf die
einzelnen Instumente

Inszenierung die Gesamtheit der zur Vorbereitung
und Ausarbeitung einer Bühnenaufführung
(Theater und Oper) notwendigen Maßnahmen

Intendant der künstlerische und organisatorische
Leiter eines Theaters oder Opernhauses

Interludium Zwischenspiel (→ „Intermezzo")

Intermezzo Zwischenspiel, frei erfundenes Instrumentalstück, auch als Einlage in Opern zwischen
zwei Szenen oder Akten

Interpretation die persönliche Ausdeutung und
Darstellung eines Musikstückes

Intervall spannungsgeladener Abstand zwischen
zwei Tönen

Intonation das Einstimmen von Instrumenten auf
eine einheitliche Tonhöhe

Intrade die Einleitungsmusik bei älteren Opernwerken. Später entwickelte sich aus der Intrade
die Ouvertüre

Invention (lat. Erfindung, Einfall), eine Instrumentalkomposition in freier Form, in engerem
Sinne: Bezeichnung für die satztechnische Ausarbeitung eines musikalischen „Einfalls", sowie
auch die Erfindung von etwas kompositorisch
völlig Neuartigem

J

Jagdhorn Signalhorn mit kreisförmig gewunde-
nem Rohr und ausladender Stürze, jedoch ohne
Ventile (→ auch Horn und Waldhorn)

Jam session die zwanglose Zusammenkunft von
Jazzmusikern zum gemeinsamen Improvisieren
in zufälliger Besetzung

Janitscharenmusik Musik der früheren türkischen Fußtruppen, im 18. Jahrhundert vielfach nachgeahmt (mit Becken, Trommel und Triangel)

Jazz Ende des 19. Jahrhunderts in den Südstaaten der USA entstandene und aus der Musizierpraxis der Farbigen hervorgegangener Musikstil in dem überwiegend improvisiert wird

Jazzband Gruppe von ca. 8 Musikern

Jodeln in den Alpenländern verbreitetes volkstümliches Singen auf Lautsilben (ohne Text) mit großen Intervallsprüngen und schneller Tonfolge

K

Kadenz ,,Schlußfall". In unserem Sinne: stegreifartiges Aussingen eines Schlußabschnitts des Solisten

Kakophonie (griech.) häßlicher Klang, Mißklang

Kammermusik Komposition für kleine Besetzung (ungefähr 2 bis 9 Personen). Formen: Duo, Trio, Quartett, Quintett, Sextett, Septett, Oktett, Nonett

Kammeroper kleines Opernensemble in überwiegend solistischer Besetzung (→ auch Kammermusik); kleines musikalisches Bühnenwerk

Kammerorchester kleines Orchester mit bis zu 20 Instrumentalisten

Kammersänger Ehrentitel für besonders verdiente Gesangssolisten eines Opernensembles

Kanon strenge Form der sogenannten Nachahmung. Mehrere Stimmen machen die gleichen Tonschritte, aber nicht gleichzeitig, sondern nacheinander, wobei die zweite Stimme nicht immer abzuwarten hat, bis die erste ihr Thema beendet

Kantate Komposition mit geistlichem oder weltlichem Text für Singstimmen und Instrumente; sie kann u.a. enthalten: Rezitative, Arien, Duette und Chöre

Kantor Leiter eines Kirchenchores und der Kirchenmusik

Kantus (lat.) Gesang

Kanzone vielfacher Bedeutungswandel, in der Oper meist wie Kavatine gebraucht

Kastagnetten Schlag-, Klapper-Instrument, meist zur Begleitung spanischer oder süditalienischer Tänze verwendet

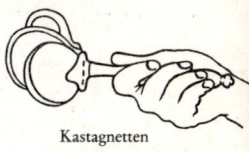
Kastagnetten

Kastrat ein vor dem Stimmbruch entmannter Sänger. In der italienischen Oper des 16. bis 19. Jahrhunderts wurden von Kastraten häufig die Alt- und Sopranpartien ausgeführt

Kavatine arioses kleines, meist zweiteiliges Gesangsstück, oft nach einem kurzen Rezitativ

Kesselpauke Schlaginstrument (→ Pauke)

Kirchenmusik Bezeichnung für die Musik, die in Verbindung mit der Liturgie der christlichen Kirchen steht

Kirchentonarten Tonarten vor der Einführung von Dur und Moll. So lautet z.B. die ,,dorische Tonart": d-e-f-g-a-h-c-d (also f und c statt fis und cis der D-dur-Tonleiter)

Klang Ton, auch der Zusammenklang mehrerer Töne

Klangfarbe Klangcharakter der verschiedenen Instrumente

Klarinette Holzblasinstrument, das erst um die Mitte des 18. Jahrhunderts ins Orchester eingeführt wurde. Es gibt Klarineten in verschiedener Stimmung. Mit der Stimmung ändert sich die Klangfarbe. Die A-Klarinette z.B. mit dem Tonumfang:

klingt weich, schwellend und lockend, die Es-Klarinette dagegen heftig und schrill (meist im Militärorchester; sonst nur charakterisierend verwendet). Die tiefen Töne können unheilvoll, düster wirken

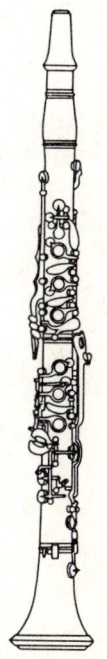
Klarinette

Klassik im engeren Sinne die musikalische Sprache der Zeit Haydns, Mozarts und Beethovens

Klavierauszug Übertragung der verschiedenen Stimmen einer Partitur auf zwei Notensysteme für das Spiel auf dem Klavier. Klavierauszüge sind für das Einstudieren der einzelnen Gesangspartien von Opernwerken wichtige Voraussetzung

Kleine Trommel Schlaginstrument (→ Trommel)

Koloratur virtuose Auszierung von Gesangslinien, zuweilen ausgeschrieben, zuweilen aus dem Stegreif auszuführen

Kolorit in der Musik, die durch die Art der Klangzusammenstellung und Instrumentation erzielten ,,Farbwirkungen"

Komische Oper französischer Herkunft, verwandt der Opera buffa, aber mehr individualisiert, gesprochener Dialog

Komparse stumme Rolle, z.B. in großen Volksszenen

Kontrabaß

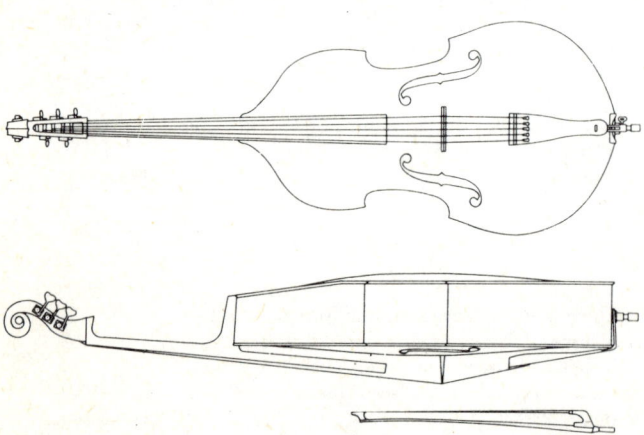

Konkrete Musik Musik, die nicht auf traditionellen Instrumenten, sondern mit Gegenständen
des Alltags erzeugt wird

Konservatorium Ausbildungsstätte für die verschiedenen Musikberufe

Konsonanz der ,,Wohlklang" in der tonalen Musik

Kontrabaß das tiefste Streichinstrument mit dem
Tonumfang:

Im allgemeinen dient der Kontrabaß zur Grun-
dierung des Klanges. In älteren Werken wird er
überhaupt mit dem Cello gleichlaufend geführt,
klingt jedoch acht Töne tiefer als dieses

Kontrabaßtuba steht etwa eine Quinte tiefer als die
Baßtuba, hat aber einen wesentlich dumpferen,
dröhnenderen und ,,unedleren" Klang als diese,
weil ihr Schallkörper erheblich größer ist. (In der
Militärmusik gilt das ,,Bombardon", kreisförmig gebaut, als Kontrabaßtuba)

Kontrabaßtuba

Kontrafagott steht eine Oktave tiefer als das Fagott, klingt dementsprechend dunkler und
schwerer als dieses. Im wesentlichen dient es als
Füllstimme, macht den Baßklang fülliger und
voller

Kontrapunkt Kunst, mehrere selbständige Stimmen zu vereinigen (punktus contra punktus)

Konzert Musikveranstaltung oder ein meist größeres Musikstück für ein Soloinstrument mit
Orchester

Kontrafagott

Konzertant konzertmäßig

Konzertmeister der erste Sologeiger eines Orchesters

Kopfmotiv (auch Grundmotiv), ein Motiv
(→ dort), welches am Beginn, am ,,Kopf" eines
Themas oder Tonstückes steht und der weiteren
Entwicklung das Gepräge gibt

Korrepetitor zweiter Dirigent eines Opernensembles, dessen Aufgabe im Einstudieren der

Rollen von Sängern und Chören besteht und der bei den Proben die Ballettcompagnie am Klavier begleitet (→ in diesem Zusammenhang auch ,,Klavierauszug")

Krakowiak polnischer Tanz im 2/4-Takt

Kyrie (griech. Herr), der im ersten Teil (nach ,,Introitus") der römisch-katholischen Messe im Wechsel zwischen Gemeinde und Chor ausgeführte Bittgesang (Kyrie eleison = Herr, erbarme dich)

L

Lamento Klagelied oder Klagegesang

Lamentoso wehklagend

Ländler ein dem Walzer verwandter aus Österreich stammender, langsamer Tanz im 3/8- oder 3/4-Takt

Larghetto ziemlich breit, nicht ganz so langsam wie largo

Largo breit, langsamstes Zeitmaß

Laute altes, seit dem 10. Jahrhundert in Europa bekanntes Saiteninstrument mit bauchigem, zum Hals hin sich stark verjüngendem, birnenförmigen Korpus. Die klassische Laute des 16. und 17. Jahrhunderts hatte 11 Saiten, die mit den Fingerspitzen angerissen wurden

Legende meist eine Komposition, der inhaltlich eine Heiligengeschichte oder Heldenerzählung zugrunde liegt

Leistungsschutz im Rahmen des Urheberrechts der Schutz der Interpreten (z.B. Sänger) für ihre, auf Tonträgern festgehaltene künstlerische Leistung, und deren Wiedergabe (Rundfunk, Fernsehen) und mechanische Vervielfältigung (Schallplatte, Tonband)

Leitmotiv Motiv, das in gleicher oder veränderter Form stets dem gleichen inneren oder äußeren Geschehen entspricht und dieses begleitet

Leitmotivik das Verfahren, mit Leitmotiven zu arbeiten (z.B. Richard Wagner)

Lento langsam

Libretto Textbuch einer Oper, Operette oder eines Musicals

Librettist Verfasser eines Textbuchs für ein musikalisches Bühnenwerk

Liederspiel (auch Singspiel), Schauspiel mit Liedereinlagen. Im Mittelalter auch geistliches Spiel und Vorläufer der Oper

Linear linienhaft. Also nicht durch den „senkrechten" Zusammenklang (Harmonie), sondern durch „waagerechte" Tonfolge bestimmt

Lyra altgriechisches Zupfinstrument. Im Mittelalter Bezeichnung für eine Fidel mit birnenförmigem Korpus. In Militärkapellen wird das Glockenspiel auch Lyra genannt

Lyrisch stimmungshaft, empfindungsmäßig

Lyrischer Bariton (Mezzosopran, Sopran, Tenor), seriöses Rollenfach in der Bühnenpraxis

M

Madrigal mehrstimmige Vokalkomposition mit meist weltlichem Text aus dem 16. und 17. Jahrhundert

Maestoso majestätisch

Maestro (ital. Meister), inoffizieller Titel für Lehrer an Konservatorien, Dirigenten, herausragende Solisten und Komponisten

Mandoline Zupfinstrument. Seit dem 17. Jahrhundert, von Italien stammend in ganz Europa verbreitet. Die Saiten werden mit einem Plektrum gespielt. Das Instrument hat einen hellen, kräftigen und zuweilen rauschenden Klang.
Tonumfang:

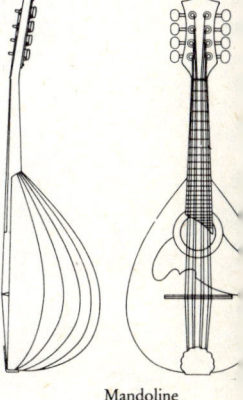

Mandoline

Marcia Marsch

Marciale (marziale), marschartig

Matinee Vormittagsveranstaltung, Frühkonzert

Mazurka ,,masurisch", polnischer Tanz im langsamen 3/4-Takt mit ♫ ♩ ♩ als Grundrhythmus

Melodik Lehre von der Melodie, Art der Melodieführung

Melodram ein musikdramatisches Werk, in dem das gesprochene Wort und die dazugehörende Handlung durch eine, die Aussage vertiefende Musik begleitet wird

Melos die besondere Art der Tonbewegung (auf und ab)

Membranophone Membran- (Fell-) Klinger, Bezeichnung für Schlaginstrumente

Menuett altfranzösischer Tanz in mäßig bewegtem Zeitmaß, 3/4-Takt; auch der 3. Satz der klassischen Sinfonie

Messe Kompositionsform für den römisch-katholischen Gottesdienst

Metronom ein kleiner, durch Federwerk aufziehbarer Apparat zur genauen Tempoangabe. Er findet Verwendung z.B. beim Üben eines Instrumentes

Metrum (Metrik), Maß, Versmaß, Folge von schweren und leichten Taktteilen. Im 2/4-Takt z.B. ist das erste Viertel schwer (betont), das zweite leicht (unbetont)

Mezzosopran weibliche Stimmlage zwischen Sopran und Alt

Moderato gemäßigt, mäßig rasch

Modulation Übergang von einer Tonart zu einer anderen

Moll (→ Dur)

Molto viel, sehr

Monodie (griech. Einzelgesang), der um 1600 in Italien entstandene Sologesang mit Instrumentalbegleitung. Die Monodie beeinflußte fast alle Gattungen der Instrumentalmusik und war eine der Grundvoraussetzungen für die Entstehung der Oper

Monodrama dramatische Soloszene oder dramatisches Bühnenwerk für eine Person

Moresca (Moriske, Moriskentanz), Sammelbezeichnung für pantomimische Tänze, eigentlich
Mohren- (Sarazenen-, Türken-) Tanz. In stili-
sierter Form fand die Moresca Eingang in die
Oper des 18. Jahrhunderts

Mosso bewegt

Motiv kleinste musikalische Spannungseinheit

Mundstück das Anblasstück bei den Blasinstru-
menten

Musette Mittelteil von Gavotte und Menuett. So
bezeichnet, weil die Bässe dieser Mittelteile den
Dudelsack (= Musette) nachahmen

Musical (Musical Comedy, Musical Play), Anfang
des 20. Jahrhunderts entstandene spezielle Form
des nordamerikanischen Musiktheaters mit ge-
sprochenem Dialog, Gesang, Tanz und reicher
Bühnenausstattung

Musica viva Bezeichnung für zeitgenössische Musik

Musikdirektor Titel für den Leiter eines Orchesters oder Opernensembles

Musikdrama auf verschiedene Arten unternom-
menes Bestreben, Handlung, Wort und Musik
streng aufeinander zu beziehen. Als Begriff bevorzugt für das Schaffen Richard Wagners ange-
wandt

Mutation Stimmwechsel

Mysterien Mysterienspiele, mittelalterliche Spiele
mit Text und Musik, die geistlichen oder historischen Inhalt haben können

N

Naturalistisch (Naturalismus), Nachahmung, die
Natur nachahmend

Neumen (Neumenschrift), aus der Spätantike
stammende und bis ins hohe Mittelalter gebräuchliche linienlose Notationszeichen. Vorläufer der modernen Notenschrift

Nocturno (Nottuno), Nachtstück, träumerisches
Stück

Non nicht

Nonenakkord Zusammenklang von vier übereinanderliegenden Terzen (z.B. d-fis-a-c-e). Der Abstand des höchsten Ton beträgt eine „None", e ist der „neunte" Ton in der Tonleiter

Notation Notenschrift, die schriftliche Musikaufzeichnung, und die dazu notwendigen Zeichen und Symbole

Noten und Pausenwerte

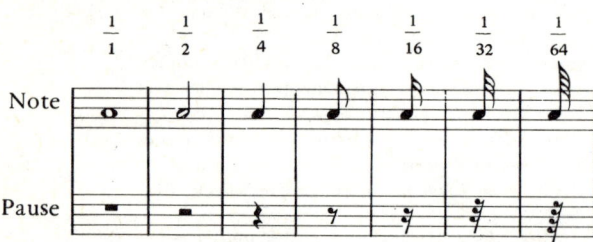

Nummernoper Oper, in der Arien, Duette usw. in sich abgeschlossene, unverbundene „Nummern" darstellen

O

Obertöne Töne, die in jedem Ton unhörbar mitschwingen und die Klangfarbe eines Instrumentes ausmachen

Obligat „verbindlich". Eine obligate Stimme darf nicht ausgelassen oder gestrichen werden

Oboe die alte Schreibart „Hoboe" zeigt noch die Namensherkunft an, nämlich „hautbois", hohes Holz. Etwa dreihundert Jahre bekanntes Holzblasinstrument.
Tonunmfang:

Der Klang ist herb, leicht näselnd, zuweilen scharf, nicht so weich wie bei der Klarinette, persönlicher als der der Flöte

Oktave die achte Tonstufe (vom Ausgangston gerechnet) der Tonleiter

Ondes-Martenot elektronisches Tasteninstrument, das die Nachahmung von Orchesterinstrumenten gestattet, ja, deren Möglichkeiten technisch sogar übertrifft

Onestep um 1910 in den USA entstandener sehr schneller, marschähnlicher Gesellschaftstanz

Ongharese ungarisch

Oper wörtlich „Werk". Dramatisches Dichtwerk mit ganz oder überwiegend gesungenem Text, wobei die Musik die Wirkung steigert und vertieft

Opera buffa „närrische" Oper, heitere Stoffe aus dem Alltag, Typenoper

Opera semiseria „halbernste" Oper

Opera seria „ernste Oper", altitalienisch, Stoffe aus Götter- und Heldenwelt, Typenoper

Operette Abart der kleinen Komischen Oper, des Singspiels, der Gesangsposse. Hat sich vor allem seit Offenbach und Johann Strauß zu einer selbständigen Gattung entwickelt. Entscheidendes Kennzeichen ist die Vorherrschaft von Tanzmelodien

Ophikleide altes, im heutigen Sinfonieorchester nicht mehr gebräuchliches Blechblasinstrument. An ihre Stelle setzt man die Baßtuba (→ dort)

Opus Werk eines Komponisten

Oratorium musikalische Darstellung biblischer oder sagenhafter Stoffe durch Chor, Einzelstimmen und Orchester (wörtlich: „Bet-Saal")

Orchester Gesamtheit der Instrumente. Genannt nach dem Platz, auf dem sich in den altgriechischen Spielen der Chor bewegte

Orgelpunkt lang ausgehaltener oder ständig wiederkehrender Baßton, über dem die Harmonien wechseln, gleichgültig ob sie zu dem Baßton „passen" oder nicht

Ostinato ständige Wiederholung eines kleineren melodischen oder rhythmischen Motivs

Ouvertüre ursprünglich: „Eröffnungsstück".

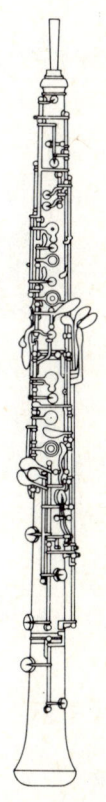

Oboe

Später verstand man darunter solche Instrumen-
talsuiten, die als ersten Satz eine ,,französische
Ouvertüre'' aufwiesen. Die französische Ouvertüre beginnt mit einem langsamen Teil, dann
folgt ein fugierter schneller Teil, zum Schluß
kehrt der langsame Teil wieder. Die ,,italieni-
scher Ouvertüre'' stellt den langsamen Teil in die
Mitte

P

Patomime getanzte, häufig von Musik begleitete
Bühnenhandlung. Auch szenisches Ballett und
Ausdruckstanz

Parlando Gesangsvortrag mit einer dem schnellen
Sprechen nahekommenden Tongebung

Partitur Aufzeichnung sämtlicher Stimmen eines
Tonstückes taktweise übereinander

Passacaglia alter Tanz in dreiteiligem, langsamen
Takt. Dann entsprechendes Instrumentalstück,
das sich auf einem immer wiederkehrenden Thema (meist im Baß) aufbaut

Passepied altfranzösischer Rundtanz aus der Bretagne im 3/8- oder 3/4-Takt. Der Passepied
ähnelt einem schnell getanzten Menuett

Passion Vertonung der biblischen Leidensgeschichte (z.B. die ,,Mattäus-Passion'' von
J.S. Bach)

Pastorale ländliches Stück (eigentlich ,,hirten-
mäßig'')

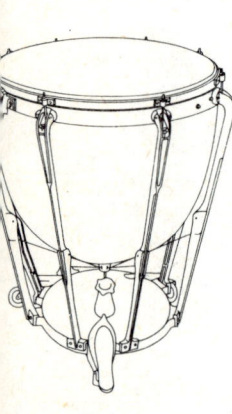

Pauke

Pauke Schlaginstrument (oft mit der großen
Trommel verwechselt). Kupferkessel, die mit
gegerbtem Fell überzogen sind, welches mit
Schlägeln bearbeitet wird. Die Pauke kann (im
Gegensatz zur großen Trommel) auf verschiede-
ne Tonhöhen gestimmt werden

Pavane aus dem 16. Jahrhundert stammender,
langsamer Schreittanz spanisch-italienischer
Herkunft

Pianissimo äußerst leise

Piano leise

Piccoloflöte kleine Flöte, die etwa acht Töne höher
klingt als die große Flöte. Ihre hellen, schrillen
Töne dienen stets zur Charakterisierung besonderer Stimmungen

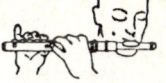

Piccoloflöte

Piu mehr

Pizzicato (wörtlich: „gekniffen"). Gekniffen oder
gezupft werden Harfe und Gitarre. Bei besonderen Gelegenheiten läßt man auch Geigen, Bratschen, Celli und Kontrabässe pizzicato spielen;
dabei wird der Ton nicht durch Bogenstrich hervorgebracht, sondern durch Zupfen der Saite mit
dem Finger. Das erzeugt einen abgerissenen
Klang

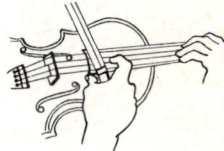

Pizzicato

Poco wenig, ein wenig

Polka böhmischer Tanz im 2/4- oder 4/8-Takt

Polonaise polnischer Tanz in mäßig bewegtem
3/4-Takt zumeist mit dem Rhythmus

Polyphonie Vielstimmigkeit, Zuordnung gleich-
berechtigter Stimmen

Polyrhythmik mehrere verschiedene, aber gleichzeitig erklingende Rhythmen

Polytonalität „Viel-Tonartlichkeit", Beziehung
nicht auf eine Grundtonart, sondern auf mehrere
(→ auch Tonalität)

Posaune das bekannte Blechblasinstrument mit einem Zugbügel (Zugposaune). Es gibt aber auch
Posaunen mit Ventilen (Ventilposaunen). Am
gebräuchlichsten ist die Tenorposaune mit dem
Tonumfang:

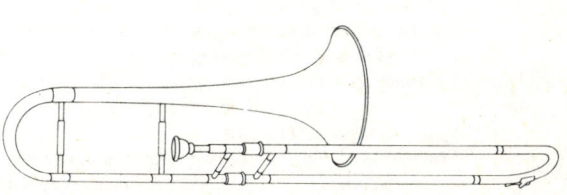

Posaune

Die Baßposaune reicht nicht nur sechs Töne tiefer, sondern hat auch einen volleren Klang. Zuweilen wird auch eine Kontrabaßposaune verwendet. Der alte italienische Name ,,Trombone" offenbart, daß die Posaune zur Trompetenfamilie gehört. Der Klang ist wuchtig, feierlich, erhaben

Potpourri ein Musikstück, das aus der Aneinanderreihung beliebter Melodien besteht (z.B. Operetten-Potpourri)

Praeludium (Präludium), Vorspiel, Einleitung

Presto schnell

Primaballerina die rangerste Solotänzerin eines Balletts

Primadonna die rangerste (Sopran-) Sängerin eines Opernensembles. Gefeierter Gesangsstar

Prima uomo der rangerste (Tenor-) Sänger eines Opernensembles

Programm-Musik Musik, für die nicht rein musikalische Gesetze formgebend sind, sondern eine außermusikalische (etwa dichterische) Vorstellung, ein ,,Programm"

Punktierter Rhythmus z.B. ♩♪
Der Punkt hinter einer Note verlängert ihren Wert um die Hälfte

Q

Quadrille Ende des 18. Jahrhunderts entstandener französischer Gesellschaftstanz, der im 2/4- oder 6/8-Takt von einer gleichen Anzahl von Paaren im Karree getanzt wird

Quarte Abstand von vier Tönen (zwei Ganztonschritte und ein Halbtonschritt)

Quartett geschlossener Viergesang, auch geschlossene instrumentale Vierergruppe

Quasi fast wie, gleichsam

Querflöten Bezeichnung für die Instrumentengruppe, der im Unterschied zu den Längsflöten (z.B. Blockflöten) beim Spiel quergehaltenen Flöteninstrumente

Quinte Abstand von fünf Tönen (drei Ganzton-schritte und ein Halbtonschritt)

Quintett geschlossener Fünfgesang, auch geschlossene instrumentale Fünfergruppe

Quodlibet (lat. quod libet = was beliebt), die improvisiert vorgetragene Aneinanderreihung verschiedener Melodien, bzw. Lieder mit meist scherzhaftem Charakter. Oft auch gleich bedeutend mit Potpourri gebraucht

R

Ragtime Gegen 1900 in den USA entstandener Typ eines Unterhaltungsstückes für Klavier mit rhythmisch scharfer Akzentuierung. Neben Blues und Spiritual eine Vorform des Jazz

Ratsche

Ratsche gehört zur Gruppe des Schlagzeugs. Holzkasten mit Holzzahnrädern, deren Zähne (nicht parallel) durch Kurbeldrehung bewegt werden und an zwei Blech- (auch Holz-) Streifen entlang „ratschen". Dadurch entsteht ein knarrendes, durchdringendes Geräusch

Refrain Kehrreim, ein wiederkehrender Melodieteil

Register die verschiedenen Pfeifengruppen mit einheitlichem Klangcharakter bei der Orgel. Ferner auch die Bereiche der menschlichen Stimme, die in allen Stimmgattungen einen gleichartigen Klangcharakter haben (z.B. Bruststimme und Kopfstimme)

Reigenlied mittelalterliches Tanzlied mit einstimmigem Wechselgesang von Vorsänger und Chor

Reihe nennt man zweckmäßigerweise heute in der Zwölfton-Technik das, was man sonst als Thema oder Motiv bezeichnet. Es gibt außer der Ton-Reihe auch andere Reihen, z.B. die rhythmischen

Repertoire alle Bühnenwerke, die einem Theater zur Aufführung zur Verfügung stehen. Auch alle Stücke, die ein Künstler zum Vortrag bereithält

Repetition Wiederholung. (→ in diesem Zusammenhang auch Korrepetitor)

Reprise ,,Wiederaufnahme". Ursprünglich bezeichnete Reprise nur die Wiederholung eines Teils. In der Sinfonie folgt die Reprise auf die Durchführung und stellt nicht eine notengebundene Wiederholung des Thementeils dar, sondern eine gedankliche Wiederaufnahme, die mehr oder minder ausgeschmückt, verlängert oder verkürzt sein kann. Ähnlich der dritte (Schluß-) Teil der Dacapo-Arie

Requiem Totenmesse. Berühmte Requiem-Kompositionen stammen z.B. von Mozart und Verdi

Requisite alle Gegenstände, die für die Ausgestaltung eines Bühnenbildes benötigt werden

Resonanz Klangverstärkung, z.B. durch Hohlkörper aus Holz

Rezitativ Sprechgesang. In der Oper vielfach der, nur mit kurzen Instrumentalakkorden gestützte, schnell gesungene ,,Handlungstext"

Rhapsodie Stück in freier Form unter Benutzung von volksliedartigen Weisen

Rheinländer Mitte des 19. Jahrhunderts entstandener, polkaähnlicher deutscher Paartanz im mäßig bewegten 2/4-Takt

Rhythmus (Rhythmik), Grundmaß ständig wiederkehrender Unterschiede von Tönen längerer oder kürzerer Zeitdauer. Nicht zu verwechseln mit ,,Takt" (→ dort). Z.B. stehen Polonaise

$\frac{3}{4}$ ♪ ♫ ♬

und Mazurka ♫ ♩ ♩

im 3/4-Takt, haben jedoch durchaus verschiedenen Rhythmus

Ritornell Refrain in italienischen Vokalformen. Im 17. und 18. Jahrhundert auch Bezeichnungen

für die wiederholt in der Oper auftretenden instrumentalen Zwischenspiele

Rokoko wörtlich „Grottenwerk", Kunstrichtung
in der 2. Hälfte des 18. Jahrhunderts, in der anmutige Verzierung und schnörkelndes Linien-
werk überwogen. Philipp Emanuel Bach, Piccini
und Pergolesi sind Rokokomusiker; Mozart entstammt dem Rokoko, hat es aber in seinen späteren Werken überwunden

Romantik im engeren Sinne, die musikalische
Sprache der Zeit Webers, Schuberts, Schumanns
u.a. Im allgemeineren Sinne die gemüthaft-
innerliche Empfindungsweise

Romanze liedartiges Gesangsstück. An keine bestimmte Form gebunden

Rompreis französischer Staatspreis für Komposi-
tionsschüler des Pariser Konservatoriums (drei
Jahre Freiaufenthalt in Italien)

Rondo „Rundgesang". Ein Instrumental- oder
Gesangsstück, in dem der Hauptgedanke mehr-
mals wiederkehrt, während sich Nebengedan-
ken zwischen die Wiederholungen schieben

Rührtrommel unterscheidet sich von der kleinen
Trommel dadurch, daß sie wesentlich höher ist
und keine Schnarrsaite besitzt. Daher der dumpfe, unheimlich drohene Klang

Rührtrommel

S

Salonmusik Bezeichnung für eine Unterhaltungsmusik in kleiner Besetzung. Mit gefühlvoller
Tendenz, anspruchslos und gefällig

Sarabande ursprünglich ein spanischer Tanz.
Dann langsamer, würdevoller Suitensatz im
dreiteiligen Takt, mit verlängertem zweiten
Viertel und Verzierungen

Saxophon ein mehr als hundert Jahre bekanntes
Blasinstrument (benannt nach dem Erbauer
Sax). Es gibt eine ganze Reihe verschieden hoch

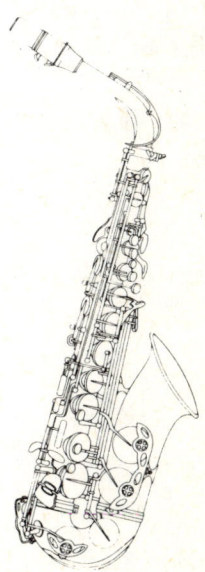

Saxophon

gestimmter Saxophone. Sie bestehen zwar aus Metall, ähneln jedoch den Holzblasinstrumenten, zumal sie mit Klarinettenmundstück angeblasen werden. Der Klang ist ein wenig schnarrend und näselnd, ändert sich aber, je nachdem es ein hohes oder tiefes Saxophon ist

Scherzando scherzoartig

Scherzo („Scherz", „Spaß"), Bezeichnung für einen geschwinden, vorwiegend rhythmisch bestimmten Satz von meist heiterem Gepräge

Schlager inhaltlich und formal anspruchslose aber gefällige Kompositionen für Singstimme und Instrumentalbegleitung

Schlagzeug große und kleine Trommel, Rührtrommel, Pauke, Becken, Tamtam, Kastagnetten, Tamburin usw.

Schlechter Taktteil (→ Takt)

Sechzehntel der 16. Teil einer ganzen Note: ♪

Sekunde Abstand zweier benachbarter Töne

Semplice einfach, schlicht

Septett Kompositionsform für sieben Gesangsstimmen oder sieben Soloinstrumente

Septime Abstand von sieben Tönen, z.B. d bis cis

Septimenakkord Vierklang, der durch Hinzufügen der Septime zum Dreiklang entsteht, z.B. d-fis-a-c

Sequenz „Folge". Weiterschieben eines musikalischen Gedankens durch die Tonleiter, Wiederholungen auf immer anderen Tonstufen

Serenade „Abendmusik". Eine Folge von mehreren ständchenartigen Instrumental- oder Gesangsstücken

Serielle Musik ordnet nicht nur Töne, sondern auch Intervalle, Rhythmen, Metren, Tondauer, Klangfarbe, um vorher festgelegte Reihen (Serien). → auch Zwölftonmethode

Sexte Abstand von sechs Tönen (z.B. d bis h)

Sextett geschlossener Sechsgesang, auch geschlossene instrumentale Sechsergruppe

Sextole sechs Töne von gleicher Dauer wie vier Töne von der gleichen Gesamtdauer

Sforzato starke Betonung von Einzelnoten oder
Einzelakkorden

Shanty Seemannslied, eigentlich Arbeitslied der
Seeleute mit Vorsänger und einem einen Refrain
singenden Chor

Siciliano altitalienischer langsamer Tanz im 6/8-
oder 12/8-Takt

Sinfonie eigentlich „Zusammenklang". Ursprünglich Bezeichnung für Musikstücke, die
„Note gegen Note" gesetzt sind. Später Name
für die italienische Opernouvertüre mit der dreiteiligen Grundform: schnell – langsam – schnell.
Aus dieser Form entstand die klassische und romantische Sinfonie. Die drei Formteile wurden
ausgebaut und verselbständigt. Stamnitz und
Haydn fügten als vierten Satz ein Menuett hinzu;
damit war die Sinfonie in ihrer wesentlichen Gestalt vollendet. Zwar sind im Laufe der Zeit mancherlei Einzelveränderungen vorgenommen
worden, doch blieb der Gesamtbau im wesentlichen unangetastet. Für die sinfonische Gestaltung sind die Ecksätze (1. und 4. Satz) entscheidend. Sie haben dreiteilige Form: Themenaufstellung – Durchführung – Themenwiederho-
lung mit einem Anhang, Coda ganannt. Heute
wird der Begriff formal nicht mehr einheitlich
angewendet

Sinfonische Dichtung ein (meist einsätziges)
Orchesterwerk, in dem nicht so sehr der sinfonische Gestaltungsgrundsatz herrscht als eine
dichterische Absicht, ein „Programm"

Singspiel eine Sonderform der Oper, die Ende des
18. Jahrhunderts entstanden ist. Vorzugsweise
mit deutschem Text, leicht verständlicher Handlung und gesprochenen Dialogen

Soave sanft

Solo einzeln, allein. Einzelsänger, Einzelgesang,
Soloquartett usw. Gruppe selbständiger Einzelsänger

Sonate ursprünglich nichts anderes als „Klang-
stück". Heute ein meist viersätziges Tonstück

für einzelne Instrumente, z.B. Klaviersonate. Die Form entspricht etwa der der Sinfonie

Sopran höchste Frauen- oder Knabenstimme

Sostenuto gehalten

Soubrette spezielles Rollenfach der Bühnenpraxis, Sopran mit zarter, biegsamer Stimme und besonderer Spielbegabung für muntere, humorvolle Mädchenrollen

Sound (engl. Ton, Klang), klingen, ein Instrument spielen, oder die charakteristische Klangfarbe, eines Solisten oder eines Instrumentenensembles. Auch spezielle Spielweise und Aufnahmetechnik

Spiritoso (auch spirituoso), geistvoll, witzig

Spiritual geistliches Lied der farbigen Bevölkerungsgruppe der USA

Stabat mater Anfangsworte des oft vertonten Schmerzensgesang „Christi Mutter stand am Kreuz"

Stagione Spielzeit der italienischen Opertheater. Auch das Opernensemble, das für einen zeitlich eingegrenzten Spielplan zusammengestellt ist

Stakkato (Staccato) gestoßen

Statist stumme Rolle auf der Bühne, z.B. in Volksszenen

Stimmarten bei aller individuellen Unterschiede (besonders in der Klangfarbe) kann man die verschiedenen Arten der menschlichen Stimme ordnen nach ihrer Stimmlage (hoch – mittel – tief) und von daher auch ihren unterschiedichen Charakter beschreiben. Der Tonumfang einer nicht speziell ausgebildeten Stimme beträgt im allgemeinen 1 Oktave und 1 Sexte.

Merkmale Frauenstimmen:

Sopran
höchste Stimmart, einheitlich heller Klang

Mezzosopran
zwischen Sopran und Alt gelegen; je nach Höhe
Anklänge an diese beiden Stimmarten; voller
Klang

Alt
tiefste Frauenstimme; dunkler und voller Klang

Merkmale Männerstimmen:

Tenor
höchste Männerstimme, 1 Oktave unter dem Sopran mit ähnlichen Klangeigenschaften

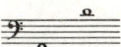

Bariton
zwischen Tenor und Baß; Klangeigenschaften
ähnlich dem Mezzosopran

Baß
tiefste Stimmgattung; dunkle und volle Klangfarbe (,,schwarzer Baß'')

Stimmlagen (→ Stimmarten)
Streicher Geigen, Bratschen, Celli, Kontrabässe
Stretta beschleunigter Ausgang eines Musikstücks
   (wörtlich: ,,gedrängt'')
Suite ,,Folge''. Orchesterwerk von meist 4 bis
   6 Tonstücken tanzartigen Charakters. Die Bezeichnung wird sehr frei gebraucht
Synkope Verbindung eines schwachen mit einem
   guten Zeitwert, z.B.

,,Gegen den Takt''

T

Takt höhere Einheit mehrerer Zählzeiten. Z.B.: im 4/4-Takt ist jedes Viertel eine Zähleinheit, vier Viertel zusammen bilden den Takt. 1. und 3. Viertel sind dabei meist betonte, „gute", 2. und 4. Viertel unbetonte, „schlechte" Taktteile

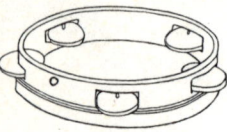

Tamburin

Tamburin gehört zum Schlagzeug. Handtrommel mit Schellen. Wurde ursprünglich von den Tanzenden in der Hand gehalten und geschüttelt. Heute Orchesterinstrument zur Begleitung oder Einfärbung spanischer, süditalienischer und orientalischer Weisen. Wird entweder nur geschüttelt, so daß die Schellen erklingen, oder mit steifen Daumen bearbeitet, so daß ein trommelartiges und zugleich schellendes, rhythmisch bestimmtes Geräusch entsteht

Tamtam

Tamtam Schlaginstrument. Aufgehängte Metallscheibe, die mit einem Schlägel angeschlagen wird (Gong). Der dröhnende, nachhallende Klang wirkt unheimlich, drohend

Tango um 1900 in Südamerika entstandener Tanz im langsamen 2/4-Takt mit gemessenen Schritten und kurzen Stillständen

Tanto sehr

Tarantella neapolitanischer Geschwindtanz im 3/8- oder 6/8-Takt

Tasteninstrumente Sammelbezeichnung für alle, mit einer Tastatur (Klaviatur) ausgestatteten Instrumente, unabhängig von der Art ihrer Tonerzeugung. Darunter fallen sowohl die besaiteten Tasteninstrumente, wie Klavier und Cembalo als auch die Orgel oder Harmonikainstrumente und elektronische Musikinstrumente

Tempestuoso stürmisch, wie ein Gewitter

Tempo Zeitmaß

Tenor hohe Männerstimme

Terz Abstand von drei Tönen der Tonleiter, z.B. c – e

Terzett Dreigesang stelbständig geführter Einzelstimmen

Thema musikalischer, in sich geschlossener Gedanke (größer als das Motiv)

Thematik Art der Themenbildung

Themenaufstellung in einem Tonstück der erste
Hauptteil, in dem die Themen (meist zwei) auf-
gestellt, durch eine Überleitung verbunden und
durch ein Schlußstück abgeschlossen werden

Tokkata ursprünglich Tonstück für Tasteninstrumente (toccare = berühren). Dann vollstimmi-
ges Tonstück von meist kurzen Notenwerten

Ton Schallereignis mit bestimmter Schwingungs-
zahl (Tonhöhe)

Tonalität Beziehung von Tönen oder Akkorden
auf *einen* Grundton oder Grundakkord. Freie
Tonalität bindet sich nicht an die festen Tonge-
schlechter von Dur und Moll

Tonart Festlegung des Tongeschlechts und des
Grundtons dieses Tongeschlechts; also Dur
(→ dieses) oder Moll über einem bestimmten
Grundton

Tonmalerei in der Programmusik eine Gestaltung
mit ausschließlich musikalischen Mitteln von
Nachahmungen natürlicher Geräusche und Erscheinungen (z.B. Gewitter, Meeresrauschen,
Vogelstimmen oder Maschinenlärm)

Transposition die Übertragung einer Melodie in
eine andere Tonart

Tremolo Beben

Triangel wörtlich: „Dreieck". Schlaginstrument
aus Stahl, das mit einem Stahlstab geschlagen
wird und ein helles, klirrendes Geräusch gibt

Triller schneller Wechsel eines Tones mit einem
Nachbarton

Trio Komposition für drei Instrumente oder
Gruppe von drei Instrumentalisten; auch der
Mittelteil von Musikstücken, z.B. bei Menuett
oder Scherzo

Triole drei Töne von gleicher Zeitdauer an Stelle
zweier von der gleichen Gesamtdauer

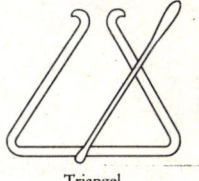

Triangel

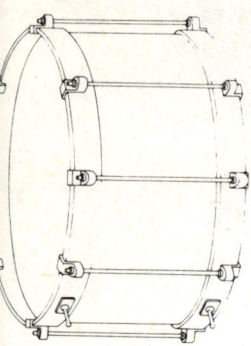

Große Trommel

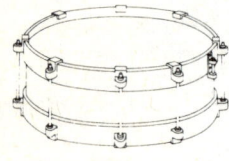

Kleine Trommel

Trommel, große Schlaginstrument in Form eines Zylinders, über dessen beide offene Seiten ein Kalbfell gespannt ist. Dieses wird mit einem Schlägel geschlagen. Das entstehende Geräusch ist dumpf, dröhnend, nach Art eines entfernten Kanonenschusses. Meist verwechselt mit der Pauke

Trommel, kleine unterscheidet sich von der großen Trommel durch wesentlich kleinere Abmessungen. Außerdem wird sie meist mit zwei Trommelstöcken geschlagen. Endlich ist über das eine Fell eine Darmseite gezogen, die beim Trommeln mitschnarrt (Militärtrommel). → auch „Rührtrommel"

Trompete altes Blechblasinstrument von gestreckter Form mit Ventilen (Ventiltrompete). Es gibt Trompeten in verschiedenen Stimmungen. Die C-Trompete hat den Stimmumfang:

Der Klang ist festlich, schmetternd, auch anfeuernd und hell. Abgesehen von Signalwirkungen, wird die Trompete im Klang meist durch andere Instrumente gedeckt, weil sie sonst leicht scharf, ja, ungewöhnlich klingt

Troppo zu sehr, zu viel

Tuba Blechblasinstrument aus der Familie der Bügelhörner. Am gebräuchlichsten sind Tenortuben und Kontrabaßtuben. Tonumfang:

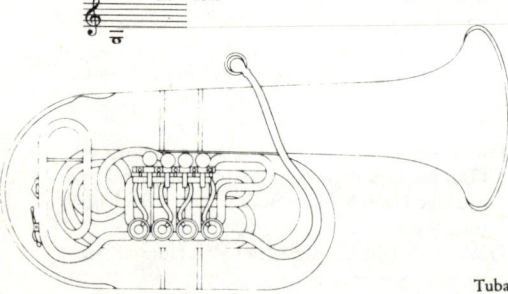

Tuba

Turca alla, nach türkischer Art
Tutti ,,Alle'', das ,,ganze'' Orchester, im Gegensatz zu den Solisten

U

Übermäßiger Tonschritt um einen Halbton vergrößerter Normalschritt (z.B. ist f-c eine normale Quinte, f-cis eine übermäßige)
Umkehrung die Stimmschritte eines Motivs, Themas usw. erfolgen in umgekehrter Richtung; z.B.

Unisono einstimmig
U-Musik zusammenfassende Bezeichnung für Musik, die dem Unterhaltungsbedürfnis entspricht = Unterhaltungsmusik (z.B. Schlager, Evergreen usw.)
Uraufführung die erste öffentliche Aufführung eines Werkes
Urheberrecht die gesetzliche Grundlage für den Schutz nichtdramatischer Werke der Musik (kleines Recht) und dramatischer Werke der Musik, wie z.B. Opern (großes Recht). Das Urheberrecht schützt die Urheber (Komponisten) und ihre Werke vor unrechtmäßiger Verwertung durch Dritte
Urtext eine musikalische Ausgabe, die wissenschaftlich ediert der authentischen Fassung des Komponisten am ehesten entspricht und unter Einbeziehung aller Quellen des Werkes (wie z.B. Autograph, Skizzen, Erstdruck usw.) erarbeitet wird

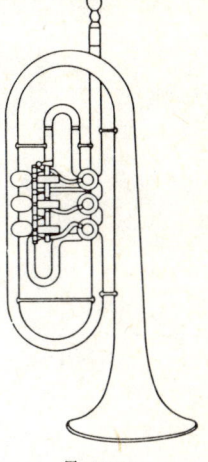

Trompete

V

Variation Veränderung. Harmonische, melodische oder rhythmische Verwandlung eines Motivs oder Themas, aber so, daß es in irgendeiner Form noch erkennbar bleibt

Vaudeville lustiges gesproches Bühnenwerk mit eingestreuten Couplets

Vergrößerung oder **Verlängerung** Streckung eines Motivs oder Themas auf längere Notenwerte, z.B.

Verismo (Verismus), italienische Bezeichnung für eine Kunstrichtung, die die Wirklichkeit nachbilden will

Veristisch die Wirklichkeit nachahmend

Verkürzung der umgekehrte Vorgang wie bei der Vergrößerung (→ dort)

Viertel vierter Teil ♩ einer ganzen Note

Vierundsechzigstel der 64. Teil ♪ einer ganzen Note

Viola → Bratsche

Violine → Geige

Violoncello → Cello

Virtuos tüchtig (im rein technischen, zuweilen äußerlichen Sinne)

Virtuose ein technisch souveräner Sänger oder Instrumentalist

Vivace lebhaft

Vivo lebendig

Volkslied Bezeichnung des national, weitverbreiteten Liedgutes, das mündlich überliefert oder allgemeingültigen Charakter angenommen hat

Vokalmusik Gesangsmusik (im Gegensatz zu Instrumentalmusik)

Vorklassik ganz allgemein, die musikalische Sprache der Zeit vor der Klassik. Die Zeit der ,,Mannheimer Schule''

W

Waldhorn aus dem Jagdhorn entwickelter und heute gebräuchlichster Horntyp (→ unter Horn)

Walzer Ende des 18. Jahrhunderts entstandener deutscher Paartanz im 3/4-Takt

Weibliche Endung hat ein Motiv, wenn es nicht
mit dem schweren, sondern dem leichten Taktteil endet (→ Takt)

X

Xylophon Schlaginstrument, bestehend aus einem
Rahmen mit Auflage (aus Stroh oder Gummi),
auf der abgestimmte Hartholzstäbchen ruhen.
Diese werden mit Klöppeln geschlagen

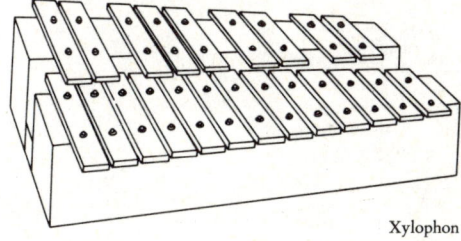

Xylophon

Z

Zweiunddreißigstel der 32. Teil einer ganzen Note

Zwischenakt-Musik bei der Schauspielmusik eine,
in die dramatische Gestaltung einbezogene Musik, die zwischen den Akten eine zeitliche und
gedankliche Überbrückung schaffen soll

Zwölfton-Musik hebt die Gesetze der Tonalität
(→ dort) auf, arbeitet also nicht mehr – wie die
Dur-Moll-Musik – mit der Beziehung aller Töne
und Klänge auf einen Grundton oder eine
Grundharmonie, sondern stellt alle Töne als
gleichberechtigt nebeneinander. Strengste
Form: kein Ton darf erklingen, bevor die übrigen elf Töne der „Reihe" (nicht mehr: des The-

mas) erklungen sind. Gemäßigte Form: die Töne
sind zwar gleichberechtig, aber nicht gleichwer-
tig, also irgendwo doch auf einen Zentralton bezogen (Zwölfton-Musik ist also nicht immer ato-
nal). Viele Zwischenstufen sind möglich und
auch vorhanden; z.B. sind die Systeme von
Schönberg, Webern, Jelinek keineswegs iden-
tisch

REGISTER

Allgemeine Personen und Personen in Bühnenwerken sind in gewöhnlicher Schrift (z.B. Achilles), Werktitel in *kursiv* (z.B. *Abu Hassan*) und Komponisten in Großbuchstaben (z.B. ABRAHAM) gesetzt.